面向21世纪课程教材

普通高等教育"十一五"
国家级规划教材

2007年度教育部普通高等教育精品教材
湖南省重点学科建设项目资助

国 际 私 法

Private International Law

（第五版）

主　编　李双元　欧福永
副主编　李健男　王葆莳
撰稿人（以撰写章节先后为序）
　　　　李双元　蒋新苗　郑远民
　　　　屈广清　欧福永　李健男
　　　　邓　杰　杨国华　王葆莳
　　　　熊育辉　王海浪　黄文旭
　　　　熊之才

北京大学出版社
PEKING UNIVERSITY PRESS

图书在版编目(CIP)数据

国际私法/李双元,欧福永主编. —5 版. —北京:北京大学出版社,2018.10
(面向 21 世纪课程教材)
ISBN 978-7-301-29682-0

Ⅰ. ①国… Ⅱ. ①李… ②欧… Ⅲ. ①国际私法—高等学校—教材 Ⅳ. ①D997

中国版本图书馆 CIP 数据核字(2018)第 149185 号

书　　　名	国际私法(第五版) GUOJI SIFA
著作责任者	李双元　欧福永　主编
责 任 编 辑	冯益娜
标 准 书 号	ISBN 978-7-301-29682-0
出 版 发 行	北京大学出版社
地　　　址	北京市海淀区成府路 205 号　100871
网　　　址	http://www.pup.cn
电 子 信 箱	law@pup.pku.edu.cn
新 浪 微 博	@北京大学出版社　@北大出版社法律图书
电　　　话	邮购部 010-62752015　发行部 010-62750672　编辑部 010-62752027
印 刷 者	河北滦县鑫华书刊印刷厂
经 销 者	新华书店
	730 毫米×980 毫米　16 开本　35.5 印张　680 千字
	2006 年 4 月第 1 版　2007 年 5 月第 2 版
	2011 年 7 月第 3 版　2015 年 1 月第 4 版
	2018 年 10 月第 5 版　2021 年 12 月第 10 次印刷
定　　　价	62.00 元

未经许可,不得以任何方式复制或抄袭本书之部分或全部内容。
版权所有,侵权必究
举报电话:010-62752024　电子信箱:fd@pup.pku.edu.cn
图书如有印装质量问题,请与出版部联系,电话:010-62756370

内 容 简 介

本书是根据教育部1998年《全国高等学校法学专业核心课程教学基本要求》,为适应21世纪国际私法教学的需要,为高校法学专业核心课程编写的教材之一。

本书采用了国际上普遍接受的国际私法学体系,结合大量国内国际立法、司法实践和理论研究的最新成果,深入系统地阐述了国际私法的基本理论和基本制度。全书共分5编18章,第一编是"总论",第二编是"财产权",第三编是"债权",第四编是"婚姻家庭与继承",第五编是"国际民事争议的解决"。

本书运用比较的方法对上述内容进行了深入透彻、多层面和多角度的、繁简适度的阐述和论析,反映了国内外国际私法学研究的最新成果。在理论创新、体系建构、文风改进和注释规范等方面,亦有新的进展和突破。

本书可作为高等学校法学专业本科生和研究生的教科书,亦可供其他专业学生选用和社会读者参考。

A Brief Introduction

This Book is one of the textbooks of the key curriculums for Higher Legal Education, edited according to *the Basic Teaching Request of Key Curriculums of National Higher Legal Discipline* made by Ministry of Education, and it is supposed to meet the teaching demands of private international law in the 21st century.

In this book, the authors use the private international law system generally accepted by scholars at home and abroad. The authors utilize the newest massive achievement of domestic and international legislations, judicial practices and theoretical research, and elaborate the basic theory and basic system of private international law thoroughly and systematically. The book consists of 5 parts and 18 chapters. Part one is "General Survey". Part Two is "Property". Part Three is "Obligations". Part Four is "Marriage, Family and Succession". Part Five is "Settlement of International Civil Disputes".

Using comparison method, with multiple-level approaches and multiple perspectives, the authors elaborate and analyze the above contents thoroughly, reflect the newest domestic and international development of private international law. The book also has new progresses and breakthroughs in theoretical innovation, system construction, lingual style improvement and annotation criterion.

This book can be used as a textbook by the undergraduates and graduates majoring in law, and it also can be made reference by students majoring in other disciplines and social readers.

作者简介

李双元 湖南师范大学法学院终身教授、武汉大学法学院教授、博士生导师,中国国际私法学会名誉会长。

蒋新苗 法学博士、博士后,湖南师范大学法学院教授、副校长、博士生导师,国务院学科评议组成员,"长江学者"特聘教授,第五届全国十大杰出青年法学家,教育部高等学校法学学科教学指导委员会委员,中国国际私法学会副会长。

郑远民 法学博士、博士后,湖南师范大学法学院教授、博士生导师,中国国际私法学会常务理事。

屈广清 法学博士、博士后,泉州师范学院教授、校长、博士生导师,教育部高等学校法学学科教学指导委员会委员,中国国际私法学会副会长。

欧福永 法学博士、博士后,湖南师范大学法学院教授、副院长、博士生导师,中国国际私法学会常务理事,中国国际经济法学会理事,中国国际经济贸易仲裁委员会和长沙仲裁委员会仲裁员,湖南省律协涉外委员会副主任。

李健男 法学博士,暨南大学法学院教授、硕士生导师,中国国际私法学会常务理事。

邓 杰 法学博士、博士后,上海师范大学法政学院教授、硕士生导师,中国国际私法学会常务理事。

杨国华 法学博士,清华大学法学院教授,博士生导师,中国国际私法学会副会长,中国世界贸易组织法研究会常务副会长,WTO争端解决专家组指示性专家。曾任中国商务部条法司副司长。

王葆莳 法学博士,湖南师范大学法学院副教授、硕士生导师,中国国际私法学会和中国仲裁法学研究会理事。

熊育辉 法学博士,广东财经大学法学院讲师。

王海浪　法学博士,厦门大学法学院讲师。

黄文旭　法学博士、博士后,湖南师范大学法学院讲师,中国国际私法学会理事。

熊之才　法学硕士,湖南师范大学法学院讲师,中国国际私法学会理事。

A Brief Introduction to the Authors

Li Shuangyuan, Lifetime Professor of Hunan Normal University Law School, Professor of Wuhan University Law School, Tutor for Doctoral Candidate, Honorary President of Chinese Society of Private International Law.

Jiang Xinmiao, LL. D. (Doctor of Laws), Legal Postdoctoral; Professor, Tutor for Doctoral Candidate; Member of the Subject Review Group of the State Council; Vice-principal, Hunan Normal University; Yangtze River Scholar; Member of Guidance Commission on Higher Legal Education Subordinate to Ministry of Education PRC, Vice President of Chinese Society of Private International Law.

Zheng Yuanmin, LL. D., Legal Postdoctoral; Professor, Tutor for Doctoral Candidate of Hunan Normal University Law School, Standing Director of Chinese Society of Private International Law.

Qu Guangqing, LL. D., Legal Postdoctoral; Professor, President and Tutor for Doctoral Candidate of Quanzhou Normal University, Member of Guidance Commission on Higher Legal Education Subordinate to Ministry of Education PRC, Vice President of Chinese Society of Private International Law.

Ou Fuyong, LL. D., Legal Postdoctoral; Professor, Vice Dean, Tutor for Doctoral Candidate of Hunan Normal University Law School; Standing Director of Chinese Society of Private International Law, Director of Chinese Society of International Economic Law; Arbitrator of CIETAC and Changsha Arbitration Committee, Vice Director of Transnational Law Committee of Hunan Bar Association.

Li Jiannan, LL. D., Professor and Tutor for Master's Candidate of Jinan University Law School, Standing Director of Chinese Society of Private International Law.

Deng Jie, LL. D., Legal Postdoctoral; Professor and Tutor for Master's Candidate of Shanghai Normal University Law and Political School, Standing Director of

Chinese Society of Private International Law.

Yang Guohua, LL. D. , Professor, Tutor for Doctoral Candidate of School of Law, Tsinghua University; Vice President of Chinese Society of Private International Law, Standing Vice President of Chinese WTO Law Research Society, Expert in the Indicative List of the WTO Dispute Settlement Panel, Former Deputy Director, Department of Treaty and Law, Ministry of Commerce of PRC.

Wang Baoshi, LL. D. , Associate Professor and Tutor for Master's Candidate of Hunan Normal University Law School; Director of Chinese Society of Private International Law, Director of China Academy of Arbitration Law.

Xiong Yuhui, LL. D. , Lecturer of Law School of Guangdong University of Finance & Economics.

Wang Hailang, LL. D. , Lecturer of Xiamen University Law School.

Huang Wenxu, LL. D. , Legal Postdoctoral; Lecturer of Hunan Normal University Law School; Director of Chinese Society of Private International Law.

Xiong Zhicai, LL. M. (Master of Laws), Lecturer of Hunan Normal University Law School; Director of Chinese Society of Private International Law.

第五版前言

本书第四版自 2015 年出版以来,国内外国际私法理论、规则与实践有了不少新发展,因此,我们进行了第四次修订。

这次修订的主要内容有:(1) 增补、修改和调整了若干知识点及参考文献,包括美国《第三次冲突法重述》编纂的启动,美国冲突法革命五十年后美国冲突法的发展总结,英国脱欧公投对英国国际私法的影响,国际私法统一化的新成果,中国法院近年审理的涉外案件所适用法律的抽样分析数据、文化财产的法律适用,独立保函的法律适用,监护的法律适用,涉外离婚和扶养与监护的管辖权(移到第 16 章),同性婚姻的法律适用,对我国管辖豁免立场的建议,国际民事司法协助中互惠的含义和分类及规定了互惠要求的国家,海牙《取证公约》和海牙《送达公约》的实施情况及我国近年域外送达和取证的实践,我国自贸区内对临时仲裁和友好仲裁的认可,追加仲裁当事人和合并仲裁,国际商事仲裁中的证据规则,第三方资助仲裁,我国国际和区际法院判决和仲裁裁决的承认/认可与执行情况,在线仲裁和调解的新发展。(2) 补充了我国的国际私法新规则,增加了 2014—2017 年司法考试试题和答案,删除了那些涉及已废止的法律法规的司法考试试题。补充的相关规则主要有:2017 年《民法总则》;最高人民法院 2015 年《关于适用〈中华人民共和国民事诉讼法〉的解释》、2016 年《关于为自由贸易试验区建设提供司法保障的意见》、2017 年《关于内地与香港特别行政区法院就民商事案件相互委托提取证据的安排》、2015 年《关于认可和执行台湾地区法院民事判决的规定》、2017 年《关于内地与香港特别行政区法院相互认可和执行婚姻家庭民事案件判决的安排》、2015《关于对上海市高级人民法院等就涉及中国国际经济贸易仲裁委员会及其原分会等仲裁机构所作仲裁裁决司法审查案件请示问题的批复》、2017 年《关于仲裁司法审查案件报核问题的有关规定》、2017 年《关于审理仲裁司法审查案件若干问题的规定》、2018 年《关于人民法院办理仲裁裁决执行案件若干问题的规定》、2015 年《关于认可和执行台湾地区仲裁裁决的规定》、2015 年中国国际经济贸易仲裁委员会和中国海事仲裁委员会《仲裁规则》、《中国(上海)自由贸易试验区仲裁规则(2015)》、2015 年《广州仲裁委员会网络仲裁规则》。(3) 更新了引用的国外国际私法新规则和国际公约的成员情况。补充的国外规则主要有:马克斯·普朗克知识产权冲突法研究团队 2011 年编撰的《知识产权冲突法通则》,2014 年《巴拿马国际私法》,2015 年欧盟《破产程序条例》,2015年海牙《国际商事合同法律选择原则》,2015年日本商事仲裁协会、2016年新加坡国际仲裁中心、2017年国际商会、2017年瑞典斯德哥尔摩商会仲裁院的《仲裁规则》。

读者可参考蒋新苗教授主持的国家精品资源共享课程国际私法(http://www.icourses.cn/coursestatic/course_4067.html)和暨南大学戴霞副教授主持的国际私法MOOC(https://www.icourse163.org/course/JNU-1002141006)的教学录像、课件和习题等参考资料。因教材修订周期较长,不定期更新的教学设计和课件可从guojisifaou@126.com(密码guojisifa)下载。

本次修订分工如下:李双元:第1章;欧福永:第2—11章,第14—16章;第17章第6节;熊育辉:第12—13章;黄文旭:第17章第1—5节,司法考试试题和答案的补充与调整;熊之才:第18章。全书由我和欧福永教授统稿、定稿。由于我们水平和资料有限,错误与不当之处,敬请读者批评指正,意见或建议可发送至oufuyong@163.com。

李双元

2018年6月

第四版前言

本书第三版自2011年出版以来,得到广大读者的厚爱,重印数次,并获第十届湖南省高等教育省级教学成果一等奖。由于国内外国际私法理论与规范有了新发展,教材使用过程中也发现了一些问题,因此,我们进行了第三次修订。

这次修订的主要内容有:(1)采纳国际主流观点,把统一实体法排除出国际私法的范围,修改了国际私法的定义。(2)更新了资料和各公约成员情况,增加了2011—2013年司法考试试题和答案。补充的规则主要有:我国2012年修订的《民事诉讼法》,最高人民法院2012年《关于适用〈中华人民共和国涉外民事关系法律适用法〉若干问题的解释(一)》、2013年《关于依据国际公约和双边司法协助条约办理民商事案件司法文书送达和调查取证司法协助请求的规定》;2009年《罗马尼亚民法典》、2011年《波兰国际私法》、2012年欧盟《关于继承问题的管辖权、法律适用、判决的承认与执行和公文书的接受与执行以及创建欧洲继承证书的条例》、2012年《关于民商事案件管辖权及判决承认与执行的条例》以及2012年中国国际经济贸易仲裁委员会、2012年国际商会、2013年美国仲裁协会、2013年新加坡国际仲裁中心、2013年香港国际仲裁中心、2014年日本商事仲裁协会的仲裁规则。(3)删除了部分内容,增补了若干知识点:我国《涉外民事关系法律适用法》的优点和特色、间接持有证券的准据法、非婚同居的国际私法问题、瑞士商会仲裁院、紧急仲裁员等。(4)对我国《涉外民事关系法律适用法》部分条文作了说明。

读者可参考蒋新苗教授主持的国家精品资源共享课程国际私法(http://www.icourses.cn/coursestatic/course_4067.html)的知识点、学习指南、教学设计和课件与录像、习题等。因教材修订周期较长,而国际私法理论与规则变化较快,更新的教学设计和课件可从 guojisifaou@126.com(密码 guojisifa)下载。

本次修订分工如下:李健男、李双元:第1章;欧福永:第8—18章;欧福永、王葆莳:第2—7章。全书由我和欧福永教授统稿、定稿。由于我们水平和资料有限,时间仓促,书中难免有疏漏甚至错误,敬请读者批评指正,意见或建议可发送至 oufuyong@163.com。

李双元

2014年12月

第三版前言

2010年10月28日第十一届全国人大常委会第十七次会议通过了《中华人民共和国涉外民事关系法律适用法》，加之国外国际私法立法、理论与实践也有新发展，因而有必要对第二版进行修订。

受教学课时和篇幅所限，这次修订简化了国际统一实体法公约和惯例的内容，使本书更集中在阐释国际私法的基本理论和制度、涉外民事关系的法律适用、国际民事诉讼与商事仲裁程序三大板块之内。第三版全面更新了资料，增加了《中华人民共和国涉外民事关系法律适用法》、2007年《关于审理涉外民事或商事合同纠纷案件法律适用若干问题的规定》、2007年《关于内地与澳门特别行政区相互认可和执行仲裁裁决的安排》、2008年《关于涉台民事诉讼文书送达的若干规定》、2009年《关于涉港澳民商事案件司法文书送达问题若干规定》、2009年《关于人民法院认可台湾地区有关法院民事判决的补充规定》、2010年《关于人民法院办理海峡两岸送达文书和调查取证司法互助案件的规定》和2007年《日本法律适用通则法》、2007年《土耳其国际私法和国际民事诉讼程序法》、欧洲议会和（欧盟）理事会《关于合同之债法律适用的第593/2008号（欧共体）条例（罗马Ⅰ）》和《关于非合同之债法律适用的第864/2007号（欧共体）条例（罗马Ⅱ）》、2010年修正的《联合国国际贸易法委员会仲裁规则》、Incoterms 2010、2008年《联合国全程或部分海上国际货物运输合同公约》等最新国际私法规则的内容，更新了部分国际私法理论，增加了若干知识点和历年全国司法考试中的国际私法试题和答案，删除了部分理论性太强的内容，调整了篇章结构，并压缩了全书篇幅，从而更适合教学和实践的需要。师生可参考李双元国际私法网（http://lsypil.hunnu.edu.cn）和湖南师范大学精品课程网（http://jpkc.hunnu.edu.cn，国家精品课程国际私法）上的教学资料。

修订工作由我（修订第1—2章）、欧福永教授（修订第3章第5—6节，第5—18章，补充全书历年司法考试试题和答案）和王葆莳副教授（修订第3章第1—4节和第7节，第4章）承担。错误与不当之处，敬请广大读者批评指正。

李双元

2011年6月

第二版前言

由于我们申报的《国际私法》教材2006年被列入普通高等教育"十一五"国家级规划教材,为了适应教学改革和课程建设的发展,及时反映国际私法理论与立法、司法和仲裁实践的新发展,我们决定对第一版进行较大篇幅的修订。

这次修订,首先增加了许多国内外立法和理论研究的最新成果,并替换了过时的内容和资料。

其次,增加了部分新的内容,如物权法律适用的复杂性与物之所在地法的其他表述形式、禁诉令、我国管辖权冲突的解决、未签字仲裁协议的法律效力、仲裁协议与法院专属管辖的关系、在线仲裁和在线和解以及在线调解等知识点。

再次,为了适应案例教学和双语教学的需要,我们在每章中设置了几个精选的案例分析题或者案例思考题,并在每章的后面增加了英文阅读材料。出于便于检测学习效果之目的,为每章设置了若干思考题。同时,为了那些想继续深化学习每章所涉国际私法问题或者备考研究生的同学,我们还在每章后补充了扩展性阅读材料。为便于学生通过互联网查阅最新资料,我们基本上列出了书中提及的所有国际组织的官方网址和国际公约的正式文本和缔约情况的查询网址。

最后,根据读者的反映,从便于安排教学内容出发,我们对原书的体系和结构作了适当调整。此外,还校正了第一版中存在的若干错误和不当之处。

本书所引用资料截止于2007年3月,其中所引国内、国际规则中的规定和案例的绝大部分可分别在李双元、欧福永和熊之才编辑的《国际私法教学参考资料选编》(上、中、下册,北京大学出版社2002年版)和李双元、欧福永主编的、与本书配套使用的《国际私法教学案例》(北京大学出版社2007年版)中找到。

本书的修订分工如下(以修订章节先后为序):李健男、李双元,第1—8章;欧福永,第9—12章、第19—21章、第23章;熊育辉,第13—18章;邓杰、李双元,第22章。全书由李双元和欧福永统稿和定稿。

为使本书的质量在下一次修订中得到进一步提高,凡有不当之处,恳请读者不吝指正!

李双元
2007年3月

目 录

第一编 总 论

第一章 涉外民事关系与国际私法 (1)
  第一节 国际私法的调整对象 (1)
  第二节 国际私法的名称、范围和定义 (10)
  第三节 国际私法的渊源 (15)
  第四节 国际私法的性质 (25)
  第五节 国际私法的基本原则 (30)
  第六节 国际私法的体系及研究方法 (34)

第二章 国际私法的历史 (41)
  第一节 萌芽阶段的国际私法 (41)
  第二节 法则区别说时代 (42)
  第三节 近代国际私法 (48)
  第四节 当代国际私法 (51)
  第五节 统一国际私法立法史 (65)
  第六节 中国国际私法的历史 (69)

第三章 冲突规范 (79)
  第一节 冲突规范的概念、结构和特点 (79)
  第二节 连结点 (81)
  第三节 冲突规范的类型 (86)
  第四节 准据法表述公式 (89)
  第五节 法律选择的方法和法院地法适用的合理限制 (92)
  第六节 冲突规范的确定性与灵活性、"冲突正义"与"实体正义"的辩证关系 (99)
  第七节 识别 (104)

第四章 准据法确定中的几个一般性问题 (113)
  第一节 反致 (113)
  第二节 先决问题 (119)

第三节　实体问题和程序问题 …………………………………（122）
第四节　区际、人际与时际法律冲突的解决 …………………（125）
第五节　法律规避 ………………………………………………（132）
第六节　外国法的查明和适用 …………………………………（135）
第七节　公共秩序 ………………………………………………（139）

第五章　外国人民事法律地位 ………………………………………（153）
第一节　外国人民事法律地位的概念与变迁 …………………（153）
第二节　外国人民事法律地位的几种主要制度 ………………（154）
第三节　外国人在中国的民事法律地位 ………………………（158）

第六章　国际私法关系的主体 ………………………………………（161）
第一节　自然人 …………………………………………………（161）
第二节　法人 ……………………………………………………（175）

第七章　法律行为与代理 ……………………………………………（188）
第一节　法律行为 ………………………………………………（188）
第二节　代理 ……………………………………………………（190）

第二编　财　产　权

第八章　财产法律适用的一般制度 …………………………………（199）
第一节　物之所在地法 …………………………………………（199）
第二节　国有化中的国际私法问题 ……………………………（207）
第三节　信托 ……………………………………………………（209）
第四节　国际破产 ………………………………………………（211）

第九章　知识产权 ……………………………………………………（221）
第一节　知识产权的冲突法则 …………………………………（221）
第二节　知识产权的国际保护 …………………………………（224）
第三节　中国有关知识产权国际保护的法律制度 ……………（225）

第三编　债　权

第十章　合同法律适用的一般原则 …………………………………（231）
第一节　涉外合同的概念及法律适用的理论分歧 ……………（231）
第二节　合同的成立与效力的法律适用 ………………………（232）
第三节　缔约能力与合同形式的法律适用 ……………………（240）
第四节　中国关于涉外合同法律适用的规定 …………………（242）

第十一章 几种主要国际商事合同的法律适用 (249)
- 第一节 国际货物买卖合同 (249)
- 第二节 国际货物运输合同 (255)
- 第三节 国际货物运输保险合同 (260)
- 第四节 国际贷款合同 (262)
- 第五节 国际贸易支付 (263)
- 第六节 电子合同 (272)

第十二章 法定之债 (280)
- 第一节 一般侵权行为 (280)
- 第二节 几种特殊的侵权行为 (284)
- 第三节 不当得利和无因管理 (290)

第十三章 海事国际私法的几个问题 (296)
- 第一节 海上侵权行为 (296)
- 第二节 海难救助 (300)
- 第三节 共同海损 (302)
- 第四节 海事赔偿责任限制 (303)

第四编 婚姻家庭与继承

第十四章 婚姻家庭 (307)
- 第一节 结婚 (307)
- 第二节 离婚 (314)
- 第三节 婚姻的效力 (317)
- 第四节 父母子女关系 (321)
- 第五节 扶养 (330)
- 第六节 监护 (331)

第十五章 遗嘱与继承 (338)
- 第一节 遗嘱继承 (338)
- 第二节 法定继承 (341)
- 第三节 中国关于涉外遗嘱与法定继承法律适用的规定 (345)
- 第四节 关于遗嘱和继承的海牙公约 (346)

第五编　国际民事争议的解决

第十六章　国际民事诉讼 …………………………………………（351）
　第一节　外国人的民事诉讼地位 ………………………………（352）
　第二节　国际民事管辖权 ………………………………………（361）
　第三节　管辖豁免 ………………………………………………（381）
　第四节　国际民事诉讼中的诉讼期间、诉讼保全、证据与诉讼时效 …（387）
　第五节　国际民事司法协助概述 ………………………………（390）
　第六节　域外送达 ………………………………………………（396）
　第七节　域外调查取证 …………………………………………（406）
　第八节　外国法院判决的承认与执行 …………………………（413）
　第九节　中国内地与中国香港、澳门和台湾地区法院判决的相互
　　　　　认可与执行 ……………………………………………（428）

第十七章　国际商事仲裁 …………………………………………（451）
　第一节　国际商事仲裁概述 ……………………………………（452）
　第二节　国际商事仲裁协议 ……………………………………（463）
　第三节　国际商事仲裁程序 ……………………………………（479）
　第四节　国际商事仲裁裁决的承认与执行 ……………………（502）
　第五节　中国内地与中国香港、澳门和台湾地区仲裁裁决的相互
　　　　　认可与执行 ……………………………………………（511）
　第六节　在线仲裁 ………………………………………………（516）

第十八章　国际商事和解与调解 …………………………………（528）
　第一节　国际商事和解 …………………………………………（528）
　第二节　国际商事调解 …………………………………………（532）

历年司法考试真题答案 ……………………………………………（543）

第一版后记 …………………………………………………………（544）

Contents

Part One General Survey

Chapter 1 Civil Relations Involving Foreign Elements and
           Private International Law ………………………………………… (1)
   1. Adjusted Object of Private International Law ……………………… (1)
   2. The Title, Scope and Concept of Private International Law …………… (10)
   3. The Sources of Private International Law ……………………………… (15)
   4. The Nature of Private International Law ……………………………… (25)
   5. The Basic Principles of Private International Law …………………… (30)
   6. The System and Researching Methods of Private
      International Law …………………………………………………………… (34)
Chapter 2 The History of Private International Law ………………………… (41)
   1. Private International Law in the Rudimentary Stage ………………… (41)
   2. The Period of the Theory of Statute …………………………………… (42)
   3. Modern Private International Law ……………………………………… (48)
   4. Contemporary Private International Law ……………………………… (51)
   5. The History of Uniform Private International Law …………………… (65)
   6. The History of Private International Law of China …………………… (69)
Chapter 3 Conflict Rules ……………………………………………………… (79)
   1. The Concept, Structure and Characteristics of Conflict Rules ………… (79)
   2. Connecting Points ………………………………………………………… (81)
   3. The Types of Conflict Rules ……………………………………………… (86)
   4. Formula of Attribution …………………………………………………… (89)
   5. Choice-of-Law Methods and Reasonable Limitations
      of the Application of Lex Fori …………………………………………… (92)
   6. The Confirmability and Flexibility of Conflict Rules, the Dialectical

Relationship between Conflicts Justice and Material Justice ……………（99）
　7. Qualification ……………………………………………………………（104）
Chapter 4　The General Issues of Determining Applicable Law ……（113）
　1. Renvoi ……………………………………………………………………（113）
　2. Preliminary Question …………………………………………………（119）
　3. Substance and Procedure ……………………………………………（122）
　4. The Settlement of Interregional Conflict of Laws, Intertemporal Conflict
　　of Laws and Interpersonal Conflict of Laws ………………………（125）
　5. Evasion of Law …………………………………………………………（132）
　6. The Ascertainment and Application of Foreign Law ………………（135）
　7. Public Order ……………………………………………………………（139）
Chapter 5　Civil Legal Status of Foreigners …………………………（153）
　1. The Concept and Variance of Civil Legal Status of Foreigners …（153）
　2. Several Major Systems of Civil Legal Status of Foreigners ………（154）
　3. The Civil Legal Status of Foreigners in China ……………………（158）
Chapter 6　The Subject of Private International Law Relations ………（161）
　1. Natural Person …………………………………………………………（161）
　2. Legal Person ……………………………………………………………（175）
Chapter 7　Legal Act and Agency ………………………………………（188）
　1. Legal Act ………………………………………………………………（188）
　2. Agency …………………………………………………………………（190）

Part Two　Property

Chapter 8　The General System of the Law Applicable
　　　　　　to Property ……………………………………………………（199）
　1. Lex Situs ………………………………………………………………（199）
　2. Nationalization …………………………………………………………（207）
　3. Trust ……………………………………………………………………（209）
　4. International Bankruptcy ………………………………………………（211）
Chapter 9　Intellectual Property …………………………………………（221）
　1. The Conflict Laws of Intellectual Property …………………………（221）
　2. International Protection of Intellectual Property ……………………（224）
　3. China's Legal System on International Protection of
　　Intellectual Property …………………………………………………（225）

Part Three Obligations

Chapter 10 General Principles on the Law Applicable to Contract ·················· (231)
1. The Concept of Contract Involving Foreign Elements and Theoretical Differences of Application of Law for Contract ·················· (231)
2. The Law Applicable to the Formation and Validity of Contract ·········· (232)
3. The Law Applicable to Contract-making Capacity and Contract Form ·················· (240)
4. Theories and Practices of the Law Applicable to Contract in China ·················· (242)

Chapter 11 The Law Applicable to Several International Commercial Contracts ·················· (249)
1. Contract of International Sale of Goods ·················· (249)
2. Contract of International Carriage of Goods ·················· (255)
3. Contract of Insurance of International Carriage of Goods ·············· (260)
4. International Loan Contract ·················· (262)
5. Payment in International Trade ·················· (263)
6. Electronic Contract ·················· (272)

Chapter 12 Legal Obligation ·················· (280)
1. General Torts ·················· (280)
2. Several Special Torts ·················· (284)
3. Unjust Enrichment and Voluntary Service ·················· (290)

Chapter 13 Several Issues of Private International Law Adjusting Maritime Relations ·················· (296)
1. Torts Occurring at Sea ·················· (296)
2. Salvage at Sea ·················· (300)
3. General Average ·················· (302)
4. Limitation of Liability for Maritime Claims ·················· (303)

Part Four Marriage, Family and Succession

Chapter 14 Marriage and Family ·················· (307)
1. Marriage ·················· (307)

2. Divorce ……………………………………………………… (314)
  3. The Validity of Marriage ……………………………………… (317)
  4. Relationship between Parents and Children …………………… (321)
  5. Maintenance …………………………………………………… (330)
  6. Guardianship ………………………………………………… (331)
Chapter 15　Testament and Succession ……………………………… (338)
  1. Testate Succession …………………………………………… (338)
  2. Intestate Succession ………………………………………… (341)
  3. Chinese Regulations on the Law Applicable to Testate and Intestate Succession Involving Foreign Elements ……………… (345)
  4. Hague Conventions on Testament and Succession ……………… (346)

Part Five　Settlement of International Civil Disputes

Chapter 16　International Civil Procedure …………………………… (351)
  1. Status of Foreigners in International Civil Procedure ………… (352)
  2. Jurisdiction of International Civil Case ……………………… (361)
  3. Immunity from Jurisdiction ………………………………… (381)
  4. Period of Time, Procedural Attachment, Evidence and Limitation of Actions in International Civil Procedure …………………… (387)
  5. Summary of International Civil Judicial Assistance …………… (390)
  6. Extraterritorial Service of Process in International Civil Procedure …… (396)
  7. Extraterritorial Taking of Evidence in International Civil Procedure … (406)
  8. Recognition and Enforcement of Foreign Court Judgements …… (413)
  9. Mutual Recognition and Enforcement of Judgments among China Mainland, Hongkong, Macao and Taiwan ………………… (428)
Chapter 17　International Commercial Arbitration …………………… (451)
  1. Summary of International Commercial Arbitration …………… (452)
  2. International Commercial Arbitration Agreement ……………… (463)
  3. The Procedure of International Commercial Arbitration ……… (479)
  4. Recognition and Enforcement of International Commercial Arbitral Awards ………………………………………………………… (502)
  5. Mutual Recognition and Enforcement of the Arbitral Awards among China Mainland, Hongkong, Macao and Taiwan ………… (511)
  6. Online Arbitration …………………………………………… (516)

Chapter 18   International Commercial Negotiation and International
            Commercial Conciliation ·· (528)
  1. International Commercial Negotiation ································· (528)
  2. International Commercial Conciliation ································· (532)

Keys to the Test Questions of Judicial Qualifications ···················· (543)

Postscript for the First Edition ·· (544)

第一编 总 论

国际关系的发展主要是在三个层面上进行的,即国际政治关系、国际经济关系和国际民商关系。前二者属于公法调整的对象,后者则主要由私法来调整,从而在国际法律体系中形成了国际公法、国际经济法和国际私法三足鼎立的局面。在整个国际法律环境中,这三者虽是相辅相成、相互影响的,但由于民(商)事生活关系是人类社会最基本的生活关系,在全球化的时代,国际政治和国际经济关系的开展,其落脚点还是在于推动国际民商事关系更能在平等、自由、互利的基础上进行。从这个根本的意义上看,国际私法在整个法学学科或在国际法学科体系中的重要地位和作用,就是毋庸置疑的了。随着我国"一带一路"倡议的提出和实施,国际私法的地位将越来越高。

第一章 涉外民事关系与国际私法

第一节 国际私法的调整对象

划分法律部门的基本标准是法律规范所调整的社会关系和法律规范的调整方法。国际私法之所以成为一个独立的法律部门,也正是因为它是以涉外民事关系(或称国际民事关系)为调整对象的,并且是在内外国民事法律发生冲突的情况下,解决其法律适用问题的。为此,应首先了解什么叫"涉外民事关系"和"法律冲突"。因为这是我们研究和学习国际私法的逻辑起点。国际私法之所以不同于其他部门法,都是由此而产生,因此而发展的。

一、涉外民事关系的含义

一般地说,涉外民事关系(civil relations involving foreign elements)是指在民事关系的主体、客体和内容等因素中至少有一个含有外国因素的民事关系。显然,这里的"涉外"指的是"涉及外国的因素",具体是指:第一,作为民事关系主体的一方或双方是外国自然人、外国法人或无国籍人,有时,外国国家和国际组织也可能成为这种民事关系的主体;或者作为民事关系主体的一方或者双方的住所、居所、经常居所或者营业所位于外国。例如,中国公民李某和英国公民乔治在中国登记结婚,美国公司在中国成立合资企业,中国公民拥有德国政府发行的债券,都属于这种情况。第二,客体涉外,即作为民事关系的客体是位于外国的物、财产或需要在外国实施或完成的行为。例如,中国公民甲继承其父遗留在印度的遗产,中国某建筑公司承包沙特阿拉伯的一个体育馆的基建工程,中国一网络公司收购一美国网络公司,等等。第三,作为民事法律关系的内容即权利义务据以产生、变更或消灭的法律事实发生于外国。例如,婚姻或收养的成立在外国,引起损害赔偿责任的侵权行为发生在外国,合同的缔结或履行在外国,一个判决在外国取得等等。上述三个方面只要其中之一涉及外国或外国的法律,便属于涉外民事关系,便得用国际私法规则来加以规范,更何况在实际生活中,一个民事关系中往往包含多项涉外因素。对于法院或其他解决民事争议的机构来说,这种含有涉外因素的民事案件就是与国内民事案件相对应的国际私法案件。

1988年我国最高人民法院《关于贯彻执行〈中华人民共和国民法通则〉若干问题的意见(试行)》第178条对何为涉外民事关系作了解释,它指出:"凡民事关系的一方或者双方当事人是外国人、无国籍人、外国法人的;民事关系的标的物在外国领域内的;产生、变更或者消灭民事权利义务关系的法律事实发生在外国的,均为涉外民事关系。"在实践中,中国法院对《关于贯彻执行〈中华人民共和国民法通则〉若干问题的意见(试行)》中主体涉外的认定标准有所突破:例如把诉讼第三人涉外、保有中国国籍但居住在国外的自然人、域外公司在中国内地开设的分公司、中国内地公司在域外开设的分公司也当作主体涉外认定。①

2012年最高人民法院《关于适用〈中华人民共和国涉外民事关系法律适用法〉若干问题的解释(一)》第1条对何为涉外民事关系作了新的解释:"民事关系具有下列情形之一的,人民法院可以认定为涉外民事关系:(一)当事人一方或双方是外国公民、外国法人或者其他组织、无国籍人;(二)当事人一方或双方的经常居所地在中华人民共和国领域外;(三)标的物在中华人民共和国领域外;(四)产生、变更或者消灭民事关系的法律事实发生在中华人民共和国领域外;(五)可以认定为涉外民事关系的其他情形。"2015年最高人民法院《关于适用〈中华人民共和国民事诉讼法〉的解释》第522条也作了与上述基本相同的规定。本书"【案例17.1】西门子公司申请承认和执行外国仲裁裁决案"中,上海市第一中级人民法院援引了上述2012年司法解释中"(五)可以认定为涉外民事关系的其他情形",进而创新性地认定该案具有涉外因素。另外,根据2005年

---

① 参见郭玉军、徐锦堂:《从统计分析看我国涉外民商事审判实践的发展》,载《中国国际私法与比较法年刊》(2008年)第11卷,北京大学出版社2008年版,第135页。

最高人民法院《第二次全国涉外商事海事审判工作会议纪要》第1条,人民法院在审理国内商事纠纷案件过程中,因追加当事人而使得案件具有涉外因素的,属于涉外商事纠纷案件。①

【案例1.1】 某中国公民的遗产涉外继承案

一中国上海女子在美国纽约嫁给一印度孟买男子,婚后定居孟买并生儿育女。该女子去世后,未留下任何遗嘱,但在上海和孟买均留下了价值可观的动产和不动产。其丈夫、子女及父母因析产不均发生争议,其父母诉诸上海市第一中级人民法院。

对于上述案件,法院首先要确定这是一个国际私法案件还是国内民事案件。从该案的事实看,继承关系的主体、客体以及继承关系发生的事实含有印度因素,因而这是一个典型的涉外继承关系,该案也是一个典型的国际私法案件。另外,与该案有关的中国女子与印度男子的夫妻关系,还含有美国因素。

涉外案件的判断标准问题在国际上也长期陷入争议,当前的趋势是逐渐淡化国内案件与涉外案件的区别。越来越多的国家对"涉外因素"都作较为广义的理解。只要案件涉及外国法律就可以了,无需事先界定案件是否为涉外案件。例如,在德国,国际私法中的涉外因素就是指"与外国法律有联系"②。

"涉外民事关系"与"国际民事关系"是可以互相替换使用的概念。如果我们站在一主权国家的角度,国际私法的对象可称为"涉外民事关系",而站在全球的角度,则可被称为"国际民事关系"。另外,"涉外民事关系"与"涉外民商事关系"也是一个通用的概念,即国际私法调整的涉外民事关系是广泛意义上的民事关系,包括那些采取民商分立的国家所指的一般民事法律关系和商事法律关系。因此,在中国国际私法学界,大都认为,举凡外国人的民事法律地位、涉外人身权关系、涉外物权及知识产权关系、国际破产、各种涉外民商事合同关系、涉外法定之债、涉外海事海商关系、涉外婚姻家庭关系以及涉外继承关系等,均可包括在中国国际私法的调整对象之中。

在一些多法域国家,国际法律冲突还与国内不同地区之间的法律冲突并存,所以,国际私法上涉外因素中的"外国"(foreign),有时还应作广义的理解,即包

---

① 关于区别国内民事案件和国际私法案件的标准,我国有学者认为,"民事关系的主体、客体和权利义务据以发生的法律事实等因素中至少有一个为外国因素"尚不足以涵盖所有的"涉外因素",因此认定国际私法案件的"涉外因素"标准应是一个广泛的概念,其形式是多样的,包括所有与外国(或外法域)有实质联系的"涉外"情况。参见肖永平:《国际私法原理》,法律出版社2003年版,第2—3页。但英国著名国际私法学家戚希尔和诺思却认为,某些即使含有"涉外因素"的案件并不真正就是涉外案件,比如按照1977年英国《不公平合同条款法》第26条的规定,两个相同国籍的人在国外缔结了一份在其国内履行的合同,这种合同就不是国际合同。See Peter North, Cheshire's Private International Law, 9th ed., Butterworths, 1974, pp. 233—234.

② 杜涛:《国际私法原理》,复旦大学出版社2014年版,第5页。

括一个国家中的不同法域(territorial legal unit,指一国国内具有独特法律制度的地区)。例如,英国的国际私法所称 foreign,就是把苏格兰和北爱尔兰也当作德国、法国等外国一样看待的。① 在中国,现阶段对于涉及台湾地区、香港地区、澳门地区的私法关系,除有特别规定外,一般参照适用国际私法上的有关制度。②

随着经济全球化进程的加快,我国民商事活动的国际化或涉外化程度日益提高,甚至过去最为封闭的边远农村的居民的生产或生活也已与全球化的进程息息相关了,从而使过去一直被认为只是很小的一个部门法的国际私法,因其社会基础③的扩大,大大提升了它在国内法或国际法中的地位。④

二、涉外民事关系法律适用上的冲突

(一) 法律冲突的含义和分类

从普遍的意义上讲,法律冲突是指两个或两个以上的不同法律同时调整一个相同的法律关系而在这些法律之间产生矛盾的社会现象。一般来说,只要各法律对同一问题作了不同规定,当某种事实将这些不同的法律规定联系在一起时,法律冲突便会发生。因此,它是普遍的法律现象,也是法理学研究的课题。

法律冲突的表现形式是多种多样的,依不同的标准,可作不同的分类,例如空间上的法律冲突(包括国际法律冲突和区际法律冲突)、人际法律冲突和时际

---

① See Lawrence Collins and Others, Dicey, Morris and Collins on the Conflict of Laws, 15th ed., Sweet & Maxwell, 2012, p.3.

② 例如1989年最高人民法院《全国沿海地区涉外涉港澳经济审判工作座谈会纪要》第三部分指出:审理涉外、涉港澳经济纠纷案件,必须按照《民法通则》、《民事诉讼法》和《涉外经济合同法》的规定,正确地解决法律适用问题。2012年最高人民法院《关于适用〈中华人民共和国涉外民事关系法律适用法〉若干问题的解释(一)》第19条也规定:涉及香港特别行政区、澳门特别行政区的民事关系的法律适用问题,参照适用本规定。2015年最高人民法院《关于适用〈中华人民共和国民事诉讼法〉的解释》第551条规定,人民法院审理涉及香港、澳门特别行政区和台湾地区的民事诉讼案件,可以参照适用涉外民事诉讼程序的特别规定。

③ 关于国际私法的社会基础,可参见李健男:《略论国际私法的社会基础》,载《法学评论》2006年第5期。

④ 截至2016年8月,全国累计批准设立外商投资企业85万家;2017年,我国境内投资者共对全球174个国家和地区的6236家境外企业进行非金融类直接投资,累计实现投资8107.5亿元人民币。截至2017年5月末,我国在外各类劳务人员将近93万人,外派劳务累计派出各类人员超过868万人次,遍及200多个国家和地区。2016年,我国入境旅游人数为1.38亿人次,我国公民出境总人数为1.22亿人次。上述行为基本上都是通过涉外合同关系来实现的。2001年1月至2005年6月,全国各级人民法院共受理一审涉外商事海事案件63765件,比1979年至2001年受理案件数增加40425件;2015年,全国法院审执结涉外、涉港澳台一审、二审、再审、执行案件共计47097件,其中,涉外案件23693件,涉港案件14846件,涉澳案件1642件,涉台案件6916件。2016年全国251家仲裁机构共受理案件20.8万件,标的总额为4695亿元,其中62家仲裁委员会受理涉外及涉港、澳、台案件3141件,其中涉外案件1546件,双方均为外方的141件,涉及全球57个国家和地区。受案量的大幅增长,从一个重要侧面反映了我国加入世贸组织后,对外经济往来日益频繁的趋势。

法律冲突等。① 在国际私法上,法律冲突(conflict of laws)具有独特的含义,主要是指民事法律的国际冲突,即涉及两个或两个以上不同法域的民事法律对某一民事关系的规定各不相同,而又竞相要求适用于该民事关系,从而造成的该民事关系在法律适用上的抵触的现象,即适用所涉各法域互有差异的实体民法规范,会得出不同的判决结果的现象,从而必须解决究竟应该适用哪一个国家的法律来作出判决的问题,也就是法律选择的问题。

例如,在英国剑桥大学就读的20岁的中国留学生王某和年仅18岁的英国姑娘琳达在伦敦登记结婚,婚后一年二人回到了中国定居并发生离婚诉讼,那么他们的婚姻关系已合法成立了吗?如果不考虑其他因素,只就婚龄而言,依据中国婚姻法或依据英国婚姻法就会得出两种截然相反的结果:(1)适用中国法,中国婚姻法规定的法定婚龄是男22周岁,女20周岁,男女双方都未达到法定婚龄,他们的婚姻得宣告无效;(2)适用英国法,英国规定的法定婚龄男女都是18岁,王某夫妇结婚时男女双方均已达到法定婚龄,他们的婚姻已有效成立。这样,就发生了到底是适用中国法抑或适用英国法来判定王某夫妇的婚姻关系合法性的问题。这正是国际私法要解决,也只有国际私法能解决的问题。

(二)法律冲突的产生原因

一般认为,法律冲突的产生有以下四个方面的原因:一是在现实生活中大量出现含有涉外因素的民事关系;二是所涉各国民法上的规定不同;三是司法权的独立;四是国家为了发展对外民商事关系,必须承认内外国法律的平等,亦即有必要在一定范围内承认所涉外国法的域外效力。法律的域内效力又称为法律的属地效力,是指一个国家法律的空间效力,即一国法律对在本国境内的人、位于本国境内的物、发生在本国境内的行为都有效。法律的域外效力是指一国法律对具有本国国籍的人都有效,不论该人在国内还是在国外。上述涉外民事关系法律适用上的冲突,实质上就是"外国法律的域外效力与内国法律的域内效力,或内国法律的域外效力与外国法律的域内效力之间的冲突"。

就上述产生法律冲突的几方面原因来看,含有涉外因素的民事关系的大量发生和各国民法规定的不同,提供了产生法律冲突的可能性,但这种可能性要成为现实,还必须具备后面两个条件。例如,作为1842年《中英南京条约》附约的1843年《中英五口通商章程》第13条规定英国在中国享有领事裁判权,自此之

---

① 关于区际法律冲突、人际法律冲突和时际法律冲突,详见本书第四章第四节。有的国际私法学者还将法律冲突分为公法冲突和私法冲突,积极冲突和消极冲突,立法冲突、司法冲突和守法冲突,平面的法律冲突和垂直的法律冲突,详见韩德培主编:《国际私法》,高等教育出版社、北京大学出版社2007年版,第84—85页。但是与国际私法更有直接关系的,则有如美国学者柯里将私法冲突首先区分为"真实冲突"和"虚假冲突"(参见李双元:《国际私法(冲突法篇)》,武汉大学出版社2016年版,第246页,注1;本书第二章第四节)。

后,其他资本主义国家纷纷援例,在中国攫取了领事裁判权,其后,凡以享有领事裁判权的国家的公民为原告或被告的刑事、民事案件,对外国人如何处理概归各该外国领事裁判并且只适用该外国的法律。在这种中国立法和司法管辖权都不能及于在中国境内的外国人的时代,当然谈不上法律适用上的冲突与选择了。而且,即令在当今世界上,在各国不赋予外国人民事权利地位的领域,或在不承认外国法的域外效力的某些社会关系中,仍然不会产生法律冲突问题。但总的说来,随着国家之间相互依存性的不断加强,主张平等对待外国法律的国家越来越多,因而制定解决法律冲突和法律适用问题的国际私法的国家越来越多。

三、涉外民事关系的调整方法

对于涉外民事关系,国际私法曾发展出几种不同的调整方法,形成了自己独特的规范体系。纵观各国的实践与立法,大致可将这些方法分为两大类:间接调整方法(indirect regulating method)和直接调整方法(direct regulating method)。对于直接调整方法是否属于国际私法的方法,国内外存在分歧,本书持否定态度,具体将在本章第二节阐述。

(一)间接调整方法(冲突法的方法)

1. 通过国内冲突规范进行间接调整的方法

国际私法调整涉外民事关系,最早是完全通过国内冲突规范来实现的,即由国内冲突规范指定适用哪个国家的法律来调整某一涉外民事关系当事人之间的权利义务。冲突规范(conflict rules)是在处理涉外民事关系时,在有两个或两个以上的国家的民法根据有关的连结因素都可能或竞相适用于该民事关系的情况下,指定应该适用其中哪一国法律作为准据法的规范。例如我国《涉外民事关系法律适用法》第27条规定,诉讼离婚,适用法院地法律。

从我国《涉外民事关系法律适用法》第27条的规定可以看出,通过冲突规范进行间接调整,必须经过两个步骤才能实现对某个涉外民事关系的最终调整,或者说才能最终确定当事人的实体权利和义务:第一个步骤是适用冲突规范,找出某个涉外民事关系应以何国法作准据法;第二个步骤是适用准据法来确定该涉外民事关系当事人之间的权利义务。由于间接调整方法的上述固有属性,如果仅仅通过各个国家自己制定的相互不同的冲突规范来指定涉外民事关系应适用的法律,一个直接的后果就是:在不同国家诉讼,因适用的冲突规范不同,导致同一涉外民事关系适用的实体法律不同,进而会导致不同的判决结果。这样,又势必导致另外两个后果:第一,涉外民事关系处于一种不稳定、不可预见的状态;第二,给当事人留下"择地行诉"或"挑选法院"(forum shopping)的机会。

为了克服通过国内冲突规范进行间接调整的方法的固有局限性,从19世纪末起,在意大利国际私法学家孟西尼等的积极倡导下,开始了冲突规范统一化的运动,从而产生了通过国际统一的冲突规范进行间接调整的方法。

2. 通过国际统一的冲突规范进行间接调整的方法

在有了国际统一的冲突规范之后,至少在缔约国之间遇有相同的涉外民事法律问题需要解决时,不管当事人在其中的哪一国起诉,都会援用同一个冲突规范,指定适用同一个国家的实体法,当然一般会得出一致的判决结果,进而有效避免"挑选法院"现象的产生。但是,即便是有了国际统一的冲突规范,有一个问题仍然不可能得到解决,即被指定适用的实体法终究是各国根据自己的立法旨意和取向制定的,其适用的对象原本是只涉及自己国内因素的法律关系,显然并不一定适合于解决含有外国因素的争议。

另外,不管是各国的冲突规范还是国际统一冲突规范,与实体规范相比较,因不直接规范当事人的权利义务,当事人不但藉此很难预见法律行为的后果,而且,由于受国家主权观念、案件结果与法院国的利害关系以及查明和适用法律上的司法便利等因素的影响,在长期的国际私法实践中,逐渐形成了跟适用冲突规范相联系的一整套法律制度,诸如反致、转致、法律规避、公共秩序保留、外国法内容的查明等等,又从不同侧面限制或削弱了冲突规范的效力,使冲突规范最初指引的法律跟法院最终用来调整某一涉外民事关系当事人权利义务的法律有可能不一致,这样便导致了法律适用的不确定性,在一定程度上更增加了当事人预见法律行为后果的难度。请看以下案例,从中体会冲突规范的固有局限性。

【案例1.2】 某中国公民的遗产涉外继承案

一中国人2012年死亡时在日本东京设有经常居所,并在东京留下若干动产,未立遗嘱,其继承人因析产不均诉诸日本法院。日本法院受理该涉外继承案件后,先要适用2006年日本《法律适用通则法》第36条关于"继承依被继承人本国法"的规定,从而认定应适用中国法律处理该涉外继承案件。但日本法院在案件审理过程中,查明中国《涉外民事关系法律适用法》第31条规定,遗产的法定继承,应适用被继承人死亡时经常居所地法律,把应适用的法律指回日本。这时,日本法院面临以下问题:究竟应依被继承人的本国法(中国法)还是他的经常居所地法(日本法)来处理这个继承案件呢?如果依中国法处理,是否违反日本的公共秩序?如果依日本法处理,是否能为中国继承人所接受,是否符合公正原则?等等。可见,法院在采用冲突规范调整涉外民事关系时,需要进行复杂的司法程序,判决的结果很难为当事人所预测。

正是由于运用冲突规范进行间接调整的方法有其固有的局限性,自19世纪末以来,人们同时也开始寻探解决法律冲突的其他途径,并产生了另外一种调整涉外民事关系的规范——统一实体法规范,形成了所谓的直接调整方法。

(二) 直接调整方法(实体法的方法)

1. 国际统一实体法的方法

所谓国际统一实体法的方法,是指国家之间通过以双边或多边国际条约的方式制定,或者借助于经广泛实践形成的国际惯例确定的统一实体法,来直接调整涉外民事关系当事人的权利义务关系,从而在某些民事关系领域消除法律冲突,避免法律选择。由于适用统一实体法规范直接避免了国际民事交往中可能发生的法律冲突,有的学者称其为"避免法律冲突的规范",而冲突规范则被称为"解决法律冲突的规范"。从这个角度看,较之于冲突规范,用统一实体法规范调整涉外民事关系确实前进了一步。统一实体法规范通过将同一民事关系置于一个共同的、统一的实体性质法律规范之下,实现了对涉外民事关系的直接调整,应该说,这更符合涉外民事关系的本质要求。但是,这绝不意味着统一实体法规范可以完全取代冲突规范,至少在我们可以预见的将来是这样。这主要是因为直接调整方法也有其局限性:

首先,这种方法的适用领域是有限的。在继承、婚姻等带有人身性质的法律制度方面,因不同民族、不同国家的历史传统与风俗习惯存在明显差异,且已渗透到每一个法律条文之中,所以,在这些领域,至今尚未能制定出统一实体法。统一实体法适用领域的有限性,还表现在一个实体法公约通常只适用于缔约国之间的某种涉外民事关系的某一或某些方面,因而在其他方面,仍是冲突规范发挥作用的空间。如1980年《联合国国际货物销售合同公约》仅适用于合同的订立和因合同而产生的买卖双方的权利和义务,除此之外其他诸多问题的解决,仍得依赖冲突规范的指引。

其次,即使在已经制定并适用统一实体法规范的那部分涉外民事关系领域,也不太可能完全排斥冲突规范的作用。因为国际条约原则上只对条约缔约国有约束力。更何况有些统一实体法公约的适用是任择性的,并不排除当事人另行选择适用法律的权利。至于另外一种统一实体法——国际商事惯例,因为其适用的任意性,即一般需要当事人选择后才得以适用,就更不能取代冲突规范了。

以上两点清楚地告诉我们,冲突规范的间接调整方法在解决涉外民事法律冲突方面仍将起着不可替代的重要作用。由于与实体法规范相比较,冲突规范缺乏法律所应具有的预见性、明确性和稳定性,所以各国国际私法学者一直试图就这方面作出改进的努力。目前,在美国学说中,主张把"结果的可预见性""当事人正当期望的得到保护"以及"国际和州际民事关系的协调与维持",作为选择法律时需要考虑的几种重要因素,也无非是为了求得法律选择及其后果的预见性、明确性与稳定性。另一方面,我们还应该看到,冲突规范指引法律的标准往往也是具有客观合理性的,如对人的能力一般指定适用其属人法,对物权关系一般指定适用其所在地法,对于这种基于客观合理标准所指定的实体法,就不能说它对相关问题的调整就完全缺乏预见性、明确性与稳定性。

不过,可以预见的是,随着国际交往的发展以及国际社会法律趋同化趋势的不断加强,统一实体法规范将不断增多,涉外民事关系将越来越多地得到这种统一实体法的直接调整。

2. 国内直接适用的法的方法

法国国际私法学家弗朗西斯卡基斯在其1958年发表的《反致理论和国际私法的体系冲突》一文中,首次提出了"直接适用的法"(Loi d'application immédiate)这一术语,并在以后的著作中阐述了法律直接适用的理论,成为这一理论的主要代表人物。其他关注它的学者们根据自己的认识和理解,先后也提出了许多不同的称谓和概念,如"限定自身适用范围的规范""空间受调节的规范""专属规范""自我限定规范""特殊法律选择条款""必须适用的法"以及"强制性法律"等,但对"直接适用的法"的认同者较多。弗朗西斯卡基斯认为,为了使法律在国际经济和民商事交往中更好地维护国家利益和社会经济利益,国家制定了一系列具有强制力的法律规范,用以调整某些特殊的法律关系,这些具有强制力的法律规范在调整涉外民事关系中,可以撇开传统冲突规范的援引,而直接适用于涉外民事法律关系。这种能被直接适用的法律规范,就是"直接适用的法律"或强制性规范。如1987年《瑞士联邦国际私法法规》第18条规定:"不论本法所指的法律为何,因其特殊目的应予适用的瑞士法律的强制性规定,应予以保留。"关于社会保障的某些瑞士法规定就是此类强制性规定。在日本,卡特尔法、外汇法、劳动标准法、工会法、最低劳动工资法、因公事故保险法、利息限制法、承租人保护法和关于消费者保护的特别法属于此类强制性规定。

对于这一类规范,早先只是被认为是一种积极的公共秩序制度,而且主要仅涉及法院国自己的这种实体规范。我国2010年《涉外民事关系法律适用法》第4条就规定,中华人民共和国法律对涉外民事关系有强制性规定的,直接适用该强制性规定。2012年最高人民法院《关于适用〈中华人民共和国涉外民事关系法律适用法〉若干问题的解释(一)》第10条规定:有下列情形之一,涉及中华人民共和国社会公共利益、当事人不能通过约定排除适用、无需通过冲突规范指引而直接适用于涉外民事关系的法律、行政法规的规定,人民法院应当认定为《涉外民事关系法律适用法》第4条规定的强制性规定:(1)涉及劳动者权益保护的;(2)涉及食品或公共卫生安全的;(3)涉及环境安全的;(4)涉及外汇管制等金融安全的;(5)涉及反垄断、反倾销的;(6)应当认定为强制性规定的其他情形。必须强调的是,这里的"强制性规定"与我国合同法上的所谓效力性或管理性强制性规定不同,一定是适用于涉外民事关系的那类强制性规定,对此要从立法目的上考察。"强制性规定"的直接适用,与公共秩序保留条款一样,都是能够达到排除外国法适用目的的一项制度,因此,对于"强制性规定"的理解应当严格、谨慎,如果滥用,将会大大折损国际私法的积极作用,甚至带来消极后果。①

但是,随着本应适用的"外国强行法"不得借冲突规范而加以排除的观念与立法的逐渐推广,对这种直接适用的法在他国的适用已呈现出放宽的趋势,当代国际私法的强制性规范不仅包括法院地国的强制性规范,还包括准据法所属国与第三国的强制性规范。如1987年《瑞士联邦国际私法法规》第19条就规定:(1)依瑞士法律观念为合理且明显占优势的利益要求考虑本法所指定的法律以外的另一法律的强制性规定时,如果所涉及的情况与该另一法律有密切的联系,得考虑其强制性规定。(2)为决定前款所称的外国法的强制性规定是否应予考虑,应考虑其所要达到的目的及其适用对于作出依瑞士法律观念为适当的判决所可能产生的后果。2008年欧盟《关于合同之债法律适用的条例》《罗马条例Ⅰ》第9条第3款明确了适用第三国优先强制性规则的情形:当合同义务将要或已经在一国履行,一旦该国的优先强制性规则认为此种履行为非法,那么,该国的优先强制性规则的效力就应当予以考虑。在决定是否承认此种规则效力时,法院应当考虑该强制性规则的性质、目的以及适用或不适用所可能产生的后果。

需要指出的是,对于某一涉外民事关系而言,间接调整方法与直接调整方法只能择一用之。塞缪尼德斯教授认为在罗马帝国消亡和冲突法产生之前,罗马外事法官最早就是运用"实体法方法"来调整罗马涉外民事关系的。只是这种实体法是由审理案件的外事裁判官直接综合所涉各国与案件有关的实体法,从而形成一种与所涉各国有关实体规范都不相同的、同时也只适用于本案的实体法。与这个论点相关,他进一步提出:在调整涉外民事关系,解决法律适用的冲突方面,这种实体法的方法更早于冲突法。②

第二节 国际私法的名称、范围和定义

一、国际私法的名称

虽然国际私法(private international law)这一称谓已被广泛接受,但是直到今天,不同国家和地区,同一国家的不同学者,对国际私法仍然保留着不同的称谓。因而,德国国际私法学家卡恩曾指出,国际私法可以说是从书名页起就是有争论的一个法律学科。从历史的演进上来了解它的曾用名,有利于我们掌握这

---

① 参见张先明:《正确审理涉外民事案件,切实维护社会公共利益——最高人民法院民四庭负责人答记者问》,载《人民法院报》2013年1月7日第7版。

② See Symeon C. Symeonides, Private International Law at the End of the 20th Century: Progress or Regress? Kluwer Law International, 2000, pp.20—21.

一法律学科的丰富内涵。

(一) 法则区别说(theory of statutes)

13世纪、14世纪意大利国际私法学创始人巴托鲁斯(Bartolus)试图通过区别"法则"(statutes)的性质来决定它们是否可以在域外适用,故当时的国际私法就被称为"法则区别说"。这一名称延续使用到18世纪,历经四百余年。因为法则区别说所要解决的仅是具有不同性质的"法则"哪些可以在域内或域外适用的问题,自然法学的色彩过于浓重,方法论上也很有不足。所以在19世纪以后,这一名称再无学者问津了。

(二) 冲突法(conflicts law)、法律冲突法(law of conflict of laws)或法律的冲突(conflict of laws)

1653年,荷兰法学家罗登堡(Christian Rodenburg,1618—1668)首次使用了冲突法(de conflictu legum)这一名称。当时的荷兰对外贸易极其发达,其商船走遍世界各地,有"海上马车夫"之称。频繁的对外贸易带来了对外文化交流的繁荣,外国学者纷纷留学荷兰,荷兰的学说也风行欧洲大陆,这一名称随之在欧洲流行。尽管欧洲大陆学者自19世纪后半叶以后,很少单独使用这一名称,但是自从美国国际私法奠基人斯托雷(Joseph Story)于1834年发表他的巨著《冲突法评论》一书以后,英、美等国家便一直沿用这一名称,其着眼点当然是在于强调这个法律部门是为了解决各国民商法冲突的。

(三) 涉外私法(foreign private law)

日本有的学者认为,国际私法既然是规定内外国交往的私法关系,就应该称之为"涉外私法"。中国国际私法前辈学者陈顾远也认为把国际私法这一法律部门称为涉外私法是较为适宜的。[①]

(四) 私国际法(private international law)

这个英文名称最早见于美国大法官斯托雷(Joseph Story)于1834年发表的《冲突法评论》一书中,其直译应为"私国际法"。但斯托雷本人并未用它来给其著作命名。首先使用"私国际法"这一名称的是法国国际私法学者弗里克斯(Foelix),他正式使用"droit international privé"来称谓这一法律部门。不过,他是一位把国际私法视为国际法的学者。现在这个名称在法国和其他一些拉丁语系的国家较流行,英美有些学者也采用它。但在中文、日文著作中,已将上述称谓译为"国际私法"。

(五) 国际私法(international private law)

真正称"国际私法"的是德国学者谢夫纳(Schaeffner),1841年他发表的《国际私法发展史》一书把这一法律部门称为"Internationales Privatrecht",如直译成

---

① 陈顾远:《国际私法总论》(上册),上海法学编译社1933年版,第103—104页。

英文,便成了"international private law"。但他认为,国际私法全然是国内法。现在德国学者都沿用这一名称。中国、日本以及苏联和东欧国家也普遍采用。

除上述较普遍的名称以外,还有"法律规范的场所效力论""外国法适用论""私法关系的国际处理法""国际民法""国际商法"等等。

就国际私法的立法名称来说,旧中国称为"法律适用条例"(1918年),中国台湾地区称为"涉外民事法律适用法"(1953年),韩国原称"涉外私法"(1962年),现称"国际私法"(2001年),日本原称"法例"(1898年),现改称"法律适用通则法"。中国1986年《民法通则》第八章则冠以"涉外民事关系的法律适用"的名称,2010年全国人大常委会通过的法律称"涉外民事关系法律适用法"。从20世纪70年代起亦有自称为"冲突法"的,如1982年南斯拉夫国际私法即称为"法律冲突法"。但更多的国家则称之为"国际私法"。

二、国际私法的范围

国际私法的范围是指国际私法所应包括的规范的范围或种类。关于这个问题,国内外一直存在分歧和争议。

(一)外国学者的观点

普通法系国家的国际私法学家多认为国际私法就是冲突法,但实际上也把关于涉外民事案件管辖权的规范和外国民商事判决的承认与执行的规范及其他一些程序规则都包括在国际私法之中。不过,他们反对把国籍问题和外国人民事法律地位规范归入国际私法(但住所问题却是他们国际私法的重要组成内容)。而大陆法系一些国家尤其是法国、比利时、意大利,却对国际私法作广义的理解,认为它除了冲突规范外,还应该包括适用于国际关系中私法主体的所有规范(如有关国籍与住所的规范),以及关于管辖权的规范。近年来,也有些法国国际私法学家主张国际私法还应包括统一实体私法。不过,他们仍认为法律适用规范是国际私法中最重要的规范。德国的学说一直认为国际私法只解决法律冲突问题,而把国籍问题归入宪法,把外国人民事法律地位规范归入外国人法,把国际民事诉讼程序规范归入民事诉讼法。原苏联和东欧国家学者比较一致的观点,是认为国际私法至少应包括冲突规范、外国人民事法律地位规范、调整涉外民商关系的统一实体规范和国际民事诉讼程序规范。

(二)中国学者的观点

中国学者对国际私法的范围也有不同的主张:(1)"小国际私法"观点,认为国际私法只是冲突规范;(2)"中国际私法"观点,认为国际私法包括外国人民事法律地位的规范、冲突规范、国际民事诉讼与国际商事仲裁程序规范;(3)"大国际私法"的观点,认为国际私法除包括上述三类规范外,还包括国际统一实体规范,甚至包括国内法中那些直接为调整涉外民事关系而制定的实体规范(或称国内法中的专用实体规范、直接适用的法),这是国内主流的观点。

中国国际私法学界在这一问题上分歧的焦点,在于是否应将国际统一实体法规范和直接适用的法纳入国际私法的范围。国际私法意义上的法律冲突产生的一个前提条件是"涉外民事关系所涉各国民事法律存在差异",这也是国际私法赖以存在的前提条件。那么,既然某一类涉外民事领域有了统一实体法,即意味着在该统一实体法的效力范围之内,不再存在涉外民事关系法律适用上的冲突,自然也就失去了国际私法存在的前提条件。所以,在这一意义上说,如果将统一实体法纳入国际私法的范围,无异于否定了国际私法存在的前提条件,也就无异于否定了国际私法本身。

至于"直接适用的法",也不宜纳入国际私法的范围。这是因为,国际私法意义上的法律冲突产生的另一个前提条件是"承认内外国法律的平等,亦即在一定范围内承认所涉外国法的域外效力"。也就是说,只有在承认所涉外国法的域外效力的范围内,才存在法律冲突和法律选择,才有国际私法存在的空间。而"直接适用的法"恰恰是在一定范围内"不承认内外国法律的平等,亦即在一定范围内不承认所涉外国法的域外效力",所以也不应该纳入国际私法的范围。

应该指出的是,不主张统一实体法纳入国际私法的范围,并不意味着否认统一实体法在调整涉外民事关系、构建国际民商新秩序[①]中的重要地位。恰恰相反,从长远来看,在推动全球经济一体化和市场经济全球化方面,较之于冲突规范,统一实体法的作用和地位显然还是一个上升的趋势。同时,尽管统一实体法不应该纳入国际私法的范围,也并不妨碍国际私法学者研究它。[②] 其实,就涉外民事关系的调整,乃至国际民事新秩序的构建来说,冲突规范和统一实体规范恰如一枚硬币的两面,缺一不可。就国际私法学说来说,如果不关注和研究统一实体法,就难以支撑起构建国际民商新秩序的理论大厦;就涉外民事争议解决的实践来说,如果不关注和研究统一实体法,就有可能导致法律适用的错误。正因为如此,当存在调整某一涉外民事关系的统一实体法时,本书作了简单说明。

基于以上认识,我们认为,国际私法包括以下几类规范:(1) 外国人民事法律地位规范,即规定在内国的外国自然人和法人在什么范围内享有民事权利、承担民事义务的法律规范。这种规范的效力是产生涉外民事关系的法律冲突的前提条件。如果一国立法不允许外国人享有某方面的民事权利,那么在该国境内就不会发生这方面的涉外民事关系,更不会发生涉外民事关系的法律冲突。(2) 冲突规范,即在调整涉外民事关系时,指定应该适用哪一国家的法律作为准

---

① 关于国际民商新秩序的构建,可参见李双元:《国际民商新秩序的理论建构》,武汉大学出版社2016年版。
② 参见杜涛、陈力:《国际私法》,复旦大学出版社2008年版,第7—8页。

据法的各种规范的总称。在今天,各国的国际私法仍以冲突规范为最基本、最主要的组成部分。(3)国际民事诉讼与国际商事仲裁程序规范。国际民事诉讼程序规范即指规范司法机关在审理涉外民事案件时专门适用的程序的规范,国际商事仲裁程序规范即规范国际商事仲裁机构的仲裁程序的规范。

三、国际私法的定义

由于各国的国际私法学者对国际私法的对象、调整方法以及范围的理解不同,从而从不同侧面对国际私法下了种种定义:(1)根据国际私法的调整对象,把国际私法定义为"调整涉外民事关系的法律部门"。[1] 为便于说明问题,国内包括本书在内的绝大多数国际私法著作也常采用这个定义。(2)从解决涉外民事关系法律冲突的角度,把国际私法定义为"调整不同国家私法冲突的规范的总和"。与此相似,有的学者从划分不同国家法制适用范围的角度,把国际私法定义为"在世界各国民法和商法互相歧义的情况下,对含有涉外因素的民法关系,解决应当适用哪国法律的法律"[2]。(3)从有关涉外民事关系是否应服从外国法的效力的角度下定义。如美国国际私法学者比尔主持编纂的1934年《冲突法重述》(Restatement of the Law, Conflict of Laws, 1934),就把国际私法定义为"每一个国家在处理某一法律问题时,决定是否应该承认某一外国法律的效力的一个法律部门"。(4)用列举国际私法范围的方式下定义。英国的很多国际私法学者都将国际私法定义为"处理涉外民事案件时解决管辖权、法律适用和外国判决的承认与执行的规范的总和"[3]。中国有些国际私法学者也试图用列举方式给国际私法下定义,只是由于他们对国际私法的范围理解不同,因而列举的内容有多有少。例如,有的把国际私法定义为"在国际民商事交往过程中形成的体现一国国家意志的,用来调整具有法律冲突和法律适用的国际民商事关系的,规定在国内立法、一些国家的判例法、国际条约和国际惯例中的冲突规范、规定外国人民事法律地位的规范、国际民事诉讼和国际商事(经济贸易)仲裁程序规范的总称"[4]。

以上种种定义,虽各有可取之处,但都只是反映国际私法某一方面的特质。根据对国际私法范围的较为普遍的看法,我们认为,可以对国际私法作如下定义:"国际私法是以涉外民事关系为调整对象,以解决法律冲突为中心任务,以

---

[1] 参见姚壮、任继圣:《国际私法基础》,中国社会科学出版社1981年版,第8页。
[2] 《中国大百科全书·法学卷》,中国大百科全书出版社1984年版,第228页。
[3] See Peter North, Fawcett and Carruthers, Cheshire, North and Fawcett Private International Law, 14th ed., Oxford University Press, 2008, p. 7; J. G. Collier, Conflict of Laws, 3rd ed., Cambridge University Press, 2001, p. 3.
[4] 参见章尚锦主编:《国际私法》,中国人民大学出版社2005年版,第9—10页。

冲突规范为最基本的规范,同时包括规定外国人民事法律地位的规范以及国际民事诉讼与仲裁程序规范在内的一个独立的法律部门。"

这个定义,一是强调了国际私法调整对象的特殊性;二是突出了国际私法的本质特性,即它的中心任务是解决因各国民、商法规定不同而产生的法律冲突;三是反映了国际私法最基本的规范和制度的特殊性,肯定了冲突规范及与之相联系的各种制度构成了国际私法和主要内容;四是指出了为实现调整涉外民事关系的任务,国际私法还应包括其他两类规范。

第三节 国际私法的渊源

国际私法的渊源是指国际私法作为有效的法律规范的外在表现形式。由于国际私法的调整对象是涉外的民事关系,在其发展的进程中,逐渐产生了国际统一规范,这就决定了国际私法渊源具有双重性,即除了国内立法和判例这两个主要渊源外,国际条约也已成为国际私法的重要渊源。[1]

一、国内立法

(一) 国内立法是国际私法的主要渊源

国际私法规范最早出现在国内立法中,直到今天,国内立法仍然是国际私法最主要的渊源。外国人民事法律地位规范、冲突规范和国际民事诉讼程序规范,都可见于各国的国内立法。但为了叙述的方便,我们在这里只主要涉及冲突规范在国内立法中的表现形式。最早在国内法中规定冲突规范的,在欧洲要数1756年的《巴伐利亚法典》,以后又有1794年的《普鲁士法典》。但对国际私法发生过重大影响的还是1804年《法国民法典》(又称《拿破仑法典》)。

(二) 各国国际私法立法的主要模式

目前,世界上大多数国家虽按以下三种不同方式,在国内法中规定冲突规范,但不管怎样,它们或多或少受到过《法国民法典》的直接或间接的影响。[2]

(1) 分散式立法模式。即将国际私法规范分散规定在民法典或其他法典的有关条款中。在民法典中规定国际私法有关条款的立法模式直接肇始于1804年《法国民法典》。之后便有1811年《奥地利民法典》、1829年《荷兰民法典》、

---

[1] 本节所述各国国际私法立法和国际条约以及国际惯例,除个别外,均可参见李双元、欧福永、熊之才编:《国际私法教学参考资料选编》(上册),北京大学出版社2002年版;邹国勇译注:《外国国际私法立法选译》,武汉大学出版社2017年版。

[2] 邹国勇博士对搜集的95个国家、地区的成文国际私法规范的立法模式进行了分类:分散立法式:14个国家;专编专章式:46个国家和地区;单行法规式(仅规定法律适用规范):14个国家;法典式(包含管辖权和外国判决的承认与执行规范):21个国家。参见邹国勇译注:《外国国际私法立法选译》,武汉大学出版社2017年版,前言。

1865年和1942年的两部《意大利民法典》、1867年《葡萄牙民法典》、1889年《西班牙民法典》等。在其他单行法规中,就某个方面的涉外民事问题制定国际私法有关条款的,如1882年《英国票据法》和1963年《英国遗嘱法令》。

(2) 专篇或专章式立法模式。在民法典或其他法典中列入专篇或专章,比较系统地规定国际私法规范。这种立法形式可以说是《法国民法典》的进一步发展。如1986年中国《民法通则》、1995年中国《票据法》、1991年《加拿大魁北克民法典》、1991年《美国路易斯安那州民法典》、1995年《越南民法典》、1997年《乌兹别克斯坦民法典》、1999年《白俄罗斯民法典》、1999年《哈萨克斯坦民法典》、1998年《哈萨克斯坦婚姻家庭法典》和2001年制定、2014年修订的《俄罗斯联邦民法典》、2009年《罗马尼亚民法典》(2011年生效)、2011年《荷兰民法典》、2014年《阿根廷民商法典》等。

(3) 单行法立法模式。即以专门法典或单行法规的形式制定系统的国际私法规范。最早采用这种立法模式的是1898年《日本法例》。其他如1938年《泰国国际私法》、1978年《奥地利联邦国际私法法规》、1979年和2017年《匈牙利国际私法》、1987年通过的《瑞士联邦国际私法法规》、1992年《罗马尼亚国际私法》、1993年《斯洛伐克国际私法和国际民事诉讼法》(已有2007年修订本)、1995年《意大利国际私法制度改革法》、1990年《英国合同(准据法)法》和1995年《英国国际私法(杂项规定)》、1996年《列支敦士登国际私法》、1998年《委内瑞拉国际私法》、1998年《突尼斯国际私法》、1998年《格鲁吉亚国际私法》、2001年《荷兰侵权冲突法》和2007年《土耳其国际私法和国际民事诉讼程序法》、2011年《波兰国际私法》、2012年《捷克国际私法》、2013年《黑山国际私法》、2014年《巴拿马国际私法》等。旧中国在1918年也公布了国际私法的单行法规《法律适用条例》。中国2010年制定了《涉外民事关系法律适用法》,中国台湾地区在2010年又修订了"涉外民事法律适用法"。

从立法技术和实际运用来看,由于各国法律传统的不同,上述各种立法模式,实难分轩轾。但根据近几年的立法进展情况,以专门法典或单行法规形式制定系统的国际私法规范,将是今后各国国际私法立法的主要趋势和方法。

二、判例

(一) 判例是国际私法的重要渊源

判例是指法院先前的某一判决具有法律的效力,从而成为以后审判同类案件的依据(故又有称为"先例"的)。一国法院的判例是否可以成为该国国际私法的渊源,在国际私法实践中是有分歧的。但是,如同国际私法的巨子拉贝尔(Rabel)在其1958年出版的巨著《冲突法:比较研究》一书中明确指出的那样:即使在民法法系国家中,冲突规范也大量以"法官造法"(judge-made)的形式存在。法国与比利时的法院便经常在无成文法的情况下进行操作。在1896年《德国民法施行法》生效后,德国法院在该法无规定时的做法也与英美的实践相似,即使在瑞士和其他大陆法系国家亦均如此。① 虽然现在上述大陆法系国家已有新的详尽的冲突法立法,这种情况已大有改变,但在晚近一些国家日益重视判例的作用。例如,在日本,由于其有关国际民事诉讼法的规定未臻完备,因而通常会以学说及具体案件的判例作为弥补。日本1967年出版的《涉外判例百选》就汇集了很多国际民事诉讼法方面的判例。

尽管英、美等普通法系国家的单行成文冲突法已在不断增多,但其法律渊源仍然主要以判例形式而存在。由于判例繁多,且十分零乱,抑或互有抵触,因而这些国家的国际私法学者就承担了编纂判例的任务。英国学者戴西于1896年编著出版的《冲突法论》便是这方面的名著,该书从1949年起由莫里斯(Morris,1910—1984)等人相继予以修订,到2012年已出至第15版,并从第14版起改名为《戴西、莫里斯和科林斯论冲突法》(Dicey, Morris and Collins on the Conflict of Laws)。目前,英国处理国际私法问题,除已有单行成文法规定外,其他仍以该书为依据。② 在美国,非官方的学术团体美国法学会承担了美国国际私法的编纂任务。1934年由哈佛大学法学院教授比尔(Beale)任报告员出版了《冲突法重述》。1971年由哥伦比亚大学法学院教授里斯(Reese)任报告员出版了《第二次冲突法重述》(Restatement of the Law, Second, Conflict of Laws, 1971),1986年美国法学会对之进行了修订。美国法学会(ALI)于2014年11月17日宣布,2015年启动《第三次冲突法重述》的编纂工作。新版重述在结构和范围上将与旧版保持一致。新版重述的报告人是宾夕法尼亚大学法学院科米特·罗斯福三世(Kermit Roosevelt III)教授、助理报告人是天普大学法学院利托(Laura E. Little)教授和加州大学埃尔文分校法学院惠特克(Christopher A. Whytock)教授。

(二) 中国对判例的立场和态度

中国不承认判例作为法的正式渊源。但在国际私法领域,我们却必须高度重视判例。这首先是因为在国际私法领域,情况错综复杂,没有哪一个法律部门像国际私法那样涉及如此广泛而复杂的社会关系,立法者不可能预见并规定一切可能发生的情况,因而光靠成文法不足以应付审判实践的需要。其次,在民事案件涉及英、美等国家的法律时,就势必要涉及判例的效力问题。更何况国际私法的原则和制度往往也需要在判例的基础上加以发展。

为了总结审判经验、统一法律适用,提高审判质量,维护司法公正,最高人民

---

① Ernst Rabel and Ulrich Drobnig, The Conflict of Laws: A Comparative Study, Vol. 1, 2nd ed., University of Michigan Press, 1958, p. 42.

② 中国大百科全书出版社于1998年分上、中、下三册出版了由李双元、胡振杰、杨国华、张茂翻译的该书第10版的中译本,书名为《戴西和莫里斯论冲突法》,计140万字。

法院于 2010 年 11 月发布了《关于案例指导工作的规定》。据此，最高人民法院将设立案例指导工作办公室，定期遴选对全国法院审判、执行工作具有指导作用的指导性案例并统一发布，这些案例对各级人民法院具有重要的参照指导意义。这意味着，判例在国际私法中的地位将会进一步提高。

三、国际条约

（一）国际条约是国际私法的重要渊源

在国际私法的早先时期，由于完全将它视为各国的国内法，并不存在国际条约这一渊源。但从 19 世纪起，国际社会便已开始从事统一冲突法、统一程序法和统一实体法的工作。

作为国际私法渊源的条约的适用，有以下几个值得注意的问题：

首先，尽管国际法要求有关缔约国必须善意地履行条约的义务，但是履行条约的国内程序仍然得由各国自己决定。从各国的实践看，条约在国内的适用方式大体上可分为两类：一是将条约规定转变（transform）为国内法，即条约在国际上生效后，必须在经国内立法机关用国内立法的形式转化为国内法，才使条约在国内生效；二是无需转变，而通过国内立法将条约的规定直接采纳入（adopt）国内法，条约在国际上生效后，在国内就自动生效。前者比较典型的国家有意大利和英国，后者有美国和西班牙。我国《宪法》并未规定条约是否必须经过转变才可以成为国内法。但从与其他国内立法比较可以看出，我国倾向于采直接纳入的做法。我国 1982 年《民事诉讼法（试行）》第 189 条规定："中华人民共和国缔结或者参加的国际条约同本法有不同规定的，适用该国际条约的规定。但是，我国声明保留的条款除外。"这条规定成了若干立法所遵循的模式，我国 1986 年《民法通则》、1991 年《民事诉讼法》、1992 年《海商法》、1995 年《票据法》和 1995 年《民用航空法》等均有类似规定。虽然它们规定的是条约与国内法冲突时谁优先的问题，但是它们也间接地回答了条约在国内法上的接受问题，即条约在国际上生效后直接纳入国内法，在国内直接适用，无需转变为国内法。[①] 此外，为履行加入的国际条约，中国还制定了一些专门条例，以便将国际法"转化"为国内法。如中国为履行有关外交关系和领事关系的两个维也纳公约而制定的《外交特权与豁免条例》和《领事特权与豁免条例》，就是这方面的典型。

2012 年中国最高人民法院《关于适用〈中华人民共和国涉外民事关系法律适用法〉若干问题的解释（一）》第 4 条规定，涉外民事关系的法律适用涉及适用国际条约的，人民法院应当根据《民法通则》第 142 条第 2 款以及《票据法》第 95 条第 1 款、《海商法》第 268 条第 1 款、《民用航空法》第 184 条第 1 款等法律规

---

① 王铁崖主编：《国际法》，法律出版社 1995 年版，第 426 页。

定予以适用,但知识产权领域的国际条约已经转化或者需要转化为国内法律的除外。

其次,目前越来越多的有关冲突法和程序法的国际私法条约规定了"例外条款"或"排除条款",即允许缔约国在适用有关条约中(适用其他缔约国的实体法或程序法作准据法)的规定时,如认为适用该外国法律会与自己的"公共秩序"存在明显的抵触,可以不适用该条约中的有关规定。而统一实体法公约也往往允许就适用的事项范围和公约的特定条款,作出声明与保留,如1980年《联合国国际货物销售合同公约》即有此类规定。

国际私法的三种规范和统一实体法规范,都可以在国际条约中得到体现。世界上包含有国际私法规范的国际公约有很多,大致可归纳为以下几大类。

(1) 关于外国人法律地位的公约。如1928年《关于外国人地位的公约》、1951年《难民地位公约》、1954年《关于无国籍人地位的公约》、1956年《承认外国公司、社团和财团法律人格的公约》、1966年《经济、社会与文化权利国际公约》等。

(2) 关于财产权的公约。如1958年海牙《国际有体动产买卖所有权移转法律适用公约》、1985年海牙《关于信托的法律适用及其承认的公约》、2002年海牙《关于经由中间人持有的证券的某些权利的法律适用公约》[①]等。

(3) 关于知识产权国际保护的公约。如1883年《保护工业产权巴黎公约》、1886年《保护文学艺术作品伯尔尼公约》、1891年《商标国际注册马德里协定》、1952年《世界版权公约》、1967年《成立世界知识产权组织公约》、1970年《专利合作条约》以及1996年《世界知识产权组织版权公约》等。

(4) 关于国际投资和贸易的公约。如1965年《关于解决国家与他国国民之间投资争端公约》、1974年《联合国国际货物买卖时效期限公约》、1986年《关于国际货物销售合同法律适用公约》、1980年《联合国国际货物销售合同公约》等。

(5) 关于国际运输的公约。其中调整国际海上货物运输关系的公约主要有1924年《统一提单的若干法律规则的国际公约》、1968年《关于修改海牙规则的议定书》、1978年《联合国海上货物运输公约》和2008年《联合国全程或部分海上国际货物运输合同公约》。调整国际航空货物运输关系的公约主要有1929年《统一国际航空运输某些规则的公约》、1963年《修改华沙公约的议定书》、1964年《统一非缔约承运人所办国际航空运输某些规则以补充华沙公约的公约》和1999年《统一国际航空运输某些规则的公约》。调整国际铁路货物运输关系的公约主要有1980年《关于国际铁路货物运输的公约》、1957年《国际铁路货物运

---

① 欧福永译、李双元校:《关于经由中间人持有的证券的某些权利的法律适用公约》,载《国际法与比较法论丛》第7辑,中国方正出版社2003年版。

输联运协定》。调整国际货物多式运输关系的公约有1980年《联合国国际货物多式联运公约》等。

(6) 关于国际支付的公约。诸如1930年《本票、汇票统一法公约》、《解决本票、汇票若干法律冲突公约》、《本票、汇票印花税公约》，以及1931年《支票统一公约》、《解决支票若干法律冲突公约》和《支票印花税公约》，1988年《联合国国际汇票和本票公约》等。

(7) 关于海事的公约。诸如1910年《统一船舶碰撞若干法律规定的国际公约》、1969年《国际油污损害民事责任公约》等。

(8) 关于婚姻、家庭和继承方面的公约。诸如1993年《跨国收养方面保护儿童及合作公约》、1996年《关于父母责任和保护儿童措施的管辖权、法律适用、承认、执行和合作公约》、2000年《关于成年人国际保护公约》、2007年《关于儿童抚养费用和其他形式的家庭扶养费用的国际追索公约》、2007年《关于儿童扶养义务的准据法的议定书》、1961年《遗嘱处分方式法律冲突公约》、1973年《遗嘱国际管理公约》以及1989年《死者遗产继承法律适用公约》等。

(9) 关于民事诉讼程序的公约。如1928年《布斯塔曼特法典》(其第4卷为"国际诉讼法")、1965年海牙《协议选择法院公约》、1968年布鲁塞尔《关于民商事件管辖权及判决执行的公约》(以下简称《布鲁塞尔公约》)和1988年《关于民商事管辖权及判决承认与执行的公约》(以下简称《洛迦诺公约》)、1965年海牙《关于向国外送达民事或商事司法文书和司法外文书公约》、1970年海牙《关于从国外调取民事或商事证据的公约》、1980年海牙《国际司法救助公约》、1971年海牙《民商事件外国判决的承认和执行公约》、欧洲议会和(欧盟)理事会2012年《关于民商事件管辖权及判决承认与执行的条例》(该条例不同于一般的国际条约，它具有直接适用性，无须批准或加入，直接适用于欧盟成员国)以及2005年海牙《协议选择法院公约》等。

(10) 关于国际商事仲裁的公约。诸如1927年日内瓦《关于执行外国仲裁裁决的公约》、1958年纽约《承认与执行外国仲裁裁决公约》等。

(二) 中国缔结或加入的有关国际私法条约和统一实体法条约

(1) 在外国人民事法律地位方面，有1951年《关于难民地位的公约》、1967年《关于难民地位的议定书》、1979年《关于消除对妇女一切形式歧视的公约》及1966年《经济、社会与文化权利国际公约》等。

(2) 在冲突法方面，中国加入了1993年《跨国收养方面保护儿童及合作公约》，同时在参加的有关国际条约中也有涉及冲突法条款的，如1951年《关于难民地位的公约》第12条。

(3) 在统一实体法方面，中国参加的国际条约较多，有1980年《联合国国际货物销售合同公约》、1929年《关于统一国际航空运输某些规则的公约》、1999

年《统一国际航空运输某些规则的公约》、1955 年《关于修订统一国际航空运输某些规则的公约的议定书》、1883 年《保护工业产权巴黎公约》、1886 年《保护文学艺术作品伯尔尼公约》、1891 年《商标国际注册马德里协定》及其议定书、1952 年《世界版权公约》、1967 年《成立世界知识产权组织公约》、1994 年《与贸易有关的知识产权协定》等。此外,中国还同许多国家签订了双边投资保护协定、贸易协定等,其中也包含了大量的调整涉外民事关系的实体法规范。

(4) 在国际民商事程序法方面,有 1958 年《承认与执行外国仲裁裁决公约》、1965 年《关于向国外送达民事或商事司法文书和司法外文书公约》、1965 年《关于解决国家与他国国民之间投资争端公约》、1970 年《关于从国外调取民事或商事证据的公约》。截至 2018 年 2 月底,已同法国、波兰、蒙古、比利时、罗马尼亚、意大利、西班牙、俄罗斯、土耳其、古巴、泰国、埃及、保加利亚、白俄罗斯、哈萨克斯坦、乌克兰、匈牙利、希腊、塞浦路斯、摩洛哥、吉尔吉斯斯坦、塔吉克斯坦、新加坡、乌兹别克斯坦、越南、老挝、突尼斯、立陶宛、阿根廷、韩国、阿联酋、朝鲜、科威特、秘鲁和巴西以及阿尔及利亚、波斯尼亚、黑塞哥维那、埃塞俄比亚和伊朗等国家签订了 40 份民(商)事或者民(商)刑事司法协助协定,除与比利时、伊朗、埃塞俄比亚[①]等国家签订的 3 个协定尚未生效以外,其他均已生效。[②]

2012 年中国最高人民法院《关于适用〈中华人民共和国涉外民事关系法律适用法〉若干问题的解释(一)》第 9 条规定:当事人在合同中援引尚未对中华人民共和国生效的国际条约的,人民法院可以根据该国际条约的内容确定当事人之间的权利义务,但违反中华人民共和国社会公共利益或中华人民共和国法律、行政法规强制性规定的除外。

四、关于国际惯例作为国际私法渊源的问题

(一) "国际习惯"与"国际惯例"辨析

学者们之间关于"国际习惯"与"国际惯例"的分歧主要源于对"international custom"和"international usage"翻译的不同。有的学者将"international custom"翻译为"国际习惯",将"international usage"翻译为"国际惯例",如王铁崖先生和梁西先生。而另一些学者的译法恰恰相反,如陈安先生和周鲠生先生。

《国际法院规约》第 38 条被认为是关于国际法渊源的权威解释,根据该条规定,"international custom"是具有法律约束力的国际法的渊源之一,其形成必须包括两个要件:第一,通例的存在,即各国对在其相互关系中,对某种事项重复

[①] http://www.fmprc.gov.cn/web/gjhdq_676201/gj_676203/fz_677316/1206_677366/sbgx_677370/,2018 年 5 月 10 日访问。

[②] http://www.fmprc.gov.cn/web/ziliao_674904/tytj_674911/wgdwdjdsfhzty_674917/t1215630.shtml,2018 年 5 月 10 日访问。

采取类似行为(或不行为)这一客观事实的存在,也就是所谓的"物质因素";第二,存在的通例已被各国接受为法律,即各国在主观上对这种通例有一种法的信念,也就是所谓的"心理因素"。① 至于"international usage",在具有最高权威的国际法巨著《奥本海国际法》中,被认为是不具有法律约束力的,因为尽管存在某种行为的惯行,但这种惯行不是在这些行动按照国际法为必需的和正当的信念下形成的。显然,这是两者在国际公法层面上的区别。

在国际贸易实务领域,一般不对"习惯"("custom")和"惯例"("usage")作出具体区分,但意思非常明确,即指不具有法律约束力的贸易惯例,也即通常所称的商事惯例(commercial custom or usage)。它们主要是在长期商业实践的基础上产生,后来又经国际组织统一编纂和解释而得到统一。但是,国际商会曾特别警告说:这种惯例仅是私人机构所制定,不可轻率地肯定其具有法源的地位或法律约束力,只有在当事人之间直接引用时,才对他们具有约束力。

为了避免理论和实务上的混乱,有必要统一"international custom"和"international usage"的译法,前者翻译为"国际习惯",指具有法律约束力的国际习惯法规范;后者翻译为"国际惯例",指尚不具有法律约束力的通例。而国际惯例主要为国际商事惯例,属于任意性规范。

(二) 关于国际惯例作为国际私法的渊源问题

对于这个问题,目前在立法上存在较大的分歧,在学理解释上也颇为混乱,我们认为有加以厘清的必要。

第一,在我们目前收集的近六十个国家与地区的国际私法立法中,明确规定在解决民商事法律适用上的冲突或确定准据法时,在自己的国内立法或参加的国际条约中没有相应规定的情况下,可以适用国际惯例的只有中国(1986年《民法通则》第142条)、蒙古(2002年《民法典》第540条)、朝鲜(1995年《涉外民事关系法》第6条)、越南(1995年《民法典》第827条)、哈萨克斯坦(1999年《民法典》第1084条)、阿塞拜疆(2000年《国际私法》第1条)和俄罗斯(2002年生效的《民法典》第4编第1186条)等。从立法时间看,似可以认定1986年中国作出此项规定,当属创新之举。但迄今为止,未见有权威的司法解释来阐述当时作出这项规定就何所指,理由何在,实例有哪些。也许正是因为没有立法解释,才造成学理解释上的混乱。有人认为该条所指的国际惯例既包括冲突法上的国际惯例,又包括实体法上的国际惯例②;有人认为在冲突法上如"不动产适用物

---

① 梁西主编:《国际法》,武汉大学出版社2004年修订第2版,第33页。
② 韩德培教授主编的《国际私法》(高等教育出版社、北京大学出版社2007年版,第32页)和章尚锦、杜焕芳教授主编的《国际私法》(中国人民大学出版社2014年版,第19页)等书认为我国国际私法的渊源包括冲突法上和实体法上的国际惯例。杜涛著的《国际私法原理》(复旦大学出版社2014年版,第42页)认为,法院所适用的规则与法律渊源是不同的概念,国际惯例不是国际法和国内法的渊源。

之所在地法""行为方式适用行为地法""合同适用当事人自主选择的法律""程序问题适用法院地法"等一些比较普遍采用的冲突法原则已成为国际惯例;也有人认为还不能将如"不动产适用物之所在地法"等冲突法原则视为国际惯例。同时,我国从《民法通则》第142条第1—3款紧密的逻辑关系来看,《民法通则》第142条规定的可适用的国际惯例和第150条所指的国际惯例一样,都只是实体法方面的惯例。

第二,对于像"不动产适用物之所在地法""行为方式适用行为地法""侵权行为适用侵权行为地法"等,根据拉贝尔的观点,这些规则早在尚不存在今天这样的民族国家的法则区别说时代便已确立,但是,现在这些统一的规则已经变成国家的立法了。持类似观点的还有中国台湾地区的学者刘铁铮先生等。沃尔夫也指出,在国际私法中确实存在一些被部分国家共同采用的规则,但是不能认为这些规则是"超国家的",而主要是基于各国的"自愿采纳"。

在实践中,江苏省南京市中级人民法院1997年"陆承业、蔡相女与张淑霞、陆青继承和保险赔偿金权属纠纷"案支持"我国立法中的国际惯例既包括实体性惯例,也包括冲突法惯例"这一观点。该案判决认为:在国际私法领域,适用物之所在地法律来解决日益增多的涉外动产所有权的法律冲突已成为惯例。

第三,我们认为在冲突法领域并无国际惯例这一渊源,并不表明统一实体法也不能包含国际惯例这一渊源。这种类型的统一实体法主要由国际商事惯例所构成,比如:设定国际"贸易条件"的1932年《华沙—牛津规则》、1953年《国际贸易术语解释通则》(现已有2010年版本),调整共同海损理算的1974年、1994年和2004年及2016年四个《约克—安特卫普规则》,调整国际贸易支付的1995年《托收统一规则》以及1953年《跟单信用证统一惯例》(现为国际商会第600号出版物,即2007年修订本)等。

这类国际商事惯例纯属"任意性规范"。在各国的民商事立法中,乃至在国际民商法条约中,都有大量的任意性规范存在,绝非仅由强制性规范所构成。它们或者在经当事人明确加以采用于有关的交易或合同中才具有法律上的强制力,或者只有在当事人未明确排除其适用时才能起约束他们的效力,它们甚至还允许当事人对法条的规定作出一定的减损或补充。

第四,由于国际(商事)惯例是在国际商事活动中,经长期而广泛的实践和采用而发展与完善起来的,是各种利益取向、价值观念和诚信原则长期折中和平衡所产生的行为规则,带有商业社会自治法的性质,国家为了保证自己在规范国际商事活动时不至失去信誉,不会运用"公共秩序制度"来排除它们的效力。[①]从这个意义上说,它的适用较之于内国法的适用更具有稳定性。

---

① 参见熊育辉:《我国国际私法关于"公共秩序"立法的审视》,载《时代法学》2005年第4期。

2012年中国最高人民法院《关于适用〈中华人民共和国涉外民事关系法律适用法〉若干问题的解释(一)》第5条规定,涉外民事关系的法律适用涉及适用国际惯例的,人民法院应当根据《民法通则》第142条第3款以及《票据法》第95条第2款、《海商法》第268条第2款、《民用航空法》第184条第2款等法律规定予以适用。《民法通则》第142条第3款规定:"中华人民共和国法律和中华人民共和国缔结或者参加的国际条约没有规定的,可以适用国际惯例。"这就表明,国际惯例在我国可以作为涉外民事关系的准据法。

五、关于一般法理、国际私法之原则及学说作为国际私法渊源的问题

一些国家的立法规定,在本国国际私法没有明确规定时,可以依据一般法理或国际私法原理、原则裁判。例如1938年的《泰国国际私法》第1条就规定:在法无规定时,允许适用国际私法的一般原理。1987年《约旦民法典》规定,其国际私法若无规定,可依穆斯林法律的原则,以及在无此种原则时,依公平原则裁判国际私法案件。1982年前南斯拉夫的国际私法也允许在法无规定时,参照南斯拉夫法律的原则和它的国际私法原则裁判案件。1984年《秘鲁民法典》也允许在其缺乏相应的冲突规则时,以国际私法的原则及公认的准则作补充的适用。1971年美国《第二次冲突法重述》第6条"法律选择的原则"也允许在宪法和本州成文法没有规定时,可根据该条提出的七项因素(亦多为国际私法的一般原则)来决定应适用的法律。1999年《斯洛文尼亚关于国际私法与诉讼的法律》在其第3条概括规定:"本法对法律适用未作规定的,参照适用本法的规定与原则、斯洛文尼亚共和国法制原则及国际私法原则。"2007年《马其顿关于国际私法的法律》第4条有关"法律遗漏的填补"也类似地规定:如果本法对第1条第1款所指关系的准据法未作任何规定,则类推适用本法的规定和原则、马其顿共和国的法律原则以及国际私法原理,等等。而在仲裁中,允许友好仲裁和依公平原则仲裁从实质上讲,也可以说就是根据一般法理来裁断争议了。

至于学说作为通过著作等表现出来的法学家的个人主张,依《国际法院规约》第38条,它只能"作为法律原则之补助资料"。但在国际私法方面,由于很多制度和规则尚处于形成、发展的阶段,司法机关需要借助学说上的理论作为解决实际问题的指导和根据乃常见的现象。《戴西、莫里斯和柯林斯论冲突法》以及哥伦比亚大学法学院里斯教授主持编纂的美国《第二次冲突法重述》,都为英美两国法院在处理国际私法问题时所注重和援用。有的阿拉伯国家的国际私法立法中也允许适用它所指定的特定学派的学说。[①]

可见,国际私法的一般原则、一般法理及特定学者(或学派)的学说,亦可成

---

① 参见《阿拉伯联合酋长国民事关系法典》第1条。

为国际私法的渊源,不过得看有关国家的法律或国际条约是否有这样的明确授权。尽管中国不把抽象的一般法理和学说作为国际私法的正式渊源,但既然普通法国家常引用学者的学说或著作作为判案的根据,我们就应该高度重视并加强对外国国际私法学者著作和学说的研究工作。对于国际私法原则是否是我国国际私法的正式渊源,我国无明文规定,但是从法理上来说,国际私法原则在实践中应该有重要的参考和指导作用。

第四节 国际私法的性质

自从19世纪中叶以来,各国学者对国际私法性质问题的争论从未停止过。争论的焦点是:国际私法是国际法还是国内法?国际私法是程序法还是实体法?国际私法是公法还是私法?对于这三个问题,应当根据当今国际私法的实际情况和发展趋势,作出客观的、科学的回答。①

一、国际私法已兼具国际法和国内法的性质

对于国际私法到底是国内法还是国际法的问题,古往今来,国内外学者存有不同甚至尖锐对立的观点。这些观点大致可以划分为三大派别,即普遍主义—国际主义学派、特殊主义—国家主义学派、二元论或综合论学派。

(一) 普遍主义—国际主义学派(universalism internationalism)

法则区别学派主张依照法则的性质来决定应适用的法律。那时,国际私法与基督教普遍主义相适应,被视为具有国际法的性质。但是到了17世纪,随着国家主权观念的产生和加强,出现了一个以国际礼让说为代表的荷兰法则区别学派,他们认为国际私法只是一国的国内法。英美国际私法学奠基人斯托雷深受现代自由资本主义哲学及法理学思潮的影响,率先抛弃了法则区别说。随后在欧洲大陆,德国学者谢夫纳、瓦希特(Wächter),法国学者弗里克斯等人也都纷纷著书批判法则区别说。从实践上说,创立于公元13、14世纪的法则区别说的确已难以适应19世纪现代资本主义社会跨国法律关系发展的需要了。

为了填补摧毁法则区别说以后国际私法理论的空白,适应垄断资本主义时期社会和经济发展的需求,西方学者在新的哲学思潮的影响下,致力于建立新的国际私法体系。由于在19世纪的大多数国家尚处于殖民地的地位,只有为数不多的几个资本主义国家享有主权,是所谓的"文明国家";另外,还由于当时在哲学上盛行客观唯心主义理论,再加上新自然法学派思想和规范法学派思想的影

---

① 关于这个问题的下述三个结论,可参见李双元、宁敏、熊之才:《关于国际私法的几个理论问题》,载《中国国际私法与比较法年刊》2000年第3卷,法律出版社2000年版。

响,这个时期的大多数学者主要是从一种自然法或超级法的角度来探讨国际私法问题。他们把整个世界看作为一个共同体(community),并从这种"国家共同体"(community of nations)的观念出发,试图证明在客观上存在着或应该存在约束各国的统一的法律,从而形成了新的普遍主义——国际主义学派。该派主要代表人物在德国有萨维尼(Savigny)、巴尔(Von Bar)、弗兰根斯坦(Frankenstein)等,在法国有魏斯(Weiss)和毕耶(Pillet)等,在意大利有孟西尼(Mancini),在荷兰有杰特(Jitta)等。

普遍主义——国际主义学派认为,国际法分为国际公法和国际私法两个平行的部门,恰如同一树干上长出来的两个分枝,因而国际私法是国际法。这一学派的各位学者从不同角度论证国际私法的国际法性质,其主要论据可归纳如下:(1)国际私法调整的社会关系已经超出一国范围而具有国际性。(2)国际条约和国际惯例已成为国际私法的重要渊源,并有趋势表明,它们作为国际私法的渊源所占的比重将会越来越大。(3)国际私法的作用同国际法一样亦在于划分国家之间主权的效力范围。(4)不少国际私法所包括的原则、制度与国际公法是一致的,诸如条约必须信守原则、主权原则、平等互利原则、互惠原则等。

(二) 特殊主义——国家主义学派(particularist nationalist)

进入20世纪以后,随着主权国家的日益增多,很多主权国家都制定了各自的国际私法。同时,自荷兰"礼让"学派认为是否适用外国法取决于对外国的"礼让"以后,特殊主义——国家主义学派便产生了。

该学派也涌现出一大批代表人物,在德国有卡恩(Franz Kahn)、诺伊迈尔(Neumeyer)、马丁·沃尔夫(Martin Wolff)、梅希奥(Melchior)、努斯鲍姆(Nussbaum),在法国有巴丁(E. Bartin)、尼波耶(J. P. Niboyet)、莫利(J. Maury)、巴迪福(Batiffol),在英国有戴西(Dicey)、戚希尔(Cheshire),在美国有比尔(Beale)、库克(Cook)、劳伦森(Lorenzen),以及加拿大的福尔肯布里奇(Falconbridge),意大利的安兹罗蒂(Anzilotti),西班牙的兰拉斯(Llanas)。该学派认为每个国家都可以制定本国的国际私法,各国国际私法只不过是本国国内法的一个分支,断然否认有一种凌驾于一切国家之上的"超国家的国际私法"存在。该学派主张国际私法是国内法的主要论据如下:第一,国际私法调整的是非主权者的民事关系,国际私法的主体主要是自然人和法人;第二,国际私法的主要渊源是国内法;第三,国际私法上的争议一般由一国的法院或仲裁机构处理;第四,国际私法规范的制定和适用,都取决于一国自身的意志,等等。

(三) 二元论或综合论学派(comparative school)

二元论学派的主要代表人物有德国的齐特尔曼(Zitelmann)和捷克斯洛伐克的贝斯特里斯基(R. Bystricky)等人。他们认为,国际私法的基本原则既有属于国际公法方面的,也有属于国内民法方面的;国际私法规范,既有国际条约方面的渊源,也有国内民法方面的渊源。国际私法是介于国际公法与国内民法之间的一个独立的法律部门。

(四) 本书作者的观点

首先,我们认为,对这三个学派,很难也没有必要作出孰是孰非的评价。相反,也许正是这些学派的共存与争论,在持续地推动着国际私法的进步。

其次,我们还认为,一个哪怕是最简单的法律部门具有什么性质,属于哪一法律体系,也很难从非此即彼的绝对的、僵化的观点出发来作出界定。根据这一思路,在我们看来,随着国际交往的加强,国际关系日趋复杂,必然会产生一些兼具国际法与国内法双重性质的、边缘性的或者跨几个领域的综合性法律部门。国际私法在适应国际民事交往不断发展的过程中,其自身正在发展成为一个跨国际法和国内法的兼具双重性质的独立法律部门。尽管从渊源上看,目前它仍主要由国内法构成,但它的国际法因素正在不断增加。[①] 而且,许多新的国际私法立法已明确规定在受条约约束的情况下,应优先适用条约中的冲突规范。如2007年《土耳其国际私法和国际民事诉讼程序法》第1条第2款、1986年《德国民法施行法》第3条第2款、2009年《罗马尼亚民法典》第2557条、1995年《意大利国际私法制度改革法》第2条第1款、1998年《委内瑞拉国际私法》第1条。

二、国际私法已兼具实体法和程序法的性质

关于国际私法究竟是实体法还是程序法的争论,最初的目的只在于:如果认为国际私法只是程序法,那么根据当时"程序问题只适用法院地法"的观点,当然也就只应该由法院适用本国的法律了。不过现在,对这一问题的争论早已超出了最初的意义。尽管仍有一些学者倾向于认为国际私法是程序法,其理由是:国际私法只指示法院如何解决这种民事关系的管辖权和法律适用问题。但另一部分学者却认为,国际私法首先是以实体法律关系作为自己调整对象的,当一国法院确定了某一涉外民事案件管辖权和适用的准据法之后,最终的目的还是在于依据该准据法去解决涉外民事关系当事人具体的权利义务纠纷。上述争论都建立在国际私法只是冲突法的基础之上。但即便如此,也不能认为国际私法只是"法官的法",其实它也是确确实实起着指引人们行为作用的一种规范。

国际交往发展到现今,人们的生产和生活日益国际化,如进行跨国投资,签订各种涉外民商事合同,成立涉外婚姻或收养关系,或为在国外保护自己的知识产权,等等。为了避免或者预测国际民事交往中的法律风险,以更好地保护自己的利益,参与涉外民商事活动的当事人在进入包括诉讼、仲裁、登记等程序之前,

---

① 关于国际私法的国际法因素,可参见李健男:《论国际私法的国际法因素》,载《暨南学报(哲学社会科学版)》2005年第3期。

了解和咨询有关国家的法律适用规则以及有关的统一实体规则,已经是极平常的事了。正是考虑到当今的实际情况,中国学者在起草《中国国际私法示范法》时,力主改变目前为大陆法系和英美法系许多国家所奉行立法体例,即第一板块为"国际民事管辖权",第二板块才是"法律适用",而建议把"法律适用"放在第一板块,从而体现出国际私法首先仍然是规范人们的实体行为和实体关系,只有在发生争议之后才导致法院或仲裁机关对种种冲突规则和程序规则的适用。应该说,这种观点虽不为目前已有的各国国际私法立法所采纳,但它还是有助于我们对国际私法的性质和作用作出正确的理解的。

不管怎样,在我们看来,既然除了解决法律适用的冲突法外,国际私法还包括外国人民事法律地位法以及解决涉外民事争议的程序法,显然,国际私法既包含了实体法,又包含了程序法。

综上所述,在这个问题上,大体上亦可区分出三大理论派别,即:(1) 程序法学派。(2) 实体法学派。(3) 综合论学派。我们采纳的是第三派的观点。

三、国际私法已兼具公法和私法的性质

这是一个与前两个问题有着密切关系,且有助于全面正确认识国际私法性质的问题。对于该问题的不同回答,形成了相应的三大基本派别:一派认为国际私法属于私法的范畴;另一派则把国际私法完全归入公法范围;而德国的科恩则认为,国际私法既不属于公法,也不属于私法,而是自成一类的法律。①

主张将国际私法定性为私法的基本理由是,它调整的是民商事私法关系,只不过它们含有涉外或跨国的因素。但是,既然国际私法还包含了国际民事诉讼法等公法规范,同时越来越多的国际私法国内立法已明确规定,在冲突规范指定应适用外国法时,不得以该外国法具有"公法"性质而加以排除,这种认为国际私法属于私法范畴的观点就不能认为是正确的了。

认为国际私法兼具公法性质的基本理由,主要是认为法律适用规范既然旨在指示法官如何适用法律,故当属"公法",似无疑义,但这只是问题的一个方面;问题的另一方面是,既然国际私法是对涉外民事案件可适用的实体法予以"决定",据此得以间接确定实体法上的权利义务,而此处的实体法即指一国的"私法",则国际私法,称其为私法,自亦非妄言。正因如此,有的学者得出结论:国际私法"非仅为'法官之法律',亦为'当事人之法律'而具有私法性质"。

上述德国科恩的观点,我们认为并不可取。法理学上把法律划分为公法和私法两大部类,这是最基本的划分,很难找出一部既不具公法属性又不具私法属性的法律。因此,为了更准确地给当代国际私法定性,认为国际私法虽在调整私

---

① 参见陆东亚:《国际私法》,台湾正中书局1979年版,第13页。

法对象的涉外民事关系的基础上发展起来,但今天已是一个以私法规范为主,同时兼有调整许多公法关系的公法规范的独立的法律部门,应该是无可辩驳的。

四、国际私法与邻近几个法律部门的关系

对于国际私法与国际公法的关系,本节前面部分已作探讨,此处只阐述国际私法与国际经济法、国内民法的关系。

(一) 国际私法与国际经济法的关系

国际私法与国际经济法同样是既有联系也有区别的。二者的联系表现在:(1) 二者的产生都是国际关系发展到一定阶段的产物;(2) 调整对象都具有涉外因素,最终都会涉及不同国家之间的利益;(3) 都需要适用主权原则、平等互利原则、遵守国际条约原则和尊重国际惯例原则;(4) 在解决争议方面往往可能需要借助国际民事诉讼或仲裁方式。二者的区别表现在:(1) 调整对象的范围及性质不同。国际私法的对象是广义上的民事法律关系,即主要是私人之间的民商事法律关系,属私法调整的范畴。而国际经济法的对象则包括国家间的经济关系,这属公法调整的范畴。(2) 调整方法不同。国际私法的方法为间接调整方法,而国际经济法的方法为直接调整方法。

在中国,关于国际私法与国际经济法的关系,由于对两者各自所调整的社会关系的性质、内容和规范的形式的理解不同,存在着不同甚至明显对立的观点。如前所述,中国有"大""中""小"国际私法的观点,对国际经济法的含义也有狭义和广义的观点。狭义说认为,国际经济法应主要由实现国家或国际组织对发生在国际经济贸易过程中的各种法律关系的管理和干预的公法性质的规范构成;广义说认为国际经济法包括调整国际经济交往中发生的一切关系的法律,因而其范围包括:关于外国人的法律地位的国内外立法、国际贸易法、国际投资法、国际货币金融法、国际税法、国际经济组织法和国际民事诉讼与商事仲裁法等。目前国内有学者主张,国际经济法的"内涵和外延,早已大大地突破了国际公法单一门类或单一学科的局限,而扩及于涉及国际私法、国际商法以及各国的民法、经济法等,形成了一种多门类、跨学科的边缘性综合体",并认为,作为法律冲突规范的国际私法,可以进一步划分为用以调整国际(涉外)私人间经济关系的法律冲突规范以及用以调整国际(涉外)私人间人身关系的法律冲突规范。前一类冲突规范用以间接地调整跨越一国国界的私人之间的经济关系,因此,理应属于国际经济法的范畴,只有后一类调整私人间人身关系的冲突规范,由于其并非调整经济关系,才"不应纳入国际经济法的范畴"。[①] 这样就至少在两个方

---

① 参见陈安:《论国际经济法学科的边缘性、综合性和独立性》,载陈安主编:《国际经济法论丛》第1卷,法律出版社1998年版,第12、27—28页。

面——在调整发生于国际经济贸易过程中的各种私法关系以及在国际商事仲裁和诉讼方面——与国际私法在内容上发生了重叠。上述观点忽视了国际经济法应该发挥的构筑国家间经济新秩序的最本质的作用,不必要地扩大了国际经济法的范围,对国际私法和国际经济法的关系作了不科学的解释,因而既不能为国际经济法学界所接受,也不能为国际私法学者所认同。

(二) 国际私法与国内民法的关系

国际私法的作用,就在于发生涉外民事关系时,到底应适用内国民法还是外国民法来确定当事人之间的实体民事权利义务。所以从传统上讲,二者之间联系的密切程度可以说是一目了然的。这个法律部门之所以叫做国际"私法",也是因为当初它所调整的全属民、商法关系。国际私法与国内民法的联系还表现在它最早是作为国内民法的适用法而诞生的,因此每一国家民法的基本原则与制度都对它的国际私法有着直接的影响,国际私法中的许多制度(如识别、公共秩序保留和法律规避等)也是为了保证国内民法基本原则不被违背而产生的。

但二者的区别也是明显的,主要表现在:(1) 国际私法所调整的民事关系都是含有"涉外因素"的民事关系,而民法调整的是纯国内民事关系。(2) 国际私法主要由间接性质的冲突规范所构成,而民法几乎全为直接的实体规范。(3) 在国内民事争议中,程序问题的解决只适用一般民事诉讼法,而国际私法争议程序问题的解决,许多还要适用国家关于涉外民事诉讼程序的特别规定。(4) 在渊源上,国际私法还有国际条约等国际法渊源,而民法的渊源全为国内立法。(5) 国际私法除了坚持民法的一些基本原则外,还特别需要强调主权原则、内外国人和内外国法律平等等国际法原则。

第五节 国际私法的基本原则

西方国际私法学者很少专门讨论国际私法的基本原则,因为在他们那里,适用外国法的理论或指导法律选择的原则,已起到基本原则的作用。但现代国际私法的范围已超出传统冲突法的范围,要解决的问题已经大大超出了适用外国法或进行法律选择的范围。因而,需要对国际私法各个领域进行通盘考虑,从中抽象出据以指导解决上述种种问题的基本原则,供立法机关或司法(仲裁)机关遵循。有的国家的国际私法还专章专条规定了国际私法的基本原则,如1995年朝鲜《涉外民事关系法》就在其第一章专门规定了涉外民事关系的基本法律原则(共15条),概括起来包括当事人意思自治原则、平等互利原则、遵守国家基本法律制度原则(国家主权原则)、最密切联系原则、条约信守原则等。

我们认为,在全球化这一宏大的背景之下,国际私法的基本原则主要应是主权原则、平等互利原则、法律协调与合作原则和保护弱方当事人合法权益的原则①以及条约信守原则。上述原则构成一个整体,适用于国际私法的各个领域,从而使得国际私法在调整国际民事活动中,既能维护自己国家和人民的利益,又能促进国家间平等互利交往,进而保障全人类共同的可持续发展。

一、主权原则

主权原则是国际公法上的最基本原则,早在荷兰"法则区别说"形成之时,它便被引入国际私法。主权原则要求我们必经承认和尊重每个国家在处理涉外经济、民事关系时的法律适用权利,以及行使国际民事管辖权的独立自主的权利。在人类进入全球化时代的今天仍必须坚持这一原则。

根据这一原则,任何主权国家都有权通过国内立法或参与国际立法,规定自己的国际私法制度,当然各国亦应遵守国际法的一些基本限制。在国家的豁免权被侵犯时,国家完全有权拒绝参加诉讼或拒绝有关判决的承认与执行,甚至可以采取报复措施,等等。

国际私法本是在坚持国家主权独立的基础上发展起来的。国际私法的发展史表明,只有在所涉国家之间具有主权上完全平等的地位,并彼此具有独立的立法和司法管辖权的情况下,才会发生法律适用上的冲突。国际私法许多冲突法原则与制度的产生和确立,也都直接受主权原则的制约。例如,物之所在地法用来解决物权关系、行为地法用来解决行为方式问题、属人法用来解决人的身份与能力方面的问题、公共秩序保留问题以及法院地法大都用来解决程序方面的问题等等,无一不是来源于国家主权原则或与该原则存在密切的关系。

当前,随着第三世界国家的兴起和全球化进程的加快,国家主权概念有了新的发展,因而国际私法中也相应出现了一些新的原则与理论,如第三世界国家在时际法问题上的观点,以及对引进外资和技术的法律关系多主张适用东道国的法律等,便都是这种新发展的表现。也正是基于国家主权原则,1982年中国《宪法》第18条第2款规定:"在中国境内的外国企业和其他外国经济组织以及中外合资经营的企业,都必须遵守中华人民共和国的法律。它们的合法的权利和利益受中华人民共和国法律的保护。"

当然,强调必须把主权原则作为国际私法的首要的基本原则,并不意味着国

---

① 法律协调与合作原则最早在李双元著的《国际私法(冲突法篇)》(武汉大学出版社1987年版,第48—49页)中被表述为"兼顾我国民法基本制度和国际习惯做法的原则",从全国高等教育自学考试指定教材《国际私法》(北京大学出版社2000年版,第28页)和《国际私法学》(北京大学出版社2000年版,第45页)起,发展为现在的更为科学的提法。保护弱方当事人合法权益的原则,国内最早见于李双元著的《国际私法(冲突法篇)》(武汉大学出版社1987年版,第49页)。上述原则现已为国际私法学界广泛接受。

家在处理涉外民商事关系时不受任何限制或约束。冲突规范的适用和承认外国法的域外效力便是对主权的自我限制。在当今世界,主权国家为了大力推行国际合作,发展彼此间的平等互利关系,更应提升国际民商新秩序和国际社会本位的理念,从而导引出以下几项基本原则。

二、平等互利原则

平等互利原则在两个层面上发挥着重要作用:第一,它要求各个国家在处理涉外民事关系时,应从有利于发展平等互利的经济交往关系出发,平等地对待各国民商法,在可以而且需要适用外国法时就应予以适用,同时要求承认外国当事人平等的地位,他们的合法权益应受到同等保护。第二,要求不同国家当事人之间进行民事活动时,亦应建立平等互利的关系。中国通过宪法及其他法律,明文规定保护外国人、外国企业与经济组织在中国的合法权益,并对他们实行合理待遇。在中国《涉外民事关系法律适用法》中,根据平等互利原则,通过双边冲突规范,允许在特定连结因素存在的情况下,承认外国法的效力和适用外国法。中国《民事诉讼法》也赋予外国人以平等的诉讼地位。

在历史上,对平等互利原则的漠视或违背曾表现在多个方面,如大量采用只指定适用内国法的单边冲突规范,不适当地扩大对涉及内国公民的案件的专属管辖,以及让公共秩序制度的适用受意识形态或政治制度的支配等等。这些做法都是不利于国际民商新秩序的建立的。

三、法律协调与合作原则

根据法律协调与合作原则,在处理涉外民商关系时,各国既要考虑各自的国情和民商事基本制度,同时也要顾及国际上的普遍实践或习惯做法。萨维尼指出,过去那种国与国之间的彼此隔绝也逐渐变为国与国之间的交流和接触。据此,他甚至认为,在国际交往的国家之间存在一个跨国性普通法(或共同法)的观点必将随着时间的推移得到广泛的共识。[①] 沃尔夫也曾指出:虽然既没有一个国际法规则,也没有一个假定的礼让原则禁止国家采用它认为适宜的任何国际私法规则,但是公道要求每个国家在制定这些规则时,都要考虑到它们将怎样影响任何人与人(不论是本国人还是外国人)之间的社会和经济往来。国际私法的立法者必须记住一个社会的利益,而那个社会既不是他本国人的社会,也不

---

① 参见〔德〕萨维尼著:《现代罗马法体系》(第八卷),李双元、张茂、吕国民、郑远民、陈卫东译,法律出版社1999年版,第13—17页。

是每个国家或每个民族的社会,而是全体人和整个人类的社会(这可说是"国际社会本位"理念的明确表述)。因此,尽管在当时沃尔夫认为:"国际私法本身并不是国际的,但是,毫无疑问,它不应该脱离国际思想而拟定。"他还在多处提出了国际私法应追求"法律的协调"的观点。①

在这全球化的时代,更难设想,任何一个国家可以根本不考虑他国当事人的权益,任何一个国家立法和法院可以恣意扩大立法和司法管辖权的范围。因此,法律协调与合作的原则和国际社会本位的理念,必然会大大提升其地位。

四、保护弱方当事人合法权益的原则

人类社会虽已进入知识经济的时代,但发达国家和发展中国家贫富的差距,资本和技术输出国与输入国经济实力的差距,每个国家富人和穷人的差距,雇主与劳动者的差距,以及企业与消费者、男人与妇女、父母与子女之间的利益上的各种矛盾都还存在。如果只满足于形式上的平等互利,而不从国际私法制度上保障实质上的平等互利,仍将不能推进国际民商事关系的发展。因此,在国际私法处理上述种种跨国性的私法关系时,强调保护弱方当事人的合法权益的原则,不应该被视为一个无关紧要的问题。事实上,许多新近的国际私法的国内和国际立法,都力求在有关制度中贯彻这一原则,它们很多都把适用"有利于弱方当事人的法律"作为"内容导向"附于"管辖权选择规则"之后。例如根据中国《涉外民事关系法律适用法》第 25 条规定,在没有共同经常居所地的情形下,父母子女人身、财产关系"适用一方当事人经常居所地法律或者国籍国法律中有利于保护弱者权益的法律"。值得注意的是,《也门人民民主共和国民法典》第 27 条关于人的"能力"的规定中,甚至纳入了保护人权的原则,其第 3 款规定:"若外国法的适用会明显损害人权,则应适用也门人民民主共和国的法律。"与此相得益彰的是,在国际民事司法协助领域,因有关的涉外司法程序或判决明显违反人权而被他国以违反公共秩序为由而拒绝承认与执行的例证也日益增多。

五、条约信守原则

这一原则要求各国对于其所缔结或参加的国际条约应善意、忠实地履行和遵守,而不得任意背弃或违反。

---

① 参见〔德〕沃尔夫著:《国际私法》,李浩培、汤宗舜译,法律出版社 1988 年版,第 21、25—26 页等。

第六节　国际私法的体系及研究方法

一、国际私法的体系

国际私法的体系可以从两种意义上来理解：一是国际私法的立法体系，二是国际私法的理论体系或国际私法的学说体系。两者之间既有区别的一面，更有相互联系、相互作用的一面。就其区别而论，前者是一个国家国际私法立法的规范体系，而后者只是学者对国际私法的理解和主张，其区别清晰可辨。但是，更有意义的是如何正确认识两者之间的相互联系和作用。一方面，从国际私法历史看，国际私法学说（学说法）先于国际私法立法，直到今天，它作为国际私法的渊源的地位仍然没有疑义，它在国际私法的形成和发展中，始终起到了巨大的先行、指引和推动作用。另一方面，国际私法立法和司法实践的不断发展，又推动了国际私法理论的繁荣，这是一个永不停息的互动过程。

（一）国际私法的立法体系

国际私法的立法体系可以理解为一个国家国际私法立法的规范体系及立法模式。由于各国对国际私法范围认识的不一致，在国际私法的规范体系方面，大致可归纳为以下几类：一是按照本国的民法体系制定相应的法律适用法，如1978年《奥地利联邦国际私法法规》等；二是既包括冲突规范又包括国际民事诉讼法规范，如2007年《土耳其国际私法和国际民事诉讼程序法》等；三是包括外国人的法律地位规范、冲突规范以及国际民事诉讼法规范三大部分，如1964年《捷克斯洛伐克国际私法及国际民事诉讼法》。

至于各国国际私法的立法模式，已在本章第三节"国际私法的渊源"中作了详细阐述。

（二）国际私法的理论体系

国际私法的理论体系，实际上就是各国的国际私法学者基于对国际私法的不同认识而建立的自成一体的学说体系。相对于国际私法的立法体系，国际私法的理论体系更是显得五花八门，但是，正是这些五花八门的学说之间的相互碰撞，才使得我们对国际私法的认识一步一步接近全面、真切和透彻。

根据各国学者对国际私法范围的不同理解，国际私法的理论体系也可大致分为以下三类：

一是"小"国际私法体系。这类学者依据传统的国际私法就是冲突法的观点，只探讨涉外民事关系的法律适用问题。此类著作亦主要只对冲突规范及相关制度和各种涉外民事关系的法律适用两方面的问题展开讨论。

二是"中"国际私法体系。认为国际私法包括外国人的民事法律地位、冲突规范和国际民事诉讼(含国际商事仲裁)三大块,并在此基础上建立国际私法的理论体系。

三是"大"国际私法体系。这是目前中国国际私法学界的主流观点。认为国际私法应该包括外国人的民事法律地位、冲突规范、统一实体法规范以及国际民事诉讼和国际商事仲裁四大部分,并在此基础上建立理论体系(此外,更有将各国"直接适用的法"也包括在内的观点)。但此类著作,仍以冲突规范及其相关制度作为基本理论部分。其各论中几乎仍以论述各种涉外民商事关系的冲突法制度为主线,必要时,或多或少地介绍有关的统一实体法,但均不占主要地位。

二、国际私法的研究方法[①]

传统的国际私法学理论主要分为英美法系和大陆法系两大派别。在研究方法上,大陆学派趋向于从法理学的一些基本原理出发,通过演绎法,试图推导出各种普遍适用的冲突法规则。其代表人物有德国的萨维尼和法国的毕耶。英美学派则注重本国的成案研究,通过归纳法寻求法律适用的各种共同原则,以美国的斯托雷和英国的戴西为代表。这种研究方法上的差异至今仍未完全消失。其实,它们各有千秋,若能兼取二者之长,则可收到相辅相成之效。

在国际私法的研究工作中,历史的方法无疑是十分重要的方法。这一方法能够使我们通过对国际私法产生和发展的历史条件的准确把握,揭示出不同制度与理论产生的社会背景和历史作用,从而使我们能够透过似乎是纯粹抽象的理论或者纷繁复杂的法律条文的背后,解读其所具有的特定的生活内容和社会职能。历史的研究方法,要求我们必须对国际私法的各种学说和制度,到当时特定的社会生活条件中去探源。它还有助于我们通过了解国际私法的过去,更好地把握国际私法的现在,预见它的未来。

比较研究方法,在国际私法当中具有特别重要的意义,一些西方学者甚至将比较研究的方法称为"国际私法之母"。进入 20 世纪后,欧洲大陆国家出现了以德裔美籍学者拉贝尔(Rabel)为代表人物的国际私法中的比较法学派,他们对各国的冲突法进行比较研究,以寻求统一各国冲突法的途径。对于国际私法学来说,比较的研究方法之所以具有与生俱来的特殊意义,从根本上讲,在于涉外民事关系涉及诸多平行的而又互不相同的法律制度,只有通过对有关国家的民商法进行比较研究,才能找出它们之间的差异和法律冲突之所在;也只有比较研究有关各国的国际私法学说、理念和制度,才能判定采用什么制度方可达到国际私法所追求的"判决一致"。而就立法工作而言,也只有通过比较研究各国国际私法立法,方能博采众长,为我所用。在这种比较中,探讨它们产生的经济、社会

[①] 详见李双元、欧福永:《国际私法研究方法之我见》,载《法学论坛》2003 年第 3 期。

和文化的历史背景,分析它们所追求的功能或价值取向,讨论各自为实现这种取向所采取的不同方法与制度,然后结合当今国际社会与中国目前所处的时代,提出更符合实际情况的理念与制度设计,当是比较研究的根本目的。

【思考题】

1. 下列案件涉及哪些民事关系?根据我国法律,它们是否是涉外民事关系?

【案例1.3】 "富山海轮"与波兰所属塞浦路斯船籍的集装箱船碰撞案①

2003年5月31日格林尼治时间10点30分,在距丹麦博恩霍尔姆岛以北4海里的海域,中国远洋运输集团公司所属的"富山海轮"与一艘波兰所属塞浦路斯船籍的集装箱船相撞,外轮撞到"富山海轮"左舷一、二舱之间,导致生活舱突然大量进水,"富山海轮"沉没,船上27名船员获救。

"富山海轮"船员离船前,封闭了船舶上所有的油路,避免了原油外溢造成严重的海域污染。"富山海轮"载有6.6万吨化肥,货主是中国农业生产资料集团公司,货物保险金额为870万美元。"富山海轮"船体保险金额为2050万美元。中国人民保险公司是"富山海轮"船体、货物的独家保险人。中国人民保险公司承保后,进行了再保险。"富山海轮"运载的货物出险后,中国人民保险公司迅速与国际再保险经纪人和再保险人取得联系,启动应急理赔程序,聘请律师等有关中介机构进行前期调查取证工作,分析事故原因,勘验定损,协助船东开展救助。

"富山海轮"出险后,中国人民保险公司于2003年6月6日决定预付赔款7000万人民币。"富山海轮"船体与货物保险金额为2920万美元,中国人保预计赔付金额在2亿元人民币左右,创我国国内海损赔付之最。

2. 谈谈你对国际私法调整对象的理解。
3. 如何正确理解国际私法的范围?
4. 试述国际私法的基本原则。
5. 试述国际私法的性质。
6. 你认为我国《民法通则》第142条中"国际惯例"所指为何?
7. 通过本章学习,你认为国际私法与国际经济法最大的区别在哪里?

---

① 参见齐湘泉:《涉外民事关系法律适用法总论》,法律出版社2005年版,第2—3页;李双元、欧福永主编:《国际私法教学案例》(第二版),北京大学出版社2012年版,第7—9页。

【司法考试真题】[①]

1. 下列在我国法院提起的诉讼中,构成涉外民事法律关系的有哪些?(2002年多选题)

A. 发生在美国的犯罪行为因在我国发生结果而对犯罪嫌疑人追究刑事责任

B. 中国公民和美国公民之间的婚姻关系

C. 中国公民和德国公民之间的继承关系

D. 因发生在印度的交通事故而产生的侵权行为关系

2. 甲公司是瑞士一集团公司在中国的子公司。该公司将 SNS 柔性防护技术引入中国,取得了较大经济效益。原甲公司员工古某利用工作之便,违反甲公司保密规定,与乙公司合作,将甲公司的 14 幅摄影作品制成宣传资料向外散发,乙公司还在其宣传资料中抄袭甲公司的工程设计和产品设计图、原理等,由此获得一定经济利益。甲公司起诉后,法院根据中国《著作权法》《保护文学艺术作品伯尔尼公约》的规定,判决乙公司立即停止侵权、公开赔礼道歉、赔偿损失 5 万元。针对本案和法院判决,下列何种说法错误?(2006年不定项选择题)

A. 一切国际条约均不得直接作为国内法适用

B. 《保护文学艺术作品伯尔尼公约》可以视为中国的法律渊源

C. 《保护文学艺术作品伯尔尼公约》不是我国法律体系的组成部分,法院的判决违反了"以法律为准绳"的司法原则

D. 中国《著作权法》和《保护文学艺术作品伯尔尼公约》分属不同的法律体系,法院在判决时不应同时适用

3. 中国甲公司与德国乙公司进行一项商事交易,约定适用英国法律。后双方发生争议,甲公司在中国法院提起诉讼。关于该案的法律适用问题,下列哪一

[①] 下表为历年全国司法考试试题中国际私法试题的考题数量和分数情况:

年份	单选题 题数/分数	多项选择题 题数/分数	不定项选择 题题数/分数	题数/分数 合计
2015—2017	5/5	3/6	0/0	8/11
2011—2014	5/5	3/6	1/2	9/13
2009、2010	7/7	3/6	1/2	11/15
2008	6/6	3/6	1/2	10/14
2007	7/7	3/6	1/2	11/15
2006	7/7	3/6	2/4	12/17
2005	6/6	4/8	1/2	11/16
2004	6/6	3/6	2/4	11/16
2003	3/3	5/5	3/3	11/11
2002	4/4	8/8	3/3	15/15

选项是错误的？（2013 年单选题）

A. 如案件涉及食品安全问题，该问题应适用中国法
B. 如案件涉及外汇管制问题，该问题应适用中国法
C. 应直接适用的法律限于民事性质的实体法
D. 法院在确定应当直接适用的中国法律时，无需再通过冲突规范的指引

【扩展性阅读材料】

1. 韩德培、李双元：《应当重视对冲突法的研究》，载《武汉大学学报（社会科学版）》1983 年第 6 期。

2. 李双元等：《关于国际私法的几个理论问题》，载《中国国际私法与比较法年刊》（2001 年卷），法律出版社 2001 年版。

3. 李双元、欧福永：《国际私法研究方法之我见》，载《法学论坛》2003 年第 3 期。

4. 林燕平：《对我国国际私法司法解释现象的法理分析》，载《法学》2000 年第 5 期。

5. 中国人民大学复印报刊资料《国际法学》《中国国际私法与比较法年刊》《国际法与比较法论丛》《环球法律评论》《武大国际法评论》《国际经济法论丛》《国际商法论丛》《法学评论》和《最高人民法院公报》等。

6. 黄进、杜焕芳等：《中国国际私法司法实践研究（2001—2010）》，法律出版社 2014 年版。

7. 〔美〕弗里德里希·K. 荣格：《法律选择与涉外司法》，霍政欣、徐妮娜译，北京大学出版社 2007 年版。

8. 陈卫佐：《比较国际私法》，法律出版社 2012 年版。

9. 黄进、姜茹娇主编：《〈涉外民事关系法律适用法〉释义与分析》，法律出版社 2011 年版。

10. 齐湘泉：《〈涉外民事关系法律适用法〉原理与精要》，法律出版社 2011 年版。

11. 杜涛：《〈涉外民事关系法律适用法〉释评》，中国法制出版社 2011 年版。

12. 中国涉外商事海事审判网：http://www.ccmt.org.cn。

13. 中国法学创新网：http://www.lawinnovation.com。

14. 中国裁判文书网：http://www.court.gov.cn/zgcpwsw。

15. Substantivism versus Selectivism①

(1) The Original Substantivist Method

The very name of our subject "conflict of laws", and in particular "choice of law", presupposes that in all cases that have contacts with more than one state: (a) each involved state has an active or passive desire or claim to have its law applied; (b) that these claims "conflict" in the sense of being of roughly equal intensity and validity; and (c) that the only way to resolve the conflict is to choose the law of one of the involved states.

Each of these premises has been seriously disputed in different periods in history. For example, the last of the above premises has been rejected by what is generally regarded as one of the first recorded methods of resolving multistate problems. That method, which was employed by the Roman praetor peregrinus in adjudicating disputes between Roman and non-Roman subjects, was based on the notion of a constructive blending of the involved laws rather than on a choice from among them. The praetor resolved these disputes by constructing and applying to the case at hand a new substantive rule of decision derived from the laws of both or all involved countries. Thus, the first instinct of the legal mind when confronted with a multistate private-law dispute was one of compromise rather than of choice, eclecticism rather than all or nothing. Instead of choosing the law of one of the involved states regardless of the outcome such a choice might produce for the particular case, the praetor would focus on the needs of that case and devise for it the most appropriate substantive solution, drawn from the laws of all involved states.

This substantivist method died out before the fall of the Roman empire and, by the time Roman law was "rediscovered" in Western Europe, the idea of choosing one of the involved laws rather than blending them had set in. The modern selectivist method was thus born and soon began to dominate the international scene.

(2) Contemporary Scholastic Substantivism

During the twentieth century, the substantivist method made a fairly momentous reappearance in international and interstate commercial arbitration, where it has become the preferred method among arbitrators. The result is the production of a voluminous, if not widely publicized, body of transnational, and at the same time a national, substantive law.

---

① Symeon C. Symeonides, American Choice of Law at the Dawn of the 21st Century, Willamette Law Review, Vol. 37, 2001.

In the United States, the substantivist method has also acquired new and eloquent supporters in the writings of established academic commentators, including two participants in this Symposium, Professors von Mehren and Juenger.

……

(3) Contemporary Judicial Substantivism

……

(4) Legislative Substantivism

……

第二章　国际私法的历史

学习与研究国际私法的历史,目的在于了解和掌握在这个法律和法学部门的源起与发展中,有哪些起决定作用的因素将它推进到今天这个阶段,同时亦可预见在21世纪和未来社会中,起决定作用的因素又会将它推进到怎样的新前景。鉴于国际私法是从学说法逐渐发展成为制定法的,而且,即使是现在,国际私法学说对于国际私法立法和司法实践的作用也是其他法律部门所不可比拟的。因此,我们追溯国际私法历史,采取把二者结合起来加以探讨的方式。

第一节　萌芽阶段的国际私法

一、罗马法时代

从远古至13世纪,在欧洲大陆一些国家中已有了不少的对外交往。不过,在古代文明国家,外国人或外来人仅仅具有奴隶身份,不得成为法律关系的主体。例如,在古希腊时代,各城邦的法律并不保护外国人的婚姻和财产,甚至海盗抢劫外国人的财产,也不认为是违法行为。在古罗马建国初期,古罗马也同古希腊一样轻视外国人。罗马法只承认罗马市民是权利主体,外国人被视同敌人。因为古罗马建国之初,疆域之外,莫不认为是敌国,而敌国人民的权利是不受法律保护的。只是后来由于它征服了大片领土,以及为了发展对外商业贸易的需要,才逐渐给予非罗马市民一定的法律地位,开始用"万民法"(jus gentium)来调整罗马市民与非罗马市民间以及非罗马市民相互之间的民事关系。因而有学者认为,当时的万民法,已是国际私法的最早形态。但罗马人当时并不承认外国或外邦法具有"法律"的地位,因而不存在法律冲突与法律适用法产生的前提。所以,很多学者对上述观点是持反对态度的。

二、种族法时代

公元476年,西罗马帝国寿终正寝以后,欧洲大陆各民族迁徙频繁,形成了各民族杂居的格局,使欧洲进入了所谓的种族法时代,即日耳曼民族遵守日耳曼法,法兰克民族遵守法兰克法,罗马人仍适用罗马法等。当时的法律概念是根据日耳曼法上所谓的"族裔和平秩序"(friedensordnung des stammes)而建立的。依照该原则,只有本族人才能参与族法的制定并受族法的保护,族法不适用于异族人。另一方面,由于这时的部落民族喜欢游移生活而不习惯于定居,一个民族易地迁居后仍保持原有的法律习惯,亦即族法永远只支配本族人民,而不以领土来划分法律的效力范围。因而各民族来往杂居而产生的"涉及外族"之民事关系,在当时均是适用各族当事人的族法。这一时期大约自西罗马帝国灭亡后开始,前后持续了四百余年,后世学者常称之为种族法时代(period of racial laws)或属人法时代(period of personal laws)。又因为每一民族的人,无论居住何地,永远受其民族固有法律和习惯支配,因此又被称为"极端属人法时代"。种族法或极端属人法,与后来国际私法上的属人法是完全不同的概念,它不是发生法律冲突时选择法律的属人法,而是各种族的人之间发生法律行为时各受本族法的支配。尽管种族法还不是国际私法的雏形,但种族法中的某些规范诸如"继承依被继承人的血统法"、"契约关系当事人的能力依各该当事人的种族法"等,在形式上跟后世的冲突规范已相类似,对国际私法的产生不能说是完全没有影响的。

三、属地法时代

进入公元 10 世纪后,欧洲社会激荡剧变,在阿尔卑斯山以北广袤的土地上,群雄割据、封君建国,这一地区逐渐进入了君主封建社会。这个时期,领土观念渐次加强,凡在领地内居住的所有人,不论其属什么民族,一律不得适用本族法律,而必须受当地法律与习惯的支配。因此欧洲进而转入到了"极端的属地法时代",也可称为"领土法时代"。[①] 这种极端的属地法极大地限制了外国人的法律地位,一人从此领地移居彼领地,即可能丧失财产甚至自由,或者不能结婚、成立遗嘱或为其他民事行为。在这种封建制度下,断无国际私法产生之余地。而在阿尔卑斯山以南地区,属人法之所以也渐渐为属地法所取代[②],究其原因倒不是因为封建制度,而是在于意大利半岛各城市国家的先后兴起。各城市国家都有自己的法则并且也只在各自领域内有效。不但城市国家的法则与当时普遍适用的罗马法有所不同,而且各法则之间也互有出入。随着各城市国家之间交往的增多,人们渐渐认识到有必要削弱法则的严格属地性。正是这种社会的需要,使 13 世纪的意大利半岛成了孳生国际私法的土壤。

第二节 法则区别说时代

通说认为,国际私法肇始于意大利 13 世纪前后出现的"法则区别说"(或

---

① See Peter North and J. J. Fawcett, Cheshire and North's Private International Law, 12th ed., Butterworths, 1992, pp.16—17.
② 马汉宝:《国际私法总论》,台湾汉林出版社 1982 年版,第 245—246 页。

"法则说")。作为国际私法的第一种学说形态的"法则区别说"的出现,标志着国际私法的正式建立。但也有人认为在罗马帝国崩溃之前,曾产生过一种由外事裁判官直接综合所涉各国与案件有关的实体法,从而形成了与所涉各国实体法都不相同的实体法来解决法律冲突的方法。采用这种方法,其所追求的乃是"实体正义","冲突正义"的观念还未出现。但是这种方法,在罗马帝国崩溃前就已消失。[①] 而当罗马法在欧洲"复兴"时,这种方法并未随之复兴,而是诞生了国际私法。

法则区别说发祥于意大利半岛,在 16 世纪传入法国,在 17 世纪流行于荷兰。这一时期的国际私法理论都是建立在它的基础上,故称为法则区别说时代。

一、意大利的法则区别说

意大利半岛的地理位置得天独厚,是当时东西方贸易的交通要冲。这种有利的地理条件促进了资本主义经济从 11 世纪开始在意大利半岛的封建土壤里破土而出,并带来了商业和手工业的繁荣,从而形成了诸如威尼斯、热那亚、米兰、佛罗伦萨等大城市。这些城市后来逐渐演变为独立的城邦。

当时,各个城邦存在同时有效的两种法律:一是适用于所有的城邦作为普通法的罗马法,二是诸城邦各自制定的"法则"。作为特别法的法则,仅仅在各城邦境内有效。由于法则与罗马法相异,各法则之间也各不相同,法律冲突的产生便是必然。一般来说,如果这种冲突发生在罗马法和法则之间,依据"特别法优于普通法"这一罗马法固有的原则,可适用城邦自己的法则。但是假如冲突发生在不同城邦的法则之间,又如何解决呢?于是,当时各城邦大学的法学家,开始致力于寻求解决这种法则之间冲突的方法。

一开始,法学家们试图用罗马法来解决法则之间的冲突,因而兴起了一股研究罗马法的热潮。在 12 世纪初,法学家伊纳利古(Irnerius,1055—1130)率先在波伦亚(Bologna)大学建立了一个法学院,从事罗马法的研究。由于他们研究罗马法主要是对查士丁尼《民法大全》(Corpus Iuris Civilis)进行注释,形成了早期注释法学派。该学派把罗马法看作是超时间和超国家的永恒东西,认为只要通过注释,几个世纪前制定的罗马法便能用来解决当前的新问题,因而该学派不可能对城邦间法则的冲突问题提出符合客观需要的解决方法,所以很快为后期注释法学派(post-glossators)所取代。在后期注释法学派的努力下,外国法适用的理论开始被广泛探讨,并逐渐形成了一些类似于后来的冲突法原则的东西,巴托鲁斯(Bartolus,1314—1357)的法则区别说便是该学派研究成果的总成。

---

① See Symeon C. Symeonides, Private International Law at the End of the 20th Century: Progress or Regress? Kluwer Law International, 2000, p. 11.

巴托鲁斯是波伦亚、比萨大学的著名法学教授。他在前人研究的基础上,也把法则分为物法和人法两大类,并且进一步区分了"混合法"(statuta mixta)[①]。物法是属地的,用于解决物权、行为方式(包括遗嘱的执行、行为的限制、诉讼)等问题,只能适用于制定者领土内的物;人法是属人的,用于解决人的权利能力和行为能力、身份关系等问题,它不但应适用于制定者管辖范围内的属民,而且也适用于到了别的主权者管辖领土内的它的属民(只要不是那种"令人厌恶"的法则);混合法是涉及行为的规则,适用于在法则制定者领土内订立的契约,是既涉及人又涉及物的。他在此基础上提出了许多重要的冲突法原则,诸如:(1)关于人的权利能力和行为能力,适用属人法,即人的住所地法;(2)法律行为的方式,适用行为地法;(3)侵权行为适用场所支配行为的原则,即依侵权行为地法;(4)关于合同的成立也应根据"场所支配行为"原则适用合同缔结地法,但关于合同的效力得视情况分别选择准据法,当事人可预期的效力适用合同缔结地法,关于合同因法律而发生的效力(指合同的不履行和时效)则受合同履行地法支配;(5)关于遗嘱的成立要件及内容适用立遗嘱地法,但立遗嘱人的能力适用其属人法;(6)关于不动产物权应适用物之所在地法;(7)诉讼程序适用法院地法,等等。

由于巴托鲁斯的法则区别说建立在把法则区分为物法和人法的两分法基础之上,而在现实生活中却并不存在这种纯粹是关于物或纯粹是关于人的法则,于是他便天真地借助于法则的词语结构来实现这种区分。例如,要处理一个英国死者遗留在意大利的土地的无遗嘱继承,英国习惯法上的长子继承制能否适用于采用罗马法诸子平分制的意大利境内的土地,则完全取决于英国习惯法上的该项规定的词语结构:如果英国习惯法的规定为"不动产应归于长子"(immovable fall to the first-born),因其主词是"不动产",所以这一规定是属于物法,它只能严格地适用于死者在英国的财产,因而在意大利的土地就应由死者的诸子平分;但是,如果英国习惯法的规定为"长子应继承财产"(the first-born shall succeed),因其主词是"长子",所以这一规定属于人法,而人法是有域外效力的,便可适用于意大利,从而死者的长子就可以完全取得在意大利境内的土地。正因

[①] 法则区别说最初把实体法和程序法加以区别,并主张程序问题由法院地法决定,而实体问题,如契约则由契约订立地法决定,从而使"场所支配行为"(locus regit actum)原则最早得以确立。这个规则那时并不像今天这样只能用来决定行为的方式,而是同时也适用于行为有效成立的实质要件及行为的效果。较狭义的"场所支配行为的方式"(locus regit forman actus)则是由法兰西学者所创始的。后来法国人伯里帕奇(Belleperche)提出应进一步把实体法区分为"人法"(statuta personalia)和"物法"(statuta realia),并认为物法的适用要受地域限制。从此,国际私法中人法、物法和程序法三分法的理论才得以初步形成。但在萨维尼的《现代罗马法体系》(第八卷)的第18节(总第361节)中,萨氏指出巴托鲁斯是最早把实体法分为人法、物法和混合法的,并且认为,巴氏提出的混合法,其调整对象有人理解为既非人,也不是物,而是行为,而另一些人理解为既涉及人又涉及物的法律,萨氏认为,这两种观点虽相互矛盾,但并不相互排斥。参见〔德〕萨维尼著:《现代罗马法体系》(第八卷),李双元等译,法律出版社1999年版,第68页。

如此,有人把他的法则区别说戏称为"文句区别说"。① 但是瑕不掩瑜,上述缺陷并不足以抹杀巴托鲁斯作为国际私法开拓者的成就。因为正是他首先抓住了法律的域内域外效力这一法律冲突的根本点,也正是他第一个把解决法律冲突的问题分为两个主要的相互联系的侧面来进行探讨,这就是:第一,城邦的法则能否适用于在域内的一切人包括非城邦居民?第二,城邦的法则能否适用于域外?对于这样两个问题的探讨,一直是后世国际私法学研究的中心。他的理论与方法尽管没有完全能够摆脱注释法学派的影响,但他已经把新兴资产阶级的文艺复兴运动所鼓吹的人文主义思想引入了国际私法领域。这主要体现在,他反对过去那种在法律适用上的极端属地主义,并提出了新的属人主义路线。所以,不少西方学者称巴托鲁斯为"国际私法之父",当是实至名归。

二、法国的法则区别说

法国的封建势力比意大利强大,因而中世纪黑暗时代也比意大利长。在意大利形成法则区别说时,尽管法国也已出现某些思想渊源,但当时法国基本上仍采绝对属地主义,从而严重地窒息着国际私法的发展。到了16世纪,一方面,在法国资本主义工商业已有相当的发展,特别是南部地中海沿岸各港口已与西班牙、意大利以及亚、非两洲一些国家有着频繁的商业交往;另一方面,法国北部各省仍处于封建割据状态,法律极不统一,各地均盛行自己的习惯,这就严重阻碍了新兴的商人阶级企图建立一个自由统一的市场的愿望。

正是在这一背景下,杜摩兰(Charles Dumoulin,1500—1566)提出在契约关系中应适用当事人自主选择的那一习惯的主张。后来,人们把这种思想理论化并称之为"意思自治"原则。杜摩兰不但主张契约应适用当事人自己选择的习惯,而且认为,即令在当事人的契约中未作这种明示的选择,法院也应推定当事人意欲适用什么习惯于契约的实质要件。他虽然也是赞成把法律作"物法""人法"区分的,不过他极力主张扩大"人法"的适用范围,而缩小"物法"的适用范围。杜摩兰的"意思自治"原则,影响绵延至今,现在已成为选择契约准据法的一项普遍接受的原则,并且其适用对象大有日愈拓展之势。

与杜摩兰同时代的另一法国法学家达让特莱(D'Argentre,1519—1590),则站在杜摩兰的对立面,主张把领域内一切人、物、行为都置于当地习惯的控制之下,认为只要有可能,一个法则就应该认为是"物"的,只有在极其例外的场合,才应赋予它们以"人法"的效力(如那些纯粹是关于个人的权利、身份及行为能力的习惯),才可随人所至而及于域外。为了限制"人法"的适用范围,他还发展了法则区别说早已提出的"混合法"这个概念,并且认为,尽管这种"混合法"既

---

① 马汉宝:《国际私法总论》,台湾汉林出版社1982年版,第250页。

涉及物又涉及人，但它们更接近于"物法"。例如，关于未成年人无处理不动产的行为能力，这一习惯便属于"混合法"。此外，他还主张，在一个习惯是"物"的还是"人"的发生疑问的时候，便应该把它看作是物法。以达让特莱为代表的这一学派有一句格言，就是"一切习惯都是物的"，并且认为主权管辖的界限与法律适用的界限应是一致的，一切法律附着于制定者的领土，因而法律也只能且必须在境内行使。这几乎又在法律适用上回到了过去的绝对属地主义立场。

三、荷兰的法则区别说

本来，意大利法则区别说是一种把国际私法建立在自然法和普遍主义基础上的学说。但是到 17 世纪，法国的博丹（Bodin,1540—1596）发表了《论共和》，荷兰的格老秀斯（Grotius,1583—1645）发表了《战争与和平法》，提出了"国家主权"这个现代国际法上的基本概念，从而奠定了国际公法的基础。根据这种主权观念，荷兰法则区别说的代表人物优利克·胡伯（U. Huber,1636—1694）把荷兰礼让学派的思想加以系统化，提出了他的著名的三原则：(1) 任何主权者的法律必须在其境内行使，并且约束其臣民，而在境外则无效；(2) 凡居住在其境内的，包括常住的与临时居住的人，都可视为该主权者的臣民；(3) 如果每一国家的法律已在其本国的领域内实施，根据礼让，行使主权权力者也应让它们在内国境内保持其效力，只要这样做不致损害内国及其臣民的权利或利益。人们常把荷兰的法则区别说称为国际礼让说。

这三项原则的提出，实际上把普遍主义的观点完全推翻了，并把国际私法纳入了特殊主义——国家主义的轨道。因为荷兰学派提出了一项重大原则，就是承认还是不承认外国法的域外效力、适用还是不适用外国法，完全取决于各国的主权考虑，而不是自然法主义者所认为的什么法律本来具有什么性质当然得适用于域外或域内。不过，荷兰学派也并不是认为国家可以不顾及国际礼让而一概拒绝赋予外国法以域外效力，只是它已经把适用外国法的问题放在国家主权关系和国家利益的基础上来加以考虑了。这又不能不说是它的一项贡献。

根据他的第三项原则，所有的行为和交易，依某一外国的法律已有效成立，只要不与内国主权和臣民的利益相抵触，便可以承认其为有效，这种既得权思想后来为英国的戴西所继承并发扬。同时，他的第三原则，还隐含了国际私法上的公共秩序理论。

四、新法兰西学派与法国民法典

国际私法的中心自意大利经法国而后到了荷兰。不过，在 17、18 世纪的法国，法则区别说仍然获得了发展，并形成了史称的新法兰西学派。佛罗兰（Froland,卒于 1746 年）、波利诺（Louis Boullenois,1680—1762）和波依尔（John Bouhier,1673—1746)便是当时法国的三大法学家。尽管他们仍囿于法则区别说,但均力主扩大"人之法则"的适用范围,赞成法律应具有域外效力。佛罗兰和波利诺认为混合法则基本上是人法,"人远比物高贵,物是为人而存在的,人可以制约物"。波依尔亦主张,一个法则是人法或物法发生疑问时,应视为人法。他们的见解,对1804年《法国民法典》的编纂产生了积极影响。

拿破仑亲自统率下的法国立法者吸收了新法兰西学派的诸家学说,在《法国民法典》第3条中对国际私法问题作了规定,该条共3款,包含了三项原则:(1)"凡居住在法国领土上的居民应遵守治安法律"(第1款),强调有关"治安法律"是绝对的属地法,凡在法国境内的一切人,不论是内国人还是外国人,都可以对他们强制施行;(2)"不动产,即使属外国人所有,仍适用法国法律"(第2款),采用了自巴托鲁斯以来法则区别说奉行的"物法"适用原则,一切有关不动产的法律关系,概依物之所在地法,而不问该物是内国人所有还是外国人所有;(3)"有关个人身份及享受权利的能力的法律,适用于全体法国人,即使其居住于国外时亦同"(第3款),明确规定有关个人身份和能力的法律属于"人法",不但适用于法国境内的法国人,而且具有域外效力,在法国境外的法国人亦得受其支配,是对自巴托鲁斯以来法则区别说主张的"人法"适用原则的概括总结。

1804年《法国民法典》的编纂,特别是该《法典》第3条所确定的三大原则,对后世国际私法产生了深远的影响,在国际私法发展史上有着划时代的重大意义,主要表现在:(1)国际私法作用领域的扩大。自巴托鲁斯以来法则区别说的研究,主要侧重于一国内部各城邦或各地区之间的法律冲突,但《法国民法典》施行后,需解决的已经是内国法律与外国法律之间的冲突,于是近现代意义上的国际私法从此建立,国际私法的"国际"性从此而更突出了。(2)本国法主义的诞生。自巴托鲁斯以来的法则区别说所指的属人法实际上仅仅是当事人的住所地法,因为在当时,各个城邦之间以及一个国家内部的各地区之间的法律都是各不相同的,没有一个可以支配所有国民的统一的法律存在。但自《法国民法典》施行后,法国全境的法律既已统一,适用全国统一的当事人的本国法也得以实现,全新的本国法主义应运而生。从此,属人法有了两重含义:一指当事人的住所地法,二指当事人的本国法。(3)成文的国际私法规范的确立。《法国民法典》第3条所确立的三项原则,既是自法则区别说研究成果的立法表现,同时也宣告国际私法从此告别了法则区别说时代而进入了新的历史发展时期。①

---

① 梅仲协:《国际私法新论》,台湾三民书局1982年版,第31—33页。

第三节 近代国际私法

在 18 世纪下半叶到 19 世纪的许多杰出的国际私法学家中,最为突出的是德国的萨维尼、美国的斯托雷、英国的戴西和意大利的孟西尼。他们以天才的成就大大丰富和发展了国际私法的理论和方法,国际私法进入了新的阶段。

一、萨维尼的法律关系本座说

萨维尼(Savigny,1779—1861)是 19 世纪德国最著名的私法学家,柏林大学的教授,德国历史法学派的泰斗,曾任普鲁士立法大臣等要职。萨维尼的主要著作是发表于 1849 年的《现代罗马法体系》(System des Heutigen Römischen kechts)。该书共八卷,最后一卷专论国际私法并创立了著名的"法律关系本座说"(Sitz des Rechtsverhältnisses)。法律关系本座说的提出,把国际私法推进到一个新阶段,从而使萨氏被誉为"近代国际私法之父"。

萨维尼在他发表的《现代罗马法体系》(第八卷)(亦名《法律冲突与法律规则的地域和时间范围》)一书中特别强调,为了便于国际交往和减少其法律上的障碍,必须承认内外国人法律地位的平等和内外国法律的平等。他还极力反对从自然法的观点出发,以法律规则自身的性质来决定其是否可适用于某种特定的涉外民事关系,而主张从法律关系本身的性质来探讨其"本座"(seat)所在地,并且适用该"本座"地法,而不应拘泥于其是否为外国的法律。再次,他还分别就身份、物权、债权、继承、家庭等法律关系讨论了它们的"本座"或"本座法"("地域法")之所在,认为身份关系的本座法应是当事人的住所地法,物权关系的本座法应是物之所在地法(且一反法则区别说的主张,认为这一本座法同样适用于动产),债的本座法在一般情况下应是履行地法,继承的本座法应是死者死亡时的住所地法(也不主张动产与不动产分别适用不同的法律),家庭关系的本座法则当以丈夫与父亲的住所地法为主。

萨维尼的伟大的历史功绩主要表现在三个方面:第一,他在分析与探寻各种法律关系的本座所在时,主要是从法律关系的"重心"以及与法律关系存在最密切最重要的联系出发的,尽管当时他还没有提出"最密切联系"这一观念,并且在确定这种本座时,也常常站在唯心主义的立场上。不过他到底终结了存在数百年的法则区别说,并且开创了法律选择的新路子。第二,他的学说对推动欧洲冲突法的法典化和冲突法的趋同化的发展也有着重大影响。第三,他使国际私法从荷兰学派开创的特殊主义——国家主义的影响下解放出来,重新回复到普遍主义——国际主义的轨道上。不过,遗憾的是,19 世纪末的《德国民法施行法》却完全排斥了萨氏的主张,而大量采用了只指定适用德国法的单边冲突规范。

许多学者曾指出,萨维尼的本座说理论是和自由贸易的需要相配合的。因为国际民事关系上法律适用的统一将促进自由贸易的发展。①

二、斯托雷的新国际礼让说

斯托雷(Joseph Story,1779—1845)是美国最高法院的法官,哈佛大学教授,英美国际私法学的奠基人,他在《冲突法评论》中也提出了类似于胡伯三原则的三项原则:(1)每个国家在其领土内享有一种专属的主权和管辖权,因而每一国家的法律对位于其领域内的财产、所有居住在其领域内的居民以及所有在其领域内缔结的契约和所为的行为,都具有直接的约束力和效力;(2)每一国家的法律都不能直接对在其境外的财产发生效力或约束力,也不能约束不在其境内的国民,一个国家的法律能自由地去约束不在其境内的人或事物,那是与所有国家的主权不相容的;(3)从以上的两项原则,得出第三个原则,即一个国家的法律能在另一个国家发生效力,完全取决于另一国家适当的法学理论和礼让以及法律上的明示或默示同意。

斯托雷的学说与胡伯三原则的不同之处则在于,他的第三项原则明确把"国际礼让"表述为一种国内法上的规定,从而完全否认国际礼让是习惯国际法加予国家的一种义务。② 但是他认为,为了发展和促进国家间的贸易交往,只要外国法与内国的政策和利益不相抵触,就应该推定这个外国法已被法院国所默示接受。

在理论体系上,斯托雷的学说并未对欧洲造成多大影响。但在方法论上,却与欧洲大陆的法则区别说学者们的思辨方法迥然不同,他把他的学说建立在分析美国州际法律冲突的丰富判例的基础之上。所以萨维尼对他采用的实证方法作了很高评价。除此之外,斯托雷的功绩还在于抛弃了法则区别说把法律分为物法、人法、混合法的三分法的传统做法,而是根据不同法律关系的性质去分析法律适用问题,并且通过把法律关系分为人的能力、婚姻、离婚、合同、动产、不动产、遗嘱、继承、监护、审判权、证据、外国判决等事项来建立自己的学说体系。

三、戴西的既得权说

戴西(Dicey,1835—1922)是英国牛津大学的法学教授,与美国的斯托雷齐名,同是国际私法英美学派的奠基人。由于种种原因,英国国际私法发展得较

---

① 可参见李双元、吕国民:《萨维尼法学实践中一个矛盾现象之透视》,载《浙江社会科学》2000年第2期;许章润主编:《萨维尼与历史法学派》,广西师范大学出版社2004年版。
② Alan Watson, Joseph Story and the Comity of Errors, A Case Study in Conflict of Laws, The University of Georgia Press, 1992, pp. 18—20.

迟,英国法院长期对外国法采取排斥的态度。直到 18 世纪,它的这种排斥外国法的态度终于有了转变,各种学说也开始出现。对英国国际私法作出最大贡献的戴西在 1896 年出版的《冲突法论》中,把他的国际私法思想概括为六项原则,其中有关法律适用的有:凡依他国法律有效取得的任何权利,一般都应为英国法院所承认和执行,而非有效取得的权利,英国法院则不应承认和执行(第一原则)。但如承认和执行这种依外国法取得的权利与英国成文法的规定、英国的公共政策和道德原则以及国家主权相抵触,则可作为例外,而不予承认和执行(第二原则)。为了判定某种既得权利的性质,只应该依据产生此种权利的该外国的法律(第五原则)。依照意思自治原则,当事人协议选择的法律具有决定他们之间的法律关系的效力(第六原则)。① 戴西的"既得权"理论本是建立在法律的严格属地性基础上的,依这种理论,法官只负有适用内国法的任务,既不能直接承认或适用外国法,也不能直接执行外国判决,但为了维护国际民事关系的稳定与安全,法官又不能不承认与执行依外国法产生的既得权利。

戴西的这一学说显然是为了调和适用外国法和国家主权原则之间的矛盾而设想出来的,但结果却使他自己陷入了更大的矛盾。许多学者曾一针见血地指出,一国政府既然负有通过它的法院承认并执行外国法律创设的既得权的义务,实际上也就负有适用外国法的义务,因为保护某一依外国法已取得的权利,无疑就是承认并赋予该外国法的域外效力。

四、孟西尼的国籍国法说

孟西尼(Pasquale Stanislao Mancini, 1817—1888)是 19 世纪中期意大利的一位大政治家,也是著名的国际法和国际私法学家。1851 年 1 月 22 日,孟西尼在都灵大学发表了题为《国籍乃国际法的基础》(Nationality as the Foundation of the Law of Nations)的著名演说。依据他的观点,构成法律选择基础的应该是国籍、当事人的自主意志和主权三种因素的作用,而其中起着决定作用的是国籍,不论何种法律关系,其应适用的法律原则上都应以国籍作连结因素,以当事人的本国法作为准据法。只有在当事人另有意思表示,以及在适用外国法(当事人本国法为外国法时)会与自己的公共秩序(主权)发生抵触时,才可以适用除国籍以外的其他连结因素指引的法律。这样,他就把国籍因素提高到了国际私法指导原则的高度,否定了自荷兰学派以来强调的属地主义,以及萨维尼鼓吹的以住所地法作为属人法的主张。

---

① 他的第三、第四两个原则是关于管辖权的。他仍然坚持英国法院长期实践中所采取的观点,认为解决涉外民事争议时,首先应该解决英国法院是否有管辖权,如果有,才能进一步谈得上法律适用的问题。他还认为英国法院只有对能作出有效判决和自愿服从其管辖的人能行使管辖权。

孟西尼之所以特别强调国籍的意义,是因为在他看来,国籍的构成因素涵纳了乡土、气候、宗教、生活习惯、语言文化、种族以及人民的历史传统等种种因素,这些因素通过国籍这种共同意识而创造出一种民族的整体精神,而国家正是由具有同一国籍的国民构成的。个人的存在,只是由他的国籍所决定的;而承认个人的存在,也只有通过承认他的国籍才是可能的。因此,孟西尼提出,"个人的权利是只能受到他所由出生的那个社会的法律审判"的。基于这种观点,他认为法院适用外国法,不仅仅是为了保护当事人的既得权利,更不是出于礼让,而是一种国际法上的义务。[①] 对孟西尼的学说,后人曾概括为三个原则,即:国籍原则——本国法原则;主权原则——公共秩序保留原则;自由原则——契约当事人意思自治原则。以国籍原则为核心的孟西尼学说对19世纪后期的国际私法立法与学说均产生了深远的影响。1865年的《意大利民法典》(该法典自第6条至第12条系有关国际私法的规定)和1898年的《日本法例》,乃至1918年中国北洋政府颁布的《法律适用条例》等都采用了本国法原则,而后许多国际公约也采用了这个原则。

至于近代国际私法立法史,资料不多,且已在前面有简单介绍,故不再作专门讨论。

第四节 当代国际私法

自20世纪以来,特别是第二次世界大战以后,因科学技术的突飞猛进和国际格局的急剧变化,国际经济交往关系有了新的重大发展,国际民事交往出现了前所未有的崭新局面,其国际性显著增强。与此相适应,国际私法也出现了新的变化,使当代国际私法学呈现出百家争鸣、学说林立的繁荣景象。

一、英美国家

在英国,早在第二次世界大战之后,"既得权说"就鲜有人问津了。1949年英国当代著名国际私法学家莫里斯续编戴西名著《法律冲突论》第六版时,已对既得权说作了修改,至1967年出版第八版时,则完全抛弃了过时的既得权学说。英国另一著名国际私法学家戚希尔(Geoffrey Cheshire,1886—1978)原为既得权说的崇拜者,后来也放弃了这种观点,并转而对它进行批判。《戚希尔和诺思国际私法》也于2008年出版第十四版时改名为《戚希尔、诺思和华赫特国际私法》,并于2017年出版了第十五版。在美国,当代冲突法理论也是在对哈佛大学法学院教授比尔主持编纂的第一次《冲突法重述》批判的基础上形成的,而第一

---

① 马汉宝:《国际私法总论》,台湾汉林出版社1982年版,第267页。

次《冲突法重述》的理论根据是比尔从戴西那里移植而来的既得权学说。正是以对第一次重述的批判为契机,才形成了美国当代冲突法理论百家争鸣、学说林立的繁荣景象。

(一) 库克的"本地法说"

1942 年,美国法学教授库克(Cook,1873—1943)在以往一些论文的基础上,写成了《冲突法的逻辑与法律基础》(The Logical and Legal Bases of the Conflict of Laws)一书,提出了"本地法说"(local law theory)。库克比戴西的"既得权说"走得更远,认为内国法院承认与执行的,不但不是外国的法律,而且也不是外国法创设的权利,而只是一个由内国法院把外国法律规则合并入自己的法律后所创设的权利,所以他仍是一个内国的权利。

库克对美国国际私法学说的贡献,首先在于他的本地法说彻底摧毁了既得权说,其次便是他主张不要从哲学家或法理学家的逻辑推理中去获取应适用的冲突法原则,而应通过考察,总结法院在处理法律冲突时实际上是怎样做的来得出应适用的规则,从而在美国开辟了以实用主义理论研究国际私法的道路。

(二) 凯弗斯的"公正论"[①]

1933 年,美国法学教授凯弗斯(Cavers,1902—1986)在《哈佛法学评论》上发表了一篇题为《法律选择过程批判》的文章,把批判的矛头直指传统的冲突规范和编纂工作已近尾声的美国第一次《冲突法重述》。他指责传统的冲突规范只作"立法管辖权(legislative jurisdiction)选择",而不问所选法律的具体内容是否符合案件的实际情况与公正合理的解决,因而是很难选择到好的法律的。他主张改变这种制度,而代之以"规则选择"或"结果选择"的方法,即直接就有关国家的实体法规则进行选择,以决定其适用是否能导致法院所追求的公正的结果。他为法律适用的结果提供了两条应遵循的标准,一是要对当事人公正,二是符合一定的社会目的。为了符合以上的标准,他建议法院在决定是适用自己的法律还是外国的法律之前,首先要认真审查诉讼事件和当事人之间的法律关系,周密分析案件的全部事实;其次要仔细比较适用不同法律可能导致的结果;最后是衡量这种结果对当事人是否公正以及是否符合社会的公共政策。

(三) 柯里的"政府利益分析说"

1963 年,美国学者柯里(Brainerd Currie,1912—1965)教授出版了《冲突法论文集》一书,提出了"政府利益分析说"(governmental interests analysis theory)。柯里认为,每一个国家的实体法都表现着一定的目的或政策,国家在实现自己法律的目的或政策过程中自然会得到一定的利益。政府利益分析说正是要分析这种隐藏在法律背后的政策,再根据这种政策来分析其利益。他极力反对通过冲

---

① 亦有人称为凯弗斯的"优先选择原则"(principle of preference)。

突规范来选择法律,主张"彻底抛弃"整个冲突法制度。他认为冲突法这个领域是没有任何开垦价值的,所有的冲突规范全都是一些"无内容的""不合逻辑的""神秘主义的"东西。他主张应以政府利益作为适用法律的唯一标准。在解决法律冲突时,法院首先要查明各有关法律所体现的政策,察看各有关国家运用这些政策维护某种利益是否合理的各种情况。如果只有一个国家对适用其法律有利益,而其他国家并无利益时,他认为这就是一种"虚假冲突",应该适用与案件唯一有利益关系的国家的法律。假如认定有关各国均对案件适用其法律存在"政府利益",这就存在着"真实冲突"①,便应适用法院地法或那个有更大"政府利益"的国家的法律。以下案例将帮助我们进一步理解"政府利益分析说"。

【案例 2.1】 工业事故委员会与太平洋雇用保险公司保险补偿费案②

美国马萨诸塞州的一个居民与该州的"杜威和阿尔米化学公司"缔结了一份书面雇用合同,同意他以化学工程师和化学家的身份替该公司在马萨诸塞州的实验室做研究工作。1935 年 9 月,在雇用期中,雇主将其派往该公司在加利福尼亚州的一家分厂工作,作为暂时性的技术顾问以求改进雇主在那家分厂制造的产品的质量。他期望在他完成任务以后回到雇主在马萨诸塞州的实验室工作,但在此时,他不幸在加利福尼亚州遭到了伤害。于是,他便要求"加利福尼亚州工业事故委员会"判定"太平洋雇用保险公司"对其在被雇用期间于加利福尼亚州受到的伤害加以补偿。加利福尼亚州工业事故委员会因此责成该保险公司根据加利福尼亚州保险法所规定的保险补偿费对其进行补偿。

太平洋雇用保险公司则在加利福尼亚州地方上诉法院提出上诉,要求撤销加利福尼亚州工业事故委员会责成它对被雇用人的补偿。其根据有两点:第一,由于被雇用人是长期在马萨诸塞州的公司总部工作,而且只是暂时出差来加利福尼亚州并不幸遭受伤害的,所以他应当受马萨诸塞州工人补偿法的保护,而不应当受加利福尼亚州工人补偿法的保护;第二,加利福尼亚州工业事故委员会在适用加利福尼亚州法律的同时,拒绝给予马萨诸塞州法律以忠诚信任。然而,加利福尼亚州地方上诉法院驳回了该保险公司的上诉请求,美国联邦最高法院也维持了原判。

在上述案件中,加利福尼亚州是侵权发生地,马萨诸塞州则是雇用合同缔结

---

① 根据凯弗斯和柯里的观点,法律的"虚假冲突"包括以下三种情况:(1) 两国的法律规定虽然不同,但其中显然有一个的立法旨意并非欲适用于本案;(2) 两国法律规定完全相同,或适用两国法律均将得出同一判决结果;(3) 外国法只是作为判决的资料,而不是作为判决的根据。他们在分析了大量案例之后,还认为绝大部分涉外私法案件都只存在一种"虚假冲突",有"真实冲突"的为数不多。

② 该案的案情参见赵相林:《国际私法教学案例评析》,中信出版社 2006 年版,第 32—33 页。

地。根据美国传统国际私法的规定,被雇用人的伤害应当适用雇用合同缔结地法,也就是马萨诸塞州法律。然而,美国联邦最高法院在该案中背离了美国传统国际私法理论所主张的方法,坚持适用侵权发生地法,即加利福尼亚州法律。它之所以作出这一判决,在于它认识到加利福尼亚州在该案中是侵权发生地州,而马萨诸塞州则是雇佣关系发生地州,两个州对本案均有管辖权,且均有根据本州法律保护受雇佣者权利的利益。而法院地则刚好是侵权发生地的加利福尼亚州,而加州地方上诉法院显然认为,在本案中,该州的利益需要得到保护。

美国联邦最高法院这一判决的意义在于,它表明只要法院地在该案中具有利益,那么它就可以适用法院地法,从而为"政府利益分析说"的出现和发展提供了肥沃的土壤。该学说在实践操作中很有可能导致法院地法的滥用。

为了纪念柯里逝世五十周年,美国法学院协会(AALS)冲突法分会利用其2015 年年会的契机举办了一场主题为"冲突法方法论:布莱纳德·柯里之后的五十年"的专题研讨会。本次研讨会的组织者西蒙尼德斯教授以一篇《柯里之后五十年的冲突法革命:一个终结与一个开端》的论文对冲突法革命后美国冲突法五十年的发展作了总结。他首先从正反两个方面分析了柯里的"政府利益分析"理论目前的状况:一方面,在实践层面,柯里的理论已经逐渐被绝大多数州所抛弃,只有极个别州还在采用柯里的政府利益分析方法;但另一方面,柯里的理论在学术界却仍然主导着学者们的话语权,也是法学院冲突法课程上无法回避的关键词。西蒙尼德斯教授认为,冲突法革命赋予了美国冲突法过多的灵活性,但同时也降低了结果的确定性。他认为,冲突法革命已经过去了五十年了,现在十分有必要将革命的成果转化为现实,因此需要将美国冲突法予以统一化和标准化。①

(四)艾伦茨威格的"法院地法优先说"

美国加利福尼亚大学教授艾伦茨威格(Albert A. Ehrenzweig, 1906—1974)也是美国当代国际私法学界新浪潮派中的一员,主要著作有《冲突法论》(A Treatise on the Conflict of Laws, 1962)、《国际私法》(Private International Law, 1967)等。他也试图对传统国际私法进行全面的改造,并为此提出了法院地法优先说。艾氏认为,从司法实务和历史上来考察,外国法的适用不过是填补法院地法因自我限制而留下的空缺;而且他还认为,法律选择的理论应以作为活的法律(living Law)的法院地法来加以检验;当法院地法泛指向某一外国法时,也亦不表明该外国法本应支配有关事项。他的这个理论以实证主义方法为基础,攻击以往的国际私法规范是概念主义的产物,认为法律冲突的解决是法院地实体法的解释问题,即可以通过对法院地法的解释结果进行分析后而决定应该适用

---

① 杜涛:《国际私法国际前沿年度报告(2015—2016 年)》,载《国际法研究》2017 年第 2 期。

的法律。为了防止"挑选法院"(forum shopping)现象的发生,他又提出了"方便法院"(forum conveniens)和"适当法院"(proper forum)的理论。并且认为,按照他提出的这种国际的和州际的适当法院的司法管辖原则,就可以防止人们所担心的法院地法的错误适用。总之,艾伦茨威格认为国际私法赖以建立和发展的基础是优先适用法院地法,适用外国法仅仅是一种例外。该理论的出现,被人称为在法律适用上的新出现的 homeward trend(回家去的倾向)。

(五) 里斯的"最密切联系说"和美国《第二次冲突法重述》

尽管在批判美国第一次《冲突法重述》(Restatement of the Law, Conflict of Laws, 1934)过程中,美国国际私法学界出现了百家争鸣的局面,但最具影响力的还得数哥伦比亚大学教授里斯。他在改造传统冲突法体系的基础上,竭力标榜最密切联系说,并主持编纂了以最密切联系原则作为理论基础的《第二次冲突法重述》。该重述是当代美国国际私法理论演变的一面镜子,它总结了自第一次《冲突法重述》问世后四十年来国际私法的司法实践和理论发展,不仅在美国国际私法的历史上具有重要的意义,而且对其他国家国际私法的立法和学说也产生了重要影响。首先,它实现了理论基础的彻底变革,以"最密切联系原则"取代了"既得权"学说;其次,抛弃了硬性冲突规则,以可供选择的系属公式代替了不变的单一系属公式。该《重述》第 6 条是它的核心条款,确定了"最密切联系原则"所要求的具体内容,并指出了法律适用的一般原则,提出了进行法律选择时应该考虑的因素①,从而开创了把"(法律选择的)规则"和"(法律选择的)方法"结合起来加以规定的很好的范例,而且还表明冲突法所追求的并不能局限于实现"冲突正义",还应包括州际和国际关系上的利益,法院州以外的其他州的政策和司法的便捷的利益,等等。

此外,冯梅伦(Von Mehren)和特劳特曼(Trautman)在其《多州法律问题》一书中提出的"功用分析说",巴克斯特(Baxter)所倡导的"比较损害说",以及波斯纳(Posner)的"经济分析学说",也在当代英美国际私法理论中占有一席之地。

至于英国的国际私法,被认为发端于戴西和韦斯特勒克 19 世纪的开拓性工作,他们借鉴了美国与欧洲的许多理论。可是,即使是 1995 年《英国国际私法(杂项规定)》②也不能说反映了英国国际私法任何特别的前后一致的观点或学说。直到 1995 年上述杂项规定的出台,冲突法几乎完全是模糊的,它还没有完

---

① 应考虑的因素包括:(1) 受联邦宪法的制约,即每一个法院在选择法律时应该遵循本州成文法规的指示;(2) 在缺乏这种指示时,有关法律选择应考虑的因素有:甲、州际或国际体制的需要;乙、法院州(或国)的相关政策;丙、其他利益有关的州(或国)的相关政策;丁、当事人正当期望的保护;戊、特定领域的法律所依据的政策;己、判决结果的确定性、预见性和一致性;庚、将予适用的法律易于查明和适用。

② 参见李良才、欧福永译,李双元校的中译本,载李双元、欧福永、熊之才编:《国际私法教学参考资料选编》(上册),北京大学出版社 2002 年版,第 403—409 页。

成像美国所发生的那种从形式主义到现实主义的变革。正因为这样,在英国国际私法的大多数领域,更多的还得依赖法学家的著述,故最为特别的是,《戴西和莫里斯论冲突法》一书几乎获得了立法的地位。而且,英国法官在法律选择方面只具有十分有限的干预权力。但英国的学界人士,基于英国作为欧盟的成员国应受欧洲议会和(欧盟)理事会《关于合同之债法律适用的第593/2008号(欧共体)条例(罗马I)》、欧洲议会与理事会《关于非合同之债法律适用的第864/2007号(欧共体)条例(罗马II)》等一系列条约或规则约束的事实,对英国国际私法越来越明显的国际性,也是给予肯定的。从以上一些方面来看,虽然都是普通法国家,英国的国际私法所走的道路与美国相比是有着明显区别的。值得注意的是,在2016年英国举行的脱离欧盟公投中,52%的选民支持英国脱欧,这可能会对英国国际私法带来巨大影响:首先,一旦脱欧,原则上欧盟所有国际私法条例都停止对英国生效。其次,脱欧之后,并不意味着英国国际私法会一下子退回到英国加入欧盟(欧共体)之前的状态。因为从20世纪90年代开始,英国进行了大规模司法改革,国际私法已发生很大变化。此外,脱欧之后,英国加入的几项欧共体制定的公约,包括1968年《布鲁塞尔公约》、1988年《卢迦诺公约》和1980年《罗马公约》将会"复活"。当然,上述只是理论上的推演,最后取决于英国与欧盟的谈判。英国可与欧盟缔结专门协议,继续适用欧盟的相关条例,也可通过国内立法继续适用欧盟的某些立法。①

二、欧洲大陆国家

(一) 欧洲大陆国家的国际私法学说

1. 毕耶的"法律社会目的说"

毕耶(Antoine Pillet,1857—1926)是20世纪初法国普遍主义的代表人物,他的主要著作有《国际私法原理》(Principes de droit international privé,1903)、《论国际私法的实践》(Traite Pratique de droit international privé,2 Vols,1923、1924)。毕耶是巴黎大学国际私法教授,对冲突法的基础理论贡献颇大。他反对把国际私法划分为各个国家的国际私法,强调如果"国际私法在国际范围内得不到统一,就等于法律不存在"。他主张通过探索法律所追求的社会目的来决定法律的地域适用范围,他把法律分为个人保护法和社会保护法,前者是超地域的、属人的,后者是属地的。他认为国际私法和国际公法一样,同是解决主权冲突的,所有国际私法中的冲突规范都反映主权冲突,而国际私法正是一个从调整各个主权国家关系的国际公法规则中获取调整个人关系的规则的法律部门。

---

① 杜涛:《国际私法国际前沿年度报告(2015—2016年)》,载《国际法研究》2017年第2期。

2. 巴迪福的"协调论"

20世纪以来,法国国际私法学者中最出色的当推巴迪福(Henri Batiffol,1905—1989)。巴迪福先后担任里尔大学和巴黎大学教授,是有声望的国际法研究院院士和海牙国际法学院的会员。巴迪福是20世纪30年代后法国特殊主义的代表人物,他从国家主义立场出发,认为冲突法的使命在于尊重各国实体法体系的独立性,并在国际上充当不同法律制度的协调人。在方法论上,他不仅重视法理学的探讨,而且也注重司法判例的研究,以系统地考察法律作为基础,并采用经验的、实证的和对比的方法。巴迪福著述甚丰,计有《关于合同的法律冲突》(1938年)、《国际私法之哲学》(1956年)、《国际私法原理》(1959年)等,但最有影响的权威著作是于1949年出版的《国际私法基础》(Traité élémentaire de droit international Privé)。该书第五版(上、下册)分别于1970年和1971年问世,内容丰富,是一部反映当今法国国际私法水平的有代表性的著作。

3. 齐特尔曼的"超国家的国际私法说"

齐特尔曼(Ernst Zitelmann,1852—1923)是德国有代表性的私法学家,他的国际私法学说最显著之处在于:主张区分国际的国际私法和国内的国际私法,并极力主张建立"国际的国际私法",以弥补现行各国"国内国际私法"的不足。

4. 拉贝尔的"比较法学说"的代表

欧洲大陆当代国际私法学中的一大亮点是比较国际私法学派(comparative private international law school)的横空出世,该学派的主要代表人物是德国学者拉贝尔(Ernst Rabel,1874—1955),其他还包括马丁·沃尔夫(Martin Wolf)、康-弗鲁恩德(O. Kahn-Freund)、克格尔(Kegel)、温格勒(Wengler)等人。比较国际私法学派的理论出发点是,国际私法这个法律部门所要解决的都是涉及不同法律制度的一些问题,因而各国不但要适用自己的内国法,也要适用外国的内国法;各国在考虑本国的冲突法制度时,也不能不考虑相关国家的冲突制度,甚至在许多场合下(如反致、先决问题)还要适用别国的冲突规范;在保护自己的主权利益时,也得尊重别国的主权利益,以追求公正合理的国际民事关系的发展。他们特别强调采用比较方法进行研究,以期发现各国冲突法制度的异同,并从中抽象出一些能为国际社会普遍接受的新的冲突规则,从而达到各国冲突法的统一。故该派又称未来的普遍主义学派。在国际私法统一化运动中,该派取得了令人瞩目的成就。拉贝尔在晚年完成的4卷本《冲突法:比较研究》(The Conflict of Laws: A Comparative Study, 4 Vols, 1945—1958)是比较国际法学派迄今为止最重要的代表作。该书的第1—2卷由德劳伯林格(Ulrich Drobnig)进行了修订,分别于1958年和1960年出版了第2版,其第3卷由伯恩斯坦(Herbert Bernstein)进行了修订,于1964年出版了第2版。

5. 克格尔的"利益法学"

克格尔(Kegel,1912—2006)是当代德国国际私法"利益法学"(interesse jurisprudenz)①的鼓吹者。利益法学19世纪末20世纪初产生于德国,是社会法学的一个分支流派。20世纪50年代克格尔教授率先将利益法学引入国际私法领域,创立了"利益论",以改造德国的国际私法。同期,美国柯里教授也将利益分析方法引入国际私法,提出了"政府利益分析说",以取代传统的法律选择方法。克格尔不但讨论了温格勒提出的国际私法六原则:公共政策原则、实体协调原则、实体法的目的原则、冲突最小化原则、判决的可执行性原则和政治利益原则,而且研究了茨威格特和拜茨克(Beitzke)对"公正"问题进行的探讨(拜茨克也提出过几项与温格勒略有不同的原则),并对它们进行了批判,认为它们提出的一系列原则其实就是"利益",并且可以归结为"政治利益""当事人的利益""实体协调的利益""最小冲突的利益"和"可执行性利益"等。但他认为,其中只有三种最基本的"利益",即"政治利益"、"实体协调利益"和"最小冲突利益"。

(二) 欧洲大陆国家的国际私法立法

在美国20世纪中叶国际私法发生重大改革的同时,欧洲大陆也在进行着一场"静悄悄的"然而意义重大的改革。受篇幅限制,这里只择要介绍。

1. 瑞士

瑞士早期关于国际私法的立法是19世纪末的产物,只包括涉外民事关系的一部分②,完全没有涉及物权、债权和侵权行为等涉外法律问题,远远赶不上社会发展的需要。为此,瑞士于1987年通过了《联邦国际私法法规》,该法于1988年1月12日公布,自1989年1月1日起施行,共13章、200条;该法先后经历了21次修订,现行文本为2017年4月文本。它具有如下显著特点:(1)它的范围不仅限于冲突规范,还吸取了英美普通法的观点,包括了管辖权、外国法院判决的承认与执行以及国际商事仲裁等内容。(2)它采用"最密切联系"作为法律选择的基本原则,如它的第15条规定:"根据所有情况,当案件的事实与本法典指定的法律联系并不密切,而与另一法律有更为密切联系时,则可作为例外,不适用本法典指定的法律。"(3)它以立法形式确认了公法的可适用性。该法第13条规定,凡本法指定的外国法,包括依照该外国法应适用于案件的所有规定,即使具有公法的性质,也不得仅据此而排除其适用。这部立法至今仍是当代最具代表性、影响最为广泛的成文国际私法典。

---

① 详见邹国勇:《国际私法中的利益法学研究》,载李双元主编:《国际法与比较法论丛》第13辑,中国方正出版社2005年版,第431—503页。
② 它的1891年的国际私法只规定了常居者和旅居者的民事法律关系方面的内容,即仅限于人法、亲属法和继承法的若干方面。

2. 奥地利

奥地利早在1811年《民法典》中就有了冲突法规范,但那已不能适应国际民事交往迅猛发展的需要。为此,1978年通过了《奥地利联邦国际私法法规》,并于1979年1月1日生效,后经多次修订,现行的是2017年6月文本。该法规共分7章54条,分为总则、属人法、亲属法、继承法、物权法、无形财产权和债权。它最令人注目的特点是,它在欧洲单行国际私法立法中率先确立了最密切联系原则,并将它作为整个冲突法的最高指导原则。但主要缺陷则是仍未将法院管辖权和判决的承认与执行包括进去。

3. 德国

1896年《德国民法施行法》是在国际私法历史上占有重要地位的一部立法。第二次世界大战后,该法继续在德国生效。但该法并未包括债法和财产法,而且基本上采用的是单边冲突规范,因而无论在内容上抑或规范形式上都难以适应新形势的需要。经过长时间的立法酝酿,德国在1986年对《德国民法施行法》作了较大修订。与旧法规相比,1986年《德国民法施行法》具有以下特点:(1)以大量篇幅规定了合同之债的法律适用;(2)新法对大部分涉外民事关系采用双边冲突规范进行调整,在历经一百三十多年之后,萨维尼的伟大思想终于被本国的立法当局采纳;(3)广泛采用了最密切联系原则;(4)旧法第27条仅承认在涉及某些特定范围时才适用反致,而新法已无上述限制,在所有的民事关系上都适用反致(第4条);(5)新法体现了保护弱方当事人正当利益的原则,例如第29条有关消费者的保护、第30条对雇员的保护以及第17条规定的离婚后男女双方未来养老金的平等权等等。

但1986年《德国民法施行法》并不完备,它只涵盖了人身权、婚姻家庭关系和合同债权关系的法律适用问题。为弥补该法的不足,德国又于1999年以对它进行修改的形式制定了德意志联邦共和国关于非合同债权关系和物权的国际私法规则。1986年《德国民法施行法》关于国际私法的规定共35条,1999年修改后[①]又增加了9条内容,即第38条至第46条。其中第38—42条为非合同债务关系的法律适用,第43—46条涉及物权关系的法律适用。

4. 意大利

意大利被认为是国际私法的发源地。但1995年之前,意大利并无一部专门的国际私法法规,其国际私法规定散见于《民法典》《民事诉讼法典》及其他单行法律之中。长期以来,许多意大利人一直在为制定一部国际私法而努力。经过

---

① 《德国民法施行法》的最新文本(截止到2017年6月)的中译本可参见邹国勇译注:《外国国际私法立法选译》,武汉大学出版社2017年版,第108—125页。2010年修订后的《德国民法施行法》共200多条,关于国际私法的规定仍然主要为其第2章第3—46条。

几代人的努力,终于在 1995 年正式通过了一部国际私法法规,即《意大利国际私法制度改革法》,该法规共 74 条。

该法规从结构上分为五编,即总则、意大利法院的管辖权、法律适用、外国判决和法律文书的效力、过渡条款与最后条款。第一篇总则部分只有两条,规定了该法的适用范围和国际条约的效力。第二篇内容涉及确立意大利法院国际管辖权的基本规则,如被告住所地原则、主观管辖权、自愿管辖案件以及外国未决诉讼等。第三篇规定了法律选择问题,分为十一章。其中第一章规定了反致、公共秩序、外国法的查明、区际法律冲突等问题。其他几章分别规定了人法、家庭法、继承法、物权法、债权法、公司法等问题的法律适用。第四篇涉及外国判决及其他司法文书的承认与执行、外国法院的取证和外国法院的送达等问题。

5. 罗马尼亚

1992 年罗马尼亚颁布了《关于调整国际私法法律关系的第 105 号法》(简称《罗马尼亚国际私法》),从而结束了罗马尼亚没有一部统一的国际私法法典的历史。该法共 183 条,分为 13 章。内容上包括三大部分:总则、法律适用和国际民事程序法。2009 年罗马尼亚制定了新民法典,于 2011 年 10 月 1 日起生效,其第七卷取代了 1992 年《罗马尼亚国际私法》。第七卷分为总则和冲突法(分人、家庭、物权、继承、法律行为、债权、本票和汇票与支票、信托、诉讼时效等九章)两篇。

6. 荷兰

值得关注的是,荷兰从 19 世纪末起就致力于国际私法统一化运动,海牙国际私法会议从那时起就一直是欧洲,后来更成为世界统一国际私法的最重要的中心之一,所以它向来更重视国际私法的国际立法。杰特(Jitta)曾主张制定一部荷兰自己的全国性国际私法法典,但以阿瑟(Asser)为代表的国际主义学派始终居于主导地位。到 1973 年,在荷兰司法部的主持下,欲采取措施制定一部国内成文法来作为其国际法源的补充。[①] 荷兰已制定了 2001 年《侵权冲突法》和 2002 年 3 月 14 日《有关亲子关系法律冲突解决的法律》以及 2008 年 2 月 25 日《关于调整有体物、债权、股票以及簿记证券物权关系的法律冲突法》。2011 年荷兰制定了《民法典》第 10 卷(国际私法),共 165 条,取代了 2001 年、2002 年和 2008 年的三个单行立法。

7. 其他欧洲国家

在当代制定有国际私法单行法或成文法典的欧洲国家还有匈牙利、原南斯

[①] 参见由 Katharina Boele-Woelki 等人代表荷兰在 1998 年第 15 次国际比较法大会上所作的报告,载 Symeon C. Symeonides, Private International Law at the End of the 20th Century: Progress or Regress? Kluwer Law International, 2000。

拉夫、比利时、列支敦士登、阿塞拜疆、斯洛文尼亚、保加利亚、黑山、马其顿和土耳其等国,在民法典中专章规定国际私法的还有俄罗斯、白俄罗斯、立陶宛、萨尔瓦多、吉尔吉斯、亚美尼亚、哈萨克斯坦、卡塔尔和阿尔及利亚等国。它们的国际私法均各具特色。

一百多年来,丹麦一直拥有一种高度灵活的国际私法制度,并长期受国际法源的影响。他们的学者曾认为这主要是因为丹麦自古位于罗马帝国之外,从未受过罗马法的管辖,并且属于斯堪的纳维亚法系,与民法法系与普通法法系均有不同。自从它成为欧共体成员后,欧共体的国际私法公约都是被作为一个既成事实来接受的。①

挪威的国际私法也只有很少一部分由制定法规定,其重要渊源也是国际公约(尤其是海牙公约)与一些北欧公约。习惯法也是该国国际私法的主要渊源。此外,德国国际私法对它影响很大,但是,在人法上,它却贯彻英美法的住所地原则。在实践中,该国法院还把追求"实体正义"和"国际一致"作为主要目标。

三、亚非拉国家

20世纪,许多亚洲、非洲、拉丁美洲国家也制定了新的国际私法。较早的有1898年《日本法例》、1918年中国《法律适用条例》、1938年《泰国国际私法》、1949年《埃及民法典》中的国际私法规定以及1941年《乌拉圭民法典》中的国际私法规定。这些早期的立法大体上保持了与欧洲早期国际私法的一致。20世纪末,很多亚非拉国家颁布了新的国际私法立法,例如,1995年《越南民法典》中的国际私法规定、1998年《突尼斯国际私法》、1998年《委内瑞拉国际私法》、2014年《多米尼加国际私法》和2014年《阿根廷民商法典》(第6编第4目为国际私法规定),等等。这些新的立法都是为适应这些国家国际民事生活的新发展而制定的,且均吸收了当代国际私法理论研究与实践的新成果,具有极为鲜明的时代特征。其中《突尼斯国际私法》和《委内瑞拉国际私法》都编纂得很有特色,且颇为严谨。但对这些国家的国际私法学说,目前国内尚未见有详细介绍。

这里只着重讨论日本国际私法立法与学说的发展情况。1898年《日本法例》是从1890年的日本旧法例(公布后未施行)脱胎而来的,修改工作主要是由穗积陈重在其弟子山田三良的帮助下完成的。1898年《日本法例》的制定,对日本具有深远的意义:一是对废除自日本明治维新后西方列强加于日本的领事裁判权起到了促进作用;二是使涉外民事案件的审理在确定准据法标准方面更为明确;三是使尔后日本国际私法学研究倾向于德国学派,这种倾向一直继续到第二次世界大战结束为止。1898年《日本法例》是19世纪的产物,内容方面显得

---

① 参见由 Joseph Lookofsky 代表丹麦在1998年第15次国际比较法大会上所作的报告。

陈旧而落伍于时代发展,其中更有很多封建残余。为此,日本对其法例进行了不断的修订,并于2006年制定了新的国际私法:《日本法律适用通则法》。

在国际私法学方面,日本出现了不少卓有成效的学者,出版了一批国际私法著作。其中山田三良(1899—1965)是第二次世界大战前日本著名的国际私法学家,在欧美留学期间得到德国的巴尔、法国的魏斯和英国的戴西等国际私法大家的指导,他的主要著作是《国际私法》(上卷于1932年出版,下卷于1934年出版)。中国政法大学出版社2003年出版了由山田三良著、李倬译、陈柳裕点校的《国际私法》。山田三良的国际私法学说表现出以国家主权为中心的倾向,采取了灵活而不偏颇的立场。战后日本国际私法学最有权威的学者当推江川英文(1898—1966)。1930年他接替山田三良在东京帝国大学开设国际私法讲座,是1930年以后日本国际私法学界的领军人物。江川英文著述甚丰,发表了许多对日本国际私法研究有指导意义并起着先驱作用的著作和论文,其中1950年初版的《国际私法》是他的代表作。[①]

四、原苏东国家

十月革命胜利后,苏联建立了以马列主义理论为指导的社会主义的国际私法学,它对反对帝国主义,维护苏维埃在国际交往中的权益起到了积极作用。许多苏联学者著有国际私法著作,如彼德切尔斯、克雷洛夫、柯列茨基、隆茨等,特别是第二次世界大战以后,苏联对国际私法的研究进一步发展,国际私法著作的数量和题材显著扩大。最主要的代表人物是隆茨教授,他于1949年编写的《国际私法》教科书和他与别人合著的《国际私法教程》(三卷本)对苏联和社会主义国家有广泛的影响。在东欧国家,也出现了许多享有盛名的国际私法学者,如原捷克斯洛伐克的学者卡兰斯基(1922—2000)发表了《国际私法发展趋向》的专著;匈牙利学者萨瑟出版了有关冲突法方面的专著。

以上这些学者的著作,不仅在理论上阐述了社会主义国家关于国际私法的基本原理、基本原则,而且还解决了西方国际私法学所不能解决的众多理论问题。更为重要的是,它标志着原苏东国家的国际私法已经摆脱了大陆法系的影响,形成了自己的独立体系。人们常把他们的理论概括为对外政策学派(foreign policy school),即认为国际私法应以和平共处和国际合作政策为基础,一个国家国际私法规则的内容是基于该国对外政策的任务的,解决国际私法问题必须从和平共处与和平合作出发,国际私法的作用正是为这种合作服务的。

---

① 日本国际私法著作由中国学者翻译成中文的,还有〔日〕北胁敏一著:《国际私法——国际关系法Ⅱ》,姚梅镇译,法律出版社1989年版,等等。

五、当代国际社会国际私法的发展趋势

第二次世界大战以后,随着国际民商事流转关系的规模不断扩大,国际私法在世界范围内发生了很大变化,出现了许多新的发展。

(一) 国际私法范围的扩大与内容的不断丰富

早期的国际私法所涉及的领域极其有限,冲突规则也不过寥寥几条。直到19世纪末20世纪初,各国国际私法立法最多的亦仅二三十个条文而已。这种状况一直延续到第二次世界大战以后,特别是20世纪60、70年代,才迅速发生重大的突破。这时,不但国际商事活动,如公司、票据、信托、海商、保险、破产、劳务、投资、技术转让和知识产权等领域,相继有了国际私法上的国内法和国际法的规定,而且国际民事诉讼法、国际商事仲裁制度也大都规定在国际私法之中。

在国际立法方面,如海牙国际私法会议在第二次世界大战前召开的六届会议中所制定的公约,仅限于婚姻、家庭及民事诉讼程序方面的有限的几个问题,而在第七届会议以后,除不断关注妇女、儿童、劳动者、消费者等弱势群体的利益保护和跨国代孕、旅游者保护、婚外同居等新问题外,还同时将工作重点转移到解决国际民商事方面广泛领域的法律适用和程序问题。目前,国际私法涉及的领域仍在不断扩大,国际私法的内容仍在不断丰富。

随着国际私法调整范围的不断扩大和内容的不断充实,国际私法的各个分支学科必然也相对独立地发展起来。在早些时候,一本国际私法著作可以把所有的国际私法问题都包罗进去,而现在,即使仍有这类书籍,也只能起到"概论"性质的作用了。今日的国际私法学已经逐渐成为一个由诸多分支学科组成的内容不断增加的学科群了,以下十几个领域已正在形成相对独立性的分支学科:(1) 国际私法史(含立法史、学说史,立法史中又可分各国国内立法史和国际立法或统一化运动史);(2) 比较国际私法;(3) 冲突法的基本理论和基本制度;(4) 国际私法关系的主体;(5) 外国人法和外国人待遇制度;(6) 国际私法上的国籍和住所(还含居所、惯常居所以及法人的营业所等);(7) 国际私法上的物权法;(8) 国际私法上的知识产权法;(9) 国际私法的合同制度;(10) 国际私法上的侵权行为;(11) 国际私法上的不当得利和无因管理;(12) 海事国际私法;(13) 国际私法上的婚姻家庭制度;(14) 国际私法上的遗产继承制度;(15) 国际私法统一化运动;(16) 国际民事诉讼法;(17) 国际商事仲裁和 ADR 制度;(18) 区际私法;等等。

(二) 国际私法的国际法因素不断增强,国际民商新秩序逐渐得以强调

随着国际民事关系国际性的不断增强,国际私法内含的国际法因素也呈现出日益强化的趋势。国际民事关系国际性的增强主要表现在两个方面:一是国际民事关系在广度或空间上不断拓展,乃至出现了国际民事关系全球化的趋势;

二是它在深度上不断深化,即它的范围和领域不断扩大。国际民事关系国际性的逐步增强,要求在立法和司法实践中作出反映:第一,在国际私法立法和司法的原则上,各国越来越自觉地遵循国际私法基本原则,也越来越自觉地平等地对待他国的立法和司法管辖权;第二,在调整方法上,越来越多的国家注意到单纯的国内冲突法调整的局限性,越来越重视和致力于统一冲突法和实体法的制定,直接导致了国际私法法源的国际法化;第三,国际私法发展出现了由特殊主义到普遍主义的归复,各国立法越来越多地涵纳国际社会的普遍实践与国际惯例,并在此基础上出现了明显的趋同化;第四,国际民事关系国际性的日益增强,要求国际私法转换功能,担当起构筑国际民商新秩序的重任。①

(三)国际私法趋同化倾向不断加强,比较国际私法迅速发展

国际私法的作用在于协调不同的法律体系以及它们所体现的不同政策,找到解决或消除它们之间的冲突和矛盾的方法,因此,不但许多世界性的、地区性的国际组织,都致力于国际私法的统一化工作,而且许多国家或地区修改自己过去已有的立法,或颁布新的立法,都十分注意吸收和采用国际社会的普遍实践,据以改善自己的法律制度,积极创造能促进国际民商交往的法制环境,以适应全球化发展的需要,从而使当代国际私法趋同化倾向不断加强,大陆法系和英美法系国家的国际私法出现了前所未有的相互融合、相互吸收和共同发展的态势。

为了推进国际私法的统一化进程,第二次世界大战以后,比较国际私法学派也有了迅速发展。1998年在英国布里斯托尔(Bristol)召开的20世纪最后一次比较法国际大会结集出版的《20世纪末的国际私法:进步抑或倒退?》一书,更充分地反映了比较国际私法学在推进国际私法趋同化进程中的重要作用。

(四)对传统冲突法及其学说改造的深化

传统的冲突法基本上是一种立法管辖权分配的选择方法,常通过一个僵固的空间连结点把有关涉外民事关系或争议交由某一指定国家的法律管辖,而这样被指引的法律多不为法院所了解,也不一定适合案件的合理解决,带有相当的盲目性,可能导致对当事人不公正的后果。因此,许多国家的学者主张对传统冲突法加以改进。各国改进冲突法的方法主要有:(1)用灵活的开放性的冲突规范代替僵硬的封闭性冲突规范,即逐渐把过去只在合同关系中适用的意思自治原则和最密切联系原则,扩大适用于其他领域的法律选择;(2)增加连结点的数量从而使选择性冲突规范的数量大量增加,或采用多元连结点,以协调采用单一连结点的国家之间的立场;(3)对同类法律关系进行适当的区分(如在合同领域,许多国家都把合同划分为不同的种类并规定了相应的法律选择原则,如中国2007年最高人民法院《关于审理涉外民事或商事合同纠纷案件法律适用若干问

---

① 参见李健男:《论国际私法的国际法因素》,载《暨南学报(哲学社会科学版)》2005年第3期。

题的规定》规定了17种合同应适用的法律),依其不同性质规定不同的连结点;(4)对一个法律关系的不同方面进行分割(如把合同关系至少分割为缔约能力、合同形式和合同的成立与效力三大方面),给不同部分或不同环节规定不同的连结点;(5)为了在冲突法中更好地追求实体正义的目的,采用"利益导向"或"结果导向"的冲突规范大量出现于各种国内、国际立法中;(6)制定统一冲突法。

（五）国际私法的国内法典日渐增多

从18世纪末开始,国际私法进入了立法时期。但是20世纪70年代以前,除《布斯塔曼特法典》的14个参加国外,只有十多个国家制定了国际私法典,而据不完全统计,目前拥有国际私法典的国家已经增加到四十多个,遍及欧洲、亚洲、非洲、美洲及大洋洲,既有发达国家,也有发展中国家。其中欧洲大陆法系许多国家以及拉丁美洲一些传统上属大陆法系的国家已陆续颁布了几个规模颇为宏大的新国际私法典。鉴于判例法制度固有的弊端,英美法系国家也开始了国际私法的成文化立法工作,而由其权威学者编纂的"重述"或"汇编",也在不断完善。因此,国际私法的法典化已成为世界范围内的普遍趋势。

最后,值得注意的是,在20世纪最后一次(亦即第15次)比较法国际大会上,由美国Willamette大学塞缪尼德斯(Symeon C. Symeonides)教授所作的总报告,从五个方面归纳了20世纪末国际社会国际私法的重要发展,即:(1)出现了多边的、单边的和实体法的方法之间协调并存的局面;(2)解决法律的确定性与灵活性之间以及法律选择规则与法律选择方法之间的矛盾有了新的进展;(3)采用"管辖权选择规则"和"内容导向"(content oriented)或"结果导向"(result oriented)规则或方法之间的结合以便克服传统的硬性冲突规范的缺陷的方法已被大量采用;(4)"冲突正义"(conflicts justice)和"实体正义"(material justice)之间的两难问题的解决更加受到关注;(5)国际统一的目标和保护国家权益的需要之间的冲突的妥善解决,也成了国际私法追求的重要价值目标。①

第五节 统一国际私法立法史

一、国际私法统一化的概念

由于对国际私法的含义理解不同,对"国际私法的统一化"的含义的理解也

---

① See Symeon C. Symeonides, Private International Law at the End of the 20th Century: Progress or Regress? Kluwer Law International, 2000. 对书中总报告的评价可参见李双元:《国际私法正在发生质的飞跃——试评〈20世纪末的国际私法:进步抑或倒退〉一书的总报告》,载李双元主编:《国际法与比较法论丛》第5辑,中国方正出版社2003年版,第369—456页;本书第三章第六节。

有所不同。第一种观点认为国际私法的国际统一只涉及冲突法领域,但经过统一的国际私法仍包括冲突规范、管辖权规范和判决承认与执行的规范。海牙国际私法会议即取这种立场。第二种观点如罗马国际统一私法协会以及联合国国际贸易法委员会等则致力于"实体私法"的国际统一。第三种观点则认为,统一国际私法应作广义的理解,既包括对传统国际私法(即冲突法和某些国际民事诉讼法)的统一,也包括对实体民商法的国际统一。本书取第一种理解。但是由于就涉外民事争议解决来说,如果不关注和研究统一实体法,就有可能导致法律适用的错误。因此,本节也对私法国际统一的成果进行简述。

二、统一国际私法的国际组织及其成就

从19世纪末叶起,便开始出现了一些从事统一国际私法工作的有影响的国际组织。其中,就统一冲突法与程序法而言,最有成效、最有影响的当首推海牙国际私法会议(Hague Conference on Private International Law,网址:http://www.hcch.net)。① 海牙国际私法会议的发展大致经历了两个主要阶段。第一个阶段是从1893年第一届海牙国际私法会议召开到1951年第七届海牙国际私法会议通过《海牙国际私法会议章程》(经2005年修改),从而正式确立它作为一个常设的国际组织的地位之前,它实际上只是一种临时性的国际会议,而非国际组织。此后,海牙国际私法会议已经是指设立在荷兰海牙并有几十个国家参加的政府间国际组织了。在早先,荷兰政府发起召开海牙国际私法会议,参加者主要为欧洲国家,但到1951年后,已致力于国际范围内国际私法的统一。中国于1987年7月3日向荷兰政府交存了对该会议章程的接受书,从而成为它的成员国。截至2018年1月,海牙国际私法会议共有成员国83个。从1951年第七届会议至2017年12月,海牙国际私法会议已通过了39个公约和1个示范法(2015年《国际商事合同法律选择原则》)②,其中大部分已生效,2012年,它在中国香港设立了亚太地区办公室。

与海牙国际私法会议相并行的还有泛美会议(the Pan-American Conference)和美洲国家组织国际私法会议(the Inter-American Specialized Conferences on Private International Law)。以古巴法学家布斯塔曼特的名字命名的著名的《布斯塔曼特法典》(Bustamante Code,该法典共437条,除绪论外,分为国际民法、国际商

---

① 关于海牙国际私法会议可参见李双元主编:《中国与国际私法统一化进程》,武汉大学出版社2016年版。
② 这39个公约中的前35个及第一阶段通过的其中5个公约的中文译文可参见李双元、欧福永、熊之才编:《国际私法教学参考资料选编》(上册),北京大学出版社2002年版;2001年7月1日前的第二阶段通过的公约的签署、批准、生效情况,可参见上述参考资料中册的附录;第一、二阶段通过的公约的英文本或法文本及各公约的签署、批准、生效和保留情况及海牙国际私法会议的成员国,可参见海牙国际私法会议官方网站。

法、国际刑法和国际程序法四卷)就是于 1928 年在哈瓦那召开的第六届泛美会议上通过的。美洲国家组织国际私法会议也从 1975 年起先后通过了 20 个国际私法公约及其 3 个议定书、1 个示范法和 2 个统一文件。①

较之海牙国际私法会议和美洲国家组织国际私法会议,更具有世界规模的是国际联盟和联合国(网址:http://www.un.org)。在国际联盟主持下,主要通过了 1923 年《关于承认仲裁条款的议定书》、1927 年《关于执行外国仲裁裁决的议定书》、1930 年《关于本票、汇票的日内瓦公约》和 1931 年《关于支票的日内瓦公约》以及相应于它们的两个冲突法公约。联合国中致力于国际私法统一工作的是它的"国际法委员会",但该委员会由国际公法专家组成,这不能不说是一大缺陷。此外,尚有联合国贸易和发展会议(United Nations Conference on Trade and Development,网址:http://www.unctad.org)、联合国国际贸易法委员会等。联合国通过的涉及国际私法的国际公约主要有 1950 年《关于宣告失踪者的公约》、1951 年《难民地位公约》、1956 年《关于收取在外国的抚养金的公约》、1965 年《关于解决国家与他国国民之间投资争端公约》等。

通过国际努力,在有关条约中制定的统一实体私法可称为"统一私法"或"统一实体法",也有称为"现代万民法"(jus gentium moderne)的。国际上从事统一私法工作的国际组织或国际会议也是很多的,在其中专门从事这项工作的组织中,罗马"国际统一私法协会"(UNIDROIT, International Institute for the Unification of Private Law, 网址:http://www.unidroit.org)当具显要地位。它成立于 1926 年,宗旨在于统一和协调不同国家和国际区域之间的私法规则,并促进这些私法规则的逐渐采用。目前该协会已有 63 个会员国,中国于 1985 年 7 月 23 日正式接受该协会章程,并从 1986 年 1 月 1 日起正式成为其成员国。国际统一私法协会富有成效的活动涉及国际货物买卖法、国际运输法、国际仲裁法及国际民事责任等十分广泛的领域。曾于 1964 年在海牙的外交会议上通过了《国际货物买卖统一法公约》和《国际货物买卖合同成立统一法公约》,1983 年在日内瓦外交会议上通过了《国际货物销售代理公约》,1988 年渥太华外交会议上通过了《国际保理公约》,1994 年通过了《国际商事合同通则》(目前已有 2016 年版本)。此外,它还制定了《国际遗嘱形式的统一法公约》(1973 年)、《国际融资租赁公约》(1988 年)、《关于移动设备的国际利益公约》(2001 年)、《间接持有证券的实体规则的公约》(2009 年)、《特许经营信息披露示范法》(2002 年)、《国际特许经营指南》(2002 年第 1 版,2007 年第 2 版)、《租赁示范法》(2008 年)和《跨国民事诉讼程序原则》(2004 年)等统一实体法或程序法公约或惯例。2013

---

① 这些文件的文本可参见美洲国家组织国际私法会议官方网站:http://www.oas.org/DIL/privateintlaw_interamericanconferences.htm, visited on August 11, 2014。

年,协会和欧洲法学会探讨在《跨国民事诉讼原则》基础上制定统一的欧洲民事诉讼规则的可能性,并成立了工作组。2015 年,协会发布了一份由波奈尔(Bonell)教授起草的《国际商事合同通则和长期合同》的基调文件,正在准备起草《移动设备国际利益公约》的第四议定书。

联合国国际贸易法委员会(United Nations Commission on International Trade Law,网址:http://www.uncitral.org)成立于 1966 年,中国为成员国之一。它的主要活动也集中在国际贸易法、国际商事仲裁法和国际海运法等领域。其最具影响的成就主要有 1980 年《联合国国际货物销售合同公约》、1988 年《联合国国际汇票和本票公约》和 1996 年联合国国际贸易法委员会《电子商务示范法》、2001 年《电子签名示范法及立法指南》、2005 年《联合国国际合同使用电子通信公约》、2001 年《联合国国际贸易应收款转让公约》、1997 年《跨国界破产示范法》、2004 年《破产法立法指南》和 2009 年《跨国界破产合作实务指南》、1987 年《关于起草建造工厂国际合同的法律指南》、1994 年《货物、工程和服务采购示范法》、2000 年《私人融资基础设施项目立法指南》、2003 年《私人融资基础设施项目示范立法条文》、1958 年《承认及执行外国仲裁裁决公约》、1978 年《联合国海上货物运输公约》、2008 年《联合国全程或部分海上国际货物运输合同公约》(简称《鹿特丹规则》)等。2014 年,联合国国际贸易法委员会第 47 届会议决定着手起草一项关于调解所产生的国际商事和解协议的可执行性的公约或示范法(目前已经提出草案文本)和一项关于破产相关判决承认与执行的示范法或示范条款。在联合国的专门机构中,尚有国际劳工组织、国际民航组织、国际海事组织和世界知识产权组织等从事统一私法的工作。

此外,欧洲理事会(Council of Europe,网址:http://www.coe.int)、欧洲联盟(网址:http://europa.eu)、荷比卢统一国际私法组织、斯堪的纳维亚国家统一国际私法组织、国际商会(网址:http://www.iccwbo.org)、国际法律协会(International Law Association,网址:http://www.ila-hq.org)、国际法学会(Institute Droit International,网址:www.idi-ill.org)、国际海事委员会(网址:http://www.comitemaritime.org)、波罗的海国际航运公会(The Baltic and International Maritime Council,BIMCO,网址:https://www.bimco.org)等也从事了大量国际私法统一化工作,并取得了可喜成果。[①] 其中欧盟近年制定的规则有:2007 年《关于建立欧洲小额诉讼程序的条例》、2008 年《关于民商事调解相关问题的指令》、2007 年《关于非合同之债法律适用的条例》、2008 年《关于合同之债法律适用的条例》、2010 年《离婚和司法别居法律适用条例》、2012 年《关于继承问题的管辖

---

① 它们通过的有关公约及国际惯例详见李双元、欧福永主编:《国际私法学》,北京大学出版社 2015 年版,第 81—88 页。

权、法律适用、判决的承认与执行和公文书的接受与执行以及创建欧洲继承证书的条例》、2012年《关于民商事案件管辖权及判决承认与执行的条例》、2013年《关于相互承认民事保护措施的条例》、2014年《为促进民商事领域跨境债务追索而创设欧洲账户冻结令程序的条例》、2015年《关于修订小额请求程序条例和支付令程序条例的条例》、2015年《破产程序条例》、2016年《关于婚姻财产制事项的管辖权、法律适用和判决承认与执行的条例》以及与之并行的《关于登记伴侣财产制事项的管辖权、法律适用和判决承认与执行的条例》、2016年《关于在个人数据处理方面对自然人保护和此类数据自由流动的条例》。对于欧盟的声势浩大的统一冲突法运动,有人发出了"欧洲冲突法革命"的惊叹。

通过条约实现私法的统一,还大量见于国家间的双边通商、航海条约或贸易协定。

三、当代国际私法统一工作的特点

从通过的国际私法条约来看,较之早期的国际私法统一化运动,当代国际私法统一工作明显表现出以下几个方面的特点:(1) 从内容来看,自第二次世界大战后,统一国际私法的努力,在冲突法和实体法方面,已经越来越明显地表现出工作的重点已经从亲属法、继承法等领域,逐渐扩大到整个国际经济、贸易关系、侵权责任和电子商务等新的领域。在程序法方面,则已覆盖了国际民事诉讼和商事仲裁的各个重要方面及替代性争议解决方法。(2) 通过国际努力,国际私法统一化运动正从区域性向全球性方向发展。这一现象反映在联合国有关机构已越来越积极地参加到统一化运动中来;海牙国际私法会议与其他从事统一化工作的国际组织的协调与联系进一步加强;签署、批准或加入海牙国际社会会议通过的公约的国家日益增加。(3) 在统一冲突法的进程中,法系之间传统的对立与差异不断得到协调与缓解。这首先表现在大陆法系国家与普通法系国家之间在属人法方面的本国法主义和住所地法主义的尖锐对立得到一定程度的调和。其次,在死者遗产继承的法律适用上,1989年海牙《死者遗产继承法律适用公约》在协调"同一制"和"分割制"的对立上,也取得了颇引人注目的成就。再次,过去仅在某一法系国家存在的制度,在冲突法公约中,在一定条件下也为其他法系国家所接受(如遗产的国际管理、信托制度、隐名代理等)。

第六节 中国国际私法的历史

一、中国国际私法立法史

唐朝(公元618年至公元907年)是中国封建社会的鼎盛时期,国力强盛,经济文化繁荣,对外交往密切频繁,唐朝京城长安更是当时亚洲乃至世界的大都市,有很多外国人在此经商或学习。为调整各种具有涉外因素的法律关系,唐朝统治者在《永徽律(名例章)》中作了如下规定:"诸化外人同类自相犯者,各依本俗法;异类相犯者,以法律论。"①而在欧洲,直至 1756 年的《巴伐利亚法典》中才第一次有了成文的冲突法规范。但是,长达两千余年的闭关自守、夜郎自大的封建专制统治,窒息了对外经济、文化交往的发展,使得中国国际私法立法与理论自唐朝后一直落伍于世界先进国家。宋、元、明各朝,国际私法领域一般都沿用唐代旧制,没有多少发展。1840—1842 年鸦片战争以后,许多帝国主义国家在中国取得了领事裁判权。在一些不平等条约中,虽有类似法律适用的规定,但均在于排除中国法律的适用。例如,根据 1858 年《中英天津条约》第 15—17 条的规定:凡英之间的案件,不论刑民,均由所属国领事依其本国法审判;凡中国人与外国人的案件,两国会审。这时,中国主权丧失殆尽,就涉外案件而言,已无法律冲突可言,自然就没有调整法律冲突的国际私法。

直至北洋军阀统治时期,迫于人民的反帝斗争和爱国人士的呼吁,北洋军阀政府曾于 1918 年颁布了中国历史上第一部国际私法立法——《法律适用条例》。② 该条例共 7 章 27 条,与同期资本主义国家的国际私法单行法规相比,是条文最多、内容最详尽的立法之一。后来南京国民政府于 1927 年命令暂准援用该条例,直至 1953 年台湾当局颁布新的"国际私法"。

中华人民共和国成立后,人民政府废除了包括《法律适用条例》在内的国民政府的全部法律,开始建立社会主义的法律体系。但是,由于极"左"思潮和"法律虚无主义"的冲击,新中国的国际私法更不被重视。只是到了中国共产党十一届三中全会确定改革开放政策以后的 20 世纪 80 年代,中国才开始着手国际私法的立法工作。目前,中国国际私法规则已初具规模,渐成体系,其中不少制

---

① 对于中国国际私法起源的历史年代,法学界有不同的观点。主流观点是它起源于唐代《永徽律》,也有学者认为起源于清末民初对外国法的移植。齐湘泉教授提出它起源于汉代"刘细君和亲案",汉武帝"从其国俗"的诏书是中国国际私法起源的标志。参见齐湘泉:《中国国际私法探源》,载《中国政法大学学报》2012 年第 1 期。

② 尽管中国国际私法成文法典始于 1918 年《法律适用条例》,但是根据台湾地区刘正中先生的博士论文《中国国际私法史(1648—1918)——继受现象分析》一文考证,在 1911—1912 年期间,却出现了四个大理院国际私法判例:(1) 1912 年大理院就上告人刘巨川与被上告人美商胜家缝衣机器公司因欠款涉讼,不服天津高等审判厅所作二审判决上告至大理院被驳回上告的判决;(2) 1912 年大理院所作的该年上字第 281 号判决;(3) 1912 年大理院就上告人莫礼德(英国人)就同年 4 月京师高等审判厅对双方因债务涉讼所作的二审判决上告至该院所作的终审判决;(4) 1912 年大理院就上告人何云轩等二人对被上告人捷成洋行因损害赔偿涉讼由直隶高等审判厅作出的二审判决所作的撤销原判并发回更为审判的判决。该四个大理院判决,由于当时并无法律适用的成文法,故在判决中将它们认定为涉外民事诉讼,判决的法律依据则都是援用当时国际社会解决法律适用的"国际私法一般原理、原则"论证应该适用中国的法律,而中国的民法允许于法无明文规定时"依法理"或依"至当之条理"或"习惯法则"及"条理之公例",且阐述论析严谨详细。参见刘正中先生 2007 年在武汉大学法学院的博士论文,第 179—189 页。

度,其至在国际上亦颇为先进。下面择要介绍①:

(1) 规定外国人民事法律地位方面。此类规范主要有 1982 年《宪法》第 18 条关于允许外国法人和个人来华投资的规定和第 32 条关于保护在华外国人合法权益的规定;1979 年颁布、2016 年修订的《中外合资经营企业法》第 1、2 条;1983 年颁布、2014 年修订的《中外合资经营企业法实施条例》第 2 条;1982 年颁布、2011 年修订的《对外合作开采海洋石油资源条例》第 3、4 条等;1984 年颁布、2008 年修订的《专利法》第 18、19 条等;1982 年颁布、2013 年修订的《商标法》第 17、18 条等;1993 年颁布、2013 年修订的《公司法》第 11 章的有关规定。

(2) 冲突法方面。在《民法通则》颁布前,中国的冲突法立法屈指可数,只有 1983 年民政部发布的《中国公民同外国人办理婚姻登记的几项办法》中关于此种结婚必须遵守中国婚姻法的规定;1983 年颁布、2014 年修订的《中外合资经营企业法实施条例》第 12 条;1985 年颁布的《继承法》第 36 条和《涉外经济合同法》第 5 条等。1986 年《民法通则》中的冲突规范规定在第八章自第 142 条至第 150 条之中。此外,最高人民法院还于 1988 年印发了《关于贯彻执行〈中华人民共和国民法通则〉若干问题的意见(试行)》,就涉外民事关系的法律适用作了 18 条解释(第 178—195 条)。最高人民法院 2005 年印发的《第二次全国涉外商事海事审判工作会议纪要》②、2007 年最高人民法院《关于审理涉外民事或商事合同纠纷案件法律适用若干问题的规定》(已于 2013 年 2 月被废止)对涉外民事或商事合同的法律适用作了比较全面的规定。在 1992 年颁布的《海商法》(第 14 章)、1995 年颁布的《票据法》(第 5 章)和《民用航空法》(第 14 章)及 1999 年颁布的《合同法》(第 126 条)中,均有关于冲突规范的规定。

值得注意的是,2010 年 10 月全国人大常委会通过了《涉外民事关系法律适用法》。该法是一部比较完善和先进的国际私法典,共 8 章 52 条,自 2011 年 4 月 1 日起施行。该法具有如下优点和特色:

第一,该法在结构上将"人法"部分即"民事主体""婚姻家庭"和"继承"等三章置于"物法""债法"之前,体现该法坚持以人为本,强化人的主体性和权利,且优化了立法体系结构。

---

① 下述国内立法中有关国际私法的规定,多数可参见李双元、欧福永、熊之才编:《国际私法教学参考资料选编》(上册),北京大学出版社 2002 年版。

② 最高人民法院发布的公文中只有司法解释才具有法律效力,才能作为判案的依据。较早的时候曾有最高人民法院的"会议纪要"作为司法解释使用的情况,但 1997 年 7 月 1 日最高人民法院出台的《关于司法解释工作的若干规定》把司法解释分为"解释""规定""批复"三种形式,"会议纪要"便不得再作为司法解释了。2007 年 7 月 1 日发布的《关于司法解释工作的规定》增加了"决定"的形式。因此,1997 年 7 月 1 日以后,虽然最高人民法院在印发纪要时,仍然经常使用"现将《……纪要》印发给你们,请/望结合审判工作实际,贯彻/遵照/参照执行"的措辞,"会议纪要"没有正式法律效力,仅供法院内部参考。但是由于我国国际私法立法和司法解释不完善,本书仍对它们进行阐述。

第二,第一次将大部分冲突规则集中规定在同一部单行法律中,顺应了当代国际私法的发展潮流,基本完成了我国冲突规则的系统化和现代化。

第三,采用最密切联系原则作为对法律未作规定的所有涉外民事关系法律适用的"兜底原则",避免了在涉外民事关系法律适用方面留下漏洞。

第四,赋予了当事人意思自治原则突出地位。除了传统的合同领域(第41条)外,该法允许当事人选择法律的领域包括:委托代理(第16条)、信托(第17条)、仲裁协议(第18条)、夫妻财产关系(第24条)、协议离婚(第26条)、动产物权(第37、38条)、侵权责任(第44条)、不当得利和无因管理(第47条)、知识产权转让、许可使用和知识产权侵权(第49、50条)。

第五,经常居所取代住所成为主要属人法连结点,以国籍国连结点辅之。

第六,注重保护弱方当事人的利益。在没有共同经常居所地的情形下,父母子女关系"适用一方当事人经常居所地法律或者国籍国法律中有利于保护弱者权益的法律"(第25条);扶养"适用一方当事人经常居所地法律、国籍国法律或者主要财产所在地法律中有利于保护被扶养人权益的法律"(第29条);监护"适用一方当事人经常居所地法律或者国籍国法律中有利于保护被监护人权益的法律"(第30条)。此外,第42条的"消费者经常居所地法律"、第43条的"劳动者工作地法律"、第45条和第46条的"被侵权人经常居所地法律"通常有利于保护较弱方当事人的权益,因为经常居所地法律往往是他们最熟悉、也最便于他们据以主张其权利的法律。

第七,第一次规定了国家对涉外民事关系所作的强制性规定直接适用,这是根据中国改革开放实际,对国际上"直接适用的法律"理论的吸纳和扬弃。

但是我国《涉外民事关系法律适用法》也存在一些不足①:

第一,该法还不是一部真正统一、系统、全面和完善的涉外民事关系法律适用法,没有把海商法、民用航空法、票据法等三部商事法律有关法律适用的规定和民事诉讼法中的涉外篇修改后纳入,也没有把部分司法解释中成熟的规定纳入其中。

第二,该法在处理新法和旧法的关系上,虽然有第2条"其他法律对涉外民事关系法律适用另有特别规定的,依照其规定"和第51条的规定②,但实际上没有明确除《海商法》《民用航空法》《票据法》三法和《民法通则》第146条、第147条以及《继承法》第36条之外的其他法律中的法律适用规定同新法是什么样的关系。如果按该法第2条解释它们的关系,那等于新法的改进规定毫

---

① 该法的不足可详见李双元:《涉外民事关系法律适用法的制定研究》,湖南人民出版社2013年版。

② 该法第51条规定,《民法通则》第146条、第147条、《继承法》第36条,与本法的规定不一致的,适用本法。

无意义。

第三,该法对一些理应规定的内容,如涉外民事关系的界定、法律规避、先决问题等等,没有加以规定。

第四,在结构体系和逻辑顺序方面有不当之处,如"知识产权"一章不应放在"债权"之后,而应放在"物权"一章之后,"债权"一章之前。又如,将仲裁协议的法律适用放在"民事主体"一章内规定也是不恰当的。而且,章内条文顺序安排、逻辑结构也有问题。

2012年最高人民法院《关于适用〈中华人民共和国涉外民事关系法律适用法〉若干问题的解释(一)》第2条规定:《涉外民事关系法律适用法》实施以前发生的涉外民事关系,人民法院应当根据该涉外民事关系发生时的有关法律规定确定应当适用的法律;当时法律没有规定的,可以参照《涉外民事关系法律适用法》的规定确定。其第3条规定,《涉外民事关系法律适用法》与其他法律对同一涉外民事关系法律适用规定不一致的,适用《涉外民事关系法律适用法》的规定,但我国《票据法》《海商法》《民用航空法》等商事领域法律的特别规定以及知识产权领域法律的特别规定除外。《涉外民事关系法律适用法》对涉外民事关系的法律适用没有规定而其他法律有规定的,适用其他法律的规定。①

(3) 国际民事诉讼方面。这方面最主要的文件有:1982年《民事诉讼法(试行)》第五编,1991年《民事诉讼法》第四编,2015年最高人民法院《关于适用〈中华人民共和国民事诉讼法〉的解释》,1999年《海事诉讼特别程序法》,2002年最高人民法院《关于涉外民商事案件诉讼管辖若干问题的规定》,1986年最高人民法院、外交部、司法部《关于中国法院和外国法院通过外交途径相互委托送达法律文书若干问题的通知》,1992年最高人民法院、外交部、司法部《关于执行〈海牙送达公约〉有关程序的通知》和1992年司法部、最高人民法院、外交部《关于执行〈海牙送达公约〉的实施办法》,2006年最高人民法院《关于涉外民事或商事案件司法文书送达问题若干规定》,1991年最高人民法院《关于中国公民申请承认外国法院离婚判决程序问题的规定》,1999年最高人民法院《关于人民法院受理申请承认外国法院离婚判决案件几个问题的规定》。

此外,在区际民事诉讼方面,最高人民法院还通过了下列司法文件:1987年《关于审理涉港澳经济纠纷案件若干问题的解答》、1989年《全国沿海地区涉外涉港澳经济审判工作座谈会纪要》、2008年《全国法院涉港澳商事审判工作座谈会纪要》、2010年《关于人民法院办理海峡两岸送达文书和调查取证司法互助案件的规定》、1998年《关于内地与香港特别行政区法院相互委托送达民商事司法

---

① 为了便于读者了解中国国际私法规则的全貌,本书基本保留了与我国《涉外民事关系法律适用法》相抵触的法律、法规和司法解释的规定。

文书的安排》、2001 年《关于内地与澳门特别行政区法院就民商事案件相互委托送达司法文书和调取证据的安排》、2008 年《关于涉台民事诉讼文书送达的若干规定》、2009 年《关于涉港澳民商事案件司法文书送达问题若干规定》、2017 年《关于内地与香港特别行政区法院就民商事案件相互委托提取证据的安排》、2006 年《关于内地与澳门特别行政区法院相互认可和执行民商事判决的安排》和 2006 年《关于内地与香港特别行政区法院相互认可和执行当事人协议管辖的民商事案件的判决的安排》、2015 年《关于认可和执行台湾地区法院民事判决的规定》等。

（4）国际商事仲裁制度方面。这方面主要的文件有：1982 年《民事诉讼法（试行）》、1991 年《民事诉讼法》和 2015 年最高人民法院《关于适用〈中华人民共和国民事诉讼法〉的解释》，1994 年《仲裁法》第七章，有关的仲裁和调解规则如 2015 年《中国国际经济贸易仲裁委员会仲裁规则》、2014 年《中国海事仲裁委员会仲裁规则》。此外，最高人民法院还发布了一系列有关国际商事仲裁的司法解释，如 2006 年最高人民法院《关于适用〈中华人民共和国仲裁法〉若干问题的解释》、2015 年《关于认可和执行台湾地区仲裁裁决的规定》、2017 年《关于仲裁司法审查案件报核问题的有关规定》、2017 年《关于审理仲裁司法审查案件若干问题的规定》和 2018 年《关于人民法院办理仲裁裁决执行案件若干问题的规定》。

二、中国国际私法学说史

中国虽然早在唐朝就已有了冲突规范的雏形，但随后却停滞不前，国际私法的立法与学说均落伍于世界先进国家。在中国，国际私法学和国际私法的立法一样，真正的发展是在新中国，主要是在中国共产党十一届三中全会以后的时期。从古代直至清朝咸丰年间，中国没有真正的国际私法著作。对唐律中有关冲突法规范，《唐律疏义》中虽有解释，但远非系统的理论研究。宋朝的汪大猷对涉外法律关系的法律适用曾发表过自己的主张，认为"既入吾境，当依吾俗，安用岛夷俗哉"[①]，则是一种绝对的属地主义观点。

根据现有史料，直至清末光绪年间，中国才出现国际私法书籍。如出版于光绪二十九年（1903 年）的李叔同、范吉迪各自翻译的《国际私法》，出版于光绪三十一年（1905 年）的曹履贞、夏同和和郭斌各自编纂的《国际私法》，出版于光绪三十二年（1906 年）的冯阊模译的《国际私法图解》，出版于光绪三十三年（1907 年）的张仁静编纂的《国际私法》。同年出版的尚有袁希濂译的《国际私法》、傅疆编的《国际私法》、刘庚先和萧鸿钧合编的《国际私法》。此外，还有宣统三年

---

① 参见《宋史·汪大猷传》。

(1911年)出版的李倬译的《国际私法》、熊元楷等编的《国际私法》等。上述各书多取法于日文原著,或直接从日文原著译出。①

到民国时期,中国出版的国际私法书籍才逐渐增加,但总的来看有以下特点:(1)缺乏独创性。上述著作除个别外多属介绍性质,且承袭或转述德、日、法等国家的国际私法理论与学说。(2)各书的内容与体系几乎一律,基本内容包括三大块:国籍与住所、外国人的民事法律地位、法律冲突,且内容都十分单薄。(3)认为国际私法只是冲突法,且只具国内法性质的观点占统治地位。尽管存在上述缺陷,它们在中国国际私法学说史上仍占有一定地位。

在20世纪80年代以前,新中国国际私法学完全取法于苏联的学说与著作。直到中国实行改革开放政策后,国际私法学才受到了国家的高度重视。这时,对外开放中发生的种种国际私法问题迫切需要研究解决,国际私法理论研究也逐渐步入了初步繁荣的阶段。这一时期,中国国际私法理论研究工作在配合立法和涉外司法实践方面也成就卓著。主要表现在以下一些方面:

(1)在1985年召开的第一次全国性国际私法研讨会上和同年年底由全国人大常委会召开的《民法通则》草案的最后一次专家学者讨论会上,与会的国际私法学者们积极投入到《民法通则》第八章"涉外民事关系的法律适用"的立法指导思想、基本原则、应包括的内容和相应的具体规定的研究与讨论中(遗憾的是后来通过的立法基本摒弃了学界的观点)。20世纪80年代初以来,国际私法学界一些学者专家还就国家的几个重大的涉外民事争议案件或向国家有关主管部门提供了极有价值的法律咨询意见,或发表了一些重要学术论文,阐述了中国政府应取的立场,很好地发挥了法学理论研究为国家现代化建设服务的作用。

(2)不少具有较高水平的国际私法专著和译著、高等学校教材和参考资料集以及案例汇编相继问世,公开发表的具有创见的学术论文也日益增多。②

(3)不同的学术观点和理论体系通过磋商和讨论,形成了中国国际私法学理论的不同学派,国际私法研究呈现出百家争鸣的局面。同时陆续出现了具有原创性的理论和学术观点,表明中国国际私法学已从着重介绍外国的学说跨进了学科创新的阶段,以对国际社会国际私法的发展作出自己独立的贡献。其中,国际私法趋同化走势正在不断加强和全球化时代国际私法应以构建国际民商新

---

① 参见刘正中:《晚清中国国际私法与日本》,载李双元主编:《国际法与比较法论丛》第9辑,中国方正出版社2004年版,第567—580页。
② 详见李双元、金彭年、张茂、欧福永:《中国国际私法通论》,法律出版社2003年版,第89—91页。读者可以通过中国国家图书馆网站(http://www.nlc.gov.cn/)的馆藏目录检索已经出版和发表的绝大部分教材、专著和译著的题名、作者、内容提要和出版者与出版时间等信息,通过中国知网(http://www.cnki.net/)检索和下载已发表的大部分期刊论文和硕士、博士论文。

秩序为己任的理论,当是重要的体现。① 最近李双元教授更将其思想概括为:当代国际私法趋同化走势的不断加强是该理论的起点;构建全球化时代的国际民商新秩序是该理论追求的目标;而他从 1995 年起便不断倡导的"国际社会本位理念"是该理论的支撑或基础。②

(4)《中华人民共和国国际私法示范法》的拟定和公开出版,表明中国对国际私法立法的探讨跨出了重要的一步。为了推动国际私法学的研究,全国性的国际私法学术交流活动也于 1980 年肇始。1987 年 10 月全国国际私法教学研讨会和国际经济法教学研讨会同时在武汉大学召开,会上正式成立了中国国际私法研究会(而后改名为学会)。目前,中国国际私法学会已先后召开了二十多次年会和一些专题讨论会。这些会议都是围绕中国国际私法的立法以及实行对外开放所面临的一些重要国际私法问题的解决而举行的。中国学者在每次年会上提交的论文,中国国际私法学会基本上都编辑出版了论文集,自 1998 年起改为每年编辑出版一部《中国国际私法与比较法年刊》。中国国际私法学会经过近七年的努力,几易其稿,2000 年终于拟定了《中华人民共和国国际私法示范法》(第六稿,汉英对照文本,并且每条附有带学理说明的"立法"理由,已由法律出版社出版)。它是学术性的,仅供立法、司法机关及科研机构等参考使用。该示范法共分为五章,分别为总则、管辖权、法律适用、司法协助和附则,共 166 条。示范法是中国法学界第一部完全由学术研究团体起草的示范法典,它的公开出版,对中国国际私法的理论发展以及立法和司法实践产生了积极的影响。

(5) 为《涉外民事关系法律适用法》的制定提供理论支持。在立法机关 2002 年起草"民法草案"第九编"涉外民事关系的法律适用法"和《涉外民事关系法律适用法》2008 年被列入第十一届全国人大常委会立法规划的前后,中国国际私法学会、武汉大学法学院、中国政法大学国际法学院、湖南师范大学法学院等学术团体和机构都起草了立法建议稿,供立法机关参考。中国国际私法学会还在数次年会与专门会议上研讨"涉外民事关系法律适用法"的起草和条文设计问题。

【思考题】

1. 巴托鲁斯何以被称为"国际私法之父"?

---

① 详见李双元主编:《市场经济与当代国际私法趋同化问题研究》,武汉大学出版社 1994 年版;李双元、徐国建主编:《国际民商新秩序的理论建构》,武汉大学出版社 1998 年版;李双元主编:《中国与国际私法统一化进程》,武汉大学出版社 1998 年版。

② 详见李双元、李赞:《构建国际和谐社会的法学新视野——全球化进程中国际社会本位理念论析》,载《法制与社会发展》2005 年第 5 期。关于李双元教授的理论和思想,可参见李双元:《法律趋同化问题的哲学考察及其他》,湖南人民出版社 2006 年版;李双元:《李双元法学文集》(上、下册),中国法制出版社 2009 年版。

2. 萨维尼何以被称为"近代国际私法之父"?
3. 试述当代国际私法的发展趋势。
4. 试述我国的国际私法规则体系。
5. 20世纪80年代以后,我国国际私法理论研究取得了哪些成绩?

【扩展性阅读材料】

1. 韩德培、杜涛:《晚近国际私法立法的新发展》,载《中国国际私法与比较法年刊》(2000年卷),法律出版社2000年版。
2. 杜涛:《国际私法国际前沿年度报告(2011—2016)》,法律出版社2017年版。
3. 郭玉军、李伟:《李双元国际私法趋同化思想研究》,载《国际私法与比较法年刊》(2015年卷),法律出版社2016年版。
4. 陈卫佐:《瑞士国际私法法典研究》,法律出版社1998年版。
5. 董丽萍:《澳大利亚国际私法研究》,法律出版社1999年版。
6. 韩德培、韩健:《美国国际私法(冲突法)导论》,法律出版社1994年版。
7. 刘仁山:《加拿大国际私法研究》,法律出版社2001年版。
8. 袁泉:《荷兰国际私法研究》,法律出版社2000年版。
9. 邹龙妹:《俄罗斯国际私法研究》,知识产权出版社2008年版。
10. 邹国勇:《德国国际私法的欧盟化》,法律出版社2007年版。
11. 朱伟东:《南非共和国国际私法研究》,法律出版社2006年版。
12. 宋晓:《当代国际私法的实体取向》,武汉大学出版社2004年版。
13. 屈广清、陈小云主编:《国际私法发展史》,吉林大学出版社2005年版。
14. 李建忠:《古代国际私法溯源》,法律出版社2011年版。
15. 王思思:《柯里的利益分析理论研究》,武汉大学出版社2012年版。
16. 曾陈明汝著,曾宛如续著:《国际私法原理(上集:总论篇)》,台湾新学林出版公司2008年第8版改订本。
17. 曾陈明汝原著,曾宛如续著:《国际私法原理》(续集,各论篇),台湾新学林出版公司2012年修订3版。
18. 霍政欣:《国际私法(英文)》,对外经济贸易大学出版社2015年版。
19. 〔法〕巴迪福、拉加德著:《国际私法总论》,陈洪武等译,中国对外翻译出版公司1989年版。
20. 〔英〕莫里斯著:《法律冲突法》,李东来等译,中国对外翻译出版公司1990年版。
21. 〔加拿大〕威廉·泰特雷:《国际冲突法——普通法、大陆法及海事法》,刘兴莉译,黄进校,法律出版社2003年版。

22. 〔日〕山田三良:《国际私法》,李倬译,中国政法大学出版社2003年版。

23. 〔德〕格哈德·克格尔:《冲突法的危机》,萧凯、邹国勇译,武汉大学出版社2008年版。

24. 〔英〕卡尔斯特:《欧洲国际私法》,许凯译,法律出版社2016年版。

25. 〔美〕布里梅耶等:《冲突法案例与资料》(英文版),中信出版社2003年版。

26. Symeonides, American Private International Law, 2008.

27. Historical Roots: The Legacy of Savigny[①]

These historical roots lie in the ideas of one of the greatest legal scholars of the nineteenth century, Friedrich Carl von Savigny. Savigny is primarily known as the founder of the historical school of jurisprudence and the great opponent of codification. Yet, he is also one of the fathers of modern conflicts law. Exactly 150 years ago, Savigny published volume VIII of his magnum opus, System des heutigen römischen Rechts. In this volume, he broke away from the unilateral method of the medieval statutists that had dominated for five hundred years and put private international law on a modern, multilateral foundation.

Conflicts rules, Savigny argued, must be neutral, i. e. , they must not prefer particular parties, laws, or jurisdictions as such. To conform with this principle, he suggested that every legal relationship be governed by the law of the state or nation to which "it belongs, or to which it is subjected by virtue of its particular nature", i. e. , in which it has its "seat". For Savigny, the idea of a such a "seat" of a relationship was only a metaphor for the best connection. He called it "a formal principle", indicating that it needed to be filled with content under the circumstances of each case. With regard to obligations in particular, Savigny argued that in finding this connection, the primary factor should be the parties' intentions. In the absence of a clear manifestation, these intentions should be inferred. Even objective choice-of-law criteria should reflect what the parties would have wanted had they thought about the problem. From these general premises, Savigny derived a concrete system of conflicts rules for international contracts.

……

[①] Mathias Reimann, Savigny's Triumph? Choice of Law in Contracts Cases at the Close of the Twentieth Century, Virginia Journal of International Law Association, Vol. 39, 1999.

第三章 冲突规范

第一节 冲突规范的概念、结构和特点

一、冲突规范的概念

冲突规范(conflict rules)是指处理涉外民事关系时,在有两个或两个以上的国家的民法根据有关的连结因素都可能或竞相适用于该民事关系(或均对该民事关系主张"立法管辖权")的情况下,指定应该适用其中哪一国法律作为准据法的规范。我国《涉外民事关系法律适用法》第 2 条规定:涉外民事关系适用的法律,依照本法确定。冲突规范又称"法律适用规范"(rules of application of law)、"法律选择规范"(choice of law rules)。在把国际私法只理解为冲突法时,也可把它直接称为"国际私法规范"(rules of private international law)。例如,我国《涉外民事法律关系适用法》第 11 条规定的"自然人的民事权利能力,适用经常居所地法律"就是一条冲突规范。

上述冲突规范的定义只是从冲突规范的传统意义和主要适用对象上来界定的,在由当事人意思自治选择准据法以及其他一些情况下,可以作为准据法的,除了内国或外国的实体民商法外,还有国际条约或国际商事惯例。除此之外,事实上,即使在被认为属于公法的程序法律关系中,同样有法律冲突问题存在,解决程序法律关系的法律冲突(如国际民事管辖权的冲突、各种有关程序问题应适用法律的冲突)同样得运用冲突规范。所以更全面更广义地讲,凡在处理涉外民事关系及因涉外民事关系而发生的争讼时,指定对实体问题和程序问题应适用哪一法律以及划分涉外(或国际)民事管辖权的规范,均属冲突规范。

二、冲突规范的结构

冲突规范由"范围"(category)、"准据法(lex causae 或 applicable law)或系属(attribution)"两部分组成。例如我国《涉外民事关系法律适用法》第 15 条规定:人格权的内容适用权利人经常居所地法律。该条冲突规范的"范围"就是"人格权的内容","系属"即为"权利人经常居所地法"。

冲突规范中的"范围",又有称为"连结对象"(object of connection)或"起因事实"(operative facts)的,它包括冲突规范所要适用的对象,或所要认定的事实,或所要解决的法律问题。

冲突规范中的后一部分"准据法"则是"范围"中所指的涉外民事关系、事实或法律问题应适用的特定的实体法规范。过去中国通常称为"系属"。"系属"就是"隶属"或"归属"的意思，就是什么样的法律关系应"隶属"什么国家和地区的法律支配的意思；或者用类似于萨维尼的观点说，就是什么样的法律关系应与哪一法域(territorial legal unit 或 legal system)相连结或相联系的意思。或者更直观地说，就是运用某种连结点来指引某一类型法律关系应适用的准据法。

过去台湾地区的法律能否作为准据法被祖国大陆人民法院适用不明确。根据2010年最高人民法院《关于审理涉台民商事案件法律适用问题的规定》，人民法院审理涉台民商事案件，应当适用法律和司法解释的有关规定。根据法律和司法解释中选择适用法律的规则，确定适用台湾地区民事法律的，人民法院予以适用。

三、冲突规范的特点

相对于其他法律规范，冲突规范具有鲜明的个性：

第一，冲突规范具有不同于一般的法律规范的结构。一般法律规范通常由假定、处理和制裁三个要素组成，而冲突规范则由范围和系属两个部分构成。[①]

第二，冲突规范不同于一般实体法规范。一般的实体法规范直接规定当事人的权利义务，而冲突规范却是间接规范，只选择某种涉外民事关系应适用何国法律，故必须与被其指定的那一国家的实体法律规范结合起来，才能最终确定当事人的权利义务关系，完成解决涉外民商事争议的任务。

第三，冲突规范不同于一般的程序法规范。冲突规范虽然只指定应该适用哪一国的法律，但如果据此片面地认为，只需单纯依靠冲突规则的指引而可以不考虑任何其他因素，不问选择的后果，显然是不正确的。早在12世纪末，阿尔德里古(Aldricus)就提出了所谓"结果选择的方法"，也就是法院在选择法律时，不应该只问什么规则是最合适的规则，而主要应该问适用什么法律才能取得最合适的结果。例如我国《涉外民事关系法律适用法》第25条规定，对于父母子女人身、财产关系，"没有共同经常居所地的，适用一方当事人经常居所地法律或者国籍国法律中有利于保护弱者权益的法律"，就体现了结果选择目的。而程序法规范是规定诉讼与仲裁法律关系的，且大部分程序法规范都是直接规范。

值得注意的是，一般来说，冲突规范具有强制性，法院在审理涉外民事纠纷时，必须依照职权主动先适用本国的冲突规范来确定案件应当根据哪国法律审

[①] 当然也有学者认为冲突规范亦是由假定、处理、制裁三个要素组成的，参见浦伟良：《法律规范结构与冲突规范结构的相互关系初探——对冲突规范结构特殊性的再认识》，载《上海市政法管理干部学院学报》2002年第4期。

判。这一点得到大多数国家的承认。20世纪70年代以后,某些大陆法国家学者受英美法影响,开始主张接受"任意性冲突法"理论(facultative choice of law),将冲突规范的适用与当事人"意思自治"结合起来,主张只有当事人要求适用冲突规范并且能够像对待事实问题一样证明它们时,才能适用。否则,法院将一律适用法院地法判案。法国和斯堪的纳维亚国家的司法实践倾向于这种做法。我国《涉外民事关系法律适用法》第2条规定,涉外民事关系适用的法律,依照本法确定,也把冲突法视为强制性规范。最高人民法院也多次要求各级法院必须按照冲突法来确定涉外案件的准据法。① 然而,我国法院(包括高级人民法院和最高人民法院)在许多涉外案件的审判中,有意无意地采用了类似于"任意性冲突法理论"的做法,即只要当事人不主动提出适用外国法律,就自然地依照我国民事实体法进行审判。在某些案件中,甚至当事人已经事先在合同中约定了适用外国法,也以当事人在庭审中未提出适用外国法为由而直接适用我国法律。②

第二节 连 结 点

一、连结点的法律意义

连结点(connecting points, point of contact),又称连结因素(connecting factors)或连结根据(connecting ground),它是指冲突规范就范围中所要解决的问题指定应适用何国法律所依据的一种事实因素。通常这些事实因素是用"国籍""住所""惯常居所""缔约地""履行地""侵权行为地""婚姻举行地""遗嘱作成地""物之所在地"这样一些含有场所意义的概念来加以表示的。法律选择的过程也就是把不同的法律关系和不同国家的法律制度联系起来的过程,所以冲突规则才被称为"立法管辖权选择规则"。而这种联系,正是通过连结点的选择与确定来实现的,而这正是连结点在冲突规范中的意义所在。具体来说,在冲突规范中,连结点的意义表现在以下两个方面:从形式上看,连结点是一种把冲突规范中"范围"所指的法律关系(或法律问题、事实)与一定地域的法律联系起来的纽带或媒介;从实质上看,这种纽带或媒介又反映了该法律关系(或法律问题、事实)与一定地域的法律之间存在着的内在的实质的联系或隶属的关系。例如"物权适用物之所在地法"这一冲突规范中的"物之所在地"就具有这两方面的含义,而其中,后一种含义是起着决定作用的,这一冲突规则表明物权关系应该隶属于物之所在地的立法管辖。

---

① 例如2000年最高人民法院《关于审理和执行涉外民商事案件应当注意的几个问题的通知》就有此要求。
② 参见杜涛:《国际私法原理》,复旦大学出版社2014年版,第62—65页。

正因为这样,在准据法的表述中,连结点的选择就不应该是任意的,更不应该是虚构的,而是必须在客观上确实能体现这种内在的联系。国际私法中的适用(或选择)法律不当,法院管辖不当,反致、转致的发生,法律规避的出现等等,无不与连结点有着直接的关系。

二、连结点的分类

根据不同的标准,连结点可作不同的分类:

第一,客观连结点和主观连结点。客观连结点主要有国籍、住所、居所、物之所在地、法院地、合同缔结地和侵权行为发生地等,这种连结点是一种客观实在的标志。客观连结点又可分为属地连结点、属人连结点。其中属地连结点大多与一定的空间位置有关,具有确定性和唯一性,如物之所在地、法院地;属人连结点如国籍、住所、居所,往往强调连结点与当事人之间的关系。主观连结点主要包括当事人之间的合意和最密切联系地,只不过当事人之间的合意由当事人商定,而最密切联系地由法官决定,它们主要用于确定合同关系的准据法。

第二,静态连结点(constant point of contact)和动态连结点(variable point of contact)。静态连结点就是固定不变的连结点,它主要指不动产所在地以及涉及过去的行为或事件的连结点,如婚姻举行地、合同缔结地、法人登记地和侵权行为地等。由于静态连结点是不变的,故便于据此确定涉外民事法律关系应适用的法律。动态连结点就是可变的连结点,如国籍、住所、居所、所在地和法人的管理中心地等。动态连结点的存在一方面加强了冲突规范的灵活性,另一方面也为当事人规避法律提供了可能。立法者可以通过对连结点的时间限定,将可变的动态连结点变成静态连结点。例如我国《涉外民事关系法律适用法》第28条规定:"……收养关系的解除,适用收养时被收养人经常居所地法律或者法院地法律。"这样可以在一定程度上避免法律规避的出现。

第三,连结点也可分为单纯的事实和法律概念。单纯的事实主要包括物之所在地、行为地和法院地等。另一类不是单纯的事实,而是法律概念,如国籍、住所等。正因为这些连结点是法律上的概念,有人称之为连结概念。

三、连结点的选择

连结点的选择与确定是国际私法中,尤其是冲突法中最为重要的问题。在解决法律适用时(包括程序法的适用),要通过选择一个或几个连结点来实现选法的任务;在程序法中,它又是确定管辖权的依据。

国际私法的进步和发达在很大程度上表现在连结点的选择和确定上,因此连结点的选择不是一成不变的,而是随着客观情况的变化而变化。例如在19世纪之前,大多数欧洲国家处于封建分裂状态,没有形成统一的民族国家,所以普遍采用住所作为属人法的连结点。随着政治统一的完成和向外殖民的开始,欧洲各国相继用国籍替代住所作为属人法的连结点。随着商品经济的进一步发展,商事活动遍及全世界,在这种背景下,又出现了对适用本国法的批判。因而自第二次世界大战后,欧洲又出现了一种恢复住所这一属人法连结点的趋势。这种趋势在1955年海牙《解决本国法和住所地法冲突的公约》中已得到肯定的评价。而且目前在欧美,更出现了以惯常居所(habitual residence)来代替国籍与住所的主张。一些学者认为,住所与惯常居所的一个重要区别就在于后者更易于依据外部现象客观地加以认定,而前者却部分地尚需依靠对当事人心理状态(长居久住的意思)的分析。[①] 因此,从商业行为的方便以及商事关系的稳定性出发,运用惯常居所作属人法的连结点,显然是更为有利的。

值得注意的是,我国《涉外民事关系法律适用法》,除在十一个条文中使用国籍或共同国籍作属人法的连结点外,并无一条使用住所作为属人法连结点。其中自然人的民事权利能力一般均主张首先应由其国籍作基本连结点的,都几乎全部改为经常居所地。而且还在第14条提到"法人的经常居所地"。

四、连结点的软化处理

面对国际私法社会基础不断演变的新形势,传统冲突规则的缺陷逐渐暴露,尽管尚不能表明它已到了穷途末路,但是有一点是肯定的,即传统的法律选择方法需要改造,需要加工,需要注入更多的灵活性,以适应迅速变化的社会现实。为了实现这个目标,国际上逐渐形成了一种通过变革连结点对冲突规范进行"软化处理"(softening process)的潮流。连结点的软化处理是通过在冲突规范中规定多个可供选择的连结点或规定具有弹性或灵活性的连结点等,来克服传统冲突规范的僵化和呆板的缺点。它主要有以下四种表现[②]:

(一) 用灵活开放性的连结点取代传统冲突规范中僵固的封闭性的连结点

早期的国际私法认为,合同的成立和效力均受合同缔约地法支配,随着自由贸易对契约自由精神的需要,产生了"意思自治"原则,主张合同准据法应由双方当事人自主选择。这是由僵固封闭型系属公式向灵活开放型系属公式转变的第一步。采用灵活的、开放性的连结点的做法,虽然始于合同法领域,现在却已远远超出了这个范围。如在早先,对所有的侵权都是适用侵权行为地法的,但到

---

① 例如 H. H. 凯(Herma Hill Kay)在《吉尔伯特法律简介:冲突法》(Gilbert Law Summaries: Conflict of Laws)中就指出:确定一个人的住所,通常既要求其身居于此,又要求其有常住于此的意向;而确定一个人的居所,只要求其身居于此即可。见该书1980年第13版([New York]Gilbert Law Summaries[Gardena, CA, distributed by Law Distributors]),第1页。

② 参见李双元、张明杰:《论冲突规范的软化处理》,载《中国法学》1989年第2期;李双元:《走向21世纪的国际私法——国际私法与法律的趋同化》,法律出版社1999年版。

20世纪中叶以后,如美国的一些法院,便开始抛开传统的硬性连结点,主张适用与侵权有最密切联系的法律。英国有学者更是比照合同自体法的理论,提出了"侵权行为自体法"(proper law of torts)的主张,即在决定侵权的法律适用方面,不再完全求助于侵权行为地这样的封闭的连结点,而是由法院根据案件的具体情况,选择适用与案件有最密切、最真实联系的法律。以最密切联系作连结点,在合同和侵权以外的其他领域也是存在的。例如我国《涉外民事关系法律适用法》第3条规定"当事人依照法律规定可以明示选择涉外民事关系适用的法律",从而将意思自治提高到一般性的选法规则。

当然,这里需要指出的,采用灵活的开放性的连结点代替传统的僵硬的封闭性的连结点来进行软化处理并非没有限度,否则,整个国际私法都可归结为一句话:"涉外民事关系由与该关系具有最密切联系的法律支配",这样就等于在相当的程度上否定了国际私法的存在。在我们看来,封闭性的连结点和开放性的连结点代表着两种不同的法律价值观:前者代表稳定性、明确性和可预见性,后者则代表灵活性,而法律必须是既具有稳定性又具有灵活性,必须是二者的统一。人们既不能完全抛开固定的连结点,也不能不规定一些开放性的连结点。如1987年《瑞士联邦国际私法法规》要求首先适用它所规定的各具体冲突规则,只在案件的事实与规定的准据法有微弱的联系,而与另一个法律明显地有更密切联系的时候,该法所确定的准据法才可以不适用。

(二) 增加连结点的数量从而增加可供选择的法律

在冲突规范中规定两个或两个以上的连结点,可以增加连结点的可选性,这也是一种在目前被越来越多的国家所采用的简单而有效的软化方法。规定复数连结点的动机可能是多种多样的,较为常见的有:使法院能够有机会适用使法律关系能有效成立的法律,或较能反映法律关系的重心所在的法律,以及有利于实现国家特定的政策的法律。例如我国《涉外民事关系法律适用法》第22条规定:"结婚手续,符合婚姻缔结地法律、一方当事人经常居所地法律或者国籍国法律的,均为有效。"第25条规定:"……没有共同经常居所地的,适用一方当事人经常居所地法律或者国籍国法律中有利于保护弱者权益的法律。"

(三) 对同类法律关系进行划分依其不同性质规定不同连结点

传统的冲突规范不仅连结点缺少可选性,而且往往对同一类法律关系只规定一个冲突规则。第二次世界大战以后,由于科学技术的新发展,法律关系逐渐向复杂和多样化发展,从宏观上讲,一些新的法律部门不断涌现;从微观上讲,同一类法律关系内部也开始分化。侵权与合同领域最能体现这种发展。例如我国《涉外民事关系法律适用法》第44条规定了一般侵权的法律适用,同时又在第45条、第46条和第50条规定了产品责任、网络侵权和侵害知识产权等特殊侵权行为的法律适用。在合同方面,第41条规定了合同法律适用的一般规则,第

42条和第43条对消费者合同和劳务合同规定了特殊的法律适用规范。又如1982年《南斯拉夫国际冲突法》将合同划分为21种,在当事人未选择应适用的法律,而案件的具体情况也未指向其他法律时,对不同的合同规定了不同的连结点。

(四) 对于一个法律关系的不同方面进行分割分别采用不同的连结点

早在中世纪时,有些学者就主张有关违反合同的问题由履行地法支配,有关合同的其他问题由合同缔结地法支配。这种对法律关系自身的不同方面进行分割,对其不同方面适用不同法律的做法,被称为分割方法。美国1971年《第二次冲突法重述》第188条就规定,在缺乏当事人的法律选择时,合同某个具体问题上的当事人的权利和义务,由在这个问题上根据第6条规定的几种因素所确定的与同该交易和当事人有最重大联系的州的法律支配。这些可以分割的具体问题包括:缔约能力、合同形式、合同是否应为书面、欺诈、胁迫、不正当影响、错误、违法性、高利贷、合同用语的解释、合同义务的性质、履行的细节、赔偿标准等。该重述在侵权问题上,也有类似的规定。

由于法律关系或法律行为往往由不同的方面构成,并且部分与部分之间难免具有相对的独立性,它们常常各有自己的重心,一概要所有的方面受一个连结点指引的法律支配,已越来越不切合时宜。因而,对同一个法律关系的不同方面进行划分,对不同的方面在法律适用上规定不同的连结点,以相对地增加连结点的数量,也是一种对传统冲突规范进行软化处理的方法。这种方法也影响到我国国际私法立法,根据我国《涉外民事关系法律适用法》处理涉外合同案件时,虽然自然人可以选择合同准据法(第41条),但其民事权利能力和民事行为能力则要根据其他冲突规范(第11条、第12条)另行确定准据法。

五、互联网的应用对传统连结点提出的挑战

传统冲突规范中扮演着十分重要角色的与地域因素和空间场所有关的连结点,在网络空间中并无太大的实际意义。以网上侵权为例,只要某个用户在网上实施侵权行为,其影响有可能延伸至世界任何地方,从而使这些地方都可能成为侵权行为地,但对于受害者而言,这些地方绝非都有着同样的意义。更何况有时要在网上确定一个地点,即使并非不可能,至少也是相当困难的。至于国籍和住所这种连结因素更不易利用来指定支配互联网交易的准据法。因为在很多情况下,当事人的国籍与住所往往与互联网交易本身的关系是相当松散的。因特网是面向全世界所有的人开放的一种独立的自主的网络,任何国家都难以有效、独立地对网上活动进行监管。拥有任何一个国籍或住所的人随便可到任何一台联网的计算机上从事网上活动。甚至可以这么说,只要拥有一台卫星电话和一台可以上网的手机,就可以在地球的任何一个角落进行涉外的民事活动。

面对互联网的挑战,一些国际私法学者主张继续采用传统的冲突法方法,将具体的互联网案件通过识别归入既有法律体系中,如确定为合同案件、侵权案件和著作权案件等,并根据各自现有的冲突规范来寻找应予适用的法律;还有一些学者主张各国通过国内立法与判例以及国际条约制定"网络空间法",形成一个独立的法律部门,专门适用于发生在网络空间中的案件。例如,美国乔治城大学法学教授帕斯特就提出了一个叫做"电子邦联制"的网络空间立法和法律适用体制理论。但总的来说,这还是一个正在探索的领域。

六、连结点的解释

对于同一性质的法律关系,各国即使规定同一个指引准据法的连结点,但赋予该连结点的含义可能是不尽相同的,因而提出了究竟应依哪一国的法律观点和法律概念进行解释的问题。例如,有关两国都规定侵权行为之债适用侵权行为地法,但一国把加害行为地作为侵权行为地,而另一国把损害发生地作为侵权行为地,这就发生了连结点的冲突问题。这是在确定指引准据法的连结点时必须解决的问题。

一般说来,连结点究竟在何处,原则上都是依法院地法的概念进行解释的,但有三个例外:一是对一个人是否具有某国国籍必须依其国籍发生争议的该国国籍法的概念来加以判定,对于住所的识别原则上也是如此;二是如特定案件需要援用外国冲突规范时,此外国冲突规范中所使用的连结点,应依该国法律概念进行解释;三是如特定案件需要适用条约中的冲突规范,而条约又对冲突规范中所使用的连结点作了定义,则应依条约中的定义(如《布斯塔曼特法典》第 32 条就对"住所"作了定义)作出解释。

第三节 冲突规范的类型

根据冲突规范对应适用法律的指定的不同,可以把它们划分为四种基本的类型:单边冲突规范、双边冲突规范、重叠性冲突规范与选择性冲突规范。

一、单边冲突规范

单边冲突规范(unilateral conflict rules)是直接规定某种涉外民事关系只适用内国法或只适用外国法的冲突规范。德国法中此类冲突规范又称为"不完全冲突规范"。单边冲突规范多为一种附条件的指定,其所附条件多为当事人的国籍或住所、标的物的所在地等。例如,1804 年《法国民法典》第 3 条中规定的"不动产,即使属于外国人所有,仍适用法国法"与"关于个人身份与法律上的能力的规定,适用于全体法国人,即使其居住于国外时亦然"等。

由于单边冲突规范明确规定了只适用内国法或只适用某一外国法,所以其适用具有简便明了或直截了当的优点,但其明显的缺陷会给法院在适用法律上留下漏洞。如前述《德国民法施行法》的单边冲突规范就没有指明在德国有住所的外国人的继承案件应适用什么法律。对于这种情况,大陆法系一些国家便常常需要通过最高法院的判例,根据一个单边冲突规则推引出另一个单边冲突规则(如"外国人的继承,虽于德国有住所,仍适用其人的本国法"),或者干脆推引出一个双边冲突规范(如"继承依被继承人的本国法")。1896年《德国民法施行法》中大量的单边冲突规范都通过法院判例而双边化。[①]

单边冲突规范尽管有上述缺陷,但在各国冲突法中,却仍屡有所见,即使到今天,在少数需要特别通过国内法加以保护的法律关系中,单边冲突规范是不可缺少的。例如我国《合同法》第126条第2款规定:在中华人民共和国境内履行的中外合资经营企业合同、中外合作经营企业合同、中外合作勘探开发自然资源合同,适用中华人民共和国合同法律。

二、双边冲突规范

双边冲突规范(bilateral conflict rules, allsided conflict rules)并不直接规定某种涉外民事关系适用内国法还是外国法,而只抽象地规定一个指引确定准据法的连结点,表明什么问题应适用何地法律,至于准据法是内国法还是外国法,取决于连结点在内国还是外国。在德国它又被称为"完全冲突规范"。例如"侵权责任,适用侵权行为地法律"(我国《涉外民事关系法律适用法》第44条第1句)属于双边冲突规范,当侵权行为地在内国时,就适用内国法,当侵权行为地在外国时,就适用外国法。

单边冲突规范与双边冲突规范既有区别又有联系。两者的区别是,双边冲突规范解决的是普遍性的问题,而单边冲突规范一般只规定特殊问题应以什么法律为准据法。例如,"侵权行为的损害赔偿适用侵权行为地法"针对的是涉外侵权赔偿如何确定准据法这一普遍性问题,无论侵权发生在国内还是国外;而"在中国境内履行的中外合资经营企业合同适用中国法"则只规定了在中国境内履行的中外合资经营合同的法律适用,对于在外国履行的该类合同的法律适用则付诸阙如,从而留下了法律适用上的漏洞。而两者的联系则表现在:任何一个双边冲突规范在适用的过程中都可以分解为两条相对应的独立的单边冲突规范,而单边冲突规范通过有关机关的解释,也可以推导出与之相对应的另一个单边冲突规范,并可将两者结合成一个双边冲突规范。

在双边冲突规范中,还有一种不完全的双边冲突规范。例如,我国《民法通

---

① 参见杜涛、陈力:《国际私法》,复旦大学出版社2008年版,第57页。

则》第147条规定的"中国公民和外国人结婚适用婚姻缔结地法律,离婚适用受理案件的法院所在地法律"便是。因为它只适用于中外公民之间的结婚和离婚关系,而并不适用于所有含有涉外因素的结婚和离婚关系。这种不完全的双边冲突规范也会导致法律适用上的漏洞。

另外,还有一种附条件或有限制的双边冲突规范。例如,我国《涉外民事关系法律适用法》第21条中规定:没有共同国籍,在一方当事人经常居所地或者国籍国缔结婚姻的,结婚条件适用婚姻缔结地法律。

三、重叠性冲突规范

重叠性冲突规范(double rules for regulating the conflict of laws)是指对"范围"所指的法律关系或法律问题必须同时适用两个或两个以上连结点所指向国家的法律的冲突规范。例如,我国《涉外民事关系法律适用法》第28条第1句规定:收养的条件和手续,适用收养人和被收养人经常居所地法律。显然这类冲突规范反映了立法者对相关问题的解决,要求在准据法的适用上从严掌握。这种重叠性冲突规范与上述附条件或附限制的双边冲突规范也是不同的。因为前者要求同时适用两个乃至两个以上连结点指向的不同国家的法律,而后者却只要求适用一个连结点指向的国家的法律,只是这个连结点要受所附条件的限制。

在许多情况下,重叠性冲突规范所规定的必须重叠适用的两个或两个以上准据法中,有一个是法院地法。其所以如此,无非是出于法院地的公共秩序不致被违反的考虑。例如我国《民法通则》第146条第1款第1句规定:侵权行为的损害赔偿,适用侵权行为地法律。第2款又规定:中华人民共和国法律不认为在中华人民共和国领域外发生的行为是侵权行为的,不作为侵权行为处理。

四、选择性冲突规范

选择性冲突规范(choice rules for regulating the conflict of laws)也包含两个或两个以上的连结点,但只需选择适用其中一个连结点所指定的国家的法律来处理某一涉外民事关系。选择性冲突规范又可以分为两类:

(1)无条件的选择性冲突规范。这种冲突规范中两个或两个以上的连结点所指向的国家的法律无适用上的主次或先后顺序之分,可以从中任选其一来处理某一涉外民事关系。例如,我国《涉外民事关系法律适用法》第28条第3句规定:收养关系的解除,适用收养时被收养人经常居所地法律或者法院地法律。

(2)有条件的选择性冲突规范。它又可分为两种情况。一种是这种冲突规范中的两个或两个以上的连结点所指向的法律有主次或先后顺序之分,只允许依顺序或有条件地选择其中之一来处理某一涉外民事关系。如我国《涉外民事关系法律适用法》第26条规定:协议离婚,当事人可以协议选择适用一方当事人经常居所地法律或者国籍国法律。当事人没有选择的,适用共同经常居所地法律;没有共同经常居所地的,适用共同国籍国法律;没有共同国籍的,适用办理离婚手续机构所在地法律。而另一种则是附"结果导向"的有条件的选择性冲突规范。例如我国《涉外民事关系法律适用法》第29条规定:扶养,适用一方当事人经常居所地法律、国籍国法律或者主要财产所在地法律中有利于保护被扶养人权益的法律。

五、进一步的说明

在实践中,之所以发展出多种类型的冲突规范,完全是由于国家处理不同涉外民事关系需要采取不同的政策。在当前的国际私法立法中,采用双边冲突规范尤其是选择性冲突规范的比例明显升高,主要还是由于经济全球化趋势使国际社会共同体中的成员国的联系更加紧密,需要国际私法提供更为便捷的解决纠纷的法律选择方法。当然,在上述四种类型中,双边冲突规范是最基本的、最能反映国际私法本质的类型。

为了适应国家处理不同性质法律关系的政策需要,有时还可把几种基本类型的冲突规范结合在一个法律条文之中。例如,我国《民法通则》第146条首先对一般的涉外侵权行为的损害赔偿用一条双边冲突规范指引准据法(即"侵权行为的损害赔偿,适用侵权行为地法律"),但它并不是在任何情况下必须适用的,故而该条随后加上供选择的冲突规范:"当事人双方国籍相同或者在同一国家有住所的,也可以适用当事人本国法律或者住所地法律。"同时为了保护当事人的正当权益,防止无理索赔,该条第2款还明确规定在中国法院涉讼时,"中华人民共和国法律不认为在中华人民共和国领域外发生的行为是侵权行为的,不作为侵权行为处理",要求重叠适用中国的法律。

第四节 准据法表述公式

一、准据法表述公式(系属公式)的概念

由于单边冲突规范已直接指定相关问题只应适用内国法,或只应适用某一特定的外国法,所以它不需要通过某种公式来表述准据法。如我国《民法通则》和《合同法》等都规定:在中国履行的中外合资经营合同、中外合作经营合同与中外合作勘探开发自然资源合同,只适用中国的法律,即在中国履行的这三种合同只能"隶属"或"归系"(attribution)中国法律的管辖之下。但在除单边冲突规范以外的冲突规范中,对指定的准据法则是通过一些含有特定内容的公式来表述的。过去国内一些著作称这些公式为"系属公式"(fomula of attribution)或"冲突法原则"。系属公式就是把一些解决法律冲突的规则固定化,使它成为国际上公认的或为大多数国家采用的处理原则,以便解决同类性质的法律关系的法律适用问题。但"系属公式"这一概念不很好懂,我们认为宜直接称为"准据法表述公式"。

二、准据法表述公式的基本类型

常见的准据法表述公式有:属人法、物之所在地法、行为地法、法院地法、旗国法、当事人合意选择的法律和与案件或当事人有最密切联系的国家的法律。

(一) 属人法(lex personalis)

传统上属人法是以当事人的国籍和住所为连结点的一种准据法表述公式,可又分"本国法"即"国籍国法"(lex patriae 或 lex nationalis)和"住所地法"(lex domicilii)。属人法一般用于解决人的身份、能力、婚姻、亲属和继承等领域的法律冲突。大陆法系国家多以当事人的本国法为当事人的属人法,英美法系国家多以当事人的住所地法为当事人的属人法。近年来,一些国家的立法尤其是国际公约已开始采用"惯常居所地法"作为当事人的属人法,从而使属人法方面长期存在的本国法和住所地法两大派别的对立已在一定程度上得到了缓和。

属人法中还有一种法人属人法(personal law of legal person),主要是法人的国籍国法或住所地法,常用来解决法人的成立、解散及权利能力与行为能力方面的问题。

(二) 物之所在地法(lex rei sitae, lex situs)

物之所在地法是作为涉外民事法律关系的客体的物所在的地方的法律。它常用于解决物权方面,特别是不动产物权方面的法律冲突。美国 1971 年《第二次冲突法重述》则除采用"物之所在地法"这一系属公式之外,抑或用"物之所在地法院将予以适用的法律"这种软性连结因素来取代硬性的"物之所在地法"。

(三) 行为地法(lex loci actus)

行为地法是指法律行为发生地(或行为的损害结果发生地)所属法域的法律。它来源于法则区别说时代即已产生的"场所支配行为"(locus regit actum)这一古老的法谚。行为地法主要可以分为:(1) 合同缔结地法(lex loci contractus),通常用于解决合同方式、合同内容的有效性等方面的法律冲突问题。(2) 合同履行地法(lex loci solutionis),通常用于解决合同履行方面的法律冲突问题。(3) 侵权行为地法(lex loci delicti),通常用于解决侵权行为之债的法律冲突问题。(4) 婚姻缔结地法(lex loci celebrationis),通常用于解决婚姻关系方面的法律冲突。(5) 立遗嘱地法。通常用于解决遗嘱方式方面的法律冲突问题。在适用行为地法这个冲突法原则时,在当事人为隔地法律行为或侵权行为的情况下,还需要解决何地为行为地的问题。

（四）法院地法(lex fori)

法院地法是指审理涉外民商事案件的法院所在地的法律。过去它多用于解决涉外诉讼程序方面的法律冲突问题,但现在对一些实体问题适用法院地法,在各国的立法中也不少见。与"法院地法"类似的还有仲裁地法(lex arbitri)。

（五）旗国法(the law of the flag)

旗国法是指船舶所悬挂的旗帜所属国家的法律。它常用于解决船舶在运输过程中发生涉外民商事纠纷时的法律冲突。现在航空器所属国的法律也称作航空器的旗国法,并用于解决航空运输中发生的涉外民商事纠纷的法律冲突。

（六）当事人合意选择的法律(lex voluntatis)

当事人合意选择的法律是指当事人双方合意选择的那个国家和地区的法律或者国际条约、国际惯例。"当事人合意选择"与前几种客观性连结点的不同点在于它是一种"主观性连结点"。这种准据法表述公式又称为"意思自治原则",是当今大多数国家确定涉外合同准据法的首要原则。现在,有些国家在合同以外的领域,如侵权、婚姻和继承领域也开始有限制地采用该原则。

（七）与案件或当事人有最密切联系的国家的法律(the law with which the action or the party has its closest connection)

该准据法表述公式在1978年《奥地利联邦国际私法法规》中称"最强联系",在美国1971年《第二次冲突法重述》中称"最重要联系"。它是对各种客观因素经由法官的主观判断加以认定的一种"准据法表述公式"。但它往往作为一项总的指导原则在有些国家的国际私法立法中发挥着至高无上的作用(如上述两部法律),甚至还作为一项对各种既定的冲突规范起校正作用的准据法表述公式。如1987年《瑞士联邦国际私法法规》第15条便规定:"根据所有情况,如案件与本法指定的法律联系并不密切,而与另一法律联系更为密切,则可作为例外,不适用本法所指定的法律。"所以,这一准据法表述公式既可在制定有关冲突规范时预先由立法机关加以确定(如奥地利、瑞士等国立法),亦可作为授权性规范在立法中交由法院在审判活动中去自主认定。

在一定的意义上,冲突法一开始诞生,在法律的选择上就一直寻求各种最密切联系的法律,而上述各种纯空间意义的连结点在各该具体法律关系中被当作指定准据法的"系属"来对待,可以说,在一定程度上也是体现了最密切或最强或最重要的联系的,只是未作如此表述而已。

第五节　法律选择的方法和法院地法适用的合理限制

一、法律选择的方法

前面讲到，在制定冲突规范时，给各种应解决的法律关系和法律问题选择一个指定准据法的合适的连结点在国际私法中是占有重要地位的。这就牵涉到应该运用什么样的法律选择方法或以什么方法作为指导法律选择的原则的问题。由于传统的冲突规则只作立法管辖权的选择和分配，实现"实体正义"存在一定困难；加之成文的冲突规则在数量上也不可能像各国实体民商法那样详细、完备，作为应对措施，目前出现了一种把"（法律选择的）方法"与"（法律选择的）规则"结合起来规定在法典中的做法，使法院在遇到没有具体的冲突规则或仅运用现有冲突规则不能实现"实体正义"这两方面的缺陷时，能作出兼顾冲突正义与实体正义的变通处理。本节所讨论的法律选择的方法与前面讲到的连结点的软化处理都涉及把"方法"与"规则"结合运用的问题。

根据国际私法不同时期的不同学说、实践和判例，可以将法律选择的方法概括为如下几种[①]：

（一）依法律的性质决定法律的选择

这种法律选择的方法，可以溯源到巴托鲁斯的法则区别说。如前所述，早在13、14世纪，巴托鲁斯就提出了应区别法律的"人法"和"物法"的性质分别决定其域内或域外适用的效力。

巴托鲁斯在法则区别说基础上提出的冲突法规则，如人的权利能力和行为能力依属人法，物权依物之所在地法等，一贯为国际私法的理论与实践所肯定。目前各国实践中，一般都坚持凡属公法性质或公共秩序的法律均具有绝对的域内效力，但在域外则不一定有效。可以说，在处理涉外民事争议时，考虑所涉及的有关国家的法律是强行法还是任意法，属人法还是属地法，然后再决定应适用的法律，至今仍是一个很重要并且很有价值的方法。

（二）依法律关系的性质决定法律的选择

这是萨维尼首创的理论。他从普遍主义的观点出发，认为法律关系因其自身的性质各不相同而各有其"本座"，各法律关系"本座"所在的地方的法律便是最合适的适用于各法律关系的准据法。萨维尼的法律关系本座说，即使是在今天仍具有十分重要的意义。直到目前，各国在制定国际私法时，仍基本上是遵循

[①] 参见李双元：《论国际私法关系中解决法律选择的方法问题》，载《中国法学》1984年第3期；李双元：《国际私法（冲突法篇）》，武汉大学出版社2001年版，第305—329页。

他的方法,即从分析法律关系的性质入手,为每种法律关系确定应适用的法律,并大量采用双边冲突规范。而且,一些学者在克服法律关系本座说不科学的成分的基础上,提出了法律关系重心说、最密切联系说等学说。

(三)依最密切联系原则决定法律的选择

依最密切联系原则决定法律的选择是指对涉外民事法律关系应综合多方面的因素,适用与之有最密切联系的那个国家或地区的法律。应该说,这种方法是对萨维尼的法律选择方法论的扬弃,它吸收了萨维尼理论中的精华,克服了其理论中的不合理成分。它主张最密切联系地应由法官根据案件的具体情况加以认定,以避免用一种僵硬固定的连结点指引准据法而导致的不切合案件实际情况进而不能公正合理解决案件的结果。这样就使法律选择更具有弹性或灵活性,而不是像"本座说"那样,认为每一种法律关系只能有和必然有一个本座。

依最密切联系原则指导法律选择的方法,在晚近国际私法的立法与实践中得到了越来越多的肯定。为了减少法官在运用最密切联系原则时的主观任意性,目前许多国家的立法,一方面在制定冲突规范时,尽可能地选取与法律关系有最密切联系的连结点;同时又规定,只有在法律规定的连结点不存在时,法官才可以依最密切联系原则选择准据法,以适当地限制法官的自由裁量权。

我国《涉外民事关系法律适用法》第2条第2款明确将最密切联系原则规定为国际私法的一般原则:"……本法和其他法律对涉外民事关系法律适用没有规定的,适用与该涉外民事关系有最密切联系的法律。"另外,该法第6条指定多法域国家的法律为准据法时的法律适用、第19条处理国籍积极冲突的规定,第41条涉外合同法律适用和第39条有价证券法律适用等也采用了该原则。

(四)依"利益分析"决定法律的选择

这一方法又称为"政府利益分析说",为美国学者柯里教授所首创。柯里的利益分析说,揭开了美国冲突法现代革命的序幕,其贡献在于:将对政府利益和政策的分析引入到法律选择的过程中,使法官在法律选择过程中对法律的实质内容不能置若罔闻,这无疑有利于公平合理地解决争议。但作为对传统的冲突法理论大胆而直接地挑战的一种学说,利益分析说并非完美无缺。柯里自己对政府利益的分析便往往导致法院地法的适用,更在美国助长了种种在法律适用上"回家去"(go home)的倾向。尽管如此,在许多国家的国际私法立法或国际私法条约中,我们已经不难看到利益分析方法的身影。

(五)依案件应取得的结果决定法律的选择

这也是一种主张就有关国家的实体法规则进行比较而后直接进行选择的方法。由美国学者凯弗斯于20世纪30年代提出。这种法律选择的方法已在一些国家的立法中得到了反映。如我国《涉外民事关系法律适用法》第29条规定:"扶养,适用一方当事人经常居所地法律、国籍国法律或者主要财产所在地法律中有利于保护被扶养人权益的法律。"

（六）依有利于判决在外国得到承认与执行和有利于求得判决一致决定法律的选择

如果判决需要得到外国承认与执行，则在法律选择时就需考虑执行地国的实体法和冲突法规则，以利于判决的承认与执行。例如，1877年《德国民事诉讼法》(1999年最后一次修改）第328条规定，如果外国法院适用了与德国不同的冲突规范并且判决不利于德国当事人时，可拒绝承认与执行这种判决。

其实，即使在没有上述限制的国家，如果外国作出的判决与内国公共秩序相抵触时，该外国判决也不能得到承认与执行。所以，如果一个判决需要得到外国的承认与执行，法院地国的法官在法律选择过程中，也就不得不考虑相关国家将会对判决作出的反应。

（七）依当事人的自主意思决定法律的选择

依当事人的自主意思，即依"意思自治原则"决定法律的选择是最重要的法律选择方法之一。它由16世纪法国学者杜摩兰率先提倡，目前已为大多数国家的立法和司法实践所普遍接受。该方法原本主要是适用于合同领域的一个法律选择方法，但现在已经延伸到冲突法的很多领域，并逐步成为法律选择的一般原则。例如我国《涉外民事关系法律适用法》第3条规定："当事人依照法律规定可以明示选择涉外民事关系适用的法律"，从而将意思自治提高到一般原则的高度。同时在第16条（代理）、第17条（信托）、第18条（仲裁协议）、第24条（夫妻财产关系）、第26条（协议离婚）、第37条（动产物权）、第38条（运输中的动产物权）、第41条（合同）、第44条（侵权）、第45条（产品责任）、第47条（不当得利和无因管理）和第49条（知识产权的转让和许可）以及第50条（知识产权的侵权）对意思自治作了具体规定。

当事人选择法律的方式有明示和默示两种方式。默示选择是指当事人没有明确选择涉外民事关系适用的法律，法院根据当事人的行为、案件事实等因素推定当事人选择某一特定国家的法律支配其权利义务关系，从而确定涉外民事关系的准据法。[①] 推定默示选择了法律的因素有：合同明确提到了某国法律条文，或者合同引用了依照某国法律制定的某种格式合同；当事人约定用某一第三国货币结算；合同用某国文字写成，等等。

2012年最高人民法院《关于适用〈中华人民共和国涉外民事关系法律适用法〉若干问题的解释（一）》第6条规定：中华人民共和国法律没有明确规定当事人可以选择涉外民事关系适用的法律，当事人选择适用法律的，人民法院应认定

---

① 万鄂湘主编：《〈中华人民共和国涉外民事关系法律适用法〉条文理解与适用》，中国法制出版社2011年版，第32页。

该选择无效。第 7 条规定：一方当事人以双方协议选择的法律与系争的涉外民事关系没有实际联系为由主张选择无效的，人民法院不予支持。第 8 条规定：当事人在一审法庭辩论终结前协议选择或者变更选择适用的法律的，人民法院应予准许。各方当事人援引相同国家的法律且未提出法律适用异议的，人民法院可以认定当事人已经就涉外民事关系适用的法律作出了选择。这表明我国也承认默示方式选择法律。

还有必要指出的是，国内一些学者在采纳上述七种法律选择方法的时候，又补充了另外几种方法[①]，如：

（1）依分割的方法决定法律的选择。分割方法是指在一个涉外民事案件中，对不同的法律问题加以分割，并分别依其特性确定准据法。

（2）依比较损害方法（comparative impairment approach）决定法律的选择。这种方法是美国学者巴克斯特（Baxter）在 1963 年发表的《法律选择与联邦制度》一文中首先提出来的。他认为，法律存在着两种不同的政策或目的，即内部目的和外部目的。内部目的是解决每个州内私人利益冲突的基础，外部目的则是不同州私人利益发生冲突时所产生的政策。在真实冲突的情况下，就是两个州的外部目的发生冲突，这时只能服从其中一个州的外部目的。确定的标准是：内部目的在一般范围内受到较小损害的那个州，其外部目的应服从另一个州的外部目的，换言之，在具体案件中应当比较两个有关州的内部目的，看哪一个受到更大的损害。如果内部目的受到了较大的损害，它的外部目的应得到实现，即适用它的法律。这种方法与政府利益分析方法相似，只是换了一个角度而已。

（3）依肯塔基（Kentucky）方法决定法律的选择。这种方法是 20 世纪中叶在美国肯塔基州法院法官的努力下，由判例发展起来的。其最基本的特点就是采用所谓"足够或充分联系"的原则，对案件与两个州是否有联系这一情况进行分析。只要肯塔基州与某个案件具有足够的或充分的联系，肯塔基法院就应该适用法院地法。它与最密切联系原则不同，它在适用法律时，并不要求法院对案情进行全面分析，找出最密切联系因素，而仅主张法院地与案件有足够的或充分的联系。可见，肯塔基方法的实质就是追求法院地法的适用。

（4）依功能分析方法决定法律的选择。这种方法是把特定的规则和法律制度作为一个整体，通过考虑其政策和目的的合理适用来解决问题。其实质上属于政府利益分析方法，只不过它认为法律并非一成不变，而是不断发展变化的，因而反对把注意力仅集中于其他州的现行法上，而要引导法院去考虑法律中的趋势，才能取得合理的结果。

[①] 可参见黄进主编：《国际私法》，法律出版社 2005 年版，第 170—172 页。

二、法院地法适用的合理限制①

(一)法院地法适用的途径与几率

本来,国际私法的诞生,就意味着法院地法适用的限制。但是国际私法一开始即属于国内法的范畴,加上国际私法案件也一直均由各国国内法院审理,因而即便在建立于自然法学派基础上并且有强烈的普遍主义——国际主义色彩的意大利法则区别说的理论中,也并不认为法院地法的适用是必须受到排斥或限制的。比如在他们对"法则"作不同性质的划分时,首先还是把程序法分离出来,主张凡属程序性质的法则,在其制定者的法院中是一定要加以适用的。直到19世纪中叶,随着萨维尼法律关系本座说的提出,尽管诞生了应平等对待内外国法律的伟大思想,但法律适用上的法院地法主义仍长期处于优势地位。比如说,对于程序问题,一直到现在,一些国家仍笼统地规定,只适用法院地的诉讼法。这方面的例证,甚至包括1995年才颁布的《意大利国际私法制度改革法》。它的第12条就规定:"在意大利法院进行的民事诉讼程序应由意大利法支配"。

其次,在传统上过去许多国家都规定:(1)凡因公共秩序保留制度而排除了本应适用的外国法后,则代之以适用法院地法;(2)凡外国法不能查明因而导致无法适用外国法时,亦代之以适用法院地法;(3)反致与间接反致制度的作用,也是为了达到适用法院地法的目的;(4)过去许多国家的法院(特别是英国法院)为了达到适用自己法律的目的,把一些本属实体法性质的问题,以及本属实体法性质的外国法律规则或法律制度,通过识别而定性为程序性质的问题或程序性质的法律规则或制度,以排除有关外国法的适用。

近来,在扩大法院地法的适用上,又出现了一些新的方法和实践。(1)通过学说或理论在实践中的操作,如柯里的"政府利益分析学"的具体操作,在多数情况下,往往导致法院地法的适用。(2)意思自治的限制之一是只要该争议与法院有关,便明文规定只允许通过协议选择适用法院地法。例如《瑞士联邦国际私法法规》第132条对侵权行为便直接规定:"当事人可在侵害事件发生后的任何时间约定适用法院地法。"(3)一方面各个国家都有一些"直接适用的法",借以摆脱冲突规范的约束而直接加以适用;另一方面国际私法也出现了一种于必要和合理时保障自己的具有社会法性质的公法或强行法在具有涉外因素的案件中直接适用的倾向。(4)法院地法的适用在知识产权的保护方面,自1893年通过《保护工业产权巴黎公约》至今,都是不可动摇的。

实际上,在任何一个国家,对涉外民商事案件,适用法院地的法律来最终判

---

① 详见李双元、邓杰、熊之才:《国际社会本位的理念与法院地法适用的合理限制》,载《武汉大学学报(社会科学版)》2001年第5期。

决涉外案件的,无疑要比适用外国法判决的案件不知多了多少倍。就是翻阅一下我们国家改革开放以后法院及仲裁机构受理的涉外民商案件的记录,真正适用外国法的也是相当少的。① 其实,这也不足为怪。对法院地法的优先适用,既有其理论上的根据,更有其实践上的需要。其理论依据主要乃如过去的许多学者所称:法院适用自己的法律是司法主权上的需要,是主权独立的保障。其实,并不用作什么理论上的深究,最明白不过的事实就是内国的法官无疑最熟悉自己的法律。他们适用自己的法律,轻车熟路,简便易行,而且大多可以做到不犯解释上的错误。因而在各种案件中,只要找到可以适用自己国家法律的任何根据和借口,或者只要双方当事人都不坚持适用外国法,又有几个法官愿意舍易就难,经过一道一道的工序(识别—连结点的解释和认定—外国法的查明和解释—外国法的正确适用等),去判决一个涉外案件呢? 这一点,恐怕是国际私法学者们必须正视并加以解决的难题。

(二) 无节制地扩大法院地法的适用不符合发展国际民商关系的要求

尽管法院地法主义的倾向仍在固守自己的阵地,但终究还没有发展到法律适用上全部"回家去"的程度。任何一个国家的法院即使在想出各种办法达到法院地法适用的目的以后,它也不得不认真考虑自己作出的判决能不能得到外国法院的承认与协助执行。如果认为自己国家的法院应只适用自己的法律,对方国家也采这种做法,这两个国家之间的民商事交往肯定就不能顺利进行,国际民事商事交往也就失去了法律上的便捷与安全保障。因此,当代国际私法越来越要求必须平等地对待内外国法律,在应当适用外国法时,毫不犹豫地去适用外国法。国家在制定冲突法或政策时,也应该自觉贯彻"国际社会本位"的理念,以营造一个有利于各国或全球共同可持续发展的国际法律环境。

(三) 法院地法适用的合理限制方面的新进展

第一,在程序法方面,虽然萨瑟早在他 1967 年的巨著《国际民事诉讼法比较研究》中,曾强调指出,尽管在国际民事诉讼中,在许多情况下,还是要适用法院地法中的诉讼规范的,但"能作为一般原则的",仍然"只能是最密切联系原则"②。虽然最近的一些法典都还没有接受萨瑟的上述提法,但较之传统的观点,毕竟已有了相当程度的松动。例如 1992 年《罗马尼亚国际私法》第 159 条规定:"若无其他明文规定,罗马尼亚法院在审理国际私法案件时适用罗马尼亚

---

① 黄进教授带领的团队撰写的《中国国际私法司法实践述评》(2001—2016 年),载《中国国际私法与比较法年刊》)对中国法院审理的涉外案件进行了抽样分析。根据对 2010—2016 年中国法院每年审理的涉外案件抽取 50 件进行分析得出的结论,案件适用中国法、域外法(含港澳台法)、国际公约或国际惯例、同时适用中国法和域外法、同时适用中国法和国际公约/国际惯例的比例分别为 76%—94%、2%—12%、2%—6%、2%—8%、2%—10% 。

② 该书英文版,第 225 页。转引自李双元、谢石松、欧福永:《国际民事诉讼法概论》,武汉大学出版社 2016 年版,第 59 页。

诉讼法。某一法律问题具有程序法还是实体法的性质,也由罗马尼亚法律决定(识别)。"该法第158条至第162条作了如下的"其他明文规定":诉讼当事人的行为能力适用他的本国法;起诉的标的、诉因、当事人的资格,均由引起争议的法律关系的准据法确定;在证据方面,对法律行为的证据以及书面材料的证明效力,应适用法律行为实施地法或当事人选择的法律;对事实的证明,适用事实发生地法;有关婚姻状况的证明及婚姻状况法律证明文件的证明效力适用有效证明文件作成地法,等等。可见,很多诉讼问题并非一律适用罗马尼亚诉讼法。

第二,在实体问题的准据法选择上,适度限制法院地法的思想观念也在不断扩大其影响。首先,各国的一些过去为力求保证法院地法适用的基本理论和制度正在不断地发生变化,一些旧有的保守的主张和观点已逐步被突破,例如不诚实的以及只用法院地法进行识别的做法已开始受到各方面的限制。其次,对外国法不能查明时以适用法院国来取代这一过去被许多国家采用的制度,目前一些国家的新法典也加上了一定的限制。如1995年《意大利国际私法制度改革法》第14条规定:"……如果即使在当事人的协助下,法官(仍)无法查明指定的外国法,他(便)应根据就同一问题能提供的其他连结因素而确定应适用的法律。如没有其他连结因素,则适用意大利法。"至于因公共秩序而排除了原应适用的外国法律之后,也不再像原来那样必然代之以法院地法,比如《意大利国际私法制度改革法》第16条规定,必须先要就同一问题可能提供的其他连结因素来确定替代适用的法律,只有在没有其他连结因素时,才允许适用意大利法。

第三,对转致制度态度的转变,也在一定程度上体现了对法院地法适用的合理限制。转致因会导致第三国法律的适用,接受者不多。但从《意大利国际私法制度改革法》第13条规定来看,它不仅接受对意大利的反致,在它所规定的其他一些情况下,还接受对另一国家法律的转致,从而又增加了适用外国法的几率。

此外,还应当看到,随着各国法律的趋同化发展,在一些各国实体私法实现了统一的领域或方面,强调法院地法的适用也失去了意义。当然,这类情形在目前还极为有限,但却体现着未来一种不可逆转的基本走向。

一国法院在审理涉外案件时,应尽可能地不受某些偶然因素(如案件在一国法院审理)或者人为因素的支配,而去选择一些最适合于案件公正合理解决的法律,以使在国家主权权力、当事人的合法利益和整个国际社会的和谐的民商法律秩序的建立三者之间寻找到一个合理的结合点,使这三者之间的矛盾得到完美的统一,互为基础、相得益彰,这当是21世纪冲突法重要的价值取向。

第六节 冲突规范的确定性与灵活性、"冲突正义"与"实体正义"的辩证关系

冲突规范既主要使用一些具有空间场所意义或可场所化的事实因素来指定应适用的准据法,故许久以来多被学者指责它虽具有法律规范所应有的确定性,却缺乏灵活性,它只追求"冲突正义"(conflicts justice),而忽视"实体正义"(material justice)。因而如何解决好上述两个问题,一直为各国国际私法学者所重视,并因此推动了国际私法理论和实践的发展。

一、冲突规范的确定性与灵活性问题

对于这个问题,塞缪尼德斯教授在1998年召开的20世纪最后一次比较法国际大会所作的总报告中曾作了详尽的论述。他认为,法律的确定性与灵活性之间的张力关系是一种长期存在的现象。他说:"很明显,法律的确定性、可预见性及统一性的要求与法律的灵活性、衡平性,具体案件具体解决的需要之间的张力关系就像法律本身一样的古老。"

每一种法律制度都存在这一矛盾,并试图在这两个相互竞争而又各具价值的目的之间达到适当的平衡。当然,这种平衡的差异不仅存在于制度与制度之间,而且还存在于主题与主题之间,以及不同时代之间。在20世纪初期,大多数国际私法制度,特别是那些更多地依赖成文法的制度,对法律确定性的重视高于灵活性(或提高了确定性的价值与地位)。但在20世纪末,几乎所有的制度都从不同程度上转向了灵活性。在美国的学者中,柯里最初曾通过对冲突规则的猛烈鞭挞来表现他对传统冲突规则所体现的确定性的憎恶态度。美国的凯弗斯同样是这种观点的鼓吹者。他们还主张用各种各样不同的"临时方法来取代冲突规则,结果终于导致了美国的冲突法看起来像一千零一夜的故事那样,每一案件的判决都是独特的……每一案例都是独一无二的"。这无疑使冲突法完全失去了法律的确定性。而法律(即使判例法)一旦完全失去了确定性,它也同时失去了法律的最本质特征和功能。正因如此,在美国,肯定冲突规则必要性的认识又重新成为主流意识。

在美国国际私法学界对传统的僵硬的冲突规则进行猛烈抨击的同时,欧洲大陆国际私法学界对传统的缺乏必要灵活性的冲突规则的反思也在悄悄地进行着。所不同的是,他们在寻求冲突规范的确定性与灵活性之间的平衡点时,并不主张全盘抛弃冲突法制度,而是正如本书在前面讲到连结点的软化处理方法那样,用"可替代的连结点""灵活的连结点""免予适用条款"和"临时方法"等种种"工具"来对传统的缺乏灵活性的只作管辖权选择的冲突规则加以改造,从而

把确定性和灵活性恰当地结合起来。如附图：

	4. 含有灵活性连结点的规则	5. 临时方法
	3. 附有免予适用条款的规则	
	2. 含有可替代的连结点的规则	
1. 传统的固定的(僵化的)管辖权选择规则		

上图中的第一类冲突规范均只规定一个连结点，如"合同的形式有效性适用合同缔结地法"，当然，它有确定性。

但加上上图中第二类冲突规范，则会允许在形式不符合缔结地法时，只要符合当事人共同住所地法或惯常居所地法……合同形式亦可认为有效。

上图中的第三类冲突规范，如1987年《瑞士联邦国际私法法规》第15条第1款，它规定："根据所有情况，如案件与本法指定的法律明显地仅有松散联系，而另一法律具有更密切联系，则可作为例外而不适用本法指定的法律。"

上图中的第四类冲突规范，是用如"最密切联系的国家的法律"来确定该合同的形式有效性问题，从而进一步用开放的、多向的、灵活的连结点来取代过去那些固定的、单向的、僵硬的连结点了，其灵活性无疑进一步加强了。

上图中的第五类冲突规范，如美国1971年《第二次冲突法重述》第6条，它本在第1款中规定："法律除受宪法约束外，应遵循本州关于法律选择的立法规定"，但在第2款中却接着规定，在无此种规定时，法院可根据该重述所列的七种情况，临时解决有关涉及外州或外国的案件的法律适用问题。

在冲突法历史上，对确定性和灵活性的追求大致经历了两个发展阶段，在它的第一个阶段，固然可以说，由于识别、反致等制度的产生，冲突法被注入了灵活性，但却失去了确定性；而在它的后一个历史阶段，通过各种软化处理的方法和开放性连结点的采用，冲突法似乎又被赋予了灵活性，但从实质上看，恰恰是几乎完全失去了确定性的冲突规范被注入了更多的真正的确定性，并且使之从连"冲突正义"也不保的窘境中解放出来，逐渐向追求"实体正义"的方向迈进。

二、冲突法上的"冲突正义"与"实体正义"问题

法律是反映、体现、落实正义的最强有力的工具。当我们读了塞缪尼德斯1998年在第15次国际比较法大会上的总结报告和18个国家此前的分析报告之后，不由地得出20世纪末国际社会中的国际私法的发展已经出现了新的飞跃的结论，其所依据的最主要的理由之一，就是国际私法学界终于看到并提出了国际私法已经由传统上只追求"冲突正义"进而提出了如何实现"实体正义"的目标，并且以现有各国的立法例证来证明这个问题不是国际私法(尤其是冲突法)可以置之不理的，也不是国际私法(尤其是冲突法)所不能解决的。但我们必须承认,在世界上,并不存在某种绝对的公正、绝对的正义,凡公正和正义都只能在比较中存在,在比较中发展。

(一) 传统冲突法所追求的"正义"

正如塞缪尼德斯所说,在追求冲突正义的思想指导下,冲突规范的意义在于找到一个"最适当的国家",并适用它提供的法律来解决有关的实体问题。① 这也就是通常所谓的"(立法)管辖权选择规则"或"管辖权分配规则"的意义所在。

即使在法律选择上"意思自治""最密切联系"和"特征履行"这些概念和制度被提出来之后,法理上的论证,仍然是主要着眼于"管辖权选择"或"管辖权分配"方法,目的几乎都在寻找一个"最适当"的国家,以提供其最宜适用的法律。但是在这种理论与实践的发展进程中,学者与立法者们也逐渐开始关注某些当事人的实体权益,认为应该在分配立法管辖权时也应特别注意加以保护。如由于女权观念的增强,原来在婚姻与夫妻关系方面只适用男方当事人的属人法,转而演进为主张应适用双方当事人的共同属人法或双方有最密切联系的国家的法律;在父母子女关系中,由只适用父的属人法或父母共同属人法演进为主张应适用子女的属人法,……等等。如果从维持男女平等和妇女权利出发,显然,通过上述任一种指定准据法的方法都是不一定能达到目的的。……因为,即令在允许适用妻的属人法的场合下,如妻的属人法中的封建的或歧视妇女的规定仍未清除,则对妻在配偶身份关系中的正当权益仍无保障。②

由于传统的冲突规则主要限于追求"冲突正义",即适用哪个国家的法律才是最正当的,在实践中便必然会引起"挑选法院"和"法律规避"等弊端的发生。识别、反致、公共秩序保留,乃至外国法的查明这些本意是落实与完善冲突规范适用的制度,也往往被法院上下其手,用来左右判决的结果,或被当事人用作手段,来排除被指定的本应适用的外国法了。

而且也许正是由于传统的冲突法只注意选择适当的国家并由其提供应适用的实体法,往往并不能达到"实体正义"的目标,从而导致早先许多国家的冲突法往往强调得适用自己的"内国法"以保护自己国民的利益的"单边主义"和"保护主义"的倾向。因此,就是从这些方面来看,也不能说这类传统的冲突法"制度"完全置"实体正义"于不顾,更不能说相关国家的冲突法学说完全置"实体正义"于不顾。只不过在冲突法的立法者眼中,其国内的实体法,是最"符合"实体正义的要求的。这是因为在当时,国际社会的交往还不是很发达,各国的法律理

---

① Symeon C. Symeonides, Private International Law at the End of the 20th Century: Progress or Regress? Kluwer Law International, 2000, p.45.
② 参见李双元:《国际私法(冲突法篇)》,武汉大学出版社1987年版,第429页。

念和法律制度自然也相对狭隘和保守。因而,即使在传统冲突法中,后来相继产生和采用的反致、公共秩序、法律规避、先决问题以及对外国判决的承认得进行"实质审查"等制度,虽然在相当大的程度上便是为了保证"实体正义"的,但这种实体正义依然只是法院国法律理念的反映和在这种理念下提供的判断标准。

(二) 20 世纪冲突法对"实体正义"追求的新实践

由于对"实体正义"的追求逐渐取得重要的地位,催生了美国的"政府利益"或"政府政策利益"学说与"更好的法"的学说。

美国学者勒夫拉尔(Laflar)提出了"适用更好的法律"的主张。他认为,应当把正义、善和道德这些观念纳入冲突法范畴。到 20 世纪后半叶出现的不少新的国际私法立法,又先后产生了几种值得关注的新实践。比如:

第一,为了实现对某些特定人群实体权益的保护,出现了在传统的只指定"立法管辖权"的冲突规范之后,加上"结果导向"规则。其中又有肯定型"结果导向"规则与"否定型"结果导向规则之分。前者如 1978 年《奥地利联邦国际私法法规》第 21 条规定:"子女婚生的要件及因此而发生的争议,依该子女出生时配偶双方的属人法,如子女出生时婚姻已解除,依解除时配偶双方的属人法。配偶双方的属人法不同时,依其中更有利于子女为婚生的法律。"后者如该法的第 41、42 条,分别就"消费者契约"与"关于使用不动产租赁契约"本应适用的国家的法律作了规定,但最后都加上了"限制性结果选择"的规则,即"在涉及各该国法律有关强制规定的范围内,损害消费者(或损害承租人)的法律选择协议不发生效力"和"对承租人不利的法律选择协议无效"。

第二,为了更好地协调相关国家法律之间的关系,在国际条约中,于扩大适用当事人自主选择法律的意思自治原则的同时,也加上了不得排除本应适用其法律的国家中的强行法规定。如 1980 年罗马《关于合同义务法律适用的公约》的第 7 条的规定,虽主要要求适用当事人自主选择的法,但同时指出,"如依其情况",该合同"与另一国有密切联系",则该另一国的有关"强制规定",不得被排除而应予适用。不过在作此处理时,"得注意此种(强行)法律规定的'性质'、'目的'以及'其适用或不适用的后果'"。其次,该公约还规定"不管原应适用于合同的是什么法律","并不(能)限制法院地法的强行法的限制性规定"。

第三,复兴"分割"(depecage,或 picking and choosing)和"混合"的方法,形成一种"杂交的实体规则"(hybrid substantive rules),以求得"实体正义"。因为在冲突法乃至万民法产生之前,罗马的外事裁判官是通过对所涉各国为具体案件设计的实体规则,采取"分割"和"混合"的方法,即"折中主义的"、不是"全有或全无"的途径,综合归纳出一种不同于其中任何一国的实体法的实体规则来判决案件。这方面的一个有趣的案例就是,美国一对在新泽西州有住所的夫妻在一次去纽约的途中,丈夫因开车发生过失而于车祸中伤害了妻子,因而她就丈夫的保险单在新泽西州法院向保险公司索赔。因为该保险单载明：在任何有关诉讼中，对丈夫所承担的"法定支付责任"保险公司均应赔偿。但依纽约州法，妻子虽可就侵权行为向丈夫索赔，但不能就丈夫的保险单进行追索（以防止夫妻诈欺保险公司）；可是依新泽西州法，保险单虽可解释为包括他对妻子的伤害，但妻子却不能向丈夫提起侵权之诉。在这种情况下，法院便采用"分割"的方法，对保险单的解释适用新泽西州法，而对妻子的诉讼请求权选择纽约州法，从而构成一个新的"杂交"的实体法律，满足妻子的请求，责令保险公司赔付。[①]

第四，"直接适用的法"的产生。虽然在传统的意义上讲，它又加强了适用内国法的地位，但也可以认为，它体现了法院地国超越自己的冲突法去实现对"实体正义"的追求和保障。如我国1985年颁布的《涉外经济合同法》第7条的规定："当事人就合同条款以书面形式达成协议并签字，即为合同成立。通过信件、电报、电传达成协议，一方当事人要求签订确认书的，签订确认书时，方为合同成立。中华人民共和国法律、行政法规规定应当由国家批准的合同，获得批准时，方为合同成立"，就是在那时直接适用于涉外合同成立的实体法规定。

（三）解决问题的几点思考

首先，在一定程度上，不宜将"冲突正义"完全理解为分配国家立法权的正义，而将"实体正义"完全理解为只是当事人的"实体正义"。在国际私法中解决"冲突正义"与"实体正义"问题，本身就包含着许多需要考虑的因素，包含了多种主体之间利益的博弈。这一点颇为完整地反映在美国1971年《第二次冲突法重述》的第6条规定之中，该条认为在缺乏相关冲突规范而要法院来作出选择时，所应考虑的"正当性"就是含义十分广泛的一个概念。该条规定的七项得由法官在选法和适用法律时加以考虑的因素之一，无疑应当包括有利于保护和促进州际或国际的民商事法律"交往体制"的"协调正义"，实际上也就是国家的"交往利益"；其中之二和之三则应当包括有利于法院州及相关州（国）的法律所体现的政策所欲保护的（实体）利益；其中之五则要求有利于落实特定领域的"实体"或"程序"的法律所依据的政策所欲保护的利益；最后，其中之七，更要求把法院的"司法上的便利"或"程序正义"（procedural justice）也考虑在内。只有其中之四当事人"正当预期的保护"与七（适用法律作出的判决）结果的确定性、可预见性和一致性，才是直接与当事人预期的"实体正义"相关联的。

其次，正如本书在前面指出的那样，冲突法绝非置"实体正义"于不顾的法律。反过来，在主权国家还存在的国际社会中，实现"实体正义"也绝不会只有

[①] 参见Symeon C. Symeonides, Private International Law at the End of the 20th Century: Progress or Regress? Kluwer Law International, 2000, pp. 19—20。所引案例及分析参见李双元：《国际私法（冲突法篇）》，武汉大学出版社1987年版，第159页；武汉大学出版社2016年版，第251页。

在完全废弃冲突法的制度设计中才能解决的。

再次,进一步改进各国外国法查明制度,并为当事人提供更便捷而有效的查明外国法的方式,当是落实"实体正义"的强有力保障。在全球化和信息化的时代,我们不能再容忍把外国法查明责任完全推诿给当事人承担,更不能把这个制度作为限制外国法适用的手段。海牙国际私法会议在统一冲突法和统一程序法上做了许多有益的工作,可以考虑把它建设为"外国法资料交换国际中心"。

最后,还要指出,正因为这个目标无法完全在冲突法的框架内加以解决,才又进一步导致统一实体法的出现。毫无疑问,在能直接适用统一实体法的案件中,有关各方面"实体利益"当能得到更公正的解决和落实。不过,这种统一法的进程仍是比较缓慢的,所涉及的领域也将有种种的局限。而且相对于冲突法而言,至少在相对长的时期内,它还只是一种次要的手段。

同时还要看到,符合正义要求的程序制度,也是能够起到落实"实体正义"的重要作用的。国际社会也要大大提升国际民商事争议解决的程序法在实现"实体正义"进程中的地位和作用,其中更要推动诉讼以外包括仲裁在内的种种"替代性争议解决方法"(alternative dispute resolutions, ADR)的发展。

第七节 识 别

一、识别的概念

识别并非是国际私法的特有概念,任何国家的法院在处理纯国内案件时,首先也要对案件的事实进行识别,判断事实的性质,进而决定应适用的法律,我国法院将这一过程称为案由[1]的确定,其认识过程为:事实→分类→法律适用→法律后果。但是对国内案件而言,法官只依本国的法律观念和制度进行识别,不会产生识别冲突问题,因而不需要专门研究识别的依据问题。但对国际私法而言,识别就成为一个基本的法律问题。[2]

而所谓国际私法中的识别(qualification, characterization, classification),是指依据一定的法律观点或法律概念,对案件有关事实的性质作出"定性"或"分类",把它归入特定的法律范畴,从而确定应援引哪一冲突规范的法律认识过程。它包括密切相关的两个方面:一是依据一定的法律正确地解释某一法律概念,一是依据该法律概念正确地判定特定事实的法律性质。从以下案例当中,我们可以体会国内案件中的识别与国际私法案件中的识别的区别。

---

[1] 我国最高人民法院2011年对2007年《民事案件案由规定》作了修订。
[2] 参见肖永平:《肖永平论冲突法》,武汉大学出版社2002年版,第62—63页。

【案例 3.1】 1908 年英国奥格登案

一名住所在法国的 19 岁法国男子，未经父母同意，去英国与一住所在英国的英国女子结婚，后来该法国男子以自己结婚未经父母同意，因而不具备结婚能力为由，在法国一法院起诉并获得一宣告婚姻无效的判决，其依据是法国的规定"未满 25 岁的子女未经父母同意不得结婚"。而后该英国女子在英国与一个住所在英国的英国男子结婚。后与该女子结婚的英国男子（原告）却以他与该英国女子结婚时她还存在合法婚姻为由，请求英国法院宣告他们的婚姻无效。结果英国法院根据英国法的观点将法国法中"须经父母同意的要件"识别为"婚姻形式要件"，从而援引"婚姻形式依婚姻举行地法"这一冲突规范，确定英国法为准据法来解决是否需要父母同意的问题，而英国法中并没有法国法中的上述限制性规定，因此该英国女子与法国男子的婚姻是有效的。于是，英国法院否定了法国法院作出的宣告婚姻无效的判决，并且满足了英国男子的请求。

在上述案例中，如果英国法院依法国法将须经父母同意的要件识别为婚姻能力问题，就要适用英国法中另一条冲突规范——"婚姻能力适用当事人住所地法"，即法国法。而根据法国法，就应承认法国法院的宣告婚姻无效的判决，并驳回英国原告的请求。可见，由于各国对同一法律概念或同一事实性质的理解可能不同，就有可能将同一事实确定为不同的法律性质，从而可能会导致援引不同性质的冲突规范，并作出不同的甚至截然相反的判决。从本案可以看到，在国际私法中，识别是非常重要的问题。在国际私法案件中，法官还面临一个依据哪个与案件相关的国家的法律概念来进行识别的问题。

二、识别冲突及其产生的原因

识别冲突是指依据不同国家的法律观点或法律概念对有关事实进行定性或归类所产生的抵触或差异。国际私法中的识别问题最早由德国法学家卡恩（Franz Kahn）和法国法学家巴丁（Bartin）相继于 1891 年和 1897 年提出。卡恩和巴丁都认为，即使两国规定了相同冲突规范，但由于两国对冲突规范中的法律概念有不同解释，也会对同一事实的法律性质作出不同分类，从而仍会导致适用不同冲突规范。卡恩将这种冲突称为"隐存的冲突"，巴丁称其为"识别的冲突"。

识别冲突的产生主要有以下原因：(1) 不同国家的法律对同一事实赋予不同的法律性质，从而可能会导致适用不同的冲突规范。如前所述的 1908 年英国奥格登案。(2) 不同国家对同一冲突规范中包含的概念的内涵理解不同。即使各国冲突规范表面上相同，但由于对冲突规范中的"范围"的理解不一致，也会导致适用不同的法律。例如，各国一般都规定，"不动产适用不动产所在地法"，但对于什么是不动产各国理解不尽一致。例如根据1811年《奥地利民法典》，房屋上的固定附着物、池塘里的鱼、森林中的走兽都应视作不动产；根据《法国民法典》第520条，连于根系、尚未收割的庄稼及尚未摘取的树上果实，为不动产；但谷物一经收割，果实一经摘取，即使未运走，也成了动产。(3) 不同国家的法律往往将具有相同内容的法律问题分配到不同的法律部门。例如，关于时效问题，一些国家将其归入实体法部门，并适用有关实体法律关系的准据法；另一些国家却将其归入到程序法部门，并根据程序问题一般适用法院地法的原则，要求对时效的冲突适用法院地法加以解决。例如英国法认为防止诈欺法、消灭时效、抵销、举证责任、诉权、决定原告和被告的规则、优先受偿次序的规则、损害的计算、共同债务人的分担等，都应归入程序法部门。(4) 由于社会制度或历史文化传统的不同，不同的国家有时具有不同的法律概念或一个国家所使用的法律概念是另一个国家所没有的。比如许多国家有占有时效制度，但中国目前仅有诉讼时效制度而没有占有时效制度，因而在识别上也可能产生冲突。

三、识别的对象

传统观点认为，只有冲突规范中"范围"所涉及的问题，才是识别的对象。但也有观点认为，举凡在适用冲突规范的过程中所遇到的事实和由该事实引起的法律问题，均得要求法院加以识别，它们均是识别的对象。对连结点的解释也在其中，因为在他们看来，对连结点解释的差异也会导致不同法律的适用。不过，从严格意义上说，既然识别是援引哪一冲突规范的前提，那么前一种观点应该是正确的。连结点的解释是对法律的解释或适用，而非"识别"过程。

四、识别的依据

由于各国法律观念和法律概念的不一致，往往对同一事实构成作出不同的定性或分类，导致"识别的冲突"经常发生。所以，依据什么标准进行识别，就显得非常重要了。但另一方面，由于识别问题本身的复杂性，通过立法明文规定识别依据的国家不多，识别的依据主要由法官自由裁量。出于对法官滥用自由裁量权进行"不诚实的识别"的担心，许多学者提出了种种有关识别依据的主张。

（一）法院地法说

此说认为应依据法院地国家的实体法进行识别。它由德国学者卡恩和法国学者巴丁首倡，为许多国际私法学者所赞同，并为多数国家的实践所采纳。2009年《罗马尼亚民法典》第2558条第1款明确采用了该主张。它规定，如果对于所适用法律的确定取决于对某一司法制度或某一法律关系如何进行识别，则依罗马尼亚法律进行识别。我国《涉外民事关系法律适用法》第8条也规定：涉外民事关系的定性，适用法院地法律。

此说的理由主要有:(1)法院国所制定的冲突规范是它的国内法,因而其冲突规范中所使用的名词或概念的含义,均只能依照受理案件的法院所属国家的国内法的同一概念或观点进行识别,否则便有损法院国的立法和司法主权。(2)法官依据自己最熟悉的本国法进行识别,简便易行。(3)识别既然是援引适用冲突规范的前提,在未进行识别前,外国法尚未获得适用的机会,因而除适用法院地法外,并没有其他的法律可供适用。1928年《布斯塔曼特法典》第6条、美国1971年《第二次冲突法重述》第7条、1991年《加拿大魁北克民法典》第3078条、1999年《白俄罗斯民法典》第1094条、1979年《匈牙利国际私法》第3条、1998年《突尼斯国际私法》第23条等,均主张以法院地法为主进行识别。

对此说持反对意见的理由主要是:如果一概依法院地法进行识别,有时会导致有关的法律关系本应适用外国法却得不到适用,而本不应适用外国法的却适用了外国法。而且如果法院地法中不存在有关被识别对象的法律制度时,也根本无法用法院地法进行识别。例如,一个德国穆斯林和他的穆斯林女友在慕尼黑结婚,女友为以色列人,他们在民事登记后,又经过宗教形式举行婚礼。在宗教婚姻证书中约定了5万马克的"新娘嫁资"。两年后婚姻为德国法院宣布解除,男方也根据宗教法的规定作出单方离婚声明。男方在声明中提出,夫妻之间的所有财产请求都应当排除。但妻子要求丈夫支付结婚时约定的新娘嫁资。该"新娘嫁资"为伊斯兰法中的特有制度,德国法并无此种规定,所以按照法院地法原则就会束手无策。

为了克服上述弊端,有人提出以法院地国的国际私法进行识别,并称之为"新法院地法说"①。这一主张有一定的合理性并得到很多学者的拥护,如英国学者戚希尔和诺思就认为,对于含有涉外因素的事实情况的识别与纯国内案件应有所不同,因为后者只是对纯国内法的解释问题,而前者是解释国际私法问题,英国的法官当然不应局限于英国国内法的概念或范畴,否则,在国内法无对应概念的情况下,法官便会束手无策。②

(二)准据法说

此说为法国的德帕涅(Despagnet)和德国的沃尔夫(Wolff)所主张。他们认为,用来解决争议问题的准据法,也是对争议中的事实问题的性质进行定性和分类的依据。因为准据法是支配法律关系的法律,如果不依照准据法进行识别,尽管内国冲突规范指定应适用外国法,结果也等于没有适用。但是识别既然是决定适用哪一冲突规范以确定准据法的前提,因而在决定援用哪一冲突规范以前,

---

① See O Kahm-freund, General Problems of Private International Law, 1976, pp. 227—231.
② See Peter North, J. J. Fawcett and Carruthers, Cheshire, North and Fawcett Private International Law, 14th ed., 2008, pp. 44—45.

准据法又从何谈起？因而依准据法进行识别就难免陷入逻辑上的错误,所以支持这一主张的学者不多。

（三）分析法学与比较法学说

此说为德国的拉贝尔和英国的贝克特等所主张。他们认为,对有关事实的性质应该依据分析法学的原则,以及在比较法学的基础上形成的一般法律原则或"共同认识"来进行识别。但反对者认为,这种主张过于理想化,是不现实的。因为识别冲突之所以产生正是因为各国对同一事实的性质的认定有不同的理解,如果能形成所谓的"一般法律原则"或"共同认识",就不会有什么识别冲突的问题产生了。但此说并非全无道理。前面讲到的"新法院地法说"或识别亦得兼顾国际私法的概念,便包含有这种意思。

（四）个案识别说

上述三种学说是有关识别依据的主要主张,可以说各有优劣。而司法实践中遇到的问题千差万别,如果只坚持其中任何一种而完全否定其他两种,在面对某些识别上的困难时就很可能束手无策。基于这一认识,原苏联学者隆茨和德国学者克格尔(Kegel)等人便提出了"个案识别"的主张（又被称为"个案定性说"）。此说认为,解决识别问题不应有什么统一的规则或统一解决的方法,而应具体问题具体分析。在适用冲突规范时,应根据冲突规范的目的及当事人的利益、一般的利益以及公共秩序上的利益来决定。但反对者如匈牙利学者萨瑟指出,这种主张过于灵活,使识别的标准处于不稳定之中,陷入了不可知论。

（五）功能识别说

德国学者纽豪斯(Neuhaus)认为早先提出的前三种学说都从"法律结构上"来解决识别问题（即"结构识别"）,很难超脱各个具体法律规则的界限,从而导致本可有效的婚姻成为无效,本可取得死亡人遗产的遗孀失去取得其遗产或更多的遗产的权利。故提出了"功能识别说",即按各个制度在社会生活中的功能来定性,以避免上述不应有或不公平的现象发生。① 有意思的是,纽豪斯曾批评克格尔等的"个案识别说"为"利益法学",其实他自己主张的功能识别说也是一种"利益法学",而且同样会使识别标准处于不稳定之中。

我们认为,随着国际社会本位观念在国际私法中的导入,"不诚实的识别"理应得到抑制。尽管在大多数情况下,识别还是首先依法院地法进行。但不能只考虑法院地法,而应从国际私法公平合理解决纠纷的角度,考虑将有关问题或事实情况归入哪一法律范畴更符合其自身性质和特征,更能兼顾"冲突正义"与

---

① 上引"个案识别说""功能识别说",均参见施启扬:《国际私法上"定性问题"的历史发展及其解决方法》一文,载马汉宝主编:《国际私法论文选辑》(上),台湾五南图书出版公司1984年版,第363—392页。

"实体正义"。此外,可以预见的是,随着法律趋同化倾向的加强,以及统一国际私法公约的发展,各国在识别问题上的冲突和分歧会逐渐减少。

五、二级识别问题

在研究识别的过程中,戚希尔曾于 1938 年,罗伯逊(Robertson)曾于 1940 年先后提出"初级识别"(primary characterization)和"二级识别"(secondary characterization)应分别依据不同法律进行的理论。① 在他们看来,初级识别的任务只在于"把问题归入它所属的恰当的法律范畴",或者"把事实归入到适当的法律部类",而二级识别则是"给准据法定界或定其适用"。两者的区别在于,一级识别发生于准据法选出之前,二级识别发生在准据法选出之后,因此,前者应依法院地法的概念进行,而后者应依已选出的准据法进行。

但是,许多学者对这种"二级识别"理论持批判和反对的态度。莫里斯认为它往往会导致专断的后果,而且甚至在哪里划下一条初级识别和二级识别的界线,都没有一个明确的标准,何况英国法院尚无采用这种理论处理的案例。② 努斯鲍姆也指出,在解决了法律选择问题后,如导致了外国法的适用,在需要作进一步的解释时,自然就应该依该外国法作出,把这一过程专门叫做"二级识别",只会徒增混乱,因为这种依该外国法对该外国法的概念进行解释已完全不同于法律选择中的识别了,在这个阶段,已经不存在识别冲突了。③

【思考题】

1. 在下列案例中,法院将双方的关系识别为信托关系是否合理?为什么?

【案例3.2】 广东省轻工业品进出口集团公司与 TMT 贸易有限公司商标权属纠纷上诉案④

广东省轻工业进出口集团公司(以下简称"广轻公司")分别于 1979 年和 1980 年与香港东明贸易有限公司(以下简称"东明公司")签订两份"包销协议",约定由东明公司定牌及包销广轻公司生产的 TMT 牌吊扇,吊扇所用 TMT 牌文字和图形组合商标由东明公司提供,由广轻公司在国内办理商标注册。1982 年东明公司歇业,由香港 TMT 贸易有限公司(以下简称

---

① See Cheshire, Private International Law, 2nd ed., the Clarendon Press, 1938, pp. 30—45; Robertson, Characterization in the Conflict of Law, Harvard University Press, 1940, p.63.

② See Morris and Others, Dicey and Morris on the Conflict of Laws, 10th ed., Stevens & Sons, 1980, pp. 37—38.

③ See Arthur Nussbaum, Principles of Private International Law, Oxford University Press, 1943,有关"识别"一节。而中国学者一般称"准据法定界或定其适用"为准据法的解释。

④ 参见李双元、欧福永主编:《国际私法教学案例》,北京大学出版社 2012 年版,第 95—97 页。

"TMT 公司")接手原东明公司与广轻公司的业务,也承受 TMT 商标。广轻公司并曾于 1987 年向 TMT 公司发出两份文件证明广轻公司注册的 1980 年第 142201 号"TMT"商标以及其他相关的两个商标由香港 TMT 公司所有和受益,广轻公司只是作为受托人代表 TMT 公司持有此商标。1994 年双方又签订一份协议,约定在中国境内,TMT 商标由广轻公司注册,该公司有绝对的经营和管理权利,并负责处理境内任何假冒或侵犯该商标的行为。后来双方在履约中发生纠纷。1998 年,TMT 公司向广东省高级人民法院起诉,请求判令终止其委托广轻公司在国内注册和管理 TMT 商标,并赔偿损失。

广东省高级人民法院经审理认定双方之间存在商标委托注册、管理的关系,依照我国《民法通则》及《民事诉讼法》中的有关规定,确认广轻公司注册的 TMT 商标归 TMT 公司所有,但 TMT 公司应向广轻公司作出一定的补偿。广轻公司不服,上诉到最高人民法院。在上诉审中,TMT 公司答辩称广轻公司与 TMT 公司之间存在着事实上的信托法律关系。

1998 年最高人民法院认为双方之间是信托关系而非单纯的委托关系。基于这种认定,最高人民法院在其判决中未援用被广东省高级人民法院作为法律依据的我国《民法通则》第 5 条以及关于代理的第 65 条第 1 款和第 69 条第 2 项,而仅以我国《民法通则》中规定诚实信用原则的第 4 条作为实体法律依据,作出基本上与广东省高级人民法院相同的判决。

2. 有些学者认为冲突规范只是一种关于技术上的制度,而不是行为规范。你是否赞成?为什么?

3. 试述连结点的软化处理。

4. 简述准据法表述公式的基本类型。

5. 试述国际私法中的法律选择方法。

6. 你如何理解国际私法的诞生就意味着法院地法的适用应受到合理限制?

7. 试论冲突法上的"实体正义"和"冲突正义"问题。

8. 你如何理解"识别"在国际私法上的重要意义?

【司法考试真题】

1. 一对夫妇,夫为泰国人,妻为英国人。丈夫在中国逝世后,妻子要求中国法院判决丈夫在中国的遗产归其所有。判断妻子对其夫财产的权利是基于夫妻财产关系的权利还是妻子对丈夫的继承权利的问题在国际私法上被称为什么?(2002 年单选题)

A. 二级识别　　　B. 识别　　　C. 法律适用　　　D. 先决问题

2. 在国际私法上,准据法的特点有哪些?(2002 年多选题)
   A. 准据法必须是通过冲突规范所指定的法律
   B. 准据法是能够具体确定当事人权利义务的实体法
   C. 准据法可以是国际统一实体规范
   D. 准据法一般依据冲突规范中的系属并结合涉外案件的具体情况来确定
3. "在中华人民共和国境内履行的中外合资经营企业合同……,适用中华人民共和国法律。"该条款属于下列选项中哪类冲突规范?(2003 年单选题)
   A. 单边冲突规范   B. 双边冲突规范
   C. 重叠适用的冲突规范   D. 选择适用的冲突规范
4. 关于冲突规范和准据法,下列哪一判断是错误的?(2010 年单选题)
   A. 冲突规范与实体规范相似
   B. 当事人的属人法包括当事人的本国法和住所地法
   C. 当事人的本国法指的是当事人国籍所属国的法律
   D. 准据法是经冲突规范指引、能具体确定当事人权利义务的实体法
5. 我国《涉外民事关系法律适用法》规定:结婚条件,适用当事人共同经常居所地法律;没有共同经常居所地的,适用共同国籍国法律;没有共同国籍,在一方当事人经常居所地或者国籍国缔结婚姻的,适用婚姻缔结地法律。该规定属于下列哪一种冲突规范?(2011 年单选题)
   A. 单边冲突规范   B. 重叠适用的冲突规范
   C. 无条件选择适用的冲突规范 D. 有条件选择适用的冲突规范

【扩展性阅读材料】

1. 李双元:《21 世纪国际社会法律发展的基本走势的展望》,载《湖南师范大学社会科学学报》1995 年第 1 期。
2. 李双元、张明杰:《论冲突规范的软化处理》,载《中国法学》1989 年第 2 期。
3. 李双元:《论国际私法关系中解决法律选择的方法问题》,载《中国法学》1984 年第 3 期。
4. 胡永庆:《论法律选择方法的多元化》,载《中国国际私法与比较法年刊》(2000 年卷),法律出版社 2000 年版。
5. 谢石松:《国际私法中识别问题新论》,载《中国国际私法与比较法年刊》(1999 年卷),法律出版社 1999 年版。
6. 蒋新苗:《国际私法本体论》,法律出版社 2005 年版。
7. 黄进、何其生、萧凯编:《国际私法:案例与资料》,法律出版社 2004 年版。
8. 吕伯涛主编:《涉外商事案例精选精析》,法律出版社 2004 年版。

9. 吕伯涛主编:《涉港澳商事案例精选精析》,法律出版社 2006 年版。

10. 吕伯涛主编:《中国涉外商事审判实务》,法律出版社 2006 年版。

11. 吕伯涛、李琦主编:《中国涉外商事审判热点问题探析》,法律出版社 2004 年版。

12. 吕伯涛主编:《涉港澳商事审判热点问题探析》,法律出版社 2006 年版。

13. 上海市第一中级人民法院民四庭:《涉外商事审判疑难案例解析》,上海交通大学出版社 2013 年版。

14. 万鄂湘主编:《中国涉外商事海事审判指导与研究》第 1 辑至第 6 辑;万鄂湘或贺荣主编:《涉外商事海事审判指导》第 7 辑至第 32 辑,人民法院出版社。

15. "Conflicts Justice" versus "Material Justice"①

(1) The fundamental theoretical dichotomy in the purposes of choice of law is between the objective of choosing the "proper" legal system to govern a multi-state dispute or the objective of reaching the fairest possible result in the individual case. It is clear that the traditional theory described in the preceding historical note purports to be jurisdiction-selective, with a leap in the dark to the legal system indicated by the critical connecting factor regardless of its content. It thus subscribes to the objective of "conflicts justice" versus "material justice", although its critics based much of their attack on demonstrations that the courts were in fact avoiding blind jurisdiction-selection through such evasions as re-characterization of the legal category involved in the controversy, the defense of order public, or even use of renvoi. The modern theories, on the other hand, all purport in one way or another to take substantive justice into account. Since less than one fourth of the American states still adhere to the traditional theory, it must therefore be said that some form of pursuit of the objective of substantive justice is the prevailing view.

(2) The matter is greatly complicated, however, by the fact that the modern theories have no unified position on this question, but rather represent points on a broad continuum. The range of these points is quite remarkable. ……

---

① See Courtland H. Peterson, Private International Law at the End of the Twentieth Century: Progress or Regress? 46 Am. J. Comp. L. 197(1998, Supplement).

第四章　准据法确定中的几个一般性问题

上一章我们讨论了冲突规范的结构、性质、种类、连结点以及各种进行法律选择的方法,并进而研究了识别在援用冲突规范中的重要作用。至此,就冲突规范自身来说,已大体有了一个完整的了解。但在实际运用冲突规范确定准据法的过程中,还会遇到其他一些问题,需要我们在本章继续加以讨论,并探讨解决这些问题的各种理论和制度。

第一节　反　致

从国际私法的角度看,往往把一个国家的国内法(national law)分为"内国法"(domestic law, local law, internal law, substantive law)和"冲突法"两大部分。当冲突规范指定外国法作准据法时,究竟是仅仅指该外国的除冲突法以外的那部分法律(即该外国的内国法),还是指包括该外国的冲突法在内的全部外国法,这一问题在国际私法的理论与实践中素来存在争议,且有两种截然不同的主张。一种主张是,本国冲突规范指定的外国法应仅限于外国除冲突法以外的那部分法律,即所谓的"单纯指定"或"实体法指定";另一主张是本国冲突法指定的外国法,应是包括该外国冲突法在内的全部外国法,即所谓的"总括指定"或"全体法指定"。如果采用后一种主张就可能产生国际私法上的反致问题。反致又有广义和狭义之分,广义的反致包括(狭义的)反致、转致以及间接反致。

一、反致的概念和种类

（一）反致(renvoi, remission)

这里仅指狭义的反致。这种反致是指对于某一涉外民事关系,甲国(法院国)根据本国的冲突规范指引乙国的法律作准据法时,认为应包括乙国的冲突规范,而依乙国冲突规范的规定却应适用甲国的实体法作准据法,结果甲国法院根据本国的实体法判决案件的制度。例如,一在日本有经常居所的中国公民,未留遗嘱而死亡,在中国遗留有动产,为此动产的继承,其亲属在日本国法院起诉。根据日本的冲突规范,继承本应适用被继承人的本国法,即中国法,但中国的冲突规范却规定动产继承适用被继承人死亡时的经常居所地法,即日本法。这时日本法院如采用了中国的这一冲突法的指引而适用了自己的继承法判决案件,就构成了反致。法国学者称这种反致为"一级反致"(renvoi au premier degré)。

许多国家只接受这种狭义的反致。

（二）转致（transmission）

反致的另一种形态被称为转致。它是指：对于某一涉外民事关系，依甲国（法院国）的冲突规范本应适用乙国法，但甲国的冲突规范规定其指定的乙国法应包括乙国的冲突规范，而乙国的冲突规范又规定此种民事关系应适用丙国实体法，最后甲国法院适用丙国实体法作出了判决。例如，一中国公民，在德国有住所，未留遗嘱死亡，在英国遗留有动产，其亲属为此项动产的继承而在英国法院起诉。依英国的冲突规范，动产的继承应适用死者的住所地法即德国法，但依德国冲突规范，继承应适用死者死亡时的本国法，即中国法，如果英国法院最终适用了中国继承法判案，就构成了转致。法国学者称此种反致为"二级反致"（renvoi au second degré）。若干国家除接受前述反致外，亦接受这种转致。

（三）间接反致（indirect remission）

间接反致是指：对于某一涉外民事关系，甲国（法院国）冲突规范指定适用乙国法，但乙国冲突规范又指定适用（包括冲突法在内的）丙国法，丙国冲突规范却指定适用甲国实体法作准据法，最后甲国法院适用本国的实体法判决案件。例如，一住所在中国的秘鲁人，死于中国，在日本留有不动产，其亲属就该不动产的继承在日本法院提起诉讼。依日本冲突规范的规定，应适用死者的本国法即秘鲁法，但秘鲁冲突规范规定适用死者最后的住所地法即中国法，而中国的冲突规范却规定不动产继承适用不动产所在地法即日本法，如果日本法院最后适用了日本的继承法，就构成了间接反致。接受间接反致的国家更少。

（四）二重反致（double renvoi）

英国早在1841年詹纳爵士审理柯里尔诉里瓦士（Collier v. Rivaz）一案时便采用了反致。在1887年特鲁弗特（Truffort）一案①中，接受了转致。但英国只是在有限的问题上接受反致和转致，最常见的当属遗嘱的实质有效性以及法定继承。在子女因事后婚姻而准正的问题和婚姻的形式有效性与能力问题上接受反致。

在反致问题上，英国还有一个其他国家都不采用的独特制度，这就是"二重反致"制度，也称完全反致（total renvoi）、"外国法院原则"（foreign court theory）、"英国反致原则"（English doctrine of renvoi），并且为了区别起见，把通常所称的反致称为"单一反致"（single renvoi）或"部分反致"（partial renvoi）。二重反致是指英国法官在处理特定范围的涉外民事案件时，如果依英国的冲突规范应适用某一外国法，英国法官应"设身处地"地将自己视为在外国审判，再依该外国对

---

① 参见李双元、欧福永主编：《国际私法教学案例》（第二版），北京大学出版社2012年版，第83—84页。

反致所抱的态度,决定应适用的法律。因此,如果英国冲突规范所指向的那个外国承认反致,就会出现所谓"双重反致";如果英国冲突规范所指向的那个外国法不承认反致,就只会出现"单一反致";如果英国冲突规范所指向的那个外国法还承认转致,其适用结果还可能出现转致,从而适用第三国的内国法。例如,一住所在德国的英国人未留遗嘱死亡,遗有一笔动产,因遗产继承纠纷在英国法院诉讼。英国的冲突规范是动产继承适用被继承人住所地法,指向德国法;德国的冲突法则规定动产继承应适用被继承人本国法,又指回英国法,形成了循环状态。此时就出现了一般意义上的反致。英国法官为了解决这个问题,就会认为自己应按照德国法院如受理该案将适用的法律来解决该案。假如是德国法院受理该案,根据德国的冲突法应适用被继承人本国法即英国法。若德国拒绝反致,英国法官将适用英国法作准据法;若德国承认反致,那么根据英国冲突规范又指向德国法。因为德国接收反致,从而适用德国法作准据法。因此,英国法院也应像德国法院那样,适用德国民法来解决该案。这里就有了"二重反致",即首先是德国法反致于英法,其次是英国法反致于德国法。二重反致最早见于1841年 Collier v. Rivaz 一案,1926年拉赛尔(Russell)法官审理的安斯利(Re Annesley)一案也赞成这一理论。二重反致的适用范围一般仅限于身份及死后财产的处理,如婚姻的形式有效性和遗赠的有效性问题,此外,还可能适用于位于国外的土地所有权和位于国外的动产所有权等问题。①

至于反致理论最早出现在哪个国家的判例中,学者们有不同意见。有的认为法国在1652年和1663年便有了这方面的案例。但一般认为,促使反致在国际私法中得到广泛讨论并在立法中采用的是法国的福果案(Forgo's case)。

【案例4.1】 法国福果案

福果是一个于1801年出生在巴伐利亚的非婚生子,从5岁起随母亲移居法国,直到68岁时未留遗嘱而死亡。但他一直未取得法国法意义上的住所。其时,他的母亲和妻子均已死亡,他也没有子女,因此其旁系亲属向法国法院对福果在法国银行的一笔存款提出继承要求。根据法国冲突法,继承本应适用死者的本国法,即巴伐利亚法,按巴伐利亚继承法规定,其旁系亲属是有权继承该笔存款的。但法国法认为,本国冲突法指定的巴伐利亚法包括巴伐利亚的冲突法,而巴伐利亚的冲突法却规定继承适用死者死亡时的住所地法,且不分事实上的住所和法律上的住所,于是法国法院认为,福果的住所已在法国,故应适用法国法,依法国继承法的规定,福果既无直系亲属,又无兄弟姐妹,其他的旁系亲属是无继承权的。因而判定该笔存款

---

① See Peter North, J. J. Fawcett and Carruthers, Cheshire, North and Fawcett Private International Law, 14th ed., 2008, pp. 71—73.

系无人继承财产,收归了法国国库。

在本案中,法国法院通过采用狭义的反致制度,使本来应该适用外国法的涉外案件结果却适用了内国法,并因此获得了经济利益。可见,反致制度增大了内国法(也就是法院地法)适用的几率,法院国很有可能从中获得利益,这也是很多国家对狭义的反致制度比较热衷的主要原因。

二、反致产生的原因

导致反致产生的原因或条件主要有两个:一是各国对本国冲突规范指引的外国法的范围理解不同,一些国家认为被指定的外国法包括该外国的冲突法。二是各国对同一涉外民事关系规定了不同的连结点,或者即使有关国家对于同一法律关系规定了相同的连结点,但各国对连结点的解释不同。但是,在具体案件中,是否存在反致问题,还得看是否有相互指定的致送关系发生,或者说相互之间的致送关系有没有中断。而所谓的致送关系发生,可以理解为:对于某一涉外民事关系,法院国冲突规范所规定的连结点指向的是外国,而该外国有关该涉外民事关系的冲突规范所规定的连结点刚好又指向了法院国。例如,依法国冲突法规定,"不动产继承适用不动产所在地法",而德国冲突法规定,"继承(包括动产和不动产)适用被继承人的本国法",并且两国都认为自己冲突规范指定的外国法包括外国的冲突法。现一德国公民死于法国并在法国留有不动产,其亲属因该项不动产的继承发生争议,如在法国法院提起诉讼法国法院只会适用法国法;如在德国法院提起诉讼,德国法院也只会适用德国法。因而无论在法国还是德国起诉都不会发生反致。这是因为彼此均不发生致送关系,亦即不发生相互指定的情况。但是,如果将案件的事实稍作更改,假设一法国公民死于德国并在德国留有不动产,则无论是在德国还是在法国起诉,都可能发生反致的问题,因为都有相互指定的情况即相互致送的情况存在。

三、反致在理论与立法上的分歧

(一)理论上的分歧

对于在国际私法中是否应采用反致制度,理论上颇有争论。持反对意见者主要有以下理由:(1)采用反致显然违背了本国冲突法的宗旨,反致与国际私法的真正性质相抵触。因为既然本国冲突法已指定某一涉外民事关系应由外国法调整,就表明该法律关系与该外国有更密切的联系,如果接受反致有违本国冲突法的初衷。(2)采用反致有损内国的立法权。因为承认反致就是将法律冲突的解决交由外国冲突法决定,等于是放弃了本国对涉外民事关系加以调整的立法权。(3)采用反致于实际不便。因为反致会大大增加法官和当事人证明或调查外国法的任务。(4) 采用反致会导致恶性循环。如果所有国家都接受反致,会出现相互指定法律而循环不已的"乒乓球游戏",使准据法无法得到确定。

而赞成反致的学者则认为:(1) 采用反致可以维护外国法律的完整性。在根据本国的冲突规范应适用外国法时,如果只考虑适用其实体法的规定,忽视其相关的冲突法规定,有时会产生曲解该外国法宗旨的结果。例如,1804 年《法国民法典》关于 21 岁成年的规定,依其第 3 条本只适用于所有法国人。现如某国法院要依当事人住所地法来判定在法国设有住所的外国人的成年问题,而不去考虑上述法国法中的冲突规则,显然有违法国实体法和冲突法的完整性。① (2) 接受反致无损于本国主权,反而可扩大内国法的适用。(3) 采用反致在一定程度上有利于实现国际私法所追求的判决结果一致的目标。(4) 采用反致可得到更合理的判决结果。反致可增加法律选择的灵活性,达到适用"较好的法律"的目的。

(二) 国际条约、国内立法和司法实践中的反致制度

目前,采纳反致制度的国家主要有:法国、英国、美国、德国、日本、奥地利、波兰和匈牙利等。值得注意的是,新近颁布的许多法典有条件地或有限制地接受反致,如 1991 年修正的《美国路易斯安那州民法典》第 3517 条、1999 年《罗马尼亚民法典》第 2259 条,1996 年《列支敦士登国际私法》第 5 条、1998 年《突尼斯国际私法》第 35 条、1998 年《委内瑞拉国际私法》第 4 条、1999 年《白俄罗斯民法典》第 1096 条等。在采用反致的国家中,大多数国家都是有条件、有限制地接受反致;有的仅采用反致,有的除采用反致外,还采用转致。② 1995 年《意大利国际私法制度改革法》一改本国学说和判例对反致所采取的否定态度,其第 13 条对在什么情况下、如何采用反致作了较详细的规定:"1. 在以下条文中指向外国法时,对外国国际私法向另一国家现行法律的反致应予考虑,如果:(1) 另一国法律接受反致;(2) 反致指向意大利法。2. 第 1 款应不适用于:(1) 本法规定根据有关当事人的协议作出法律选择而适用外国法的情况;(2) 关于法律行为的形式的规定;(3) 本篇第 11 章(法定之债)规定的情况。3. 对于第 33 条、第 34 条和第 35 条中提到的情况,只有当所指向的法律允许确定父母子女关系时,才应考虑反致。4. 在本法规定可以适用国际公约的任何情况下,公约中采用的关于反致问题的解决方式应予以适用。"

在立法上对反致持否定态度的国家和地区主要有:希腊、巴西、埃及、伊拉克、秘鲁和加拿大魁北克省等。

---

① 参见韩德培:《国际私法上的反致问题》,载《国立武汉大学学报(社会科学季刊)》1948 年第 1 期。
② 详见李双元等:《中国国际私法通论》,法律出版社 2007 年版,第 162—165 页。

一些国际条约也采纳了反致制度,如1902年海牙《婚姻法律冲突公约》允许反致(第1条),1989年海牙《死者遗产继承法律适用公约》接受转致(第4条),但也有排除反致的,如1996年海牙《关于父母责任和保护儿童措施的管辖权、法律适用、承认、执行和合作公约》(第20条)和2000年海牙《关于成年人国际保护公约》(第19条)等。

(三)反致制度的发展趋势

反致制度虽具有增加法律选择灵活性、求得判决一致和获得合理判决结果等方面的作用,但它也确实带来了法理上的困惑以及实际操作上的困难,故各国一般是将其作为例外而予以适用,即使是采纳这个制度的国家,也往往附加条件和范围上的限制,其适用通常限于身份能力、婚姻家庭和继承领域。而在合同、侵权行为和法律行为有效性等领域一般不采用反致。此外,还应看到,在现代冲突法体系中,由于灵活性的现代规则(如意思自治原则、最密切联系原则和大量选择性冲突规范)的采用,不仅使反致增加法律选择灵活性这一作用的重要性降低,而且使反致适用的几率减少。另外,国际私法的统一化运动也将进一步弱化反致的作用。例如,著名的本国法主义和住所地法主义的激烈对峙,曾是反致产生的一个主要原因,但近年来,各国在这一问题上已日趋协调,如一些欧洲大陆国家逐渐出现了以住所代替国籍作连结点的趋势,"惯常居所"的概念也已成为海牙国际私法会议乐于采用的连结点。英国学者莫里斯认为,如果国籍与住所之冲突不若以前激烈,反致技巧之重要性亦随之减少。①

四、中国有关反致的规定

我国最高人民法院在原《关于适用〈中华人民共和国涉外经济合同法〉若干问题的解答》中曾明确规定在合同领域不采纳反致制度,这与国际上的普遍实践是一致的。2007年最高人民法院《关于审理涉外民事或商事合同纠纷案件法律适用若干问题的规定》第1条重申:"涉外民事或商事合同应适用的法律,是指有关国家或地区的实体法,不包括冲突法和程序法"。这表明我国在涉外合同的法律适用方面不采用反致。我国《涉外民事关系法律适用法》第9条规定:"涉外民事关系适用的外国法律,不包括该国的法律适用法。"说明我国采取实体指引说,从而否定了反致制度存在的前提。

---

① 参见李双元、徐国建主编:《国际民商新秩序的理论建构》,武汉大学出版社1998年版,第233—241页。

第二节 先决问题

一、先决问题的概念

"先决问题"在英语中称为"preliminary question"或"incidental question"(直译为"附带问题"),法语称"question prealable"。先决问题有广义上的先决问题和国际私法上的先决问题之分。广义上的先决问题是指法院在解决一个争讼问题时,要以首先解决另外一个法律问题为前提,这时,便可以把争讼问题称为"本问题"或"主要问题"(principal question),而把首先要解决的另一问题称为"先决问题"。法院在审理国内案件或涉外案件时,都有可能存在这种先决问题。例如,国内法院在解决离婚纠纷时,首先也要解决该婚姻是否合法有效的问题。但是由于国内案件中的先决问题与主要问题一样,适用法院所在国法解决,不会涉及法律的冲突问题,不会引起争议,因此,国内法不专门规定该问题。但是在国际私法中,先决问题依照哪一国家的法律解决成为人们争议的问题,需要专门讨论。在国际私法中,如果主要问题应适用法律规范的条件部分包括了一个独立的、需要先行判断的法律问题,后者就是国际私法上的先决问题。[①] 国际私法上的问题最早是德国法学家梅希奥(Melchior)和汪格尔(Wengler)在1932年至1934年间提出的。

德国学者马丁·沃尔夫曾举了一个例子来说明先决问题:一个住所在希腊的希腊公民未留遗嘱而死亡,在英国留有动产。他的"妻子"W主张继承该项动产。本来,对于该动产的继承问题,按英国的冲突规则(动产继承依死者住所地法)应适用希腊的继承法,其妻子有权继承该动产。但现在首先要确定W是否是死者的合法妻子。由于死者与W是在英国按民事方式而非按希腊法所要求的宗教仪式结婚,对于他们之间是否存在合法婚姻关系的问题,如果依法院地法的英国冲突规则(婚姻方式依婚姻举行地法)所指定的准据法即英国法,他们的婚姻是有效的,W就可以取得这部分遗产;但如果依"主要问题"准据法所属国的冲突规则(婚姻方式依当事人的本国法)所指定的希腊法,他们的婚姻是无效的,W就不能继承该项动产。W与死者之间是否存在合法的婚姻关系的问题便是该继承问题的"先决问题"。

二、先决问题的构成要件

一般认为,构成国际私法上的先决问题必须同时具备三个条件:首先,主要

---

① 王葆莳:《国际私法中的先决问题研究》,法律出版社2007年版,第29页。

问题依法院国的冲突规则,应适用外国法作准据法(如上例中英国法院解决该继承问题便是以希腊法作准据法的);其次,该问题对主要问题来说本身就有相对独立性,可作为单独的问题向法院提出,并且它有自己的冲突规则可以援用;最后,依主要问题准据法所属国适用于先决问题的冲突规则和依法院国适用于先决问题的冲突规则,会选择出不同国家的法律作准据法,并且会得出不同的结论,从而使主要问题的判决结果也不同。这三个条件缺一不可,否则便不会构成"先决问题",也就没有必要单独研究它的准据法选择问题。

三、先决问题的准据法

对于"先决问题"究竟应援用主要问题准据法所属国的冲突规则,还是仍依法院国的冲突规则来选择它应适用的法律,目前各国的实践并无一致的做法,学说上也形成了尖锐对立的两派。

一派以梅希奥(Melchior)、汪格尔(Wenglel)、罗伯逊(Robertson)、马丁·沃尔夫、安东(Anto)等为代表,主张依主要问题准据法所属国冲突规则来选择先决问题的准据法,并认为只有这样才可求得与主要问题协调一致的判决结果。但人们指出,这种协调一致有时是需要用牺牲法院国冲突法的一致换来的。例如,一个住所在英国的西班牙公民,在英国取得了与他的妻子离婚的判决后,又在英国与第二个妻子结了婚,后来未留遗嘱而死于他的西班牙住所地,留下动产在英国。依英国的冲突规则应适用西班牙法来解决此项动产继承问题(主要问题)。但是,究竟谁是他的合法妻子这一先决问题,如果用主要问题准据法所属国(即西班牙)的冲突规则来解决,应认为他的第一个妻子有继承权,而第二次婚姻应属无效。[①] 因此,英国法只有在先决问题上放弃自己的冲突规则,才能保证先决问题的解决,与依西班牙法解决的主要问题取得协调一致的结果。在本案情况下,英国法院显然是不愿意推翻过去已作出的离婚判决的。

另一派以拉布(Raape)、莫利(Maury)、努斯鲍姆、科马克(Cormack)等为代表,主张以法院地国家的冲突规范来选择先决问题的准据法。这种主张等于把先决问题作为一个单独的主要问题一样来对待,其优点在于可以实现判决的内部一致:即同一国家法院处理同类案件可以获得同样的判决。[②] 美洲国家组织1979年国际私法会议通过的《关于国际私法一般规定的公约》第8条,也规定"因主要问题而提出的先决问题,不一定按适用于主要问题的法律解决"。

最高人民法院《关于适用〈中华人民共和国涉外民事关系法律适用法〉若干

---

① 因为西班牙不承认以离婚方式解除婚姻,而且西班牙适用于离婚的准据法是当事人的本国法。
② 参见杜涛、陈力:《国际私法》,复旦大学出版社2008年版,第88页。

问题的解释(一)》第 12 条规定:"涉外民事争议的解决须以另一涉外民事关系的确认为前提时,人民法院应当根据该先决问题自身的性质确定其应当适用的法律"。因此,原则上,我国法院是根据法院地(中国)的冲突规则确定先决问题的准据法的。例如,域外当事人以继承人的身份就被继承人与他人之间的合同纠纷诉至人民法院,其中就不可避免地涉及继承人身份的确定,该问题就是系争合同纠纷的先决问题,而继承人的身份应当根据我国有关确定继承法律关系的准据法的规则予以确定。①

需要注意的是,该解释第 13 条又规定:"案件涉及两个或者两个以上的涉外民事关系时,人民法院应当分别确定应当适用的法律"。这主要是指案件中出现多个涉外民事关系、但相互之间没有先后依附关系的情况。例如在离婚案件中,涉及当事人的婚姻财产制问题,此时法院不能根据《涉外民事关系法律适用法》第 27 条直接用法院地法解决所有涉案问题,而应当对多个涉外民事关系分别确认其准据法。

【案例 4.2】 李伯康房产继承案

李伯康于 1938 年在家乡台山与范女士结婚。1943 年李伯康前往美国加利福尼亚州洛杉矶,1967 年李伯康与周女士在美国内华达州结婚。1981 年李伯康在美国洛杉矶去世。李伯康在广州有四层楼房。1986 年 5 月,已在香港定居多年的范女士得知李伯康去世,遂到广州办理了继承上述房产的证明,并领取了房产证。周女士得知后,委托代理人在广州市某区法院起诉,要求继承李伯康的上述房产。法院依据中国《婚姻法》判决李伯康与周女士在美国的结婚属于重婚,无效,驳回了原告的继承请求。

该案是否存在先决问题?对此,我们应按照先决问题的构成要件进行具体分析。本案中,尽管周女士能否继承李伯康在广州的楼房,取决于她与李伯康是否存在合法的婚姻关系,因此符合先决问题三大要件中的第二个条件。但是,根据中国的冲突法,主要问题应适用中国法,即法院地法,不具备三大要件中关于"主要问题依法院国的冲突规则,应适用外国法作准据法"这一要件,故不存在先决问题。如果李伯康在广州某银行有存款,其他情形不变,此案就可能存在先决问题,我国法院可以根据我国的冲突规则来确定先决问题的准据法。

---

① 高晓力:《〈关于适用涉外民事关系法律适用法若干问题的解释(一)〉的理解与适用》,载《人民司法》2013 年第 3 期。

第三节　实体问题和程序问题

一、实体问题与程序问题的划分

某一问题是实体(substance)问题还是程序(procedure)问题,直接影响到涉外民商事案件的法律适用。如果一个问题被识别为程序问题,法院一般就径行适用法院地法;如果被识别为实体问题,不管法院适用本国法还有外国法,都必须经过法院地的冲突规则的指引。

程序问题一般适用法院地法,其理由是:(1)这是国家主权原则的体现。一国法院在审理涉外民商事案件时,必须适用自己国家的程序法,这正是国家主权在司法活动中的体现。(2)这是实际的需要。当涉外民商事诉讼开始时,案件所要适用的准据法尚未确定,所以程序问题只能适用法院地法。当准据法确定后,诉讼已到了相当阶段,只有按原程序继续进行。任何国家的法院都不允许在诉讼中途改变程序规则,以免造成混乱,使案件不能得到顺利解决。(3)这是正义的要求。如果程序问题不适用法院地法,对法院来说是不方便的,对诉讼当事人和其他诉讼参加人来说,会造成不公正的结果。(4)法院的活动是按照国家规定的诉讼程序法来进行的。所以与法院的诉讼活动具有最密切联系的法律就是法院地的诉讼程序法。因此,程序问题适用法院地法是理所当然的事。

如何划分程序问题与实体问题,由于下列两个原因而变得更加复杂。第一,确定什么是实体问题,什么是程序问题,由法院依其自身的标准决定。而各国并没有识别的统一标准,有些问题究竟是程序问题还是实体问题,也不容易区分。第二,一些英美法系国家常常把某些问题识别为程序问题,借以排除外国法的适用。尽管各国可以借助公共秩序保留制度排除外国法的适用,但援用这种制度容易招致对方国家的不满,还可能影响两国之间的关系。把问题识别为程序问题,从而排除外国法的适用,一般不会引起对方国家的反感,容易达到目的。

各国学者对两者的划分标准提出了不同看法。一些大陆法系学者提出,当事人之间的关系应有别于当事人同法院之间的关系,即当事人之间的关系,特别是他们相互间的权利义务关系,属于实体法,而法院与当事人和第三人(证人等)的权利义务关系则是程序法的一部分。[①] 英美学者普遍的看法是,一般说来,那些会在实质上影响案件结果的所有争议都被归类为实体性的。而关于诉讼的日常例行规则,即案件中对其结果影响甚小的方面,则应受法院地法支配,理由是方便和实际,并能保证司法工作的顺利进行。[②]

---

①　〔德〕马丁·沃尔夫著:《国际私法》,李浩培、汤宗舜译,法律出版社1988年版,第338页。
②　韩德培、韩健:《美国国际法(冲突法)导论》,法律出版社1994年版,第237页。

我们认为,一般说来,那些会在实质上影响案件结果的所有争议都可归类为实体性的,而关于诉讼的日常例行规则,即案件中对其结果影响甚小的方面,如送达诉讼文件、辩护的充分性、当事人的诉讼能力、诉讼形式等有关的例行问题,显然可归类为程序问题。

二、实体和程序划分的若干具体问题

(一) 时效问题

早先,大陆法系国家将诉讼时效识别为实体法问题,适用民事法律关系的准据法,而英美法系国家把诉讼时效识别为程序法问题,一律适用法院地法。后来,英美法系国家的立法和司法实践发生了改变。1980年,英国法律委员会建议英国法院在涉外民事案件中适用外国的时效法,而不适用英国的时效法。1984年,英国议会通过了涉外时效法,规定英国的冲突法规则把所有的外国时效一律识别为实体法问题。如果英国的冲突法规则规定要适用一个外国的国内法时,包括适用该外国法关于时效的规定,并排除适用英国法关于时效的规定。在美国,许多州为了适用外州或外国的时效法,都通过了"借用"法规(borrowing statute)。所谓"借用"法规,就是把外州或外国的诉讼时效法规识别为实体法,在涉外民事案件中予以适用。美国统一州法委员会于1982年提出了《统一冲突法——时效法》供各州采用,该法即把时效视为实体法问题,目前该法已得到5个州采纳;1988年修订的美国《第二次冲突法重述》第142条也吸收了该法的成果。不过,美国联邦最高法院对诉讼时效的识别没有一致态度,有时把时效识别为实体法问题,有时却识别为程序法问题。

(二) 证据问题

大多数关于证据的规则(如证人的资格、证人的讯问、可以提出作为证据的文件、这些文件证明什么)是指导法院查明事实真相的规则,无疑是程序性的。但举证责任问题究竟是程序问题还是实体问题,存在着较大分歧。大陆法系国家一般把举证责任规定在民法典中,在涉外民事案件中,把举证责任视为实体法问题。英国和加拿大等普通法系国家则把举证责任视为程序法问题,在涉外民事案件中适用法院地法。不过,英国学者莫里斯认为,也有很多理由把这个问题视为实体法问题,因为案件的结果可能取决于举证责任在哪方当事人。美国原来也把举证责任视为程序法问题,在涉外民事诉讼中适用法院地法。但是,纽约州上诉法院在1929年判决的菲茨帕特里克诉国际铁路公司案中认为,举证责任是实体法问题。而后来《第二次冲突法重述》则采取了较为灵活的做法,该重述第133条规定:当事人的哪一方负有举证责任,由法院地法决定;除非准据法关于举证责任的规则影响案件的决定,而不是调整审判的进行,则适用准据法。

(三) 推定问题

推定(presumption)是指根据已知的事实或法律规定而进行推断,得出结论的一种思维活动。它分为事实的推定和法律的推定两类。事实的推定是指根据一些已知的事实而进行的推断。例如,夫妻关系存续期间所生的子女,在提出证据证明丈夫不是子女的生父之前,可以推定他是该子女的生父。事实的推定可以提出反证予以推翻。法律的推定是指根据法律的规定而进行的推断,它又分为可反驳的法律推定和不可反驳的法律推定。不可反驳的法律推定又称"决定性推定",即法律禁止提出证据来反驳被推定事实的推定,证据法理论中一般认为这种不可反驳的推定不是真正的推定,而只是一种实体法规则,即法律规定一旦出现某种情况应当如何处理的实体法规定。前者如死亡推定,后者如对同时死亡者谁先死的推定。最高人民法院《关于执行〈中华人民共和国继承法〉若干问题的意见》第2条了明确规定:"相互有继承关系的几个人在同一事件中死亡,如不能确定死亡先后时间,推定没有继承人的人先死亡。死亡人各自都有继承人的,如几个死亡人辈分不同,推定长辈先死亡;几个死亡人辈分相同,推定同时死亡,彼此不发生继承,由他们各自的继承人分别继承。"

大陆法系国家把推定视为实体法问题,英美法系国家一般把事实的推定视为程序法问题,在涉外民事诉讼中适用法院地法。至于法律的推定到底是实体法问题还是程序法问题,学者们有不同观点。一种观点认为,法律的推定都是实体法问题,因为它影响案件的结果;另一种观点认为,不可反驳的法律推定是实体法问题,可反驳的法律推定,有些是实体法问题,也有些是程序法问题。

我们认为,对推定问题是实质问题还是程序问题,不能一概而论,若推定仅仅是证明的一种方式,则应归入到程序法中,适用法院地法;若推定影响到案件的实质,则应归入到实体法中,适用该法律关系准据法的规定。

(四) 赔偿问题

大陆法系国家一般认为,赔偿是与当事人的权利和义务直接有关的问题,因此将其视为实体法问题,在涉外民商事诉讼中应适用案件的准据法。英国法院过去把赔偿问题视为程序法问题,在涉外民事诉讼中适用法院地法。后来,英国学者戚希尔在1952年出版的《国际私法》著作中,把赔偿分为两个问题:一个是哪一类损失可以得到赔偿,即赔偿的类型问题;另一个是赔偿的计算或方式问题,例如是一次付清,还是分期偿付等。他认为,前者是实体法问题,后者是程序法问题。戚希尔的这种区分为后来的英国法院和加拿大法院所支持。美国1971年《第二次冲突法重述》倾向于把赔偿问题识别为实体法问题。其第207条规定,对违约赔偿的计算由契约的准据法决定。

中国除了在《民法通则》中规定了诉讼时效并因此可以断定将其识别为实体法问题外,其他如举证责任、推定和赔偿的识别尚无规定。

第四节 区际、人际与时际法律冲突的解决

在确定了一个涉外民事案件由某一国法律调整之后,还有可能遇到以下两个问题:第一,该国内部不同地区存在不同的法律制度;第二,该国适用于不同宗教、种族、阶级的人的法律之间存在冲突;另外,在指定应适用的法律时,还可能遇到在争议的法律关系或法律事实发生的时候或者提起诉讼的时候,法院国的冲突规则或被指定的外国实体法发生了改变的问题,所有这些问题都可能影响到案件的判决,因而都需要妥善解决。而对这些问题的解决就形成了国际私法上所谓的区际私法、人际私法和时际私法。

一、区际法律冲突与区际私法

(一) 区际法律冲突的含义、产生和特征

区际法律冲突(interregional conflict of laws)是一国内部不同地区的法律制度之间的冲突。解决区际法律冲突的法律制度为区际私法(private interregional law)。区际法律冲突多见于联邦制国家或复合法域的国家,如美国、加拿大和英国。例如,美国是联邦制国家,它的各州都保留有相对独立的私法立法权,因而在美国每个州都有自己的私法或民法,各州之间法律冲突早就发生,美国的国际私法正是在解决这种州际法律冲突的基础上发展完备起来的。

不仅联邦制国家会发生区际法律冲突,存在着复合法域的单一制国家也会产生区际法律冲突。比如中国虽是单一制国家,但根据中英、中葡两国政府关于香港、澳门问题的联合声明,中国已分别于1997年和1999年对香港和澳门恢复行使主权,并允许港、澳地区原有的法律50年内基本不变。同时,祖国大陆与台湾地区也必将统一,台湾地区也是中国统一主权下的一个独立法域。这就意味着,中国内地、香港地区、澳门地区和台湾地区各自构成独立的法域,施行不同的民法,区际法律冲突随之而来,也需要区际私法来调整。

(二) 区际法律冲突的解决

区际法律冲突包含两个不同的内容:(1) 一国内部跨法域的民商事交往中产生的法律适用上的冲突如何解决[①];(2) 在国际法律冲突中,经冲突规范指引当事人本国法后,而该当事人的本国却是一个多法域国家,这时究竟应以其中哪一法域的法律作为他的本国法而加以适用的问题。

---

① 本来,"一国内部跨法域的民商法律冲突的解决"不宜放在本章"准据法确定中的几个一般性问题"中讨论,但为了方便,本书把它与"多法域国家当事人本国法的确定"一并进行阐述。

1. 一国内部跨法域的民商法律冲突的解决

（1）用区际冲突法（或称国际私法）来解决。具体方式大致有以下几种：第一，制定全国统一的区际冲突法。如波兰1926年《区际冲突法典》。第二，各法域分别制定各自的区际冲突法。如波兰在1926年《区际私法典》颁布之前，国内的区际冲突是依靠各法域各自的区际冲突法解决的。第三，类推适用国际私法解决区际法律冲突。这种方式一般在多法域国家既无统一的区际冲突法，各法域也无区际冲突规范或中央立法机关不允许这种规范存在的情况下采用。如1948年《捷克斯洛伐克国际私法和区际私法典》第5条规定，区际冲突通过类推适用国际私法规则加以解决。第四，对区际冲突和国际冲突不加区分，适用相同的规则。在普通法系国家中，没有国际私法与区际私法之分，在冲突法意义上，法院将本国内的其他法域视同与其他主权国家一样的"外国"，因而某一法院在解决区际冲突时，适用的是与解决国际冲突基本相同的规则。

（2）用统一实体法来解决。第一，制定全国统一的实体法。如1907年《瑞士民法典》和1877年美国《州际商法》。第二，制定仅适用于部分法域的统一实体法来解决它们之间的法律冲突。如英国有英格兰、苏格兰、北爱尔兰、海峡群岛和马恩岛五个法域，英国1963年《遗嘱法》及1958年《收养法》就只适用于英格兰和苏格兰，而不适用于其他法域。第三，制定特定领域的统一实体法作为示范法，供所属各法域采用。如美国的全国统一州法委员会和美国法学会拟定的《统一商法典》除路易斯安那州部分采用外，已为其他各州采用，从而美国各州在商品买卖、银行交易、投资证券、产权证和商业票据等方面的法律基本实现了统一。第四，一些复合法域国家的最高法院在审判实践中确立统一规则，促进内部各法域法律冲突的解决。这种情况在加拿大和澳大利亚等普通法系国家表现得较为明显。第五，将在一个法域适用的实体法扩大适用于其他法域。这种做法多出现在因国家的兼并、国家领土的割让、国家领土的回归或国家的殖民等原因而形成的复合法域国家中。①

2. 多法域国家当事人本国法的确定

（1）在应适用当事人的本国法而其本国各地法律不同时，以当事人的住所地法或居所地法为其本国法。如中国台湾地区1953年"涉外民事法律适用法"第28条规定："依本法适用当事人的本国法时，如其国内各地方法律不同时，依其国内住所地法，国内住所不明者，依其首都所在地法。"

（2）依当事人本国的"区际私法"的规定来解决。但如果当事人本国无此类指定规则时，晚近的趋势是，适用与当事人或与案件有最密切联系的那一法域的法律。如1995年《意大利国际私法制度改革法》第18条规定，如果所指定的

---

① 以上参见黄进主编：《中国的区际法律问题研究》，法律出版社2001年版，第31—33页。

法律所属国就地域或人而言,存在非统一的法律制度时,则应当根据该国的规定来确定准据法。如经证实确无此种规定,则应适用与特定案件有最密切联系的法律制度。1988年中国最高人民法院《关于贯彻执行〈中华人民共和国民法通则〉若干问题的意见(试行)》第192条规定:"依法应当适用的外国法律,如果该外国不同地区实施不同的法律的,依据该外国法律关于调整国内法律冲突的规定,确定应适用的法律。该国法律未作规定的,直接适用与该民事关系有最密切联系的地区的法律。"

我国《涉外民事关系法律适用法》第6条规定:涉外民事关系适用外国法律,该国不同区域实施不同法律的,适用与该涉外民事关系有最密切联系区域的法律。

(三) 区际冲突法

1. 区际冲突法的概念和特点

区际冲突法,就是指用于解决一个主权国家内部具有独特法律制度的不同地区之间的民商事法律冲突的法律适用法。

2. 区际冲突法与国际私法的联系和区别

关于区际冲突法与国际私法的关系,理论和实践均无定论。但是两者之间至少存在以下联系和区别:

(1) 两者的联系。第一,从历史上看,国际私法是在区际冲突法的基础上发展起来的。而且直到现在,两者在大多数原则与制度上都是相通的,因而有的学者把解决区际民事法律冲突的法律称为"准国际私法"。不过直到现在,具有自己的国际私法和自己内部的区际私法的成文法的复合法域国家,只有波兰与原南斯拉夫。而像美国这样的复合法域国家则只有自己的州际冲突法,并径自把它的州际冲突法直接适用于处理国际案件。第二,区际冲突法和国际私法都是以解决法律冲突为目的,而且,它们解决的法律冲突都是民事法律在空间上的冲突。第三,区际冲突法和国际私法均是法律适用法,两者的冲突规范及其有关制度在某些方面是相似的。第四,两者的调整对象都是民商事法律关系,都是通过间接调整方式进行调整。第五,当一国法院依照本国国际私法中的冲突规范,指定对某一涉外民商事法律关系应适用某一多法域国家的法律时,依有些国家的国际私法规定,准据法的确定需借助于该多法域国家的区际冲突法的规定。在这个意义上讲,它们二者又处于不同层面上。

(2) 两者的区别。第一,两者调整的对象有所不同。区际冲突法调整的民商事法律关系是涉及一国内部不同地区间的民商事法律关系,而国际私法调整的是涉及外国因素的民商事法律关系。第二,两者的法律渊源有所不同。区际冲突法的渊源只可能是国内法,而国际私法的渊源除了国内法外,还有国际条约。第三,两者体现的政策有所不同。区际冲突法主要体现多法域国家对内政策,而国际私法则更多地体现国家的对外政策。第四,立法时考虑的因素不同。如国际私法的制定和施行不得不考虑到国际因素,要受制于国际公法的一些原则、规则和制度。第五,两者在一些具体规则及制度上有所不同,主要表现在以下方面:一是在连结点方面,国籍是国际私法的一个非常重要的连结点。在区际冲突法中,除少数联邦制国家,由于它们承认本国公民既有联邦国籍又有所属成员国国籍,国籍作为一个连结点仍有一定意义外,在其他多法域国家的区际冲突法中,国籍这个连结点完全不起作用。二是公共程序保留是国际私法中一项重要制度,但是在区际冲突法中很少甚至根本就不采用这一制度。三是在识别、反致和准据法的查明等问题上,区际冲突法和国际私法亦有所不同。四是在判决的承认和执行方面,在存在区际法律冲突的多法域国家,各法域的法院判决一般可以"自由流通"。

(四) 中国的区际法律冲突问题

随着中国"一国两制"伟大构想的付诸实现,中国已出现"一国两制四法域"的局面,中国也因此成为多法域国家,自然也就产生了区际法律冲突。

中国的区际法律冲突与世界上其他一些多法域国家内的区际法律冲突相比,具有自己的特点:(1) 是一种特殊的单一制国家内的区际法律冲突。(2) 既有属于同一社会制度的法域之间的法律冲突,如香港、澳门和台湾地区之间的法律冲突,又有社会制度根本不同的法域之间的法律冲突,如内地法律与香港、澳门和台湾地区法律之间的法律冲突。(3) 既有属于同一个法系的法域之间的法律冲突,如台湾地区和澳门地区法律同属于大陆法系;同时又有分属不同法系的法域之间的法律冲突,如属普通法系的香港地区法律与属大陆法系的澳门地区法律之间的冲突。(4) 不仅表现为各地区本地法之间的冲突,而且有时表现为各地区的本地法和其他地区适用的国际条约之间以及各地区适用的国际条约相互之间的冲突。这是因为,根据《香港特别行政区基本法》与《澳门特别行政区基本法》的有关规定,香港或澳门可在经济、贸易、金融、航运、通讯、旅游、文化、体育等领域以"中国香港"或"中国澳门"的名义,单独地同世界各国、各地区及有关国际组织保持和发展关系,签订和履行有关协议。中华人民共和国缔结的国际协议,中央人民政府可根据香港或澳门的情况和需要,在征询香港特别行政区或澳门特别行政区政府的意见后,决定是否适用于香港或澳门。中华人民共和国尚未参加但已适用于香港地区或澳门地区的国际协议仍可继续适用。因此,一些国际协议会适用于某地区而不适用于其他地区,这就使各地区的本地法和其他地区适用的国际条约之间以及各地区适用的国际条约相互之间的冲突成为可能。(5) 由于各法域都有自己的终审法院,而在各法域之上无最高司法机关,因此在解决区际法律冲突方面,无最高司法机关加以协调。(6) 在立法管辖权方面,无中央立法管辖权和各法域立法管辖权的划分。实际上,在民商事领域,各法域享有完全的立法管辖权。①

解决中国的区际法律冲突,既要坚持"一国",又得彼此尊重法律与司法的特殊性,并且在解决彼此法律冲突与相互提供司法协助等方面提供更多的方便与优惠。这方面的先例,有如美国在调整其内部各州法律冲突与判决相互承认与执行上,就得受其联邦宪法上"充分诚实和信任条款""优惠和豁免条款""平等保护条款"等的约束;在法律选择上既要考虑法院所在州的利益,也要考虑其他州的利益;在公共秩序的运用上,也受到更严格的限制等等。其目的应在于大力保障跨区域民商事交往的安全,促进各区域经济与社会的共同繁荣与发展。美国的上述做法,很值得我们借鉴。我国有学者主张,中国区际法律冲突的解决,必须坚持以下四项基本原则:(1) 促进和维护国家统一原则;(2) "一国两制"原则;(3) 平等互利原则;(4) 促进和保障正常的区际民商事交往原则。②

在我国,根据《香港特别行政区基本法》和《澳门特别行政区基本法》,中央政府没有制定全国统一的民商事实体法和全国统一的区际冲突法的权限,故目前内地、香港地区、澳门地区均是类推适用自己的国际私法来解决区际法律冲突,而台湾地区已于1992年公布了"台湾地区与大陆地区人民关系条例"(最近于2015年进行了修正),同年发布了该条例的施行细则(2014年进行了修正)。条例的民事部分(第41条至第74条)对两岸"法律"冲突的解决作了详细规定。③ 此外,台湾地区还于1997年公布了"香港澳门关系条例",最近于2017年作了增订和修正,并发布了实施细则(2016年进行了修正)。对于台、港、澳之间法律冲突的解决,其第38条规定:"民事事件,涉及香港或澳门者,类推适用涉外民事法律适用法。涉外民事法律适用法未规定者,适用与民事法律关系有重要牵连关系地法律。"④

二、人际法律冲突的解决

人际法律冲突(interpersonal conflict of laws)是指一国之内适用于不同宗教、种族和阶级的人的法律之间的冲突。解决人际法律冲突的法律制度叫人际私法(private interpersonal law)。因为在有些国家,往往无统一适用于该国全体公民、不同种族、宗教或阶级的人的民法。譬如在印度,关于人的身份的法律、亲属法和继承法等方面,信仰印度教的人受印度教法支配,信仰波斯教的人受波斯教法

---

① 参见黄进主编:《中国的区际法律问题研究》,法律出版社2001年版,第59页。
② 参见韩德培主编:《国际私法》,高等教育出版社、北京大学出版社2007年版,第340—342页。
③ 参见李双元、欧福永、熊之才编:《国际私法教学参考资料选编》(上册),北京大学出版社2002年版,第107—111页。
④ 可通过如下网址分别检索香港、澳门和台湾地区的法律:http://www.legislation.gov.hk/index.htm; http://legismac.safp.gov.mo/legismac; http://www.lawbank.com.tw。

支配。如果不同宗教信仰的人因继承关系发生诉讼,印度法院就要依据印度的人际私法来判案了。中国也存在人际法律冲突。例如,经 2001 年修正的《婚姻法》第 5 条规定,结婚年龄,男不得早于 22 周岁,女不得早于 20 周岁。其第 50 条又规定,民族自治地方的人民代表大会有权结合当地民族婚姻家庭的具体情况,制定变通规定。为此,我国民族自治地方的人民代表大会结合当地民族婚姻家庭的具体情况,制定了某些变通的或补充的规定。例如,1981 年《内蒙古自治区执行〈中华人民共和国婚姻法〉的补充规定》(2003 年修正)第 3 条规定,结婚年龄,男不得早于 20 周岁,女不得早于 18 周岁。而该补充规定只适用于居住在内蒙古自治区的蒙古族和其他少数民族(第 2 条)。汉族男女同蒙古族和其他少数民族男女结婚的,汉族一方年龄按《中华人民共和国婚姻法》的规定执行(第 3 条第 2 款)。这样,在结婚年龄上,就会产生人际法律冲突。

人际私法跟国际私法有很大的不同。人际私法所要解决的问题跟国际私法所要解决的问题不是处于同一平面的,而是在首先确定了应适用特定国家的法律作准据法之后才提出来的。当然,人际私法和国际私法都采用间接调整方法,这又是两者的类似之处。

对于人际法律冲突的解决,在理论与实践中多主张由该外国的人际私法来解决。例如,1966 年《葡萄牙民法典》第 20 条第 3 款规定,如被指定国法律秩序内有适用于不同类别的人的不同法制,则必须遵守该法就该法律冲突而作的规定。此外,1999 年《白俄罗斯民法典》第 1101 条也规定,如果应适用的是一个具有多法域或在其他方面有各不相同的法律制度的国家的法律时,其应适用的法律,依该国法律确定。其中所称"在其他方面有各不相同的法律制度"似应理解为包括适用于不同人的法律。1986 年《德国民法施行法》第 4 条第 3 款规定则又有所不同:如果指定需适用多种法制并存国家的法律,但没有指明应适用何种法制的法律的,应依该国法律确定适用何种法制的法律;如果该国法律并无适用何种法制的规定,则适用与案件有最密切联系的法制的法律。"

三、时际法律冲突的解决

(一) 时际法律冲突的产生原因

时际法律冲突(intertemporal conflict of laws)是指可能影响同一涉外民事关系的新旧、前后法律之间的冲突。解决时际法律冲突的法律制度叫时际私法(private intertemporal law)。时际法律冲突一般在以下三种情况下发生:

(1) 法院地国的冲突规则发生了改变。它又可分为三种情况:一是冲突规则中采用的连结点发生改变,如以前采用国籍,现在改为采用住所;二是冲突规则中采用的时间因素发生了改变,如以前采用"立遗嘱时的住所地法",现在改为采用"死亡时的住所地法";三是冲突规则中采用的连结点和时间因素均发生了变化,如原来采用"立遗嘱时的本国法",现在改为采用"死亡时的住所地法"。

(2) 法院地国的冲突规则未变,但事实上的连结点发生了改变。例如,动产适用所有人住所地法,他原来的住所在甲国,现在的住所在乙国,依据前一住所地法,他无权买卖和拥有文物,而后一住所地法却并无这种限制。这种因事实上的连结点发生改变而导致前后两个准据法之间的冲突,又叫"动态冲突"。

(3) 前两者均未改变,但被指定的准据法本身发生了改变。例如,中国1950年《婚姻法》规定五代以内的旁系血亲之间的婚姻从习惯,而1980年《婚姻法》则禁止三代以内的旁系血亲之间结婚。现有一对1979年在中国结婚的表兄妹于定居美国多年后,男方于2003年在美国提出婚姻无效的诉讼,这时美国法院不但得首先确定究竟应适用中国法还是美国法的问题,而且在确定应适用中国法后,还要进一步确定是适用1950年《婚姻法》(这样他们之间的婚姻将被认为有效)还是适用1980年《婚姻法》(这样他们之间的婚姻将被认为无效)。

以上情况也都表明,时际私法所要解决的问题跟国际私法所要解决的问题,也不是处于同一平面的。

一般而言,解决时际法律冲突的最好方法是在制定冲突规范时就明确应适用何时的法律(如规定"动产继承适用死者死亡时的住所地法"即是),但有些冲突规范并没有这样的规定,因而如果在冲突规则或连结点以及被冲突规则指引的准据法三者之中,任何一个于法律关系或法律事实发生后至争讼发生时发生了改变,便需要确定:是否仍应适用原来的冲突规则,是适用该连结点原来所在地法还是后来的所在地法,是否允许适用改变后的准据法。

(二) 时际法律冲突的解决

对于上述第1种情况下的时际法律冲突问题,一般说来,依"法律不溯及既往"和"既得权保护"的原则,应在修改冲突规则时,明确规定新的冲突规则是否有溯及力、溯及力的条件和范围如何。

对于上述第2种情况下的时际法律冲突问题,在理论与实践中并未形成一致的原则。各国一般根据法律关系的不同性质,从有利于案件的公正合理解决出发,视情况采取可变主义和不可变主义两种相反的态度。所谓可变主义就是允许采用变更后的新连结点指定的准据法。所谓不可变主义是指准据法的指定不应因连结点的改变而改变,以防止当事人之间的权利义务关系发生不合理的改变,并防止当事人通过改变连结点达到改变准据法而规避法律的目的。如1978年《奥地利联邦国际私法法规》第7条便规定:对选择法律有决定意义的必要条件后来发生变化的,对已完成的事实不发生影响。

上述第3种时际冲突的情况,可能因以下情形而发生:一是国家政策的改变而通过立法程序对有关的实体法作了修改;二是政权的更替而发生新实体法对旧实体法的取代;三是该准据法所属法域的领土主权隶属发生改变。国家在制定新法或修改旧法时，根据前述"法律不溯及既往"和"既得权保护"的一般原则，也会在新法中宣告它是否具有溯及力，如有溯及力，应规定其溯及的范围和条件。在出现这种冲突时，最难处理的是在当事人协议选择了准据法的情况下，后来准据法所属国又另立新法，而且新法严重影响当事人之间的实体权利义务，这时如何确定合同的准据法？如 1911 年，德国曾从荷兰银行借贷了一笔马克，约定合同受德国法支配，第一次世界大战爆发后，德国通过法令废除了金本位制，借款到期时，马克的价值已接近于零，从而发生了债权人能不能要求按 1911 年的马克的实际价值偿还贷款的诉讼。此外，许多发展中国家在改革开放之初，对外资的投入设定了较宽松的条件，而在经济发展之后，新法对这种宽松的条件作了种种限制，而投资合同原已约定适用东道国的法律，因而早先签订的合同是否必须受改变后的新法约束也就成了问题。对于这一问题，一种观点认为，应该适用旧法，理由是双方当事人协议选择的准据法一旦订入合同，就成了合同的一项具体条件，不应随被选择法律的改变而改变，否则就等于变更了当事人的权利义务关系，成立了一个新的合同；但另一种观点认为，应该适用变更后的新法，理由是，当事人既然选择了某国法律作合同的准据法，就表明他们已同意将整个合同的命运系于该国的整个法律制度，包括该国法律制度的变化。

我们认为，第三种情况颇为复杂，难以有一种统一的解决方法，故除非新法涉及国家的主权或重大利益和法律的基本原则，最好还是通过当事人协商解决准据法的变更问题。我国原《涉外经济合同法》第 40 条规定："在中华人民共和国境内履行、经国家批准成立的中外合资经营企业合同、中外合作经营企业合同、中外合作勘探开发自然资源合同，在法律有新的规定时，可以仍然按合同的规定执行。"同时，第 41 条又规定："本法施行之前成立的合同，经当事人协商同意，可以适用本法。"可见，中国在处理准据法变更的问题上的规定是比较合理和灵活的。不过，需要指出的是，上述规定只涉及三类合同的法律适用以及《涉外经济合同法》的适用，并且已经失效。正因如此，广东省高级人民法院《关于涉外商事审判若干问题的指导意见》的有关规定值得关注。该《指导意见》第 34 条规定："案件争议应适用的域外法发生变更的，变更后的法律只能适用于在其实施后发生的法律关系，但该法律规定其效力可以溯及既往的除外"。

第五节 法 律 规 避

一、法律规避的概念和构成要件

法律规避(evasion of law)又称法律欺诈(fraude a la loi)等，是指涉外民事关系的当事人为了利用某一冲突规范，故意制造出一种连结点，以避开本应适用的准据法,并使得对自己有利的法律得以适用的一种逃法或脱法行为。1878年法国最高法院对鲍富莱蒙诉比贝斯柯一案的判决是关于法律规避问题的一个著名判决,从此之后,法律规避问题开始作为国际私法的一个一般问题加以讨论。

【案例4.3】 鲍富莱蒙诉比贝斯柯案

法国王子鲍富莱蒙的王妃原系比利时人,因与王子结婚而取得法国国籍,后因夫妻关系不和而别居。由于1884年以前的法国法禁止离婚,王妃为了达到与法国王子离婚而与罗马尼亚比贝斯柯王子结婚的目的,只身前往允许离婚的德国并归化为德国人后,即在德国法院提出与法国王子离婚的诉讼请求并获得离婚判决,随后在德国与比贝斯柯王子结婚。婚后她以德国人的身份回到法国。鲍富莱蒙王子在法国法院起诉,要求判决上述离婚无效。法国最高法院在判决中认为,虽然离婚应适用当事人的本国法,但王妃取得德国国籍的目的显然是为了逃避法国法中禁止离婚的规定,所以离婚判决是借法律规避行为取得的,应属无效,其后的再婚也当然无效。

从上述案例中,我们可以归纳出法律规避行为的四个构成要件:(1) 从主观上讲,当事人是有目的、有故意地规避某种法律;(2) 从规避的对象上讲,当事人规避的法律是本应适用的强行法或禁止性的规定;(3) 从行为方式上讲,当事人规避法律是通过有意改变连结点或制造某种连结点来实现的,如改变国籍、住所或物之所在地等;(4) 从客观结果上讲,当事人已经因该规避行为达到了对自己适用有利的法律的目的。

二、法律规避的性质

法律规避的性质主要是指法律规避究竟是一个独立的问题还是公共秩序问题的一个部分。对此有两种不同的观点。以努斯鲍姆和巴迪福为代表的一派学者认为,它是一个独立的问题,不应与公共秩序问题相混淆。理由是:虽然两者在结果上都是对本应适用的外国法不予适用,但它们的性质却大不相同,因公共秩序排除外国法适用,着眼于外国法的内容和适用结果,而因法律规避不适用外国法,则主要着眼于当事人的虚假行为。以梅希奥、巴丁等为代表的另一派学者则认为,法律规避属于公共秩序问题,是后者的一部分。两者的目的都是为了维护内国强行法的权威。法律规避只是公共秩序的一种特殊情况,其特殊性在于适用外国法可能导致的"社会混乱"是由当事人通过欺诈行为引起的。

中国学者多认为法律规避是一个独立的问题,主要在于法律规避问题和公共秩序问题产生的原因不同,前者是当事人故意通过改变连结点的行为造成的,后者则是由于冲突规范所指定的外国法的内容及其适用的结果与冲突规范所属国的公共秩序相抵触而引起的。

三、法律规避的效力问题

法律规避现象时有发生,对各国的法律尊严造成冲击。但对于法律规避的效力问题,各国在立法、理论和实践方面却存在分歧,主要有以下两种情况:

(一)法律规避行为有效

早期的一些学者,如华赫特、魏斯等并不认为国际私法上的法律规避是一种无效的行为。他们指出,既然双边冲突规范承认可以适用外国法,也可以适用内国法,那么内国人为使依内国实体法不能成立的法律行为或法律关系得以成立,前往某一允许为此种法律行为或成立此种法律关系的外国,设置一个连结点,以达到适用对自己有利的法律的目的,并未超越冲突法所允许的范围。

(二)法律规避行为无效

主张法律规避行为是无效行为的学者则认为,法律规避行为的目的是逃避内国实体法的强制性规定或禁止性规定,且是通过欺诈行为来实现的,是一种违反公共秩序的行为;另外,根据"欺诈使一切归于无效"原则,故应否定法律规避行为的效力。目前各国出于对法律正义价值的追求和对本国法律尊严的维护,大都对法律规避加以禁止或限制,这些禁止的国家中又可分为两类:

(1)只规定禁止规避本国(法院国)的强行法。如1982年《南斯拉夫国际冲突法》第5条规定:如适用依本法或其他联邦法的规定应适用的外国法,是为了规避南斯拉夫法的适用,则该外国法不得适用。法国法院早期的判决也持此种观点,并没有认为规避外国法律的离婚判决是无效的。

(2)规定禁止规避本国强行法和外国强行法。如1979年美洲国家组织第二次国际私法会议通过的《关于国际私法一般规定的公约》第6条规定,成员国的法律不得在另一成员国的法律基本原则被欺诈规避时作为外国法而适用。这表明它也采取了保护其他国家强行法的立场。

另一个值得注意的问题是,有一些国家只认为借该规避行为(如改变国籍或住所)而成立或解除的法律关系无效,至于被改变的连结点是否同样无效(如前述的德国国籍是否有效),则应由改变后的连结点所在国家的法院决定。

四、中国有关法律规避的规定

中国立法对法律规避问题未作明文规定,但最高人民法院《关于贯彻执行〈中华人民共和国民法通则〉若干问题的意见(试行)》第194条明确规定:"当事人规避我国强制性或者禁止性法律规范的行为,不发生适用外国法律的效力。" 2007年最高人民法院《关于审理涉外民事或商事合同纠纷案件法律适用若干问题的规定》(已于2013年被废止)第6条规定:"当事人规避中华人民共和国法律、行政法规的强制性规定的行为,不发生适用外国法律的效力,该合同争议应当适用中华人民共和国法律。"2012年最高人民法院《关于适用〈中华人民共和国涉外民事关系法律适用法〉若干问题的解释(一)》第11条规定:"一方当事人故意制造涉外民事关系的连结点,规避中华人民共和国法律、行政法规的强制性规定的,人民法院应认定为不发生适用外国法律的效力。"上述规定仅明确了规避我国法律的后果,但没有规定规避外国强行法的效力。依我国多数学者的意见,国际私法上的法律规避应包括一切法律规避在内,既包括规避本国法,也包括规避外国法。对规避外国法要具体分析、区别对待,如果当事人规避外国法中某些正当的、合理的规定,应该认为规避行为无效;反之,如果规避外国法中不合理的规定,则应认定该规避行为有效。

第六节 外国法的查明和适用

一、外国法的查明

外国法的查明,在英美法系国家称为外国法的证明(proof of foreign law),是指一国法院根据本国的冲突规范指定应适用外国法时,如何查明该外国法的存在和确定其内容。

(一)外国法的查明方法

(1)由当事人举证证明,又可称为"听讯原则"(principle of hearing the parties)。英国、美国等普通法系国家及部分拉丁美洲国家采取这种方法。这类国家不将外国法看成法律,而是视为当事人用来主张自己权利的事实,因此应适用的外国法的内容就须由当事人举证证明,法官没有依职权查明外国法内容的义务。在英国,证明外国法的方式主要是专家证据。但证实外国法不仅仅是将外国的立法条文提交法院,也不仅仅是引用外国的判决或判例集,专家还要发挥协助法院对上述证据资料进行评价或解释的作用。[1]

(2)法官依职权查明,无须当事人举证(又可称为"调查原则")。欧洲大陆一些国家如意大利、荷兰等国采取这种做法。这类国家将外国法视为和内国法一样的法律,并认为法官应该知道法律,所以应由法官负责查明外国法的内容。

(3)法官依职权查明,但当事人亦负有协助的义务。德国、瑞士、土耳其和秘鲁等国家采取这种方法。这类国家主张原则上应由法官调查认定,但当事人也负有协助查明外国法的义务。不过,实际上,这种做法更重视法官的调查。如1987年《瑞士联邦国际私法法规》第16条规定,外国法的内容由法官依职权查明,但可以要求当事人予以合作。应该说这种方法较为合理,以至于原来一些将

---

[1] 〔英〕J.H.C.莫里斯主编:《戴西和莫里斯论冲突法》(下),李双元等译,中国大百科全书出版社1998年版,第1752—1754页。

外国法看成是事实而要求当事人举证的国家也开始采纳。在德国,法院一般会根据案件的情况,委托特定的法学研究机构作为"外国法鉴定人"出具法律意见。德国法院在查明外国法时只要向研究外国法的学术机构请求了专家意见,就被视为履行了法律所规定的查明外国法义务。

(二)外国法不能查明时的法律适用

当经过一切可能的方法或途径,仍不能查明外国法的内容时,应如何解决法律适用的问题呢?对此,主要有以下几种不同的主张:

(1)直接适用内国法。这是大多数国家采取的做法。如1978年《奥地利联邦国际私法法规》第4条第2款规定:"如经充分努力,在适当时期内外国法仍不能查明时,应适用奥地利法。"其他如中国、突尼斯、俄罗斯、德国等十余个国家亦有相似的明确规定。

(2)推定外国法与内国法相同,故而适用内国法的规定。英国和美国的法院采用这种做法。但美国只在不能证明的外国法为普通法系国家(如英国、加拿大和澳大利亚等)的法律时才作这种推定。

(3)驳回当事人的诉讼请求或抗辩。理由是:既然内国冲突规范指定应适用外国法,就意味着不允许用其他法律来代替。当外国法不能查明时,就应像对待当事人不能证明其诉讼请求或抗辩一样,法院得以当事人的诉讼请求或抗辩无根据为由,驳回其诉讼请求或抗辩。美国在不能查明的外国法为非普通法系国家的法律时,采取这种做法。

(4)适用与本应适用的外国法相似的法律。德国和日本曾有采取此种做法的判例。例如,在第一次世界大战后,德国法院无法得到本应适用的《厄瓜多尔民法典》,但它知道《厄瓜多尔民法典》是以《智利民法典》为蓝本制定的。它认为,适用与《厄瓜多尔民法典》相近似的《智利民法典》比适用法院地法更合适。

(5)适用一般法理或者一般法律原则。日本的学说和判例有采用此说的。对于法理,究竟是适用一般原则上的法理,还是适用内国法上的法理或准据法所属国法律中的法理尚有不同意见。① 对于"一般法律原则"应理解为各国普遍接受的原则、规则。它在各国民法中的称谓不一样,如奥地利称为"自然的法原理",意大利称为"法的一般原则",德国学说称为"由法律精神所得之原则"。法官在裁断个案时须对该抽象原则予以解释,使之具体化为判案根据。

(6)适用辅助性连结点再次选择准据法。此说为日本少数学者所主张。他们提出,在作为准据法的外国法内容不明时,应再次进行法律选择。例如在家庭法领域,在本国法(或国籍国法)的内容不明时,可依次用惯常居所地法、居所地法和法院地法来代替本国法。1995年《意大利国际私法制度改革法》第14条的

---

① 〔日〕山田镣一、早田芳郎编:《演习国际私法新版》,日本有斐阁1992年版,第57页。

规定就是如此:如果即便在当事人的协助下,法官无法查明指定的外国法,他应适用根据就同一问题所能提供的其他连结因素而确定的法律。如没有其他连结因素,则适用意大利法律。此类做法,有一定的合理性。

(7) 适用与当事人有最密切联系的国家的法律。这一方法实际上是对"适用辅助性连结点再次选择准据法"这一方法的一种具体运用。1995 年通过、1998 年修正的《朝鲜涉外民事关系法》第 12 条规定:"根据本法被规定为准据法的外国法律不能证实其内容的,适用与当事人关系最密切的国家的法律。若无与当事人关系最密切的国家的法律时,适用朝鲜民主主义人民共和国法律。"

(三) 中国有关外国法查明的规定

最高人民法院《关于贯彻执行〈中华人民共和国民法通则〉若干问题的意见(试行)》第 193 条规定:"对于应当适用的外国法律,可通过下列途径查明:(1) 由当事人提供;(2) 由与我国订立司法协助协定的缔约对方的中央机关提供;(3) 由我国驻该国使领馆提供;(4) 由该国驻我国使馆提供;(5) 由中外法律专家提供。通过以上途径仍不能查明的,适用中华人民共和国法律。"

2005 年最高人民法院《第二次全国涉外商事海事审判工作会议纪要》第 51 条规定:当事人可以通过法律专家、法律服务机构、行业自律性组织、国际组织、互联网等途径提供相关外国法律的成文法或者判例,亦可同时提供相关的法律著述、法律介绍资料、专家意见书等。第 52 条规定:"当事人提供的外国法律经质证后无异议的,人民法院应予确认。对当事人有异议的部分或者当事人提供的专家意见不一致的,由人民法院审查认定。"

《涉外民事关系法律适用法》第 10 条规定:"涉外民事关系适用的外国法律,由人民法院、仲裁机构或者行政机关查明。当事人选择适用外国法律的,应当提供该国法律。不能查明外国法律或者该国法律没有规定的,适用中华人民共和国法律。"

最高人民法院《关于适用〈中华人民共和国涉外民事关系法律适用法〉若干问题的解释(一)》第 17 条规定:"人民法院通过由当事人提供、已对中华人民共和国生效的国际条约规定的途径、中外法律专家提供等合理途径仍不能获得外国法律的,可以认定为不能查明外国法律。"根据《涉外民事关系法律适用法》第 10 条第 1 款的规定,当事人应当提供外国法律,其在人民法院指定的合理期限内无正当理由未提供该外国法律的,可以认定为不能查明外国法律。根据其第 18 条的规定,人民法院应当听取各方当事人对应当适用的外国法律的内容及其理解与适用的意见,当事人对该外国法律的内容及其理解与适用均无异议的,人民法院可以予以确认;当事人有异议的,由人民法院审查认定。

最高人民法院《关于为自由贸易试验区建设提供司法保障的意见》(法发〔2016〕34 号)第 11 条指出,当事人不能提供、按照我国参加的国际条约规定的途径亦不能查明的外国法律,可在一审开庭审理之前由当事人共同指定专家提供。根据冲突法规范应当适用外国法的,人民法院应当依职权查明外国法。

二、外国法的适用

(一) 外国法适用上"同一性原则"

既然一国的冲突规则指定对某些涉外民事关系应当适用被它指定的有关外国的实体法,则不论把外国法看作是"法律"还只是"事实",依国际社会国际私法学界的观点,都认为应该"按其本国法院(指外国法所属国法院)适用时的认识和解释"加以适用。在解释外国法律时,也应遵循该外国法院解释其法律时所应遵守的解释原则。在不采用判例法的国家的法院适用判例法国家的法律时,外国法院的判例亦必须予以考虑。这就是所谓的适用外国法的"同一性原则"。例如,在诉讼中如对该国法律是否违反它自己的宪法而无效发生争执时,只要该外国的一般法院享有这种审查权,则受诉国法院也有权作这种审查。

有的国家的国际私法还明确规定了这个原则。如1995年《意大利国际私法制度改革法》第15条规定:"外国法应根据其本身的解释和运用标准而予以适用。"1966年《葡萄牙民法典》第23条规定:"对外国法的解释,得依该外国法所属的法律制度进行,并得符合该外国法律制度中的解释规则。"1978年《奥地利联邦国际私法法规》第3条规定:"外国法一经确定应由法官依职权并按该法在原管辖范围内那样予以适用。"

(二) 外国法的错误适用

外国法的错误适用有两类:一是适用冲突规范的错误,即根据冲突规范本应适用某一外国法,却错误地适用了另一国的法律。二是适用外国法本身的错误,即虽然依内国冲突规范正确地选择了某一外国法为准据法,但对该外国法内容的解释发生错误,并据此作出了错误的判决。

对于适用冲突规范的错误,各国一般认为,它直接违反了内国的冲突规范,具有错误适用内国法的性质。与错误适用内国其他法律规范的性质一样,可以由当事人依法上诉,以纠正这种错误。

至于对外国法内容的错误解释,是否允许当事人上诉予以纠正,各国主要有两种不同的做法:

(1) 不允许当事人上诉。这种做法与这些国家的诉讼制度有关。一方面,这些国家只把应适用的外国法视为事实,另一方面,这些国家的上诉审又只是"法律审",并不负审查与纠正下级法院认定事实的错误的责任,因而不允许上诉就是合乎逻辑的做法了。另外,即使一些国家将外国法看成是法律,也不允许当事人上诉。其理由主要是:内国最高法院是为了使本国法律得到正确统一的解释而设置的,外国法解释正确与否的问题应由外国最高法院解决;如果内国最高法院对外国法的解释一旦有错误,会影响自己的声誉。不允许当事人上诉的国家主要有:法国、德国(2009年以前)、瑞士、西班牙、希腊、比利时和荷兰等大陆法系国家。

(2)允许当事人上诉。如奥地利、葡萄牙、芬兰、波兰、意大利、保加利亚、一些美洲国家、俄罗斯等国家。这些国家认为,对外国法内容解释的错误,就是对规定适用外国法的内国冲突规范的错误适用;当外国法被指定为准据法时,它与内国法并无区别,应平等对待两者;上级法院比下级法院更容易查明外国法。因此应允许当事人对外国法本身的适用错误进行上诉。另外,虽然英国和美国等国将外国法看成是事实,但它们也允许当事人上诉,这也与其诉讼制度有关,它们的上诉审法院对下级法院关于事实的认定和法律的适用均有权进行审查。

中国对适用外国法本身的错误是否允许当事人上诉无规定。但从中国诉讼制度来看,中国对民事案件实行两审终审制,且无法律审和事实审之分,因此,对外国法的适用无论发生什么错误,似应以允许当事人上诉并加以纠正为宜。

第七节 公 共 秩 序

经过本章以上所述的一种或多种问题的处理,最后便进入了外国实体法的适用阶段。这时却可能遇上该外国法适用的结果会与法院国的公共秩序发生严重的抵触,或外国法院作出的判决要求在内国承认其效力甚至进而要求协助执行时,执行该判决的结果也可能与被要求承认与执行国的公共秩序发生严重抵触。这时又该如何处理,这就是本节所要讨论的问题。

一、公共秩序的概念与作用

国际私法上的公共秩序(public order),主要是指法院在依自己的冲突规范本应适用某一外国法作准据法,或者在应请求提供国际民事司法协助时,如果外国法适用的结果或者提供司法协助与法院国的重大利益、基本政策、基本道德观念或法律的基本原则相抵触,则可以拒绝或排除适用该外国法,或者拒绝提供司法协助的一种保留制度。下文将主要提到定义中的第一种情况。关于提供国际民事司法协助时的公共秩序问题,则将在本书国际民事诉讼一章中讨论。

"公共秩序"是一种普遍采用的称谓,它又称"公共秩序保留"(reservation of public order)。在英美法中亦或称作"公共政策"(public policy),德国学者多称为"保留条款"或"排除条款"(Vorbehaltsklausel 或 Ausscheidungsklausel)。国际私法立法中,各国对公共秩序的立法用语不尽相同,主要有以下几种:(1)称"公共秩序和善良风俗"的,如2007年《日本法律适用通则法》第42条,采此种立法例的还有希腊、埃及、阿尔及利亚、约旦和泰国等。(2)单用"公共秩序"

的,如 1941 年《乌拉圭民法典》第 2404 条,采此种表述方式的还有加蓬、塞内加尔和土耳其等。(3) 称作"国际公共秩序"的,如 1966 年《葡萄牙民法典》第 22 条第 1 款、1984 年《秘鲁民法典》第 2049 条采用了类似用语。(4) 称"法律的基本原则或基本法规定的基本权利",如 1986 年《德国民法施行法》第 6 条。

公共秩序的理论,萌芽于意大利巴托鲁斯的法则区别说,而公共秩序作为国际私法中的一项制度,自 1804 年《法国民法典》明确规定了"个人的约定不得违反关于公共秩序的法律"始,已被各国立法和司法实践以及国际条约所普遍肯定。这主要是因为,它在以下积极肯定和消极否定两个方面发挥重要作用:一是当外国法的适用与本国公共秩序相抵触时,排除或否定适用外国法的作用;二是对某些涉及国家或社会的重大利益、道德和法律的基本原则的特定问题,制定直接适用内国法的强制性规定,从而起到排除外国法的适用。值得注意的是,到 20 世纪 80 年代,强制性规范逐渐从公共秩序保留制度中独立出来,并被欧洲国际私法理论与立法确立为一项独立的制度,与此相对应,公共秩序保留则回归其消极否定功能。总之,国际私法中的公共秩序是限制外国法适用的一种制度,它可以消除隐含在冲突规则中的某种危险性。有学者将其形象地称为保护本国公共秩序不受侵犯的"安全阀"。

二、有关公共秩序制度的理论

(一) 大陆法系国家学者的理论

人们公认德国学者萨维尼在国际私法上是持普遍主义立场的,而且他坚持内外国人平等和内外国法律平等的原则,但他同时也指出,被指定的外国法的适用不是绝对的、无限制的,也有少数例外情况。他认为这些例外情况可归为两类,即一类属于国家的强行法,一类属于法院国不承认的外国法律制度(如当时在俄国与法国存在的"民事死亡"制度)。而第一类强行法又可分为两种:一种是纯粹为保护个人利益而制定的,如那些根据年龄或性别限制当事人行为能力的规定;另一种则不仅是为了保护个人利益,而且是为了保护社会道德或公共利益或公共幸福而制定的,如有关禁止一夫多妻的规定。对于前一种规定,虽不能因当事人的约定而放弃,但当冲突规范指向外国法时,得让位于外国法;对于后一种规定,则在制定该法律的国家内具有绝对适用的效力,故具有排除外国法在内国适用的作用。显然,这是从公共秩序的肯定的作用方面来讲的。对于不被法院国承认的外国法制度也应在被排除适用的范围内,则是从公共秩序的否定作用方面来说的。但他始终认为运用公共秩序排除外国法的适用只能限制在少数例外的范围之内。而且,萨维尼认为:"随着各国法律的发展,这种例外情况会逐渐减少。"

意大利政治学家及法学家孟西尼则将限制外国法适用的公共秩序原则提升

到了国际私法基本原则的高度,这与萨维尼的观点大异其趣。但在方法论上,他与萨维尼一样,也是从分析法律的性质入手来阐释什么是公共秩序的,也将法律分为两类:一类是为个人利益而制定的,应以国籍为标准适用于其所有公民,不管他们出现在哪个国家;另一类则是为保护公共秩序而制定的,这类法律是必须依属地原则适用于其所属国家领域内的一切人,包括内国人和外国人的,即属于这类法律范畴的事项根本不适用外国法。他认为下列法律为公共秩序法律:宪法、财政法、行政法、刑法、警察和安全法、物权法、强制执行法、道德法和秩序法等。

瑞士法学家布鲁歇从萨维尼的理论出发,明确提出了国内公共秩序法和国际公共秩序法的概念。他认为,当内国冲突规范指定应适用外国法时,国内公共秩序法便应让位于外国法;而关于国际公共秩序的法律则绝对要求在国际私法领域内适用,即使内国冲突规范指定适用外国法亦然。他举例认为一国关于婚龄的规定虽属于强行法,但它只是国内公共秩序法;而婚姻领域中关于禁止重婚、禁止一夫多妻和直系亲属间结婚的规定即属国际公共秩序法。但是,他所说的国际公共秩序实际上属于一主权国家内的国际私法上的公共秩序。

随着时代的发展和观念的更新,部分国家不再以公共秩序为由不予承认他国的一夫多妻制度、同性婚姻和赌博之债。[①]

我们认为,真正意义上的国际公共秩序,应该是建立在国际社会本位基本理念基础之上,即有关国际社会整体的共同利益或根本利益之所在,它与传统的公共秩序制度存在重大区别:(1) 两者的出发点不同。国际公共秩序着眼国际社会本位,国际社会整体是其产生的现实基础;而传统公共秩序则由各主权国家基于自身利益和政策目的加以规定。(2) 两者衡量的标准不同。传统的公共秩序衡量的标准只能是各国自身的法律和道德,因而不可能有划一的衡量标准;而国际公共秩序衡量的标准是国际社会必须一致遵守的国际强行性规则。(3) 两者的渊源不同。国际公共秩序的实质内容既可能从各国的公共秩序中提炼出来,也可以来自国际法、国际经济法诸领域,既可以体现在国际实体法条约中,也可能存在于国际习惯法当中;而传统的公共秩序只可能建立在国内法中。[②]

(二) 英美法系国家学者的理论

与大陆法系国家学者从分析法律性质、对法律进行分类的理论不同,英美法系国家学者主要从探讨在什么场合应适用公共秩序出发,来回答什么是公共秩序。如《戴西和莫里斯论冲突法》一书指出,英格兰法院将不执行或承认一项依据一个外国法产生的权利、权利能力或无行为能力或法律关系,如果这种权利、

---

① 参见杜涛:《国际私法原理》,复旦大学出版社2014年版,第106—109页。
② 参见李健男、吕国民:《对公共秩序保留制度的反思与展望》,载《法学评论》1996年第4期。

权利能力、无行为能力或法律关系的执行或承认,会与英格兰法的基本公共政策不一致。至于它适当的范围如何界定,该书援引了英国另一学者韦斯特莱克的一句话,即"界定这种保留的范围的尝试从未成功过",以说明界定公共政策范围的难度。该书总结英国拒绝承认与执行外国法的具体案例后认为,公共政策说主要在两类案例中得到实施:一类是合同案件,英国法院已拒绝执行帮诉①合同、限制贸易的合同、在胁迫和强制下签订的合同、涉及欺诈和败坏道德因素的离婚合同、与敌人贸易的合同或者违反友好国家法律的合同,尽管这类合同依其准据法是有效的。另一类是有关身份的案件,即因刑罚性法律而产生的身份关系的案件,如因宗教或宗教使命、敌国国籍、种族、离婚或浪费而被强加的无行为能力。他的一个重要观点是"公共政策不是绝对的而是相对的"②。

英国另一学者戚希尔提出了"特殊政策"的概念,认为只有英国的特殊政策才必须优先于外国法。他认为,违背英国的特殊政策包括下列情况:(1)与英国基本的公平正义观念不相容;(2)与英国的道德观念相抵触;(3)损害了英联邦及其友好国家的利益;(4)某一外国法违背了英国关于人的行动自由的观念。

美国学者库恩认为应在以下四种场合适用公共政策:(1)外国法的适用违背文明国家的道德;(2)外国法的适用违反法院地的禁止性规定;(3)外国法的适用违反法院地的重要政策;(4)外国法中的禁止性规定未获得法院地的确认。

(三)适用公共秩序保留的主观说和客观说

对于公共秩序保留所针对的对象,存在主观说和客观说的区别。主观说认为,只要外国法本身的规定与法院国的公共秩序相抵触,即可排除该外国法的适用,不问具体案件适用外国法的结果如何。因此,它强调的是外国法内容本身的可恶性和有害性。客观说认为,只有当外国法在具体案件的适用结果违反法院地国的公共秩序时,才排除外国法的适用。有的外国法内容本身虽然违反公共秩序,但其适用结果并无不当之处。例如在一个有关涉外结婚的案件中,我国冲突法指向的某外国法禁止五等旁系血亲结婚,这和我国法律中的婚姻自由原则抵触。但本案涉及的是一对表兄妹,该结婚按中国法也不能成立,因此仍可以适用外国法律。反之,即使外国法的内容并无不当,但其适当结果仍有可能违反公共秩序。例如我国冲突法指向的外国法规定,女方结婚能力按照当事人所属宗教团体的规定确定。这个规定本身不违反公共秩序。但女方所属的宗教团体禁止教徒和不同宗教信仰的人结婚。这一结果违反了我国的婚姻自由原则,从而在结果上违反了公共秩序。

---

① 帮诉是指帮诉人非法向诉讼一方当事人提供证据或资助,从而收取胜诉收益的协议。非法助讼帮诉合同有碍于司法的公正性,故属于非法无效合同。

② 参见〔英〕J. H. C. 莫里斯主编:《戴西和莫里斯论冲突法》(上),李双元等译,中国大百科全书出版社1998年版,第116—119页。

由于客观说着眼于法律适用的结果,重视个案的实际情况,既能维护法院地的公共秩序,又有利于个案的公正合理解决,故为各国实践所普遍采用。

三、公共秩序的立法方式

各国有关公共秩序立法的方式主要有三种:

(1)间接限制的立法方式。这种立法明确规定内国某些法律具有绝对强行性或必须直接适用于有关涉外民事关系,从而表明它具有当然排除外国法适用的效力。例如,1999年修订的《法国民法典》第3条第1款规定:"有关警察与公共治安的法律,对于居住在法国境内的居民有强行力。"

(2)直接限制的立法方式。这种方式是在国际私法中明确规定,外国法的适用不得违背内国公共秩序,如有违背即不得适用。例如,我国《民法通则》第150条规定:"依照本章规定适用外国法律或者国际惯例的,不得违背中华人民共和国的社会公共利益。"

(3)合并限制的立法方式。这种立法方式就是在国内立法中兼采间接限制和直接限制两种立法方式。例如我国《涉外民事关系法律适用法》第4条规定:中华人民共和国法律对涉外民事关系有强制性规定的,直接适用该强制性规定。同时第5条又规定:外国法律的适用将损害中华人民共和国社会公共利益的,适用中华人民共和国法律。这种合并限制的立法方式几乎为各国通用。

此外,值得注意的是,目前至少已有以下数国在立法中明确使用了"国际公共秩序"或"国际私法上的公共秩序"或"国际关系中公认的公共秩序"的概念,而不用"本国的公共秩序"的概念,例如,1966年《葡萄牙民法典》第22条、1984年《秘鲁民法典》第2049条、1998年《突尼斯国际私法》第36条、2009年《罗马尼亚民法典》第2564条等。《也门人民民主共和国民法典》第27条还规定在"人的能力方面"不适用明显侵犯人权的外国法。1979年《匈牙利国际私法》第7条、2002年《俄罗斯民法典》第1193条、1999年《哈萨克斯坦民法典》第1089条则明确规定不得以政治、社会、经济制度的不同而排除外国法的适用。[①]

四、运用公共秩序制度时应注意的问题

(一)公共秩序是一个弹性条款

在判断外国法的适用结果是否违反本国公共秩序时,普遍的看法是目前国际私法上并无所有或多数国家所承认的国际统一的公共秩序标准,各国均按自己的标准来阐释公共秩序的内涵,因而公共秩序保留制度具有相当的灵活性。既有从严掌握恰当援用的,但历史与现实生活中也不乏滥用的例证。

---

① 参见熊育辉:《我国国际私法关于"公共秩序"立法的审视》,载《时代法学》2005年第4期。

(二) 必须注意区分国内公共秩序和国际公共秩序

如果将国内公共秩序和国际公共秩序完全等同起来,就可能否定许多依外国法已成立的涉外民商事法律关系,从而妨碍国际民商事交往的发展。因此,在国际私法中运用公共秩序制度排除外国法的适用时,应严格限制适用的条件和范围。第二次世界大战以后,特别是近年来,随着国际民商事活动的大规模发展,在国内和国际立法中,强调只有外国法适用或承认外国判决的"结果"将"明显"或"严重"损害内国的公共秩序或公共政策时方可援用这一保留制度。如1987年《瑞士联邦国际私法法规》第17条规定:"外国法的适用,明显违反瑞士的公共秩序,则可拒绝适用";1989年海牙《死者遗产继承法律适用公约》等若干公约,亦使用了"明显与本国的公共政策相抵触"的措辞。

(三) 援引公共秩序制度不应与他国主权行为相抵触,也不应与外国公法的适用相混淆

过去,西方国家的法院常常援引公共秩序来否认外国国有化法令的域外效力。应该说,一国实行国有化是一国的主权行为,只要不违反国际法,他国就应予以尊重。《戴西和莫里斯论冲突法》一书也认为,承认外国没收私人财产的国有化法令并不违反公共政策。但它同时还指出,如果该法令是"惩罚性"的,即如果该法令是针对特定的种族,或特定的外国国籍的人的财产,承认这种没收就会违反公共政策。① 其实,这在一定程度上已经包含了国际公共秩序的概念。

一般认为,一国法院不适用外国刑法、行政法和税法等公法几乎是各国一致的立场。理由是公法具有严格的属地性,本身不具有域外效力。一国法院没有直接实施外国公法的义务。由此可见,排除外国公法和用公共秩序排除外国法的适用是两个不同的问题,一国法院可以基于某一法律具有公法的性质而直接排除适用它。

但是,从晚近国际私法立法和司法实践来看,外国公法也并非一概不具有域外效力。② 如原联邦德国法院的一些判决就有承认外国公法域外效力的倾向,其法院的一些判决表明,如果从法院的观点来看,外国公法服务于合法的利益(legitimate interest),就会承认其域外效力,而不适用属地原则。

《戴西和莫里斯论冲突法》一书还认为,承认外国外汇管制法不违反英国公共政策,但如果该项立法最初被通过时的真正目的是保护该国的经济,而后却变成压制和歧视工具,承认其就会违反英国的公共政策。中国也有学者认为,不适

---

① 〔英〕J. H. C. 莫里斯主编:《戴西和莫里斯论冲突法》(上),李双元等译,中国大百科全书出版社1998年版,第119页。
② 关于外国公法的可适用性的讨论,可以参考 Philip J. Mcconnaughay, Reviving the "Public Law Taboo" in International Conflict of Laws, Stanford Journal of International Law, Summer 1999.

用外国公法这个原则是先验的,没有理论和实践基础。① 另外,根据《国际货币基金组织协定》第 8 条第 2 款第 2 项的规定,成员国对其他成员国实施或维持的符合基金协定的外汇管制法,不得再以违反本国公共政策为由不予承认。

欧洲议会和(欧盟)理事会《关于合同之债法律适用的第 593/2008 号(欧共体)条例》(罗马Ⅰ)第 6—9 条也规定在一定条件下得适用外国公法或强行法。

(四) 是否可以援引公共秩序制度来限制条约中的统一冲突规范的效力

第二次世界大战以后,许多国际私法公约中包含有公共秩序保留条款,允许缔约国在根据公约的规定适用外国法会与自己本国的公共秩序相抵触时,援引公共秩序保留条款排除适用公约中的规定,从而排除被指定的外国法的适用。

但对于早先一些没有明确订立公共秩序保留条款的国际私法公约,缔约国是否也可以援引公共秩序保留来排除公约中的规定的适用呢?对此有两种不同的意见:过去一般是认为除非条约缔约国在缔结或参加公约时作出了保留,否则不能在公约生效后援引公共秩序保留。但著名的国际法学家劳特派特认为,公共秩序保留制度可以说是国际私法方面的一个公认的普遍的原则,可以将其理解为《国际法院规约》第 38 条所指的一般法律原则。就国际公约而言,如果没有明确的相反的规定,应认为它本身并不排除公共秩序的运用。② 应该说这种观点是合理的,因为公共秩序制度的基础是国家主权。

目前,几乎所有的统一冲突法公约都规定有公共秩序保留条款。但应严格控制其适用,否则便会损害缔结统一冲突法的宗旨,故多以"明显地违反法院地公共秩序"作为限制(如欧洲议会和(欧盟)理事会《关于合同之债法律适用的第 593/2008 号(欧共体)条例》(罗马Ⅰ)第 21 条、1985 年《国际货物销售合同法律适用公约》和 1989 年《死者遗产继承法律适用公约》,等等)。

(五) 排除适用外国法后的法律适用

过去一般是主张外国法被排除后,就应依法院地法(内国法)来处理有关案件。其中又可分为两类:一是直接规定适用内国法,而未作什么限制,如匈牙利、原联邦德国和秘鲁等;另一种虽然也规定了适用内国法,但附加了一定的限制,如意大利和土耳其。1995 年《意大利国际私法制度改革法》第 16 条规定:在违反公共秩序的外国法不予适用的情况下,准据法应根据就同一问题可能提供的其他连结因素来确定。如没有其他连结因素,才适用意大利的法律。这种立法反映了在外国法被排除后,不能一概以内国法取而代之的主张,否则会助长滥用公共秩序的错误倾向,而且也违背了本国冲突法的本意。

---

① 参见韩德培:《国际私法的晚近发展趋势》,载《中国国际法年刊》(1988 年),法律出版社 1989 年版。
② 转引自李双元:《国际私法(冲突法篇)》,武汉大学出版社 2001 年版,第 284 页。

此外，还可运用分割的方法，仅排除外国法中与内国公共秩序相抵触的部分。如1966年《葡萄牙民法典》第22条就规定，如果被自己的冲突规范指引的外国法与葡萄牙国际公共秩序法相抵触，可拒绝适用，但在这种情况下，(仍)可适用该外国法中其他最为合适的规定，也可适用葡萄牙国内法。

还有学者主张，在本应适用的外国法被排除后，可拒绝审理案件。理由是：既然冲突法规定应适用某一外国法，就表明不允许用其他国家的法律来代替，因而可视为与外国法的内容不能证明一样，法院拒绝审理案件是恰当的。这种做法显然是不妥的，故少见采用者。

总之，由于各国政治、经济、宗教、历史、文化等的不同，其法律和道德的基础也不同，公共秩序作为一项制度将长期存在。但同时，法律趋同化的倾向也将在一定程度上削弱它存在和发挥作用的客观基础。另外，在运用公共秩序保留时应注意避免以狭隘的民族利己主义或狭隘的国家主义歪曲公共秩序的本意，即不得滥用它袒护本国人而损害他国当事人的正当合法权利，否则便会破坏国际民商事交往关系在平等互利的基础上和谐稳定地向前发展。

五、中国有关公共秩序的立法

公共秩序制度作为维护内国公共秩序，限制外国法适用的工具，在中国也一直得到肯定。早在1950年11月，原中央人民政府法律委员会在《关于中国人与外侨、外侨与外侨婚姻问题的意见》中指出，中国人与外侨、外侨与外侨在中国结婚或离婚，不仅适用中国的婚姻法，且宜于适当限度内照顾当事人本国的婚姻法，但"适用当事人的本国的婚姻法以不违背中国的公共秩序、公共利益和目前的基本政策为限度"。1982年制定的《民事诉讼法(试行)》第204条在对外国判决承认与执行方面作了关于公共秩序的规定，1991年《民事诉讼法》第282条仍然保留了公共秩序制度并作了修改和完善。

第一次全面规定公共秩序保留制度的立法是《民法通则》，该法第150条规定："依照本章规定适用外国法律或者国际惯例的，不得违背中华人民共和国的社会公共利益。"应该认为，用"社会公共利益"来取代"公共秩序"的提法，是很不严谨和准确的。因为它只是判断是否违反"公共秩序"的多种标准中的一种。我国《涉外民事关系法律适用法》第5条也规定：外国法律的适用将损害中华人民共和国社会公共利益的，适用中华人民共和国法律。上述规定表明：(1)此处采用的是直接限制外国法适用的立法方式，是一个颇具弹性的自由裁量条款。(2)援用公共秩序以排除外国法的适用是一种例外情况，此种例外情况就是指外国法的适用结果会违背中国的公共秩序，可见我国在运用公共秩序的标准方面，采纳的是"客观说"或"结果说"。

此外，中国《海商法》第276条、《民用航空法》第190条和《民事诉讼法》第

276、282条也规定了公共秩序保留。同时,在中国法律中起着间接限制外国法适用的积极或肯定作用的法律当然也是存在的,这也有待于法院在处理涉外案件时根据有关法律作出认定。

【案例4.4】 海南省木材公司诉新加坡泰坦船务私人有限公司及达斌(私人)有限公司海上货物运输提单欺诈损害赔偿纠纷案

1988年7月20日,海南省木材公司与新加坡达斌(私人)有限公司(以下简称"达斌公司")在海口签订木材购货合同,付款条件为银行即期信用证。1988年9月2日,中国银行海口分行依原告申请开具了信用证,并以电传通知了中国银行新加坡分行,该信用证规定了与合同约定一致的条款。1988年11月6日,被告新加坡泰坦船务私人有限公司(以下简称"泰坦公司")签发了正本提单一式三份。同日,中国银行海口分行通知原告:达斌公司已将全套议付单证送达海口,要求承诺付款。原告经审单发现提单记载事项有诈,并经调查发现泰坦公司、达斌公司合谋伪造海运单证,企图欺诈货款,故要求中国银行海口分行暂不付款,同时向广州海事法院起诉,请求法院判令上述购货合同和该信用证项下的海运单证无效,并撤销该信用证。原告起诉时申请广州海事法院冻结中国银行海口分行1988年9月2日开具的以达斌公司为受益人的信用证。该院经审查认为原告的诉讼保全申请符合法律规定,裁定予以准许。广州海事法院通过审理,最后以违反我国公共秩序为由,排除了《跟单信用证统一惯例》的适用,于1990年9月29日缺席判决购货合同和提单无效;信用证项下的货款不予支付;被告共同赔偿原告经济损失人民币一百多万元。

本案被认为是我国第一起运用公共秩序制度审理的涉外案件,在我国司法实务界和理论界引起了很大反响。人们争论的焦点在于我国法院运用公共秩序保留排除《跟单信用证统一惯例》的适用是否恰当。我们认为,以公共秩序为由排除《跟单信用证统一惯例》的适用是不恰当的。主要理由在于:第一,《跟单信用证统一惯例》是在国际商事交往的长期实践中形成的,并经过国际商会编纂而成文化的国际商事惯例,它形成的长期性、适用的广泛性足以表明它适应了国际商事交往对支付方式的特殊要求,法院国不宜将其解释为与本国的公共秩序相抵触,否则就等于宣告法院国的公共秩序不容许该国际惯例的存在,这就无疑向国际社会表明,在这一方面,法院国是游离于国际商事交易惯例之外的。第二,国际商事惯例的适用本身就是任意性的,属于商人自治的范畴,一经当事人选用,法院国不宜过多干预。

该案判决的不当,一方面源于我国《民法通则》第150条的缺陷,另一方面也反映出我国法院对国际惯例认识上的某种误区,即不愿意承认国际惯例的任何负面因素。其实,任何一项国际惯例,或任何一种法律制度和规则,都是一把双刃剑。我们不能因其有负面的因素,就从根本上否定其本质属性。就《跟单信用证统一惯例》来说,"表面真实原则"和"独立抽象原则"构成了其本质属性,这也是其得以成为国际支付方面的国际商事惯例的根本原因,尽管这也确实为不法商人提供了进行诈骗的机会。从某种意义上说,这不仅不是它的缺陷,反而是它的优势所在。其实,针对信用证欺诈,很多国家也规定了应对措施,即"欺诈例外"制度。①

值得欣慰的是,我国《涉外民事关系法律适用法》第 5 条已将公共秩序保留制度的审查对象限于"外国法的适用",而没有继续将"国际惯例"包括在内。

【思考题】

1. 下列案件中,二审法院查明外国法的做法是否适当?

【案例 4.5】 南京华夏海运公司诉塞浦路斯澳非尔提斯航运有限公司船舶碰撞案②

原告南京华夏海运公司所属"华宇"轮于 1994 年 6 月 10 日由印度尼西亚雅加达港空载驶往泰国曼谷港,被进港的被告所属的"珊瑚岛"轮撞击。事后经过日本海事协会检验,确认"华宇"轮丧失适航能力。由于修理,"华宇"轮停航 66 天。"珊瑚岛"轮撞船后离开了曼谷港,于 1994 年 7 月 30 日抵达中国南京港。原告于是申请武汉海事法院扣押该船舶,并向武汉海事法院起诉,要求被告赔偿损失 175 万美元。

一审中武汉海事法院认为,根据中国《海商法》关于涉外关系的法律适用原则,本案法律适用的第一选择是 1910 年的《统一船舶碰撞若干法律规定的国际公约》,但该《公约》对我国尚未生效,因此不能适用;第二选择是泰国法律,即侵权行为地法律,但因为双方当事人均不属于泰国籍,又不主张适用泰国法,视为当事人对泰国法不举证,因此泰国法不被适用;法院于是适用法院地法,即中国的《海商法》,判决被告赔偿原告 80 多万美元。

塞浦路斯澳非尔提斯航运公司不服判决,向湖北省高级人民法院提起上诉。湖北省高级人民法院认为:根据中国《海商法》第 273 条第 1 款的规定,本案应当适用侵权行为地法律即泰国的法律。但本院依照最高人民法院《关于贯彻执行〈中华人民共和国民法通则〉若干问题的意见(试行)》第

---

① 所谓"欺诈例外"(fraud exception)制度,即在肯定信用证独立抽象原则的前提下,允许银行在存在欺诈的情况下,不予付款或承兑汇票,法院也可颁发禁止支付令。但其适用应符合以下条件:第一,欺诈必须是实质性的;第二,欺诈必须是现实存在的;第三,不能针对善意的受益人和正当的持票人。

② 参见李双元、欧福永主编:《国际私法教学案例》,北京大学出版社 2012 年版,第 98—99 页。

193 条规定的途径未能查明泰国的有关法律。根据该条的规定,本案应适用中华人民共和国的法律。原审法院未完全依照前述规定查明泰国法即适用中华人民共和国的法律不妥,但事实认定正确,最后判决驳回上诉,维持原判。

2. 你认为国际私法是否需要反致制度？
3. 简述先决问题的构成要件。
4. 程序问题为什么一般要适用法院地法？
5. 谈谈你对中国区际法律冲突解决途径的认识。
6. 为什么说人际私法和时际私法所要解决的问题与国际私法所要解决的问题不是同一层面的问题？
7. 你认为法律规避问题是否是公共秩序问题中的一个部分？
8. 谈谈中国现行的外国法查明制度。
9. 试评价中国的公共秩序保留制度。

【司法考试真题】

1. 塞纳具有甲国国籍,住所在乙国,于 1988 年死亡。塞纳的亲属要求继承其遗留在丙国的不动产并诉至丙国法院。丙国法院依照本国的冲突规范应适用塞纳的本国法即甲国法;但依甲国冲突规范规定又应适用塞纳的住所地法即乙国法;而乙国冲突规范规定应适用不动产所在地法律即丙国法律。此时,丙国法院适用自己本国法律的行为属于下列哪一选项？（2002 年单选题）

　　A. 直接反致　　B. 间接反致　　C. 转致　　D. 双重反致

2. 下列关于法律规避的说法中哪些是正确的？（2002 年多选题）

　　A. 当事人有规避法律的故意
　　B. 当事人是通过变更静态连结点而实现规避法律的
　　C. 当事人规避我国强行法的行为无效
　　D. 国际私法上的法律规避是当事人滥用冲突规范的结果

3. 对应适用的外国法,人民法院可通过下列哪些途径查明？（2003 年多选题）

　　A. 由当事人提供　　　　　　B. 由该国驻我国使馆提供
　　C. 由我国驻该外国使领馆提供　D. 由中外法律专家提供

4. 关于公共秩序保留制度,下列哪项判断是错误的？（2006 年单选题）

　　A. 我国的公共秩序保留制度仅在适用外国法律将违反我国社会公共利益的情况下才可以适用,其结果为排除相关外国法律的适用
　　B. 在英美普通法系国家中,"公共秩序"的概念一般表述为"公共政策"
　　C. 公共秩序保留制度已经为国际条约所规定

D. 我国法律中常常采用"社会公共利益"来表述"公共秩序"的概念

5. 中国公民王某在甲国逗留期间,驾车正常行驶时被该国某公司雇员驾驶的卡车撞翻,身受重伤。王某回国后,向该公司在中国的分支机构所在地法院起诉,要求赔偿损失。我国《民法通则》规定,侵权行为的损害赔偿适用侵权行为地法。关于如何查明应适用的甲国法,下列哪些选项正确?(2006年多选题)

A. 可由中外法律专家向法院提供甲国有关交通肇事赔偿方面的法律规定
B. 只有我国驻甲国使领馆才能提供甲国有关交通肇事赔偿方面的法律规定
C. 王某自己可以向法院提供甲国有关交通肇事赔偿方面的法律规定
D. 经各种途径仍不能查明甲国有关法律时,法院应当依照公平原则裁判

6. 我国"协航"号轮与甲国"瑟皇"号轮在乙国领海发生碰撞。"协航"号轮返回中国后,"瑟皇"号轮的所有人在我国法院对"协航"号轮所属的船公司提起侵权损害赔偿之诉。在庭审过程中,双方均依据乙国法律提出请求或进行抗辩。根据这一事实,下列哪一选项是正确的?(2008年单选题)

A. 因双方均依据乙国法律提出请求或进行抗辩,故应由当事人负责证明乙国法律,法院无须查明
B. 法院应依职权查明乙国法律,双方当事人无须证明
C. 法院应依职权查明乙国法律,也可要求当事人证明乙国法律的内容
D. 应由双方负责证明乙国法律,在其无法证明时,才由法院依职权查明

7. 根据我国相关法律规定,关于合同法律适用问题上的法律规避,下列哪些选项是正确的?(2010年多选题)

A. 当事人规避中国法律强制性规定的,应当驳回起诉
B. 当事人规避中国法律强制性规定的,不发生适用外国法律的效力
C. 如果当事人采用明示约定的方式,则其规避中国法律强制性规定的行为将为法院所认可
D. 当事人规避中国法律强制性规定的行为无效,该合同应适用中国法

8. 在某涉外合同纠纷案件审判中,中国法院确定应当适用甲国法律。关于甲国法的查明和适用,下列哪一说法是正确的?(2011年单选题)

A. 当事人选择适用甲国法律的,法院应当协助当事人查明该国法律
B. 该案适用的甲国法包括该国的法律适用法
C. 不能查明甲国法的,适用中华人民共和国法律
D. 不能查明甲国法的,驳回当事人的诉讼请求

9. 中国某法院受理一涉外民事案件后,依案情确定应当适用甲国法。但在查找甲国法时发现甲国不同州实施不同的法律。关于本案,法院应当采取下列哪一做法?(2011年单选题,本题与2004年多选题第70题和2007年单选题第

40题考核的知识点相同)

A. 根据意思自治原则,由当事人协议决定适用甲国哪个州的法律

B. 直接适用甲国与该涉外民事关系有最密切联系的州的法律

C. 首先适用甲国区际冲突法确定准据法,如甲国没有区际冲突法,适用中国法律

D. 首先适用甲国区际冲突法确定准据法,如甲国没有区际冲突法,适用与案件有最密切联系的州的法律

10. 根据我国《涉外民事关系法律适用法》和司法解释,关于外国法律的查明问题,下列哪一表述是正确的?(2013年单选题)

A. 行政机关无查明外国法律的义务

B. 查明过程中,法院应当听取各方当事人对应当适用的外国法律的内容及其理解与适用的意见

C. 无法通过中外法律专家提供的方式获得外国法律的,法院应认定为不能查明

D. 不能查明的,应视为相关当事人的诉讼请求无法律依据

11. 沙特某公司在华招聘一名中国籍雇员张某。为规避中国法律关于劳动者权益保护的强制性规定,劳动合同约定排他性地适用菲律宾法。后因劳动合同产生纠纷,张某向中国法院提起诉讼。关于该劳动合同的法律适用,下列哪一选项是正确的?(2015年单选题)

A. 适用沙特法

B. 因涉及劳动者权益保护,直接适用中国的强制性规定

C. 在沙特法、中国法与菲律宾法中选择适用对张某最有利的法律

D. 适用菲律宾法

12. 根据我国法律和司法解释,关于涉外民事关系适用的外国法律,下列说法正确的是?(2014年不定项选择题)

A. 不能查明外国法律,适用中国法律

B. 如果中国法有强制性规定,直接适用该强制性规定

C. 外国法律的适用将损害中方当事人利益的,适用中国法

D. 外国法包括该国法律适用法

13. 中国甲公司与英国乙公司签订一份商事合同,约定合同纠纷适用英国法。合同纠纷发生4年后,乙公司将甲公司诉至某人民法院。英国关于合同纠纷的诉讼时效为6年。关于本案的法律适用,下列哪些选项是正确的?(2017年多选题)

A. 本案的诉讼时效应适用中国法

B. 本案的实体问题应适用英国法

C. 本案的诉讼时效与实体问题均应适用英国法

D. 本案的诉讼时效应适用中国法,实体问题应适用英国法

【扩展性阅读材料】

1. 涂广建:《澳门国际私法》,社会科学文献出版社 2013 年版。
2. 粟烟涛:《冲突法上的法律规避》,北京大学出版社 2008 年版。
3. 黄进、杜焕芳:《"外国法的查明和解释"的条文设计与论证》,载《求是学刊》2005 年第 2 期。
4. 李健男、吕国民:《对公共秩序保留制度的反思和展望》,载《法学评论》1996 年第 4 期。
5. 欧福永:《论外国法无法查明时的法律适用问题》,载《西南政法大学学报》2007 年第 5 期。
6. Choice of Law: A Fond Farewell to Comity and Public Policy[①]

B. Comity and the Public Policy Exception

……

Traditional conflicts law in this country has reflected the tension between the relatively flexible doctrine of comity and the more rigid concept of vested rights. The public policy exception to the comity doctrine developed as a bridge between the two. The exception is rooted in Story's writings on comity, in which he emphasized that the limits of a forum's application of foreign law were reached when the forum found it repugnant to its own policy or prejudicial to its interests. The exception emphasized the forum's right and obligation to maintain its own interests by refusing to apply an otherwise appropriate foreign law that would injure its own citizens.

Thus courts have refused to apply lex loci delicti—law of the place— when the courts found the foreign law unfair or anachronistic in light of the forum's own policies. The forum will not apply a foreign law that is repugnant to its own law. In Loucks v. Standard Oil Co., the New York Court of Appeals established a commonly quoted definition of the scope of the public policy exception, concluding that a foreign law should not be applied when it violates some fundamental principle of justice, some prevalent conception of good morals, some deep-rooted tradition of the common weal.

……

---

① California Law Review, July, 1986, by Holly Sprague.

第五章 外国人民事法律地位

第一节 外国人民事法律地位的概念与变迁

一、外国人民事法律地位的概念

外国人的民事法律地位,是指外国自然人和法人在内国享有民事权利和承担民事义务的法律状况。

承认或赋予外国人与内国人平等的法律地位,是国际私法得以产生的一个重要前提。一般来说,根据国家主权原则,外国人的法律地位主要是由一国的国内法决定的,但国家在决定应该给予外国人以何等待遇时,也需要考虑国际上的普遍实践以及国际法所确立的原则。在司法实践中,曾有一些著名的涉及外国人待遇的案例,通过这些案例,确立了如下一些原则:任何国家不得借口无偿没收本国国民的财产而无偿没收外国人的财产;对外国人的财产进行征用或收归国有应给予适当的补偿;任何国家不得违反其本国法而歧视外国人;以及国家有自由基于主权的行使,依合法程序将特定的外国人驱逐出境等。此外,国家之间也可通过双边或区域性条约,相互承担给予缔约他方国民以某种民事法律地位,但这些双边的或区域性条约仅有约束缔约国的效力,不能普遍适用于国际社会。目前,也有一些具有一般性质的国际条约涉及外国人的民事待遇问题,其中最重要的有 1928 年哈瓦那《关于外国人地位的公约》、1951 年联合国《关于难民地位的公约》、1967 年《关于难民地位的议定书》、1954 年联合国《关于无国籍人地位的公约》以及一系列有关人权保护的国际公约。

可见,在内国的外国人能否成为民事法律关系的主体,只能依照所在国法律或国际条约来确定,本不涉及适用外国法的问题。但在涉外民事关系中,外国人在内国取得了某种民事法律地位以后,究竟应该适用哪一国家的法律作为他们行使某项具体权利承担某项具体义务的准据法时,却往往会因为他们的属人法与所在国法律有不同规定而导致法律冲突。因此,我们必须对此进行研究。

二、外国人民事法律地位的变迁

赋予在内国的外国人一定的民事法律地位,并不是从来就有的,而是国际交往发展到一定阶段的必然要求。在历史上,外国人的民事法律地位几经变迁,由在奴隶制时期对外国人采取敌视待遇,经封建时期采取差别待遇,到资本主义时期才采取相互待遇和平等待遇。①

第二节 外国人民事法律地位的几种主要制度

一、国民待遇

国民待遇(national treatment),又称平等待遇,是指所在国应给予外国人以内国公民享有的同等的民事权利地位。目前,各国还将国民待遇制度通过缔结条约的方法相互赋予对方的法人、商船和产品等。在国际私法上规定国民待遇的意义在于保证一国领域内的内外国人之间的民事权利地位的平等,从而排除对外国公民和法人在民事法律地位方面采取低于内国公民和法人的待遇。

国民待遇原则最早是资本主义国家为追逐全球商业利润而提出来的。自从1804年《法国民法典》率先在国内法中加以确认后,很多国家相继在法律上规定了国民待遇原则,或在实践中采用了国民待遇原则。国民待遇原则也是WTO法的一项基本原则。

当今的国民待遇原则主要有以下三个特点:(1) 虽仍以互惠为基础,但并不一定以条约和法律上的规定为条件,也就是说国民待遇已经被认为是一种不言而喻的制度。因此,为了防止内国公民在外国受到歧视待遇,多同时采取对等原则。(2) 根据国民待遇原则,在内国的外国人享有跟内国人同等的权利,而不是同样的权利。事实上,各国从自身利益出发,总要规定某些限制,例如,不少国家规定外国人不得拥有内国土地所有权,不得担任内国商船船长等等。(3) 当今各国除公认应赋予外国人在必需的民事权利方面以国民待遇外,还常通过双边条约或多边条约,把国民待遇原则适用于船舶遇难施救、专利申请、商标注册和版权以及民事诉讼方面。

中国历来对国民待遇原则持肯定态度。如《民法通则》第8条第2款就指出,本法关于公民的规定,除法律另有规定的外,同样适用于在中国领域内的外国人。《民事诉讼法》第5条也规定,外国人、无国籍人、外国企业和组织在人民法院起诉、应诉,同中华人民共和国公民、法人和其他组织有同等的诉讼权利和义务。在中国缔结或参加的双边条约和多边条约中,也常有类似规定。

二、最惠国待遇

(一)最惠国待遇的概念和特点

最惠国待遇(most-favoured-nation treatment, MFN)是指给惠国承担条约义

---

① 详见李双元等:《中国国际私法通论》,法律出版社2007年版,第192—193页。

务,将它已经给予或将来给予第三国(最惠国)的公民或法人的优惠同样给予缔约他方(受惠国)的自然人或法人。最惠国待遇制度的作用,在于保证在内国的各外国的公民和法人之间的民事权利地位的平等,从而排除或防止对某一国公民赋予的权利低于内国赋予第三国公民的权利。最惠国待遇与国民待遇最显著的不同点在于,前者是保证在内国的外国人之间的民事权利地位平等,而后者是保证在内国的外国人和内国人之间的民事权利地位平等。

第二次世界大战后,最惠国待遇制度更被各国广泛采用,最惠国待遇原则也成为 GATT 和 WTO 法的一项基本原则。为了促进该制度的发展,1964 年由联合国国际法委员会主持制定了《关于最惠国条款的条文草案》,并建议各国就此草案缔结一项国际公约。该公约草案共 30 条,对最惠国条款与最惠国待遇的概念,最惠国待遇的分类,最惠国待遇的法律依据、来源和范围,优惠权利的取得、终止和中断以及有关限制或不适用最惠国待遇的例外等方面,均作了详细规定。

根据上述公约草案,并结合各国缔结的最惠国条款与实践,可归纳出最惠国待遇制度的以下几个特点:(1)最惠国待遇是根据某一项双边条约或多边条约的规定,授予国给予受惠国约定范围的优惠待遇。(2)当授予国给予任何第三国最优惠待遇时,受惠国即可根据最惠国待遇条款的规定,自动取得与该第三国相同的待遇,而无需向授予国履行任何申请手续。(3)最惠国待遇是通过一国的自然人、法人、商船和产品等所得到的待遇表现出来的。(4)在最惠国条款中,一般都对最惠国待遇的适用范围作出规定。

(二)最惠国待遇的分类和适用范围

最惠国待遇可作不同的分类,其中最主要的可分为互惠的最惠国待遇和不互惠的最惠国待遇、有条件的最惠国待遇和无条件的最惠国待遇。

最惠国待遇的适用范围一般根据两国的关系程度和经济状况确定。通常可在以下几个方面适用这一制度:(1)国家之间的商品、支付和服务往来;(2)国家之间交通工具的通过;(3)彼此的公民和法人在对方定居、个人的法律地位和营业上的活动;(4)彼此的外交代表团、领事代表团、商务代表团的特权和豁免权;(5)著作权、专利权和商标权的保护;(6)判决和裁决的相互承认和执行。

(三)最惠国待遇的例外

国家之间在缔结最惠国条款时,一般都规定了一些不适用最惠国待遇的例外事项。这些例外事项一般包括:(1)一国给予邻国的特权与优惠。(2)边境贸易和运输方面的特权与优惠。(3)有特殊的历史、政治、经济关系的国家间形成的特定地区的特权与优惠。如欧洲的比、荷、卢集团各成员国之间有一些特权和优惠,便在最惠国待遇的例外之列。(4)经济集团内部各成员国互相给予对方的特权与优惠。如欧盟成员国之间互相享有的特权和优惠。

新中国是在 1955 年和埃及签订的贸易协定中最早采用最惠国待遇制度的

（适用于发给输出、输入许可证和征收关税方面）。目前在与许多国家缔结的投资保护和贸易协定中广泛采用了这一制度。例如，1984年中国和法国《关于相互鼓励和保护投资的协定》第3条就规定："（1）缔约各方承诺在其领土和海域内给予缔约另一方的投资者的投资以公正和公平的待遇；（2）缔约各方对于在其领土和海域内的缔约另一方投资者的投资，应给予不低于第三国投资者的待遇；（3）上述待遇不涉及缔约一方因加入自由贸易区、关税同盟、共同市场或其他任何形式的地区经济组织而给予第三国投资者的优惠待遇。"

三、歧视待遇和非歧视待遇

歧视待遇（discrimination treatment）亦称差别待遇，是指一国把不给予本国或其他外国自然人或法人的限制性规定专门适用于特定国家的自然人和法人，或者把给予本国或其他外国自然人或法人的某些优惠或权利，不给予特定国家的自然人或法人。实行歧视待遇会阻碍两国间发展国际经济贸易和友好往来。为了防止在国际经济、民事交往中一国对另一国实行歧视待遇，现代国家之间常通过缔结双边条约或多边条约规定相互采用非歧视待遇。

非歧视待遇（non-discrimination treatment）亦称无差别待遇，是指国家之间通过缔结条约，规定缔约国一方不把低于内国或其他外国自然人和法人的权利地位适用于缔约国另一方的自然人和法人。例如，1984年中英《关于对所得和财产收益相互避免双重征税和防止偷漏税的协定》第24条就明确规定了无差别待遇，即缔约一方不应把高于内国国民、企业在相同情况下负担的税收加于缔约另一方的国民或企业。非歧视待遇制度也是WTO的一个最基本制度。

四、互惠待遇

互惠待遇（reciprocal treatment）是指一国赋予外国人某种优惠待遇时，要求它的公民能在外国人所属的那个国家享受同样的优惠。互惠既可通过国内法加以规定，也可以通过国际条约加以规定。WTO也坚持这一原则。

互惠分形式上的互惠和实质上的互惠两种。在通常情况下，国家之间在民商事领域签订互惠条款时，仅限于形式上的互惠，即并不要求在缔约对方国境内赋予其公民的具体权利范围与这些国家赋予缔约对方国家的公民的权利范围相等。但如果互惠条款要求权利范围完全相等，那就是实质上的互惠了。

如果一国国内法中有互惠的规定，当这种规定适用于外国人时，便应首先查明该外国人的所属国家是否也有类似规定或措施，再决定是否采取对等措施。

五、优惠待遇

优惠待遇（preferential treatment）是指一国为了某种目的给予另一国及其自

然人和法人以特定的优惠的一种待遇。

优惠待遇和国民待遇不同:(1)优惠待遇是在条约或国内立法中所规定的几个有限领域给予外国和外国人的优惠,而国民待遇则是在国内立法或国际条约中概括性地给予外国人与本国人同等的待遇。(2)待遇的水平不同。优惠待遇给予外国人的待遇水平既可以高于本国人所享有的待遇,也可能低于本国人所享有的待遇,而国民待遇只能与本国人的待遇标准平等。

优惠待遇与最惠国待遇的区别是:前者是通过内国立法或国际条约直接给予外国人的,外国人可以直接享有,而后者必须借助于国家间订立的最惠国待遇条款才能享受。

六、普遍优惠待遇

普遍优惠待遇(generalized system of preference, GSP)是发达国家给予发展中国家出口制成品和半制成品(包括某些初级产品)一种普遍的、非歧视的和非互惠的关税优惠制度。它又称"关税普惠制"或"普惠制"。它具有如下三个特点:(1)普遍的,即所有发达国家对所有发展中国家在出口制成品和半制成品时给予普遍的优惠待遇。(2)非歧视的,即应使所有发展中国家都无歧视、无例外地享受到普惠制待遇。(3)非互惠的,即由发达国家单方面给予发展中国家以特别的关税减让,而不要求对等。普遍优惠待遇是发展中国家为建立国际经济新秩序而长期斗争的结果。1974年联合国大会在《各国经济权利和义务宪章》第19条中规定,为了加速发展中国家的经济增长,弥合发达国家与发展中国家之间的经济差距,发达国家在国际经济合作可行的领域内,应给予发展中国家普遍优惠的、非互惠的和不歧视的待遇。

不过,在当前的国际实践中,一般是由各给惠国(发达国家)根据本国的立法程序,分别制订给受惠国(发展中国家)关税普惠待遇的具体方案。给惠国拥有相当大的自由裁量权和决定权,即可以单方面决定受惠国名单、受惠产品范围、受惠关税减免幅度以及反普惠的保护措施等等。一般说来,在各种普惠制方案的制定上,作为普惠制倡议者的众多发展中国家很少有发言权,只是消极被动地认可或接受由发达国家单方制作的既定方案。因此,严格说来,国际上现行的关税普惠制实际上还只是各发达国家各种不同给惠方案的简单凑合,远非发展中国家原先所要求的普遍的、非互惠的和非歧视的关税优惠制度。

【案例5.1】 荷兰某贸易公司和江苏省某特殊钢绳厂买卖合同案

1998年6月10日,荷兰某贸易公司(以下简称"荷兰公司")向江苏省某特殊钢绳厂(以下简称"钢绳厂")发来电传,邀请特殊钢绳厂向其报特殊钢绳的实盘。1998年6月12日,钢绳厂向对方发盘:B型号特殊钢绳1000公吨,每公吨1200美元CIF阿姆斯特丹,即期装运,不可撤销即期信用证。

6月15日对方回电,要求将数量增到2000公吨,价格降为每公吨1100美元CIF阿姆斯特丹。6月17日钢绳厂回电,说明亚洲金融危机后,我方出口市场受到很大冲击,我方一直在微利经营,所报价格已经非常低,但考虑到贵方购买数量增加为2000公吨,价格可降为每公吨1150美元CIF阿姆斯特丹。6月20日对方回电,仍然要求降低价格。6月23日钢绳厂回电答复,价格仍为每公吨1150美元CIF阿姆斯特丹,但可以提供普惠制证书。

对方接到钢绳厂答复后,经研究认为,在提供普惠制证书的情况下可以享受优惠关税,从而降低其进口成本。因此,于6月28日回电表示无条件接受。

该案说明,中国出口商品在荷兰享有普遍优惠待遇,中国商品的竞争力因此得到提升。目前全球给惠国有42个,但随着我国综合国力的提升,大部分给惠国已停止给予中国普惠制待遇,目前仅剩下日本、挪威、俄罗斯、白俄罗斯、乌克兰和哈萨克斯坦给予中国普惠制待遇,其中日本也将从2019年起全面终结对我国的普惠制政策。根据大多数给惠国的规定,享受普惠制必须持凭受惠国政府指定的机构签署的普惠制原产地证书,我国政府指定各地出口商品检验机构签发普惠制原产地证书。

第三节 外国人在中国的民事法律地位

一、外国人在中国的民事法律地位的变迁

从外国人在中国的民事法律地位的变迁,大抵可以看到中国在世界上的历史地位和对外政策的变化。在中国的历史长河中,从封建社会起,可以把外国人在中国的民事法律地位划分为几个不同的时期:(1)合理待遇时期。这个时期从西汉延续到明末(公元前206年至公元1518年)。(2)歧视待遇时期。这个时期从明末倭寇及葡萄牙、荷兰的入侵至鸦片战争爆发为止(公元1518年至1840年)。在这个时期,对外国人不区分侵略者还是善良商民,都限制他们正常的民事活动。如清初广州曾订过《防患夷人章程》,规定外国人只能居住在指定的"商馆"中,并于指定的商行进行贸易。(3)特权时期。这个时期,从鸦片战争直至新中国成立(公元1840年至1949年)。(4)平等待遇时期。新中国废除了帝国主义列强强迫签订的各种不平等条约,中国人民开始和外国人在平等互利的基础上进行国际经济、民事交往,从而真正进入了平等待遇时期。

二、外国人在中国的民事法律地位

新中国成立后,在起着临时宪法作用的《中国人民政治协商会议共同纲领》

中明确宣告:"中华人民共和国政府保护守法的外国侨民。""中华人民共和国可在平等和互利的基础上,与各外国的政府和人民恢复并发展通商贸易关系。"此后,中国政府曾陆续颁布了各种法律、法令、条例等,在许多领域赋予外国人以平等的民事权利地位。但是,由于新中国成立后一度遭到美国的封锁和禁运,后来又因中苏关系恶化和进行"文化大革命",在相当长的时间内又回复到闭关锁国的状态。直到 1978 年对外开放作为基本国策确定下来以后,中外民事交往才真正得到正常的大规模的发展。1982 年《宪法》第 32 条明确规定:"中华人民共和国保护在中国境内的外国人的合法权利和利益……"

目前,外国人在中国能够进行民事活动的范围是十分广泛的,他们依法享有多方面的人身权和财产权。主要有:(1) 人身不可侵犯。(2) 亲属权。外国人与中国公民以及外国人之间都可以在中国登记结婚或解除婚姻关系;外国人符合收养条件的,可以收养中国儿童。(3) 继承权。(4) 劳动权。中国除少数种类的工作不允许外国人从事外(如国防、机要部门,外国人不得任职),外国人可以在中国从事各种社会劳动。(5) 智力成果权。(6) 经营工商企业、开发自然资源和从事服务贸易的权利。中国加入世界贸易组织后,外国人在中国从事商事活动的领域将更趋扩大。(7) 外国人还可以取得土地的长期租赁使用权。如 1990 年《城镇国有土地使用权出让和转让暂行条例》第 3 条规定,中华人民共和国境内外的公司、企业、其他组织和个人,除法律另有规定者外,均可依照本条例的规定,取得土地使用权,进行土地开发、利用、经营。

【思考题】

1. 外国人民事法律地位制度在国际私法上的重要意义是什么?
2. 什么是普遍优惠待遇?
3. 如何正确理解国民待遇原则?

【扩展性阅读材料】

1. 李健男:《论特定国民待遇标准:关于我国近期对外国投资者及其投资待遇模式的思考》,载《法律科学》1996 年第 5 期。
2. 梁淑英主编:《外国人在华待遇》,中国政法大学出版社 1997 年版。
3. The MFN Principle

The unconditional most-favored-naion (MFN) provision is the cornerstone of the interantional trade rules embodies in the General Agreement on Tariff and Trade (GATT).

The basic rationale for MFN is that if every country observes the principle, all countries will benefit in the long run through the resulting more efficient use of resource. Furthermore, if the principle is observed, there is less likelihood of trade disputes.

MFN has sometimes been described as the "central" policy of GATT and the post World War II trading system. The fact that it is Article I of General Agreement reinforces that position.

"... any advantage, favor, privilege, or immunity granted by any contracting party to any product originating in or destined for any other country shall be accorded immediately and unconditionally to the like product originating in or destined for any other country shall be accorded immediately and unconditionally to like product originating in or destined for the territories of all other contracting parties."

The principle must be applied "uncontionally". This means, for instance, that a state can invoke most favored treatment without granting in turn some advantage. In other words, the principle is not based on reciprocity.

第六章 国际私法关系的主体

国际私法关系的主体,是指能够在国际民事法律关系中享有权利和承担义务的法律人格者。一般说来,自然人和法人无疑是国际私法关系的主要主体或基本主体,不过,国家及国际组织在一定条件下也可以成为国际私关系的特殊主体。在国家及国际组织作为国际私法关系的主体时,必须根据有关的国内法和国际法,放弃他们所享有的特权与豁免,而与民事关系的相对人处于平等的法律地位。关于这个问题,将在本书第十六章的管辖豁免一节中专门予以讨论。

第一节 自 然 人

一、自然人的国籍

(一) 自然人的国籍及其冲突

国籍是指自然人属于某一国家的国民或公民的法律资格。在国际公法上,它是一个人对国家承担效忠义务的根据,同时也是国家对他实行外交保护的根据。而在国际私法中,国籍既是属人法中的一个重要连结点,又是国家行使涉外民事诉讼管辖权的一种重要根据。我们知道,原告随被告是诉讼法一条公认的管辖权原则。可是,在涉外民事争议中,如果要求一律适用这一原则,有时又不大可能或不大合理。因此,欧洲的有些国家常常允许自己的侨民回到本国起诉,而国籍则是这些国家在这种情形下行使管辖权的根据。[①]

按照现代国际法,国籍问题原则上属于每个国家主权的事项,要决定一个自然人是否具有某国国籍,原则上应依该国法决定。由于目前各国赋予自然人以国籍所采取的原则不同,往往会造成一个人同时有两个甚至两个以上国籍或没有任何国籍的情况。例如,依英国法,凡出生在英国商船上的人,均为英国公民,而不论其出生时,该商船位于什么地方;而美国认为,在美国领海内的商船上出生的人,取得美国国籍。如果一艘英国商船停泊在美国港口,则在该船上出生的人即同时具有英美两国国籍。如果新生儿的父母不是英国或美国公民,其国籍国采血统主义,则他还同时具有父母的共同国籍,如果其父母的国籍不一致,则还可能出现四重国籍。在国际私法中,一个人同时有两个以上国籍的情况,叫做

---

① 可参见 1998 年修订的《法国民法典》第 14、15 条及 1982 年《南斯拉夫国际冲突法》第 46 条第 3 款、第 48 条,1979 年《匈牙利国际私法》第 55 条第 1、5 款,等等。

国籍的积极冲突;一个人没有国籍的情况,叫做国籍的消极冲突。

(二) 自然人国籍冲突的解决

在国际私法上解决自然人国籍的冲突,必须首先明确两点:第一,一个人是否具有某一国家的国籍,只能依该国国籍法来判定。第二,解决自然人的国籍冲突,在国际公法和国际私法上有着不同目的:在国际公法上解决国籍冲突,旨在消除多重国籍和无国籍现象;而在国际私法上解决国籍冲突,其目的仅在于确定应适用的当事人的本国法,至于当事人实际上存在的多重国籍或无国籍现象如何避免或消除,则非其所问。因此,并不能认为在国际公法上解决国籍冲突所适用的"国籍唯一原则"也是解决国际私法上国籍冲突的"一个出发点"。

1. 国籍积极冲突的解决

对于自然人国籍的积极冲突,各国主要采取如下方法加以解决:

(1) 一个人同时具有外国国籍和内国国籍时,大都不问同时取得还是异时取得,国际上通行的做法是主张以内国国籍优先,以内国法为该人的本国法。例如,根据1986年《德国民法施行法》第5条的规定,当事人同时具有德国国籍和外国国籍的,以德国法作为其本国法。其他如2007年《日本法律适用通则法》第38条、1979年《匈牙利国际私法》第11条以及2007年《土耳其国际私法和国际民事诉讼程序法》第4条第2款等也作了类似规定。

(2) 在当事人具有的两个或两个以上的国籍均为外国国籍时,如何确定其本国法,各国主要有三种做法:

第一,以最后取得的国籍优先。例如,1938年《泰国国际私法》第6条第1款规定:"在应适用当事人本国法时,如当事人非同时取得两个以上外国国籍,则适用最后取得的国籍所属国家的法律。"针对一个人有两个以上国籍是同时取得的情况,该法同条第2款又规定:"在应适用其本国法时,如当事人同时取得两个以上国籍,则应以住所所在地法为其本国法。"

第二,以当事人住所或惯常居所所在地国国籍优先。例如,1982年《南斯拉夫国际冲突法》第11条第2款规定:"对于非南斯拉夫公民并具有两个或两个以上外国国籍的人在适用本法时,视其具有他作为其公民并在其境内设有住所的那个国家的国籍。"1979年《匈牙利国际私法》第11条也作了类似规定。

第三,以与当事人有最密切联系的国籍优先。在国籍发生积极冲突时,依最密切联系原则作出判断,既为许多学者所倡导,也为许多国家的立法和实践所采纳。例如,1978年《奥地利联邦国际私法法规》第9条第1款就规定,一个人同时具有几个外国国籍的,应以与之有最密切联系的国家的国籍为准。2007年《土耳其国际私法和国际民事诉讼法》第4条第3款也有类似规定。

2. 国籍消极冲突的解决

国籍的消极冲突,可分为三种情况:生来便无国籍;原来有国籍后来因身份变更或政治上的原因而变得无国籍;属于何国国籍无法查明。

在国籍消极冲突的情况下本国法的确定,一般主张以当事人住所所在地国家的法律为其本国法;如当事人无住所或住所不能确定的,则以其居住地法为其本国法。采用这种立法的有1954年《关于无国籍人地位的公约》第12条以及1938年《泰国国际私法》第6条第4款、2007年《日本法律适用通则法》第38条第2款、2011年《波兰国际私法》第3条、1986年《德国民法施行法》第5条第2款等。2007年《土耳其国际私法和国际民事诉讼法》第4条第1款也作了类似规定,并且进一步明确,如居所无法确定或没有居所,则适用法院地法。

3. 中国解决国籍冲突的有关规定

中国不承认中国人具有双重国籍。中国《国籍法》第5条规定,父母双方或一方为中国公民,本人出生在外国,具有中国国籍;但父母双方或一方为中国公民并定居在外国,本人出生时即具有外国国籍的,不具有中国国籍。《国籍法》第8条还规定,定居国外的中国公民,自愿加入或取得外国国籍的,即自动丧失中国国籍。对于无国籍人,《国籍法》第6条规定,父母无国籍或国籍不明,定居在我国,本人出生在中国,具有中国国籍。此外,外国人或无国籍人愿意遵守中国宪法和法律,经申请批准可以加入中国国籍。

1988年最高人民法院《关于贯彻执行〈中华人民共和国民法通则〉若干问题的意见(试行)》第182条规定:"有双重或者多重国籍的外国人,以其有住所或者与其有最密切联系的国家的法律为其本国法。"对于在国籍消极冲突下如何确定本国法的问题,该《意见》第181条仅规定:"无国籍人的民事行为能力,一般适用其定居国法律;如未定居的,适用其住所地国法律。"

2010年我国《涉外民事关系法律适用法》第19条对此作了新规定,依照本法适用国籍国法律,自然人具有两个以上国籍的,适用有经常居所的国籍国法律;在所有国籍国均无经常居所的,适用与其有最密切联系的国籍国法律。自然人无国籍或者国籍不明的,适用其经常居所地法律。

4. 有关国籍的多边公约

目前,国际上解决国籍冲突的多边公约主要包括:1930年《关于国籍法冲突的若干问题的公约》《关于双重国籍某种情况下的兵役义务的议定书》、1933年《美洲国家间国籍公约》、1963年《关于减少多重国籍情况并在多重国籍情况下的兵役义务的(欧洲)公约》、1954年《关于无国籍人地位的公约》、1957年《已婚妇女国籍公约》以及1961年《关于减少无国籍的联合国公约》等。

二、自然人的住所

自巴托鲁斯以后,直至1804年《法国民法典》颁布的数百年间,国际私法上的属人法只指当事人的住所地法。即使当今,英美法系国家等仍采住所地法作为当事人的属人法。在采本国法主义的大陆法系国家里,住所也不失其重要性。因为在当事人国籍消极冲突的情况下,这些国家一般转而适用当事人的住所地法;在一个复合法域国家里,适用当事人的本国法最终也常转而适用当事人在该国的住所地法。有的国家甚至还把住所作为指定某些财产关系准据法的连结点。在国际私法上,住所的重要性还表现在它是行使管辖权的重要依据。

（一）住所的概念和种类

住所(domicile)是指一人以久住的意思而居住的某一处所。从各国的立法与学说来看,一般都认为住所包含主客观两个构成因素,即一是在一定的地方有居住的事实,二是在一定的地方有设立其"家"(home)的意思。由于判定是否有在某地设定其家的意思比较困难,近年来已有一种更重视客观因素的趋势,例如《加拿大魁北克民法典》即取消了传统的意思因素,以"惯常居所地"为住所。①

英美两国内部法律不统一,一直以住所地法为属人法。它们的判例对住所确立了以下几个原则:第一,任何人必须有一住所;第二,一个人同时不能有两个住所;第三,住所一经取得,则永远存在,不得废弃,除非已取得了新的选择住所;第四,只有具有行为能力的人,才享有设立选择住所的能力。

在国际私法上,根据住所的取得方式,可将住所分为三种:

（1）原始住所。原始住所(domicile of origin)是指自然人因出生而取得的住所,故又称"生来住所"。在英国法上,自然人的原始住所是指出生时父之住所所在地;出生时父已死或非婚生子女,则以生母的住所为原始住所;如系弃婴,则以发现地为其原始住所。②

（2）选择住所。选择住所(domicile of choice)也称为"意定住所",是指自然人因自主选择而取得的住所。

（3）法定住所。法定住所(statutory domicile)是指依法律直接规定而取得的住所。在英国法上,法定住所又称"从属住所"(domicile of dependency),是指不具独立行为能力的人(dependent person,多指16岁以下的未成年人、精神失常的人)和已婚妇女以及军人的住所。大陆法系国家认为未成年人的法定住所应是父的住所,父亡则以父亡时的住所为住所,并不随其母或监护人的住所而变动。

（二）住所与国籍、居所和惯常居所在法律上的区别

住所属于私法上的概念,它是自然人进行民事活动的中心地,反映了居民与特定地域的联系。在理论上讲自然人可自由地更换自己的住所。国籍则是个公

---

① 《中国大百科全书·法学卷》,中国大百科全书出版社1984年版,第815页。
② See Lawrence Collins and Others, Dicey, Morris and Collins on the Conflict of Laws, 15th ed., Sweet & Maxwell, 2012, p.140.

法上的概念,它确定自然人的政治身份,反映了居民与特定国家的联系,非经法定程序不得随意变更国籍。至于居所(residence),也是私法上的概念,它是指居民暂时居住的某一处所,设定居所的条件没有住所严格,不要求居民有久住的意思,只要有一定居住时间的事实即可。居所又分为临时居所和惯常居所(habitual residence)或经常居所、习惯居所。主流观点认为,经常居所就是一个人的生活中心所在地,并从客观上的居住期限和主观上的居住意愿两个方面来判断生活中心所在地。2009年《罗马尼亚民法典》第2570条规定,自然人的经常居所位于其主要家庭所在地,即使登记地法律中的形式要件并未满足。自然人在从事营业活动期间的经常居所是其主要营业地。为证明自然人的主要家庭所在地,应考虑自然人在人身上和职业环境上与该国所具有的持续联系以及建立此种联系的意图。《戴西和莫里斯论冲突法》一书指出:惯常居所意味着"必须持续某段时间的一种经常的身体出现"[①]。这一关于惯常居所的界定来源于英国法院一个承认海外离婚的早期案例,即 Cruse v. Chittum 案。[②]

在国际私法上,住所、国籍和居所及惯常居所的联系表现为它们都是指引准据法的连结点。很多国家的立法都规定,在适用当事人本国法而国籍存在冲突时,以住所为指引准据法的替代连结因素,而在适用住所地法的场合,如果当事人的住所不明或没有住所的则转而适用其居所地或惯常居所地法。

(三)自然人住所的法律冲突及其解决

因各国法律对住所的具体规定以及对事实认定不尽一致,自然人的住所也存在积极冲突和消极冲突。住所的积极冲突是指一个人同时具有两个或两个以上的住所;而一个人同时无任何法律意义上的住所,则称住所的消极冲突。

住所冲突产生的原因,一方面主要是由于各国有关住所的法律规定不同而产生的。例如,大陆法系国家认为,某人是否在某国取得住所,主要看他是否在某地建立了生活根据地或业务中心。1942年《意大利民法典》第12条规定,民事上的住所系个人业务及利益中心地;1999年修订的《法国民法典》第102条规定,一切法国人,就行使其民事权利而言,其主要定居之地即为其住所。而英国则强调任何人于出生时即取得"原始住所",且此原始住所在该人未于其他地方取得"选择住所"时始终存在,而该人在放弃其选择住所时又立即恢复其原始住所。而选择住所取得的要件,主要在当事人是否有于某地久住亦即安一个唯一的永久的家(sole permanent home)的意思,至于是否得长时间居住于此非所要求。美国也有原始住所与选择住所的制度,其确定选择住所也需要同时具备在

---

① 〔英〕莫里斯主编:《戴西和莫里斯论冲突法》(上),李双元等译,中国大百科全书出版社1998年版,第187页。
② See J. G. Collier, Conflict of Laws, 3rd ed., Cambridge University Press, 2001, p.55.

该地实际出现以及于该地建立一个永久的家的意愿。许多国家不允许一个人可以同时于数地设立住所。德国法还允许无住所,而英国法则认为人必有一住所。另一方面,由于事实认定的不同也可能导致住所的法律冲突。如一弃婴被发现于甲乙两国交界处,两国均可认为该弃婴的住所在(或不在)自己国内。

1. 自然人住所的识别依据

对于国际私法上的住所究竟如何认定,曾有各种不同主张,但大多数学者的主张及法院的实践是采用法院地法说,即主张依照法院的住所概念去认定当事人的住所究竟在何处。例如,美国1971年《第二次冲突法重述》第13条规定,在适用冲突规范时,法院依自己(州)的标准确定住所,只有在争议涉及外州的法院或机关的管辖权,以及它们的这种管辖权正是根据当事人有住所在该州(或国)才行使的时候,才适用外州的住所标准。英国国际私法也认为,一个人的住所的确定,只能依据英国法中的住所概念,而不能按外国法的概念来决定。只有涉及外国作出的离婚或别居的判决需要在英国承认时,英国法院才会去适用该外国法的住所概念。①

2. 自然人住所冲突的解决

对于住所的积极冲突,其解决原则大体与解决国籍的积极冲突相似:(1)发生内国住所与外国住所间的冲突时,以内国住所优先,而不管他们取得的先后;(2)发生外国住所之间的冲突时,如果它们是异时取得的,一般以最后取得的住所优先;如果是同时取得的,一般以设有居所或与当事人有最密切联系的那个国家的住所为住所。对于住所消极冲突的解决,一般以当事人的居所代替住所;如果无居所或居所不明时,一般把当事人的现在所在地视为住所。

(四)我国有关住所冲突的解决原则

我国《民法总则》第25条规定,公民以他的户籍所在地或者其他有效身份登记记载的居住地为住所;经常居住地与住所不一致的,经常居住地视为住所。对于住所的冲突,最高人民法院在1988年《关于贯彻执行〈中华人民共和国民法通则〉若干问题的意见(试行)》第183条中规定,当事人有几个住所的,以与产生纠纷的民事关系有最密切联系的住所为住所。上述《意见》第9条规定:公民的经常居住地是指公民离开住所地至起诉时已连续居住一年以上的地方。但公民住院治病的除外。我国《涉外民事关系法律适用法》的特点之一就是经常居所地取代国籍和住所成为确定人的身份、能力、婚姻家庭、继承等民事关系的准据法时的主要连结点。最高人民法院《关于适用〈中华人民共和国涉外民事关系法律适用法〉若干问题的解释(一)》第15条规定,自然人在涉外民事关系产生或者变更、终止时已经连续居住一年以上且作为其生活中心的地方,人民法

---

① See J. G. Collier, Conflict of Laws, 3rd ed., Cambridge University Press, 2001, p.37.

院可以认定为涉外民事关系法律适用法规定的自然人的经常居所地,但就医、劳务派遣①、公务等情形除外。我国《涉外民事关系法律适用法》第20条规定,依照本法适用经常居所地法律,自然人经常居所地不明的,适用其现在居所地法律。

三、自然人的权利能力和行为能力

(一)自然人的权利能力法律冲突的解决

1. 自然人权利能力的概念

权利能力是指自然人享有民事权利和承担民事义务的资格。权利能力和权利是既有联系又有区别的两个概念,后者是指构成民事法律关系的内容要素,是指民事主体在参加民事活动时依法所取得的实体权利,而前者是指一个人能够取得民事权利的一种资格。因此,就权利能力而言,它与公民人身具有不可分离的性质,凡自然人,依照现代民法的观点,是都有权利能力的。而权利则是可以与主体分离的,并可为主体依法处分。

2. 自然人权利能力的冲突

由于现代国家都承认人的权利能力"始于出生,终于死亡",就总体而言,似乎不大可能发生法律冲突,但是对于在什么状态下叫"出生"和"死亡",各国民法的规定并不尽相同,仍会引起冲突。这种冲突主要表现在两个方面:

(1)各国民法对自然人的"出生"的理解与规定有很大差异,大致有阵痛说、部分露出说、全部露出说、断带说、哭声说、独立呼吸说和存活说等种种不同的做法。比如1896年《德国民法典》第1条规定人的权利能力,始于出生之完成,西班牙民法则规定胎儿出生后需存活24小时以上才取得权利能力。

(2)由于各国对自然死亡标准的认定并不一致,法律适用上的冲突也就难以避免。例如,关于自然死亡的标准,除了心脏停止跳动标准之外,尚有呼吸停止标准和脑死亡标准。同时,在宣告失踪或宣告死亡方面,因各国规定不同而常导致冲突发生。其一,在宣告失踪或宣告死亡的时间上,各国规定不同。法国规定,凡停止在其住所或居所出现并杳无音信者,经4年即可宣告失踪,日本却规定需满7年。并且法国和日本只有宣告失踪而无宣告死亡的制度,但其宣告失踪的效力与宣告死亡相同。我国《民法总则》第40条规定,自然人下落不明满

---

① 劳务派遣,即劳动力租赁,由劳务派遣机构与劳动者订立劳动合同并支付报酬,把劳动者派向其他用工单位,再由其向派遣机构支付一笔服务费用。劳动派遣的最显著特征就是劳动力的雇用和使用分离,用人单位和派遣公司签订劳务租赁(派遣)协议,派遣公司和被聘用人员签订聘用劳动合同。根据我国2012年修订的《劳动合同法》第66条规定,劳动合同用工是我国的企业基本用工形式。劳务派遣用工是补充形式,只能在临时性、辅助性或者替代性的工作岗位上实施。2013年《劳务派遣暂行规定》第4条规定,用工单位应当严格控制劳务派遣用工数量,使用的被派遣劳动者数量不得超过其用工总量的10%。

两年的,利害关系人可以向人民法院申请宣告该自然人为失踪人。其第46条规定,自然人有下列情形之一的,利害关系人可以向人民法院申请宣告该自然人死亡:(1)下落不明满四年;(2)因意外事件,下落不明满两年。因意外事件下落不明,经有关机关证明该自然人不可能生存的,申请宣告死亡不受两年时间的限制。其二,宣告失踪或死亡发生效力的日期,也有不同规定,有主张以宣告之日或宣告确定之日起发生效力,有主张以获知最后消息日起发生效力,也有主张依宣告所认定的死亡之日起发生效力,还有主张以法律规定的失踪期间届满之日起便发生效力。其三,宣告失踪或死亡所发生的实体法上的效力,各国规定也不一致。

3. 自然人权利能力的法律适用

关于自然人权利能力的适用法律,主要有以下几种主张:

(1)适用各该法律关系的准据法所属国法律。其理由是,权利能力不外乎是特定的人在特定的涉外民事法律关系中能否享有权利和承担义务的能力问题,因此最妥当的,如权利能力涉及合同关系,则应适用合同准据法所属国的法律制度;如权利能力涉及物权关系,则应适用物权关系准据法所属国的法律判定。

(2)适用法院地法。此说的理由是认为自然人的权利能力关系到法院国法律的基本原则,关系到法院国的重要公益,故应由法院地法判定。①

(3)适用当事人的属人法。其理由是,权利能力是自然人的基本属性,特定的人的这种属性是受一国伦理、历史、社会、经济和政治等方面的条件决定的。因而只应适用他的属人法来判定。② 不过各国对属人法的理解并不完全一致。一种是主张属人法是指国籍国法,即本国法。而另一种则主张属人法是指住所地法。

上述三种观点都有可取之处,但都不宜加以绝对化。在判定自然人的权利能力时,原则上必须肯定应适用当事人属人法。因为只有这样,才有利于自然人权利能力的稳定,有利于发展国际民事交往。但如果辅之以法院地法以及有关法律关系的准据法,当更为合理。

4. 我国的有关规定

我国《涉外民事关系法律适用法》第11条规定,自然人的民事权利能力,适用经常居所地法律。

(二)涉外失踪或死亡宣告的管辖权与法律适用

由于宣告失踪(如法国)和宣告死亡也能终止自然人权利能力,这两种宣告

---

① 陆东亚:《国际私法》,台湾正中书局1979年版,第163页。
② 〔日〕折茂丰:《国际私法各论》,日本有斐阁1972年版,第1章第1节"权利能力"。

的管辖权的确定以及法律适用的解决,也因此成为十分重要的问题。

关于宣告的管辖,有三种不同的主张:(1)认为应由其国籍国管辖,因为个人的权利能力的开始与终止,是由他的国籍国所赋予的。但是人们也指出,如果该人已远离祖国并已在外国发生了许多法律关系,该外国竟无权宣告,就会使该人在那里的许多法律关系处于不确定状态。(2)主张应由他的住所地国宣告,因为这是保护失踪人住所国的公共秩序和经济利益所需要的。2007年《土耳其国际私法和国际民事诉讼程序法》第42条规定,在土耳其境内无住所的外国人,有关其监护、照管、禁治产、失踪和死亡宣告的诉讼,由当事人在土耳其境内的居所地法院管辖,无居所地的,由其财产所在地法院管辖。但人们又指出,如果其人此时实际上仍生存于他的国籍国或第三国,也会给这些国家带来许多不利。(3)主张失踪或死亡宣告的管辖权,原则上应属于失踪者本国法院,但在一定条件和一定范围内,也可由住所国管辖。例如,德国1939年《关于失踪、死亡宣告及确定死亡时间法》第12条便规定,失踪者于最后消息时为德国人时,应由德国作死亡宣告;但同时它也规定,如该失踪人于最后消息时已成为外国国籍者时,则德国法院仅对他依德国法所成立的法律关系以及在德国的财产,有作死亡宣告的管辖权。1995年《意大利国际私法制度改革法》第22条第2款、1987年《瑞士联邦国际私法法规》第41—42条均有此类规定。

在第二次世界大战中,因战乱、种族歧视及政治迫害,曾造成大批人失踪,为在法律上妥善处理这些人的死亡宣告问题,在联合国参与下,1950年通过了一个《关于失踪人死亡的公约》。该《公约》主张,凡失踪人的最后住所或居住地、本国、财产所在地、死亡地,以及一定的亲属申请人的住所或居所地,都可以行使对这些人的死亡宣告管辖权。而且一经宣告,则有关死亡及死亡日期等,在各缔约国间均应被承认具有法律效力。

至于宣告死亡或失踪的法律适用,许多国家原则上规定应适用属人法(尤其是本国法)。但也多在此原则下,有各种各样的补充规定。如2011年《波兰国际私法》第11条第2项规定:"由波兰法院宣告死亡时,依波兰法律。"1979年《匈牙利国际私法》第16条第2项规定:"如果匈牙利法院为国内的法律利益宣告外国人死亡、失踪或决定该人死亡的证明,适用匈牙利法。"这些规定往往都出于对立法者国内利益的考虑。

在我国,《民事诉讼法》在第十五章"特别程序"虽专设了第三节"宣告失踪、宣告死亡案件",但尚无此类涉外案件管辖权的规定。我们认为,就失踪和死亡宣告的管辖权来看,应原则上属于当事人本国法院,住所国只能就被宣告者在当地的法律关系和财产为宣告,且只应在其本国不愿予闻的情况下才能行使此种权利。《涉外民事关系法律适用法》第13条规定,宣告失踪或者宣告死亡,适用自然人经常居所地法律。

(三) 自然人的行为能力法律冲突的解决

1. 自然人行为能力的概念

所谓自然人的行为能力,是指通过自己的行为取得民事权利和承担民事义务的能力和资格。在民法上,必须达到一定的年龄,并且精神正常、心智健全,才能具有通过自己的行为取得民事权利、承担民事义务的完全的能力。而未具备或不完全具备这种条件的自然人,则分别属于无行为能力人或限制行为能力人。

2. 自然人行为能力的法律冲突

由于各国民法对具有完全行为能力、无行为能力和限制行为能力规定的条件不尽相同,在自然人行为能力方面的法律冲突也是常见的。这种冲突主要集中在三个方面:(1)各国对成年年龄的规定不同,其中有的规定为15岁,如伊朗、也门;大多国家规定为18岁,如德国、英国、法国以及我国;最高规定为25岁,如西班牙过去的规定、智利等。也有规定20岁为成年的,如瑞士;规定24岁为成年的,如奥地利等。这就会常常发生一个依其本国法已经成年,具有完全行为能力的人,到了一个成年年龄较高的国家,被认为尚未成年,只具有限制行为能力的情况。(2)各国对成年以下的人虽都视为完全无行为能力和限制行为能力人,但其间年龄界线的规定也是各有差别的。一般认为,未满7岁的小孩为完全无行为能力,而满7岁至成年这一阶段为限制行为能力。但我国《民法通则》却以10周岁作为区分界线,《民法总则》以8周岁作为区分界线。我国《民法总则》第17—20条规定,不满8周岁的未成年人为无民事行为能力人;18周岁以上的自然人为成年人,成年人为完全民事行为能力人。16周岁以上的未成年人,以自己的劳动收入为主要生活来源的,视为完全民事行为能力人。8周岁以上的未成年人为限制民事行为能力人。还有些国家虽然原则上认为,未成年人为无行为能力或限制行为能力人,但其行为能力实际状况则应依事实上有无意思能力而定,如英、美等国便采此主张。(3)各国关于成年人因某种原因而宣告其为无行为能力人或限制行为能力人的制度各不相同[①],也会导致自然人行为能力的法律冲突。

3. 自然人行为能力的法律适用

由于自然人的行为能力与他的身份地位有着直接的关系,而自然人的身份地位既包括他的自然状况,如是否成年,是否心智健全、精神正常等,也包括他的法律地位,如是否已婚、是否为婚生等。所以,在国际私法中,一般多主张依解决自然人权利能力冲突的同一原则,即适用当事人属人法。

但是随着国际经济贸易关系的进一步发展和扩大,内外国人杂居和相互交往日增,为了保护相对人或第三人不致因不明他的属人法的规定而蒙受损失,保

---

① 最主要的就是所谓的"禁治产"(interdiction)制度,下文将详细介绍。

护商业活动的稳定与安全,各国在原则上肯定行为能力依其属人法的同时,往往规定了以下例外或限制:一是处理不动产的行为能力和适用于侵权行为的责任能力,一般分别适用物之所在地法和侵权行为地法;二是有关商务活动的当事人的行为能力也可适用商业行为地法,亦即商业活动当事人如依其属人法无行为能力,而依行为地法有行为能力,则应认为有行为能力。最早将这一原则规定于成文法典中的,是1794年的《普鲁士法典》(Prussian Code)。在英国1848年的《汇票法》中,也有类似规定(1930年和1931年关于汇票、本票和支票的两个日内瓦公约,也采取这一立场)。1861年法国最高法院在审理李查蒂(Lizaroli)一案①中也确认了这一原则。

我国《民法通则》第143条规定:"中华人民共和国公民定居国外的,他的民事行为能力可以适用定居国法律。"最高人民法院《关于贯彻执行〈中华人民共和国民法通则〉若干问题的意见(试行)》第179—181条又作了进一步的补充,其规定为:(1)定居国外的中国公民的民事行为能力,如其行为是在中国境内所为,适用中国法律;在定居国所为,可以适用其定居国法律;(2)外国人在中国领域内进行民事活动,如依其本国法律为无民事行为能力,而依中国法律为有民事行为能力,应当认定为有民事行为能力;(3)无国籍人的民事行为能力,一般适用其定居国法律,如未定居,适用其住所地国法律。

我国《涉外民事关系法律适用法》第12条对此作了新规定,自然人的民事行为能力,适用经常居所地法律。自然人从事民事活动,依照经常居所地法律为无民事行为能力,依照行为地法律为有民事行为能力的,适用行为地法律,但涉及婚姻家庭、继承的除外。

【案例6.1】 荷兰公民马克行为能力确认案

荷兰籍男青年马克,21岁,2012年来中国旅游,在某风景区一户少数民族农家,看中一套当地人的民族服装。经协商,以随身携带的照相机与之互易。马克打电话给好友,告知此事。其朋友称这笔交易不合算,劝马克把照相机换回来,马克回到农家商谈返还之事,农家不同意。马克遂以自己时年不满23岁,按其本国法(荷兰法律规定23岁为成年年龄)尚未成年,不具有完全民事行为能力,所为民事行为无效为由,诉至我国法院。

本案涉及涉外案件中自然人行为能力的法律适用问题。根据我国《涉外民

---

① 李查蒂为一22岁的墨西哥青年,在法国签发一张期票,向巴黎商人购买珠宝,其后被诉请付款时,竟以他依其属人法(墨西哥法)为未成年而无行为能力(墨西哥规定23岁为成年)为由主张契约无效。法国最高法院确认了事实审法院的判决,责令被告应为给付,判决的根据就是,认为法国人并无知晓所有外国法的不同规定的必要,因此,只要法国商人是诚实、善意的,并且无轻率或过失,则应给予保护,契约应为有效。

事关系法律适用法》第 12 条的规定,马克的行为能力应适用行为地,即中国的法律来认定。马克现年 21 岁,按中国法律年满 18 周岁的正常人为完全民事行为能力人,马克具有完全民事行为能力,不得主张合同无效。

(四) 涉外禁治产宣告的管辖权与法律适用

所谓禁治产,系指禁止为财产方面的法律行为,而禁治产者即指被依法宣告禁止其为财产上的法律行为的人。这一制度主要为保护已成年而因精神缺陷,心智不健全的自然人的利益而设立的。如 1804 年《法国民法典》规定:"成年人,如其个人官能衰退以致无法独自保障其利益者,得或在某一特别行为时,或以持续的方式,受法律保护。"讲的就是这个问题。

各国民法关于宣告禁治产或无行为能力与限制行为能力的条件,规定往往各不相同,因而在自然人的行为能力方面,冲突在所难免。例如,依《德国民法典》第 6 条的规定,对有下列各种情况的成年人,均可通过一定的程序,由法院宣告为禁治产者,并应对他们设置监护:因精神病或心神耗弱或低能(feeble-mindedness)而不能管理自己财产的人;因其挥霍无度致使他自己或他的家庭生活急需发生困难的人;以及因酗酒成性或吸毒成癖而不能管理自己事务,或因此而使他自己或他的家庭生活急需发生困难,或危及他人安全的人。而英国除承认因心神失常(mental disordered)而作出的此种宣告外,其他各种禁治产原因概不为英国所承认,所以在英国法中,只有"宣告精神病"(declared lunatic, adjudicated lunatic)这个概念,而无"禁治产"这个概念。在日本、法国等国,还有禁治产与准禁治产之分,认为心神处于完全丧失状况的人(如精神病人等)为禁治产人,即相当于完全无行为能力人,而心神耗弱者(mental infirmity),包括精神上的障碍、低能者、老迈人,甚至聋、哑、盲人为准禁治产人,即相当于限制行为能力人。① 我国目前不使用上述禁治产概念,而称为"宣告无行为能力人或限制行为能力人"。我国《民法总则》规定,对完全不能辨认自己行为的成年人宣告为无行为能力人,并对不能完全辨认自己行为的成年人宣告为限制行为能力人,可以独立进行与他们的智力、精神健康状况相适应的民事活动。

在国际私法上,解决好涉外禁治产宣告问题,也要从管辖权和法律适用两个方面入手,并解决以下四个问题。

(1) 禁治产宣告的管辖权。许多学者认为禁治产宣告是以剥夺乃至限制禁治产人的能力为目的,而且被宣告人是所属国之主权所辖,因此理所当然应由被宣告人所属国法院管辖。② 当然,此说也有其局限性,即若内国人远离本国,本国法院难于为事实上的调查,且难以达到禁治产制度的目的,故多数国家立法除

---

① 参见《法国民法典》第 489—492 条,《日本民法典》第 8—13 条。
② 参见苏远成:《国际私法》,台湾五南图书出版公司 1988 年版,第 179—180 页。

承认本国法管辖权外,也把居住地国管辖作为补充。1905 年海牙《关于禁治产及类似保护措施公约》也采此制。

(2) 禁治产宣告的准据法。首先要解决的是禁治产宣告原因的准据法,有的国家采禁治产人的本国法;有些国家立法不管当事人本国法如何,均采宣告地国家的法律,如 1896 年《德国民法施行法》即属此例;也有的立法兼采前述两种体制,如 1905 年海牙《关于禁治产及类似保护措施公约》第 7 条。其次是禁治产宣告效力的准据法,有主张依禁治产人本国法者,因为人的行为能力应受本国法支配;有主张依宣告地国法者,其根据是基于禁治产宣告与社会交易有关。从禁治产制度设立的宗旨来看,我们认为依宣告地国法——禁治产人居住地国法更有利于实现保护禁治产人的权益及维护交易安全及社会秩序的稳定。

(3) 关于禁治产宣告的域外效力问题。一般认为应区分内国宣告和外国宣告而区别对待。如在内国对外国人为宣告的,尽管宣告的原因应依其人的本国法,但在内国的效力,应依内国法,即法院地法。至于在外国所为的宣告,又可以分为对外国人的宣告和对内国人的宣告两种不同情况:在对内国人宣告属内国法院专属管辖时,则对于外国法院的宣告,当然不会承认其任何效力。例如,1964 年《捷克斯洛伐克国际私法及国际民事诉讼法》就规定:"对于捷克公民宣告禁治产、准禁治产及设置监护,即使居住在外国,均由捷克法院行使管辖权"(第 42 条);但如为外国法院对外国人所作的宣告,则只要是该法院享有此种管辖权并且是依被宣告人的本国法作出的,内国可以承认其效力。

(4) 关于禁治产宣告对被宣告人行为能力进行保护的范围。对此问题,有主张概依其属人法决定的。不过,就商业契约而论,还要结合考虑行为地法。但也有主张应区分三种不同情况分别处理的:一是在宣告地其保留能力的范围,应绝对地依宣告地法;二是在第三国其保留能力的范围,也不宜主张属人法的绝对效力,而应结合行为地法所允许保留的范围加以考虑;三是外国被宣告人在内国参加民事活动,也不能主张属人法的绝对效力,而应结合内国法所允许保留的范围考虑,以保证内、外国被宣告者之间的权利平等。

前面讲到,禁治产的宣告有创设被宣告人法律地位的效力,因此,非依法定程序宣告撤销,被宣告人即令事实上已恢复完全行为能力,也不能独立为法律行为。在国际私法上,一般均规定,在禁治产的原因消灭时,只能经一定程序,由原宣告国法院宣告撤销。但 1905 年海牙《关于禁治产及类似保护措施公约》的规定则有所不同,它允许对居所地法院依当事人本国法所宣告的禁治产,其本国有关机关也有撤销此种宣告的权利(第 11 条第 1 款)。

我国目前还只有关于"认定公民无民事行为能力、限制民事行为能力案件"的特别程序规定(我国现行《民事诉讼法》第十五章第四节),没有涉外禁治产宣告的管辖权和法律适用方面的立法。

(五)连结点的改变对自然人行为能力的影响

这种因实际上的连结点的改变导致自然人行为能力的冲突,属于时际法律冲突中的"动态冲突",大致有以下两种情况:

一种情况是,一个依其原属人法为未成年的人,后来在一个成年年龄较其原属人法规定为低的国家取得了住所或国籍,依后一属人法他已达成年。在这种情况下,一般都主张应承认他已取得成年人资格而且有完全行为能力。

另一种情况是,一个在成年年龄较低的国家已达成年的人,因实际连结点的改变,依他的新属人法规定还未成年,依原属人法他已取得的完全行为能力能否得到保留。对于这种情况,又有三种不同主张:一种观点是根据保护既得权说,认为他的新住所国或新国籍国应承认他已取得的完全行为能力。但反对者认为如果这样,就会使该当事人处于比内国同等情况的人更为优越的地位,因而第二种观点认为其成年资格不能在连结点改变后仍保留。第三种观点则认为,应根据个案的具体情况分别解决,总的原则是既不宜使此种权利无条件地得到保留,但也不宜使过去已成立的法律关系遭到否定(如当事人在过去取得成年后已成立的遗嘱、已缔结的婚姻和已承担的责任等)。应该说,第三种观点是可取的。

但2007年《土耳其国际私法和国际民事诉讼程序法》第3条规定:在根据国籍、住所或者惯常居所决定准据法的情况下,如果无相反规定,则以起诉时的国籍、住所或者惯常居所为准。

四、自然人人格权的法律适用

人格权是以人格利益为客体的权利。随着时代的发展,人格权的范围日益扩大,内容也日益丰富,但并非所有国家都承认和保护人格权,承认人格权的国家对人格权的主体、内容和范围的规定也不尽一致,因此会导致法律冲突。我国《民法总则》第五章题为"民事权利",其第110条规定,自然人享有生命权、身体权、健康权、姓名权、肖像权、名誉权、荣誉权、隐私权、婚姻自主权等权利。

只有少数国家或地区规定了总括性人格权或人身权的法律适用,一般适用属人法。例如1979年《匈牙利国际私法》第10条第1款规定,个人身份和人格权依其属人法决定。1999年《澳门民法典》第26条规定,对人格权之存在、保护以及对行使时所施加的限制,亦适用属人法。1995年《意大利国际私法制度改革法》第24条第1款规定,人身权的存在及内容适用当事人本国法,但产生于家庭关系的人身权则依适用于家庭关系的法律。许多国家只是规定了姓名权或名称权等具体人格权的法律适用。1978年《奥地利联邦国际私法法规》第13条规定,人的姓名的使用,无论其获得姓名的依据为何,均依据其当时的属人法判定。

2004年《比利时国际私法》第37条、1986年《德国民法施行法》第10条、2007年《马其顿国际私法》第19条都规定姓名权确定适用自然人本国法。1987年《瑞士联邦国际私法法规》第37条则规定适用当事人住所地法,但是当事人对其姓名可选择适用其本国法。

我国《涉外民事关系法律适用法》第15条规定:人格权的内容适用权利人经常居所地法律。

第二节 法 人

一、法人的国籍及确定标准

法人(legal person)是指依法成立,具有一定的组织机构,拥有独立的财产,能够以自己的名义享受民事权利、承担民事义务,并能在法院起诉、应诉的组织体。法人作为民事法律关系的主体,在国际民商事交往中发挥着重要作用。

正如同区分内国人和外国人的标准是国籍一样,区分内国法人和外国法人的标准也是国籍。但是与自然人的国籍不一样,法人的国籍是拟制的,因而许多大陆法系国家和学者(例如凯尔森和德国大部分国际私法学者)否认法人具有国籍。一般来说,享有法人的权利并参加民商事活动的组织和公司,总是隶属于某一特定的国家及其法律秩序的。

应该说,法人与自然人虽有不同的方面,但它总是与某国存在固定的法律联系的。这种固定的法律联系,具有多方面的法律意义:(1)法人国籍是法人享有相应法律地位的依据;(2)法人国籍是国家在确定国际民事管辖权时的重要根据;(3)法人国籍是法人在外国遭到损害而根据该外国的国内司法程序得不到救济时,请求本国通过外交手段向该国寻求保护的唯一法律纽带;(4)法人国籍是决定法人属人法的基本标准,但英美国家以法人的住所地法为属人法。[1]

(一) 确定法人国籍的不同学说

在适用法人属人法的时候,很多国家是适用法人的国籍国法,所以确定法人的国籍是很重要的。由于国际经济活动范围日见扩大,某一公司为甲国人集资所组成,但其登记注册地却在乙国,董事会或管理中心设于丙国,而实际经营的业务却在丁国的情况屡见不鲜。特别是跨国公司的出现,更给确定法人的国籍造成了极大的困难,并因此而形成了种种不同的学说:

(1) 法人住所地说。这一学说认为法人的住所在哪一国家,便应认为该法人属哪国法人。但对于何处为法人的住所,学者的主张和各国的实践尚未能统

---

[1] See J. G. Collier, Conflict of Laws, 3rd ed., Cambridge University Press, 2001, p.57.

一。不过反对者认为,住所是可由法人随意设定的,依法人住所定其国籍还有一个问题,就是可能让法人为了自己的私利而通过虚设住所以达到改变其属人法和规避法律的目的。

(2) 组成地说以及与之直接相关的登记国说或准据法说。法人无非是模拟自然人而由法律赋予人格的拟制体,因此,法人的国籍应在其取得法律人格的地方即法人的组成国。不过,有时一个法人的组成需要为多数行为,而这些行为往往并不在同一国家进行,如一个法人其章程订立于甲国,设立的核准在乙国,则两国都可能视其在本国组成。为了弥补组成地说的不足,学者们又提出了登记国说和准据法说。登记国说主张某一组织在哪一个国家登记注册则为哪一国的法人,准据法说则认为法人依据哪一国法律创立即取得哪国国籍。

(3) 法人成员国籍说。此说认为,法人的国籍应依组成法人的成员或依董事会董事的国籍决定。其理由是法人不能离开设立它们的自然人而独立。加之各国民法对于外国人的权利能力常加一定限制,如果不以其组成人员的国籍定内外国法人的区别,外国人便会通过在内国组成法人,以取得外国自然人所不能享有的权利。在组成法人的成员或董事会董事的国籍不一致时,利用此说确定法人的国籍便存在困难。此说在实践中运用得不多。不过,法国法院曾采此说。

(4) 实际控制说。此说主张法人实际上由哪国控制,即应具有哪国国籍。在战争时期,这种学说对判定敌性法人具有重要意义。在实际生活中,有时一些法人虽依敌国法律成立,并不足以判定其为敌性法人;反之,有些法人其股份虽为内国人所掌握,也不足以证明它就完全为内国利益服务。因此,持这种主张的人认为应透过这些现象,看法人实际上为哪一国所控制即为哪国法人。例如,1916 年和 1925 年,瑞典都曾通过有关立法,禁止在瑞典组成而实际上为外国所操纵的公司取得瑞典的土地与矿藏,因为当时德国工业巨头常常躲在瑞典公司的背后,大量购买瑞典的森林和矿产资源,以危害瑞典的民族经济。

(5) 复合标准说。采此说,或综合法人的住所地和组成地两项标准定其国籍;或综合法人的住所地和准据法两项标准定其国籍,或综合组成地和准据法两项标准定其国籍。例如,我国 2001 年修订的《中外合资经营企业法实施条例》第 2 条就规定,依照中外合资经营法批准并在中国境内设立的合资企业是中国法人。又如日本一般采取准据法主义,但要取得日本内国法人的资格,除依日本法成立外,尚需在日本设有住所,凡不符合这两个条件均被视为外国法人。1970 年国际法院在审理巴塞罗那公司案时,也指出:对于公司的外交保护权,只能赋予该公司依据其法律成立并在其领土内有注册的事务所的国家。

在现实生活中,各国并不只是依照某一种标准来判定法人国籍的,而是往往依上述几种标准,根据具体的情况,结合本国的利益和需要,灵活加以运用的。

(二) 跨国公司的国籍确定

跨国公司(transnational company)也称多国公司或国际公司等,一般由总公司或母公司和分布在世界各地的子公司或分支机构组成。因此,在确定跨国公司的国籍时,应该将母公司与子公司区别开来,将分布在不同国家的子公司逐个区别开来,而后,按照内国的确定法人国籍的标准,结合个案的具体情况分别确定跨国公司及其子公司的国籍。如1979年《匈牙利国际私法》第18条规定,认为法人应以其登记国法为属人法,而法人个别登记的分支机构或工厂的属人法亦乃它们各自的登记国法。

(三) 中国确定法人国籍的立法与实践

中华人民共和国成立初期,在清理外国人在华企业时,为了肃清帝国主义在华特权,主要采法人资本实际控制说,以法人资本实际控制于何国人手中的情况来确定法人的国籍。例如,上海永安公司(新中国成立后定名为上海第十百货商店)原来成立时登记为美商,太平洋战争爆发后,又改为华商,抗战胜利后复登记为美商,但该公司实际上是中国人投资且一直为中国人所经营掌握,因此,中华人民共和国成立后中国政府将该公司定性为中国私营企业,而未作外国法人对待。

目前,对外国法人国籍的确定,我国采注册登记国说。这可以从最高人民法院《关于贯彻执行〈中华人民共和国民法通则〉若干问题的意见(试行)》第184条规定看出,它规定,外国法人以其注册登记地国家的法律为其本国法。外国法人在中国领域内进行的民事活动,必须符合中国的法律规定。同时对于在外国已根据它的法律取得了该外国国籍的法人,中国也都承认其已取得的国籍,而不问该外国适用何种确定法人国籍的标准。

对中国内国法人国籍的确定,则采法人成立地和准据法复合标准,故只有依照中国法律组成并且在中国境内设立的法人才能取得中国内国法人的资格。例如,中外合资经营企业和中国境内的外资企业便是分别依照《中外合资经营企业法》和《外资企业法》,经中国主管部门批准并在中国工商行政管理机关登记注册而在中国境内设立的,故中国法律确定这两种企业是中国法人。

二、法人的住所

许多大陆法系国家不承认法人具有自然人意义上的住所(domicile)或居所(residence),而只是关注法人的所在地(seat)。通常,法人的所在地就是法人的管理中心或主事务所所在地。而英美国家认为,法人有其住所。

在国际私法上,法人的属人法虽多为法人的国籍国法,但在确定法人国籍时,一些国家采用法人的住所在何国作为依据,更何况亦有国家直接以法人住所所在国法为其属人法。此外,法人的住所对确定司法管辖权及税收管辖权等也有必要。因此,对于法人住所的确定,在国际私法上是有其重要意义的。只是对于何处为法人的住所,又主要有如下不同主张。

(一) 管理中心所在地说

管理中心所在地说又称主事务所所在地说。这种主张认为,法人的管理中心是法人的首脑机构,故法人的住所应该是它的管理中心或主事务所所在地。西方发达国家多采这种主张。例如,1999 年修订的《日本民法典》第 50 条规定:"法人以其主事务所所在地为住所。"又如法国、德国的民法规定,法人的住所,就商业法人而言应在其商业事务管理中心地;而就非商业法人而言,应是它履行其职能活动所在地。不过采此说确定法人的住所,本在内国从事经营活动的法人,欲规避内国法律的适用,只要将管理中心或主事务所设在国外,取得外国住所,即可轻易地达到目的,因此对此说也有反对的。我国《民法总则》第 63 条规定,法人以它的主要办事机构所在地为其住所。我国《公司法》第 10 条也作了相似规定。2015 年最高人民法院《关于适用〈中华人民共和国民事诉讼法〉的解释》第 3 条规定,法人或者其他组织的主要办事机构所在地不能确定的,法人或者其他组织的注册地或者登记地为住所地。

(二) 营业中心所在地说

此说认为,法人运用自己的资本从事经营活动的地方便是该法人以实现其经营目的之所在,故法人的住所应是法人实际上从事经营活动的所在地。例如,埃及、叙利亚等国便认为法人住所应在其营业中心地。此说也有不足之处,因为有时一个公司有几个中心营业点或开发利用中心。至于从事保险业、运输业或银行业的法人,其营业范围常常跨越数国,更难确定其营业中心地所在。

(三) 法人住所依其章程之规定说

由于法人之登记,一般应于其章程中明确指明其住所,故如 1907 年《瑞士民法典》第 56 条便规定,法人的住所,依法人章程的规定(而在章程无规定时,则以执行其事务之处所为法人住所)。在实际生活中,不少法人经常规定其营业中心地或管理中心地为住所,但也可能不在这些地方。

(四) 成立地说

法人的住所类推于自然人的原始住所,即法人的住所在其成立地。英国、美国和印度等国即采此说。戚希尔曾指出:"每一个人,自然人和法人,在出生时取得原始住所,在自然人的情况下就是他父亲的住所,在法人的情况下,就是他出生(成立地)的国家。"[①] J. G. 柯里尔(J. G. Collier)在其所著《冲突法》中也指出,公司的属人法即它的住所地法,而其住所即它的组成地。[②]

---

① 李双元、蒋新苗主编:《现代国籍法》,湖南人民出版社 1999 年版,第 173 页。
② See J. G. Collier, Conflict of Laws, 3rd ed., Cambridge University Press, 2001, p.57.

此外，法人居所(residence)也是影响法人属人法的重要联结因素。[①] 一般而言，法人居所与决定法人纳税义务或诉讼责任、诉讼费用担保、战时敌对外国人身份等有关。在英国，公司的居所在公司管理和控制中心所在地，即使该地与成立地不同。但是如果公司的管理控制中心分别在两个主事务所时，一个公司可有两个居所。2009年《罗马尼亚民法典》第2570条第3—4款规定，法人的经常居所位于该法人的主要营业地。法人的主要营业地是该法人的管理中心所在地。

三、外国法人的认许

（一）外国法人认许的概念

外国法人要取得在内国活动的权利，无论大陆法或普通法，都认为必须经过内国的认许。所谓外国法人的认许，即对外国法人以法律人格者在内国从事民商事活动的认可，它是外国法人进入内国从事民商事活动的前提。

对外国法人是否许可其在内国活动，应分别从两个方面加以解决：一是该组织是否已依外国法成立为法人，二是依外国法已有效成立的外国法人，内国法律是否也承认它作为法人而在内国存在与活动。前者涉及外国法人是否存在的事实，这当然只能依有关外国法人的属人法判定；后者涉及内国的法律和利益问题，即内国是否也在法律上承认其法人资格并允许其活动及其活动范围与监督的问题。一般主张对外国法人的认许没有创设性质，而只有确认或宣示的性质。未经内国认许的法人不得在内国以法人名义进行活动，否则，该法人将与行为人负连带责任。

（二）外国法人认许的程序

对外国法人认许的程序，归纳起来，一般有以下几种：

（1）特别认许程序。即内国对外国法人通过特别登记或批准程序加以认许。

（2）概括认许程序（又称相互认许程序）。即内国对属于某一特定外国国家的法人概括地加以认可。例如，1857年法国曾颁布一个法律，概括地承认凡经比利时政府许可成立的法人，均可在法国行使其权利；对其他各国法人，也于同一法律中规定，只要是在有互惠关系的国家成立的法人，也应承认。概括认许也可通过国际立法进行，即有关国家缔结国际条约相互认许其他缔约国的法人。例如，1956年海牙《承认外国公司、社团和财团法律人格的公约》以及1968年欧洲经济共同体《关于相互承认公司和法人团体的公约》，都是有关国家通过条约规定了相互或概括认许程序的。

[①] R. H. Graveson, The Conflict of Laws, 5th ed., Sweet and Maxwell, 1965, p.181.

(3) 一般认许程序。即凡依外国法已有效成立的法人，不问其属于何国，只需根据内国法规定，办理必要的登记或注册手续，即可取得在内国活动的权利。

(4) 分别认许程序。即对外国法人分门别类，或采特别认许，或采相互认许，或采一般认许。例如，法国对有条约关系的国家的法人采取相互认许程序，对无互惠关系的采取特别认许程序。德国对商业法人采取一般认许程序，而对非商业法人必须经特别认许程序。

(三) 中国有关外国法人认许的规定

自实行对外开放政策以来，外国公司、企业、个人来中国进行商贸、投资活动的越来越多。外商的活动主要有三种方式：(1) 临时来华进行经贸活动；(2) 在中国直接投资，主要形式有中外合资经营企业、中外合作经营企业、外商独资企业等；(3) 在中国进行连续的生产经营活动，以外国公司或企业名义在中国设立分公司或代表机构等分支机构。对于采取第一种方式的外国法人，中国立法采取自动承认其在本国的主体资格的政策，在程序上属于一般认许。对于第二种方式，因为外商投资企业均为中国法人，故不存在认许问题。对于第三种方式，以前，中国法律规定不甚详尽，散见于行政法规、政策之中，其中主要有：1980 年国务院《关于管理外国企业常驻代表机构的暂行规定》、2018 年国务院《外国企业常驻代表机构登记管理条例》、2016 年国务院《外资保险公司管理条例》、2002 年中国人民银行《外资金融机构驻华代表机构管理办法》和 2014 年国务院《外资银行管理条例》。

我国 2013 年修订的《公司法》设专章规定了外国公司的分支机构问题（第 11 章第 191 条至第 197 条）。根据《公司法》第 192 条规定，外国公司在中国境内设立分支机构，必须向中国主管机关提出申请，并提交其公司章程、所属国的公司登记证书等有关文件，经批准后，向公司登记机关依法办理登记，领取营业执照。外国公司分支机构的审批办法由国务院另行规定。关于外国公司分支机构的法律地位，我国《公司法》第 195 条明确规定，外国公司在中国境内设立的分支机构不具有中国法人资格。外国公司对其分支机构在中国境内进行经营活动承担民事责任。从以上可以看出，中国对外国法人在中国设立常驻代表机构等分支机构，采取的是特别认许程序，即必须先经批准，再行登记，而后才能以外国法人驻中国常驻代表机构的名义在中国境内进行活动。

四、法人的权利能力与行为能力

(一) 法人权利能力和行为能力的法律冲突

各国民法关于法人权利能力和行为能力的规定是不尽相同的，例如有的国家（法国和意大利等）承认无限责任公司是法人，而有的国家（如德国和瑞士等）则不承认无限责任公司是法人。德国商法认为登记是公司成立的要件，而日本商法认为登记并非公司成立的要件,仅为对抗第三人的要件。有的国家(如比利时和法国等)规定有限责任公司不能向公众发行债券,而德国则没有这种禁止规定。因此,法人的权利能力和行为能力的法律冲突势必产生。

需要指出的是,法人的权利能力和行为能力同时开始,并且二者的范围也是一致的。因此,对于法人的权利能力和行为能力的法律冲突,国际私法上是采用同一冲突规则来解决的,即适用法人的属人法。

(二) 法人属人法的确定

一般主张法人属人法是决定法人权利能力和行为能力的准据法,即确定法人身份、构成和法律地位的法律。而法人属人法主要采法人国籍国法或法人住所地法或成立地法说。如1999年《白俄罗斯民法典》第1111条认为"法人成立地国法为其属人法"。1979年《匈牙利国际私法》第18条则规定法人属人法为法人登记国法,如果法人按几个国家的法律进行登记,或依其主事务所所在地法无需登记,其属人法乃其章程所指定主事务所所在地国法;如依设立法人的章程法人并无主事务所,或有几个主事务所,并且未依任何国家的法律进行登记,其属人法为管理中心所在地法。

我国目前对外国法人采注册登记地为确定其国籍的标准。我国《涉外民事关系法律适用法》第14条规定,法人及其分支机构的民事权利能力、民事行为能力、组织机构、股东权利义务等事项,适用登记地法律。法人的主营业地与登记地不一致的,可以适用主营业地法律。法人的经常居所地,为其主营业地。最高人民法院《关于适用〈中华人民共和国涉外民事关系法律适用法〉若干问题的解释(一)》第16条规定,人民法院应当将法人的设立登记地认定为涉外民事关系法律适用法规定的法人的登记地。而最高人民法院《关于贯彻执行〈中华人民共和国民法通则〉若干问题的意见(试行)》第185条曾规定,当事人有两个以上营业所的,应以与产生纠纷的民事关系有最密切联系的营业所为准;当事人没有营业所的,以其住所或者经常居住地为准。

(三) 法人属人法的适用范围

法人属人法的适用范围亦大同小异,1995年《意大利国际私法制度改革法》第25条规定,支配该法人或非法人社团的法律(主要是其成立地国法,但如其总部或主要工作机构设在意大利,则应适用意大利法)支配以下事项:该法人或非法人团体的法律性质;商业或社团名称;成立、转让与解散;能力;组织的编制、权力及运作方式;机构、成员资格的取得与丧失及由此而发生的权利和义务;企业负债的法律责任;违反法律或公司章程的后果。如前所述,根据我国《涉外民事关系法律适用法》第14条第1款规定,法人属人法适用于法人及其分支机构的民事权利能力、民事行为能力、组织机构、股东权利义务等事项。

综上可见,一般地说,法人属人法主要应适用于以下事项:(1) 法人的成立和法人的性质。这与适用属人法来解决自然人是否已取得权利能力基于同一道理。因此，凡依其属人法已取得法人资格的组织，便也可在外国被认为是法人；反之，依其属人法不具有法律上人格的组织，在其他任何国家也不会被认为是法人。(2) 法人的权利能力。这包括法人能从事何种活动，能取得何种财产权利，法人能否为"权限外的行为"(即超出法人章程范围以外的行为)，法人有无侵权行为责任能力，法人有无诉讼能力等问题。(3) 法人的内部体制和对外关系。(4) 法人的解散。(5) 法人的合并或分立对前法人债务的继承问题等。

至于是否允许外国法人在内国活动及其活动的范围、对外国法人的监督以及外国法人在内国享有权利与承担义务的限制等问题，则必须适用内国的外国人法。例如，一外国法人依其属人法有购买和占有土地的权利，但如果内国法律禁止外国法人买卖和占有土地，则该法人就不能在内国取得土地。因此，具体的权利和行为能力除适用法人属人法外，还得同时受内国的外国人法的约束。

【案例 6.2】　华盛昌财务有限公司与立丰实业有限公司信用证纠纷案[①]

被告香港海伟投资有限公司(简称"海伟公司")为向芬兰科恩公司购买电梯，与原告香港立丰实业有限公司(简称"立丰公司")于 1994 年 1 月 12 日签署代开信用证协议，金额为 239 万德国马克(按开证当天汇率折算成美元)，所有开证费用由海伟公司承担，海伟公司按开证金额的 4% 向立丰公司支付手续费，海伟公司于交货前七天将与信用证一致的美元电汇到立丰公司指定账户，如逾期，从立丰公司垫付款之日起支付利息，利率按年息 9% 计算。该协议同时约定海伟公司应向立丰公司出具由上诉人香港华盛昌公司提供的担保函。同日，华盛昌公司向立丰公司出具了盖有华盛昌公司印章及其总经理于华签名的保函。该保函称，华盛昌公司为海伟公司在前述协议中所应履行的义务和责任进行担保，担保有效期为前述协议签订日至 1994 年 12 月 31 日，在此期间由于海伟公司未能履行的义务和责任将由华盛昌公司承担。后来立丰公司依约申请中国银行香港分行于 1994 年 1 月 17 日开出了不可撤销跟单信用证。但海伟公司未按代开信用证协议于科恩公司交货前七日将资金电汇至立丰公司指定账户，欠立丰公司代开信用证资金 1177175.96 美元及利息、开证手续费 9.56 万德国马克。

被告华盛昌公司答辩称，华盛昌公司当时的于华总经理在签署保函时未经华盛昌公司董事会的授权。于华签的保函没有约因，于华超越权限出具保函，因此保函无效，同时诉讼已过诉讼时效。

[①] 参见杜涛：《国际经济贸易中的国际私法问题》，武汉大学出版社 2005 年版，第 127—128 页；重庆市高级人民法院民事判决书(2002)渝高法经二终字第 96 号。

本案涉及的主要问题是华盛昌公司是否需要承担担保责任,涉及的法律关系是担保关系。由于保函并未约定法律适用,根据我国《民法通则》第 145 条第 2 款的规定,应依据最密切联系原则决定该担保关系应适用的法律。而在该案中,三方当事人均为香港公司,保函也在香港开立,故应适用香港法律。但是,该案还涉及一个首先要解决的问题,即华盛昌公司当时的于华总经理在签署保函时是否有华盛昌公司董事会的授权及其效力问题,也需要单独确立应适用的法律。显然,该问题属于华盛昌公司的内部事务,应当适用公司的属人法即香港的公司条例,根据香港的公司条例,总经理拥有此项权利。所以,重庆市高级人民法院最后判决支持了原告立丰公司的诉讼请求。

【思考题】

1. 中国法院对下列宣告死亡案是否有管辖权? 法院应适用何国法律?

【案例 6.3】 丈夫国外打工期间妻子申请宣告其死亡案[①]

北京石景山居民杨永平指控妻子王梅为达到重婚目的,恶意向法院申请宣布在日本打工的自己死亡,因此他将王梅告上法庭,请求法院追究王梅重婚的刑事责任。石景山区人民法院受理了这桩离奇的自诉重婚案。

杨永平介绍,1993 年 11 月 1 日,他与王梅自由恋爱结婚。婚后不久,他被单位派往日本研修 2 年。在日期间,妻子王梅多次来信,劝说他为了将来的前途留在日本。于是,在学习期满后,离开研修单位的他滞留在日本,开始了打工生活。在日打工期间,杨永平先后给国内的王梅汇款 800 万日元(约合人民币 56 万元)。2001 年起,王梅态度大变,说不认识杨永平,要杨永平不要再骚扰她。2002 年,杨永平被日本政府以非法滞留的名义遣返回国。回国后,王梅对杨永平避而不见。2003 年年底,在杨永平的要求下,法院判决两人离婚,并确认了"婚前财产归杨永平所有,王梅还需给付杨永平 23 万元"的财产处理方式。

王梅不服判决提出上诉,声称她早已以杨永平下落不明为由,向法院申请宣告杨永平死亡。2002 年 12 月,法院经过公告寻人无线索已经宣告杨永平死亡。2003 年 3 月,王梅又与他人登记结婚,因此不存在离婚一说,要求撤销这一判决。获悉自己曾经"死去"的情况后,杨永平大怒。他再次走进法院,指控王梅在婚姻关系存续期间,故意隐瞒事实真相,恶意宣告他死亡,以达到重婚目的,其行为已涉嫌重婚罪,请求法院撤销对自己的死亡宣告,追究王梅的刑事责任,并要求赔偿损失 10 万元。2004 年 12 月 15 日,石

---

① 参见李双元、欧福永主编:《国际私法教学案例》(第二版),北京大学出版社 2012 年版,第 110—111 页。

景山区人民法院因考虑到王梅尚在哺乳期内,故判处王梅拘役 6 个月,缓刑 1 年,同时判决王梅与他人的婚姻无效。

2. 同样是解决国籍冲突,国际私法与国际公法的目的有何不同?
3. 简述住所与国籍、居所和惯常居所在法律上的区别。
4. 简述自然人权利能力法律适用的主要做法。
5. 为什么在某种情况下需要采用行为地法来判定自然人的行为能力?
6. 如何处理连结点改变后的自然人行为能力的问题?
7. 试述法人国籍的确定。
8. 如何确定法人的住所?
9. 简述法人属人法的适用范围。

【司法考试真题】

1. 对于外国人大卫同时具有甲国国籍和乙国国籍,我国法院应如何确定其本国法?(2004 年不定项选择题,题干有删节,如适用《涉外民事关系法律适用法》,则答案不同)
   A. 以大卫有住所的甲国法律为其本国法
   B. 以票据行为地丙国的法律为其本国法
   C. 以大卫有惯常居所的乙国法律为其本国法
   D. 以与大卫有最密切联系的国家的法律为其本国法

2. 甲公司在德国注册成立,在中国进行商业活动时与中国的乙公司发生商务纠纷并诉诸中国法院。法院经审理查明:甲公司的控股股东为英国人,甲公司在德国、英国和中国均有营业所。依照我国有关法律及司法解释,法院应如何选择确定本案甲公司营业所?(2006 年单选题)
   A. 以其德国营业所为准
   B. 以其英国营业所为准
   C. 以其中国营业所为准
   D. 以当事人共同选择的营业所为准

3. 中国籍人李某 2008 年随父母定居甲国,甲国法律规定自然人具有完全民事行为能力的年龄为 21 周岁。2009 年李某 19 周岁,在其回国期间与国内某电脑软件公司签订了购买电脑软件的合同,合同分批履行。李某在部分履行合同后,以不符合甲国有关完全民事行为能力年龄法律规定为由,主张合同无效,某电脑软件公司即向我国法院起诉。依我国法律规定,下列哪一说法正确?(2009 年单选题。2002 年单选题第 62 题、2005 年单选题第 37 题与本题相似,不再列出)
   A. 应适用甲国法律认定李某不具有完全行为能力
   B. 应适用中国法律认定李某在中国的行为具有完全行为能力

C. 李某已在甲国定居,在中国所为行为应适用定居国法律
D. 李某在甲国履行该合同的行为应适用甲国法律

4. 甲国籍人罗伯逊与家人久居乙国,其原始住所在甲国。罗伯逊在乙国和丙国均有生意和住所,不时去丙国照看生意,并与在丙国居住的父母小住。近年来,由于罗伯逊在中国的生意越来越好,长期居住于在北京某饭店包租的578号房间。涉及丙国的纠纷在中国法院审理,关于罗伯逊住所认定,下列正确的是:(2009年不定项选择题。2005年单选题第40题与本题相似,不再列出)

A. 应以长期居住地北京某饭店578号房间为其住所
B. 应以乙国的住所为其住所
C. 因涉及丙国的纠纷,应以丙国的住所为其住所
D. 应以甲国的原始住所为其住所

5. 甲国A公司和乙国B公司共同出资组建了C公司,C公司注册地和主营业地均在乙国,同时在甲国、乙国和中国设有分支机构,现涉及中国某项业务诉诸中国某法院。根据我国相关法律规定,该公司的民事行为能力应当适用哪国法律?(2011年单选题)

A. 甲国法   B. 乙国法
C. 中国法   D. 乙国法或者中国法

6. 甲国公民琼斯的经常居住地在乙国,其在中国居留期间,因合同纠纷在中国法院参与民事诉讼。关于琼斯的民事能力的法律适用,下列哪一选项是正确的?(2012年单选题)

A. 民事权利能力适用甲国法
B. 民事权利能力适用中国法
C. 民事行为能力应重叠适用甲国法和中国法
D. 依照乙国法琼斯为无民事行为能力,依照中国法为有民事行为能力的,其民事行为能力适用中国法

7. 张某居住在深圳,2008年3月被深圳某公司劳务派遣到马来西亚工作,2010年6月回深圳,转而受雇于香港某公司,其间每周一到周五在香港上班,周五晚上回深圳与家人团聚。2012年1月,张某离职到北京治病,2013年6月回深圳,现居该地。依我国《涉外民事关系法律适用法》(不考虑该法生效日期的因素)和司法解释,关于张某经常居所地的认定,下列哪一表述是正确的?(2013年单选题)

A. 2010年5月,在马来西亚   B. 2011年12月,在香港
C. 2013年4月,在北京   D. 2008年3月至今,一直在深圳

8. 经常居住于中国的英国公民迈克,乘坐甲国某航空公司航班从甲国出发,前往中国,途经乙国领空时,飞机失去联系。若干年后,迈克的亲属向中国法

院申请宣告其死亡。关于该案件应适用的法律,下列哪一选项是正确的?(2014 年单选题)

  A. 中国法   B. 英国法   C. 甲国法   D. 乙国法

9. 德国甲公司与中国乙公司在中国共同设立了某合资有限责任公司,后甲公司以确认其在合资公司的股东权利为由向中国某法院提起诉讼。关于本案的法律适用,下列哪一选项是正确的?(2014 年单选题)

  A. 因合资公司登记地在中国,故应适用中国法

  B. 因侵权行为地在中国,故应适用中国法

  C. 因争议与中国的联系更密切,故应适用中国法

  D. 当事人可协议选择纠纷应适用的法律

10. 经常居所同在上海的越南公民阮某与中国公民李某结伴乘新加坡籍客轮从新加坡到印度游玩。客轮在公海遇风暴沉没,两人失踪。现两人亲属在上海某法院起诉,请求宣告两人失踪。依中国法律规定,下列哪一选项是正确的?(2016 年单选题)

  A. 宣告两人失踪,均应适用中国法

  B. 宣告阮某失踪,可适用中国法或越南法

  C. 宣告李某失踪,可适用中国法或新加坡法

  D. 宣告阮某与李某失踪,应分别适用越南法与中国法

11. 韩国公民金某在新加坡注册成立一家公司,主营业地设在香港地区。依中国法律规定,下列哪些选项是正确的?(2016 年多选题)

  A. 该公司为新加坡籍

  B. 该公司拥有韩国与新加坡双重国籍

  C. 该公司的股东权利义务适用中国内地法

  D. 该公司的民事权利能力与行为能力可适用香港地区法或新加坡法

【扩展性阅读材料】

1. 何其生:《我国属人法重构视阈下的经常居所问题研究》,载《法商研究》2013 年第 3 期。

2. 宋晓:《属人法的主义之争与中国道路》,载《法学研究》2013 年第 3 期。

3. 杜焕芳:《自然人属人法与经常居所的中国式选择、判准和适用》,载《法学家》2015 年第 3 期。

4. 刘益灯:《惯常居所:属人法趋同化的必然选择》,载《中南工业大学学报(社会科学版)》2002 年第 3 期。

5. 萧凯:《论公司属人法的确定》,载《中国国际私法与比较法年刊》(2003 年卷),法律出版社 2003 年版。

6. Habitual Residence[①]

This connecting factor has been employed in several statutes, some of which are based upon international conventions which employ the term either in addition to, or in place of, domicile. Thus, it is used as an alternative to domicile in respect of the jurisdiction of the English courts to grant decrees of divorce, judicial separation and nullity of marriage, and in respect of the law governing the formal validity of wills. It is used as an alternative to domicile and nationality as a basis for the jurisdiction of a foreign court when recognition of an overseas divorce is in issue. It has relevance in the choice of law rules for contract and plays a part in the laws of taxation, immigration and social security.

In Cruse v. Chittun, an early case which concerned the recognition of an overseas divorce, habitual residence was said to denote "regular physical presence which must endure for some time". In several cases, the courts have said that it is a question of fact; this has turned out to be over-optimistic and, unavoidably, perhaps, legal rules have developed.

Some principles were stated by Lord Brandon in the leading case. Habitual residence must be understood in the natural and ordinary meaning of those words and is a question of fact to be decided in the light of the circumstances of the case. Unlike domicile, it cannot be acquired in a single day, since "appreciable period of time and a settled intention to reside on a long-term basis" are necessary. The "settled intention" need not be an intention to stay in the country permanently or indefinitely. Like domicile, it is immediately lost by leaving a country with a settled intention not to return.

Although in several cases, habitual residence has been said to differ not at all from ordinary residence, there are at least two differences between them. A person can have only one habitual residence but may have more than one ordinary residence at any one time. Whereas ordinary residence can be acquired in a single day, habitual residence needs an appreciable period of time.

Habitual residence differs from domicile in several respects. It is not ascribed to a person at birth; the intention required for its acquisition is different and a previous habitual residence does not revive on the abandonment of one which has been subsequently acquired. It is, however, abandoned in the same way as domicile is abandoned. Therefore, a person can be without a habitual residence.

---

① J. G. Collier, Conflict of Laws, 3rd ed., Cambridge University Press, 2001, pp. 55—57.

第七章 法律行为与代理

第一节 法律行为

一、法律行为的法律冲突

所谓法律行为,是指民事法律关系主体设立、变更、终止民事权利和民事义务的行为。在国际民商事交往中,涉外民事法律关系大多是涉外法律行为引发的。超出一国范围的法律行为,很可能会产生法律适用问题。由于各国民商法对法律行为的规定存在很多歧异,也就必然会带来法律适用当中的法律冲突。对于法律行为的法律冲突,可以区分为实质要件和形式要件两个方面。

(一) 实质要件方面

(1) 当事人的行为能力。由于各国对公民享有何种行为能力的年龄限制互有差别,对某些行为能力的主体范围的规定也有所不同,因而可能会产生法律冲突。例如,各国一般只规定未成年人、禁治产人无订立合同的能力,而法国却对已婚妇女也作出限制。

(2) 当事人的有效意思表示。在当事人的意思表示方面,各国法律之间的冲突是明显的。比如,关于最常见的合同的意思表示,即要约与承诺,各国规定就各有不同。一种行为在甲国被认可为"要约",而在乙国,却可能被视为"要约邀请";对于承诺的生效,各国更有"投邮生效""送达生效"等种种不同的规定。

(3) 法律行为的内容合法性。各国法律对此不仅都有各自严密的具体规定,而且还使用"善良风俗""公共秩序""社会基本利益"等法律原则对此加以弹性补充。由此一来,一项行为怎样才算合法,有时可能要完全依赖于各国根据自身利益来解释,这就很容易产生法律冲突了。

(二) 形式要件方面

各国在形式要件方面的规定也存在诸多差异。首先,各国对于要式法律行为与不要式法律行为各自范围的划分有所不同,有些法律行为在甲国被要求采用特定形式,而在乙国则很可能完全由当事人意思自治;其次,虽然各国对同一类法律行为都规定了特定形式,但这些特定形式却可能是互不相同的。如在婚姻成立的形式要件上,英国同时承认宗教仪式方式和民事登记方式,美国除前述两种方式之外,还实行事实婚方式,而其他一些国家可能只承认其中一种方式。

二、法律行为的法律适用

法律行为的准据法,从大的方面看,至少应分为法律行为实质要件方面的准据法和法律行为形式要件方面的准据法。由于在国际私法的普遍实践中,对于法律行为实质要件的准据法,多依不同法律关系的性质而分别加以规定(如契约行为适用当事人自主选择的法律,物权行为适用物之所在地法,等等),因此这里我们着重研究法律行为形式要件的准据法。

一项涉外法律行为究竟是否需要采取特定方式,以及采取何种方式,关系到一项行为能否有效成立的问题。综观各国的国际私法立法和实践,法律行为形式要件的准据法的选择方法,主要有以下几种:

(一)根据"场所支配行为"原则,适用行为地法

"场所支配行为"(locus regit actum)是最古老也是最常用的原则。自巴托鲁斯创立法则区别说以来,关于法律行为的方式,一直沿用这个原则,各国立法也大都规定行为方式适用行为地法。不过,尽管"场所支配行为原则"被学者们称为各国普遍承认的习惯法或不存在争议的原则,但对其性质的认识却有不同的看法。一种主张认为它是强制性规范,因而在实践中采取绝对适用主义,即法律行为方式只适用行为地法,如阿根廷、智利、哥伦比亚、古巴、危地马拉、洪都拉斯、荷兰和西班牙等国;另一种主张则认为它是任意规范,因而在实践中采取相对的选择适用主义,即法律行为方式既可适用行为地法,也可在一定条件下选择适用其他法律,如德国、瑞士、比利时、意大利、瑞典和日本等国。从当今的国际立法实践来看,各国大都倾向于认为"场所支配行为原则"是任意性规范。

(二)以适用法律行为本身的准据法为主,适用行为地法为辅;或者以适用行为地法为主,而以适用法律行为本身的准据法为辅

采用这两种做法的国家实际上是把法律行为实质要件的准据法(即法律行为本身的准据法)和行为地法均作为法律行为形式要件的准据法,以供选择适用,只不过选择的主次顺序不同。例如,2007年《土耳其国际私法和国际民事诉讼程序法》第7条规定:"法律行为的方式适用行为完成地法,也可适用调整行为效力的法律。"1982年《南斯拉夫国际冲突法》第7条规定:"除本法或其他联邦另有规定者外,法律行为方式的有效性依该行为成立地法或履行地法,或者依适用于该行为的内容的法律。"

(三)采用多种连结因素,以更为灵活方法来确定法律行为方式的准据法

此类冲突规范允许选择的准据法可以包括法律行为成立和效力的准据法、行为地法、属人法和法院地法等。1946年《希腊民法典》第11条就规定:"法律行为的方式如果符合决定行为内容的法律,或者符合行为地法,或者符合全体当事人的本国法,皆认为有效。"

值得注意的是,某些特殊的法律行为的方式不受上述各种一般原则的约束而需另作处理。如关于物权行为,特别是不动产物权的行为方式,包括登记或进行处分的法律行为方式,如土地抵押设定方式、房屋让渡方式等等,一般只允许适用物之所在地法。例如,根据2007年《日本法律适用通则法》第10条规定,法律行为的方式,依应适用于该法律行为成立的法律;不依前款规定,而依行为地法,亦为有效,但设定或处分物权及其他登记之权利的法律行为不在此限。

我国一些法律对法律行为的法律适用虽然作了规定,但是没有明确这些规定是对法律行为实质要件还是形式要件的规定。例如我国《涉外民事关系法律适用法》第36条规定,不动产物权,适用不动产所在地法律。从理论和实践来看,我国把这类规定理解为同时适用于法律行为实质要件和形式要件。一些单行法规对法律行为的形式要件的法律适用作了规定,例如我国《票据法》第97条规定,汇票、本票出票时的记载事项,适用出票地法律;支票出票时的记载事项,适用出票地法律,经当事人协议,也可以适用付款地法律。我国《涉外民事关系法律适用法》第22条规定,结婚手续,符合婚姻缔结地法律、一方当事人经常居所地法律或者国籍国法律的,均为有效。

第二节 代 理

一、代理的概念及法律冲突

代理是指代理人在代理权限内,以被代理人的名义,同第三人为民事行为,其效力直接及于被代理人的行为。涉外代理,就是有外国因素的代理,具体指:代理人和被代理人具有不同的国籍或者住所在不同国家;或代理人和第三人具有不同的国籍或者住所在不同国家;或代理人根据被代理人的委托,在外国实施代理行为。涉外代理可分为法定代理、指定代理和意定代理。本书着重阐述意定代理。

由于各国具体的社会经济条件各不相同,所以,对代理的法律规定往往有较大的差别,使涉外代理关系产生了较为复杂的法律冲突。

第一,在立法体例上,由于英美法系没有民法典,所以,鲜有关于代理一般法则的成文立法。在大陆法系,《法国民法典》将代理混同于委任,没有建立独立的代理法律制度;《德国民法典》和《日本民法典》则将代理与委任区别开来,把代理列在总则编,委任规定在债编,从而使代理成为独立的法律制度。

第二,对代理关系的范围,英美法系和大陆法系有着很大的歧异。在英美法,代理的范围相当大,根据美国《代理法重述》第1条,它包括:雇主与受雇人之间的雇佣关系;非受雇人的代理人即独立缔约人与被代理人之间的代理关系。

同时,由于英美法中的家庭法律制度及信托制度在很大程度上代替了大陆法中法定代理的职能,所以,英美法中的代理,主要是委托代理。而大陆法的代理,包括法定代理和意定代理,雇佣关系则不属代理法的调整范畴。

第三,就规定的实际内容而言,区别也很大。例如,德国、瑞士及日本等国,均承认隐名代理,而我国台湾地区《民法典》则没有明文规定。1804 年《法国民法典》和 1896 年《日本民法典》有复代理的规定,1896 年《德国民法典》和 1872 年《瑞士债务法》则没有此规定,而我国台湾地区民法一般禁止复代理。

由于各国代理法之间的歧异,在涉外代理中,必然发生法律冲突以及随之而来的法律适用问题。因为代理存在三方面法律关系:一是被代理人与代理人的关系;二是被代理人与第三人的关系;三是代理人与第三人的关系。前者为代理的内部关系,后二者为代理的外部关系。所以,在国际私法上,一般应就上述三方面关系分别确定其准据法。

二、代理的法律适用

(一)被代理人与代理人的关系的法律适用

被代理人与代理人的关系,也即代理权关系,其准据法应依产生代理权的原因分别确定。如在法定代理中,代理人因与被代理人具有身份关系(如监护)而被法律赋予代理权,这时,代理权关系应依身份关系的准据法。在意定代理中,如果仅从代理权源于合同这一角度来分析,应依照合同冲突法原则来决定代理权关系的准据法。

关于合同的法律适用,现今多采用当事人意思自治原则,因而支配本人与代理人间权利义务关系的准据法,也当首先由当事人约定。在当事人未选择委托合同的准据法时,关于如何确定应适用的法律,各国立法颇不一致,判例与学说分歧很大。归纳起来,主要有以下几种做法和主张:

(1)适用代理关系成立地法。例如,英国判例对于支配本人与代理人权利义务关系的法律,原则上是适用代理合同成立地法,《戴西和莫里斯论冲突法》一书称为代理合同自体法。[①] 美国的部分判例也采此做法。

(2)适用代理人为代理行为地法。例如,1978 年《奥地利联邦国际私法法规》第 49 条的规定。美国一些州的判例也采纳代理人为代理行为地法。

(3)适用代理人住所地法或营业地法。例如 1982 年《南斯拉夫国际冲突法》第 20 条、1964 年《捷克斯洛伐克国际私法及国际民事诉讼法》第 10 条第 2 款第 6 项、1979 年《匈牙利国际私法》第 25 条的规定。

[①] 〔英〕J. H. C. 莫里斯主编:《戴西和莫里斯论冲突法》(下),李双元等译,中国大百科全书出版社 1998 年版,第 1270—1271 页。

(4) 适用代理合同的重心地法或最密切联系地法。美国1971年《第二次冲突法重述》主张适用最密切联系地法。

(二) 被代理人与第三人关系的法律适用

本人与第三人的关系,即代理效果关系,实际上就是代理人与第三人所为的法律行为是否拘束本人的问题。

一般而言,若本人就代理人与第三人所缔结的契约应负责,必须满足两个前提条件:一是代理人有权拘束本人(即能证明代理权存在);二是代理人与第三人订立的合同(以下称为主要合同)有效。主要合同的准据法一般根据各国有关合同法律适用的原则加以确定,在此不作讨论。这里仅讨论适用什么法律来判定代理人是否有权拘束本人,它与主要合同的准据法不一定一致。

确定代理权是否存在的准据法的适用范围,通常包括:(1) 代理人是否享有代理权或表见代理权;(2) 代理权能否撤回;(3) 代理权若能撤回,是否已有效撤回等问题。

关于代理人是否有权拘束本人所应适用的法律,各国常采不同的原则:

(1) 适用本人住所地法或调整本人与代理人内部关系的法律。代理人是否有权拘束本人问题的准据法,最古老的做法是采用本人的住所地法,其理由在于认为这样对本人最为有利。这种立法主义显然是着眼于保护本人的利益,在19世纪末期为各国普遍采用。此外,一些学者也认为,代理与人的能力密切相关,代理制度的作用是扩张和补充人的行为能力。行为能力既然适用当事人的属人法,那么,代理关系也应适用本人的属人法,尤其是本人的住所地法。这种观点从另外一个角度对适用本人住所地法作出了阐释。也有学者主张,本人与第三人间的关系,应适用调整本人与代理人间的关系,即代理的内部关系的准据法。这种主张是构建在代理自治性基础上的。此种见解为卢森堡最高法院采用。

(2) 适用主要合同准据法。英国、法国采用这一做法。对采纳这一原则的原因,存在着多种解释。有的认为,由于代理人与第三人所缔结的主要合同的准据法,或为代理人与第三人明示选择的法律,或为合同缔结地法,或为合同履行地法,都是第三人事先能预料到的,符合当事人的期望,因此,以此为本人与第三人关系的准据法,对第三人最有利。有些学者主张代理人是否有权拘束本人应视作主要问题(代理人与第三人缔结的合同)的附随问题,二者应受同一法律调整。1940年订立于蒙得维的亚的《国际民法公约》第41条规定,主要合同的准据法是规范代理整个外部关系的准据法,代理人是否有权拘束本人附属于主要合同,所以,其准据法是主要合同的准据法。

(3) 适用代理人为代理行为地法。这也是着眼于保护第三人利益。在美国,如果本人曾授权代理人在某地为代理行为,或导致第三人合理地相信代理人有此代理权,则一般应适用代理行为地法来判定本人是否应对代理人的代理行为负责。有些国际条约,如1951年《荷兰、比利时、卢森堡关于国际私法统一法的公约》第18条,也采纳了这种做法。

鉴于代理关系的复杂性,对于某些特殊类型的代理中本人与第三人的关系,常单独考虑它们的法律适用问题。例如,船长的行为是否拘束船东,通常由船旗国法来决定;与诉讼程序有关的代理,适用诉讼地法;与处理不动产有关的代理,适用不动产所在地法。① 根据美国1971年《第二次冲突法重述》第232条的规定,"有关代理人移转土地或设定负担的权利,适用物之所在地法"。

(三) 代理人与第三人关系的法律适用

在通常情况下,就代理人与第三人的关系而言,代理人在代理行为完成后,即退居合同之外,与第三人并不存在权利义务关系。但是,如果代理人的行为构成对第三人的侵权时,则应依照侵权行为准据法的规定来确定代理人的责任。另外,对于无权代理或越权代理行为,如果依据支配本人与第三人关系的准据法,本人对第三人不负任何责任时,那么,就产生适用哪国法来调整无权代理人或越权代理人与第三人的关系问题。对此,学者们的见解颇为分歧。有的赞成适用代理人行为地法,有的主张适用主要合同的准据法,也有的倾向于适用支配本人与第三人关系的法律,还有的认为应适用代理人的属人法。

三、关于代理法律适用的海牙公约

为了解决代理的法律冲突问题,第13届海牙国际私法会议于1978年通过了《代理法律适用公约》,这是一部很有特色的关于代理法律适用的统一冲突法公约。该《公约》于1992年5月1日生效,截至2018年2月,只有4个成员,即阿根廷、法国、荷兰和葡萄牙。该《公约》共5章28条,主要内容包括:

(一)《公约》的适用范围

根据《公约》第1条的规定,《公约》适用于"一个人即代理人有权代表另一个人亦即本人的利益与第三人进行交易或打算进行交易"(包括代理人负责以他人名义接收和传送意思表示,或与相对人进行谈判等场合)所产生的具有国际性的关系的准据法的确定。只要是这样的代理关系,不管代理人是以自己的名义还是以被代理人名义进行代理活动,都属于本《公约》的适用范围。《公约》这样规定实际上既包括了普通法上的隐名代理(undisclosed agency),也包括了大陆法系法律上的间接代理(indirect agency);既适用于商业代理(commercial agency),也适用于非商业代理(noncommercial agency)。这是一个包容了两大法系关于代理的界定、范围相当广泛的定义。

但《公约》规定它不适用于当事人的能力、代理的形式要件以及家庭法、夫

---

① 参见杜涛、陈力:《国际私法》,复旦大学出版社2008年版,第159—160页。

妻财产制或继承法上的法定代理、由司法或准司法机关决定的代理、与司法性质的程序有关的代理和船长执行其职务上的代理。而且法人实体内部人员所谓的职务性"代理"也不属于《公约》的适用范围(第3条第1款)。此外,该《公约》也不适用于信托关系(第3条第2款)。

(二) 代理人与本人内部关系的法律适用

在代理人与被代理人的内部关系的法律适用上,《公约》第5条第1款赋予代理人与被代理人选择准据法的权利。但这种选择必须是明示的,或者是从当事人之间的协议以及案件的事实中可以合理而必然地推定的。如果当事人未选择准据法,《公约》规定应以建立这一代理关系时代理人营业地法律为准据法;若无该种营业地,则以其惯常居所地法作为准据法(第6条第1款);但是,如果代理人的主要活动地国家又是本人的主营业地或其惯常居所地所在国,则应以该国法律作为准据法(第6条第2款)。而且,如果代理人或本人有一个以上的营业地,则一律以他们的与代理关系联系最为紧密的营业地为准(第6条第3款)。

《公约》第8条规定了依本公约确定的准据法的适用范围:代理权的存在和范围、变更与终止,代理人的越权或滥用代理权的后果;代理人指定复代理、分代理或增设代理人的权利;在代理人和本人之间有潜在利益冲突时,代理人以本人名义订立合同的权利;非竞争性营业的条款和信用担保条款;代理人在顾客中树立的信誉的补偿;可以获得损害赔偿的损害的种类。

(三) 本人或代理人与第三者的关系的法律适用

确定代理的外部关系法律适用的关键问题,在于协调各方当事人的利益。《公约》第11条规定:在本人与第三人之间,有关代理人的代理权存续及范围,代理人进行代理活动的效力等均适用代理人进行代理活动时其营业地的法律。但如果存有下述情况,本人与第三人之间的关系不适用代理人营业地法而适用代理人的代理行为地法:(1) 如果本人在代理人的行为地国家有营业所或惯常居所,而且,代理人以本人的名义进行代理活动;(2) 第三人在代理人的行为地国家有营业所或惯常居所;(3) 代理人在交易所或拍卖行进行活动;(4) 代理人并无营业所。如果当事人(任何一方当事人)具有一个以上营业所则以其中与代理人的有关活动联系最密切的一个为准。

《公约》第13条规定,如果代理人与第三人在不同的国家并通过电报、电话等长途通讯媒介进行交易活动,则以代理人的营业所所在地为其行为地,或者,如果在他没有营业所时,以其惯常居所地为其行为地。

《公约》第14条规定,对于本人与第三人关系的法律适用是允许按照意思自治原则,经当事人合意选择的。

《公约》第15条规定,支配本人与第三人关系的准据法同样适用于代理人与第三人间由于代理人行使其代理权、超越代理权或进行无权代理活动所产生的关系。

（四）其他问题

本《公约》第四章（第16条至第22条）规定了与《公约》适用有关的一些基本问题，如公共秩序保留、《公约》的保留、内国法强制性规定的优先适用等。其中应特别注意第16条规定：法院应该给予任何一个与特定的代理关系有重要联系的国家的强制性法律规范以必须适用的效力。这一规定实际上排除了当事人依本《公约》规定进行法律选择时，规避有关国家强制性法律规定的可能性。最后，《公约》倾向于实体法指定说，不接受反致、转致和间接反致。

四、我国有关代理法律适用的规定

我国《涉外民事关系法律适用法》第16条规定，代理适用代理行为地法律，但被代理人与代理人的民事关系，适用代理关系发生地法律。当事人可以协议选择委托代理适用的法律。

从该条规定来看，包含几层含义：(1) 对委托代理、法定代理和指定代理未作区分，统一规定其法律适用，但是对于委托代理，允许当事人协议选择适用的法律。(2) 对代理的内部关系和外部关系作了区分，对被代理人与代理人的内部关系，适用代理关系发生地法律；被代理人与第三人、代理人与第三人的外部关系，适用代理行为地法律。代理关系发生地，对于委托代理而言，是指委托合同成立地；对于法定代理而言，是指法律规定的能引起代理关系产生的法律事实发生地，例如父母对未成年子女的法定代理关系产生于子女出生时，代理关系发生地即为子女出生地；对指定代理而言，是指有指定权的机关、单位实施指定行为的地点。

而另一方面，为了大力发展外向型经济，使中国经济进一步融入世界经济的大循环，2004年全国人大常委会修订了《对外贸易法》，将原立法中对外贸经营资格的审批制改为备案登记制，同时将外贸经营权扩大到个人，从而在实际上终结了原来的"外贸代理制"①。2004年修订的《对外贸易法》实施后，原则上我国国内企业和个人均有了外贸自主权，可以直接进行进出口贸易，但常常需要借助于国际代理商，具有涉外因素的代理关系将大量产生。

---

① 所谓"外贸代理制"，是我国计划经济以及计划经济向市场经济转轨时期对外贸业务中存在的一种特殊的代理制度，是指我国具有对外贸易经营权的公司、企业接受其他公司、企业、事业单位或个人的委托，在授权范围内代理进出口商品，并收取约定代理费的一项外贸制度。其特殊之处在于，由于外贸代理制中的委托人不具备外贸经营权，故外贸公司接受委托后，必须以自己的名义与外商进行外贸法律行为，它在代理国内企业、个人进行外贸活动时是外贸合同的当事人，直接享有合同项下的权利并承担义务，而委托人不能直接接受外贸合同的约束。可见，这种"外贸代理制"不符合我国《民法通则》规定的代理的法律特征，也不同于我国《合同法》规定的代理制度。

【案例 7.1】 韩国海南实业公司与山东省威海市化工进出口有限公司上诉案

2001 年 6 月,韩国海南实业公司与山东省威海市化工进出口有限公司(以下简称"威海化工")口头协商,海南实业公司将其收购的活鲈鱼苗委托威海化工出口到韩国,但威海化工是否负有租船及找船的代理义务,双方未明确约定。2001 年 6 月 28 日,威海化工与烟台文丰公司签订租船合同,约定租船时间、租船方式和付款方式等事项。海南实业公司向威海化工汇款 40 多万元用于支付代理费和运费等。2001 年 7 月 4 日,海南实业公司将其收购的 26 万尾活鲈鱼苗装船,并取得了烟台文丰公司签发的正本提单三份。但鱼苗随后大量死亡,承运人因此未按照约定将货物运抵韩国。海南实业公司以威海化工为被告向威海市中级人民法院提起诉讼。

一审法院认为:海南实业公司与威海化工虽未签订书面合同,但从双方的口头约定及商检、报关及运费均由海南实业公司承担看双方形成的是一种委托代理出口关系,应认定为合法有效。威海化工按双方口头约定履行了代理职责。按照我国外贸代理的有关规定,只有海南实业公司向威海化工提供了相关费用,而威海化工不行使索赔权利,或在诉讼时效期间内未向第三人提起诉讼或仲裁,由此给海南实业公司造成损失的才承担民事责任。根据我国《合同法》的有关规定,法院一审判决驳回海南实业公司的诉讼请求。海南实业公司不服判决,提出上诉。在上诉审期间,海南实业公司与威海化工协商选择中华人民共和国法律处理本案争议问题。

此案的准据法如何确定?首先,法院要对案件进行识别。根据识别的理论,通常依照法院地法进行识别。根据我国法律,本案应当识别为涉外代理关系:被代理人(本人)为韩国法人海南实业公司,代理人为威海化工,相对人为烟台文丰公司。海南实业公司与威海化工之间的关系为代理内部关系,受双方之间的委托合同支配;威海化工以自己名义与烟台文丰公司之间签订货物运输合同,根据我国《合同法》第 402 条和第 403 条,构成隐名代理关系,该合同直接约束海南实业公司和烟台文丰公司,双方之间的关系为代理的外部关系。

对于法律适用,应当区分代理的内部关系和外部关系。本案中,由于原告只对被告提起诉讼,因此只涉及代理的内部关系。根据国际私法原理,代理的内部关系适用双方委托合同准据法。根据我国《合同法》,合同适用当事人协议选择的法律。本案中双方选择中国法律,应当适用我国《民法通则》和《合同法》。

【思考题】

1. 下列案件应如何确定准据法?

【案例 7.2】 尼珈多次地产公司诉昆士兰房地产公司案①

澳门尼珈多次地产公司与澳大利亚昆士兰房地产公司签订了一份代理协议,由尼珈多次地产公司作为昆士兰房地产公司的代理人,在中国澳门和东南亚寻找买主购买位于澳大利亚昆士兰州的土地。双方在代理协议中约定该协议适用中国澳门法律。后来,尼珈多次地产公司因其收取佣金的要求得不到满足,就在澳大利亚的法院对昆士兰房地产公司提起诉讼。被告主张原告不能取得代理佣金的理由是,原告并未按昆士兰州法律的要求获得充当不动产代理人的许可证,而且,代理协议规定的佣金额已超过昆士兰州法律所允许的最高限额,不遵守该法的规定是要被处以罚款的。

2. 为什么法律行为的法律适用要区分实质要件和形式要件两个方面?
3. 简述法律行为形式要件准据法的选择方法。
4. 论代理的法律适用。
5. 试述《代理法律适用公约》的主要内容。

【扩展性阅读材料】

1. 郑自文:《国际代理法研究》,法律出版社 1998 年版。
2. Choice-of-law by Principal and Agent②

In Article 5 of the Hague Agency Convention the widely accepted principle of party autonomy, allowing the parties to determine the law governing their contractual relationship themselves, has been fully recognized. It reads as follows: "The internal law chosen by the principal and the agent shall govern the agency relationship between them. This choice must be express or must be such that it may be inferred with reasonable certainty from the terms of the agreement between the parties and the circumstances of the case."

Under Article 5 HAC the parties are free to choose any law whatsoever to govern their relationship. It is not required that the chosen law has any connection with the agency relationship nor that the law which would otherwise have been applicable (i. e. as a rule the law of the country where the agent has its business establishment) is set aside in its entirely, including its rules which in domestic cases cannot be derogated from by contract.

There are, however, some restrictions on the parties' freedom to select the law

---

① 参见李双元、欧福永主编:《国际私法教学案例》(第二版),北京大学出版社 2012 年版,第 124—125 页。
② 摘自肖永平:《国际私法原理》,法律出版社 2003 年版,第 265 页。

governing their contract. Firstly, only in situations where one is dealing with relationship of an international character is a choice-of-law pursuant to Article 5 permitted. In the second place, courts may apply the mandatory rules of any country with which the agency agreement has a significant connection to the extent that these mandatory rules claim application in international cases. Finally, the application of the law chosen by the parties may be refused by the courts in situations where such an application would be manifestly incompatible with the forum's public policy.

Under Article 5 a Choice-of-law can be either express or implied. ……

第二编 财 产 权

第八章 财产法律适用的一般制度

第一节 物之所在地法

一、物之所在地法的产生及其在各国立法实践中的运用

　　涉外物权关系的法律适用在冲突法中占有重要的地位。尽管在英美法学中,物权法是被纳入"财产法"这个更为广泛的范畴之中,但在财产法中,物权法仍占据首要的地位。所谓物权,乃指对物直接管领并排除他人干涉的权利。我国《物权法》第2条第3款规定:"本法所称物权,是指权利人依法对特定的物享有直接支配和排他的权利,包括所有权、用益物权和担保物权。"具体地说,该法规定了如下物权:所有权:国家所有权和集体所有权、私人所有权;用益物权:土地承包经营权、建设用地使用权、宅基地使用权、地役权;担保物权:抵押权、质权、留置权。在物权关系中介入外国因素后,由于各国物权法上的规定不同,往往会发生法律适用上的冲突,需要解决法律选择问题。目前,适用得最为广泛的冲突原则便是"物之所在地法"原则。

　　"物之所在地法",拉丁语表达为 lex loci rei sitae, lex rei sitae, lex situs。该原则是由14世纪意大利"法则区别说"首先提出来的,但当时只适用于不动产,对动产物权则适用"动产随人"(mobilia sequuntur personam)或"动产附骨"(mobilia ossibus inhaerent)的原则,即动产物权,应随人之所至,用当事人的住所地法(亦即原属城邦的法律)来解决。这主要是由于在法则区别说时代,动产还不具有不动产那样的重要性,因而可以作为属地管辖的例外。到19世纪,尽管这一古老的原则仍为某些国家的民法典所坚持(如1865年《意大利民法典》第7条、1889年《西班牙民法典》第10条、1811年《奥地利民法典》第300条等),但从那时以后,对动产不动产统一适用物之所在地法渐居主导地位。

英、美等国是统一适用物之所在地法这一原则的[①],中南美洲国家、亚非国家也普遍接受物之所在地法这一原则。把物之所在地法同样适用于动产物权也是原苏联、东欧社会主义国家及现在独联体、东南欧若干国家的基本主张。此外,1889年《蒙得维的亚国际私法条约》第32条、1928年《布斯塔曼特法典》第105条,也在总的原则上支持对所有的财产适用物之所在地法。

二、物权关系适用物之所在地法的理论根据

尽管物之所在地法原则已成为解决不动产、动产物权关系法律适用的主导原则,但对其根据学者们的主张主要可分为:

(1)主权说。齐特尔曼和弗兰根斯坦等主张物权适用物之所在地法是所在地国家主权的需要。持此说的人们还认为,任何国家都有自己的主权,而主权是不可分割的,物权关系依物之所在地法即是主权在物权关系法律适用方面的体现。因为任何国家都不愿意让外国法适用于本国境内的物,否则,主权将丧失其不可分割的性质。[②]

(2)法律关系本座说。萨维尼主张此说。他从各个方面分析了物权关系的"本座"应是标的物之所在地法,任何人要取得占有、使用或处分其物,就必须依赖于物之所在地,并自愿受制于该地关于物权关系的法律规定。

(3)利益需要说或实际需要说。法国学者巴尔和毕耶等持此主张。他们认为,法律是为集体利益制定的,物权关系适用物之所在地法是维护社会利益的需要。如果包括动产和不动产在内的物权不受物之所在地法支配,则物权的取得、占有都将陷入不确定状态,对其保护也将是不利的,社会的利益亦将因此遭受损害。主张此说的人还认为:如果土地所有权按照现在所有人的属人法来决定,则同一土地上的权利就将因所有人的不同或所有人住所的不同而随时发生变更,所有权的附随的权利与义务如相邻关系等,也会因上述情况的出现而发生改变,这显然是不符合公共利益和实际需要的。

此外,戴西和莫里斯认为有关不动产的所有权适用不动产所在地法是基于便利和适宜这样明显的理由。有学者把这种观点称为"方便说和控制说"[③]。

---

① 根据《戴西、莫里斯和科林斯论冲突法》(Dicey, Morris and Collins on the Conflict of Laws, Sweet & Maxwell, 2006)一书第14版的第119条规则,物之所在地国家的法律决定:(1)该物本身应被视为不动产还是动产;或(2)与该物有关的权利、债务或文书应被视为不动产权益还是动产权益。根据该书的第123条规则,除不适用于不动产合同的形式与实质有效性、解释和效力以及缔约能力以外,所有不动产(土地)权利或与之有关的权利由该不动产所在国的法律(物之所在地法)支配。根据该书第124条规则,有形动产转让的有效性及其对当事人的所有权和根据这些所有权提出请求的人的效力,由转让时该动产所在国的法律(物之所在地法)支配。分别参见该书第1109页、第1158—1163页、第1164页。

② 〔德〕沃尔夫:《国际私法》,牛津大学出版社1945年英文版,第493节的有关论述及注释。

③ 参见韩德培主编:《国际私法》,高等教育出版社、北京大学出版社2007年版,第185页。

但总的来说,上述各说都未能综合揭示物权关系适用物之所在地法的客观依据,尽管各说均从不同侧面说明了这一冲突原则的不同的理论依据。我们认为,物权关系依物之所在地法,乃物权关系本身性质所决定。首先,物权关系是一种最基本的体现所有制的法律关系,各国主权者无疑总希望用自己的法律严格控制位于其境内的物权关系;其次,物权关系的权利人要圆满地实现其权利,谋取财产上的利益,也只有适用物之所在地法最为合适;再次,物权关系也只能由物之所在地法提供最有力的保障;最后,就境内之物权关系去适用外国法,在技术上也有许多困难。[1]

三、物权法律适用的复杂性与物之所在地法的其他表述形式[2]

关于动产和不动产物权的法律适用,起主导作用的原则当是物之所在地法,但由于它们所涉及的问题和情况可能是非常复杂的,不是单靠一个这样的原则便可完全解决。加上立法的着眼点与要求的不同,各国法律的规定除在一些最基本的问题上有一致的看法外,其差异也是不能忽视的。

例如1987年《瑞士联邦国际私法法规》第99条虽然规定,"不动产物权由不动产所在地法支配",但对不动产排放物引起的损害请求,却得依该法关于侵权行为的有关规定处理。它的第105条对无体动产如债权、有价证券或其他权利的抵押,也规定"由当事人选择的法律支配"(只是法律选择不得用来对抗第三人),同样引进了"意思自治原则"。而在当事人未选择法律时,债权与有价证券的抵押则应由抵押债权人的习惯居所地法支配,而"其他权利"的抵押应由适用于该权利的法律(即该权利的准据法)支配。

又如美国《第二次冲突法重述》在"物之所在地法"这一古老的冲突原则之外,又提出了一个可以与之相并列的适用于物权的重要冲突原则,即"物之所在地法院将予适用的法律"。这一原则目前虽尚未在国际实践中产生广泛的影响,但可以预计,它在将来是可能成为"物之所在地法"的另一种重要准据法表述公式的。[3]

在有体动产转让领域,根据《戴西、莫里斯和科林斯论冲突法》一书的介绍,物之所在地法可以是物之所在地法院依据冲突规则已经适用或将要适用的任一国家的法律,而不能机械地理解为只是物之所在地国的内国法。[4] 因而如果英

---

[1] 〔德〕沃尔夫:《国际私法》,牛津大学出版社1945年英文版,第487页。

[2] 详见李双元、周辉斌、黄锦辉:《趋同之中见差异——论进一步丰富我国国际私法物权法律适用理论问题的研究内容》,载《中国法学》2002年第1期。

[3] 如对该《重述》涉及不动产、动产、财产继承、夫妻财产的所有规定作一统计,使用"物(或财产)之所在地法院将予适用的法律"作系属公式的,约达30个条款。

[4] Lawrence Collins and Others, Dicey, Morris and Collins on the Conflict of Laws, Sweet & Maxwell, 14th ed., 2006, p. 1167.

国法院必须对一位住所在意大利的意大利人在伦敦进行的转让位于法国的动产的所有权的效力作出判决时，它就不一定要适用法国的内国法，而应该是法国法院将要适用的某国法——它可能是作为行为地的英国法，也可能是作为原所有人属人法的意大利法。

四、物之所在地的确定及难以确定所在地时的变通处理

（一）物之所在地的确定是适用物之所在地法时必须首先解决的问题

对于不动产或者有体物所在地的确定来说，都不会发生太大困难，但对于无体物来说，就比较困难了。物之所在地的确定大致有以下方法：

（1）对于不动产而言，物之所在地应为它们物理上的所在地。

（2）对于有体动产而言，物之所在地一般为它们物理上的所在地。而对于车辆、商船或民用飞机等使用中的交通工具，由于其处于运动之中，难以确定其所在地。尤其是轮船和飞机，经常处于公海或空中，难以确定到底位于何国，因此使用中的交通工具一般以其注册地（港）作为其所在地，但亦有以企业的主营业所所在地为其所在地的。如1978年《奥地利联邦国际私法法规》第33条规定："经备案或登记于一注册处的水上或空中运输工具的物权，依注册国的法律；铁路车辆依在营业中使用该车辆的铁路企业有其主营业所的国家的法律。"《戴西、莫里斯和科林斯论冲突法》一书也指出，对于商船，有时可以认为其所在地是其注册港，而对民用飞机有时可以认为其所在地是其注册国。[①] 而对于运输中的动产，一般不适用物之所在地法而适用其他法律。[②]

（3）对于无体动产（包括债务、商誉和工业产权等），总的原则是以该项财产能被有效追索或执行的地方为其所在地。上述无体动产的所在地具体如何确定，《戴西、莫里斯和科林斯论冲突法》一书作了详细说明[③]，现简单说明如下：第一，债，除少数例外，其所在地应被认为在债务人居住国。第二，信用证权益，其所在地在债务可支付的地方，即使债务人不居住在该地。第三，盖印契约（specialties）之债，例如，抵押之债，其所在地为契约所在地，而不是债务人居住地。第四，判决确定之债（judgment debt），其所在地为判决存档地。第五，流通票据和可通过交付转让的证券（negotiable instruments and securities transferable by delivery），其所在地为代表这种证券的票据现实所在地。第六，非流通证券（immobilized securities），其所在地为保管人定居地和保管人保管记录着证券存

[①] Lawrence Collins and Others, Dicey, Morris and Collins on the Conflict of Laws, Sweet & Maxwell, 15th ed., 2012, pp. 1288—1298.

[②] 对于运输中的动产的法律适用，详见本节"几种特殊情况下的物或财产的法律适用"部分。

[③] Lawrence Collins and Others, Dicey, Morris and Collins on the Conflict of Laws, Sweet & Maxwell, 15th ed., 2012, p. 1130.

放者所有权的数据库的地方。第七,公司股票(shares in companies),它的所在地应认为是在能根据公司成立国的法律对这种股票作有效处分的国家。因此,如该国法律规定,股票只有经登记才能作有效转让,则登记地为其所在地。第八,因合同或者侵权而产生的诉权,其所在地为可就合同或者侵权提起诉讼的地方。第九,对死者财产的利益,在实行将遗产交付给管理人或执行人管理的制度的国家,其所在地为管理人居住地,而在不实行这种制度的国家,为死者住所地。第十,信托权益(interests under trusts),其所在地为信托财产所在地,或受托人居住地。第十一,合伙中的份额(shares in a partnership business),其所在地为合伙业务执行地;如合伙业务在几个国家进行,则为其业务总部所在地。第十二,商誉①(goodwill of a business),其所在地为商店所在地。第十三,对于专利权、商标权和版权的所在地,哪一国家的法律支配它们的存在,所在地就在该国。

随着计算机技术的发展和跨国证券交易的迅猛发展,出现了间接持有证券的体制。在间接持有证券的体制下,证券的登记、持有、转让和抵押等都通过位于不同国家的中间人②的电子账户的记载来完成,因此,物之所在地难以确定。2002年海牙《关于经由中间人持有的证券的某些权利的法律适用公约》对间接持有证券的物权的准据法,首先规定了有限制的意思自治原则,即公约中所规定的有关事项所适用的法律为账户持有人与相关中间人在账户协议中明确同意的国家的法律,或者账户协议明确指明的另一国家的法律;但必须满足在签订协议时,相关中间人在该国有符合公约规定条件的分支机构。如果当事人没有作出法律选择,则适用相关中间人营业所所在地法(the place of relevant intermediary approach,简称PRIMA规则)。

(二) 几种特殊情况下的物或财产的法律适用

物之所在地法原则并不是解决一切物权关系的唯一冲突法原则。某些物由于其本身的特殊性或处于某种状态之中,或由于物权主体的特殊性,使得适用物之所在地法成为不合理或不可能。在这种情况下,应作为例外排除物之所在地法原则的适用,而代之以适用其他冲突法原则。这些例外情况有:

(1) 运输中的物。运输中的物,随时都在发生移动,其所在地难以确定,即使能够确定,以其短暂或偶然的所在地为连结点来决定准据法,也未必合理。而且,在运输途中的物品有时会处于公海或公海上空,也没有相关的物之所在地法可供适用。因此,对于运输中的物的法律适用有不同的主张和做法:

---

① 商誉也是一种资产,可以把它连同商店一起出顶,出顶后出顶人不得再使用该商号,受顶人不但享有该商店,而且享有该商号。

② "中间人"是指在交易或其他日常活动中,为他人或同时为他人和自己维持证券账户并以此种身份行事的人。

第一,适用送达地法。由于运输途中的物品即使在途中发生了某种物权问题,一般都要等到运输终了时才能处理;而且,运输途中的物品与其发出地已经脱离了法律上的联系,却与目的地建立了联系,所以,依运输目的地法律处理运输途中的物品比较合理。1987年《瑞士联邦国际私法法规》第101条规定:"对运送中的货物的物权的取得与丧失,由目的地国家的法律支配。"土耳其、南斯拉夫和意大利的国际私法也作了类似规定。

第二,适用发送地法。如1964年《捷克斯洛伐克国际私法及国际民事诉讼法》第6条规定:"依照契约运送的货物,其权利之得失,依该标的物发运地法。"2009年《罗马尼亚民法典》第2618条也规定原则上应适用发送地法。

第三,适用所有人属人法。德国学者萨维尼主张运输中的物的物权适用物的所有权人的属人法。1938年《泰国国际私法》第16条第2款规定:"把动产运出国外时,依起运时其所有人本国法。"

第四,其他主张。英国学者戴西主张适用转让契约的准据法,有的学者主张适用交易时物品实际所在地法,还有学者主张适用调整交易行为的法律,等等。

当然,运输途中的物品不适用物之所在地法也不是绝对的。当运输途中的物品长期滞留于某地,在此期间对该物品的买卖、抵押或为防止货物腐烂而作的紧急处理,应适用当时的物之所在地法。此外,在商业发达的今天,对运送中货物的处分往往是通过提单或其他形式的权利证书的转移来实现的,因而,认为此种运送状态中的物的物权问题应受提单或其他权利证书转让的准据法的支配的观点也是很有道理的。

(2)外国法人在自行终止或被法人国籍国解散时的财产。关于外国法人在自行终止或被法人国籍国解散时,其财产所有权的归属问题不应适用物之所在地法,而应依其属人法解决。但外国法人在所在国因侵害当地国家利益而被内国取缔时,其财产的处理通常适用内国法。

(3)与人身关系密切的财产。在涉外遗产继承问题上,有的国家对遗产不分动产与不动产,概依被继承人的属人法处理。如2007年《日本法律适用通则法》第36条规定:"继承依被继承人的本国法。"但有的国家将遗产区分为动产和不动产,分别适用不同的准据法,即动产适用被继承人死亡时的住所地法,不动产适用遗产所在地法。我国的规定即如此。夫妻财产制中的动产,亲子关系中产生的抚养费等动产物权,一般只适用有关的属人法。

(4)无主土地上的物的物权。当某物处在不受任何国家的法律管辖的场所,诸如地球的南极、公海或月球等外层空间等,无物之所在地法可言。对此类物权问题,一般主张依占有者属人法处理。

(5)国家财产。国家及其财产在国际交往中享有豁免权,具有特殊的法律地位,这已成为国际公认的一条原则。因而涉及国家财产所有权问题时,适用该财产所属国家的法律,而排除物之所在地法的适用。

(6)文化财产。文化财产是指因宗教或者世俗的原因,具有考古、史前史、历史、文学、艺术或者科学方面重要性,受到法律保护的有形标的。由于一些国家的法律倾向于保护善意购买人利益,将物之所在地法作为支配文物所有权归属的冲突规则,会使窃贼以及精于算计的文物交易商与买家选择到法律对其有利的国家进行交易,尽量使有关交易得到法律认可,这会使保护文化财产的努力打折扣。因此,有学者提议,涉外文化财产归属应适用文物被盗地法或文物原属国法作准据法。当前已有国家为文化财产制定专门的冲突规范与管辖权规范,例如,2005年《保加利亚国际私法》第70条规定:"如果列入一国文化财产的物品非法出境,该国要求返还该物的请求权适用该国的法律,除非该国已经选择适用在提出返还请求时该物所在国的法律。"

(三)我国关于物权法律适用的规定

我国《民法通则》第144条及最高人民法院《关于贯彻执行〈中华人民共和国民法通则〉若干问题的意见(试行)》第186条只规定了对不动产的所有权、买卖、租赁、抵押、使用等民事关系,应适用物之所在地法。土地、附着于土地的建筑物及其他定着物、建筑物的固定附属设备,均为不动产。

我国《涉外民事关系法律适用法》第五章第36—40条对涉外物权的法律适用作了规定。第36条规定:不动产物权,适用不动产所在地法律。第37条规定:当事人可以协议选择动产物权适用的法律。当事人没有选择的,适用法律事实发生时动产所在地法律。第38条规定:当事人可以协议选择运输中动产物权发生变更适用的法律。当事人没有选择的,适用运输目的地法律。第39条规定:有价证券,适用有价证券权利实现地法律或者其他与该有价证券有最密切联系的法律。第40条规定:权利质权,适用质权设立地法律。

对于我国《涉外民事关系法律适用法》第39条规定的有价证券的法律适用,要注意以下几点:(1)这里的有价证券应该是指广义的有价证券,包括资本证券(如股票、债券)、货币证券(如票据①)和商品证券(如提单、仓单)。(2)有价证券权利人享有两种不同的权利:对有价证券本身的物质权利,即证券所有权,它是一种物权;另一种是构成证券内容的权利,即有价证券上所记载的权利(通常称证券权利)。证券中的权利属于无形财产权,其中大部分是债权,例如请求支付金钱的债权请求权(如票据)、请求交付货物的请求权(如提单),另一些有价证券体现的是一种社员权或资格权(如股票)。由于第39条出现在该法标题为"物权"的第五章中,因此,它的适用范围应该是证券所涉及的物权。而条文中所称"有价证券权利"应当是指证券上所记载的权利。权利实现地可能

---

① 对于涉外票据的法律适用,依据我国《票据法》的规定。

是证券所在地、证券发行机构的登记注册地等。至于有价证券权利的准据法,应该按照权利的不同性质,适用与该权利有关的法律关系的准据法。例如,甲在美国购买某美国公司股票,后甲将该批股票带回中国并转让给乙。该股票所有权的转让应依据中国的法律(《涉外民事关系法律适用法》第 39 条),而乙获得股票后能否享有该美国公司的股东权利则应依据公司准据法:美国法(《涉外民事关系法律适用法》第 14 条)。

质权是担保的一种方式,权利质权是为了担保债权清偿,就债务人或第三人所享有的权利设定的质权。我国《物权法》第 223 条规定,债务人或者第三人有权处分的下列权利可以出质:(1) 汇票、支票、本票;(2) 债券、存款单;(3) 仓单、提单;(4) 可以转让的基金份额、股权;(5) 可以转让的注册商标专用权、专利权、著作权等知识产权中的财产权;(6) 应收账款;(7) 法律、行政法规规定可以出质的其他财产权利。至于我国《涉外民事关系法律适用法》第 40 条提及的质权设立地,根据设质的权利不同,质权设立地也可能不同,例如,在不同的情况下,合同订立地、设质的权利证书交付地、出质登记地等,都可能成为质权设立地。

此外,我国《海商法》第 270 条规定:"船舶所有权的取得、转让和消灭,适用船旗国法律。"其第 271 条规定:"船舶抵押权适用船旗国法律。船舶在光船租赁以前或者光船租赁期间,设立船舶抵押权的,适用原船舶登记国的法律。"①其第 272 条规定:"船舶优先权,适用受理案件的法院所在地法律。"我国《民用航空法》第 185 条规定:"民用航空器所有权的取得、转让和消灭,适用民用航空器国籍登记国的法律。"其第 186 条规定:"民用航空器抵押权适用民用航空器国籍登记国法律。"其第 187 条规定:"民用航空器优先权适用受理案件的法院所在地法律。"

五、物之所在地法的适用范围

物之所在地法并非绝对地支配所有的物权关系,一般来说,它通常适用于下列事项:

(1) 对物为动产或不动产的识别。对动产和不动产作出正确的识别,在国际私法上有着重要的法律意义。在许多国家的法律制度中,动产所有权的转移时间或方式以及就动产设定的抵押,均与不动产很不相同。特别是在继承制度中,许多国家采分割制,对动产与不动产继承适用不同的准据法。在物权法律关系中,如果不依物之所在地法的观点进行识别,从而导致适用非物之所在地的法律,其判决是很难得到物之所在地法院的承认与执行的。

---

① 之所以这样规定,是因为在租赁期间,可更改船名、船籍。

(2) 物权的客体范围。各国从自身的主权或经济利益出发,往往对外国人在本国境内取得的所有权的客体的范围予以法律上的限制。在一国境内,诸如土地、矿藏、水流、森林、厂房等,哪些财产可以成为外国自然人、法人或外国国家所有权的客体,这当然只能由物之所在地法决定。1998年《委内瑞拉国际私法》第27条便明确规定:"财产权的设立、内容及范围,概依财产所在地法。"

(3) 物权的种类和内容。在处理涉外物权关系时,一国境内的外国人对在该国境内的物是否享有占有、使用、收益、处分的权利,对他人占有的财产能否设置地上权、地役权、抵押权、留置权等,上述权利的内容如何,此类权利能否转让给第三人,能否继承等,也只能由物之所在地法来决定。

(4) 物权的取得、变更和消灭的条件。物权的取得、变更和消灭是基于一定的法律行为或事件而发生的,并与物之所在地的利益密切相关。诸如不动产的登记、动产的交付和动产的善意取得,以及由法律行为以外的事实状态(如取得时效、消灭时效)或事实行为(如无主物的占有、埋藏物的发现等)而产生的物权的取得、变更与消灭等,绝大多数国家都规定一般应由物之所在地法决定。

(5) 物权的保护方法。在通常情况下,物之所在地法还适用于物权的保护方法。如所有权人对无权占有或侵占其财物者能否请求返还;所有权行使遭到妨碍时能否请求排除障碍;对被侵占之物产生的孳息,能否请求取得;以及排除他人所有权侵害的请求权如何行使,所有权如何确认,损害赔偿如何进行等问题,亦应依物之所在地法。但是,也有规定可以选择适用其他法律的,例如1999年《白俄罗斯民法典》第1123条规定,对于所有权及其他物权的保护,权利人可以选择适用财产所在地法或法院地法。

第二节 国有化中的国际私法问题

一、国有化及其域外效力

这里是在广义的角度上使用国有化这个概念的,即国家通过有关法令对原属私人(包括内外国自然人和法人)所有的某些财产或某项财产,进行没收或征用的一种法律措施。狭义的国有化则仅指对国内外自然人或法人所有的财产通过没收而使之成为国有财产的一种情况。

在国际私法中,主要研究在采取国有化措施时,这种法令的效力是否能及于外国人在其境内的财产和本国人在外国的财产。任何国家都有权依一定程序采取国有化措施,而不受他国干涉,这是国际上公认的准则。一般而言,在国有化法令生效时,对被国有化的内国人位于境内的财产具有绝对的效力,但对于此时位于境内的外国人的财产,以及位于境外属于内国人的财产的效力,却存在分歧。

（一）国有化法令对本国人在外国的财产的效力

西方国际私法学者一般主张把有补偿的征用和没有补偿的没收两种情况加以区分。他们认为通过没收手段实行国有化没有补偿，具有刑罚的性质，故对法令生效时位于国内的财产具有效力，但对位于外国的财产则不发生效力；而征用既然有补偿，则属于民事行为，他国应承认其域外效力。另一些学者则主张，对私人财产实行国有化与私有财产神圣不可侵犯原则相矛盾，从而与西方国家的公共秩序相抵触，故应否定其域外效力。还有学者主张只有已被实行国有化的国家事实上掌握的财产，才能被视为已国有化，而在实行国有化国家域外的财产是该国所不能掌握的，则应依物之所在地法来决定该财产的命运。西方国家虽然提出了种种否定国有化法令域外效力的理由，但在实践中，它们基于自己的对外政策和实际利益的需要，又在一定程度上承认国有化法令的域外效力。

（二）国有化法令对外国人在内国的财产的效力

关于国有化法令或措施对外国人在内国的财产的效力，原来各国多依习惯国际法上禁止没收外国人财产的规则拒绝予以承认。但近些年来，由于国际社会的合作不断增强，各国一般倾向于承认外国国有化法令对于其境内的外国人的财产的效力。但在承认该效力的同时，通常还要求所在国给予一定的补偿。

我国学者大多认为国有化完全是一种主权行为，故而对于其所指向的财产，不论是位于内国而为外国人所有，也不论是属于内国人所有而位于外国，均应发生效力。即令在后一种情况下，也不能适用物之所在地法。

二、国有化的补偿问题

对国有化的补偿问题，主要有如下几种不同的理论和实践：

（1）不予补偿。这种观点认为，一国对其领域内的任何人和物所为的行为，都是该国的主权行为，一国的国有化措施，理应受到各国的尊重。外国人必须无条件地接受所在国的管辖，自觉地服从和遵守所在国的法律规定，如果实行国有化的国家对其本国人不予补偿，则对外国人也可以不给补偿。

（2）"充分、有效、及时"的补偿。这是西方资本主义国家基于私有财产神圣不可侵犯原则而提出的主张。这些国家多为资本输出国，其主张旨在保护本国海外投资者利益，"充分"指的是对被国有化的财产予以全额补偿，"有效"要求补偿的是世界硬通货币，"及时"指的是立即兑现。

（3）"适当的、合理的"补偿。通过国际条约相互保证在一般情况下不对对方投资采取国有化措施，而在特殊情况下有此必要时，经适当程序给予适当的、合理的补偿，已成为当今国际社会的普遍实践。

中国在与许多国家所签订的双边投资保护协定中便常常有以下一些内容的

规定:其一,只有根据公共利益的需要,按照法律程序,并且是非歧视性的才可以对外国投资者的财产采取征收或其他相同效果的措施。其二,征收所给予的补偿,其价值应与采取征收或其他相同效果的措施之时的被征收财产的实际价值相当,补偿还应该是能自由兑换和转移的,且不得有不适当的迟延。其三,对投资的保护和补偿发生的争议,可由双方协商解决,在一定时间内未获解决时,可提交仲裁,仲裁应根据双方所签协定和一般的国际法原则进行。其四,如缔约一方根据其对在缔约另一方领土内的某项投资所作的保证向投资者支付了款项,缔约另一方应承认缔约一方对投资者的权利和义务的代位求偿权,但代位求偿权只有在经过国内司法救济和仲裁仍得不到解决时才能行使。1990年《关于修改〈中华人民共和国中外合资经营企业法〉的决定》进一步明确宣布:"国家对合营企业不实行国有化和征收,在特殊情况下,根据社会公共利益的需要,对合营企业可以依照法律程序征收,并给予相应的补偿。"

第三节 信 托

一、信托的法律适用

信托是指将自己的财产委托给信赖的第三者,使其按照自己的希望和要求对该财产进行管理和运用的法律制度。信托早先主要是英美普通法上的一项制度,后来一些大陆法系国家也加以采用(如我国便于2001年颁布了《信托法》),但各国在信托定义和种类、信托的成立要件、信托当事人的能力、信托当事人的权利义务等方面法律规定上往往不同,从而需要解决有关法律适用上的冲突。

信托的冲突规则经历了一个由单一到灵活的演进过程。由于早期的信托大多是有关土地财产的,因此,物之所在地法理所当然地被用来支配信托的主要效力(英国和加拿大的法院在20世纪上半期之前即是如此)。但第二次世界大战以后各国有关信托的法律选择规则发生了显著的变化。法院开始采用多种连结点来选择法律,准据法的表述公式也因此变得复杂起来。

信托可分为遗嘱信托和契约信托(即通过合同设定的信托)。在准据法的选择上,不少学者主张采用分割方法,对信托的不同性质的各个方面(例如信托的效力和管理)分别适用不同的法律。但是,《戴西、莫里斯和科林斯论冲突法》指出,信托的有效性、解释、效力和管理由财产授予人选择的法律支配;在财产授予人未选择信托适用的法律时,适用与信托有最密切联系的法律。[①]

信托准据法的适用范围主要包括:信托的效力、信托的管理、信托的解释。

---

① See Lawrence Collins and Others, Dicey, Morris and Collins on the Conflict of Laws, 15th ed., Sweet & Maxwell, 2012, p.1485.

我国《涉外民事关系法律适用法》第 17 条规定,当事人可以协议选择信托适用的法律。当事人没有选择的,适用信托财产所在地法律或者信托关系发生地法律。

对于信托关系发生地,在不同国家可能有不同的理解。从我国《信托法》的规定来看,将信托成立地理解为信托关系发生地比较合理。我国《信托法》第 8 条规定:"设立信托,应当采取书面形式。书面形式包括信托合同、遗嘱或者法律、行政法规规定的其他书面文件等。采取信托合同形式设立信托的,信托合同签订时,信托成立。采取其他书面形式设立信托的,受托人承诺信托时,信托成立。"因此,信托合同签订地或受托人承诺信托地为信托关系发生地。

二、《关于信托的法律适用及其承认的公约》

1985 年 7 月 1 日在海牙国际私法会议上订立了《关于信托的法律适用及其承认的公约》,它已于 1992 年 1 月 1 日生效。截至 2018 年 2 月,澳大利亚等 14 个国家和地区已批准或接受该《公约》,从 1997 年 7 月 1 日起《公约》扩展适用于我国香港地区。该《公约》试图解决信托制度在一些国家存在,而在另一些国家却不存在以及信托的效力和受托人的权利方面的法律冲突问题。

(一) 关于《公约》的适用范围

《公约》规定,它适用于信托准据法的确定及信托的承认。《公约》还给它所规范的信托下了一个定义:在本《公约》中,当财产为受益人的利益或为了特定的目的(如公益信托——引注)而置于受托人的控制下时,"信托"乃指财产授予人设定的在其生前或死后发生效力的法律关系。且同时规定它必须符合以下三个条件:(1) 该项财产为独立的资产,而不是受托人自己的财产的一部分;(2) 以受托人的名义拥有该信托财产(故必有财产的转移);(3) 受托人有依该信托的条件或法定的特殊职责管理、使用或处分该财产的义务。

(二) 信托的准据法及其适用范围

对于信托,《公约》规定应首先适用财产授予人明示或默示指定的法律。但如当事人指定的法律中不存在信托制度,那么这种指定无效。如当事人未指定信托准据法时,应适用与信托有最密切联系的国家的法律。信托管理地、信托财产所在地、受托人居所或营业所所在地、信托的目的及其实现地等均为确定最密切联系地法可考虑的连结点。

信托的准据法同样支配信托的有效性、解释、效力及其管理。不过《公约》允许对信托的某一可分割事项,特别是管理事项,可以适用别的法律。

(三) 信托的承认

信托既非各国普遍采用的法律制度,因此,《公约》各成员方之间,成员方与非成员方之间便会发生信托的承认问题。《公约》规定了承认信托的基本原则,即根据《公约》第二章"信托的准据法"确定的法律所产生的信托,得被承认为信托。该项承认至少意味着信托财产为独立的资金,受托人能以受托人的身份起诉或应诉,而且可以以这种能力在公证人和任何代表官方的人面前出现或行事。

根据《公约》的规定,信托承认的内容为:受托人个人的债权人不得请求以受托财产清偿债务;受托财产不构成受托人无力还债或破产时的清算财产,等等。如果与信托有最密切联系的国家无信托制度,对这种信托可不予承认。

(四) 其他有关规定

《公约》规定了一些特殊事项,如尊重各国强行法、公共秩序和排除反致等。

第四节 国际破产

一、国际破产与国际破产法

国际破产(international bankruptcy),也称"跨国破产"(cross-border insolvency),是指包含有国际因素或涉外因素的破产。其中的涉外因素可能是债权人和债务人分属不同的国家,也可能是破产财团(botchpot)中的财产分散于不同的国家,或是破产债权产生于受外国法支配的一项交易等。在国际私法中,国际破产问题素来被认为是一个十分复杂的问题,因为它既涉及各国法院的管辖权,也涉及物权法及债权法。其问题主要集中在以下两个方面,即:第一,当债务人在一国宣告破产,是否便不需在另一国宣告破产,这就涉及所谓单一破产制(unity bankruptcies)和复合破产制(plurality bankruptcies)的问题;第二,一国的破产宣告,究竟是具有普遍的效力(universality),还是具有地域效力(territoriality)。

国际破产法作为国际私法的重要部门法,其法律渊源具有双重性,即国内法渊源和国际法渊源。

国际破产法的国内法渊源大致有三种表现形式:(1) 在国内破产法中规定国际破产法律规范。这种形式可见于 1985 年《日本破产法》、1978 年《美国破产改革法令》第 304 条及 1994 年《德国破产法》、1986 年《英国破产法令》,等等。(2) 在本国国际私法法典中规定国际破产制度。例如 1987 年《瑞士联邦国际私法法规》第十一章对国际破产和清偿协议问题作了比较系统的规定。(3) 国内法院的判例。

国际破产法的国际法渊源目前主要有欧盟理事会 1995 年《关于破产程序的公约》及其 2015 年《破产程序条例》,国际律师协会(IBA)于 1989 年和 1996 年分别通过的《国际破产合作示范法》和《跨国破产协定》,联合国国际贸易法委员会在 1997 年第 30 届会议上通过的《跨国破产示范法》正式文本(截至 2016 年年底,已有美国、英国、澳大利亚、加拿大、日本、韩国、新西兰、南非、波兰等四十多个国家根据它制定了本国的破产法),2004年、2010年和2013年分三次通过的《破产法立法指南》[①]和2009年通过的《跨国界破产合作实务指南》。此外,联合国国际贸易法委员会还起草了《承认与执行与破产有关的判决的示范法(草案)》和《便利跨国企业集团的跨国界破产立法条文(草案)》。

二、国际破产的管辖权

国际破产管辖权对于国际破产案件的审理具有十分重要的意义。综观各国立法及司法实践,在确定国际破产案件管辖权方面,一般考虑以下连结因素:

(1)主营业所所在地。现代各国多以债务人的主营业所所在地作为确定国际破产管辖权的首要考虑。这主要是因为:其一,债务人的债权债务多发生于其主营业地,由该营业所所在地法院行使管辖权,便于查清当事人之间的债权债务关系;其二,债务人的财产、账册、文件等,多在其主营业所保存,故由主营业所所在地法院管辖也便于及时由破产管理人接收有关材料,清理债务人资产;其三,债务人业务活动往往对其主营业所所在地的社会、经济关系有重要影响。

(2)住所地或惯常居所地。在债务人为非营业者时,各国一般以住所地原则来确定对破产案件的管辖权,即对于无营业所的债务人,由其住所地法院对破产案件行使管辖权。一些国家也倾向于以居所或惯常居所代替住所,例如1987年《瑞士联邦国际私法法规》的规定即是如此。

(3)财产所在地。破产程序的进行,其最后目的在于从债务人财产中获得债权的满足,因此,债务人或破产人的主要财产所在地,即成为仅次于营业地和住所地的重要连结因素。但是,以财产所在地作为确定破产案件管辖法院的标准,仅适用于大陆法系的一些国家和极少数的英美法系国家,且只把财产所在地作为确定法院管辖权的补充原则。

(4)国籍国。以法国为代表的拉丁法系各国一般都依据有关当事人的国籍来确定法院的管辖权。

(5)进行营业活动(carried on business)地。英国、法国、澳大利亚、加拿大等国在实践中还发展确立了基于业务活动的开展对跨国破产案件行使管辖权的标准。就进行营业活动而言,澳大利亚破产法对此管辖标准的规定呈扩张趋势:尽管表面上已歇业,甚至债务人已离开澳大利亚,只要债务尚未全部清偿完毕,

---

[①] 该指南旨在供国内立法机关在制定新破产法或修订旧法时参考。它包括两大部分内容:第一部分讨论了高效的破产法律制度的关键目标与基本结构;第二部分则详细分析了该法律制度应当具有的核心内容,包括破产申请和案件的开始、案件开始后的财产待遇、破产程序的参与者、重整、破产程序的管理以及终结等。立法指南有关跨国破产的专门规定较少,它将涉及跨国破产的内容指向联合国国际贸易法委员会《跨国破产示范法》。

仍可依"进行营业活动"这一管辖标准而行使管辖权。

（6）债务人的出现地。英国和澳大利亚还存在一种依据债务人的出现（personally present）而行使的管辖权。此管辖标准适用于由债务人本人提出的破产申请。不过，为避免造成不公平的结果，法院也可以拒绝行使此种管辖权，特别是当债务人与该国并无任何其他实质性联系时，行使此种管辖权可能会损害其他债权人的利益。

（7）债务人主要利益（main interests）中心所在地。1997年联合国国际贸易法委员会《跨国破产示范法》和2015年欧盟《破产程序条例》就采用了债务人主要利益中心所在地这个管辖标准。2015年欧盟《破产程序条例》第3条确认了债务人主要利益中心所在地的成员国法院有权管辖国际破产案件，开启主要破产程序。对于公司或法人而言，如无相反证明，债务人的注册事务所（registered office）得被推定为其主要利益中心所在地；从事商事经营的自然人的利益中心地推定为主营业地；其他自然人的利益中心地推定为该自然人的惯常居所地。此外，债务人有营业所（establishment）的成员国可以开始从属破产程序。

三、国际破产的法律适用

国际破产案件往往错综复杂，因此各国对国际破产的法律适用多采取分割制，即根据国际破产的不同环节、不同方面分别确定其所应适用的法律。

（一）破产要件的法律适用

在破产程序的开始阶段，债权人或债务人请求对债务人财务状况进行整顿或对债务人宣告破产，必须具备一定的条件，即要具备破产要件。但各国破产法对债务人的破产能力、申请人的资格、法院的管辖权以及破产原因和是否有多个债权人存在等方面的规定不尽相同。以破产原因的规定为例，英美法系国家多采取列举式的立法体例，而大陆法系国家多采取概括式的立法体例。

一般认为破产程序开始的要件属于诉讼权限和诉讼形式问题，属诉讼程序问题，而程序问题应当适用法院地法即破产开始地法。

（二）国际破产程序的法律适用

破产程序以破产宣告为界，分为破产宣告前的程序和破产宣告后的程序，前者指破产申请程序，后者指破产清算程序。整个破产程序可以分为三个阶段，即破产申请、破产宣告和破产清算。在国际私法中，一般认为程序问题依法院地法，故破产程序的法律适用也应依法院地法，也就是破产宣告国法。

（三）国际破产债权的法律适用

国际破产债权是基于破产宣告前的原因成立，依破产程序申请并被确认，且可以从破产财团中受到清偿的无财产担保债权和放弃优先受偿的有财产担保债权及其他债权。由于各国破产法对破产债权的范围以及清偿顺序有不同的规定,在国际破产案件中,在破产债权的范围以及清偿顺序的法律适用问题上,主要有两种主张:一是主张适用破产宣告国法,认为尽管对于某项债权是否存在需要适用原债权自身的准据法,如权利的获得是依合同产生的,则该权利有关的问题应适用合同准据法,但关于破产债权的范围以及债权人的清偿顺序,应适用破产宣告国法。① 另一主张是适用破产宣告时的财产所在地法。

(四) 国际破产财团的法律适用

国际破产财团,是指在国际破产程序中,依照破产法的规定宣告破产时,为清偿破产债权人的需要而组织管理起来的破产人的全部财产。关于破产财团范围的法律适用,一般认为应适用破产宣告国法。而对于破产财产究竟为动产或不动产的识别,应依物之所在地法。至于有关债权人对破产财团的物权,如别除权、取回权,应依物之所在地法,而债务人对抗债权人的抵销权和否认权等,各国一致认为应依破产宣告国法。

(五) 国际破产管理的法律适用

国际破产管理主要包括对破产管理人的任命、申报债权的方式、债权人会议的权力、投票方式以及对破产财产的清查、估价、变卖和分配等。破产管理涉及许多程序问题和实体问题。对于破产管理的法律适用,一般主张适用管理地法,亦即法院地或破产宣告国法。《戴西、莫里斯和科林斯论冲突法》一书第 193 条规则的说明就是如此。② 1972 年《加蓬民法典》第 48 条、1948 年《秘鲁民法典》第 2105 条和 2015 年欧盟《破产程序条例》第 7 条采用了这样的原则。

四、破产宣告的域外效力

破产宣告的域外效力主要指债务人在一国被宣告破产时,能否把其位于外国的财产归入破产财团的问题。在讨论破产的域外效力之前,有必要先阐述单一破产制和复合破产制。

单一破产制,是指某一债务人在一国宣告破产后就不需在另一国宣告破产,它可影响债务人位于各地的财产,在破产程序中发布的命令以及作出的处分在各地均为有效。单一破产制是一种较为理想的方式,它为债权人和债务人提供了较为方便迅捷的破产模式。采用这一方式的国家有德国、比利时、法国、荷兰、挪威等国。但是这一方式只有通过国际条约才能得以实行,因为一国单方面实行单一破产制,在实践中很难得到有关国家的承认和协助。然而,制定这样一种

---

① See Lawrence Collins and Others, Dicey and Morris on the Conflict of Laws, 12th ed., Sweet & Maxwell, 1993, p.1171; Peter North and J. J. Fawcett, Cheshire and North's Private International Law, 12th ed., Butterworths, 1992, p.911.

② Lawrence Collins and Others, Dicey, Morris and Collins on the Conflict of Laws, Sweet & Maxwell, 14th ed., 2006, p.1509.

采用单一破产制而又能为所有国家普遍接受的国际条约,其困难是十分明显的,现阶段的国际破产统一化运动有力地证实了这一点。[①]

复合破产制,是指一国法院已对某一债务人在一国宣告破产的事实,并不能排除另一国法院再对同一债务人宣告破产。与之相应的是,它主张一国破产宣告的效力只能及于破产宣告国域内,对位于其他国家的财产应当由当事人在有关国家提出破产申请,因此,它和地域破产主义密不可分,从而否认了一国破产宣告的域外效力。先前在立法中采用复合破产制的国家有日本、瑞士、德国等。

与单一破产制和复合破产制直接关联的一个问题便是一国的破产宣告究竟具有普及的效力,还是只具有地域的效力?在这方面存在着三种理论和实践,即普及破产主义、地域破产主义和折中主义。

(一) 普及破产主义

采用单一破产制的国家主张普及破产主义。普及破产主义认为,一国的破产宣告具有域外效力,也就是说,当债务人在一国被宣告破产,则其财产不管在哪一个国家或地区,均应归入破产财团,其他国家应帮助破产管理人收集当地的破产财产。例如,《美国破产法》第70条修正案关于"接管人对破产企业的全部财产,无论其位于何处均享有权利"的规定,就是采用了普及破产主义。

但从实际情况来看,让债权人参与远离本国所发生的债务人住所地的破产程序,而不允许他们通过扣押或通过当地破产程序从债务人位于当地的财产中得到弥补,也可能是不公正的。债权人可能对外国发生的破产并不知晓,他们在外国破产程序中也不一定受到公平的对待。而且,如果将当地财产交给外国破产财团,由于法律制度间的差别,还可能导致为其他人的利益而非(依财产所在地法的规定)应得到支付的人的利益使用该财产。因此,实践中,普及破产主义往往无法得到真正有效的执行。

(二) 地域破产主义

采用复合破产制的国家则主张地域破产主义。地域破产主义认为,一国法院所作的破产宣告,其效力仅及于破产人在该国领域内的财产,对破产人在其他国家的财产不发生影响,除非债权人在其他国家又开始了一次破产程序。地域破产主义否认一国破产宣告的任何域外效力。地域破产主义的主要理由在于,它将破产视为一种强制执行程序,且与一国公共秩序紧密相关,各国为保护本地债权人的权益,当然采用地域破产主义。《日本破产法》从1922年颁布之日直到2000年,都坚持了绝对的地域破产主义原则。[②]《韩国破产法》也采地域破产

---

① 参见李双元等:《中国国际私法通论》,法律出版社1996年版,第424—433页;郭树理:《欧盟统一国际破产法运动的最新进展》,载《欧洲》2001年第4期,第22—28页。
② 参见《日本破产法》第3条。

主义。① 地域破产主义有利于实现破产程序的简单、有效和稳定,但它导致破产程序重复,不同国家的债权人待遇不平等。如果各国都片面强调对本国债权人和本国利益的保护,就会引发各国间的利益冲突,尤其是在经济全球化日益发展的今天,地域破产主义日益遭到人们的批判。例如在日本,不仅理论界对此提出了批判,在司法实践中,日本法院也开始采用了灵活的做法。②

(三) 折中主义

目前,许多国家则采取所谓的折中主义,即兼采普及破产主义和地域破产主义,如奥地利、英国、瑞士。在实践中,有的国家主张,自己本国的破产宣告具有普及的效力,而外国的破产宣告对内国来说只具有地域的效力,这种做法无疑具有浓厚的保护主义色彩。有的国家开始有条件地承认外国破产程序在本国的效力。有的国家则视财产的性质区别对待,即主张破产宣告对债务人的动产具有普及效力;如果属债务人的财产为不动产,破产宣告仅具有地域效力,以国内财产为限,尤其主张外国的破产宣告对债务人在内国的不动产不具有域外效力。联合国国际贸易法委员会《跨国破产示范法》和2015年欧盟《破产程序条例》也采取了折中主义。欧盟《破产程序条例》首先规定各国应承认在缔约国已开始的破产程序,并在各国产生与其在开始地国相同的效果。但是如果在债务人财产所在地的其他缔约国也开始了从属破产程序,则可以不予承认,从属破产程序的效力仅及于债务人位于该缔约国境内的财产。

五、我国关于国际破产的立法与实践

我国1986年颁行的《企业破产法(试行)》(已废止)仅适用于国有企业的破产。至于外商投资的企业法人、具有法人资格的集体企业、联营企业、私人企业或个人合伙的破产还债程序过去则适用《民事诉讼法》第十九章的规定。由于我国当时的破产法律对于解决市场经济中的公司破产清算问题规定不详,1993年颁布的《公司法》在第十章中对于公司解散和清算作出了相应规定。在地方立法中,有1993年《广东省公司破产条例》(已废止)、1993年《深圳经济特区企业破产条例》(已废止)等。但是,上述破产法律对于涉外破产或根本没有涉及,或仅作粗略规定。尤其是对于国际破产的法律适用和我国破产宣告的域外效力和外国破产宣告的域内效力,更是付诸阙如。

为了完善我国的破产法,我国2006年制定了《企业破产法》。对于破产案件的管辖权,该法第3条规定,破产案件由债务人住所地人民法院管辖。对于破产的效力问题,该法第5条规定,依照本法开始的破产程序,对债务人在中华人

---

① 参见《韩国破产法》第3条。
② 参见石静遐:《跨国破产的法律问题研究》,武汉大学出版社1999年版,第38页。

民共和国领域外的财产发生效力。对外国法院作出的发生法律效力的破产案件的判决、裁定，涉及债务人在中华人民共和国领域内的财产，申请或者请求人民法院承认和执行的，人民法院依照中华人民共和国缔结或者参加的国际条约，或者按照互惠原则进行审查，认为不违反中华人民共和国法律的基本原则，不损害国家主权、安全和社会公共利益，不损害中华人民共和国领域内债权人的合法权益的，裁定承认和执行。可见，该法是采取单一破产制和普及破产主义的，可以说比较符合国际上的趋势，也与我国近年来的司法实践相一致。

在2006年《企业破产法》生效前的司法实践中，我国法院倾向于采用地域破产主义原则，例如在1992年深圳市中级人民法院受理的"国际商业信贷银行深圳分行破产案"和"广州市荔湾区建设公司诉香港欧美中国屋宇有限公司案"。但是，在另外一些案例中，法院则承认了境外破产程序及破产判决在我国的效力，如1983年南洋纺织品商行宣告破产案。而2001年广东省佛山市中级人民法院作出的一份民事裁定则根据中意之间的司法协助协定直接承认了意大利法院作出的破产判决的法律效力。在2013年浙江尖山光电股份有限公司破产案中，美国法院首次承认中国破产程序，这将为其他有破产重整需求的中国企业寻求将其在美资产和债权纳入在华发起的破产程序产生积极的示范作用，也为中国法院未来依照互惠原则承认美国破产程序在华的效力带来重要启示并提供了可能。① 近年来，最高人民法院和地方人民法院都倾向于承认外国破产管理人的诉讼地位。

【思考题】

1. 下列案件应适用哪一国家的法律作准据法？

【案例8.1】 葛佩琪诉上海康园房地产开发有限公司房屋租赁纠纷案②

原告葛佩琪，女，1957年出生，汉族，住日本国东京。被告上海康园房地产开发有限公司，住所地上海市西康路1068号。原告、被告间曾于1996年初就被告开发的"上海维多利大厦"外销商品房达成了买卖协议，其间又达成了租赁承诺协议，被告承诺自1997年1月1日交房后，负责房屋包租事宜并定期向原告支付房租，但自1997年7月起被告违约未给付原告其承诺应付的租金，双方产生纠纷，原告遂起诉至上海市普陀区人民法院。

---

① 杜涛：《国际私法国际前沿年度报告（2014—2015年）》，载《国际法研究》2016年第2期。
② 参见李双元、欧福永主编：《国际私法教学案例》（第二版），北京大学出版社2012年版，第140页。

2. 中国法院在下述案件中采取了地域破产主义还是普及破产主义？

【案例8.2】 广东国际信托投资公司破产案①

广东国际信托投资公司(以下简称"广信公司")成立于1980年7月，1983年被中国人民银行批准为非银行金融机构，享有外汇经营权。在20世纪90年代，广信公司在全世界范围融资，很快发展成为一个资产达到几百亿元的"商业航空母舰"。然而，由于内部管理混乱，广信公司在亚洲金融危机期间仍然漫无节制地到处发放贷款，终于发生了严重的外债支付危机。经过清算，广信公司资不抵债达到146亿多元。1999年1月11日，广信公司终于向广东省高级人民法院递交了破产申请。与此同时，广信公司下属的三家全资子公司广信企业发展公司、广东国际租赁公司和广信深圳公司也分别向广州市中级人民法院、深圳市中级人民法院提出破产申请。我国此前在处理金融机构清算时，采取的都是行政关闭的方式，对于外国债权人实行全额偿付。但在广信公司破产案中，中央政府明确指出，不再对金融机构的经营行为承担还债的义务。

进入破产程序后，共有近500家境内外债权人申报债权，金额达467亿元人民币，债权人中80%来自日本、美国、德国、瑞士以及我国香港地区等国家和地区的130多家著名银行。这使得广信公司破产案成为"中国破产第一案"，也成为一起案情错综复杂的跨国破产案件。2003年2月28日，广东省高级人民法院终于审结了此案。广信公司及其三个全资子公司的破产债权清偿率分别为12.52%、28%、11.5%和19.48%，为历年来最高。该案的审理结果也得到了国内外广泛的好评。

3. 物权适用物之所在地法的原因是什么？
4. 试述物之所在地法的适用范围和例外。
5. 怎样正确解决国有化法令的域外效力问题？国有化该如何进行补偿？
6. 评述《关于信托的法律适用及其承认的公约》。
7. 评述普及破产主义和地域破产主义。
8. 简述破产的法律适用问题。

【司法考试真题】

1. 根据我国《海商法》的规定，下列表述哪些正确？（2004年多选题）
   A. 船舶抵押权适用抵押地法律
   B. 船舶优先权适用受理案件的法院所在地法律

---

① 参见李双元、欧福永主编：《国际私法教学案例》(第二版)，北京大学出版社2012年版，第281—283页。

C. 船舶所有权的取得、转让和消灭适用行为地法律

D. 船舶在光船租赁期间设立船舶抵押权的,适用原船舶登记国法律

2. 关于物权关系的法律适用,根据我国现行法律中的冲突法规则,下列哪些选项是正确的?（2008年四川多选题。本题涵盖了2003年单选题第22题、2004年单选题第37题考察的知识点,该两题不再列出)

A. 不动产的所有权适用不动产所在地法律

B. 船舶所有权的取得适用船旗国法律

C. 船舶优先权适用受理案件的法院所在地的法律

D. 民用航空器的所有权和抵押权适用民用航空器国籍登记国法律

3. A公司和B公司于2011年5月20日签订合同,由A公司将一批平板电脑售卖给B公司。A公司和B公司营业地分别位于甲国和乙国,两国均为《联合国国际货物销售合同公约》缔约国。合同项下的货物由丙国C公司的"潇湘"号商船承运,装运港是甲国某港口,目的港是乙国某港口。在运输途中,B公司与中国D公司就货物转卖达成协议。B公司与D公司就运输途中平板电脑的所有权产生了争议,D公司将争议诉诸中国某法院。根据我国有关法律适用的规定,关于平板电脑所有权的法律适用,下列选项正确的是：（2011不定项选择题)

A. 当事人有约定的,可以适用当事人选择的法律,也可以适用乙国法

B. 当事人有约定的,应当适用当事人选择的法律

C. 当事人没有约定的,应当适用甲国法

D. 当事人没有约定的,应当适用乙国法

4. 2014年1月,北京居民李某的一件珍贵首饰在家中失窃后被窃贼带至甲国。同年2月,甲国居民陈某在当地珠宝市场购得该首饰。2015年1月,在获悉陈某将该首饰带回北京拍卖的消息后,李某在北京某法院提起原物返还之诉。关于该首饰所有权的法律适用,下列哪一选项是正确的?（2015年单选题)

A. 应适用中国法

B. 应适用甲国法

C. 如李某与陈某选择适用甲国法,不应支持

D. 如李某与陈某无法就法律选择达成一致,应适用甲国法

5. 新加坡公民王颖与顺捷国际信托公司在北京签订协议,将其在中国的财产交由该公司管理,并指定受益人为其幼子李力。在管理信托财产的过程中,王颖与顺捷公司发生纠纷,并诉至某人民法院。关于该信托纠纷的法律适用,下列哪些选项是正确的?（2017年多选题)

A. 双方可协议选择适用瑞士法

B. 双方可协议选择适用新加坡法

C. 如双方未选择法律,法院应适用中国法

D. 如双方未选择法律,法院应在中国法与新加坡法中选择适用有利于保护李力利益的法律

【扩展性阅读材料】

1. 李双元等:《趋同之中见差异——论进一步丰富我国国际私法物权法律适用理论问题的研究内容》,载《中国法学》2002 年第 1 期。

2. 黄进:《论国际私法上的物权问题》,载《法商研究》1995 年第 3 期。

3. 余劲松主编:《国际投资法》,法律出版社 2007 年版,第七章第五节:国有化及其补偿的理论与实践。

4. 蒲芳:《信托法律适用之比较分析》,载《国际法与比较法论丛》第 14 辑,中国方正出版社 2005 年版。

5. 石静遐:《跨国破产的法律问题研究》,武汉大学出版社 1999 年版。

6. 石静遐:《中国的跨界破产法:现状、问题及发展》,载《中国法学》2002 年第 1 期。

7. Convention on the Law Applicable to Trusts and on Their Recognition[①]

……

Chapter II—Applicable Law

Article 6

A trust shall be governed by the law chosen by the settlor. The choice must be express or be implied in the terms of the instrument creating or the writing evidencing the trust, interpreted, if necessary, in the light of the circumstances of the case.

Where the law chosen under the previous paragraph does not provide for trusts or the category of trust involved, the choice shall not be effective and the law specified in Article 7 shall apply.

Article 7

Where no applicable law has been chosen, a trust shall be governed by the law with which it is most closely connected.

In ascertaining the law with which a trust is most closely connected reference shall be made in particular to —

a) the place of administration of the trust designated by the settlor;

b) the situs of the assets of the trust;

c) the place of residence or business of the trustee;

d) the objects of the trust and the places where they are to be fulfilled.

……

---

① http://www.hcch.net/index_en.php? act = conventions.text&cid = 59, visited on March 15, 2007.

第九章 知识产权

第一节 知识产权的冲突法则

一、知识产权的概念及其法律冲突

所谓知识产权(intellectual property),是指人们对通过脑力劳动创造出来的智力成果依法享有的专有权利,主要包括专利权、商标权和著作权(又称版权)。其中专利权和商标权又可合称为工业产权。

在早期,知识产权的严格属地性决定了根据一国法律取得的知识产权只能在该国有效,原则上不具有域外效力。因此,传统国际私法一般不讨论知识产权的法律适用。但是,随着国际技术交流的大规模发展,知识产权逐步突破了传统的地域性。这主要表现在以下三个方面:第一,在一国产生的权利人的智力成果的专有权,迫切需要各国像对待在自己领域以外依他国法律取得的债权和物权那样,加以承认和保护;第二,产生了诸如欧洲专利等跨地域性的知识产权;第三,各种保护知识产权的国际条约和国内法不断完善,趋同化的趋势明显加强。但这未能消除知识产权领域的法律冲突。

知识产权法律冲突产生的主要原因有:(1)各国有关知识产权的法律对各种知识产权在取得、行使、保护范围和保护期限等方面的不同的立法规定依然存在。如在专利申请程序方面,一些国家以"发明时间为准",一些国家则以"登记时间为准"。在对版权的保护期限方面,一些国家规定为自作品完成时起至作者死后25年,而一些国家则规定为50年。强制许可与合理利用方面的规定也有不同。(2)即使是受国际知识产权条约约束的国家,相互给予对方公民或法人的也都是"国民待遇",因而在权利的原始取得国法律与被请求给予保护的国家的法律之间,除受有关国际条约的硬性规定约束以外,各自实行的都是"独立保护原则",因而具体的制度尚有赖于各国国内法的规定。(3)即使在国际条约之间,也并非没有冲突存在。例如,对于商标在原始注册国的撤销是否导致国际注册撤销的问题,《商标国际注册马德里协定》和《商标注册条约》就作了截然相反的规定。这样一来,就产生了法律冲突。

二、知识产权的法律适用

(一) 知识产权创立、内容、效力和保护的法律适用

由于知识产权在法律上的特殊性质,冲突法在这一领域的发展,到目前为止是非常有限的,已有这种立法的国家还不是很多。①

在知识产权的法律适用上,主要有以下几种不同的理论与实践:

(1) 权利原始取得国法律。1928 年《布斯塔曼特法典》第 115 条规定:"著作权和工业产权应受现行有效的或将来缔结的特别国际公约的规定支配。如无上述国际公约,则此项权利的取得、登记和享有均应依授予此项权利的当地法。"可见对于知识产权,该法典是主张适用其原始取得国法即注册地法的。2005 年《保加利亚国际私法》第 71 条规定,著作权以及与著作权相关的权利的产生、内容、转让和终止,依授予著作权保护的国家的法律。知识产权标的物上的权利的产生、内容、转让和终止,依授予专利权或者注册地或者提出授予专利权或注册的申报所在地国家的法律。

但是,许多国家特别是输入知识产权较多的国家在知识产权的法律适用上,一般都不情愿放弃"属地主义"原则,如果不受某种国际条约的约束,无疑是不愿意去适用权利原始取得国法律的。

(2) 适用被请求保护地法律。"被请求保护地"是指被请求对知识产权提供保护的国家。不少国家的立法以及《保护文学艺术作品伯尔尼公约》和《世界版权公约》均采用或倾向采用这一原则,如 1987 年《瑞士联邦国际私法法规》第 110 条规定:"知识产权由在那里请求保护知识产权的国家的法律支配。"它还规定,侵犯知识产权的请求,可适用意思自治原则,但只限于选择法院地法。《保护文学艺术作品伯尔尼公约》及《世界版权公约》采用"国民待遇"原则亦体现了对适用被请求保护地法律的倾向。再如,2007 年《土耳其国际私法和国际民事诉讼程序法》第 23 条也规定,知识产权,依照据以提出保护请求的国家的法律。在侵权事件发生后,当事人各方可协议选择将法院地法适用于因侵害知识产权而提出的请求权。欧洲马克斯普朗克知识产权冲突法研究团队 2011 年编撰的《知识产权冲突法通则》第 3:102 条也规定,对于知识产权之存在、有效性、登记、范围、存续期间及任何与该权利有关之事项,适用被请求提供保护的国家的法律。

值得注意的是,被请求保护地不一定是法院地,而可能是侵权行为地、权利登记地或注册地,特别是在一国法院保护的不是法院地国的知识产权的时候,例

---

① 关于知识产权的法律适用,可详见朱榄叶、刘晓红主编:《知识产权法律冲突与解决问题研究》,法律出版社 2004 年版。

如如果来源于日本的知识产权在中国遭到未经授权的使用,但权利人在被告住所地美国提起诉讼,美国法院如果适用被请求保护国法律,则只能适用中国法律来确定侵权是否成立,而中国既不是权利来源国,也不是法院地国,而是被请求保护地国。

（3）适用行为地法律。采取这一做法的有 1978 年《奥地利联邦国际私法法规》。其第 34 条规定:"无形财产权的创立、内容和消灭,依使用行为或侵权行为发生地国家的法律。"1967 年以前的法国也是以商标使用行为地国的法律支配商标权的。不过行为地法律与上述被请求保护法律在实际生活中往往重叠,尤其在知识产权侵权案件中会如此。

（4）综合适用两个或两个以上的法律。这是比较普遍的做法。1984 年《秘鲁民法典》第 10 编第 2039 条规定,对知识产权的存在和效力,若不能适用国际条约或特别法的规定时,应适用权利登记地法律;对承认和实施这些权利的条件,由当地法确定。而"当地法"既可能是被请求保护国的法律,也可能是使用行为或侵权行为地的法律。在国际立法方面,1939 年于蒙得维的亚签订的《关于知识产权的条约》则规定,为了保护著作权目的而成立的实体,经利害关系人授权,可在其他成员国分别为其提起诉讼,但起诉应遵守当地的法律;任何国家赋予著作权的保护期限如超过内国所规定的期限,无必须服从的义务,但如原始国规定的期限为短,则得以原始国规定的期限为准;对著作权的侵权应负责任,应由不法行为发生地国法院依其法律定之,但如侵权行为在成员国内发生,则依在其领土内将受此行为后果之影响的国家的法院依其法律判定。这实际上也就是采取"分割法"来解决知识产权中各种具体法律关系的法律适用问题。

（二）知识产权转让的法律适用

对于知识产权的转让,则因其系通过合同来实现的,它除了要受到有关国家强行性法律的制约外,一般应适用合同准据法的选择规则,首先适用当事人双方选择的法律,如瑞士、列支敦士登、突尼斯、匈牙利和白俄罗斯等国的立法。在当事人未选择法律时,很多国家规定直接适用转让方或受让方所属国的法律。如根据 1987 年《瑞士联邦国际私法法规》第 122 条和 1998 年《突尼斯国际私法》第 69 条的规定,在当事人没有选择法律时,有关知识产权的合同,由转让或者同意转让知识产权的一方的惯常居所地法律支配。根据 1996 年《列支敦士登国际私法》第 47 条的规定,当事人没有选择法律时,对于无形财产权合同,适用无形财产被转让或给予的国家的法律;如果该合同涉及多个国家,则适用取得者(许可证持有人)惯常居所所在地国法律。根据欧洲 2011 年《知识产权冲突法通则》第 3:103 条的规定,有关知识产权之转让、许可协议和其他合同,各方通过签订合同创设或转让知识产权担保权时双方的权利和义务,应适用合同当事人所选择的法律。对于知识产权侵权纠纷,知识产权侵权纠纷的当事人可以在争端产生前或产生后达成协议,选择侵权赔偿责任所适用的法律。

但是有些国家特别是技术引进国,则常常采取种种措施限制或禁止当事人的法律选择。主要表现为:规定技术引进合同只能适用内国法(如墨西哥);要求当事人在合同中订立选择内国法的条款(如哥伦比亚);禁止当事人选择外国法(如阿根廷);通过审查批准程序达到适用内国法的目的,如对选择适用外国法的合同不予批准;等等。

(三) 中国的立法

我国《涉外民事关系法律适用法》第 48—50 条规定,知识产权的归属和内容,适用被请求保护地法律。当事人可以协议选择知识产权转让和许可使用适用的法律。当事人没有选择的,适用本法对合同的有关规定。知识产权的侵权责任,适用被请求保护地法律,当事人也可以在侵权行为发生后协议选择适用法院地法律。

上述"知识产权的归属"是指知识产权归谁所有。"知识产权的内容"是指知识产权的权利内容和效力、权利限制和保护期限等。"被请求保护地"是指被请求对知识产权提供保护的国家。

第二节 知识产权的国际保护

一、保护知识产权的国际公约

知识产权的国际保护,目前主要是通过缔结各种实体法公约的途径来实现的。迄今为止,就已缔结的保护知识产权的国际公约而言,最主要的全球性多边条约有 1883 年《保护工业产权巴黎公约》、1886 年《保护文学艺术作品伯尔尼公约》、1891 年《商标国际注册马德里协定》及其议定书、1952 年《世界版权公约》、1970 年《专利合作条约》、1994 年《商标法条约》、1994 年《与贸易有关的知识产权协定》、1996 年《世界知识产权组织版权条约》、1996 年《世界知识产权组织表演与录音制品条约》和 2000 年《专利法条约》[①]、1961 年《保护表演者、录音制品制作者和广播组织的国际公约》、1971 年《保护录音制品制作者禁止未经许可复制其录音制品公约》、1974 年《关于播送由人造卫星传播的载有节目的信号的公约》、1989 年《视听作品国际登记条约》、1989 年《关于集成电路的知识产权条约》和 2006 年《商标法新加坡条约》以及 2012 年《视听表演北京公约》等等。最主要的区域性多边国际条约则有 1973 年《欧洲专利公约》、1975 年《欧洲共同体专利公约》、1977 年非洲国家签订的《班吉协定》等。

---

① 除《世界版权公约》以外,上述条约的英文本可参见:http://www.wipo.int/treaties/en。

二、保护知识产权的国际组织

19世纪末以来,在一些全球性和区域性的保护知识产权的国际公约缔结的同时,依据这些公约,还相伴产生了保护知识产权的联盟或组织。

(一) 世界知识产权组织(WIPO)

1967年7月14日在斯德哥尔摩外交会议上缔结了《成立世界知识产权组织公约》,《公约》于1970年4月26日生效,并经1979年10月2日修正。根据该《公约》的规定,成立了世界知识产权组织(网址:http://www.wipo.int),其常务机构世界知识产权组织国际局设在日内瓦。1974年,它正式成为联合国的专门机构之一。截至2018年1月,已有191个国家参加了世界知识产权组织,《公约》于1980年6月3日对中国生效。

世界知识产权组织是当今国际上最重要的世界性保护知识产权组织。世界知识产权组织的宗旨是通过国与国之间的合作,并与其他国际组织合作,促进世界范围内对知识产权的尊重、保护和使用,以及保证知识产权联盟各国间的行政合作。该组织的具体任务是:鼓励缔结新的国际条约,协调各国立法,给发展中国家以法律、技术援助,收集情报和传播情报,以及办理国际注册或成员国之间的其他行政合作事宜等。

(二) 世界贸易组织

世界贸易组织(网址:http://www.wto.org)是在关税及贸易总协定(简称"关贸总协定")的基础上建立的。它于1995年1月成立,截至2018年1月,共有164个成员。关贸总协定在第八轮"乌拉圭回合"谈判中将知识产权保护列入三项新议题之中。经过各方的努力,1994年终于达成了《与贸易有关的知识产权协定》(简称《TRIPS协定》),并载入《乌拉圭回合多边贸易谈判结果最后文件》。中国已加入世界贸易组织,世界贸易组织管辖的一系列多边协议(包括《TRIPS协定》)已于2001年12月11日起对中国生效。随着新技术革命,无形的知识产权贸易以及有形商品贸易中的知识产权问题越来越受到国际社会的重视,知识产权的国际保护也已成为世界贸易组织的一项重要议程。

第三节　中国有关知识产权国际保护的法律制度

一、国际法源

中国已先后加入了几个重要的国际知识产权保护公约:1980年加入《成立世界知识产权组织公约》;1984年加入《保护工业产权巴黎公约》(适用1967年

斯德哥尔摩文本);1989 年加入《商标国际注册马德里协定》,并已加入其议定书;1992 年加入《保护文学艺术作品伯尔尼公约》(适用 1971 年巴黎文本)、《保护录音制品制作者禁止未经许可复制其录音制品公约》和《世界版权公约》;1993 年加入《专利合作条约》;2001 年加入《与贸易有关的知识产权协定》;2006 年决定加入《世界知识产权组织版权条约》和《世界知识产权组织表演和录音制品条约》等。此外,中国还与许多国家签订了涉及知识产权内容的双边协定。

二、国内法源

(一) 专利权方面

在专利权方面,对外国人实行国民待遇,是国际社会的普遍做法。中国现行《专利法》采取的是有条件的国民待遇制度。中国 1984 年通过、2008 年第三次修正的《专利法》第 18 条规定,在中国没有经常居所或者营业所的外国人、外国企业或者外国其他组织在中国申请专利的,依照其所属国同中国签订的协议或者共同参加的国际条约,或者依照互惠原则,根据本法办理。其第 19 条第 1 款又规定,这类外国人在中国申请专利和办理其他专利事务的,应当委托国务院专利行政部门指定的专利代理机构办理。

对于中国单位或个人将其在国内完成的发明或实用新型向外国申请专利的,《专利法》第 20 条规定,应当事先报经国务院专利行政部门进行保密审查。中国单位或个人可以根据中国参加的有关国际条约提出专利国际申请。2001 年 6 月公布、2010 年 1 月修订的《专利法实施细则》第十章专门对专利国际申请作了特别规定。

《专利法》第 29 条第 1 款还对优先权作了规定,申请人自发明或者实用新型在外国第一次提出专利申请之日起 12 个月内,或者自外观设计在外国第一次提出专利申请之日起 6 个月内,又在中国就相同主题提出专利申请的,依照该外国同中国签订的协议或者共同参加的国际条约,或者依照相互承认优先权的原则,可以享有优先权。应当指出的是,《专利法》还规定了本国优先权,其第 29 条第 2 款规定,申请人自发明或者实用新型在中国第一次提出专利申请之日起 12 个月内,又向国务院专利行政部门就相同主题提出专利申请的,可以享有优先权。

此外,中国专利局于 1993 年还发布了《关于实施〈专利合作条约〉的规定》。

(二) 商标权方面

中国在商标权方面也是采取有条件的国民待遇原则,其条件跟《专利法》中的规定相同。外国人或者外国企业在中国申请商标注册的,应当按其所属国和中华人民共和国签订的协议或者共同参加的国际条约办理,或者按对等原则办理。

中国《商标法实施条例》第 5 条中规定,当事人委托商标代理组织申请商标注册或者办理其他商标事宜,应当提交代理委托书。外国人或者外国企业的代理委托书及与其有关的证明文件的公证、认证手续,按照对等原则办理。《商标法》第 18 条所称外国人或者外国企业,是指在中国没有经常居所或者营业所的外国人或者外国企业。《商标法实施条例》第 6 条规定:"申请商标注册或者办理其他商标事宜,应当使用中文。依照商标法和本条例规定提交的各种证件、证明文件和证据材料是外文的,应当附送中文译文;未附送的,视为未提交该证件、证明文件或者证据材料。"为便于商标的国际注册,国家工商行政管理总局于 2003 年发布了《马德里商标国际注册实施办法》。

中国《商标法》第 25 条和第 26 条对优先权作了规定,商标注册申请人自在外国第一次提出商标注册申请之日起 6 个月内,又在中国就相同商品以同一商标提出商标注册申请的,依照该外国同中国签订的协议或者共同参加的国际条约,或者依照相互承认优先权的原则,可以享有优先权。商标在中国政府主办的或者承认的国际展览会展出的商品上首次使用的,自商品展出之日起 6 个月内,该商品的注册申请人可以享有优先权。

(三)著作权方面

(1)《著作权法》。中国 1990 年颁布、2010 年修正的《著作权法》第 2 条第 2—4 款明确规定:"外国人、无国籍人的作品根据其作者所属国或者经常居住地国同中国签订的协议或者共同参加的国际条约享有的著作权,受本法保护。""外国人、无国籍人的作品首先在中国境内出版的,依照本法享有著作权。""未与中国签订协议或者共同参加国际条约的国家的作者及无国籍人的作品首次在中国参加的国际条约的成员国出版的,或者在成员国和非成员国同时出版的,受本法保护。"此外,国务院还于 2002 年发布了《著作权法实施条例》(经 2013 年修正)。

(2)《计算机软件保护条例》。2001 年《计算机软件保护条例》(2013 年修正)第 5 条规定,外国人、无国籍人的软件首先在中国境内发行的,依照该条例享有著作权。外国人、无国籍人的软件,依照其开发者所属国或者经常居住地国同中国签订的协议或者依照中国参加的国际条约享有的著作权,受该《条例》保护。

(3)《集成电路布图设计保护条例》。2001 年《集成电路布图设计保护条例》第 3 条规定,外国人创作的布图设计首先在中国境内投入商业利用的,依照该条例享有布图设计专有权。外国人创作的布图设计,其创作者所属国同中国签订有关布图设计保护协议或者与中国共同参加有关布图设计保护国际条约的,依照该《条例》享有布图设计专有权。此外,2001 年中国还发布了《集成电路布图设计保护条例实施细则》。

(4) 1992 年《实施国际著作权条约的规定》。该《规定》所称的国际著作权条约,是指中国已经参加的《伯尔尼公约》和与外国签订的有关著作权的双边协定,不包括《世界版权公约》和其他著作权国际条约。该《规定》第 2 条规定:"对外国作品的保护,适用《中华人民共和国著作权法》、《中华人民共和国著作权法实施条例》、《中华人民共和国计算机软件保护条例》和本规定。"这一规定所保护的外国作品范围包括:第一,作者或作者之一,其他著作权人或者著作权人之一是国际著作权条约成员国的国民或者在该条约的成员国有经常居所的居民的作品;第二,作者不是国际著作权条约成员国的国民或者在该条约的成员国没有经常居所的居民,但是在该条约的成员国首次或同时发表的作品;第三,中外合资经营企业、中外合作经营企业和外资企业按照合同约定是著作权人或者著作权人之一的,其委托他人创作的作品。

此外,国务院于 2002 年 1 月通过的《奥林匹克标志保护条例》对奥林匹克标志的保护作了具体的规定。

【思考题】

1. 在下述案件中,根据我国的法律规定金某是否享有著作权?

【案例 9.1】 涉外著作权案[①]

中国公民李某、张某与韩国人金某合著一本有关内科的医学著作,2003 年由中国某科技出版社用中文出版,合署了 3 人的姓名。后来,张某与李某将该书译成英文,由中国某科技出版社转让给英国某出版社在英国出版。张某、李某在将书稿交给中国国内出版社时,在书稿上未署金某姓名,出版社由于疏忽也未提出异议就在英国出版发行。该书英文版在英国出版以后,被韩国作者金某发现,并找到英国出版社,英国出版社称此稿系中国出版社转让,署名中没有金某的名字。金某遂来中国状告中国某科技出版社侵权。

2. 简述知识产权法律冲突发生的原因以及法律适用的几种理论与实践。
3. 我国加入了哪些保护知识产权的国际公约?

【司法考试真题】

1. 甲国 A 公司向乙国 B 公司出口一批货物,双方约定适用 2010 年《国际贸易术语解释通则》中 CIF 术语。该批货物由丙国 C 公司"乐安"号商船承运,运输途中船舶搁浅,为起浮抛弃了部分货物。船舶起浮后继续航行中又因恶劣天

---

① 参见李双元、欧福永主编:《国际私法教学案例》(第二版),北京大学出版社 2012 年版,第 288—289 页。

气,部分货物被海浪打入海中。到目的港后发现还有部分货物因固有缺陷而损失。A 公司与 B 公司就该批货物在中国境内的商标权产生争议,双方诉至中国某法院。关于该商标权有关争议的法律适用,下列选项正确的是:(2012 年不定项选择题)

  A. 归属争议应适用中国法
  B. 归属争议应适用甲国法
  C. 转让争议应适用甲国法
  D. 转让争议当事人可以协议选择法律

  2. 德国甲公司与中国乙公司签订许可使用合同,授权乙公司在英国使用甲公司在英国获批的某项专利。后因相关纠纷诉诸中国法院。关于该案的法律适用,下列哪些选项是正确的?(2014 年多选题)

  A. 关于本案的定性,应适用中国法
  B. 关于专利权归属的争议,应适用德国法
  C. 关于专利权内容的争议,应适用英国法
  D. 关于专利权侵权的争议,双方可以协议选择法律,不能达成协议,应适用与纠纷有最密切联系的法律

  3. 韩国甲公司为其产品在中韩两国注册了商标。中国乙公司擅自使用该商标生产了大量仿冒产品并销售至中韩两国。现甲公司将乙公司诉至中国某法院,要求其承担商标侵权责任。关于乙公司在中韩两国侵权责任的法律适用,依中国法律规定,下列哪些选项是正确的?(2016 年多选题)

  A. 双方可协议选择适用中国法
  B. 均应适用中国法
  C. 双方可协议选择适用韩国法
  D. 如双方无法达成一致,则应分别适用中国法与韩国法

【扩展性阅读材料】

  1. 朱榄叶、刘晓红主编:《知识产权法律冲突与解决问题研究》,法律出版社 2004 年版。

  2. 郑成思:《知识产权论》,法律出版社 2003 年版。

  3. 薛虹:《网络时代的知识产权法》,法律出版社 2000 年版。

  4. Summary of Agreement on Trade Related Aspects of Intellectual Property Rights[①]

  The agreement recognises that widely varying standards in the protection and en-

---

[①] http://www.wto.org/english/docs_e/legal_e/ursum_e.htm#nAgreement, visited on March 14, 2007.

forcement of intellectual property rights and the lack of a multilateral framework of principles, rules and disciplines dealing with international trade in counterfeit goods have been a growing source of tension in international economic relations. Rules and disciplines were needed to cope with these tensions. To that end, the agreement addresses the applicability of basic GATT principles and those of relevant international intellectual property agreements; the provision of adequate intellectual property rights; the provision of effective enforcement measures for those rights; multilateral dispute settlement; and transitional arrangements.

Part I of the agreement sets out general provisions and basic principles, notably a national-treatment commitment under which the nationals of other parties must be given treatment no less favourable than that accorded to a party's own nationals with regard to the protection of intellectual property. It also contains a most-favoured-nation clause, a novelty in an international intellectual property agreement, under which any advantage a party gives to the nationals of another country must be extended immediately and unconditionally to the nationals of all other parties, even if such treatment is more favourable than that which it gives to its own nationals.

Part II addresses each intellectual property right in succession. With respect to copyright, parties are required to comply with the substantive provisions of the Berne Convention for the protection of literary and artistic works, in its latest version (Paris 1971), though they will not be obliged to protect moral rights as stipulated in Article 6bis of that Convention. It ensures that computer programs will be protected as literary works under the Berne Convention and lays down on what basis data bases should be protected by copyright. Important additions to existing international rules in the area of copyright and related rights are the provisions on rental rights. ……

第三编 债 权

第十章 合同法律适用的一般原则

第一节 涉外合同的概念及法律适用的理论分歧

一、涉外合同的概念

合同,又称契约,是指双方当事人为设立、变更或消灭某种权利义务关系而签订的协议。涉外合同或国际合同是合同行为或合同关系中介入了外国因素的合同。涉外合同是产生国际私法上的债的最重要的根据,在国际民事流转中占有重要的地位。

如何判断合同的"国际性",从而确定一项合同是否为国际合同,人们有不同看法。国际统一私法协会2016年修订的《国际商事合同通则》在"前言"的注释中首先就"国际合同"问题写道:"一份合同的国际性可以用很多不同的标准来确定。在国内和国际立法中有的以当事人的营业地或惯常居所地在不同的国家为标准,而有的则采用更为基本的标准,如合同'与一个以上的国家有重要联系'、'涉及不同国家之间法律的选择',或是'影响国际贸易的利益'。"因此,判断一个合同是否为涉外合同,不可只看在合同行为或合同关系中是否有外国因素,还应看是否因为有这种因素而涉及外国立法管辖权或外国法的适用。

二、涉外合同法律适用的理论分歧

在合同的法律适用上有两个问题素有分歧:(1) 是把所有与合同有关的问题交由一个法律解决(即单一论或整体论),还是允许对有关问题(如合同当事人的缔约能力、合同的形式要件与合同的成立与效力,乃至合同的履行和解释等等)加以适当分割而分别确定其应适用的法律(即分割论)?(2) 在决定合同应适用的法律时,是依客观的连结点(如缔约地、履行地、当事人住所或居所地等)来加以规定(客观论),还是应由当事人自主约定应适用的法律(主观论)?

对于第一个问题,早在巴托鲁斯的学说中,便主张采分割论。如依他的观点,缔约能力应适用当事人的属人法,合同的成立及合同当事人预期的效力应适用缔结地法,而对违约等非预期的效力则应适用履行地法。萨维尼在18世纪上半叶提出合同的"本座地法"不是缔约地法而是履行地法,它应用来决定合同的成立和效力问题,但他也认为合同双方当事人的能力、合同的解释、合同的形式可以不适用"本座地法"。但反对者在理论上的一个重要观点是:一个合同无论从经济还是从法律的观点上来看,应该是一个整体,都应只由一个法律支配。

对于第二个问题,到法国学者杜摩兰于16世纪中叶提出合同关系应适用当事人明示或默示选择的(习惯)法律(即当事人可自主选择应适用的法律)时止,采用客观连结因素来确定合同应适用的法律一直占据统治地位。此后,杜摩兰的学说逐渐被推广和采纳。

目前,就第一个问题来说,分割论占主流地位(实际上,在处理物权、婚姻、继承等领域的各种民事关系的法律适用时,大都是采分割方法的。故不应认为分割方法只是在处理合同法律适用时才产生的)。最为常见的是对合同当事人的缔约能力、合同的形式及合同的成立与效力等三个方面分别适用不同的法律。就第二个问题来说,则主观论居主流地位。这尤其在确定合同的成立与效力的法律适用上更是如此,并且通常把这个法律称为"合同准据法"。当然,上述居主流地位的理论与实践,都不是机械的、绝对的。例如,在允许"分割"确定其应适用的法律时,必须同时考虑合同的整体性;在采意思自治说时,也要顾及当事人未选择法律或其选择无效时如何处理的问题。

第二节 合同的成立与效力的法律适用

一、合同的成立与效力和"合同准据法"的概念

从法理上讲,合同的有效成立是合同产生约束双方当事人的各种效力的前提,而通过合同以产生约束双方当事人的预期的效力则是合同的目的。因而合同的成立与效力是合同关系中最重要的实体问题,其法律适用也具有特别重要的意义。这主要表现在对于合同当事人的缔约能力和合同的形式,在法律无其他规定时,实践中往往也得适用这个"合同准据法"。

合同的成立涉及的问题主要有:有效的要约与承诺的要件;对要约保持沉默,是否产生承诺的效力;对于要约和承诺上的瑕疵(如误解、误传、诈欺、胁迫等)是否影响合同的有效成立;合同成立的时间和地点。

对于合同效力的具体含义,学者们的观点存在分歧。一般地,合同的效力问题主要包括:当事人之间根据合同所享有的权利和所负担的义务的内容和范围;

当事人未履行合同义务应承担的后果和债权人可采取的救济方法。此外，合同的效力还涉及合同内容是否合法、合同是否有对价以及合同中限制或免除责任的条款是否有效。

最早对合同的成立与效力方面的事项曾主张应由"合同缔结地法"来判定。但发展到现在，"合同准据法"已被普遍认为是经当事人协议选择以及在当事人未作选择时依与合同有最密切联系的标准由立法规定或法院选取用来支配合同成立与效力的法律。这个观点，也为中国理论界所接受。[①] 在英国，"合同准据法"曾被称为"proper law"，即国内目前国际私法学上通称的"合同自体法"。它是用来泛指"决定合同各种最重要、最具实质意义的问题的法律"。对于什么是合同关系中最重要、最具实质意义的问题，可以《关于合同之债法律适用的第593/2008号（欧共体）条例》（罗马I）第12条第1款的规定为例：依本条例规定适用于合同的法律特别支配下列事项：（a）合同的解释；（b）合同的履行；（c）在受诉法院国诉讼法授予法院的权限内，完全不履行或部分不履行合同债务的后果，包括依法律进行的估算损失；（d）债务消灭的各种方式，诉讼时效；（e）合同无效的后果。

美国1971年《第二次冲突法重述》也主张根据合同而产生的权利义务的性质与范围以及违反合同的赔偿标准都应受合同准据法支配，但履行细节（details of performance）则应受履行地法支配（第205—207条）。《关于合同之债法律适用的第593/2008号（欧共体）条例》（罗马I）第12条第2款规定，履行方式以及履行具有瑕疵的情况下需采取的措施，应考虑履行地国法。1998年《突尼斯国际私法》第64条第1款也规定，履行方式以及履行不能时债权人采取的措施由履行地国法或此种措施执行地国法支配。

二、合同准据法确定的三个历史发展阶段

从历史发展的角度来看，如何确定合同的准据法大致经历了三个主要阶段：

第一个阶段是以缔约地法为主的单纯依空间连结因素决定合同准据法的阶段。所依据的其他连结因素还有合同履行地，当事人住所地，被告住所地，当事人国籍国，当事人居所地、营业地或事务所所在地，物之所在地，船旗国或登记地，法院地或仲裁地等。自从法则区别说产生后直到16世纪杜摩兰提出意思自治说被实践所接受，这种做法一直在合同法上占统治地位。

第二阶段是以意思自治原则为主，强调依当事人主观意向决定合同准据法

[①] 参见李浩培：《合同准据法的历史发展》，载《李浩培文选》，法律出版社2000年版；唐表明：《比较国际私法》，中山大学出版社1987年版；韩德培主编：《国际私法》，武汉大学出版社1989年版，第157—158页；李双元：《国际私法（冲突法篇）》，武汉大学出版社2001年版，第548页。

的阶段。尽管在16世纪杜摩兰就提出了这一学说,以后又有胡伯的支持,但直到1865年《意大利民法典》颁布,才在该法中明确规定。

第三阶段是以proper law为代表的用更为灵活的冲突规范指定合同准据法的阶段。在这一阶段,尽管当事人的自主选择仍被认为是一种最普遍适用的合同准据法表述公式,但由于合同关系的内容和性质,以及合同的种类更趋复杂多样,各国对不同性质的合同所采取的政策也有所不同,于是在法律选择上需要进一步向多样化和灵活的方向发展。

在当今,缔约地虽然对合同准据法的决定仍有一定作用,但"意思自治""最密切联系说""特征履行说"和"合同自体法"等学说,却占有特别重要的地位。

三、"意思自治"原则是确定合同准据法的最基本原则

(一) 意思自治原则(autonomy of will)的提出

在法国大革命以前,法律长期处于不统一状态,内容极为分歧,加上各地封建势力在法律适用上均采属地主义,这些对于商业发展都十分不利。杜摩兰为了克服这种弊端而主张在契约关系中适用当事人自己意欲适用的法律。他的这一思想到17世纪又为荷兰学派所吸取。尽管在当时,杜摩兰并未用"意思自治"来给他的理论命名,但后人却把这种观点命名为"意思自治说"。

但意思自治说一直遭到很多人的批判和反对。其中主要的反对意见就是认为,当事人之间的协议要具有决定应适用法律的效力,首先还必须解决用什么法律来赋予这种协议本身以效力的问题。反对者还认为,意思自治理论在这里给予了私人以一种通常只能由立法来实现的权力。但是,由于在实际生活中,意思自治理论符合资本主义追逐贸易自由的需要,因而到18、19世纪时,便相继为许多国家所采用。人们认为,允许当事人自己决定合同应适用的法律,并不是因为他们是立法者,或他们享有立法者的权力,而仅仅是因为这是法院地的冲突规则所要求的。这种意思自治说在1804年《法国民法典》体现的"契约自由"原则中得到反映,1865年《意大利民法典》更是明确地把它提到选择合同准据法的首要原则的高度,在其第25条规定:"因契约发生的债,双方当事人有共同国籍者,适用其本国法;否则,适用缔约地法。但在任何情况下,如当事人另有意思表示,从当事人的选择。"到现在,它已是几乎所有国家在处理国际性合同准据法方面所一致接受的原则。

(二) 当事人协议选择法律的时间、方式、范围和效力

新近的国际公约和国内立法都表明,多数国家反对对当事人选择法律的时间加以限制,而允许当事人在合同订立后选择法律,甚至以新选择的法律代替原来所作的选择。不过,从国内和国际立法的情况看,当事人在合同订立后选择或变更选择的权利也受到一定限制,即不得使合同归于无效或使第三人的合法利

益遭受损害。例如欧洲议会和(欧盟)理事会《关于合同之债法律适用的第593/2008号(欧共体)条例》(罗马I)第3条第2款规定,当事人可随时协议变更原先支配合同的法律,无论这种支配是根据本条款规定的结果,还是依据本条例其他条款规定的结果。合同订立后,所作出的任何关于法律适用的变更,不得损害第11条所规定的合同形式效力,也不得对第三人的权利造成任何不利影响。

当事人选择法律的方式,即明示或默示选择的问题。以合同中的法律选择条款或在合同之外的专门法律选择协议表达选法意图,因其透明度强,具有稳定性和可预见性,而为各国普遍肯定。但对于默示选择,各国理论和实践却无定论,其态度大致可分三种:(1)尼日利亚和秘鲁等少数国家只承认明示选择。(2)荷兰以及美国1971年《第二次冲突法重述》有限度地承认默示选择。(3)承认默示选择,允许法官在审理时推定当事人的意图。多数国家和国际公约持此种态度,如土耳其、法国、英国、德国、奥地利、瑞士、1978年海牙《代理法律适用公约》和1986年《国际货物销售合同法律适用公约》及2015年海牙《国际商事合同法律选择原则》等。默示选择之所以得到承认,其根本的原因在于这些国家的法律传统。它们本来就重视法官在司法过程中的作用,尊重当事人在合同关系中的广泛自由。

当事人所选择的法律应是实体法,而不包括该国的冲突法,这是目前多数国家的立法和国际公约所一致认可的。如欧洲议会和(欧盟)理事会《关于合同之债法律适用的第593/2008号(欧共体)条例》(罗马I)第20条也规定,凡适用依本条例确定的任何国家的法律,系指适用该国现行的法律规范而非其国际私法规范,但本条例另有规定者除外。这是因为允许当事人自行选择某一国法律,就在于使当事人能预见到合同的法律后果,使当事人的合法权益得到其所期待的法律保护。如果将冲突规则包括在内,则可能导致不确定。2015年海牙《国际商事合同法律选择原则》第8条也规定,法律选择不涉及当事人所选择法律的国际私法规则,除非当事人另有明确规定。

关于当事人选择法律的空间范围,即当事人能否选择与合同没有客观联系的法律,长期以来存在争议。欧洲大陆的学者多主张,为了避免当事人通过选择规避法律,只能选择与合同有客观联系的法律。一些国家的法律也从连结点的空间范围上对当事人的法律选择作出限制,如1966年《波兰国际私法》第25条。在美国1971年的《第二次冲突法重述》中,美国学者就强调指出,当事人选择法律时,必须有一种合理的根据(reasonable basis),而这种合理的根据,该法认为主要表现为当事人或合同与所选法律之间有着重要的联系,即合同或在那里缔结,合同谈判在那里进行,或合同在那里履行,或合同标的位于该地,或当事人的住所、居所、国籍、营业地在该处,否则,选择应被法院认为无效。但以英国为代表的大多数国家不要求选择的法律所属国与合同有客观的联系。目前,日本、泰国、奥地利、丹麦、比利时、德国、瑞士等国的立法以及1978年海牙《代理法律适用公约》、1986年《国际货物销售合同法律适用公约》、2015年海牙《国际商事合同法律选择原则》都没有这种限制。

当事人是否作出了有效的法律选择是一个独立的问题,对其本身的准据法,国际上有多种主张:(1) 有的主张适用法院地法,德国法院的判决和意大利大多数学者持此观点。(2) 有的主张适用当事人选择的法律,新近的立法多采此主张,例如1992年《罗马尼亚国际私法》第81条规定,合同当事人对于合同应适用的法律所达成的协议,其成立与有效性适用当事人所选择的法律。(3) 有的主张由法院自由裁量。

(三) 意思自治的限制

一般地,意思自治受到以下几方面的限制:

(1) 意思自治要受本应支配合同的法律或法院地法中的强行法的限制。

尽管过去也有许多人鼓吹当事人的自主选择是无限制的,但是从杜摩兰提出这一原则时起,包括杜摩兰自己在内,绝大多数学者都认为当事人自主选择只能在任意性法律的范围内进行,而不得违背法律中的强制性规定。往后,西方国家更通过立法与判例,把这种限制发展得十分系统、完整和制度化。

这里首先可以举1804年《法国民法典》第3条的规定为例。根据该条第1款的规定,凡属关于警察与治安的法律,均不得因当事人的意思而加以违背或规避;其次,根据第2款,凡合同的标的涉及位于法国的不动产,也不得适用意思自治而受他国法律支配;最后,根据第3款的规定,关于法国人的身份与能力,也不得因当事人的自主协议而适用非法国法。2015年海牙《国际商事合同法律选择原则》第11条规定,本原则不妨碍法院适用诉讼地的绝对优先强制性法律规定,这些规定不论当事人选择何种法律都将适用。诉讼地法律决定法院何时可以或者必须适用或者考虑到另一法律的绝对优先强制性规定。

(2) 当事人协议选择法律必须"善意""合法",且不违反公共秩序。

在实践中,就连英国,对当事人选择法律的自由也是有严格限制的。在维他食品公司诉乌纳斯轮船公司(Vita Food Products Int. v. Unus Shipping Co., 1939)一案中,一加拿大公司(被告)与上诉人订立了一合同,约定租用被告所有的船只从纽芬兰装运货物去纽约,提单上规定,契约由英国法支配,并约定被告对于他的船员因过失而造成的损害免责。但终于因船长的过失而使货物受损。案件上诉到英国枢密院,赖特法官认为该合同虽与英国毫无关系,但当事人却选择了英国法,这并不妨碍对合同适用英国法。并且认为尽管纽芬兰的法律规定,当事人的每一提单都应明示受1924年《海牙规则》的调整,而该提单却没有作这样的明示，因而依纽芬兰法，上述免责约定是无效的。但赖特法官认为当事人约定适用英国法，是符合"善意""合法""无规避公共政策"三种条件的，应予承认，而英国法是承认这种免责约定的。在这三项限制中，除了公共政策这一标准在很大程度上取决于法官的自由裁量外，即令对于"善意"和"合法"两项标准，也可能包含各种各样的含义，如不是有意地虚构连结因素，不得反复无常，不是企图规避与契约有重要联系的国家法律中的强行性规定等，均可解释为包括在"善意"、"合法"的概念之中。这就从当事人的主观意念上也作了限制。

2015年海牙《国际商事合同法律选择原则》第11条规定，法院适用当事人所选择的某一法律规定将明显有悖于诉讼地公共政策（公共秩序）基本理念的，法院方可排除适用该规定，但仅限于此种情况。

（3）在几种特殊合同的法律适用中意思自治的限制。

第一，雇佣合同。雇佣合同是雇主与雇员签订的合同，其中，雇员一方通常是合同的弱方，因此，在法律适用问题上应该考虑到他被雇主操纵的可能。因此，对于雇佣合同当事人的意思自治需要作出限制。如1987年《瑞士联邦国际私法法规》第121条也规定，劳动合同由劳动者惯常完成其工作地国家的法律支配。欧洲议会和（欧盟）理事会《关于合同之债法律适用的第593/2008号（欧共体）条例》（罗马I）第8条（个人雇佣合同）规定，个人雇佣合同，适用当事人根据第3条规定所选择的法律。但是，当事人的这种法律选择不得剥夺依照本条第2款、第3款和第4款规定未进行法律选择时应适用的法律中那些不得通过协议加以规避的规定对雇员的保护。如果当事人未选择适用于个人雇佣合同的法律，则该合同依雇员为履行合同而进行惯常工作地国家的法律，若无此种国家，则为雇员为履行合同去进行惯常工作的出发地国法律。即使雇员在另一国家进行临时性工作，进行惯常工作所在地国家并不因此发生变化。如果依照第2款不能确定应适用的法律，则合同由该雇员受雇的营业所所在地国法支配。如果总体情况表明，合同与第2款或第3款所指国家之外的另一国有更密切联系，则适用该另一国的法律。

第二，消费合同。保护消费者利益是当今国际社会的潮流，这一潮流也影响到了消费合同的法律适用。如1986年《德国民法施行法》第30条规定，此类合同当事人选择法律的结果，不得剥夺消费者惯常居所地国法律强制规则所赋予的保护。在当事人没有作出选择时，消费合同受消费者惯常居所国法支配（该条已废止）。而1987年《瑞士联邦国际私法法规》更将当事人的选择排除在外，主要适用消费者惯常居所地国法。

第三，有关不动产的合同。关于土地及其附着物、建筑物等不动产的合同，一些国家接受这样的规则：有关不动产的合同受不动产所在地法支配。这主要是因为不动产所在地法与不动产本身的联系更为密切,一般具有较大的利益,不动产的处置甚至与所在地的国计民生有重大关系。例如 2007 年《土耳其国际私法和国际民事诉讼程序法》第 25 条规定:有关不动产或者有关不动产使用的合同,依不动产所在地国法。2002 年《俄罗斯民法典》第 1213 条规定,有关处于俄罗斯联邦境内的地产、地表以下的地产、特定水域以及其他不动产的合同,适用俄罗斯法律。

四、最密切联系原则与特征履行说

(一) 最密切联系原则在确定合同准据法上的作用

在国际民商事活动中,在当事人未行使这种选择法律的权利或者法律选择无效时,合同准据法的确定大体有以下几种不同做法:

(1) 部分国家明确规定适用某一客观连结因素指定的法律。如 1982 年《土耳其国际私法和国际民事诉讼程序法》第 24 条规定,当事人未明示选择法律时,适用合同履行地法;只有在履行地亦无法确定时,才适用与合同有最密切联系的国家的法律。

(2) 大约是从 1966 年《波兰国际私法》开始,有的国家在当事人未对合同准据法作出约定时,规定不同的合同应适用各该合同的特定一方当事人的住所地法。1982 年《南斯拉夫国际冲突法》第 20 条规定,于此种情况下,应适用各该合同特定一方当事人的主营业所所在地或住所地或活动中心地法。1979 年《匈牙利国际私法》的规定亦基本上属于此一类型。

(3) 大约从 1986 年《德国民法施行法》起,则开始规定,在此种情况下,合同应适用与之有最密切联系的国家的法律。然后再按不同性质的合同,规定什么地方的法律与各该合同有最密切的联系(第 28 条)。在立法中明确采用最密切联系原则作为意思自治补充的还有美国 1971 年《第二次冲突法重述》(第 188 条)、1980 年欧洲经济共同体《合同义务法律适用公约》(第 3、4 条)、2007 年《土耳其国际私法和国际民事诉讼程序法》(第 25 条)、2005 年《保加利亚国际私法》等。

(4) 从 1987 年《瑞士联邦国际私法法规》开始,对于此种情况,不但规定应依最密切联系原则判定应适用的法律,而且进一步明确规定它所指的最密切联系的国家的法律,应依"特征履行方"的惯常居所地或"营业机构所在地"来确定。它还具体指出了 5 种合同的"特征履行方"究竟是各该合同中的哪一方。瑞士的这一规定已将最密切联系原则提升到更具科学性与可操作性的新高度。2002 年《俄罗斯民法典》(第 1211 条)的规定模式与瑞士的相似。

(二) 特征履行说

在历史进入到探讨什么是最适合于合同的法律的阶段时,在美国,出现了利益分析或政策导向(political-oriented)学说①;在欧洲,则出现了特征履行说(doctrine of characteristic performance)。②

特征履行说又称特征债务说(doctrine of characteristic obligation),它早在1902年便由哈伯格(J. Harburger)在研究双务合同的法律适用问题时提了出来。③ 其目的,正如最密切联系说一样,也是为解决在适用意思自治原则时如果当事人之间未选择法律时应怎样确定合同的准据法的问题的,并且甚至可以说,它实际上就是关于如何认定最密切联系的根据的学说。它要求法院根据何方的履行最能体现合同的特性而定合同应适用的法律。

在国际私法的立法上,把特征履行作为指引合同准据法的连结因素,主要有三种规定方式。其一是如1982年《南斯拉夫国际冲突法》,把合同划分为许多种,规定在当事人未选择法律而案件的具体情况也未指向其他法律时,依特征履行指定了各应适用的法律(第20条)。其二是如1987年《瑞士联邦国际私法法规》,它规定在当事人未选择法律时,适用与合同有最密切联系的法律,而"合同得认为与合同特征履行方的惯常居所地国家,或在合同是在该当事人的商业或职业活动过程中缔结的则与该当事人营业地国家有最密切联系"(第117条)。其三如1992年《罗马尼亚国际私法》,它规定作为与合同有最密切联系的国家应该考虑到具有特征性履行的债务人在缔结合同时的住所地国,在缺乏此种住所时应考虑其居所地国或其经营资产或营业所所在地国(第77条),然后它又规定了在财产转移合同、租借类合同、服务合同、担保类合同中,对特征性履行的一般理解(第78条)。

特征履行说的历史虽可以追溯到过去的时代,但它产生较大的影响,却是近几十年的事。现在虽已为越来越多的国内、国际立法所采用,但仍在两个基本的问题上存在争论。首先,对于如何判定合同一方的履行为特征履行,一是主张凡非支付金钱、价款、对价的一方的履行为特征履行,一是主张从社会的、经济的和法律的角度去综合判定合同债务中何方的履行最具实质意义来确定此种履行为特征履行。我们的观点是,凡在性质上足以使此种合同区别其他各种合同从而使它特定化起来的一方的履行为特征履行。因此,前两种观点并不是完全对立的,而是互为补充的。其次,在解决了合同中何方的履行为特征履行之后,究竟应依什么场所因素来指引准据法,也似存争论。有的主张以特征履行方的住所

---

① 参见韩德培:《国际私法晚近发展趋势》,载《中国国际法年刊》(1988年),法律出版社1989年版;李双元:《论国际私法关系中解决法律选择的方法问题》,载《中国法学》1984年第3期。
② 参见徐国建:《国际合同法中"特性履行理论"研究》,载《法学评论》1989年第6期。
③ 过去认为此学说为瑞士学者施尼泽(Adolf F. Schnitzer)所创立,经中国青年国际私法学者张明杰在瑞士完成其博士论文(Conflict of Laws and Interntional Contracts for the Sale of Goods)的过程中考证后,加以更正。

地或惯常居所地为场所因素(如施尼泽),有的主张以特征履行方的营业所、管理中心等为场所因素,还有的主张以特征履行的行为地为场所因素。

尽管特征履行说提供了一种在通常的情况下判定最密切联系的根据,但它也并不可能解决一切问题。因而在某些案件中,仍需法院综合合同各方面的因素来决定合同与哪一法律具有最密切或最真实或最重要的联系。

五、"合同自体法"

"合同自体法"(proper law of the contract)学说最先为英国国际私法学家们所提出,并被认为是英国法学家们对国际私法的一大贡献。对于什么是合同的自体法,则即令在英国的学者之间也存在分歧。

根据《戴西和莫里斯论冲突法》第10版第145条规则的阐述:"'合同自体法',是指当事人意欲适用于合同的法律,或者在当事人的意思没有明示表达,也不能从情况中推定出来的场合,是指与交易有最密切和最真实联系的法律。"合同自体法的这种理论大体上汲取了合同法律适用历史发展过程中的全部精华并将其有机结合起来。但它原是英国判例法上的一项制度,其发展也经历了几个阶段。如在早期,曾有学者认为合同自体法乃当事人自主选择的那一法律(主观说),同时亦有主张合同自体法乃那个与合同有最密切联系的法律(客观说)。但是几乎与欧洲大陆关于合同准据法确定的发展历程一致,它也是在20世纪70、80年代,才形成目前的主客观说相结合的模式。不过,后来由于英国接受了1980年欧洲经济共同体《合同义务法律适用公约》,并在1990年根据该公约颁布了《合同(准据法)法》,从而开始把涉外合同准据法的选择建立在成文法的基础上,并在很大程度上取代了这一领域的普通法和"合同自体法"理论。[①]而1980年《合同义务法律适用公约》的基本表述,同样是"合同当首先适用当事人协议选择的法律,如无此选择,则适用有最密切联系的国家的法律"。

第三节 缔约能力与合同形式的法律适用

一、缔约能力的法律适用

对国际私法上的合同的缔约能力,在立法上,有的国家将其归入一般民商事能力中一并加以规定,故设置在"人法"部分,有的国家则对合同的缔约能力在合同部分中单独规定。由于各个国家对缔结合同特别是商事合同的能力的标准各不相同,在解决其法律适用问题时,大体上有以下三种不同观点:

[①] See Peter North and J. J. Fawcett, Cheshire and North's Private International Law, 12th ed., Butterworths, 1992, p.459.

第一,适用缔约地法。这来源于古老的"场所支配行为"原则。

第二,适用当事人属人法。巴托鲁斯主张适用当事人属人法(只限于当事人所属城邦的法律);萨维尼因认为人的身份与能力的"本座"在他的住所地,从而主张当适用当事人住所地法。在当代立法中,亦有仍只允许适用属人法的立法例。如 1986 年《德国民法施行法》第 7 条规定,自然人的权利能力和行为能力依其所属国的法律确定。

第三,在多种法律中选择适用。从 1861 年法国法院审理李查蒂案(Lizardi Case)后,现代立法对此已广泛采取灵活而更有利于保护交易安全的立场。在当事人属人法(本国法或住所地法)、行为地法(缔约地或履行地法)、法院地法以及合同的准据法之间,选择其中认为当事人有缔约能力的法律加以适用的立法日益多了起来。如 1995 年《意大利国际私法制度改革法》第 23 条规定应适用当事人本国法,但是,对于任何在同一国家境内的当事人之间缔结的合同,依据合同缔结地法被认为有法定能力的人,只有在合同另一方当事人于缔结合同时明知其无法定能力或由于他的疏忽而未注意到其无法定能力的情况下,才得以提出依据其本国法为无缔约能力的抗辩。

二、合同形式的法律适用

合同形式可以分为口头形式与书面形式。有些国家规定,若干金额以上的合同必得采书面形式。

对合同形式的法律适用主要有以下几种主张:(1)适用合同缔结地法。(2)适用合同履行地法。(3)适用合同准据法。(4)选择适用合同缔结地法或合同准据法。如 1986 年《德国民法施行法》的第 11 条、2011 年《波兰国际私法》第 25 条、2007 年《土耳其国际私法和国际诉讼程序法》第 7 条,都规定合同形式只要符合合同准据法或行为地法即为有效。(5)根据不同情况选择适用不同法律。例如欧洲议会和(欧盟)理事会《关于合同之债法律适用的第 593/2008 号(欧共体)条例》(罗马 I)第 11 条规定:(a)如果合同的各方当事人或其代理人在订立合同时均在同一国家,只要合同满足依照本条例应适用的实体法或者合同缔结地国法所规定的形式要件,则在形式上为有效。(b)如果合同的各方当事人或其代理人在订立合同时位于不同国家,只要合同满足依照本条例应适用的实体法、当事人之一或其代理人在订立合同时的所在地国法、当事人之一此时的惯常居所地国法所规定的形式要件,则在形式上为有效。(c)与已订立或拟订立的合同有关的单方法律行为,如果满足了依照本条例应适用或本应适用于合同的实体法、法律行为实施地法或者已实施法律行为的当事人此时的惯常居所地国法所规定的形式要件,则在形式上为有效。(d)对于第 6 条(消费者合同)适用范围内的合同,不适用本条第 1 款、第 2 款和第 3 款的规定。对于此类合同的形式,以消费者的惯常居所地国法为准。(e)不管第 1 款至第 4 款的规定为何,以不动产物权或者不动产租赁为标的的合同,适用该不动产所在地国法有关形式的规定,只要依照该国法律,无论合同在哪一国订立或者受哪一国法律支配,该形式规定均予以强行适用,以及这些规定不得通过协议加以规避。值得注意的是,像上述罗马 I 条例一样,对于不动产合同,有些国家法律规定适用不动产所在地法对形式的要求。

前两种主张均源于"场所支配行为"原则。第一种侧重考虑到签约时的方便易行。但隔地达成的合同却不易确定其缔结地在何处。第二种侧重于考虑合同的终极目的在于双方权利义务的实现。但双务合同及需要在多个地方履行的合同又不易确定其履行地。所以目前有人主张在第一种和第三种中任择一种加以适用,只要不否定合同的形式有效性。也有人主张只采合同准据法,只是采这种主张的国家在称谓上可能不同。如有的规定为"适用决定合同本身的法律",有的规定为"适用决定合同实质的法律",但更多的称"适用合同准据法"。

第四节 中国关于涉外合同法律适用的规定

一、涉外合同的概念

在中国,一般地说来,涉外合同是指在合同关系的主体、客体或者内容这三个因素中至少有一个因素与外国有关的合同。

此外,根据中国《民事诉讼法》的规定以及最高人民法院 1989 年《全国沿海地区涉外、涉港澳经济审判工作座谈会纪要》,对于发生在境外的中国没有管辖权的经济纠纷案件,除涉及不动产物权的纠纷外,只要双方当事人有书面协议,约定到中国法院进行诉讼的,法院便取得对该项诉讼的管辖权,适用《民事诉讼法》中"涉外民事诉讼程序的特别规定"。1999 年《海事诉讼特别程序法》第 8 条也有类似规定。在这种情况下,尽管合同关系与中国未必有实质性的联系,但对中国来说,也是一种涉外合同,即由中国法院行使司法管辖权的涉外合同。

中国 1983 年《中外合资经营企业法实施条例》第 15 条率先规定了对中外合资经营企业合同必须适用中国法。1986 年《民法通则》第 145 条和 1999 年《合同法》第 126 条以及 2010 年《涉外民事关系法律适用法》第 41—43 条对涉外合同的法律适用作了规定。1987 年最高人民法院《关于适用〈中华人民共和国涉外经济合同法〉若干问题的解答(试行)》(已失效)和 2005 年最高人民法院《第二次全国涉外商事海事审判工作会议纪要》以及 2007 年最高人民法院《关于审理涉外民事或商事合同纠纷案件法律适用若干问题的规定》(以下简称 2007 年《规定》),已被 2013 年最高人民法院《关于废止 1997 年 7 月 1 日至 2011

年12月31日期间发布的部分司法解释和司法解释性质文件(第十批)的决定》废止,本书只作为历史资料引用,但是其与《涉外民事关系法律适用法》不抵触的规定仍有参考价值)对涉外合同的法律适用作了解释。此外,在中国1992年《海商法》(第268条、第269条、第276条)、1995年《民用航空法》(第184条、第188条、第190条)中也有关于涉外合同法律适用的规定。

二、当事人意思自治原则是涉外合同法律适用的首要原则

根据我国《合同法》第126条、《民法通则》第145条、《海商法》第269条和《涉外民事关系法律适用法》第41条的规定,当事人可以协议选择合同适用的法律。这说明,我国把当事人意思自治原则作为合同法律适用的首要原则。但在具体运用上,具有自己的特点:

(1) 不适用意思自治的例外方面。根据我国《合同法》第126条的有关规定,对于在中国境内履行的中外合资经营企业合同、中外合作经营企业合同、中外合作勘探开发自然资源合同,不允许采用意思自治原则而要求必须适用中国法律。《外资企业法实施细则》(2014年修订)第79条规定,外资企业与其他公司、企业或者经济组织以及个人签订合同,适用中国《合同法》。

我国《涉外民事关系法律适用法》第42条规定,消费者合同,适用消费者经常居所地法律;消费者选择适用商品、服务提供地法律或者经营者在消费者经常居所地没有从事相关经营活动的,适用商品、服务提供地法律。其第43条规定,劳动合同,适用劳动者工作地法律;难以确定劳动者工作地的,适用用人单位主营业地法律。劳务派遣,可以适用劳务派出地法律。

(2) 对于"合同争议"的范围,依据2007年《规定》第2条规定,本规定所称合同争议包括合同的订立、合同的效力、合同的履行、合同的变更和转让、合同的终止以及违约责任等争议。

(3) 关于合同形式问题。我国《合同法》第10条规定,当事人订立合同,有书面形式、口头形式和其他形式。法律、行政法规规定采用书面形式的,应当采用书面形式。当事人约定采用书面形式的,应当采用书面形式。我国加入的1980年《联合国国际货物销售合同公约》第11条规定:销售合同无须以书面订立或书面证明,在形式方面也不受任何其他条件的限制,可以用包括人证在内的任何方法证明(中国已经于2013年8月1日有效撤回对《联合国国际货物销售合同公约》所作的书面形式保留声明)。因此,当合同双方当事人的营业地均在缔约国内,且双方并未排除公约的适用,应适用公约的规定。当一方的营业地不在缔约国内的当事人签订国际货物买卖合同,或者双方营业地都在缔约国内但约定排除公约适用时,由于我国没有对涉外合同形式的法律适用作出规定,根据国际上的普遍做法,对合同的形式当事人或法院可选择适用合同缔结地法或者合同准据法。如果准据法为我国法，则双方间订立合同的形式不限于书面形式。

(4) 关于缔约能力，依我国《涉外民事关系法律适用法》第 12 条的规定，涉外合同当事人的缔约能力原则上应适用当事人经常居所地法律，但行为地法认为有行为能力的也应认为有行为能力。依该法第 14 条规定，作为法人的涉外合同当事人的缔约能力原则上应适用登记地法律或主营业地法律。

三、当事人未选择法律时最密切联系原则的适用

我国《合同法》第 126 条、《民法通则》第 145 条、《海商法》第 269 条及《民用航空法》第 188 条都规定：当事人没有选择（法律）的，适用与合同有最密切联系的国家的法律。我国《涉外民事关系法律适用法》第 41 条规定，当事人可以协议选择合同适用的法律。当事人没有选择的，适用履行义务最能体现该合同特征的一方当事人经常居所地法律或者其他与该合同有最密切联系的法律。

为了给法院提供一个最密切联系的标准，我国采纳了国际社会通行的"特征履行说"。2007 年《规定》第 5 条规定，人民法院根据最密切联系原则确定合同争议应适用的法律时，应根据合同的特殊性质，以及某一方当事人履行的义务最能体现合同的本质特性等因素，确定与合同有最密切联系的国家或者地区的法律作为合同的准据法。(1) 买卖合同，适用合同订立时卖方住所地法；如果合同是在买方住所地谈判并订立的，或者合同明确规定卖方须在买方住所地履行交货义务的，适用买方住所地法。(2) 来料加工、来件装配以及其他各种加工承揽合同，适用加工承揽人住所地法。(3) 成套设备供应合同，适用设备安装地法。(4) 不动产买卖、租赁或者抵押合同，适用不动产所在地法。(5) 动产租赁合同，适用出租人住所地法。(6) 动产质押合同，适用质权人住所地法。(7) 借款合同，适用贷款人住所地法。(8) 保险合同，适用保险人住所地法。(9) 融资租赁合同，适用承租人住所地法。(10) 建设工程合同，适用建设工程所在地法。(11) 仓储、保管合同，适用仓储、保管人住所地法。(12) 保证合同，适用保证人住所地法。(13) 委托合同，适用受托人住所地法。(14) 债券的发行、销售和转让合同，分别适用债券发行地法、债券销售地法和债券转让地法。(15) 拍卖合同，适用拍卖举行地法。(16) 行纪合同，适用行纪人住所地法。(17) 居间合同，适用居间人住所地法。如果上述合同明显与另一国家或者地区有更密切联系的，适用该另一国家或者地区的法律。

四、国际条约和国际惯例的适用

我国《民法通则》第 142 条、《海商法》第 26 条、《民用航空法》第 184 条及《票据法》第 95 条等都规定，对相关的涉外民商事关系指定应适用中国法律时，如中国缔结或者参加的国际条约同中华人民共和国民事法律有不同规定的，适

用国际条约的规定(中华人民共和国声明保留的条款除外);中华人民共和国法律和中华人民共和国缔结或参加的国际条约未作规定的,可以适用国际惯例。

对此,以下几点应予注意:第一,涉外合同适用中国法作准据法的有以下三种情况:一是某些种类的合同必须适用中国法律(如前面讲到的三种外商投资企业合同);二是合同当事人合意选择了中国法;三是根据"最密切联系原则",法院认为中国是与合同有最密切联系的国家,因而应适用中国法。第二,这里所指的国际条约与国际惯例,从学理解释上讲,均应理解为实体法条约或惯例。

【思考题】

1. 根据下述案件,回答:(1) 中国法院对该合同纠纷是否有管辖权?为什么?(2) 当事人是否可以对该合同的法律适用作出约定?为什么?(3) 该合同当事人约定适用甲国法是否有效?为什么?

> **【案例 10.1】** 甲国公民 A 与乙国公民 B 赠与合同纠纷案①
>
> 假设在我国某外资企业工作的甲国公民 A 和乙国公民 B 于 2011 年 4 月签订了一项赠与合同,合同规定 A 赠送给 B 价值 200 万元人民币的钻石戒指一只,但条件是 B 必须和 A 共同在该外资企业工作 10 年,并且在 10 年内 B 不得与他人结婚,否则 A 可收回赠送的钻石戒指。双方明示选择甲国法作为该赠与合同的准据法,而依甲国法该附条件的赠与合同是有效的。3 年后 B 与他人结婚,A 欲讨回钻石戒指不成,2014 年诉至中国法院。

2. 简述当事人选择合同准据法的时间、方式、范围和效力以及限制。
3. 什么是特征履行说和合同自体法?
4. 简述缔约能力和合同形式的法律适用。
5. 简述合同成立与效力的法律适用。
6. 简述中国关于涉外商事合同法律适用的规定。

【司法考试真题】②

1. 依照我国法律规定,下列哪些合同必须适用我国法?(2002 年多选题)

A. 德国甲公司与法国乙公司依照中国《外资企业法》,为共同投资在中国设立企业丙而订立的合同

---

① 李双元、欧福永主编:《国际私法教学案例》(第二版),北京大学出版社 2012 年版,第 165—166 页。

② 2008 年单选题第 37 题考查了成套设备供应合同准据法的确定,2008 年四川单选题考查了合同准据法的确定、当事人选择准据法的时间,2009 年单选题第 34 题考查了借款合同、融资租赁合同和保证合同准据法的确定,因上述考题所涉 2007 年《关于审理涉外民事或商事合同纠纷案件法律适用若干问题的规定》已废止,为节省篇幅,故不再列出。

B. 美国甲公司与我国乙公司依照中国《中外合资经营企业法》，为共同投资在中国设立企业丙而订立的合同

C. 日本国甲公司与意大利国乙公司及中国丁公司依照中国《中外合作经营企业法》，为共同投资在中国设立企业丙而订立的合同

D. 中国甲公司与新加坡乙公司签订的在中国境内履行的中外合作勘探开发自然资源合同

2. 应当适用于某一合同的实体法被称为该合同的准据法。关于合同准据法的确定，下列何种表述是正确的？（2006年不定项选择题）

A. 我国所有的法律都允许涉外合同的当事人自行约定合同准据法

B. 合同的当事人没有选择适用于合同的准据法时，我国法院应适用与该合同有最密切联系的国家的法律

C. 关于对合同当事人的行为能力与合同的有效性应分别适用不同国家法律的主张，称为确定合同准据法的分割论

D. 按照特征性履行方法的理论，当事人未选择适用于合同的法律时，应根据合同的特殊性确定合同准据法

3. 在涉外民事关系中，依我国《涉外民事关系法律适用法》和司法解释，关于当事人意思自治原则，下列表述中正确的是：（2013年不定项选择题）

A. 当事人选择的法律应与所争议的民事关系有实际联系

B. 当事人仅可在具有合同性质的涉外民事关系中选择法律

C. 在一审法庭辩论终结前，当事人有权协议选择或变更选择适用的法律

D. 各方当事人援引相同国家的法律且未提出法律适用异议的，法院可以认定当事人已经就涉外民事关系适用的法律作出了选择

4. 中国甲公司与巴西乙公司因合同争议在中国法院提起诉讼。关于该案的法律适用，下列哪些选项是正确的？（2014年多选题）

A. 双方可协议选择合同争议适用的法律

B. 双方应在一审开庭前通过协商一致，选择合同争议适用的法律

C. 因法院地在中国，本案的时效问题应适用中国法

D. 如案件涉及中国环境安全问题，该问题应适用中国法

5. 甲国公民大卫被乙国某公司雇佣，该公司主营业地在丙国，大卫工作内容为巡回到东亚地区进行产品售后服务，后双方因劳动合同纠纷诉诸中国某法院。关于该纠纷应适用的法律，下列哪一选项是正确的？（2014年单选题）

A. 中国法　　B. 甲国法　　C. 乙国法　　D. 丙国法

6. 在某合同纠纷中，中国当事方与甲国当事方协议选择适用乙国法，并诉至中国法院。关于该合同纠纷，下列哪些选项是正确的？（2015多选题）

A. 当事人选择的乙国法，仅指该国的实体法，既不包括其冲突法，也不包括

其程序法

  B. 如乙国不同州实施不同的法律,人民法院应适用该国首都所在地的法律

  C. 在庭审中,中国当事方以乙国与该纠纷无实际联系为由主张法律选择无效,人民法院不应支持

  D. 当事人在一审法庭辩论即将结束时决定将选择的法律变更为甲国法,人民法院不应支持

【扩展性阅读材料】

1. 许军珂:《国际私法上的意思自治》,法律出版社 2007 年版。
2. 邵景春:《国际合同法律适用论》,北京大学出版社 1997 年版。
3. 沈涓:《合同准据法理论的解释》,法律出版社 2000 年版。
4. 李先波:《合同成立比较研究》,湖南教育出版社 2000 年版。
5. The Law Applicable to Contractual Obligations—The Rome I Regulation

  This Regulation replaces the Rome Convention that established uniform rules for determining the law applicable to contractual obligations in the European Union (EU). It applies to contractual obligations in civil and commercial matters in the event of a conflict of laws. It does not apply to revenue, customs or administrative matters, or to evidence and procedure.

  Nor does the Regulation apply to the obligations relating to the following: a natural person's status or legal capacity; family relationships; matrimonial property regimes; negotiable instruments such as bills of exchange, cheques and promissory notes; arbitration and choice of court; law of companies and other corporate or unincorporated bodies; the binding of a principal or a company to a third party; trusts; dealings that occur before a contract is concluded; insurance contracts, except those defined in Article 2 of Directive 2002/83/EC concerning life assurance.

  Any law indicated in this Regulation should be applied, even if it is not that of a Member State.

Freedom of Choice

  The parties to a contract are to choose the governing law. It may be applied to only a part or the whole of the contract. Provided that all the parties agree, the applicable law may be changed at any time. If the law chosen is that of a country other than that relating most closely to the contract, the provisions of the latter law need to be respected. If the contract relates to one or more Member States, the applicable law chosen, other than that of a Member State, must not contradict the provisions of Community law.

Applicable Law in the Absence of Choice

Where the parties have not chosen the applicable law for contracts for the sale of goods, provision of services, franchises or distribution, it will be determined based on the country of residence of the principal actor carrying out the contract. For contracts concerning immovable property, the law of the country where the property is located is applied, except in the cases of temporary and private tenancy (maximum six consecutive months). In such cases the applicable law is that of the landlord's country of residence. In the case of sale of goods by auction, the law of the country of the auction will apply. With regard to certain financial instruments governed by a single law, the applicable law will be that law.

If none, or more than one of the above rules apply to a contract, the applicable law will be determined based on the country of residence of the principal actor carrying out the contract. If, however, the contract is related more closely to another country than provided by these rules, the law of that country will be applied. The same applies when no applicable law can be determined.

……

第十一章　几种主要国际商事合同的法律适用

第一节　国际货物买卖合同

一、国际货物买卖合同的概念、订立及内容

根据1980年《联合国国际货物销售合同公约》，国际货物买卖合同是指营业地在不同国家的当事人之间就货物的进出口交易所达成的协议。调整国际货物销售合同的法律，既有相关国家的国内实体法和冲突法，也有通过国际公约和国际惯例表现出来的国际实体法和冲突法。

国际货物买卖合同是通过一方提出要约（offer），另一方对要约表示承诺（acceptance）而订立的。要约，又称发价、发盘，是国际贸易当事人以订立合同为目的，向一个或一个以上特定的人所作的一种意思表示。承诺，又称接受，指受要约人按照要约所规定的方式，对要约的内容表示同意的一种意思表示。

一般说来，国际货物买卖合同主要包括三个部分，即效力部分、权利和义务部分、争议解决部分。合同的附件也是合同的重要部分。

（1）效力部分。这一部分由两组条款组成：第一组条款写在合同开头的位置，在对外贸易业务上通常称为首部，其主要内容为合同的名称、编号、签约日期和地点、订约双方当事人的全称、国籍和地址，以及签订合同的有关函电的日期和编号。第二组条款写在合同的结尾部分，在对外贸易业务上通常称为尾部，其主要内容为合同使用的文字及各种文本的效力、正本份数、当事人双方的签字，有的还载明合同的生效条件或日期等。

（2）权利和义务部分。此部分由合同的实质条款构成，主要内容有：第一，标的物条款。包括商品的名称、品质、规格、数量、包装等。第二，价格条款。第三，运输条款。主要规定由谁承担运输货物的责任及运输方式、装运时间、装货港（站）与目的港（站），以及装运通知等事项。第四，商检条款。由于商检和索赔有密切联系，有些合同把商检和索赔合为一个条款，称为商检与索赔条款。商检条款包括检验时间和地点、检验机构和检验证书、检验方法和检验标准等事项。商检证书在国际贸易中有重要意义，它是议付货款和索赔的重要依据之一。第五，保险条款。第六，支付条款。主要涉及支付工具、时间和方式等项内容。第七，免责条款或不可抗力条款。免责条款一般是订明由于非合同债务人自身的原因而使合同不能履行时，免除当事人责任的条款。在约定免责的原因是不可抗力时,即构成不可抗力条款。第八,法律适用条款。

(3) 争议解决部分。这一部分主要解决索赔、理赔和解决争议的程序。在索赔方面主要规定索赔的时限、手续和所需单证,以及在索赔遭到拒绝时的解决方法。在解决争议方面,主要规定应采用的解决争议的方式,如协商、调解、仲裁或诉讼等。

各个国家社会制度的不同、历史文化的差异和经济发展水平的高低,造成了各国的货物买卖法的不一致,成为国际货物买卖的障碍。为此,兴起了国际贸易法统一化运动,制定了若干个统一冲突法公约和统一私法公约。

二、联合国国际货物销售合同公约

(一)《联合国国际货物销售合同公约》的制定背景和主要原则

为减少国际贸易中法律不统一的障碍,罗马国际统一私法协会曾分别从1930年和1936年起开始草拟《国际货物买卖统一法公约》《国际货物买卖合同成立统一法公约》,并于1958年和1963年完成,1964年在海牙会议上获得通过。但由于公约采纳的是大陆法系国家的合同法原则,而且有些规定或过于繁琐或含义不清,加之对发展中国家的利益缺乏考虑,因而加入国不多,影响不大。故从1966年联合国国际贸易法委员会成立后即着手制定一个新的公约,即1980年通过的《联合国国际货物销售合同公约》。

该《公约》的前言确立了它所遵守的三项基本原则:(1) 以建立国际经济新秩序为目标;(2) 在平等互利基础上发展国际贸易,促进各国友好关系;(3) 照顾不同社会、经济和法律制度,采用统一规则,以减少法律障碍。上述三项原则是经中国代表团提议并广泛磋商后确立的。为了贯彻这些基本原则,《公约》第7条和第9条还规定了两个一般原则,即:第一,在解释《公约》时,要考虑到《公约》的国际性质和促进《公约》适用的统一以及在国际贸易上遵守诚信原则的需要;第二,遵守双方业已同意的任何惯例和他们之间确立的任何习惯做法。

(二)《联合国国际货物销售合同公约》的适用范围

第一,《公约》仅适用于营业地在不同国家的当事人之间订立的货物销售合同,并且必须同时具备下面的两个条件之一,即双方当事人的营业地都在缔约国境内,或者根据国际私法规则导致适用某一缔约国的法律(第1条)。而且,受《公约》支配的事项也只限于上述销售合同的订立以及卖方和买方因此种合同而产生的权利和义务(第4条)。

从《公约》的上述规定看,货物销售合同的国际性是以营业地为标准确定的,当事人的国籍则不在考虑之列。如果当事人有一个以上的营业地,则以与合同及合同的履行关系最密切的营业地为准;如果当事人没有营业地,则以其惯常居住地为准(第10条)。根据《公约》第1条第1款第2项规定,如果货物销售合同的当事人一方或双方的营业地在一个非缔约国境内,而根据该国的国际私法规则,合同应适用某一缔约国的法律,那么该合同也应受《公约》的支配。显然,这一规定旨在扩大《公约》的适用范围,使之具有更加广泛的国际性。但是这样一来,就可能导致缔约国有关货物销售的内国法在任何情形下都不得适用于同它有关的外贸合同的局面,所以,曾遭到许多国家的坚决反对。最后只得达成一项妥协,即缔约国在批准或加入《公约》时,可就此项规定声明保留。

第二,由于以特殊的标的物作为客体的货物销售合同往往要涉及一些特殊的法律问题,为了避免和减少适用的困难,《公约》第 2 条明确规定它不适用于以下的销售:(1) 供私人、家人或家庭使用的货物的销售,除非卖方在订立合同前任何时候或订立合同时不知道而且没有理由知道这些货物的购买是供这种使用的;(2) 经由拍卖的销售;(3) 根据法律执行令状或其他令状的销售;(4) 公债、股票、投资证券、流通票据或货币的销售;(5) 船舶、气垫船或飞机的销售;(6) 电力的销售。

此外,《公约》第 3 条还规定,《公约》不适用于供应货物一方的绝大部分义务在于供应劳力或其他服务的合同,这就把来料加工合同、来件装配合同和劳务合同明确地排除在《公约》的适用范围之外。同时,《公约》也不适用于卖方对于货物对任何人所造成的死亡或伤害的责任即产品责任(第 5 条)。

值得注意的是,对于不属于《公约》调整范围的合同,应当按照各国国际私法去确定应当适用的法律。但是当事人直接选择适用《公约》来调整《公约》管辖范围以外的合同或合同事项应该是允许的,这就像当事人把《公约》的条文并入合同一样。这样做的依据并非源自《公约》本身,而是源自国内法对当事人实体法上意思自治权利的认可。但当事人"参加公约"无论如何不能违反本国公共政策和强制性法律规定(强行规范)。实践中,当事人选择适用《公约》的情况大多发生在仲裁案件中。①

第三,《公约》只就合同的订立、买卖双方的权利义务、违约救济、合同宣告无效的后果及货物保全等项内容作了规定,对其他事项则未涉及。

第四,《公约》对合同当事人不具有强制性。(缔约国的)合同双方当事人可以约定不适用《公约》,或在第 12 条规定的条件下,可减损《公约》的任何规定或改变其效力(第 6 条)。

(三)《联合国国际货物销售合同公约》对中国的适用

自 1988 年 1 月 1 日起,该公约对中国生效。截至 2018 年 1 月,公约共有 89

---

① 参见杜涛:《国际私法原理》,复旦大学出版社 2018 年版,第 217 页。

个成员。① 中国在签字和批准时提出了两项保留声明:其一,是对《公约》第1条第1款第2项提出了保留;其二,是对《公约》第11条(合同的形式)提出了保留(已于2013年撤回)。此外,原对外贸易经济合作部1987年《关于执行〈联合国国际货物销售合同公约〉应注意的几个问题》指出:

自1988年1月1日起,中国各公司与其他受《公约》约束的国家的公司达成的货物买卖合同如不另作法律选择,则合同有关事项将自动适用《公约》的相应规定,发生纠纷或诉讼亦得依据《公约》处理。所以,各公司对一般的货物买卖合同应考虑适用《公约》。但中国各公司也可根据交易的性质、产品的特性以及国别等具体因素,与外商达成和《公约》规定不一致的合同条款,或在合同中明确排除适用《公约》,转而选择某一国的内国法为合同的准据法。

由于《公约》未对解决合同纠纷的所有法律都作出规定,中国贸易公司应根据具体情况,对《公约》未予规定的问题,或在合同中作出明确规定,或选择一国内国法作为应适用的法律。

三、联合国国际货物买卖时效期限公约

各国对货物买卖合同的时效期限的规定不一致,从6个月至30年不等,这对保护国际货物买卖合同双方当事人的权益显然不便。因此,1974年6月在纽约联合国总部召开的外交会议上缔结了由联合国国际贸易法委员会起草的《联合国国际货物买卖时效期限公约》,它将时效期限统一规定为4年(第8条)。

《公约》于1988年8月1日生效,目前1974年文本有30个成员,1980年文本有23个成员。中国尚未参加该《公约》,不过根据中国《合同法》第129条的规定,因国际货物买卖合同和技术进出口合同争议提起诉讼或者申请仲裁的期限为4年,自当事人知道或者应当知道其权利受到侵犯之日起计算。

四、国际货物买卖合同的法律适用

对于国际货物买卖合同,目前国际上普遍允许当事人协议选择合同适用的法律,当事人没有选择的,一般适用与该合同有最密切联系的法律。

海牙国际私法会议曾于1955年订立《国际有体动产买卖法律适用公约》,但该《公约》因过分考虑法律适用上的简便、通俗、易懂,以及主要反映大陆法系国家的观点,以致影响不大。在1976年的第13届海牙国际私法会议上便提出应对它进行修订。经过多年的努力和准备,1986年12月22日在海牙订立了《国际货物销售合同法律适用公约》。

---

① http://www.uncitral.org/uncitral/en/uncitral_texts/sale_goods/1980CISG_status.html, visited on February 27, 2018.

《公约》规定,国际货物买卖合同应受当事人所选择的法律支配。这种选择必须是明示的或能从合同条款和具体案情得到表现。合同当事人可以随时改变已作出的这种选择而使之受另一法律的支配。但这种改变不得影响合同的形式有效性及第三者的权利。如果当事人未进行选择,依《公约》规定,合同应适用缔约时卖方营业地所在国的法律;但在下列情况下,应适用买方营业地所在国法律:(1)合同谈判和签订是在该国进行;(2)合同约定卖方须在该国履行其义务;(3)合同主要是根据买方确定的条款并通过投标而缔结的。但是,从总的情况看,合同如果明显地与另外一个国家有着更加密切的联系,则合同受该另一国的法律支配。

《公约》目前尚未生效,截至 2018 年 1 月,仅有阿根廷、捷克、荷兰、斯洛伐克、摩尔多瓦等 5 个国家签署或批准。

五、国际贸易惯例

国际贸易术语(international commercial terms)是从事国际贸易的商人们在长期的实践中逐渐形成的习惯做法,它是用几个缩写的英文字母来规定不同价格构成、交货地点、手续承办和风险转移的专门术语。从事国际贸易的商人们采用这些术语,可大大简化合同的谈判和合同的相关条款。由于对同一术语的理解或解释存在差别,为了便于当事人援用遵行,有关国际团体对一些主要的国际贸易术语作出了明确统一的解释。几种有较大影响的国际贸易术语解释文件有:

(一)1932 年《华沙—牛津规则》

国际法协会制定的 1932 年《华沙—牛津规则》(Warsaw-Oxford Rules 1932)共 21 条,就 CIF 价格条件下国际贸易合同当事人双方的权利义务作了规定。

(二)1941 年《修订美国对外贸易定义》

1919 年美国九个商业团体联合制定了《美国出口报价及其缩写条例》。1941 年美国第 27 届对外贸易会议对该《条例》进行了修订,定名为 1941 年《修订美国对外贸易定义》(Revised American Foreign Trade Definition 1941)。该《定义》对 FOB、FAS、CIF 和 C&F 等六种价格条件作了解释。它在美洲国家间使用较广。值得注意的是,它将 FOB 术语分为 6 种类型,其中 5 种类型的定义与国际贸易中一般使用的 FOB 的解释完全不同。

(三)2010 年《国际贸易术语解释通则》

1936 年,国际商会在巴黎集会,制定了《国际贸易术语解释通则》(International Rules for the Interpretation of Trade Terms),简写为 Incoterms(为 international commercial terms 的缩写)。该《通则》先后在 1953 年、1967 年、1976 年、1980 年、1990 年和 2000 年以及 2010 年进行了七次修订和补充。2010 年 9 月 27 日,

国际商会在巴黎推出 Incoterms 2010,它于 2011 年 1 月 1 日正式生效。

相对于 Incoterms 2000,Incoterms 2010 主要有以下几方面的变化:

(1) 对术语的分类进行了调整,由原来的 EFCD 四组分类调整为两类:适用于各种运输方式和水运方式。适用于各种运输方式的贸易术语有:CIP—Carriage and Insurance Paid,CPT—Carriage Paid To,DAP—Delivered At Place,DAT—Delivered At Terminal,DDP—Delivered Duty Paid,EXW—Ex Works,FCA—Free Carrier. 适用于水运方式的贸易术语有:CFR—Cost and Freight,CIF—Cost, Insurance and Freight,FAS—Free Alongside Ship,FOB—Free On Board。

(2) 删除了 Incoterms 2000 中四个 D 组贸易术语,即 DDU—Delivered Duty Unpaid, DAF—Delivered At Frontier, DES—Delivered Ex Ship, DEQ—Delivered Ex Quay,只保留了 Incoterms 2000 D 组中的 DDP—Delivered Duty Paid。

(3) 新增加了两种贸易术语,即 DAT 与 DAP。DAT 类似于 DEQ 术语,指卖方在指定目的地(包括港口)卸货后,将货物交给买方处置,即完成交货。而卖方应承担将货物运至指定的目的地的一切风险和费用(除进口费用外),该术语适用于任何运输方式或多式联运。DAP 类似于 DAF、DES 和 DDU 术语,指卖方在指定的目的地(包括港口)交货,只需做好卸货准备,无需卸货即完成交货。而卖方应承担将货物运至指定的目的地的一切风险和费用(除进口费用外),亦适用于任何运输方式、多式联运方式及海运。

(4) 贸易术语的数量由原来的 13 种变为 11 种。

值得注意的是,国际贸易惯例在适用的时间效力上并不存在"新法取代旧法"的说法,即 Incoterms 2010 实施之后并非 Incoterms 2000 就自动废止,当事人在订立贸易合同时仍然可以选择适用 Incoterms 2000 甚至 Incoterms 1990。

六、国际统一私法协会国际商事合同通则

国际统一私法协会《国际商事合同通则》[①]由罗马国际统一私法协会 1994 年制定,2004 年和 2010 年及 2016 年进行了修订。它的制定旨在推动合同法的国际统一。它的适用范围比《联合国国际货物销售合同公约》更为广泛,即不仅仅适用于国际货物买卖,在内容上也更为翔实、具体,包括总则、合同的订立与代理权、合同的效力、合同的解释、合同的内容、合同的履行、合同的不履行、抵销、权利的转让和义务的转移及合同的转让、时效期间、多数债权人和债务人。

《通则》前言部分指出:本《通则》旨在规定国际商事合同的一般规则。《通则》在以下几种情况下得以适用:(1) 双方当事人约定其合同由本《通则》支配

---

① 本书为论述上的方便,将此《通则》安排在"国际货物买卖合同"一节中。2010 年《通则》已由张玉卿主持译成中文,由中国商务出版社 2012 年出版。

时,应当适用本《通则》;(2)双方当事人约定其合同由"一般法律原则"、"商事规则"或类似的措辞所指定的规则支配时,也可以适用本《通则》;(3)如果当事人没有选择任何法律管辖其合同,亦可适用《通则》;(4)本《通则》可用来解释或补充国际统一法律文件;(5)本《通则》可用来解释或补充国内法;(6)本《通则》可作为国内和国际立法的范本。(7)其他适用《通则》的可能性。

第二节 国际货物运输合同

国际货物运输是指采用一种或多种运输方式,把货物从一国运至另一国。它包括以下几种方式:海上运输、江河运输、铁路运输、公路运输、航空运输、管道运输以及由上述若干方式组合而成的多式联运等。其中,海上运输历史悠久,目前仍然是国际货物运输的主要方式;铁路运输和航空运输也占有相当大的比例;多式联运近年来则发展较快,前景广阔。

一、国际海上货物运输

(一)国际海上货物运输合同的概念及种类

国际海上货物运输合同是指由承运人收取运费以船舶为运输工具,经由海路将货物从一国的装运港运至另一国的卸货港,并交付收货人的协议。国际海上货物运输合同有三个基本的当事人,即承运人、托运人和收货人。承运人一般是船舶所有人或者其他经营海上货运的人;托运人大多数是国际货物买卖中的卖方或买方;收货人可以是托运人,也可以是持有提货凭证的其他任何人。

国际海上货物运输合同有两种基本形式:租船合同和班轮运输合同。租船运输是指托运人租用船舶的全部或部分舱位运送货物的运输方式,一般用于大宗货物运输。班轮运输是指托运人将一定数量的货物交给承运人,承运人按固定航线,固定的港口顺序,固定船期和固定运费所进行的运输,它多用于运输数量少、交接港分散的货物运输,是海上货物运输中使用最广的一种方式。

(二)租船合同中的法律问题

租船合同是出租人(船方)与承租人(租船方)之间订立的,租用船舶运输货物的合同。根据租船方式不同,租船合同可以分为航次租船合同、定期租船合同和光船租船合同。以上三种租船合同的条款并不一致,内容繁多。为了便于租船业务的进行,一些国家的航运组织或航运公司通常都采用"标准格式"的租船合同。租船人为了维护自身利益,在租船时,往往要通过谈判,对这些标准租船合同的条款加以增删。目前,国际上对定期租船一般多采用"波尔的姆"(Baltime)定期租船格式合同,航次租船合同则多采用波罗的海国际航运公会1922年制定的统一租船合同格式,其代号是"金康"(Gencon,为General Contract 的缩写),曾经过1976年和1994年两次修订。中国使用的航次租船格式合同一般即参照"金康"合同,而定期租船合同使用的是中国租船公司在1976年制定的"定期租船合同标准格式",经1980年修订后,改称"sino time 1980"。

租船合同当事人的权利和义务是由合同来约定的,各方当事人必须遵守,有关国家的法律只是在合同没有约定或与法律没有不同约定时方得适用,中国《海商法》第94条第2款、第127条①对此作了明确规定。但在合同履行过程中,仍难免发生争议,因而在合同中也应有法律适用条款。目前大多数租船合同选用英国法律或根据英国法形成的国际习惯法。在未约定应适用的法律时,法院或仲裁机构一般根据最密切联系原则确定适用旗国法或合同缔结地法。中国《海商法》第269条规定:"合同当事人可以选择合同适用的法律,法律另有规定的除外。合同当事人没有选择的,适用与合同有最密切联系的国家的法律。"

(三) 班轮运输中的法律问题

班轮运输主要是通过承运人签发提单(bill of lading, B/L)来实现的,因此亦有人称其为"提单运输"。

1. 提单的含义和法律意义

提单是海上货物运输中的承运人或其代理人在接受所承运的货物或者把货物装船后,应托运人的请求签发给托运人的,证明双方已订立运输合同并保证在目的港按照提单所载明的条件交付货物的一种书面单证。

提单是国际海上货物运输中使用最广泛的单据,在法律上具有重要意义:(1)提单是承运人与托运人之间订立海上货物运输合同的凭证。(2)提单是承运人接管货物或已将货物装船的证明。(3)提单是代表货物所有权的凭证。谁合法持有提单,即等于占有了该货物,并享有处分权。卖方可以凭提单向银行议付货款,收货人凭提单提取货物,承运人向提单持有人交付货物。提单属于有价证券,可以转让,也可以买卖或作为担保物。

2. 调整提单的法律

调整提单的法律既有国内法,也有国际法。国内法主要是指各国的海商法,例如,中国《海商法》第四章第四节"运输单证"即主要是对提单的规定。但各个国家有关提单的法律规定不尽相同,因而也会产生法律冲突,需要确定提单的准据法。一般来说,对于提单所适用的法律已在提单中作了具体规定②,但如果提

---

① 中国《海商法》第94条第2款规定:"本章其他有关合同当事人之间的权利、义务的规定,仅在航次租船合同没有约定或者没有不同约定时,适用于航次租船合同的出租人和承租人。"第127条规定:"本章关于出租人和承租人之间权利、义务的规定,仅在船舶租用合同没有约定或者没有不同约定时适用。"

② 例如,Shell Bill of Lading, clause 10 (A): The contract contained in or evidenced by this Bill of Lading shall, not withstanding any other term set out or incorporated herein, be construed and relations between the parties determined in accordance with the law of England。

单中没有规定,比较流行的做法是适用运输合同的准据法,即一般适用当事人选择的法律,当事人没有选择时,按最密切联系原则确定。

调整提单的国际法,目前主要有四个国际公约,即1924年《统一提单的若干法律规则的国际公约》(又称1924年《海牙规则》,The Hague Rules)、1968年修改1924年8月25日在布鲁塞尔签订的《统一提单的若干法律规则的国际公约的议定书》(又称1968年《维斯比规则》,The Visby Rules)和1978年《联合国海上货物运输公约》(又称1978年《汉堡规则》,The Hamburg Rules)以及2008年《联合国全程或部分海上国际货物运输合同公约》(又称《鹿特丹规则》,The Rotterdam Rules)。截至2016年12月,《海牙规则》共有79个成员,《维斯比规则》共有31个成员①;截至2018年1月,《汉堡规则》共有34个成员。②《海牙规则》的突出特点是偏重于保护承运人的利益,有利于航运业发达的国家。《海牙规则》于1931年6月生效。它所确立的原则,已成为各国有关海运提单立法和各航运组织格式提单的内容。后经航运业发展较慢的国家要求,国际海事委员会1968年通过了《维斯比规则》。但《维斯比规则》主要是扩大了《海牙规则》的适用范围,提高了承运人的赔偿限额,对《海牙规则》进行的修改和补充并未触及其基本制度。《汉堡规则》是对《海牙规则》的重大变革,其突出特点是加重了承运人的责任。

由于在全球范围内,还没有一个国际海上运输公约可以得到大部分国家的认可,影响了国际贸易的顺利进行。因此国际海事委员会起草了运输法框架最终文本草案,后来运输法制定工作转交给联合国国际贸易法委员会继续进行,2008年12月11日,《鹿特丹规则》获得通过。《鹿特丹规则》是当前国际海上货物运输规则之集大成者,公约共18章96条,包括:总则,适用范围,电子运输记录,承运人的义务,承运人对灭失、损坏或者迟延所负的赔偿责任,有关特定运输阶段的补充条款,托运人向承运人履行的义务,运输单证和电子运输记录,货物交付,控制方的权利,权利转让,赔偿责任限额,时效,管辖权,仲裁,合同条款的有效性,本公约不管辖的事项,最后条款。截至2018年1月,有23个国家签署了《鹿特丹规则》,其中4个国家已经批准,尚未生效。

中国没有参加上述四个公约,中国香港是《海牙规则》、《维斯比规则》的成员,中国澳门是《海牙规则》的成员。但中国《海商法》关于承运人责任的规定基本上采用《海牙规则》,中国航运公司的提单条款也与《海牙规则》的规定相似。

---

① CMI Yearbook 2016,http://www.comitemaritime.org/Yearbooks/0,2714,11432,00.html,Visited on February 28,2018.

② http://www.uncitral.org/uncitral/en/uncitral_texts/transport_goods/Hamburg_status.html,visited on February 27,2018.

二、国际铁路货物运输

国际铁路货物运输是指利用两个或两个以上国家的铁路,按照政府间共同签署的有关协定进行进出国境货物的联合运输。这种运输方式的特点是,在两个或两个以上国家之间的铁路运送中,使用一份运送单据,以连带负责的方式办理货物的全程运送,由一国铁路向另一国铁路移交货物时,无需发货人和收货人的参与。国际铁路货物运输一般是依据有关国家间签订的公约或协定进行的。关于国际铁路货物运输的国际条约目前主要有两个:

一个是1980年《国际铁路运输公约》(the Convention concerning International Carriage by Rail),它于1999年被修正。该公约有7个附件,其中附件A是《关于国际铁路旅客运输合同的统一规则》(Uniform Rules concerning the Contract of International Carriage of Passengers by Rail);附件B是1890年10月14日在伯尔尼签订的《关于国际铁路货物运输合同的统一规则》(Uniform Rules concerning the Contract of International Carriage of Goods by Rail,1893年1月1日生效,后经多次修订)①。目前它已有46个成员,主要为欧洲、北非和西亚的国家,如奥地利、法国、德国、比利时、波兰等。② 中国尚未参加该《公约》。

另一个是《国际铁路联运协定》,简称《国际货协》。1951年由原苏联、保加利亚、匈牙利、原民主德国、波兰、罗马尼亚、阿尔巴尼亚、原捷克斯洛伐克等八国签订,后有中国、朝鲜、蒙古和越南等国加入。它已经过多次修订,目前施行的是1998年1月1日生效的修订本③,共有22个成员。《国际货协》总体上是一个统一实体法公约,但也包括一些冲突规范。如其第36条规定:"如本协定、适用的运价规程、协定办事细则内缺少必要规定,则适用参加本协定铁路相应国家的国内法令和规章中列载的规定。""相应国家"是指货物途经国。

如果国际铁路货物运输合同的当事人所属国之间没有共同强制适用的国际公约,或者对国际公约未规定的事项,当事人一般可以选择适用于合同的法律,没有选择的,适用与合同有最密切联系的国家的法律。例如,欧洲议会和(欧盟)理事会《关于合同之债法律适用的第593/2008号(欧共体)条例》(罗马I)第5条(运输合同)规定,当事人未根据第3条规定选择适用于货物运输合同的法律时,如果接货地、交货地或者发运人的惯常居所地也在承运人的惯常居所地国境内,则适用承运人的惯常居所地国法。不满足这些要求的,则应适用当事人协议选择的货物交付地国法。未进行法律选择时,如果案件的所有情况表明,合

---

① http://www.cit-rail.org/en/rail-transport-law/cotif/,visited on February 28, 2018.
② http://otif.org/en/? page_id=1009, Visited on February 28, 2018.
③ 该修订本可参见国际铁路合作组织、铁道部国际合作司编:《国际铁路货物联运协定·国际铁路货物联运协定办事细则》,中国铁道出版社1998年版。

同显然与第 1 款所指国家以外的其他国家有更密切联系,则适用该另一国家的法律。

三、国际航空货物运输

航空货物运输在国际贸易中的使用日渐增多。航空运输有班机运输和包机运输两种方式。所谓班机运输,是指定时定点沿固定航线进行的运输,它适用于载运数量较少的货物;所谓包机运输,是指包租整架飞机运输货物,它一般用于运输数量较大、有特殊要求的货物。

如果国际航空货物运输合同的当事人所属国之间没有共同强制适用的国际公约,或者对国际公约未规定的事项,当事人一般可以选择适用于合同的法律,没有选择的,适用与合同有最密切联系的国家的法律。例如,1995 年中国《民用航空法》第 188 条的规定。上述欧洲议会和(欧盟)理事会《关于合同之债法律适用的第 593/2008 号(欧共体)条例》(罗马 I)第 5 条的规定也适用于国际航空货物运输合同。

目前,调整国际航空货物运输的国际公约主要有:1929 年《华沙公约》、1955 年《海牙议定书》、1961 年《瓜达拉哈拉公约》;此外还有修改 1929 年《华沙公约》的 1971 年《危地马拉议定书》及 4 个蒙特利尔附加议定书,从而形成了包括《华沙公约》在内的 8 个文件,它们总称为"华沙体系"。值得注意的是,1999 年国际民航组织缔约国大会在蒙特利尔通过了旨在取代"华沙体系"的、全新的《统一国际航空运输某些规则的公约》(简称 1999 年《蒙特利尔公约》)。

《华沙公约》的全称是 1929 年《统一国际航空运输某些规则的公约》。该《公约》于 1929 年在华沙签订,1933 年 2 月 13 日生效。目前已有 152 个国家和地区加入《华沙公约》。中国于 1958 年正式加入该《公约》。《海牙议定书》的全称是《修改 1929 年 10 月 12 日在华沙签订的统一国际航空运输某些规则的公约的议定书》。该《议定书》于 1955 年在海牙签订,1963 年 8 月 1 日生效,至今已有 137 个成员。中国于 1975 年加入该《议定书》。《海牙议定书》主要是在航行过失免责、责任限制、运输单证的项目以及索赔事项等方面对《华沙公约》作了修改,以使之适应国际航空货物运输发展的需要。《瓜达拉哈拉公约》的全称是《统一非缔约承运人所办国际航空运输某些规则以补充华沙公约的公约》。该《公约》于 1961 年在墨西哥的瓜达拉哈拉签订,1964 年 5 月 1 日生效,目前已有 86 个成员。中国尚未加入该《公约》,但《公约》适用于中国香港地区。《瓜达拉哈拉公约》旨在弥补上述两个公约之不足,把《华沙公约》中有关承运人的各项规定扩大适用于非运输合同承运人,即所谓"实际承运人"。

上述三个主要公约在效力上是各自独立的。就一个国家而言,可以只加入其中一个公约或两个公约,也可以同时加入三个公约。1999 年的《蒙特利尔公约》不是对 1929 年《华沙公约》的修订,而是一部全新的条约。其第 55 条特别说明,它在适用效力上优先于《华沙公约》及其议定书以及承运人之间的特别协定。《蒙特利尔公约》以中文、英文、阿拉伯文、法文、俄文和西班牙文 6 种语言为同等生效文本。2003 年 11 月 4 日,《公约》正式生效。2005 年 6 月 1 日,中国交存了批准书。同年 7 月 31 日,该《公约》对中国生效并已扩展适用于我国香港和澳门特别行政区。目前,《公约》已有 131 个成员。①

四、国际货物多式联运

国际货物多式联运(international multimodal transport)是指按照多式联运合同,以至少两种不同的运输方式,由多式联运经营人将货物从一国境内接管货物的地点运至另一国境内指定交付货物的地点的运输方式。作为国际货物多式联运,必须具备以下各项条件:(1) 必须是国际的货物运输;(2) 必须签发多式联运单据;(3) 多式联运经营人对全程运输负责;(4) 由两种或两种以上运输方式完成全程运输。其特点是由多式联运经营人对国际货物的全程运输负责,托运人只需一次托运、一次订约、一次保险、一次付费,即可把货物托运到指定地点,因而减少了麻烦,降低了风险,节省了时间和费用。

如果国际货物多式联运合同的当事人所属国之间没有共同强制适用的国际公约,或者对国际公约未规定的事项,当事人一般可以选择适用于合同的法律,没有选择的,适用与合同有最密切联系的国家的法律。上述欧洲议会和(欧盟)理事会《关于合同之债法律适用的第 593/2008 号(欧共体)条例》(罗马 I)第 5 条的规定也适用于国际货物多式联运合同。在联合国贸易和发展会议主持下起草的《联合国国际货物多式联运公约》(United Nations Convention on International Multimodal Transport of Goods)于 1980 年 5 月在日内瓦会议上获得一致通过,包括中国在内的 67 个国家在会议最后文件上签了字。截至 2018 年 1 月,《公约》只有 11 个国家批准或接受,尚未生效。②

第三节 国际货物运输保险合同

一、国际货物运输保险合同概述

国际保险一般包括人身保险和财产保险两大类,国际货物运输保险是财产

---

① 上述 4 个公约的成员情况详见 http://www.icao.int/secretariat/legal/Lists/Current% 20lists% 20of% 20parties/AllItems.aspx, visited on February 28, 2018.
② https://treaties.un.org/pages/Treaties.aspx?id=11&subid=E&lang=_en&clang=_en, Visited on February 28, 2018.

保险的一种。根据运输途径与保险人责任范围的不同，国际货物运输保险可分为国际海上货物运输保险、国际航空货物运输保险、国际陆上货物运输保险和国际多式货物联运保险四大种类。国际货物运输保险合同就是由保险人与被保险人订立协议，由被保险人向保险人支付约定的保险费，而在保险标的发生承保范围内的风险并遭受损失时，由保险人对被保险人给予赔偿的合同。依国际社会的普遍实践，国际货物运输保险合同必须由保险人签发的书面文件来证明。此种书面文件主要是保险单，也包括保险人或其代理人签发的其他书面的保险凭证，如中国实践中使用的暂保单及其他书面凭证。

海上货物运输保险的历史最悠久、影响最大，也最重要，其他运输保险有许多方面是参照海运保险的原则制定的，它们的基本原则、保险范围等都基本一致。本章将着重介绍有关国际海上货物运输保险。

在中国投保海上货物运输险，通常是由作为被保险人的货主或发货单位直接向保险公司或其代理处办理。由被保险人填写投保单，保险公司签章承保后，保险合同即告成立。保险公司向被保险人出具保险单或保险凭证。按照中国《海商法》第 217 条的规定，海上货物运输保险合同主要包括下列各项内容：保险人名称；被保险人名称；保险标的；保险价值；保险金额；保险责任和除外责任；保险期间；保险费。

目前，调整国际海上货物运输保险的法律主要是各国国内法及调整共同海损问题的《约克—安特卫普规则》（已有 2016 年版）。在国际海上保险业务中，英国制定的保险法规和保险条款影响很大，目前世界上大多数国家都采用英国伦敦保险协会所制定的"协会货物条款"(Institute Cargo Clauses, ICC)。中国调整海上运输保险法律关系的法律主要有 1992 年颁布的《海商法》和 1995 年颁布、2015 年修订的《保险法》。中国对外贸易运输常常按照中国人民保险公司制定的海洋运输货物保险条款(China Insurance Clauses, CIC)和伦敦保险业协会制定的货物保险条款(Institute Cargo Clause, ICC)进行保险。

二、国际货物运输保险的险别

险别是保险人承保风险的类别。各个不同的险别都有其特定的风险及该风险造成损失的事项。险别既是保险人缴付保险费多少的依据，也是确定被保险人的权利和保险人的义务范围大小的依据。因此，明确投保的险别是保险合同的基本内容之一。在国际货物运输保险中，险别可分为基本险和附加险两大类，此外还有特别附加险。习惯上，一般不可单独投保附加险，而需以投保一种主要险别为前提。不同的运输方式又各有不同的主要险别。中国人民保险公司 1981 年修订的《海洋运输货物保险条款》把海上运输保险的基本险分为平安险、水渍险和一切险。

三、国际货物运输保险理赔和争议的解决

保险理赔是指保险事故发生后,被保险人向保险人提出保险赔偿请求,保险人予以受理并决定是否赔偿或如何赔偿的过程。

当索赔发生争议,经双方协商而无法达成一致意见时,则可通过仲裁或诉讼解决。仲裁和诉讼应在索赔期限内提出。按中国人民保险公司1981年修订的《海洋运输货物保险条款》的规定,海上货物运输保险的索赔期限为2年,从被保险货物在最后卸货港全部卸离海轮后起算。航空和陆地货运保险的索赔期限为1年,从被保险货物在最后目的地车站或机场全部卸离车辆或飞机后起算。

目前,尚无调整国际货物运输保险的统一实体法公约,因而各国大多是适用合同准据法选择的一般规则,即采用当事人意思自治原则,由当事人选择适用某一国家的法律。只不过保险合同的法律适用的选择权通常由保险人一方掌握。这是因为当事人之间产生争议时均以保险人一方制定的保险条款为准,而保险条款是保险人根据其所在国的法律制定的。

在当事人没有选择合同准据法时,大多数国家主张以保险人的属人法为保险合同的准据法,如英国、奥地利、德国、瑞士、中国。这是根据特征履行说和最密切联系原则而得出的结论。如依《戴西和莫里斯论冲突法》(第14版)第214条规则,一般的保险合同受当事人选择的法律支配,当事人未选择准据法时,适用与合同有最密切联系的国家的法律;保险人的主要营业所所在国,或者当保险人的行为通过另一营业所而不是主要营业所实施时该营业所所在国被推定与保险合同有最密切联系。如果案件的整体情况表明,合同显然与另一国有更密切联系,则不适用上述推定。但是,也有一些国家为了加强对投保人或被保险人的保护,倾向于适用投保人或被保险人的属人法,如美国和蒙古国就是如此。2002年《蒙古国民法典》第549条第1款规定:"合同的权利义务、合同的内容、义务的履行、合同的终止,以及不当履行或不履行的法律后果,依当事人协议选择的法律。"根据其第4款规定,如果当事人未依该条第1款的规定指定准据法,则对保险合同而言,依被保险人住所地法或主要营业活动所在地国的法律。

第四节 国际贷款合同

一、国际贷款合同的概念和种类

国际贷款合同是指位于不同国家的当事人之间或各国政府之间或国际金融组织与其成员国之间就借贷一定数额的货币所达成的确定双方权利和义务的合同。国际贷款合同的标的物是货币,并且应该是可以自由兑换的货币。依据借

贷双方地位和性质的不同,国际贷款合同可以分为政府贷款合同、国际金融组织贷款合同和国际商业银行贷款合同三种类型。而国际商业银行贷款合同,又可以依据融资的组织方式分为独家银行贷款合同和国际银团贷款合同两种形式。

二、国际贷款合同的法律适用

由于合同主体的不同,各种贷款合同所适用的法律有所区别。政府间贷款属于政府间的对外援助,政府贷款合同属于国际协定,合同中一般不规定法律适用问题,有关争议通过外交途径解决。国际金融组织对其成员国的贷款,一般适用各该组织基本法律文件中的有关规定,而不适用任何国家的国内法。

对于国际商业银行贷款合同,各国一般允许双方当事人按照共同的意思表示来协商确定所适用的法律。在这种场合,贷方往往以其债权人的优越地位要求借方同意选择适用贷方所属国的法律。如果当事人在合同中对法律适用问题未作明确的规定,一般适用与合同有最密切联系的国家的法律。如奥地利、德国、比利时、瑞士等国在规定国际贷款合同的法律适用时,一般采取当事人意思自治和特征履行地法相结合的原则。在法律实践中,根据国际贷款合同的特征履行原则所确定的法律,一般是贷款人的营业所或所在地的法律。

第五节 国际贸易支付

在国际贸易中,支付是一个必不可少的环节。国际贸易支付是指营业地位于不同国家的当事人之间收和付的活动。在国际贸易中,货物的收付比国内贸易要复杂得多,这是因为:第一,国际贸易支付会遇到国内贸易支付所没有的汇率变动风险、外汇管制风险、法律冲突所带来的适用法律方面的不确定性等特殊问题;第二,买卖双方身处不同国家,相互之间更倾向于不相信对方,力求使自己减少钱货两空的风险,并得到某种资金融通。这就涉及如何根据不同情况,采用汇付、托收、信用证等不同支付方式来处理好货款收付中的安全保障和资金融通。

早期的国际贸易支付都是以货币或者以金银来进行的。能用于国际贸易支付的,一般应是可以自由兑换的货币。这种货币既可以是出口国或进口国的,也可以是第三国的。目前世界各国常用的可自由兑换货币主要有美元、欧元、英镑、日元、瑞士法郎、港元等。当选择外国货币计价、结算和支付时,应注意本国与他国之间是否有支付协定,有支付协定的应按照支付协定办理。此外,应考虑到外国货币是否稳定以及能否自由兑换。

一、票据

票据是指由出票人签发的,约定由出票人自己或者委托其他人,在见票时或者约定的日期,无条件向持票人支付确定金额的有价证券,通常包括汇票、本票和支票等三种。根据我国《票据法》第94条第2款的规定,涉外票据是指出票、背书、承兑、保证、付款等行为中,既有发生在中华人民共和国境内又有发生在中华人民共和国境外的票据。

(一) 票据的法律冲突

由于各国经济、文化和社会背景以及票据法的立法技术和立法体例不同,自19世纪以来至20世纪初,在欧美各国逐渐形成了三大票据法的立法体系,即法国法系、德国法系和英美法系。各国票据立法的不同,对票据的国际交流带来了极大不便,于是从19世纪后半叶起,各国相继开展了票据法的统一运动。尤其是在国际联盟主持下,于1930年通过了三个公约,即:(1)《本票、汇票统一法公约》;(2)《解决本票、汇票若干法律冲突公约》;(3)《本票、汇票印花税公约》。1931年又在日内瓦召开了第二次票据法统一会议,制订了关于支票的三个公约,即:(1)《支票统一法公约》;(2)《解决支票若干法律冲突公约》;(3)《支票印花税公约》。上述"日内瓦公约"是以大陆法系的有关立法为基础的,其中既有统一实体法公约,也有统一冲突法公约。这些关于票据法的公约,解决了法、德两大法系的冲突。但英国、美国等英美法系国家认为"日内瓦公约"的规定与英美法系国家的票据传统和实践相矛盾,因而拒绝参加,因此,在国际上形成了关于票据法的两大体系,即日内瓦统一法系统和英美法系统。20世纪70年代以后,联合国国际贸易法委员会为促使各国票据法的协调和统一,着手制定一项国际汇票与本票的统一法草案,最终于1988年12月经联合国大会通过了《联合国国际汇票和本票公约》,但尚未生效。

票据的法律冲突主要表现在:首先,关于票据的种类,各国立法颇不一致。德国、法国的票据法仅将汇票和本票称为票据,而不包括支票。而英美法系的票据法则认为票据应包括汇票、本票和支票三种。

其次,关于票据的形式要件,各国立法也有歧异。德国法系多采取严格的形式主义,规定了多种票据的形式要件,而英美法系对票据的形式要求很宽松。

再者,关于票据关系与其发生原因之间的关系,有些国家的法律认为二者彼此独立,有些国家的法律却认为二者彼此关联。例如,采独立主义的德国法系即认为票据为不要因证券,而采关联主义的法国法系即认为票据为要因证券。

(二) 票据法律冲突的冲突法解决方法

票据关系虽然是债权债务关系,但是与一般的债权债务关系相比,涉外票据关系中一般不允许当事人任意选择准据法。英美法上,虽然将票据视为一系列单独的合同,但一般也不承认当事人有选择法律的权利。戴西和莫里斯也认为,用于确定一般合同的准据法理论明显不适用于票据中所包含的合同。[①]

1. 关于票据行为能力的准据法

票据行为的有效性很重要的一个方面取决于票据行为人的能力。对于票据行为能力,英美法系国家主张依行为地法判定,而大陆法系各国却认为应由行为人的本国法判定。1848年《德国票据法》也规定,外国人的票据能力,依其所属国法;但如依其所属国法为无能力而依德国法为有能力时,就其在德国所为的票据而言,仍认为其有能力。

2. 关于票据行为方式的准据法

关于票据的行为方式,上述两个日内瓦公约分别在第3条和第4条规定行为地法作为票据行为方式的主要准据法,但也允许在一定情况下适用行为人的本国法。

3. 关于票据债务的准据法

票据一经开出,即在当事人之间产生一种债权债务关系。其中出票人、受票人和受款人之间的债务为主债务,而背书人、参加承兑人与持票人之间的债务为从债务,它主要是因为主债务人未能履行付款义务而产生。

关于票据主债务的准据法的选择,有以下两种原则,即付款地法原则和缔约地法原则。采用付款地法原则的有美国、日本和德国等,而采用缔约地法原则的有英国。

关于票据从债务的准据法,在许多方面与主债务准据法相同。有的国家采用签字地法,其理由是此类从债务的发生,多以当事人签名为前提。有些国家规定采取交付地法,有些国家则采取付款地国法。

关于票据债务,上述两个日内瓦公约均规定票据主债务由付款地法支配,《解决本票、汇票若干法律冲突公约》第4条规定,票据从债务由签字地法支配。

4. 有关票据权利取得的准据法

票据权利的取得分原始取得和继受取得。对于票据权利的取得,一般主张应依票据让与时票据所在地法。因为票据权利的移转于票据交付时发生,这与普通债权的转让略有不同。这里是将票据视为一种动产,适用一般动产权利取得的准据法,即物之所在地法。

5. 关于票据权利的保全与行使行为的准据法

关于票据权利的保全与行使行为,如票据提示的时间与方式、付款日期、拒绝证书的作成与方式等等,有主张依付款地法的,其理由是认为付款是票据关系的重心;有主张依行为地法的。

---

① 杜涛、陈力:《国际私法》,复旦大学出版社2008年版,第277页。

上述两个日内瓦公约均规定,因票据遗失或被窃应采取的手段,依付款地国法定之。拒绝证书的形式和作成证书的期限,以及行使和保全支票权利所需的其他处理形式,依作成拒绝证书或采取此项手段之国家法律定之。各签字人行使追索权的期限,依出票地的法律来决定。

(三) 中国的相关规定

中国 1995 年通过、2004 年修正的《票据法》对涉外票据的法律适用问题设专章予以了规定(第五章)。

在票据行为能力方面,中国《票据法》第 96 条规定,票据债务人的民事行为能力,适用其本国法;票据债务人的民事行为能力,依照其本国法律为无民事行为能力或者为限制民事行为能力而依照行为地法律为完全民事行为能力的,适用行为地法律。这一规定与前述日内瓦公约的规定是一致的。

关于出票时的记载事项,该法第 97 条以两个条款对汇票、本票和支票分别予以了规定。汇票、本票出票时的记载事项,适用出票地法律;支票出票时的记载事项,适用出票地法律,经当事人协议,也可以适用付款地法律。

关于票据的背书、承兑、付款和保证行为,中国《票据法》第 98 条规定,一律适用行为地法律。

对于票据追索权的行使期限,中国《票据法》第 99 条规定,对之适用出票地法律;对于票据的提示期限、有关拒绝证明的方式、出具拒绝证明的期限,中国《票据法》第 100 条规定适用付款地法律;对于票据丧失时失票人请求保全票据权利的程序,中国《票据法》规定也适用付款地法律。

中国《票据法》还规定,中国缔结或者参加的国际条约同本法有不同规定的,适用国际条约的规定,但是,中国声明保留的条款除外。本法及中国缔结或参加的国际条约没有规定的,可以适用国际惯例。但中国未加入上述日内瓦公约和联合国票据公约。

二、托收

托收(collection)是债权人开具汇票,委托银行凭票向债务人代收款项的支付方式。托收业务的当事人通常也为四个,即委托人(principal)、托收行(remitting bank)、代收行(collecting bank)和付款人(drawee)。托收也属于一种商业信用。其中委托人与付款人之间存在一种以买卖合同为依据的债权债务关系,其他当事人之间均为委托代理关系,适用委托合同中约定的法律。银行只是根据委托收款的指示行事,而不承担任何责任和风险。托收可分为光票托收和跟单托收两种:

光票托收(clean collection)是指根据汇票、本票、支票进行托收,而不需随附其他单据。光票托收以往基本用于非贸易业务,只是用于收取货款的尾数、从属费用等,但它比较适合贸易伙伴为母子公司、合营、合资或合作的双方使用。跟单托收(documentary collection)是指汇票随附其他单据的托收。它又可分为付款交单(documents against payment)和承兑交单(documents against acceptance)。在国际贸易中,大量托收都是跟单托收。

调整托收关系的统一规则是1958年由国际商会草拟的《商业跟单托收统一规则》,该规则经1978年修订后易名为《托收统一规则》(Uniform Rule for Collection,URC)。这一规则已被世界各国广泛采用。中国在实践中也参照使用。国际商会1993年又组织专家对《托收统一规则》进行了修订,并于1995年公布,即国际商会"第522号出版物"(简称URC 522),并于1996年1月1日起实施。

三、信用证

(一) 信用证的概念

信用证(letter of credit,L/C)是由银行根据进口商的要求,向出口商提供付款保证的支付方式。信用证支付方式属于银行信用,是目前国际贸易中最常用的一种支付方式。

(二) 信用证的支付程序

信用证的支付程序主要有以下几个步骤:第一,买卖双方在买卖合同中规定采用信用证方式支付货款。第二,买方按照合同规定的时间向当地银行申请开出信用证,按照合同的内容填写开证申请书,并向银行交纳押金或其他保证。第三,开证银行根据开证申请书的要求,开出以卖方为受益人的信用证,授权卖方开出以开证银行为付款人的汇票,并将信用证寄交给通知银行。第四,通知银行核实信用证的真实性后,将信用证转交给受益人。第五,受益人即卖方审核信用证的内容与买卖合同是否相符,如果不符,要求买方修改信用证;如果相符,则按照信用证的规定将货物装运,备齐各种货运单据,开出汇票,在信用证的有效期内,凭货运单据向议付银行议付货款。第六,议付银行[①]按照信用证的规定审核单据相符后,按照汇票金额扣除利息,把货款垫付给卖方。议付是指由议付银行对汇票和单据付出对价,成为汇票的受让人,如果只审单据而不支付对价,则不能构成议付。第七,议付银行将汇票和货运单据一起寄交给付款银行,索偿款项。第八,付款银行(可以是开证银行或其他银行)审核货运单据与信用证相符后,付款给议付银行。第九,开证银行通知买方付款赎单。第十,买方付款,取得单据。

---

① 议付银行(negotiating bank),是指愿意买进受益人提交的单据和跟单汇票的银行,通常是卖方所在地的银行,可以是指定的银行(这种信用证是限制议付信用证),也可以是非指定的银行(自由议付信用证),通常是通知银行兼任议付银行。

（三）信用证的法律冲突与法律适用

1. 信用证的法律冲突

虽然《跟单信用证统一惯例》为世界广泛接受，但是，该惯例毕竟不是法律，只有其被并入信用证条款时，才对当事各方具有约束力。如果当事人没有将该统一惯例并入信用证，也需要根据各国国内法来进行审判。另一方面，该惯例并不试图规定涉及信用证的一切问题。对于这些问题，仍然留待各国国内法处理，比如关于欺诈和伪造单据的认定和法律救济、追索权问题，等等。而且当事人也可以在信用证中约定与统一惯例不一致的条款。

各国国内法关于信用证的法律不尽相同。只有少数国家有成文的信用证立法，如美国、希腊、意大利（民法典中的条文）、墨西哥、黎巴嫩、洪都拉斯、阿根廷、古巴以及一些阿拉伯国家等。大多数国家主要根据判例法确定的一些原则来处理信用证纠纷。德国等大陆法国家则主要依据《民法典》和《商法典》中的基本原则和判例。美国的情况比较特殊，除了判例之外，还有《统一商法典》第五篇《信用证篇》。由于信用证更具有合同的性质，所以多数国家在对待信用证的法律冲突时，都倾向于依照合同的法律选择理论来处理。

2. 信用证的法律适用原则

对于信用证纠纷，通常依照下列原则处理：

（1）信用证与基础合同相独立原则。信用证的准据法独立于基础合同准据法。对二者的法律适用应当分别处理。同时，如果一个案件涉及不同信用证，各个信用证中应当适用各自的准据法。

（2）采用当事人意思自治原则，依照信用证中明确记载的准据法处理，只要该法律不违反有关国家的公共秩序和强行规范。尽管很多学者建议在信用证中加入标准的准据法选择条款，但实践中包含准据法条款的信用证十分少见。但是，大多数国家的银行开出的信用证都会将《跟单信用证统一惯例》纳入信用证。[①] 一旦统一惯例被纳入信用证，该惯例就视为信用证条款的一部分，对各方当事人具有约束力。美国《统一商法典》也承认意思自治原则。其第五篇第5-116条规定，开证人、被指定人或通知人因其行为或不行为而产生的责任受相关当事人选择的法律约束。而且被选择的法域不需要与交易有任何联系。

（3）根据最密切联系原则确定信用证的准据法。由于信用证并不等同于一般的合同，依照最密切联系原则选择法律的时候要考虑的因素也不同。在信用证交易中决定最密切联系地的因素主要有保兑地、议付地、提交单据地、付款地以及开证行所在地等。

---

① 据说95%的信用证都是根据《跟单信用证统一惯例》开出的。参见杨良宜：《信用证》，中国政法大学出版社1998年版，第36页。转引自杜涛、陈力：《国际私法》，复旦大学出版社2008年版，第293页。

（4）区分不同信用证确定准据法。对于议付信用证，由于议付行不特定，因此议付行与其他当事人之间的关系一般应适用开证行所在地法律。对于保兑信用证，保兑行与其他当事人之间的关系一般应适用保兑行所在地法律。当然，法院可以根据具体案情，运用自由裁量权确定具体法律关系的最密切联系地。

对于信用证的法律适用，2005 年最高人民法院《关于审理信用证纠纷案件若干问题的规定》作了规定。其第 2 条规定，人民法院审理信用证纠纷案件时，当事人约定适用相关国际惯例或者其他规定的，从其约定；当事人没有约定的，适用国际商会《跟单信用证统一惯例》或者其他相关国际惯例。其第 4 条规定，因申请开立信用证而产生的欠款纠纷、委托开立信用证纠纷和因此产生的担保纠纷以及信用证项下融资产生的纠纷应当适用中华人民共和国相关法律。涉外合同当事人对法律适用另有约定的除外。其第 6 条规定，人民法院在审理信用证纠纷案件中涉及单证审查的，应当根据当事人约定适用的相关国际惯例或者其他规定进行；当事人没有约定的，应当按照国际商会《跟单信用证统一惯例》以及国际商会确定的相关标准，认定单据与信用证条款、单据与单据之间是否在表面上相符。信用证项下单据与信用证条款之间、单据与单据之间在表面上不完全一致，但并不导致相互之间产生歧义的，不应认定为不符点。

（四）《跟单信用证统一惯例》

关于信用证的国际统一规则，是 1933 年由国际商会通过的《跟单信用证统一惯例》(Uniform Customs and Practice for Documentary Credit)。此后国际商会先后对该惯例进行了 6 次修订，最近两次修订文本分别于 1993 年、2006 年通过，称为国际商会第 500 号出版物（1993 年修订本，简称 UCP 500）和国际商会第 600 号出版物（2007 年修订本，简称 UCP 600）。UCP 600 于 2007 年 7 月 1 日施行。到目前为止，它已为 170 多个国家或地区的银行集体地或个别地采纳，成为银行和贸易企业处理信用证业务和解释信用证条款的主要依据。中国虽然没有正式采用该惯例，但在对外贸易业务中也多以该惯例为准则处理有关问题。中国银行于 1987 年开始在开出的信用证中注明依该惯例开立。国际商会为了适应电子商务在国际贸易领域的广泛应用，还制定了《〈跟单信用证统一惯例〉电子交单补充规则》。

四、独立保函

保函作为国际结算和担保的重要形式，在国际金融和国际贸易中应用广泛。根据保函与它所凭以开立的基础合同之间的关系是从属或是独立的关系，可以把它分为从属保函和独立保函。传统的保函是从属性的，担保人承担第二性的付款责任。而独立保函一经开立，便具有独立的效力，担保人的责任一般是不可撤销的、无条件的和见索即付的。

为了规范独立保函,国际商会1992年制定了《见索即付保函统一规则》(The Uniform Rules for Demand Guarantees,目前为2010年版本:URDG 758),它已得到国际社会的广泛使用。2016年,我国最高人民法院制定了《关于审理独立保函纠纷案件若干问题的规定》(以下简称《规定》)。其第1条规定,独立保函是指银行或非银行金融机构作为开立人,以书面形式向受益人出具的,同意在受益人请求付款并提交符合保函要求的单据时,向其支付特定款项或在保函最高金额内付款的承诺。因此,独立保函的性质和运作机理与商业跟单信用证基本相同,不属于我国担保法规定的法定担保方式,不适用担保法关于保证的规定。

《规定》第22条对独立保函的法律适用作了规定:涉外独立保函未载明适用法律,开立人和受益人在一审法庭辩论终结前亦未就适用法律达成一致的,开立人和受益人之间因涉外独立保函而产生的纠纷适用开立人经常居所地法律;独立保函由金融机构依法登记设立的分支机构开立的,适用分支机构登记地法律。涉外独立保函欺诈纠纷,当事人就适用法律不能达成一致的,适用被请求止付的独立保函的开立人经常居所地法律;独立保函由金融机构依法登记设立的分支机构开立的,适用分支机构登记地法律;当事人有共同经常居所地的,适用共同经常居所地法律。涉外独立保函止付保全程序,适用中华人民共和国法律。

《规定》还对独立保函开立与生效、欺诈与止付、转让、终止以及涉外独立保函的管辖权等问题作了规定。

五、国际保理

(一)国际保理的概念和程序

信用证支付方式存在着手续繁杂、费用高、欺诈风险大等不完美之处,是买方不情愿接受的支付方式。近年来对进口商不利的信用证结算的比例逐年下降,赊销交易日益盛行。为了解除卖方的担忧,国际保理方式应运而生。20世纪90年代后,国际保理业务进入中国,并逐步发展壮大起来。中国银行于1992年在国内率先推出国际保理业务,中国银行目前已与美国、德国、英国、法国等二十多个国家和地区约五十家保理公司签署了国际保理协议。

保理(factoring),也叫保付代理、客账代理或承购应收账款业务,是指银行或保理公司向卖方提供的一种集融资、结算、账务管理、信用担保为一体的综合性贸易支付方式。采用国际保理方式,卖方与保理公司签订协议,保理公司将负责对买方的资信进行调查,提供风险担保,并替卖方催收账款及进行有关账务管理和资金融通等。保理公司通常向卖方收取管理费(手续费)以及付款时到收款时的利息等费用。这些费用将被转入到货物价格中,最终由买方承担。但对买方来说,与信用证方式相比,保理费用相对较低。国际保理涉及的当事人有:

卖方、买方、卖方所在地的保理公司（出口保理公司）、买方所在地的保理公司（进口保理公司）。

保理业务主要涉及以下程序：第一，卖方和出口保理公司签订一定期限的保理协议。第二，卖方与买方有意签订买卖合同。第三，卖方将买方名称等情况告知出口保理公司。第四，出口保理公司委托进口保理公司对买方资信进行调查。第五，进口保理公司将调查结果告知出口保理公司。第六，如资信可靠，出口保理公司对进出口交易进行确认。第七，卖方和买方签订买卖合同，明确规定用保理方式结汇。第八，卖方交货后将有关单据售给出口保理公司，出口保理公司在承购单据时或约定日期将扣除利息的货款余额付给卖方。第九，出口保理公司将有关单据交进口保理公司。第十，进口保理公司向买方收款，并向出口保理公司划付。

国际上目前调整保理业务的规则主要有国际统一私法协会1988年《国际保理公约》（1995年生效，截至2018年1月，有9个成员，我国未加入）和国际保理商联合会（官网：www.factors-chain.com/）2010年修订的《国际保理业务惯例规则》（General Rules for International Factoring）以及2001年《联合国国际贸易应收账款转让公约》（截至2018年1月，只有4个国家签署，尚未生效）。《国际保理公约》供自由选用，无强制力。《国际保理业务惯例规则》主要对信用风险的承担、付款责任、出口保理公司和进口保理公司的代理、保证及其他责任、转让的合法性等作了规定。

（二）国际保理的法律适用

1. 合同当事人选择的法律

国际保理各当事人之间的关系受他们之间签订的合同约束。卖方和买方之间属于货物（服务）买卖合同关系；卖方与出口保理商之间属于保理合同关系；出口保理商与进口保理商之间属于保理代理合同关系。因此，如果他们之间发生纠纷，原则上应当适用他们在合同中选择的法律。

2. 适用与合同有最密切联系的国家的法律

如果国际保理各方当事人没有就他们之间的合同选择法律，则应当依照最密切联系原则分别确定各方当事人之间合同的准据法。

（1）卖方与出口保理商之间的法律关系。卖方与出口保理商之间是保理合同关系。要注意的是，保理合同与卖方和买方之间的基础合同关系是独立的。通常，保理合同的准据法一般是保理商营业所所在地法律。如果卖方和出口保理商具有相同的属人法，原则上依它们共同的属人法。

（2）出口保理商与进口保理商之间的法律关系。出口保理商与进口保理商之间是保理代理合同关系。对于双方之间的保理代理法律关系，进口保理商被视为特征性履行方，因此一般适用进口保理商所在国法律。如果两个保理商都是国际保理商联合会成员,则除了他们之间有双边协议之外,他们首先应当遵守国际保理商联合会章程。根据该章程,成员之间应当遵守国际保理商联合会《国际保理业务惯例规则》和《仲裁规则》。因此国际保理商联合会成员之间的纠纷自动适用该惯例规则,并且应当提交给国际保理商联合会仲裁解决。

(3) 卖方与买方之间的关系。卖方与买方之间是货物(服务)买卖合同法律关系。双方之间的法律关系依照买卖合同法律适用原则确定,通常是卖方营业所所在国法律。

我国目前既没有专门调整保理关系的法规,也没有批准加入《国际保理公约》。因为中国银行已加入国际保理商联合会,因此,一般情况下所进行的国际保理业务可以适用《国际保理业务惯例规则》或者参照《国际保理公约》进行。

第六节 电子合同

前面讲到的几种合同,主要是以合同标的作区分的。电子合同则是因互联网的出现并被用于商事交易而产生的一种新的合同形式。电子合同有广义和狭义之分。广义的电子合同是指一切用现代电子通讯技术手段[包括但不限于电子数据交换(Electronic data interchange,EDI)、电子邮件(E-mail)、电报、电传、传真]所达成的合同。狭义的电子合同是指利用不同的电子计算机之间生成、传递、储存信息而达成的合同,包括 EDI 和 E-mail 两种形式,又称无纸合同。

世界各国基本上都赋予电子合同当事方以很大的意思自治权。在准据法的确定上,基本上都是首先取决于当事方的意思自治,如无选择或者选择无效,则按最密切联系原则来加以确定。而最密切联系原则在实际操作中也需要结合合同的签订地、履行地、双方的住所地和营业地、标的物所在地等因素来加以判定。

一、电子合同的一般法律问题及其解决

(一) 关于书面形式的要求

许多国家的法律都要求某些交易必须有书面合同,有的是用以作为合同有效的要件,有的是用以作为证明合同存在及其内容的证据。在利用电子数据交换①订立合同时,合同内容都以电子数据的形式存储于磁性介质之中,是一种"无纸合同"。1996 年联合国国际贸易法委员会《电子商务示范法》、2001 年《电子签名示范法》和 2005 年联合国《国际合同使用电子通信公约》(已生效,中国未加入)基本上采纳了"功能等同"(functionally equivalent to)原则,即将电子文

---

① 电子数据交换是指在两个或两个以上用户之间,按照协议将具有一定结构特征的标准经济信息,经数据通讯网络在电子计算机系统之间进行交换和自动处理。

件视为与纸面文件具有同等的法律效力。

中国1999年《合同法》也确认了数据电文的书面等同功能,承认电子合同的形式和效力,其第11条规定,书面形式是指合同书、信件和数据电文(包括电报、电传、传真、电子数据交换和电子邮件)等可以有形地表现所载内容的形式。

(二) 关于合同履行地的问题

根据中国民法理论,合同的履行地通常是以商品的交付地(也叫给付地)为判断标准。"履行与交付,在合同法理论中,经常作为同一概念使用。"[1]电子商务中标的物和单据的交付可以有两种方式:一是所购商品为有形商品以及以有形媒介为载体的信息商品,通过传统交付的方式完成;二是所购商品是无形商品,可以直接通过网络下载完成交付。

第一种方式和传统动产买卖的交付地点之确定并无多大区别。

第二种方式是无形商品直接通过网络下载至买方电脑的硬盘里。对于此时交付地点的确定,各国目前还没有统一的规则。在不能按约定或交易习惯确定的情况下,按传统方法就应以"履行义务一方所在地"为准,也就是指以提供无形商品一方的主营业地或者经常居住地为准。但是如果把买方的主营业地或者经常居住地作为履行地,会更加有利于保护消费者,会更加公平。2015年最高人民法院《关于适用〈中华人民共和国民事诉讼法〉的解释》第20条规定,以信息网络方式订立的买卖合同,通过信息网络交付标的的,以买受人住所地为合同履行地;通过其他方式交付标的的,收货地为合同履行地。合同对履行地有约定的,从其约定。

(三) 关于合同签订地的问题

当事人可以约定合同签订地。在没有约定也不能通过交易习惯确定电子合同签订地的情况下,可以通过以下方式确定:(1) 在通过访问网站页面形式达成合同的情况下,如果在线支付货款后就可以在线下载商品,那么,电子合同签订地就是卖方的主营业地或者经常居住地。如果卖方要按照买方指示的地址以传统方式交货,并且可以通过在线方式支付货款,那么电子合同签订地也是卖方的主营业地或者经常居住地。如果是货到后再付款,那就根据具体情况分别把买方或者卖方的主营业地或者经常居住地视为合同签订地。(2) 在通过网络交易中心交易的情况下,如果在线双方所讨论的内容足够具体、确定、全面,可以构成要约和承诺,则合同签订地应该是该网络交易中心的主营业地或者经常居住地。(3) 在电子邮件可以构成要约的情况下,其接收方也以电子邮件向要约方发出承诺,承诺到达要约方邮箱时生效,则此时合同签订地为要约方的主营业地或者经常居住地。

---

[1] 隋彭生:《合同法要义》,中国政法大学出版社2003年版,第186页。

二、电子合同的法律适用

（一）当事人缔约能力及其电子合同形式的法律适用

有学者认为，对于电子合同当事人缔约能力的法律适用，适用当事人的属人法并兼采合同准据法较好。① 理由有：(1) 适用属人法来确定当事人的缔约能力，已经基本上形成了冲突法上的习惯法。(2) 属人法当中的国籍、住所与当事人的缔约能力有实质性联系。(3) 如果当事人的属人法认为电子合同的当事人没有缔约能力，即使其他法院认为有缔约能力，将来所出现的法律后果也可能是判决得不到当事人的国籍国或者住所地国的承认与执行。(4) 传统上，各个国家为了保护内国交易的安全都以交易行为地法加以限制，但是，在网络环境下，缔约地和交易行为地很难确定，所以可以考虑以合同的准据法加以限制。(5) 适用合同的准据法，有利于当事人预测交易后果，在发生争议时有利于法院迅速审结案件。

电子合同形式的法律适用问题有两个障碍：一是在很多情况下，属人、属地性连结点很难确定，即使能够确定，也可能和当事人通过互联网完成的交易没有多大联系；二是许多国家还没有规定数据电文和电子签名的法律效力。所以，从冲突法的角度来看，突破这两个障碍的最佳途径是在电子合同的法律适用问题上抛弃分割制，采用同一制，即对合同的实质内容和形式要件在法律适用上不加区分，一并采纳当事人意思自治原则和最密切联系原则。②

（二）电子合同成立与效力的法律适用

1. 意思自治原则的适用

电子商务合同大体上可以分为三类：企业之间的电子合同，即 business to business 模式；用户之间的电子合同，即 consumer to consumer 模式；企业和用户之间的电子合同，即 business to consumer 模式。对于前两种模式，可以适用当事人意思自治；可是对第三种模式，由于涉及消费者权利保护，法律选择条款的法律效力是有争议的。

中国《合同法》第 126 条和《涉外民事关系法律适用法》第 41 条都规定涉外合同的当事人可以选择处理合同争议所适用的法律。在电子合同中，可以选择电子合同的签订地、履行地、双方的营业地或者经常住所地等法律作为准据法。

确定电子合同的法律适用时同样存在格式合同的问题。由于格式合同所带来的巨大便利，其适用是必然的。另一方面，其中又会存在着卖方滥用其优势地位的问题，所以，运用意思自治原则的最大问题在于如何加强对格式合同中相对

---

① 何其生：《电子商务的国际私法问题》，法律出版社 2004 年版，第 212—214 页。
② 吕国民：《国际贸易中 EDI 法律问题研究》，法律出版社 2001 年版，第 214 页。

方的保护,这种相对方常常是消费者。目前,国际上的趋向是在放宽意思自治原则的同时加强对消费者的保护。

比如,美国全国统一州法委员会在1999年通过了《统一计算机信息交易法》(The Uniform Computer Information Transactions Act, UCITA)供各州在立法时参考。根据该法第109条,首先适用当事双方协议选择的法律,但为了防止卖方滥用其优势地位,该法对当事方意思自治权利的行使作出了以下限制:(1)如果在一项消费者合同中作出的此种选择改变了根据"许可方所在地法""交付该拷贝的地方或本应向消费者交付该拷贝的地方的法律"以及"与该交易有最密切联系的法域的法律"当中不得以协议加以改变的规则,则此种选择无效;(2)合同中的法律选择条款不得违反法院地的基本公共政策和显失公平原则。

2. 最密切联系原则的适用

在当事方没有选择或者选择无效的情况下,可以根据最密切联系原则来确定应该适用的法律。适用最密切联系原则时可以考虑合同签订地、合同履行地、合同标的物所在地、住所、居所、国籍等。如前所述,电子合同的签订地和履行地通常是买方或者卖方的主营业地或者经常居住地。

在当事人一方是消费者的情况下,如果根据最密切联系原则确定的准据法是外国法,则消费者有可能根本不了解该国法律。这样就会在将来发生纠纷时,给消费者参与诉讼带来很大障碍。所以,对某些消费者合同在法律上加以强制性的规定,将非常有利于保护消费者利益。比如,美国《统一计算机信息交易法》第109条规定:(1)访问合同(access contract)或规定交付电子拷贝的合同应适用缔约时许可方所在地法。(2)要求以有形介质交付拷贝的消费者合同应适用向消费者交付该拷贝的地方或本应向消费者交付该拷贝的地方的法律。(3)在其他任何情况下,合同应适用与该交易有最密切联系的法域的法律。在确定最密切联系原则时,起草者列出了所要权衡的标准,以限制法官自由裁量权的滥用。这些标准是:合同缔结地、合同谈判地、合同履行地、合同标的物所在地、当事人的住所、居所、国籍、公司成立地及营业地、州际或国际体制的需要、法院地州和其他州的相关利益、当事人正当期望的保护、结果的一致性、可预见性、确定性的提高等等。

在以上三种情况下,如其法律应予适用的法域在美国境外,则该法域的法律只有向没有位于该法域的一方当事人也提供了与本法类似的保护和权利时,才应予以适用。否则应适用美国与该交易有最密切联系的州的法律。起草者认为此种情况下的外国法仅仅指其合同法,并且法院只能在极端的情况下才能不按照以上三方面的规定适用法律。

【思考题】

1. 下列案件应依什么法律解决？

【案例 11.1】 远东中国面粉厂有限公司诉利比里亚美姿船务公司案①

1989 年 1 月 11 日，远东中国面粉厂有限公司委托一香港公司在美国购买了一批小麦，交由利比里亚美姿船务有限公司所属的、由香港东昌航运有限公司经营的"宏大"轮承运。3 月 9 日，远东中国面粉厂有限公司收到上述货物的两份提单。该提单上载明提单有效性依照 1936 年美国《海上货物运输法》并受其约束。起航前，船长收到一份远航建议书，提及在"宏大"轮预定的航线附近可能会遇上恶劣气候。3 月 11 日，该轮驶抵中国蛇口港。经有关部门检验证实：该轮货舱舱盖严重锈蚀并有裂缝，舱盖板水密橡胶衬垫老化、损坏、脱开、变质及通风筒损坏。开舱时发现在裂缝、舱盖、舱盖板接缝下以及通风筒下的货物水湿、发霉、发热、结团、变质。为此，1989 年远东中国面粉厂有限公司向广州海事法院起诉，要求船方依照 1936 年美国《海上货物运输法》赔偿损失。船方辩称：根据 1936 年美国《海上货物运输法》的规定，承运人不承担因海上灾难而引起的一切责任。

2. 在下列案件中，以电子邮件方式订立的合同具有法律效力吗？依据是什么？法院应如何判决？

【案例 11.2】 H 木制品加工厂起诉 J 实业有限公司案

中国 J 实业有限公司已经注册了电子邮箱（E-mail）："jrsy@jrsy.com.cn"；H 木制品加工厂也注册了电子邮箱："h-ymz@online.sh.cn"。1999 年 11 月 5 日上午，J 实业有限公司给 H 木制品加工厂发出要求购买其厂生产的办公家具的电子邮件一份，电子邮件中明确了如下内容：(1) 需要办公桌 8 张，椅子 16 张；(2) 要求在 11 月 12 日之前将货送至 J 实业有限公司；(3) 总价格不高于 1.5 万元。电子邮件还对办公桌椅的尺寸、式样和颜色作了说明，并附了样图。当天下午 3 时 35 分 18 秒，H 木制品加工厂也以电子邮件回复 J 实业有限公司，对 J 实业有限公司的要求全部认可。为对 J 实业有限公司负责起见，11 月 6 日 H 木制品加工厂还专门派人到 J 实业有限公司作了确认，但双方没有签署任何书面文件。1999 年 11 月 11 日，H 木制品加工厂将上述桌椅送至 J 实业有限公司。由于 J 实业有限公司已于

---

① 李双元、欧福永主编：《国际私法教学案例》（第二版），北京大学出版社 2012 年版，第 204—205 页。

10 日以 1.1 万元的价格购买了另一家工厂生产的办公桌椅,就以双方没有签署书面合同为由拒收,双方协商不成,11 月 16 日 H 木制品加工厂起诉至法院。庭审中,双方对用电子邮件方式买卖办公桌椅及 H 木制品加工厂去人确认、11 月 11 日送货上门等均无异议。

3. 简述《联合国国际货物销售合同公约》的适用范围。
4. 简述《联合国国际货物销售合同法律适用公约》的主要内容。
5. Incoterms 2010 包括哪些贸易术语?
6. 什么是提单?它有哪些法律意义?它如何适用法律?
7. 简述国际航空货物运输合同的法律适用。
8. 简述国际货物运输保险合同的法律适用。
9. 简述中国《票据法》对涉外票据法律适用的规定。
10. 简述信用证的法律适用。
11. 简述电子合同所涉及的一般法律问题。
12. 简述电子合同的法律适用。

【司法考试真题】

1. 甲国公司与乙国航运公司订立海上运输合同,由丙国籍船舶"德洋"号运输一批货物,有关"德洋"号的争议现在中国法院审理。根据我国相关法律规定,下列哪一选项是正确的?(2010 年单选题)
   A. 该海上运输合同应适用船旗国法律
   B. 有关"德洋"号抵押权的受偿顺序应适用法院地法律
   C. 有关"德洋"号船舶优先权的争议应适用丙国法律
   D. 除法律另有规定外,甲国公司与乙国航运公司可选择适用于合同的法律

2. 在中国法院审理的某票据纠纷中,与该票据相关的法律行为发生在中国,该票据付款人为甲国某州居民里斯。关于里斯行为能力的法律适用,根据我国相关法律规定,下列哪一判断是正确的?(2010 年单选题)
   A. 应适用与该票据纠纷有最密切联系的法
   B. 应适用里斯住所地法
   C. 如依据中国法里斯具有完全行为能力,则应认定其具有完全行为能力
   D. 如关于里斯行为能力的准据法无法查明,则应驳回起诉

3. 中国公民李某在柏林签发一张转账支票给德国甲公司用于支付货款,付款人为中国乙银行北京分行;甲公司在柏林将支票背书转让给中国丙公司,丙公司在北京向乙银行请求付款时被拒。关于该支票的法律适用,依中国法律规定,下列哪一选项是正确的?(2017 年单选题。2009 年单选题第 35 题考查知识点与本题基本相同,该题不再列出)

A. 如李某依中国法为限制民事行为能力人,依德国法为完全民事行为能力人,应适用德国法

B. 甲公司对该支票的背书行为,应适用中国法

C. 丙公司向甲公司行使票据追索权的期限,应适用中国法

D. 如丙公司不慎将该支票丢失,其请求保全票据权利的程序,应适用德国法

【扩展性阅读材料】

1. 张玉卿主编:《国际货物买卖统一法:联合国国际货物销售合同公约释义》,中国对外经济贸易出版社 1998 年版。

2. 国际商会(ICC)编写/国际商会中国国家委员会翻译:《国际贸易术语解释通则 2010 年》,中国民主法制出版社 2011 年版。

3. 王传丽主编:《国际贸易法》,法律出版社 2012 年版。

4. 〔美〕G. 吉尔摩、G. L. 布莱克著:《海商法》,杨召南等译,中国大百科全书出版社 2000 年版,第三章"提单下的货物运输"。

5. 司玉琢:《海商法》(第四版),法律出版社 2018 年版。

6. 李玉泉主编:《保险法学——理论与实务》,高等教育出版社 2010 年版。

7. 杨良宜:《海上货物保险》,法律出版社 2010 年版。

8. 郑远民:《现代商人法研究》,法律出版社 2001 年版。

9. 潘攀:《票据的法律冲突》,北京大学出版社 2002 年版。

10. 苏宗祥,徐捷:《国际结算(第六版)》,中国金融出版社 2015 年版。

11. 王瀚:《国际航空运输责任法研究》,法律出版社 2012 年版。

12. 郭玉军:《国际贷款法》,武汉大学出版社 1998 年版。

13. http://www.cisg.law.pace.edu/《联合国国际货物销售合同公约》。

14. ICC's New Rules on Documentary Credits Now Available[①]

ICC is pleased to announce the publication of the 2007 Revision of Uniform Customs and Practice for Documentary Credits, UCP 600 (ICC Publication No. 600).

ICC's new rules on documentary credits, which are used for letter of credit transactions worldwide, were approved by the ICC Commission on Banking Technique and Practice on October 25, 2006. UCP 600 is the first revision of the rules since 1993 and represents more than three years of work by the commission. The implementation date is July 1, 2007.

UCP 600 contains significant changes to the existing rules, including:

---

① http://www.iccwbo.org/policy/banking/iccjjdi/index.html, visited on March 17, 2007.

- A reduction in the number of articles from 49 to 39;
- New articles on "Definitions" and "Interpretations" providing more clarity and precision in the rules;
- A definitive description of negotiation as "purchase" of drafts of documents;
- The replacement of the phrase "reasonable time" for acceptance or refusal of documents by a maximum period of five banking days.

UCP 600 also includes the 12 Articles of the eUCP, ICC's supplement to the UCP governing presentation of documents in electronic or part-electronic form.

The UCP were first published by ICC in 1933. Revised versions were issued by the ICC in 1951, 1962, 1974, 1983 and 1993. Written into virtually every letter of credit, the UCP are accepted worldwide. They are the most successful private rules for trade ever developed and illustrate the importance ICC attaches to self-regulation.

Following the sell-out event in October this year, *Understanding the* UCP 600, presented by Chair of the UCP 600 Drafting Group Gary Collyer, will take place on January 26, at the Prince de Galles hotel, Paris.

第十二章 法定之债

第一节 一般侵权行为

因不法侵犯他人人身或财产权利并致损害而承担民事赔偿责任所构成的债,为侵权行为之债。它是一种法定之债,并因单方面的不法行为而发生。但何种行为为不法行为?行为人是否必须存在过错?是否必须有损害的事实发生?行为与损害之间是否必须有直接的因果关系?以及损害赔偿的原则和标准是什么?等等,各国的规定不尽相同,需要解决其法律适用问题。对于侵权行为的准据法,自古迄今,侵权行为地法一直是被广泛采用的,只是理论上的立足点不尽相同。此外,亦有主张适用法院地法和适用与侵权案件有最密切联系的法律等观点。

一、适用侵权行为地法

早在意大利法则区别说时代,便主张对侵权之债,以行为地法为其准据法。其理论根据乃是"场所支配行为"这个古老的原则。在英美国际私法中,则或将之建立在"国际礼让"学说上,认为对于这类案件,出于对不法行为地国的"礼让",应依该国法律作出裁断;或将之建立在"既得权说"基础上,认为此种债权债务关系乃因行为地国的法律而发生,故不论行为人去到何处,这种债务都应得到履行。而法国学者巴迪福则认为,之所以应适用行为地法,主要基于两大原因,即一是侵害发生地国因此种行为而蒙受的损失最大,二是只有适用行为地法,才能警示人们在为有关行为时得首先对其行为的危害性加强预测并评价可能导致的法律责任。而且适用行为地法,有利于保障行为地的社会公共秩序,保证行为地每个人的权利平衡。

但是在适用侵权行为地法时,有一个必须解决的问题,即侵权行为实施地和损害结果发生地在不同地方时,究竟以何者为行为地?对此,在立法上常有歧异,主要做法有:(1)适用侵权行为实施地法律。采此种立法例的有奥地利、阿尔巴尼亚等国。(2)适用侵权结果发生地法律。采此种立法例的国家有加蓬等。1972年《加蓬民法典》第41条规定,侵权行为责任依损害事实发生地法律。(3)无条件选择适用侵权行为实施地法律或者侵权结果发生地法律。采用此种立法例的国家有原捷克和中国等。(4)有条件选择适用侵权行为实施地法和侵权结果发生地法。例如1984年《秘鲁民法典》第2097条规定,非合同之债,依引起损害发生的主要行为地法,如果行为人依行为地法不负赔偿责任,在行为人应该预见该不法行为将造成损害时,适用损害结果发生地法。(5)适用待确定的侵权行为地法。正是因为侵权行为的发生一般具有偶发性的特征,不便机械硬性规定何地为侵权行为地,因而有些国家只规定侵权行为适用侵权行为地法,至于何地为侵权行为地则在具体案件中再另行确定。例如,1946年《希腊民法典》第26条规定,侵权行为的债务适用侵权行为地法。1962年《马达加斯加国际私法》第30条第2款和1965年《中非国际私法》第42条第2款也均规定,侵权行为适用侵权行为地法。

二、适用法院地法

也有学说认为,侵权与刑罚上的犯罪在性质上相同或类似,由于刑法不具域外效力,侵权行为地法亦不应为法院国所采用,从而提出了应以法院地法作其准据法的理论。萨维尼在其1849年出版的《现代罗马法体系》(第八卷)中即持此观点,认为侵权法与刑事法律大体相同,故不论侵权行为是否在国外发生,要在内国起诉,其可惩处性与作出怎样的惩处,均应依法院国自己的法律作出。

在为数不多的采法院地法的国家中,少数硬性规定侵权行为只适用法院地法。例如,《阿拉伯也门共和国民法典》第31条规定:"因发生于外国的非合同行为而产生的责任和赔偿,适用也门法律。"大多数只是有条件地适用法院地法。例如,《也门人民民主共和国民法典》第34条规定:"通常,侵权行为应适用产生债之事实出现地国家的法律,但是,如果在受害者要求时,也得适用也门人民民主共和国的法律。"

三、适用与侵权案件有最密切联系的法律(侵权行为自体法)

该主张由英国著名国际私法学家莫里斯提出,其理由主要基于:跨越国境的民商活动日见增多,侵权案件的复杂性已使对其准据法的选择不可能用一个机械的冲突规则来涵盖了,如能有一个更富有灵活性的冲突规则,既可适用于通常的情况,又可满足例外的需要,当更有价值。莫里斯认为仿照"合同自体法"的公式,对侵权行为也以"侵权行为自体法"(proper law of torts)为准据法表述公式,是十分有必要的,即侵权行为应适用与侵权案件有最密切联系的法律。其实在实践中,美国早在1963年纽约州法院审理巴蓓科克诉杰克逊一案已经是这样做了,并在《第二次冲突法重述》第145条中将其作为一条新的规则收入。其表述为"侵权之诉的双方当事人的权利义务,应依与案件和当事人有最密切联系的州的实体法判定"。该案的主要事实为:巴蓓科克小姐应友人杰克逊夫妇之邀于周末乘他们的汽车出游加拿大,不料车子在安大略省出了事故,致巴蓓科克负伤。回到纽约后,巴蓓科克向杰克逊先生提出损害赔偿之诉。纽约州法院于审理时发现,如依传统规则,以安大略法律为行为地法,则因该省法律规定凡免费乘客因车祸而受损害,车主不负赔偿责任,巴蓓科克无损害赔偿请求权。但法院认为,该案除了事故偶发于安大略省外,其他所有重要因素均集中于纽约州,纽约州的法律当更为合理;而纽约州的法律对车主并无这种免责的规定,因而判决满足了巴蓓科克的请求。

四、以侵权行为地法为主,而以法院地法加以限制

如1938年《泰国国际私法》第15条规定:因不法行为而产生之债,依不法行为发生地法。但泰国法律不承认在外国发生的事实为不法行为时,不适用本条规定。2007年《日本法律适用通则法》第17条规定,因侵权行为而产生的债权的成立和效力,依加害行为所致结果发生地法。但如果加害人不能预见损害结果在该地发生的,依加害行为进行地法。不过它的第22条指出,即使在外国发生的行为依日本法亦为侵权,但日本法不允许的损害赔偿或其他救济,受害人也不得为请求。中国《民法通则》的规定也有与泰国、日本相类似的限制。

五、一般以侵权行为地法为主,但以最密切联系或以"利益导向"加以限制

如1978年《奥地利联邦国际私法法规》第48条规定:(1)非合同损害求偿权,依造成此种损害的行为发生地国家的法律,但如所涉及的人均与另外一个国家的法律具有更密切联系,当适用该国法律;(2)因不正当竞争而发生的损害与其他求偿权,依受此竞争影响的市场所在国的法律。

而1982年《南斯拉夫国际冲突法》第28条规定:对非合同的损害赔偿,如对某些情况无其他规定,则依行为实施地法或后果发生地法,选择这两个法律中对受害人最有利的一个而适用之。该法侧重于保护受害人利益还表现在它进一步规定:对行为的不法性,依行为实施地法或后果发生地法,如行为或后果在许多地方发生,只要按其中任一地法律认为行为为不法的,即适用该地法律。英国在过去一直对发生在国外的侵权行为实行"双重可诉"原则,即该行为依实施地国法至少应是不合法的,同时如发生在英国当属侵权的,它的法院才会受理此类案件,然后一概只适用英国法判决。但到20世纪70年代已有突破,并导致1995年《英国国际私法(杂项规定)》基本上放弃了上述立场,除对国外发生的诽谤案件仍坚持"双重可诉"原则外,对侵权责任已改为优先适用最密切联系原则且已经可受理发生在任何外国的侵权诉讼。

六、有条件地选择适用侵权行为地法和共同属人法

在采此种立法例时,尽管对于侵权行为通常是适用侵权行为地法,但如果在侵权事件中加害人和被加害人具有共同属人法的,则适用他们的共同属人法。例如欧洲议会与理事会《关于非合同之债法律适用的第864/2007号(欧共体)

条例》(罗马 II)第 4 条规定:(1) 除非本条例另有相反规定,由损害事实引起的非合同之债适用损害结果发生地法,至于导致损害的事实、该事实的非直接后果发生于何国,在所不问。(2) 尽管如此,若损害发生时责任人和受害人的惯常居所位于同一国家,则适用该国法律。(3) 如果全部情况导致损害事实与第 1 款或第 2 款所指以外国家存在明显更加密切的联系,则适用该另外国家的法律。通常,明显更加密切的联系可能基于当事人之间已经存在的关系(如合同)与系争损害事实之间的关联。

七、在侵权冲突法上开始引进当事人意思自治

这方面的代表,当首推 1987 年《瑞士联邦国际私法法规》第 132 条的规定,只是它仅允许当事人协议选择法院地国的法律。2007 年《土耳其国际私法和国际民事诉讼程序法》第 34 条第 5 款规定,在侵权行为发生后,当事人可明示选择侵权行为所生之债应适用的法律。

根据《关于非合同之债法律适用的第 864/2007 号(欧共体)条例》(罗马 II)第 14 条规定,对于非合同之债,当事人可以自由选择应适用的法律。该选择应是明示的或者可从既定情势的特定行为中推知,但以不损害第三人权利为限。在导致损害的事实出现时,若案件的全部因素位于被选法律所属国以外的国家,则当事人选择法律不得减损该国家法律不允许通过协议排除的规定;在导致损害的事实出现时,若案件的全部因素位于一个或多个成员国,当事人选择第三国法律不得减损共同体法中不许协议排除、且已在法院地生效的规定。

八、原有法律关系中双方当事人之间的侵权行为的法律适用

对于在原有法律关系中双方当事人之间的侵权行为,1987 年《瑞士联邦国际私法法规》第 133 条第 3 款主张适用原来法律关系的准据法。即如原有合同关系的一方当事人对他方造成侵权,即依合同准据法加以处理。此外,如雇佣关系、婚姻关系、消费者权益保护关系等,亦含有此种情况。在此种情况下,会发生请求权竞合的问题,当事人亦当有选择行使诉权的可能。

九、中国关于涉外侵权行为法律适用的一般规定

中国《民法通则》第 146 条规定,侵权行为的损害赔偿,适用侵权行为地法律。当事人双方国籍相同或者在同一国家有住所的,也可以适用当事人本国法律或者住所地法律。中华人民共和国法律不认为在中华人民共和国领域外发生的行为是侵权行为的,不作为侵权行为处理。中国《涉外民事关系法律适用法》第 44 条对此作了新的规定,侵权责任,适用侵权行为地法律,但当事人有共同经常居所地的,适用共同经常居所地法律。侵权行为发生后,当事人协议选择适用

法律的,按照其协议。这是首次在我国立法中将意思自治原则引入涉外侵权法律适用领域。

对于侵权行为地如何确定这一问题,中国最高人民法院1988年《关于贯彻执行〈中华人民共和国民法通则〉若干问题的意见(试行)》第187条规定:"侵权行为地的法律包括侵权行为实施地法律和侵权结果发生地法律。如果两者不一致时,人民法院可以选择适用。"由于《涉外民事关系法律适用法》对此并未明确规定,因此上述规定仍然有效,但它并未提出决断的依据是与案件有最密切联系,或是更有利于受害人的保护。这不能不说有所缺失。

第二节 几种特殊的侵权行为

把一些特殊侵权行为分离开来,单独考虑它们应适用的法律,已是当代国际私法上侵权法的一个重要进步。下面阐述几种特殊侵权行为的法律适用。

一、空中侵权行为

发生在空中的侵权行为,不外乎以下三种情形:

(1) 发生在航空器内部的侵权行为,诸如旅客与乘务人员之间或旅客间发生的殴打、侮辱、诽谤等。一般而言,对于这种侵权行为,多数国家主张适用航空器登记国法。其理由无非是航空器在公空进行活动时没有侵权行为地法可循,或者是强调航空器飞行速度极快,实在不易确定侵权行为地,况且航空器内部的侵权行为与航空器航行时地面所属国的关系纯属偶然关系,远不如把航空器登记国法视作侵权行为地法来得合乎情理。

(2) 因航空器碰撞或航空器与其他物体碰撞所发生的侵权行为。对于这种侵权行为,一般是主张适用被碰或受害方的航空器登记地国法。这无非是出于对受害方利益的保护。如碰撞双方皆有过错,也可适用法院地法;在同一国家登记的航空器相撞,则可适用它们共同的登记国法。

(3) 因航空器事故致旅客死伤或物品毁损的侵权行为。对于此类侵权行为,目前主要适用有关的国际公约。目前调整这一问题的国际立法主要有:1929年《华沙公约》、1955年《海牙议定书》和1961年《瓜达拉哈拉公约》[①]以及1999年《蒙特利尔公约》。

中国《民用航空法》第189条规定:"民用航空器对地面第三人的损害赔偿,适用侵权行为地法。民用航空器在公海上空对水面第三人的损害赔偿,适用受理案件的法院所在地法律。"由此可见,中国《民用航空法》仅仅规定了对地面第

---

① 这三个公约的全称及相互关系在本书第十一章第二节"国际货物运输合同"部分已作阐述。

三人损害赔偿的法律适用问题,而对于发生在航空器内部的侵权行为,以及因航空器事故致旅客死伤或行李物品毁损的侵权行为的法律适用问题,则没有明确作出规定。

二、涉外公路交通事故

1971 年订于海牙的《公路交通事故法律适用公约》是规范含有涉外因素的公路交通事故法律适用的统一冲突法公约。该《公约》已于 1975 年 6 月生效,目前,已有 21 个国家批准或接受《公约》。

(1)目的和适用范围。《公约》的目的在于规定由于公路交通事故而引起的非合同性质的民事责任,并且只适用于涉及一辆或数辆机动或非机动车辆,并与公路、向公众开放的地面,或特定人有权通行的私有地面上的交通事故。

(2)准据法的确定。《公约》第 3 条、第 4 条规定,公路交通事故的准据法应该是事故发生国家的内国法,但有下列情形之一的则作为例外处理:其一,如果只有一部车辆卷入事故,且它是在非事故发生地登记注册的,就适用车辆登记国的内国法来决定驾驶员、所有人或其他实际控制车辆或对车辆有利害关系的人的责任;其二,如果有两部或两部以上车辆卷入事故且所有车辆均于同一国家登记时,适用该登记国的法律;其三,如果在事故发生地,车外的一人或数人卷入事故并可能负有责任,且他们均于车辆登记国有惯常居所,适用该登记国的法律,即使这些人同时也是事故受害人亦同。

《公约》第 5 条还规定,上述各种应适用于确定对受害的乘客承担责任的法律,同样也应适用于该车辆运载的且属于乘客或委托他照管的货物的损害赔偿责任。但车外货物的损害赔偿责任应适用事故发生地国家的内国法。

《公约》第 6 条规定,在应适用车辆登记国法时,如果车辆未经登记或在几个国家内登记,则以它们惯常停驻的国家的内国法代替适用。《公约》第 7 条强调,在确定责任时,无论适用什么法律作准据法,都应考虑事故发生时发生地有效的有关交通管理规则和安全规则。

(3)准据法的适用范围。《公约》第 8 条明确规定,准据法适用于:责任的根据及其范围;免除责任以及任何限制责任和划分责任的理由;可能会导致赔偿的侵害或损害是否存在及其种类;损害赔偿的方式及其范围;损害赔偿请求权可否转让或继承问题;遭到损害并能直接请求损害赔偿的人;本人对其代理人的行为或雇主对其雇员的行为应承担的责任;时效规则。

【案例 12.1】 美国公民诉中国某汽车司机侵权案

某甲是美国某大学的教师,2016 年某甲被该大学送往中国某大学任教,为期两年。2017 年 4 月 26 日 6 时左右,某甲在返回寓所的途中,被一中国司机驾驶的小汽车撞成重伤,后在中国提起诉讼。双方未能就准据法达成协议。

本案应适用什么法律作准据法?

这是一起典型的涉外公路交通事故引起的损害赔偿的纠纷案,原告为美国公民,被告为中国公民,事故的发生地或者说侵权行为地在中国,中国未对公路交通事故这种特殊侵权行为单独制定法律适用规则,因此应根据中国《涉外民事关系法律适用法》第 44 条处理,适用侵权行为地法即中国法作准据法。

三、涉外产品责任

产品责任是指有瑕疵的产品,或者没有正确说明用途或使用方法的产品,致消费者或使用者人身或财产的损害时,产品的制造者或销售者应承担的赔偿责任。中国《民法通则》在第 122 条中明确规定:"因产品质量不合格造成他人财产、人身损害的,产品制造者、销售者应当依法承担民事责任。运输者、仓储者对此负有责任的,产品制造者、销售者有权要求赔偿损失。"

目前,各国对于产品责任的法律适用作出明确规定的不多。绝大多数国家把产品责任视为一般侵权责任,按照解决一般侵权行为法律适用的原则来确定产品责任的准据法。但也有一些国家对产品责任的法律适用作了专门规定,如 1995 年《意大利国际私法制度改革法》第 63 条第 1 款规定:"关于产品责任,被损害人可以选择适用制造商所在地法,或者制造商的管理机构所在地法,或者产品销售地法,除非制造商能证明该产品未经其同意而在那个国家上市销售。"2007 年《土耳其国际私法和国际民事诉讼程序法》第 36 条规定,因产品造成损害而产生的责任,依受害人的选择适用施害人的惯常居所地、营业地或者产品获得地国法。施害人不得为了适用产品获得地国法,而指证该产品系在未征得其同意的情况下进入该国。根据 2007 年《日本法律适用通则法》第 18 条规定:产品责任原则上适用被害人接受产品地法,但是出于对生产者的保护,在通常情况下无法预测产品在该地交付的,则适用生产者的主要营业所所在地法。

1973 年海牙《产品责任法律适用公约》反映了国际上有关涉外产品责任法律适用的一般做法和发展趋势。该《公约》自 1977 年 10 月 1 日开始生效,截至 2018 年 1 月,已有 11 个国家批准了《公约》。《公约》的主要内容如下:

(1)《公约》的适用范围。《公约》规定,它适用于产品制造人、成品或部件制造人、天然产品的生产者、产品供应者、在产品的准备或分配等整个商业环节中的其他人员(如修理人员和仓库工作人员)以及上述人员的代理人或雇员等,对产品造成的损害所承担的责任。《公约》所指的产品,包括天然产品和工业产品,不问其是加工的或未加工的,也不管其是动产或不动产。《公约》第 1 条第 3 款为了避免受诉法院在定性问题上的困扰,明确规定不管诉讼性质如何,本《公约》应予以适用。

(2)《公约》关于产品责任准据法的规定。《公约》对涉外产品责任的准据法,考虑到既需着重保护消费者的利益,又需兼顾诉讼当事人双方权利义务的平等,规定了四种适用顺序:第一适用顺序即《公约》第 5 条规定,关于涉外产品责任的准据法,首先应该适用直接遭受损害的人的惯常居所地国家的内国法,只要该国同时又是被请求承担责任的人的主营业地;或直接遭受损害的人取得产品的地方。第二适用顺序即如果不存在《公约》第 5 条规定的情形,则按《公约》第 4 条的规定适用侵害地国家的内国法,但也需符合下列条件之一:一是该国同时又是直接遭受损害的人的惯常居住地;二是该国同时又是被请求承担责任人的主营业地;三是该国同时又是直接遭受损害的人取得产品的地方。第三适用顺序即《公约》第 6 条规定,如果第 4 条和第 5 条指定适用的法律都不适用,原告可以主张适用侵害地国家的内国法。第四适用顺序即《公约》第 6 条规定,如果第 4 条和第 5 条指定适用的法律都不适用,并且原告没有提出主张适用侵害地国家的内国法时,则适用被请求承担责任的人的主营业地国家的内国法。

　　为了保护被请求承担责任人的利益,使其得以避免适用不能预见的法律所致的损失,《公约》规定,如果被请求承担责任的人证明他不能合理地预见产品或他自己的同类产品会经商业渠道在该国出售,则第 4 条、第 5 条、第 6 条规定的侵害地国家和直接遭受损害的人的惯常居所地国家的内国法均不适用,而应适用被请求承担责任的人的主营业地国家的内国法。

　　《公约》规定的四个顺序,必须按次序适用。但是不管根据哪一顺序确定应适用的准据法,下面四点都是必须共同遵循的,即:第一,不论适用何国法作准据法,均须考虑产品销售市场所在国家通行的有关行为规则和安全规则;第二,根据《公约》规定适用的法律只有在其适用会明显地与公共秩序相抵触时方可拒绝适用;第三,根据《公约》规定适用的法律,即使是非缔约国的法律,也应予以适用;第四,《公约》规定应适用的法律是指该国的内国法,排除反致的适用。

　　(3)准据法的适用范围。第一,责任的依据和范围。包括损害赔偿是基于侵权行为还是契约债务不履行而发生,其成立应具备的条件,以及应承担责任的范围如何等。第二,免除、限制和划分责任的依据。第三,可以得到赔偿的损害的种类。第四,赔偿的方式及其范围。第五,损害赔偿的权利能否转让或继承。第六,什么人有权主张损害赔偿请求权。第七,本人对其代理人的行为或雇主对其雇员行为所负的责任。第八,举证责任的规则。第九,时效规则。

　　上述对准据法适用范围的规定是例示性的,而非列举规定。因此,其他未列举事项,只要属于非程序法上的问题,也应受依《公约》确立的准据法支配。

　　中国《涉外民事关系法律适用法》第 45 条规定,产品责任,适用被侵权人经常居所地法律;被侵权人选择适用侵权人主营业地法律、损害发生地法律的,或者侵权人在被侵权人经常居所地没有从事相关经营活动的,适用侵权人主营业地法律或者损害发生地法律。

四、不正当竞争和限制竞争的法律适用

不正当竞争行为,主要是指经营者在生产经营活动中,违反法律规定,扰乱市场竞争秩序,损害其他经营者或者消费者合法权益的行为。限制竞争行为,是指经营者单独或者联合其他经营者实施的妨碍或者消除市场竞争,排挤竞争对手或者损害消费者权益的行为。对不正当竞争和限制竞争的法律适用,最具代表性的是 1987 年《瑞士联邦国际私法法规》的规定。该法第 136 条第 1、2 款规定:"基于不正当竞争行为而提出的诉讼请求,由损害结果发生地的市场所属国家的法律支配。""如果这种行为唯独影响某一特定竞争者的企业利益,应适用的法律就是受损害者营业机构所在国家的法律。"同时,按照该法第 133 条第 3 款的规定,尽管有前两款的规定,基于侵权行为违反了加害人和受害人之间既存法律关系的请求,受适用于既存法律关系的法律支配。

该法第 137 条还规定,因限制竞争而提出的索赔,适用限制竞争行为直接给受害人造成影响的市场所在地国家的法律。但是,基于限制竞争而提出的索赔,如果由外国法律支配时,不得判给超出依瑞士法律对限制竞争准许给予的损害赔偿额度。

五、侵犯人格权的侵权行为

侵犯名誉权和隐私权等人格权的特殊侵权行为的法律适用也日益受到重视。2007 年《日本法律适用通则法》第 19 条规定:因侵犯他人名誉或者信用的侵权行为而产生的债权的成立与效力,依被害人经常居所地法。被害人为法人及其他社团或财团时,依其主要营业所所在地法。2007 年《土耳其国际私法和国际民事诉讼程序法》第 35 条规定,因通过出版物、无线电广播、电视以及互联网等媒体或者其他大众通讯手段侵害人格权而产生的请求权,依受害人的选择适用:(1) 受害人的惯常居所地国法,但必须以施害人能预料损害发生在该国境内为条件;(2) 施害人的营业地或惯常居所地国法;(3) 损害产生地国法,但必须以施害人能预料损害发生在该国境内为条件。在发生人格权侵害时,对定期出现的媒体所提出的抗辩权,只能适用印刷品出现地或广播发射地国法。因处理个人数据以及由于损害个人数据的知情权致使人格权受到侵害而产生的请求权,亦适用本条第 1 款的规定。

中国《涉外民事关系法律适用法》第 46 条规定,通过网络或者采用其他方式侵害姓名权、肖像权、名誉权、隐私权等人格权的,适用被侵权人经常居所地法律。

六、跨国网络侵权行为

网络侵权是指计算机互联网用户和网络服务提供者通过互联网侵害国家、集体或他人的民事权益而应承担相应民事责任的行为。网络中侵权行为的范围有别于传统国际私法中侵权行为的范围,它主要是指侵犯人身权,包括侵犯肖像权、名誉权与隐私权,以及侵犯知识产权的行为,单独侵犯财产权的行为比较少。

(一)传统侵权行为地在网络空间的重新定义

传统的"侵权行为地法"仍然可以作为网络侵权领域法律适用规则,但是要基于网络的特点对"侵权行为地"重新定义。网络空间是一个整体,相对于地理空间而言,是虚拟的,无法在物理上将侵权行为地定下来。因此,必须为网络侵权行为地的确认规定具体可供操作的标准。

2012年我国最高人民法院《关于审理侵害信息网络传播权民事纠纷案件适用法律若干问题的规定》第15条规定,侵害信息网络传播权民事纠纷案件由侵权行为地或者被告住所地人民法院管辖。侵权行为地包括实施被诉侵权行为的网络服务器、计算机终端等设备所在地。侵权行为地和被告住所地均难以确定或者在境外的,原告发现侵权内容的计算机终端等设备所在地可以视为侵权行为地。上述原则性的规定可以作为在跨国网络侵权的法律适用中重新定义侵权行为地的参考。

我国的规定与1993年欧盟理事会《关于卫星和电缆传播的著作权及相关权利指令》确定的来源国规则(country of origin regulation)相似。该指令规定,如果卫星传播内容侵犯著作权,应依卫星信号发射地国法律处理,这就是来源国规则。将此规则推及于网络侵权案件,通常是指上载侵权信息的网络服务器所在地的法律应得到适用,因为侵权信息正是从这里发布出去的,而这从某种意义上讲也符合传统侵权行为实施地的要求或特征。在网络侵权案件的法律适用上,美国尚未正式确立来源国规则,但在其 Religious Tech. Ctr. v. Lerma 案和 Religious Tech. Ctr. v. F. A. C. T. Net, Inc. 案的判决中却一再表明了支持来源国规则。

(二)有限制的"意思自治原则"的运用

如本章第一节第七目所述,有限制的"意思自治原则"已经被引入到侵权行为法律选择的立法中。网络空间的全球性及不确定性,使得"意思自治"原则在网络空间侵权领域的运用更具有合理性。

(三)"侵权行为自体法"运用

网络空间的全球性及不确定性,同样使得比较具有弹性的"侵权行为自体法"较之刚性的"侵权行为地法",更能符合网络空间侵权领域法律适用的价值追求,它赋予法官较多的自由裁量权,以寻求最公平、合理的准据法。

第三节 不当得利和无因管理

因不当得利(unjust enrichment)和无因管理(negotiorum gestio, voluntary service)而生之债,又称为"准合同之债"(quasi-contractul obligations)。其之所以被称为"准合同之债",是因为"无因管理"可以认为类似于委托代理合同,而"不当得利"可以认为类似于借贷合同。这种准合同之债包括那些既不是由于合同,也不是由于侵权,而是依法律在特定人之间产生的具有债的特征的法律关系。

一、不当得利

凡是没有法律上的根据致他人遭受损害而自己获得的利益称为不当得利。这个规定是得到各国普遍承认的。中国《民法总则》第 122 条对不当得利制度也作了规定:"因他人没有法律根据,取得不当利益,受损失的人有权请求其返还不当利益。"但是在什么情况下成立不当得利以及其效力如何,则各国规定往往并非一致,因而需要选择准据法。

不当得利大多发生于非债清偿的情况下,如对已清偿的债务再为给付;或基于原合同关系而为给付,后来合同被宣告无效;以及如在合同双方当事人之间一方因不可抗力无法履行而在此前已受领了对方的给付,等等。根据1999年修订的《法国民法典》第 953 条的规定,在为生前赠与时,如因不履行约定的条件可取消此种赠与,这时,已赠与的财产应重归赠与人所有,也属此种情况。

对于不当得利的法律适用,有各种不同的主张:

第一,适用不当得利发生地法(即原因事实发生地法)。其理由是,不当得利涉及不当得利发生地国的公共秩序、社会道德风尚和法律观念。这是一个主要应适用的法律,与侵权行为适用行为地法理由相同,且不少国家对二者一并加以规定。意大利、日本和泰国的立法即是如此。

第二,适用当事人属人法。《布斯塔曼特法典》第 221 条规定:"不当得利依各当事人的共同属人法,如无共同属人法,则依给付地的法律。"

第三,适用支配原法律义务或关系的法律。1978 年《奥地利联邦国际私法法规》第 46 条(此条已于 2009 年废除)规定,如不当得利是在履行法律义务或关系的过程中发生的,应适用支配原法律义务或关系的法律。例如,依原来的合同关系卖主已将货物交给买主,后来合同无效,买主是否应承担返还不当得利的义务,就应受原合同准据法支配。

第四,适用法院地法。持这种主张的学者认为,不当得利攸关正义与国内秩序,故应排除外国法的适用;不当得利请求权不是独立的请求权,仅为救济方式,属于程序问题,所以应适用法院地法。

第五,适用物之所在地法。当不当得利涉及不动产产权,或其因不动产交易而产生,且无其他法律与之有更密切联系时,适用物之所在地法是一条被广泛接受的规则。[①] 根据《戴西和莫里斯论冲突法》第14版第230条规则规定,若不当得利的产生与不动产(土地)的交易有关,则适用不动产所在地法。

第六,引入意思自治和最密切联系原则,在多种法律中选择适用。1987年《瑞士联邦国际私法法规》第128条规定,不当得利之诉,首先应适用支配不当得利得以产生的实际的或假想的法律关系的法律;在无此种法律关系时,适用不当得利发生地国家的法律,但当事人也可以协议选择适用法院地的法律。《戴西、莫里斯和科林斯论冲突法》(第15版)第257条规则第4款规定,如果综合案件的所有情况,因不当得利引发的非合同之债明显与另一国家的法律有更密切联系,则适用该有最密切联系的国家的法律,而不考虑第1—3款的规定。

二、无因管理

无因管理又称为"无委托的事务管理",是指既未受委托,又无法律上的义务而为他人管理财产或事务,因而支出的劳务或费用,依法有权请求他人支付。其中债权人称为"管理人",债务人称"本人"。一般而言,无因管理的效力,就管理人来说,应完成管理的事务并继续到本人接受为止,在管理中并负普通的注意义务,否则应对其故意或过失而致本人的损失承担责任,管理结束时须将因管理事务所得的一切权利转给本人并向本人作出结算。而就本人而言,应偿还管理人因管理事务而支出的合理费用并负责清偿管理人因管理事务所发生的债务。中国《民法总则》第121条规定:"没有法定的或者约定的义务,为避免他人利益受损失而进行管理的人,有权请求受益人偿还由此支出的必要费用。"

对于无因管理的成立与效力,采用这一制度的各国的法律规定可能不尽相同,因而有选择准据法的必要。对无因管理准据法的选择,主要有以下主张:

第一,适用事务管理地法。对于无因管理的准据法选择,一般主张是与不当得利一样,应适用事务管理地法。其之所以如此,是认为无因管理制度虽使管理人与本人之间产生一种债权债务关系,但它不是合同关系,不能适用当事人意思自治原则;另一方面,正因为它也是一种债务关系,也不宜适用当事人的属人法;加之,无因管理在构成要件中既然必须有为他人谋利益的意思,故是一种值得提倡和鼓励的行为,因此,适用事务管理地法最为合适。

第二,适用本人的住所地法。有人认为,无因管理制度既然是为保护本人的利益而设立的,故适用本人的住所地法才是最为适宜的。德国的齐特尔曼主张对管理人和对本人的义务分别适用他们的本国法。

---

① 霍政欣:《不当得利的国际私法问题》,武汉大学出版社2006年版,第225页。

第三，适用原委托合同的准据法。另有人认为，如果原有委托关系存在，只是事务管理超出了委托合同的范围，这时也可适用原委托合同的准据法。但也有人指出，这种无因管理对原委托合同关系来说，并非一种从属的法律关系，因此，对它的成立的效力，还是应当另选择准据法为宜。

第四，引入意思自治和最密切联系原则，在多种法律中选择适用。例如2007年《日本法律适用通则法》第14条、第15条和第16条除规定无因管理依原因事实发生地法以外，还引入了最密切联系原则和意思自治原则。

无因管理准据法的适用范围及于无因管理的成立和效力的所有问题，如所管理的事务是否能够构成债务关系，是否必须无法律或合同上的原因，是否必须有为他人谋利益的意思，是否应将管理行为通知本人，是否必须不得违反本人的意志，本人是否应负责偿还管理人支出的费用以及在什么范围内偿还，等等。至于为他人管理的能力，通常则主张另依行为能力的准据法解决。

中国《涉外民事关系法律适用法》第47条规定，不当得利、无因管理，适用当事人协议选择适用的法律。当事人没有选择的，适用当事人共同经常居所地法律；没有共同经常居所地的，适用不当得利、无因管理发生地法律。

【思考题】

1. 在下列案件中，对老太太和李某的起诉应如何适用法律？

【案例12.2】 韩国公民某老太太和中国公民分别诉韩国公民金某案①

2011年8月20日，韩国籍留学生金某，借中国公民李某的汽车出去兜风。路上因驾驶不慎，撞伤一个老太太，金某上前询问伤势，得知老太太系侨居在中国的韩国籍公民。金某急忙开车送老太太去医院，慌忙之中忘记锁好车门，发现时，汽车已经被盗。金某拒不赔偿老太太的医药费用和汽车损失。老太太和李某分别将金某告上法庭。法庭经当事人同意，将两诉合并审理。

2. 简述涉外一般侵权行为的法律适用。
3. 简述空中侵权行为的法律适用。
4. 简述涉外交通事故的法律适用。
5. 简述涉外产品责任的法律适用。
6. 简述不当得利和无因管理的法律适用。

---

① 参见李双元、欧福永主编：《国际私法教学案例》（第二版），北京大学出版社2012年版，第166—167页。

【司法考试真题】

1. 甲国人 A 和 B 同受雇于香港某公司,二人均在中国上海有住所。某日,他们同乘轮船自乙国赴中国,途经公海时,二人发生口角,A 顺手抓起 B 的旅行箱向 B 掷去,造成箱内贵重仪器毁坏。轮船抵达上海后,B 向我国法院起诉,要求 A 赔偿。法院可适用下列何种法律?(2004 年不定项选择题)。

A. 甲国法 B. 香港法 C. 乙国法 D. 中国法

2. 新加坡民用航空公司一架客机飞往印度尼西亚途中,因机上物体坠落使在公海上捕鱼的越南渔船受损。后该渔船开往中国港口修理,并就该飞机造成的损害赔偿诉诸中国法院。对于该案,依中国《民用航空法》规定,法院应适用下列哪个国家的法律?(2005 年单选题)

A. 新加坡法律 B. 印度尼西亚法律
C. 越南法律 D. 中国法律

3. 根据我国有关法律规定,关于涉外民事关系的法律适用,下列哪些领域采用当事人意思自治原则?(2011 年多选题)

A. 合同 B. 侵权
C. 不动产物权 D. 诉讼离婚

4. 甲国人特里长期居于乙国,丙国人王某长期居于中国,两人在北京经营相互竞争的同种产品。特里不时在互联网上发布不利于王某的消息,王某在中国法院起诉特里侵犯其名誉权、肖像权和姓名权。关于该案的法律适用,根据中国相关法律规定,下列哪些选项是错误的?(2011 年多选题)

A. 名誉权的内容应适用中国法律,因为权利人的经常居住地在中国
B. 肖像权的侵害适用甲国法律,因为侵权人是甲国人
C. 姓名权的侵害适用乙国法律,因为侵权人的经常居所地在乙国
D. 网络侵权应当适用丙国法律,因为被侵权人是丙国人

5. 甲国公民 A 与乙国公民 B 的经常居住地均在中国,双方就在丙国境内发生的侵权纠纷在中国法院提起诉讼。关于该案的法律适用,下列哪些选项是正确的?(2012 年多选题)

A. 如侵权行为发生后双方达成口头协议,就纠纷的法律适用作出了选择,应适用协议选择的法律
B. 如侵权行为发生后双方达成书面协议,就纠纷的法律适用作出了选择,应适用协议选择的法律
C. 如侵权行为发生后双方未选择纠纷适用的法律,应适用丙国法
D. 如侵权行为发生后双方未选择纠纷适用的法律,应适用中国法

6. 甲国游客杰克于 2015 年 6 月在北京旅游时因过失导致北京居民孙某受

重伤。现孙某在北京以杰克为被告提起侵权之诉。关于该侵权纠纷的法律适用,下列哪一选项是正确的?(2015年单选题)

A. 因侵权行为发生在中国,应直接适用中国法

B. 如当事人在开庭前协议选择适用乙国法,应予支持,但当事人应向法院提供乙国法的内容

C. 因本案仅与中国、甲国有实际联系,当事人只能在中国法与甲国法中进行选择

D. 应在中国法与甲国法中选择适用更有利于孙某的法律

7. 英国公民苏珊来华短期旅游,因疏忽多付房费1000元,苏珊要求旅店返还遭拒后,将其诉至中国某法院。关于该纠纷的法律适用,下列哪一选项是正确的?(2016年单选题)

A. 因与苏珊发生争议的旅店位于中国,因此只能适用中国法

B. 当事人可协议选择适用瑞士法

C. 应适用中国法和英国法

D. 应在英国法与中国法中选择适用对苏珊有利的法律

8. 经常居所在广州的西班牙公民贝克,在服务器位于西班牙的某网络论坛上发帖诽谤经常居所在新加坡的中国公民王某。现王某将贝克诉至广州某法院,要求其承担侵害名誉权的责任。关于该纠纷的法律适用,下列哪一选项是正确的?(2017年单选题)

A. 侵权人是西班牙公民,应适用西班牙法

B. 被侵权人的经常居所在新加坡,应适用新加坡法

C. 被侵权人是中国公民,应适用中国法

D. 论坛服务器在西班牙,应适用西班牙法

【扩展性阅读材料】

1. 周辉斌:《我国应及时加入〈海牙产品责任法律适用公约〉》,载《法商研究》2006年第6期。

2. 齐湘泉:《涉外民事关系法律适用法侵权论》,法律出版社2006年版。

3. 曾二秀:《侵权法律选择的理论、方法与规则:欧美侵权冲突法比较研究》,法律出版社2004年版。

4. 霍政欣:《不当得利的国际私法问题》,武汉大学出版社2006年版。

5. Regulation (EC) No 864/2007 of the European Parliament and of the Council of 11 July 2007 on the law applicable to non-contractual obligations (Rome II)
……

Article 4 General Rule

1. Unless otherwise provided for in this Regulation, the law applicable to a non-contractual obligation arising out of a tort/delict shall be the law of the country in which the damage occurs irrespective of the country in which the event giving rise to the damage occurred and irrespective of the country or countries in which the indirect consequences of that event occur.

2. However, where the person claimed to be liable and the person sustaining damage both have their habitual residence in the same country at the time when the damage occurs, the law of that country shall apply.

3. Where it is clear from all the circumstances of the case that the tort/delict is manifestly more closely connected with a country other than that indicated in paragraphs 1 or 2, the law of that other country shall apply. A manifestly closer connection with another country might be based in particular on a pre-existing relationship between the parties, such as a contract, that is closely connected with the tort/delict in question.

Article 5 Product Liability

1. Without prejudice to Article 4(2), the law applicable to a non-contractual obligation arising out of damage caused by a product shall be:

(a) the law of the country in which the person sustaining the damage had his or her habitual residence when the damage occurred, if the product was marketed in that country; or, failing that,

(b) the law of the country in which the product was acquired, if the product was marketed in that country; or, failing that,

(c) the law of the country in which the damage occurred, if the product was marketed in that country.

However, the law applicable shall be the law of the country in which the person claimed to be liable is habitually resident if he or she could not reasonably foresee the marketing of the product, or a product of the same type, in the country the law of which is applicable under (a), (b) or (c).

2. Where it is clear from all the circumstances of the case that the tort/delict is manifestly more closely connected with a country other than that indicated in paragraph 1, the law of that other country shall apply. A manifestly closer connection with another country might be based in particular on a pre-existing relationship between the parties, such as a contract, that is closely connected with the tort/delict in question.

……

第十三章　海事国际私法的几个问题

目前,国内国际私法学界也有在国际私法中单独划分出海事国际私法的做法,其内容大致包括船舶物权、国际海上货物运输、海上侵权行为、海难救助、共同海损和海事赔偿责任限制等方面的内容。由于船舶物权、船舶所有权、船舶优先权、船舶抵押权等方面的规定已经在"财产法律适用的一般制度"中作了介绍,而国际海上货物运输已被归入"国际货物运输合同"部分,所以,本章只介绍海上侵权行为、海难救助、共同海损和海事赔偿责任限制。

第一节　海上侵权行为

一、船舶碰撞

(一) 船舶碰撞的概念

船舶碰撞一般是指船舶在海上或者与海相通的可航水域发生接触造成损害的事故,或者虽然实际上没有同其他船舶发生接触,但因操作不当或者不遵守航行规章,致使其他船舶以及船上的人员、货物或者其他财产遭受损失的情况。[①]可见船舶碰撞应该包括有接触的直接碰撞与没有接触的间接碰撞两个方面。

(二) 有关船舶碰撞的国际公约

为了解决船舶碰撞领域的法律冲突问题,促进海运业的正常发展,国际社会先后制定了5个有关船舶碰撞的国际公约,即1910年在布鲁塞尔召开的第三届海洋法外交会议上通过的1910年《统一船舶碰撞若干法律规定的国际公约》(简称1910年《碰撞公约》)、1952年《统一船舶碰撞中民事管辖权方面若干规定的国际公约》(简称《碰撞民事管辖权公约》)、1952年《统一船舶碰撞或其他航行事故中刑事管辖权方面若干规定的国际公约》(简称《碰撞刑事管辖权公约》)、1972年《国际海上避碰规则》(我国1980年加入)以及1977年《统一船舶

---

① 我国最高人民法院1995年《关于审理船舶碰撞和触碰案件财产损害赔偿的规定》第16条明确了"船舶碰撞是指在海上或者与海相通的可航水域,两艘或者两艘以上的船舶之间发生接触或者没有直接接触,造成财产损害的事故"。我国于1994年加入的1910年《统一船舶碰撞若干法律规定的国际公约》虽然没有明确"船舶碰撞"的概念中是否包括间接碰撞,但在其第16条中亦将《公约》的规定扩及适用于"未发生碰撞"而导致损害的情形。最早对此作出明确规定的是1987年国际海事委员会起草的《船舶碰撞损害赔偿国际公约》,它改变了"船舶碰撞"的传统定义,其明确包括了间接碰撞,表明了"船舶碰撞"定义的发展趋势。

碰撞中有关民事管辖权、法律选择、判决的承认和执行方面若干规则的公约》（简称 1977 年《碰撞公约》）。其中 1910 年《碰撞公约》得到了世界上许多国家的承认和接受，是有关船舶碰撞最重要的公约；1952 年的《碰撞民事管辖权公约》和《碰撞刑事管辖权公约》是大陆法系和普通法系管辖制度相互妥协的产物，但由于加入的国家较少，因而未达到预期的目标；上述 1977 年《碰撞公约》是国际海事委员会为了弥补 1910 年《碰撞公约》和 1952 年《碰撞民事管辖权公约》的不足而制定的，虽然至今尚未生效，但其基本原则已为多数国家接受，所以本书将阐述 1910 年《碰撞公约》和 1977 年《碰撞公约》。

1. 1910 年《碰撞公约》

该公约共 17 条，于 1913 年起生效。中国在 1994 年加入了该公约，不过 1992 年通过的中国《海商法》关于船舶碰撞的规定就是参照该公约制定的。1910 年《碰撞公约》对于各国的立法产生了很大的影响，截至 2016 年 12 月，共有 88 个成员[①]，许多国家的国内法中关于船舶碰撞的规定都是与该公约相一致的。但是正如这个公约的名称所表明的那样，它只包括"若干规定"，主要解决的是船舶碰撞责任的划分问题，而对碰撞损失赔偿的范围、责任限制、对货物的赔偿责任等都未作出全面具体的规定，并且像美国、利比里亚、巴拿马等这样一些海运国家都没有参加。

2. 1977 年《碰撞公约》

该公约于 1977 年在里约热内卢经国际海事委员会通过，中国政府曾派观察员参加了这次会议。它适用于因船舶的灭失或损害以及因船上财产的灭失或损害而提出的碰撞诉讼的管辖权、法律选择和判决的承认与执行，不适用于军舰或专门用作公共非商业性服务的政府船舶（渡船除外），以及基于合同而提出的请求。

（1）管辖权。公约规定，此种诉讼，除当事人另有协议外，原告只能在公约缔约国的下列法院中提起：被告的习惯住所地、住所地、主要营业所所在地；碰撞发生在其内水或领海内的国家；碰撞所涉及的船舶（原告自己的船舶除外）或属于同一所有人的可依法加以扣留的船舶，已在该地被拘留，或已提供担保以免由于碰撞而被扣留；被告在该地有依照该国法律可供扣押的财产，而且该项财产已被扣押或已提供担保以免由于碰撞而被扣押；被告已在该地根据该国法律就碰撞适当提供了限额基金。

（2）法律选择。除当事人另有协议外，如碰撞在一国内水或领海内发生，适用该国法律；如碰撞发生在领海以外的水域，适用案件受理国法律；如有关的船

---

① 本节所述的海事公约的成员情况，详见 CMI Yearbook 2016，http：//www. comitemaritime. org/Yearbooks/0,2714,11432,00. html，Visited on February 28, 2018.

舶都在同一国登记或由它出具证件,或都属于同一国家所有,则不管碰撞发生在何处,均应适用该国的法律;如船舶在不同国家登记或由它们出具证件,或属不同国家所有,则法院应适用对所有这些国家都适用的一些公约。如果经确定所有这些国家的法律与公约的原则相一致,则法院应适用这种相一致的法律。但不管怎样,任何当地的有关航行的成文或不成文的规则,都应得到适用。

上述应适用的法律决定以下问题:赔偿责任的根据;免除赔偿责任和部分赔偿责任的理由;得予赔偿的类别;损害的份额;有权提出索赔的人;委托人对其代理人(或雇主对其雇佣人员、或船舶或船主或驾驶员对引水员)的行为或不行为所应负的责任;请求权可否转让或继承;举证责任或推定;诉讼时效规则。

(3) 判决的承认与执行。公约规定,能够在另一缔约国请求承认或执行的判决,必须是根据判决作出国的法律可执行的,且两国之间订有这方面的补充协定。被请求国法院只有在查明下列事项时,方可拒绝承认或执行判决:作出判决的法院根据本公约无管辖权;或判决是由于欺诈而获得的;或承认或执行判决不符合请求在其境内承认或执行的国家的公共政策;或对判决中的债务人未作出诉讼的适当通知并给予他进行申辩的公平的机会。此外,如判决已获得履行,被请求国亦可拒绝执行。

(三) 船舶碰撞的法律适用

纵观有关国际公约,并结合各国国内法的有关规定和司法实践中的普遍做法,船舶碰撞的法律适用主要有以下几种做法:

(1) 适用侵权行为地法。船舶碰撞是典型的海上侵权行为,而侵权行为地法作为解决侵权行为法律适用最基本的准据法,是被各国法律及国际公约所普遍接受的。对此,中国《海商法》第273条第1款也有明确规定:"船舶碰撞的损害赔偿,适用侵权行为地法律。"中国最高人民法院《关于贯彻执行〈中华人民共和国民法通则〉若干问题的意见(试行)》第187条规定:"侵权行为地的法律包括侵权行为实施地法律和侵权结果发生地法律。如果两者不一致时,人民法院可以选择适用。"

(2) 适用法院地法。在船舶碰撞案件中,法院地法常被适用。如中国《海商法》第273条第2款规定:"船舶在公海上发生碰撞的损害赔偿,适用受理案件的法院所在地法。"

(3) 适用船旗国法。适用船旗国法体现了海事国际私法的属人原则,被世界各国普遍接受。如2001年修正的《韩国国际私法》第61条规定,船舶在公海上发生碰撞时,如果碰撞船舶属于同一注册国,适用注册国法;如果属于不同注册国,则适用加害船舶注册国法。中国《海商法》第273条第3款也规定:"同一船籍的船舶,不论碰撞发生于何地,碰撞船舶之间的损害赔偿适用船旗国法。"

【案例13.1】 "易迅"轮与"延安"轮碰撞案[①]

原告利比里亚易迅航运公司所属巴拿马籍"易迅"轮自天津港装货驶往香港途中,与被告巴拿马金光海外私人经营有限公司所属巴拿马籍"延安"号货轮在位于34°22N,123°02E的公海发生碰撞。碰撞时,"易迅"轮为让路船,"延安"轮为直航船。两船在发生碰撞前均疏忽瞭望,紧迫局面形成时,双方均采取了错误的避让措施,导致了碰撞结果,双方都遭受损失。

本案应如何适用法律?

在本案中,由于"易迅"轮和"延安"轮均在巴拿马注册登记,属同一国籍船舶,于是我国海事法院确定本案适用巴拿马共和国法律,并通知当事人提供有关法律,但至开庭时双方当事人都未能提供,法院也未能查明。于是经双方当事人同意,海事法院决定以法院地法为本案的准据法。

二、发生在船舶内部的侵权行为

对于发生在船舶内部的侵权行为,无论该船舶是处于公海或某国领海,多主张适用旗国法。其理由是船舶可视为船旗国的浮动领土。但是如果船舶处于他国领海之内,并且该侵权行为影响领海国的利益,则主张适用领海国法。

三、因海上运送事故致旅客死伤、货物毁损所发生的侵权行为

关于在海上运送中致旅客人身伤亡或行李毁损,因有运送合同关系存在,所以有的主张依合同准据法来解决运送人的责任问题。但旅客安全常受到许多国家的强制性法律的保护,这种法律不得在合同中运用法律选择条款加以规避。为统一对这种责任的法律规定,1974年原政府间海事协商组织(国际海事组织的前身)订立了《海上旅客及其行李运输的雅典公约》及其1976年、1990年、2002年议定书。截至2015年12月,《公约》有25个成员,1976年议定书有17个成员,1990年议定书只有3个国家接受,尚未生效,2002年议定书于2014年4月23日生效,目前有包括英国、荷兰、挪威等国在内的26个成员。与之前的版本相比,2002年议定书不仅大幅提高了承运人的责任限额,确定了更为严格的归责原则(严格责任加过错推定),更引入了强制保险制度。由于加入2002年议定书必须先退出之前所有版本的《雅典公约》,随着其缔约国的增加,影响力势必逐渐加强。中国于1994年3月5日经全国人大常委会决定加入该《公约》及其1976年议定书。

[①] 参见《中华人民共和国海商法诠释》,人民法院出版社1995年版,第497页。转引自王国华:《海事国际私法理论与实务研究》,辽宁大学出版社2004年版。

四、国际油污损害

1969年原政府间海事协商组织在布鲁塞尔主持订立了《国际油污损害民事责任公约》,并于1980年4月29日对中国生效。截至2016年12月30日,该《公约》共有34个成员。此外,该《公约》还有几个议定书:1976年《特别提款权议定书》(1981年生效,中国1986年加入,2003年退出,目前有53个成员)、1984年《议定书》(已被1992年《议定书》替代)、1992年《议定书》(1996年5月30日生效)及2000年《修正案》(2003年11月1日生效)。经1992年修改的1969年《国际油污损害民事责任公约》被称为1992年《国际油污损害民事责任公约》,它于2000年1月5日对我国生效,1969年《公约》同时对我国失效,截至2016年12月30日,1992年《公约》共有133个成员。

《国际油污损害民事责任公约》实行严格责任原则,除例外情况外,只要油类从船上溢出或排放引起的污染在该船之外造成的灭失或损害,不论此种溢出或排放发生于何处,船舶所有人就要对污染承担民事赔偿责任。1992年《议定书》规定船舶所有人的赔偿总额为5970万特别提款权,2000年《修正案》又将1992年《议定书》项下船舶所有人的赔偿总额提高50%,达到8977万特别提款权。除此之外,为有利于受害人得到充分补偿,《公约》还规定船舶所有人必须选择实行强制保险制度或财务保证制度。

中国还于1990年加入了1969年《国际干预公海油污事故公约》和1973年《干预公海显而易见油类物质污染议定书》。此外,中国《海商法》第265条还规定了油污损害的诉讼时效,即:"有关船舶发生油污损害的请求权,时效期间为3年,自损害发生之日起计算;但是,在任何情况下时效期间不得超过从造成损害的事故发生之日起6年。"

第二节 海难救助

一、海难救助的概念

根据我国《海商法》第171条的规定,海难救助(salvage at sea)是指在海上或者与海相通的可航水域,对于遇险的船舶和其他财产进行救助的行为。广义上的救助既包括对人救助也包括对物救助;狭义上的救助则仅指对物救助。不过,单纯救助海上人命是不产生救助报酬的,因此各国海商法所规定的海难救助制度都只涉及对物救助。①

---

① 人命救助则由专门的国际公约予以调整,如国际海事组织1974年《国际海上人命安全公约》、1979年《国际海上搜寻救助公约》等。

海难救助是从纯救助(pure salvage)开始的,后来发展成合同救助(contract salvage)。纯救助又称自愿救助,是指救助人既无法定救助义务,又无约定救助义务,自愿对遇险船舶和财产进行的救助。合同救助则是指救助人根据其与被救助人签订的救助合同所规定的救助义务而实施的救助。不管是纯救助,还是合同救助,都适用"无效果,无报酬"原则(no cure, no pay),即救助人以产生救助效果作为请求支付救助报酬的条件。

二、有关海难救助的国际公约

国际海事委员会于1910年通过了《统一海上援助与救助的若干法律规定的公约》(简称1910年《救助公约》),目前共有76个成员。中国虽然不是成员国①,但也是按照该《公约》的精神和原则来处理救助问题的。1910年《救助公约》生效以来,在国际海难救助实践中发挥了十分重要的作用。但是,该《公约》所规定的无偿救助人命原则不利于鼓励救助人从事人的救助,其"无效果、无报酬"原则又削弱了救助遇险油轮和防止海洋污染的积极性。因此,国际社会强烈要求修改救助制度。最终,国际海事组织在1989年通过了新的《国际救助公约》,并于1996年7月14日起生效,目前共有中国、美国、英国、法国等69个成员。

与1910年《救助公约》相比,1989年《国际救助公约》对船舶、财产的概念和公约的适用范围作了较大的变动,并增设了许多新的条款,其中最引人注目的是"特别补偿条款"。当船舶或船上货物对环境构成污损威胁时,救助人对其进行了救助作业,救助财产无效果或效果不明显,且未能防止或减轻环境污损,根据1989年《国际救助公约》第13条确定的救助报酬少于其所花费用时,救助人有权获得相当于该费用的特别补偿;如果救助作业同时防止或减轻了环境污损,特别补偿可增加到救助人所花费用的130%;特别情况下,法院或仲裁机构还可根据公平、合理的原则,将此项补偿增加到救助人所花费用的200%。此外,《公约》第13条还明确将"救助人命的努力"作为确定救助报酬数额的考虑因素。虽然,救助人命是一种法定义务,与救助报酬无直接关系,但是将其作为确定救助报酬的考虑因素,有利于鼓励救助人积极地救助人命。

三、海难救助的法律适用

海难救助是海商法所特有的一种法律制度,但各国法律及国际公约对海难救助的规定不尽相同。例如,在救助标的上,希腊将救助标的规定为危险中的船舶、船上财产、运费和旅客;德国规定为遇难的船舶和货物;中国规定为遇难的船舶和其他财产。因此,适用何国法律作准据法亦是海事国际私法所要研究的。

---

① 1910年《救助公约》适用于中国香港和中国澳门地区。

关于海难救助准据法的选择方式,各国立法和国际条约主要有三种做法:(1)适用意思自治原则和最密切联系原则。这种做法只发生于合同救助的情况。英国、美国、法国、瑞士、希腊、秘鲁、中国等国家都采取这一做法。(2)适用船旗国法。有的国家也主张,海难救助的准据法也可以是船旗国法。他们认为,在多数情况下船舶所悬挂的旗帜易于识别,便于确认相应的旗国法,适用旗国法还能使对相关问题的处理获得一致的结果。但适用船旗国法并不排斥当事人意思自治原则。例如,《希腊海事法》第310条规定,报酬的分配受救助船或获救船的旗国法管辖。(3)适用行为地法。也有的国家法律规定,在某一国领海或内水发生的海难救助应适用行为地法,如《阿根廷航海法》第606条规定,在领海或内水外发生的救助作业适用沿岸国法。

第三节 共 同 海 损

一、共同海损的概念

海损可分为共同海损和单独海损。共同海损,是指在同一海上航程中,当船舶、货物和其他财产遭遇共同危险时,为了共同安全,有意而合理地采取措施所直接造成的特殊牺牲、支付的特殊费用,由各受益方按分摊价值比例分摊的法律制度。凡由于自然灾害、意外事故或不可抗力所直接造成的船舶或货物的损害,属于单独海损,应由各受害方自行承担或按有关海上货物运输合同的约定处理。

二、有关共同海损的国际规则

在共同海损理算中适用最为广泛的国际惯例是《约克—安特卫普规则》。自1877年产生以来,历经1890年、1924年、1950年、1974年、1994年、2004年和2016年多次修改,各版本独立并行,由当事人约定适用哪一版本。现今共同海损理算多采用1994年《约克—安特卫普规则》。[①]

三、共同海损的法律适用

各国立法和国际条约对于共同海损的法律适用主要有以下三种规定:(1)适用当事人自己选择的法律。例如,中国《海商法》第203条规定:"共同海损理算,适用合同约定的理算规则;合同未约定的,适用本章的规定。"(2)适用

---

① 1994年和2004年及2016年规则的英文本可参见国际海事委员会官方网站:http://www.comitemaritime.org/York-Antwerp-Rules-and-General-Average-Interest-Rates/0,2754,15432,00.html,Visited on March 3,2018. 1994年规则的中译本可参见李双元、欧福永等编:《国际私法教学参考资料选编》,北京大学出版社2002年版,第1954—1959页。

船旗国法。如《意大利航海法典》第11条规定,共同海损理算规则适用船旗国法。《阿根廷航海法》第608条也规定,确定共同海损成立与否及其手续和分摊义务适用船旗国法。(3) 适用理算地法。例如,《阿根廷航海法》第607条规定,理算国的法律适用于理算。中国《海商法》第274条也规定:"共同海损理算,适用理算地法律。"

对于中国《海商法》第203条和第274条的关系,由于第274条是规定在第十四章"涉外关系的法律适用"中,应优先适用该条规定指引准据法;如果准据法为我国法律,再根据第203条规定,如果合同有约定的,适用约定的理算规则,没有约定的,则适用我国《海商法》第十章。建议修改《海商法》时,把两条合并,规定在第十四章中:"共同海损理算,适用合同约定的理算规则;合同未约定的,适用理算地法律。"

第四节　海事赔偿责任限制

一、海事赔偿责任限制的概念

海事赔偿责任限制是指在发生重大海损事故时,作为责任人的船舶所有人、经营人和承租人等,可根据法律的规定,将自己的赔偿责任限制在一定范围内的法律制度。它是海商海事业务中不可缺少的一项保障。

海事赔偿责任限制制度具有以下几项功能:(1) 有利于保障海上运输业的稳步发展;(2) 符合公平原则的要求;(3) 有利于鼓励海上救助;(4) 适应了海上保险事业的要求。

二、海事赔偿责任限制的国际公约

关于船舶所有人的海事赔偿责任限制的国际公约主要有:(1) 1924年《关于统一海运船舶所有人责任限制的若干法律规定的国际公约》。截至2016年12月,只有15个国家批准或接受(其中7个国家已经退出),该《公约》于1931年6月生效。(2) 1957年《海船所有人责任限制国际公约》及其议定书。截至2015年12月,1957年《公约》共有28个成员,它于1968年5月31日生效,并适用于中国澳门地区。(3) 1976年《海事索赔责任限制公约》。截至2015年12月,它已有52个成员。该《公约》1986年12月1日生效,并适用于中国香港地区。

1924年《公约》由于在船东责任上并用船价制、执行制和金额制等不同制度,导致赔偿过程中的矛盾,因而未对海事赔偿责任限制制度的统一发挥很大的作用。1957年《公约》则吸取了1924年《公约》的教训,采用了单一的金额制,以事故次数(不以航次)为标准,以与黄金挂钩的金法郎为计算单位,按船舶吨位计算责任限额,得到了国际社会的广泛承认与采用。但 1957 年《公约》没有将救助人和责任保险人纳入责任限制的主体,原政府间海事协商组织在 1976 年通过了《海事索赔责任限制公约》,它将救助人和责任保险人纳入责任限制主体范围内,并采用特别提款权作为责任限额的计算单位。

三、海事赔偿责任限制的法律适用

如前所述,为解决海事赔偿责任限制方面的法律冲突,国际社会先后起草了几个有关海事赔偿责任限制的公约,以期达成统一,但这一领域至今仍不同程度地存在着法律冲突。为此,各国制定了相应的法律规定,有的主张适用法院地法,有的主张适用行为地法或船旗国法。中国《海商法》第 275 条规定:"海事赔偿责任限制,适用受理案件的法院所在地法律。"

【思考题】

1. 下列案件应如何确定准据法?哪些损失属于共同海损?

   【案例 13.2】 货方诉"亚神"号案①

   1995 年 6 月 15 日,"亚神"号货轮在航线上遭遇异常风暴,船体剧烈摇晃。为船舶安全,船长命令船员将舱面上的木箱货物推入海中。16 日清晨,风暴停息。"亚神"号被风暴带到 A 地沙滩搁浅。为使船舶起浮,船长命令开足马力后退,致使船舶动力装置受损。"亚神"号遂与 B 拖轮公司达成拖航协议,由 B 公司所属的"舟山"号拖轮拖至邻近的 C 港进行临时检修,拖航费用 5 万元人民币。拖航过程中,"亚神"号舱内货物起火,烧毁价值 5000 美元的货物,船舶甲板被熏出一个洞。为灭火,船长命令船员向舱内灌水,湿损货物价值 6000 美元。18 日,"亚神"号抵达 C 港。在 C 港检修船舶期间,为将货物卸载在码头、储存、重装等,支付费用 5000 元人民币,另外港口费用、船员工资、船舶所用燃料、物料等耗费 4000 元人民币。货物在码头露天储存时,天降大雨,货物湿损 4000 元人民币。21 日,"亚神"号驶离 C 港,两天后到达目的地中国 D 港,船长立刻宣布了共同海损。船方与货方约定在 D 港理算。8 月 20 日,理算结束,"亚神"号不提供担保,也不支付分摊款项。1996 年 7 月 10 日,货方向中国 D 地法院提起诉讼。

2. 简述船舶碰撞的法律适用。
3. 简述海难救助的法律适用。
4. 简述共同海损的法律适用。

---

① 李双元、欧福永主编:《国际私法教学案例》(第二版),北京大学出版社 2012 年版,第 266—268 页。

5. 简述海事赔偿责任限制的法律适用。

【司法考试真题】

1. 一艘悬挂巴拿马国旗并由一巴西海运公司经营的海船,运送一批属一家日本公司的货物从日本到中国,在韩国附近海域发生意外。为了安全完成本航程,该海船驶入韩国某港口避难,发生共同海损,后在中国某港口进行理算。该共同海损理算应适用什么法律?(2004年单选题)
   A. 船旗国法律　　　　　　　　B. 共同海损发生地法律
   C. 巴西的法律　　　　　　　　D. 理算地法律

2. 依我国《海商法》,适用受理案件法院所在地法的是?(2006年多选题)
   A. 我国法院受理的关于海事赔偿责任限制的诉讼
   B. 我国法院受理的关于船舶优先权的诉讼
   C. 同一国籍的船舶在公海上发生碰撞而在我国法院进行的诉讼
   D. 不同国籍的外国船舶在公海上发生的碰撞而在我国法院进行的诉讼

3. 甲国贸易公司航次承租乙国籍货轮"锦绣"号将一批货物从甲国运往中国,运输合同载有适用甲国法律的条款。"锦绣"号停靠丙国某港时与丁国籍轮"金象"号相撞,有关货损和碰撞案在中国法院审理。下列哪些选项正确?(2009年多选题。本题涵盖了2007年单选题第37题考察的知识点,该题不列出)
   A. 有关航次租船运输合同的争议应适用与合同有最密切联系的法律
   B. 有关航次租船运输合同的争议应适用甲国法律
   C. 因为两轮的国籍不同,两轮的碰撞纠纷应适用法院地法解决
   D. "锦绣"号与"金象"号的碰撞应适用丙国法律

4. 某批中国货物由甲国货轮"盛京"号运送,提单中写明有关运输争议适用中国《海商法》。"盛京"号在公海航行时与乙国货轮"万寿"号相撞。两轮先后到达中国某港口后,"盛京"号船舶所有人在中国海事法院申请扣押了"万寿"号,并向法院起诉要求"万寿"号赔偿依其过失比例造成的撞碰损失。根据中国相关法律规定,下列选项正确的是:(2010年不定项选择题)
   A. 碰撞损害赔偿应重叠适用两个船旗国的法律
   B. 两轮的碰撞争议应适用甲国法律
   C. 两轮的碰撞争议应适用中国法律
   D. "盛京"号运输货物的合同应适用中国《海商法》

5. 中国甲公司将其旗下的东方号货轮光船租赁给韩国乙公司,为便于使用,东方号的登记国由中国变更为巴拿马。现东方号与另一艘巴拿马籍货轮在某海域相撞,并被诉至中国某海事法院。关于本案的法律适用,下列哪一选项是

正确的？（2017 年单选题）

　　A. 两船碰撞的损害赔偿应适用中国法

　　B. 如两船在公海碰撞,损害赔偿应适用《联合国海洋法公约》

　　C. 如两船在中国领海碰撞,损害赔偿应适用中国法

　　D. 如经乙公司同意,甲公司在租赁期间将东方号抵押给韩国丙公司,该抵押权应适用中国法

【扩展性阅读材料】

　　1. 胡正良、韩立新主编:《海事法》,北京大学出版社 2016 年版。

　　2. 吕伯涛主编:《海事案例精选精析》,法律出版社 2004 年版。

　　3. 〔美〕G. 吉尔摩、C. L. 布莱克著:《海商法》,杨召南、毛俊纯、王君粹译,吴焕宁校,中国大百科全书出版社 2000 年版,第五章、第七章、第八章、第十章。

　　4. 王国华:《海事国际私法》,北京大学出版社 2009 年版。

　　5. 赖来焜:《海事国际私法》,台湾神州图书出版公司 2002 年版。

　　6. Convention for the Unification of Certain Rules of Law with respect to Collisions between Vessels (*Brussels*, *September 23*, *1910*)①

Article 1

Where a collision occurs between sea-going vessels or between sea-going vessels and vessels of inland navigation, the compensation due for damages caused to the vessels, or to any things or persons on board thereof, shall be settled in accordance with the following provisions, in whatever waters the collision takes place.

Article 2

If the collision is accidental, if it is caused by *force majeure*, or if the cause of the collision is left in doubt, the damages are borne by those who have suffered them.

　　This provision is applicable notwithstanding the fact that the vessels, or any one of them, may be at anchor (or otherwise made fast) at the time of the casualty.

Article 3

If the collision is caused by the fault of one of the vessels, liability to make good the damages attaches to the one which has committed the fault.

　　……

---

① http://www.admiraltylawguide.com/conven/collisions1910.html, visited on March 19, 2007.

第四编 婚姻家庭与继承

第十四章 婚姻家庭

第一节 结 婚

随着国际民事交往的发展和人员流动的日益频繁,跨国婚姻逐渐增多。根据中国民政部的数据,从 2007 年到 2016 年 6 月份,中国的涉外结婚登记(包括涉港澳台)共 45.87 万对,2016 年为 4.2 万对。① 上海 2010 年度就办理了涉外(包括涉港澳台)结婚登记 2236 对,办理涉外离婚 404 对,涉及 73 个国家和地区。②

一、结婚的实质要件

婚姻成立的标志是结婚,而结婚是男女双方成立夫妻关系的一种法律行为。它的有效成立,必须符合法律规定的实质要件和形式要件。

结婚的实质要件,包括婚姻当事人必须具备的条件(又称必备条件或积极条件)和必须排除的条件(又称禁止条件或消极条件)。前者一般是指双方当事人必须达到法定婚龄,必须双方当事人自愿等。而后者一般是指双方不在禁止结婚的血亲之内,不存在不能结婚的疾病或生理缺陷,没有另外的婚姻关系等。

婚姻的实质要件事关婚姻制度的核心,与各国政治、经济、文化、宗教和人口等因素密切相关,因此,各国法律对结婚实质要件的规定差异很大。如法定婚龄,各国的差异很明显,从 12 岁到 22 岁不等,且具体条件也多不同。③ 此外,在

---

① 参见民政部:《2016 年社会服务发展统计公报》,http://www.mca.gov.cn/article/sj/tjgb/201708/20170800005382.shtml,2018 年 2 月 28 日访问。
② 参见杜涛:《国际私法原理》,复旦大学出版社 2014 年版,第 155 页。
③ 据联合国权威机构统计,2010 年,有 158 个国家的法律规定,女性年满 18 岁可结婚,且无需得到父母的同意;146 个国家规定,不足 18 岁的女性结婚,须得到父母或其他机构的同意;52 个国家规定,不足 15 岁的女性如得到父母同意,可以结婚。与此相对,180 个国家规定,男性年满 18 岁可结婚,且无需得到父母的同意;105 个国家规定,不足 18 岁的男性结婚,须得到父母或相关机构的同意;23 个国家规定,不足 15 岁的男性,如得到父母同意可以结婚。http://www.unfpa.org/sites/default/files/pub-pdf/Marrying-TooYoung.pdf. 转引自霍政欣:《国际私法》,中国政法大学出版社 2017 年版,第 227 页。

婚姻双方当事人是否为一男一女①、是否禁止重婚与近亲结婚以及关于是否能因患某些疾病而禁止结婚的问题上,各国的规定也不相同;即便在同一个国家,在不同的历史时期也有不同的规定。

结婚的实质要件一般适用婚姻举行地法,或适用当事人本国法,或适用当事人住所地法,或兼采上述各连结点而依不同情况分别予以适用的混合制。

(一) 适用婚姻举行地法

结婚实质要件依婚姻举行地法是最古老也是当前最流行的制度。实行这一原则的国家的法律规定,凡婚姻举行地法认为有效的婚姻,则到处有效;凡婚姻举行地法认为无效的婚姻,则在其他地方也无效。主张这一原则的学者,有的认为,结婚也是一种契约关系或法律行为,根据"场所支配行为"的原则,其成立的实质要件当然应受婚姻举行地法支配。有的则根据"既得权保护说",认为应将当事人依照婚姻举行地法成立的婚姻视为一种既得权,其他国家当然也应承认和保护。还有些学者认为婚姻的成立,关系到婚姻举行地法的善良风俗和公共秩序,非适用婚姻举行地法不可。但最重要的是依婚姻举行地法简便易行,能给婚姻登记机关和当事人减少不少麻烦。反对者则认为适用婚姻举行地法会给当事人提供规避法律的机会,使"移住婚姻"(migratory marriage)大量增加。

采此原则的除英国早期的判例外,还有瑞士、现在美国许多州和大多数拉丁美洲国家(如阿根廷、巴拉圭、危地马拉、秘鲁、哥斯达黎加以及墨西哥等)。

(二) 适用当事人属人法

许多国家认为婚姻关系属于身份关系,故主张结婚的实质要件适用当事人的属人法。奥地利、比利时、法国、德国、希腊、意大利、卢森堡、荷兰、葡萄牙、西班牙、土耳其、瑞典等国主张适用当事人本国法,而英国、加拿大、澳大利亚、新西兰等国则主张适用当事人住所地法。

婚姻的实质要件适用当事人属人法,在某种程度上可以减少"移住婚姻"的现象。在一般情况下,当事人与其国籍国或住所所在国建立了长期的联系,适用当事人属人法对当事人来说也比较合理。

但适用当事人属人法,还有以下两个问题需要解决:

(1) 适用当事人属人法,经常遇到的一个问题是双方当事人因国籍或住所不一致,各自的属人法对婚姻的实质要件规定不同,这时应适用哪一国的法律?根据各国的立法与实践,大致有以下几种做法:第一,适用丈夫的属人法。但这一做法已与今天人们主张的男女平等原则相违背,故逐渐为各国所放弃。第二,

---

① 截止到2017年,全球五大洲有28个国家和地区把同性婚姻合法化,它们是:阿根廷、比利时、巴西、加拿大、哥伦比亚、法国、冰岛、爱尔兰、卢森堡、挪威、葡萄牙、南非、西班牙、瑞典、乌拉圭、丹麦、墨西哥、荷兰、新西兰、英国、美国、芬兰、斯洛文尼亚、中国台湾、德国、马耳他、澳大利亚、奥地利。

适用双方各自的属人法。它主张适用双方当事人各自所属的法律,只要求双方当事人符合各自的属人法规定的结婚条件,而不管他们的属人法是否存在抵触。奥地利、比利时、土耳其、加蓬、埃及、秘鲁、塞内加尔等国的法律采这种主张。第三,重叠适用双方当事人的属人法。如 1979 年《匈牙利国际私法》第 37 条第 1 款规定:"婚姻有效的实质要件,依双方当事人缔结婚姻时的共同属人法。如果双方当事人的属人法在缔结婚姻时不同,则婚姻只有在满足双方当事人的属人法所要求的实质要件时,才认为有效。"

(2) 对无国籍人的结婚一般均以他们的住所地法或惯常居所地法作属人法。当事人如果没有住所或惯常居所,则适用当时的居住地法或法院地法。政治避难者的结婚问题也宜适用住所地法或惯常居所地法,而不宜适用其本国法。

(三) 混合制

在采用混合制的国家中,以婚姻举行地、当事人住所地和国籍作连结点,或以婚姻举行地法为主兼采当事人住所地法或本国法,或以当事人住所地法或本国法为主兼采婚姻举行地法作选择或重叠地适用。

后者以 1999 年《罗马尼亚民法典》为例。其第 2586 条规定,结婚的实质要件适用未婚夫妻双方各自本国法。如果准据法为外国法且该法律有碍婚姻的实现,而按照罗马尼亚法律这与婚姻自由相违背,只要夫妻一方是罗马尼亚公民并且婚姻是在罗马尼亚领域内缔结,则此种法律障碍应予以排除。

混合制比较灵活,避免了单纯适用婚姻举行地法或当事人属人法的不足,在实践中更为切实可行,已越来越受到各国的重视。

二、结婚的形式要件

在结婚形式方面,目前主要存在民事登记婚姻方式、宗教婚姻方式、民事登记和宗教仪式结合的方式以及不要求任何形式等四种制度。

民事登记婚姻方式是指婚姻当事人必须到指定的婚姻登记机关履行登记手续,领取结婚证书。中国、日本、苏联、法国、保加利亚等国都采用这一方式。宗教婚姻方式是指信奉宗教的当事人必须按其信仰的宗教教规所要求的仪式举行婚礼。不同宗教的教规对宗教婚姻的方式有不同的要求。例如,西班牙、葡萄牙、希腊、塞浦路斯等国要求天主教徒之间必须按天主教规举行宗教仪式。不要求任何形式又称事实婚姻方式,即指只要双方当事人同意结婚,并且已实行同居,就构成了事实上的婚姻,成为法律上有效的婚姻。目前,冰岛、苏格兰、瑞士、奥地利等国以及美国 21 个州都承认这种结婚方式有效。

对于结婚形式要件的法律适用,主要有以下不同实践:

(1) 适用婚姻举行地法。对结婚形式要件,长期以来也一直适用"场所支配行为"原则,即适用婚姻举行地法。根据这一原则,按婚姻举行地法规定的方式成立的婚姻,在其他国家也被认为有效。多数国家的国内立法和国际公约都采用这一原则。

（2）适用婚姻当事人本国法。有些国家(如希腊、西班牙、也门等)要求,本国公民或住所在本国的人即使在外国举行结婚,也必须遵守本国法规定的宗教方式,不承认本国公民或在本国有住所者在国外依其他方式成立的婚姻。而另一些国家的立法要求内国人的婚姻必须依民事登记方式,即使在国外举行亦然。如原捷克斯洛伐克法就规定,捷克公民非依民事登记方式结婚的,其婚姻无效。

（3）选择适用当事人本国法和婚姻举行地法。为了尽可能避免"跛脚婚姻"(limping marriage)现象,在确定结婚形式要件的准据法时,不能只采用一种法律。根据目前各国的最新立法,在结婚形式要件问题上已形成兼顾婚姻举行地法和当事人本国法的趋势。这种立法精神,也反映在近来的一些阿拉伯国家的法律中。如于1977年生效的《约旦民法典》第13条规定,外国人与外国人、外国人与约旦人之间的婚姻,如果在形式要件方面符合婚姻缔结地法,或者符合婚姻当事人各自的本国法,均应认为有效。

近些年来,一些国家或地区不同程度承认同性之间可以形成类似于婚姻的身份关系,即所谓"同性婚姻",其当事人相互之间依据"同性伴侣关系法"(或类似法律)也存在相应的权利义务。"同性婚姻"虽然名为"婚姻",但它并非完全相同于男女双方所缔结的婚姻。例如,有的"同性婚姻"承认国不允许这种婚姻双方当事人以夫妻身份收养子女。即使在承认"同性婚姻"的那些国家或地区,其法律规定也不完全一样。为此,一些国家已增加了同性伴侣关系法律适用的规定,如德国、奥地利和瑞士等。按照《瑞士联邦国际私法》第65a条的规定,该法关于结婚、婚姻效力、夫妻财产关系以及离婚与分居的规定类推适用于注册的同性伴侣关系,只有个别条款例外;该法第65c条还规定,根据冲突规范指定适用的法律如果未见关于注册同性伴侣关系的规定的,则适用瑞士法律。根据《德国民法施行法》第17b条规定,已注册的同性生活伴侣关系的建立、一般效力、财产法效力和解除,适用注册地国家的实体法规定;在外国注册的同性生活伴侣关系的效力,不得超出《德国民法典》和《德国同性生活伴侣关系法》的规定。"同性婚姻"在国际私法层面不仅带来结婚的法律适用问题,它在解决离婚、再婚、夫妻关系、父母子女关系以及继承等方面的法律适用问题时也有可能被涉及。另外,它还可能涉及识别、公共秩序保留和法律规避等制度正确运用的问题。

值得注意的是,20世纪70年代以来,随着社会思想的变化和社会福利制度的进步,西方国家人们的婚姻家庭观念发生了很大的变化。最明显的现象就是结婚率下降,离婚率上升,而非婚同居现象日益增加。非婚同居(nonmarital cohabitation)目前在各国法律体系中的地位不尽相同,澳大利亚、新西兰和美国一些州已经通过立法承认非婚同居关系,并将其称为家庭伴侣(domestic partners),建立了家庭伴侣登记机构,经登记的同居伴侣享有与已婚夫妻类似的权利。据统计,美国有 750 万对非婚同居者。目前,欧盟成员中已有 14 个国家承认非婚同居关系。非婚同居带来了大量新型的法律纠纷,包括同居伴侣之间的财产分割、抚养费追索、子女抚养等,给传统的婚姻家庭法带来了冲击。目前一些承认非婚同居关系的国家在国际私法方面多适用登记地国家法律,例如 2004 年《比利时国际私法》第 60 条的规定。① 在中国,非婚同居现象也大量涌现,并发生了大量相关纠纷,学者们也开始探讨从法律上如何界定。从我国最高人民法院《关于适用〈中华人民共和国婚姻法〉若干问题的解释(一)》和《关于适用〈中华人民共和国婚姻法〉若干问题的解释(二)》来看,我国法律也从以前的完全否定逐步走向中立态度。我国也发生过涉外非婚同居引起的法律纠纷,法院根据我国法律进行了处理。

三、领事婚姻和兵役婚姻及公海婚姻

所谓领事婚姻(consular marriage),是指在驻在国不反对的前提下,一国授权其驻外领事或外交代表为本国侨民依本国法律规定的方式办理结婚手续,成立婚姻的制度。在当代,国家之间通过签订领事协定,准许由各自领事办理本国国民的婚姻登记,已很普遍。1963 年《维也纳领事关系公约》和 1961 年《维也纳外交关系公约》也都肯定了领事婚姻制度。不少国家在立法上明确承认领事婚姻形式上的有效性,如 1966 年《葡萄牙民法典》第 51 条例外条款、1995 年《俄罗斯联邦家庭法典》第 157 条、2009 年《罗马尼亚民法典》第 2587 条的规定。中国 2003 年《婚姻登记条例》第 19 条规定:中华人民共和国驻外使(领)馆可以依照条例的有关规定,为男女双方均居住于驻在国的中国公民办理婚姻登记。

但是,根据国际公法,驻在国并没有义务允许派遣国大使或领事为其侨民办理结婚手续;在驻在国办理一切人的婚姻属于驻在国的主权管辖范围。因此,首先,派遣国领事必须征得驻在国的同意,才能为其侨民办理结婚手续。其次,有些国家在领事婚姻问题上要求实行对等原则。有些国家的法律规定:结婚当事人必须都是使、领馆所属国公民(如俄罗斯、比利时、巴西、德国、日本等);有些国家则只要求当事人一方是使、领馆所属国的公民(如澳大利亚、意大利、保加利亚、葡萄牙等)。最后,经驻在国同意,由一国授权的驻外领事办理的婚姻,在派遣国和驻在国都属有效,在任何第三国,也是有效婚姻,但如驻在国不承认(虽不反对)领事婚姻,则由派遣国使、领馆官员在该国举行的领事婚姻,只在派遣国有效,在驻在国则无效,对第三国来说,该婚姻也有可能会被认为无效。

---

① 参见杜涛:《国际私法原理》,复旦大学出版社 2018 年版,第 160—161 页。

此外,在一些国家还存在兵役婚姻(Service marriage)、公海婚姻(Marriage on the high sea)等特殊形式的婚姻[①],前者指一国派往外国服役的士兵,在该外国经本国授权的特定人员(如牧师)依本国法为他们举行婚姻仪式而成立的婚姻;后者指当事人在行驶于公海的商船或军舰上成立的婚姻。

四、中国处理涉外结婚的法律制度

(一)在中国境内的结婚

中国《民法通则》第147条中规定,中华人民共和国公民和外国人结婚适用婚姻缔结地法律。中国《涉外民事关系法律适用法》第21条规定,结婚条件,适用当事人共同经常居所地法律;没有共同经常居所地的,适用共同国籍国法律;没有共同国籍,在一方当事人经常居所地或者国籍国缔结婚姻的,适用婚姻缔结地法律。该法第22条规定,结婚手续,符合婚姻缔结地法律、一方当事人经常居所地法律或者国籍国法律的,均为有效。这里的"结婚条件",是指结婚的实质要件,"结婚手续"是指结婚的形式要件。但在程序和手续上,却区分以下不同情况作不同处理:

(1)中国公民与外国人、内地居民同香港特别行政区居民、澳门特别行政区居民、台湾地区居民及华侨结婚。

过去,中国有关婚姻登记的规定过于分散,除针对内地居民之间的《婚姻登记管理条例》外,针对不同的婚姻登记主体都制定了不同的规定、办法。例如,1983年民政部《中国公民同外国人办理婚姻登记的几项规定》(已失效)、1983年民政部《华侨同国内公民、港澳同胞同内地公民之间办理婚姻登记的几项规定》(已失效)和1998年民政部《大陆居民与台湾居民婚姻登记管理暂行办法》(已失效)等。2003年《婚姻登记条例》对这些规定、办法进行了合并而成为在中国办理婚姻登记统一适用的法规。此外,民政部还分别于2004年、2015年发布了《婚姻登记工作规范》和《关于贯彻执行〈婚姻登记条例〉若干问题的意见》。

2003年《婚姻登记条例》的有关内容包括:中国公民同外国人、内地居民同香港特别行政区居民(以下简称香港居民)、澳门特别行政区居民(以下简称澳门居民)、台湾地区居民(以下简称台湾居民)、华侨办理婚姻登记的机关是省、自治区、直辖市人民政府民政部门或者省、自治区、直辖市人民政府民政部门确定的机关。中国公民同外国人在中国内地结婚的,内地居民同香港居民、澳门居民、台湾居民、华侨在中国内地结婚的,男女双方应当共同到内地居民常住户口所在地的婚姻登记机关办理结婚登记。

---

① 参见李双元等编著:《中国国际私法通论》,法律出版社1996年版,第442—443页。

办理结婚登记的内地居民应当出具下列证件和证明材料:本人的户口簿、身份证;本人无配偶以及与对方当事人没有血亲和三代以内旁系血亲关系的签字声明。办理结婚登记的香港居民、澳门居民、台湾居民应当出具下列证件和证明材料:本人的有效通行证、身份证;经居住地公证机构公证的本人无配偶以及与对方当事人没有直系血亲和三代以内旁系血亲关系的声明。办理结婚登记的华侨应当出具下列证件和证明材料:本人的有效护照;居住国公证机构或者有权机关出具的、经中华人民共和国驻该国使(领)馆认证的本人无配偶以及与对方当事人没有直系血亲和三代以内旁系血亲关系的证明,或者中华人民共和国驻该国使(领)馆出具的本人无配偶以及与对方当事人没有直系血亲和三代以内旁系血亲关系的证明。办理结婚登记的外国人应当出具下列证件和证明材料:本人的有效护照或者其他有效的国际旅行证件;所在国公证机构或者有权机关出具的、经中华人民共和国驻该国使(领)馆认证或者该国驻华使(领)馆认证的本人无配偶的证明,或者所在国驻华使(领)馆出具的本人无配偶的证明。

(2)双方均非内地居民在内地的结婚登记。

2004年《关于贯彻执行〈婚姻登记条例〉若干问题的意见》第8条对双方均非内地居民在内地的结婚登记问题作了如下规定:

双方均为外国人,要求在内地办理结婚登记的,如果当事人能够出具《婚姻登记条例》规定的相应证件和证明材料以及当事人本国承认其居民在国外办理结婚登记效力的证明,当事人工作或生活所在地具有办理涉外婚姻登记权限的登记机关应予受理。一方为外国人、另一方为港澳台居民或华侨,或者双方均为港澳台居民或华侨,要求在内地办理结婚登记的,如果当事人能够出具《婚姻登记条例》规定的相应证件和证明材料,当事人工作或生活所在地具有相应办理婚姻登记权限的登记机关应予受理。一方为出国人员、另一方为外国人或港澳台居民,或双方均为出国人员,要求在内地办理结婚登记的,如果当事人能够出具《婚姻登记条例》规定的相应证件和证明材料,出国人员出国前户口所在地具有相应办理婚姻登记权限的登记机关应予受理。

此外,在条约或互惠基础上,中国也承认具有相同国籍的外国人双方在其本国驻华使领馆成立的婚姻为有效。

(3)在中国境内的复婚。

2003年《婚姻登记条例》第14条规定,离婚的男女双方自愿恢复夫妻关系的,应当到婚姻登记机关办理复婚登记。复婚登记适用本条例结婚登记的规定。

由于特殊的历史原因,去台人员与祖国大陆原配偶以及来祖国大陆人员与台湾原配偶之间的婚姻关系问题,颇为复杂。根据1988年民政部、司法部《关于去台人员与其留在大陆的配偶之间婚姻关系问题处理意见的通知》,在发生这类婚姻纠纷,当事人要求人民政府解决时,要根据《中华人民共和国婚姻法》规定的原则,结合实际情况,按照下列精神酌情调解解决或依法处理:第一,双方分离后,未办离婚,且均未再婚的,承认其婚姻关系存续。第二,双方分离后,留在大陆的一方依据法律与去台一方解除了婚姻关系,但双方均未再婚,现双方自愿恢复婚姻关系的,按复婚的有关规定处理。第三,双方分离后,去台一方依照台湾有关法律与留在大陆的一方解除了婚姻关系,但双方均未再婚,现双方自愿恢复婚姻关系的,可承认其婚姻关系存续。第四,双方分离后,一方或双方再婚后的配偶已离异或死亡,现双方自愿恢复婚姻关系的,应重新办理结婚登记。第五,双方分离后,一方或双方再婚后的配偶健在,现双方自愿恢复与原配偶的婚姻关系,应按照一夫一妻制的原则,先与再婚配偶解除婚姻关系,再按结婚的有关规定办理。

此外,在实践中,对于去台人员与其留在祖国大陆的配偶一方已再婚或双方均已再婚,但未通过法定程序解除婚姻,如在事实上形成"一夫二妻"或"一妻二夫"的情况,不宜视为重婚,应采取不告不理的态度,法院不主动干涉这种婚姻关系;如其中一方起诉要求解除婚姻关系,则按离婚诉讼受理。

(二) 在中国境外的结婚

这包括中国公民之间或中国公民与外国人之间(当然主要是华侨之间或华侨与外国人之间)在国外结婚,以及外国人之间在外国结婚而要求在中国境内承认其效力的各种情况。

对于中国公民之间或中国公民与外国人之间在外国主管机构申请结婚,双方是否具备结婚的实质和形式要件应当由外国主管机关依据该国的冲突规范指引的准据法处理。如果上述婚姻欲在中国发生效力,只要该婚姻符合我国《涉外民事关系法律适用法》第 21 条和第 22 条指引的准据法的规定,并且不违反中国的公共秩序和强制性规定,中国就可承认其效力。

2003 年《婚姻登记条例》第 14 条规定:"中华人民共和国驻外使(领)馆可以依照本条例的有关规定,为男女双方均居住于驻在国的中国公民办理婚姻登记。"中国外交部、最高人民法院、民政部、司法部、国务院侨务办公室在 1983 年《关于驻外使领馆处理华侨婚姻问题的若干规定》(已于 2013 年被废止)中曾对该问题作了规定。

第二节 离 婚

离婚是配偶双方于生存期间解除婚姻关系的法律手段。离婚制度在历史上经历了一个长期、曲折的发展过程。在古代社会,离婚并不是自由的,甚至是被禁止的。早期基督教宣布婚姻是圣典礼,因此,除非当事人死亡,婚姻不可离异。受这种思想影响,早先许多国家都不承认以离婚作为婚姻关系解除的方式。资产阶级在反封建的过程中,提出天赋人权的思想,宣称离婚是婚姻当事人享有的一项民主权利,从而逐步摆脱了婚姻不可离异的封建传统。目前,除极少数国家外,各国大都对离婚持自由主义态度。

一、离婚的法律适用

离婚,同结婚一样,受到各国历史、民族、文化传统、风俗习惯和宗教信仰的影响。关于离婚的立法,各国存在着深刻的分歧。目前,绝大多数国家都规定了有限制的离婚制度,但仍有极少数国家禁止离婚,当事人只能请求别居(judicial separation)。此外,一些国家的穆斯林教徒和非洲某些地区还保留时代留下的传统,实行休妻制度。从各国的立法内容来看,离婚的条件也有实质要件和形式要件之分,由于各国的具体要求不尽一致,势必产生法律冲突,从而需要解决法律适用问题。关于离婚的法律适用,大致有以下几种不同的主张与实践:

(一) 法院地法说

此说最早为萨维尼倡导,在《德国民法施行法》颁布以前,德国常有此类判例。到20世纪初,这种主张仍为大陆法系的许多国家的学者所支持。其理由是,离婚涉及一国的公共秩序和善良风俗,因而关于离婚的法律也多为强行法。例如中国《涉外民事关系法律适用法》第27条规定,诉讼离婚,适用法院地法律。

采法院地法的还有英、美等国,不过它们的法律不是直接以法院地法出现的,而是以住所地法或惯常居所地法出现的。如英国1973年《住所及婚姻诉讼法》规定英国法院对当事人一方在英国有住所或惯常居所一年以上的离婚诉讼享有管辖权的同时,进一步规定:"在英国法院享有管辖权的任何(离婚)案件中,它们都只适用英国内国法。"由于英国法院对离婚案件的法律适用是以司法管辖权的行使为前提的,而它的司法管辖权的行使又是以在英国的住所或惯常居所为条件,所以严格地说,这种法院地法实际上也就是住所地法。

根据美国《第二次冲突法重述》,其离婚诉讼的管辖权也建立在住所基础上,而"受理诉讼的当事人的住所地州,得适用本地法确定离婚权"(第285条)。

(二) 属人法说

此说认为,离婚消灭既存婚姻关系,它的准据法自然不应与婚姻的成立及效力的准据法有所不同,而对婚姻的成立和效力,在许多国家却是适用当事人属人法的。例如,1995年《意大利国际私法制度改革法》第31条规定首先当适用夫妻共同本国法,在无此共同本国法时适用婚姻生活主要所在地国家的法律;而在上述外国准据法无离婚和别居的规定时,适用意大利法。2005年《阿尔及利亚民法典》第12条第2款规定,离婚以及分居,依提起诉讼时丈夫的本国法。

(三) 选择或重叠适用当事人属人法和法院地法说

这一学说既对完全依法院地法抱否定态度,也对完全依当事人属人法抱否定态度。它指出,完全依当事人属人法,如当事人本国法所允许的离婚原因违反法院国公共秩序,或依当事人本国法不允许离婚而依法院国法却允许离婚,这时当事人的属人法就很难为法院地法所承认和适用。而且过去在适用当事人属人法时,多用丈夫的本国法,这种做法已不符合男女平等的时代要求。后来虽有主张用当事人共同本国法或共同住所地法的,但又常有当事人双方异其国籍或住所的情况,给法院适用法律造成障碍。从而,或提出对离婚的准据法应允许就当事人属人法或法院地法选择适用其中之一,或提出应重叠适用当事人属人法和法院地法(如1902年《海牙离婚及别居法律冲突与管辖权冲突公约》第2条规定:"夫妻非依其本国法及起诉地法均有离婚的理由的,不得提出此种诉讼")。持前一观点的理由是,如果允许选择,实现离婚比较容易;持后一观点的理由是,如果要求重叠适用上述两个法律,可以避免"跛脚婚姻"现象发生。

在选择适用当事人属人法或法院地法的各国,近来多首先要求选择双方当事人的共同本国法,而在当事人无此共同本国法时,其解决办法又各有不同。如2011年《波兰国际私法》第54条第2款要求遇有这种困难时,首先改用双方共同住所地法,在无共同住所地法时,才允许选择作为法院地法的波兰法。

(四) 适用有利于实现离婚的法律说

这是欧洲许多新立法中出现的趋势,这方面的例子有1978年《奥地利联邦国际私法法规》第20条,其规定为:离婚的要件和效力,依离婚时支配婚姻人身效力的法律,如依该法婚姻不能根据所举事实解除,或适用于婚姻人身法律效力的准据法无一存在时(注:包括共同属人法、最后共同属人法、共同惯常居所地法、最后共同惯常居所地法、奥地利法或与配偶有最密切联系的法律),则适用离婚时原告的属人法。2009年《罗马尼亚民法典》第2600条第2款规定:若所确定的法律不允许离婚或对离婚施加特殊限制性条件,只要离婚诉讼提起时夫妻双方有一方为罗马尼亚公民或在罗马尼亚有经常居所则应适用罗马尼亚法律。

这种有利于离婚的准据法表述公式被称为 favor divortii。在谢尔(Kurt G. Sieher)的《欧洲家庭关系:欧洲和美国发展的同步》(Domestic Relations in Europe: European Equivalents to American Evolutions)一文中曾指出,在法律选择方面着眼于有利于离婚,可以说已成为当前欧洲国家的普遍倾向,但是它的表现方式却有所不同。最普遍采用的方法是用法院地法作为辅助的应适用的离婚准据法。他认为这种方法可以解释为一种公共秩序特别条款。

(五) 开始引进当事人意思自治

例如2004年《比利时国际私法》第55条规定:(1) 离婚和别居受下列法律

支配……(2) 但是,配偶双方可以选择适用于离婚或别居的法律。配偶双方只能选择下列法律之一:(a) 诉讼提起时配偶双方具有相同国籍的国家的法律;(b) 比利时法。法律选择必须在首次出庭时予以表明。2009 年《罗马尼亚民法典》第 2597 条也允许当事人选择离婚的准据法。

二、中国有关涉外离婚的法律规定

（一）协议离婚

根据中国《婚姻登记条例》的规定,中国公民同外国人在中国内地自愿离婚的,内地居民同香港居民、澳门居民、台湾居民、华侨在中国内地自愿离婚的,男女双方应当共同到内地居民常住户口所在地的婚姻登记机关办理离婚登记。

内地居民应当出具下列证件和证明材料:(1) 本人的户口簿、身份证;(2) 本人的结婚证;(3) 双方当事人共同签署的离婚协议书。香港居民、澳门居民、台湾居民、华侨、外国人除应当出具前款第(2)项、第(3)项规定的证件、证明材料外,香港居民、澳门居民、台湾居民还应当出具本人的有效通行证、身份证,华侨、外国人还应当出具本人的有效护照或者其他有效国际旅行证件。

（二）诉讼离婚

中国 1986 年《民法通则》第 147 条规定,中华人民共和国公民和外国人离婚,适用受理案件的法院所在地法律。最高人民法院《关于贯彻执行〈中华人民共和国民法通则〉若干问题的意见(试行)》第 188 条(该条已废止)规定,我国法院受理的涉外离婚案件,离婚以及因离婚而引起的财产分割,适用我国法律。认定其婚姻是否有效,适用婚姻缔结地法律。中国《涉外民事关系法律适用法》第 26 条规定,协议离婚,当事人可以协议选择适用一方当事人经常居所地法律或者国籍国法律。当事人没有选择的,适用共同经常居所地法律;没有共同经常居所地的,适用共同国籍国法律;没有共同国籍的,适用办理离婚手续机构所在地法律。同时,该法第 27 条规定诉讼离婚,适用法院地法律。

第三节　婚姻的效力

婚姻的效力是指婚姻的成立所导致的法律后果或法律约束力。

婚姻的效力有广义和狭义之分。广义的婚姻效力涉及宪法、民法、刑法、婚姻家庭法、劳动法、诉讼法等许多相关的法律部门。狭义的婚姻效力是指婚姻成立在家庭、亲属关系上的法律后果,包括婚姻成立对夫妻双方所产生的法律后果和对夫妻以外的第三人所产生的法律后果(如一方与他方血亲发生的姻亲关系,非婚生子女因父母结婚而准正等)。前者称为婚姻的直接效力,后者称为婚姻的间接效力。本节所讨论的婚姻的效力是指婚姻的直接效力——夫妻关系。

男女之间合法有效结婚而成为夫妻,自然于结婚之后,要发生彼此之间的种种权利和义务关系,即夫妻关系。夫妻关系包括夫妻人身关系(婚姻的人身效力)和夫妻财产关系(婚姻的财产效力)。

一、夫妻人身关系的法律适用

夫妻人身关系包括姓氏权、同居义务权、忠贞及扶助义务、住所决定权、从事职业和社会活动的权利、夫妻间的日常家务代理权等方面的内容。关于夫妻人身关系的法律冲突的解决,大致形成了以下几种理论与实践:

(一)适用丈夫的本国法

这是较陈旧的立法。如1896年《德国民法施行法》第14条明确规定,德国人夫妻之间身份上的法律关系,即使在外国有住所,仍依德国法,如夫丧失德国国籍而妻仍保留德国国籍者亦同(该条已废止)。1898年《日本法例》第14条也规定:"婚姻的效力,依丈夫的本国法。"这种立法主要基于"夫为一家之主",适用"一家之主"的法律,最有利于家庭的结合和稳定的观念。

(二)适用夫妻共同属人法或与夫妻有更密切联系的法律

随着妇女地位的提高,出现了适用夫妻共同本国法或共同住所地法的主张。如经1989年修订的《日本法例》第14条便从原来的立场改为婚姻的效力,于夫妻的本国法相同时,依该法;无此法律而夫妻惯常居所地相同时,适用该地法律。无上述任何法律时,依与夫妻有密切联系地的法律。2007年《日本法律适用通则法》第25条也作了相同的规定。1978年《奥地利联邦国际私法法规》第18条也肯定了这种观点。

(三)原则上适用属人法,但在特定问题上得依行为地法

由于夫妻身份关系的准据法,一般应用来确定夫妻间的同居、忠贞、救助与支援以及夫权和结婚妇女的有无能力等方面的问题,这中间许多问题常涉及行为地的公共秩序和善良风俗,因而在原则上主张依属人法,但在特定问题上,应依行为地法。如1928年《布斯塔曼特法典》第43条、第45条也规定,关于夫妻间保护和服从的相互义务,以及夫如变更居所,妻有无义务随夫等问题,在夫妻双方的属人法不同时,适用夫的属人法,但"关于夫妻共同生活、彼此忠贞和相互帮助的义务,均依属地法解决"。

(四)采用结果选择方法

对于这些问题的解决,如果从维护男女平等和妇女权利出发,并不能纯粹从某国国际私法是否已从过去单只适用丈夫一方的属人法改变为现在允许适用双方的共同属人法,甚至允许适用妻的属人法,或允许适用有更密切联系的法律,便可以判断它在这个问题上是进步的或落后的,因为,即令在允许适用妻的属人法的场合下,如妻的属人法中的封建的或歧视妇女的规定仍未清除,则对妻在配

偶身份关系中的正当权益仍无保障。因此，不妨采用"内容导向"或"结果选择"方法，即在冲突法中明确规定："夫妻身份关系应适用的法律，应是最有利于维护夫妻平等关系和最有利于保护妇女权利的法律"等。中国早在1987年便有著作提出了这种观点。①

我国《涉外民事关系法律适用法》第23条规定，夫妻人身关系，适用共同经常居所地法律；没有共同经常居所地的，适用共同国籍国法律。如果夫妻没有共同国籍，则根据该法第2条第2款规定的最密切联系原则确定准据法。

二、夫妻财产关系的法律适用

夫妻财产关系在民法和国际私法上又称夫妻财产制，它是双方当事人因成立婚姻而在财产关系上产生的效力的表现。与婚姻的人身效力不同，其内容包括财产归属与债务责任等方面。夫妻财产制主要区分为两大种类，即共同财产制与分别财产制、约定财产制与法定财产制。共同财产制又可分为完全（全部）共同财产制、（婚后）所得（或收益）共同财产制、动产及所得共同财产制和劳动所得共同财产制等。完全共同财产制，即不论是夫妻婚前财产还是婚后所得财产，也不论是动产还是不动产，均属夫妻共有的财产制。婚后所得共同财产制，即婚姻关系存续期间所得的一切财产属于夫妻共有的财产制。动产及所得共同财产制，即夫妻在结婚时的全部动产及婚后所得的财产，均为夫妻共有财产的财产制。劳动所得共同财产制，即仅以夫妻在婚姻关系存续期间的劳动收入作为共同财产，如为继承和受赠所得，则归各自所有的财产制。对于这些问题的规定各个国家往往有所不同，因而都有法律适用上的问题。一般来讲主要涉及如下问题：

（1）关于是否与婚姻的人身效力适用同一个法律的问题。

在早先实践中，由于妇女法律地位较男人低，不但处理婚姻的成立和婚姻的人身效力多只适用丈夫的属人法，而且在婚姻的财产效力上，亦得以此法为准据法。而在实体法上，几乎普遍实行妻归属于夫故而财产也得属于夫所有（即财产统归于夫的"夫妻财产一体主义"）的原则。后来随着社会的进步与妇女地位的提高，夫妻共同财产制和夫妻约定财产制得以确立。但在法律适用上，仍有坚持适用支配婚姻人身效力的法律的。如经1989年修订的《日本法例》就规定：它的第13条所指的支配夫妻身份效力的法律，在双方未选定其他法律时，当同样适用于夫妻财产关系（第14条）。但当代新的立法，不但在婚姻人身效力上已基本上排斥只适用夫一方的属人法的做法，而且在其财产效力上，也多不要求一律只能将支配婚姻人身效力的法律适用于财产效力了。

---

① 参见李双元：《国际私法（冲突法篇）》，武汉大学出版社1987年版，第429—430页。

（2）关于是否允许当事人选择财产制并选择支配财产制的法律的问题。

目前的实体法制度不但大都允许协议选择实行约定财产制或法定财产制，而且只有在夫妻未选择约定财产制时才实行法定财产制。至于是否允许实行任一种财产制均可自主选择应适用的法律，则有两种不同的态度。一种态度如1987年《瑞士联邦国际私法法规》第52条，它明确指出"婚姻财产适用双方共同选择的法律"。只有在没有这种选择时，第52条规定才得适用：配偶共同住所地法；或他们的最后共同住所地法；如无上述住所，则适用他们的共同本国法；如上述连结点均不存在，则适用作为法院地法的瑞士法。对夫妻财产关系，1995年《意大利国际私法制度改革法》第30条在原则上要求由适用于夫妻身份关系的法律支配，但也允许在规定的条件下另行选择准据法。1986年《德国民法施行法》第15条的规定与意大利法大体相近。

另一种则是1995年《俄罗斯联邦家庭法典》第161条只允许在实行约定财产制时当事人自主选择法律。此外，1979年《匈牙利国际私法》则对整个夫妻财产制，只允许适用该法指定的统一适用于夫妻身份及财产关系的法律，排除当事人对财产制选择的自由，也不允许当事人选择财产制应适用的法律(第39条)。

（3）关于动产不动产在法律适用上采区别制还是同一制的问题。

不主张在夫妻财产制的法律适用上区分动产与不动产性质规定不同冲突规范的，有1979年《匈牙利国际私法》和1987年《瑞士联邦国际私法法规》以及2009年《罗马尼亚民法典》等。

而主张对于不动产必须适用(或当事人只能选择适用)不动产所在地法的，更占多数。如1898年《日本法例》到1989年几经修订后，对于不动产，只允许选择不动产所在地法(第15条)。2007年《日本法律适用通则法》第26条作了相同的规定。1986年《德国民法施行法》第15条在确立要求适用支配人身效力的法律的基本原则后，也允许当事人协议选择有限定的国家的法律。美国1971年《第二次冲突法重述》亦取"区别制"。

（4）关于支配夫妻财产关系的法律可否变更的问题。

由于夫妻生活持续时间很长，当事人难免会因不同情况而得调整或改变其财产制或应适用的法律，所以目前不少立法取"可变更主义"态度；但也有主张"不变更主义"的。

1978年《奥地利联邦国际私法法规》第19条虽对约定财产制或法定财产制均允许当事人明示选择应适用的法律，而在无选择时，依结婚时支配身份效力的法律，可没有规定可以变更。

根据《戴西和莫里斯论冲突法》一书的介绍，英国对不同情况作不变更与可变更两种不同处理，即凡无婚姻财产契约或协议，且婚后婚姻住所地没有发生变更的，只能适用婚姻住所地法(即结婚时夫之住所地法)——采不变更主义；反之,凡无婚姻财产契约或协议,并于婚后婚姻住所地发生了变更,则彼此对对方的动产的权利,尤其是继承权,得依新住所地法(除非某项权利已经依前住所地法取得)——采可变更主义。① 但该书第 13 版第 150 条规则已对上述规则作了修改:婚后婚姻住所地的变化本身并不改变夫妻一方对对方财产的权利。②

1987 年《瑞士联邦国际私法法规》由于对夫妻财产制完全采意思自治原则,所以它的第 53 条规定:"当事人可以随时选择或修改(适用于夫妻财产制的)法律","当事人所选择的法律,除另有约定外,从结婚之日起即约束当事人","双方当事人一旦选择某国法律,且没有对此作出变更或撤销的,则一直以该法作为应适用的法律"。这是完全采可变更主义的。

我国《涉外民事关系法律适用法》第 24 条规定,夫妻财产关系,当事人可以协议选择适用一方当事人经常居所地法律、国籍国法律或者主要财产所在地法律。当事人没有选择的,适用共同经常居所地法律;没有共同经常居所地的,适用共同国籍国法律。如果夫妻没有共同国籍,则根据该法第 2 条第 2 款规定的最密切联系原则确定准据法。

第四节 父母子女关系

父母子女关系又称亲子关系,是指父母和子女之间的一种法律关系。父母子女关系依父母与子女之间是否有血缘关系而划分为亲生父母子女关系和养父母子女关系。亲生父母子女关系是有血缘关系的父母子女关系,养父母子女关系是因收养而成立的父母子女关系,一般来说,养父母与养子女之间并无血缘关系。在亲生父母子女关系中,依子女是否为有效婚姻关系所生,又将父母子女关系分为父母与婚生子女的关系和父母与非婚生子女的关系。

一、婚生子女与非婚生子女的准正

(一)婚生子女

婚生子女是指在有效婚姻关系中怀孕所生育的子女,而非婚生子女是指非婚姻关系(包括无效婚姻)的男女所生的子女。关于子女是否为婚生的准据法,有以下几种主张:

1. 父母属人法

(1)生母之夫的属人法,尤其是他的本国法。这在过去的国际私法中是常

---

① 参见[英]莫里斯主编:《戴西和莫里斯论冲突法》(中),李双元等译,中国大百科全书出版社 1998 年版,第 995—997 页。

② Lawrence Collins and Others, Dicey and Morris on the Conflict of Laws, 13th ed., Sweet & Maxwell, 2000, p.149.

见的,如1896年《德国民法施行法》第18条(该条已废止)、1942年《意大利民法典》第20条、1898年《日本法例》第17条等。其学理根据在于传统观念认为亲子关系的中心乃父子关系,"父"对子女是否为其所生有决定权。不过这里的"父"在生父母根本无婚姻关系或婚姻无效时,原指子女的生父。

(2) 子女出生时生母的属人法。1999年修订的《法国民法典》第311条中规定,子女是否婚生的问题由子女出生时生母的属人法决定;如生母不明,适用子女之属人法。

(3) 父母双方的属人法。1978年《奥地利联邦国际私法法规》第21条规定,子女婚生的要件及因此而发生的争议,依该子女出生时配偶双方的共同属人法,如子女出生前婚姻已解除,依解除时配偶双方的共同属人法,配偶双方的属人法不同时,依其中更有利于子女为婚生的一方的法律。

(4) 分别适用父母各自的属人法。美国1934年《冲突法重述》则主张由父的住所地法决定父与子女的婚生关系,由母的住所地法决定母与子女的婚生关系(美国1971年《第二次冲突法重述》对此未加以规定)。但采用此种立法,在父母属人法不同且规定有差异时,对父亲而言,一个子女可能为婚生,而对母亲来说却可能是非婚生。

2. 子女属人法

晚近一些国际私法立法从保护子女利益出发,相继采用子女的属人法作为确定父母子女关系的准据法。采用这一制度的主要是东欧国家。2011年《波兰国际私法》第55条第1款规定,子女出身的认定与否定,适用子女出生时的本国法。不过,它适用起来有些困难,因为,通常在依血统确定国籍的国家中,在没有确定子女为婚生之前,其国籍是不能确定的。这样,国籍的取得依赖于婚生的确认,而婚生的确认又依赖于国籍的取得,产生一种恶性循环。

3. 决定婚姻有效性的法律

1982年《土耳其国际私法和国际民事诉讼程序法》第15条规定,子女婚生,适用子女出生时调整其父母婚姻效力的法律。但是,适用婚姻效力的法律,并不意味着如果婚姻无效,子女必为非婚生。婚生适用婚姻有效性的准据法只是说明婚生与婚姻效力适用同一冲突规则指向的同一准据法。

4. 对子女婚生更为有利的法律

由于适用子女的属人法,也不见得对子女就是有利的,故近来更有明确规定适用对子女更为有利的法律的。如1978年《奥地利联邦国际私法法规》第21条规定,在适用配偶双方的共同属人法时,如他们的属人法不同,应依其中更有利于子女为婚生的法律。1984年《秘鲁民法典》第2803条、1991年《加拿大魁北克民法典》第3091条、1996年《列支敦士登国际私法》第22条也有相似规定。

(二) 非婚生子女的准正

为改变非婚生子女的不幸境遇,产生了非婚子女准正(legitimation)制度。但有些国家(包括近东一些国家)没有准正制度。意大利、加拿大的魁北克虽允许准正,却一般或部分地排除由通奸怀孕而生的子女的准正,或一般允许准正,但继续按封建传统限制已准正子女的继承权。另外,各国法律对准正的方式、条件和效力也有不同规定。就准正的方式和条件而言,有允许依父母事后婚姻而取得婚生子女地位的;有要求通过认领(acknowledgement of natural child)才取得婚生子女地位的;也有由国家行为来确认的,这种办法目前主要是通过确认亲子关系的诉讼,由法院作出判决来实现的。有了这种方式,可以使子女在父母一方死亡或父母不可能事后结婚,或父不愿认领的情况下,由法院判决宣布准正。

关于准正的准据法的确定,有些国家并不区分各种不同的准正方式,只是笼统地规定准正应适用的法律。如1982年《土耳其国际私法和国际民事诉讼程序法》第16条规定:非婚生子女准正适用准正时父亲的本国法;依父亲本国法如无法准正,则适用母亲的本国法或子女的本国法。

而有些国家分别规定了准正所应适用的法律。对事后婚姻在准正上的效力,或主张适用父母事后结婚时的住所地法(如英国和美国),或主张适用事后结婚时父的本国法,或主张适用父母属人法(如奥地利),或主张适用子女属人法,或主张适用支配事后婚姻的效力的法律(如德国和罗马尼亚)。

对通过个人认领而准正,常区分认领的形式要件准据法和实质要件准据法。一般来说,认领的形式只要符合认领行为发生地的要求就足够了,不过,属人法常在这个问题上起制约作用。而认领的实质要件的准据法主要有以下几种:父母属人法(如1938年《泰国国际私法》第31条);分别适用父母和子女的属人法(根据《布斯塔曼特法典》第60条的规定,认领的能力受父的属人法支配,被认领的能力则受子女的属人法支配,必须两个属人法所规定的条件相符,才能认领);子女属人法(1978年《奥地利联邦国际私法法规》第25条规定,非婚生子女关系的确定与承认要件,依其出生时的属人法,但也可适用他们最近的属人法,如果依该法婚生子女关系的确定和承认是可以允许的,而依出生时的属人法却是不允许的)。

对通过国家行为的准正,一般来说,其准据法主要应是准正国家的法律或法院认为应适用的法律。

值得注意的是,随着医学的发展,出现了跨国代孕现象。世界上大多数国家包括我国都在法律上禁止商业性人工代孕,但是包括印度和美国的某些州在内的一些国家和地区允许商业代孕。跨国代孕给传统家庭关系造成了严重挑战,例如父母身份、监护权、探视权、儿童的权利等。在国际私法上,应依据什么法律解决上述问题,也成为国际上关注的重要问题。

二、收养

收养是一种在收养人和他人子女(被收养人)之间建立起父母子女关系(即人为的、法律拟制的亲子关系)的法律行为。除某些伊斯兰国家认为收养是不合法和无效的外,世界上绝大多数国家都承认收养制度,但各国法律有关收养的规定却很不相同。如各国规定的收养人与被收养人的年龄差距便常有不同(1999年修订的《法国民法典》第344条规定为15岁,但如被收养人系其配偶的子女,差10岁即可;《罗马尼亚家庭法典》第68条则要求相差18岁);个别国家还禁止天主教神父收养子女。在收养的效力上,有的国家只规定了"完全收养"即被收养人与亲生父母的关系即行终止,而另一些国家除此之外,还允许"简单收养",即被收养人与亲生父母的关系仍可保留。同时,在收养的形式要件上也往往各有差异。此外,有些国家还规定,收养人在收养子女前,还须对该被收养人已实际抚育了一定时期(如1998年修改的《德国民法典》第1744条、1999年修订的《法国民法典》第345条、1907年《瑞士民法典》(1996年版本)第264条的规定)。

(一)涉外收养的法律适用

关于收养的法律适用,有的国家只笼统地规定了收养应适用的法律,如瑞士、波兰、委内瑞拉和俄罗斯联邦等。有的国家则区分收养的成立、效力和解除或终止等几个方面,分别规定每一方面应适用的法律,如日本、奥地利、意大利、罗马尼亚、列支敦士登和匈牙利等。但在作这种区分的国家中,有的国家仅对收养的成立和效力的法律适用作了区分,如土耳其和突尼斯,有的国家如日本则仅区分了收养的成立和收养的终止,并规定两者适用相同的准据法。

1. 收养成立的法律适用

在国际私法上,对涉外收养成立的形式要件,诸如是否须经当事人申请,是否须经公证或登记,大都只主张适用收养成立地法。但对涉外收养的实质要件的准据法选择则主要有以下几种立法与实践:

(1)适用法院地法或有管辖权的主管机关所属国法。在英国,法院注重的是管辖权,只要英国法院对涉外收养有管辖权,便也只适用英国国内法来判定此一收养的实质要件是否具备。在美国,收养通常都要经过法院程序才能生效,因而美国跟英国一样首先注重的是收养的管辖权问题,并且一旦确定了有管辖权,法院也只适用法院地法。在国际立法方面,1965年海牙《收养管辖权、法律适用及判决承认公约》也采类似主张(适用有管辖权的主管机关所属国法)。

(2)适用收养人属人法。此说认为收养人是成立收养关系的主动的一方,为了保护收养人的权利,故宜采用收养人的属人法。1986年《德国民法施行法》第22条就规定,子女收养依收养人为收养时所属国家的法律。而1995年《意大利国际私法制度改革法》第 38 条规定,收养的条件、成立和撤销可依次选择适用收养人本国法以及在夫妻为收养时夫妻双方共同本国法、共同居住地国法、夫妻婚姻生活主要所在地国法。只是该法指出,如收养是向意大利法院提出并且认为这种给予未成年人以婚生子女地位是适当的,则应适用意大利法。

(3) 分别适用收养人和被收养人本国法或适用其共同本国法。1938 年《泰国国际私法》第 35 条规定,养亲和养子女为同一国籍时,则收养的能力依双方国籍国法;为不同国籍时,收养的能力及要件依各自本国法(但收养的效力,却得依养父母本国法)。这种立法的理由是基于属人法应支配有关个人身份的问题,而收养不仅涉及收养人而且也影响到被收养人的身份地位,对二者的权利义务都会发生影响,因此宜分别适用收养人和被收养人的本国法。此外,这种立法还考虑到了有利于收养在国外得到承认这一问题。

(4) 适用被收养人的属人法。持此种主张的出发点是,收养制度的主要目的是为了给孤儿、弃儿或其他境遇较差的儿童一个新的家庭,提供一种较好的生活环境和教养,因此,只有适用被收养人的属人法才能给予被收养人完善的保护,其幸福才能得到保障。1979 年《苏联和各加盟共和国婚姻家庭立法纲要》第 35 条便是此种立法例的典型。

2. 收养效力的法律适用

收养的效力涉及收养对养子女与养父母的法律效力和收养对子女与生父母的法律效力。关于收养的效力,各国法律有不同的规定。例如,在养子女和生父母的关系问题上,按照法国、日本和瑞士等国的民法规定,它们允许养子女保有双重亲属关系,子女被收养后,除发生姓氏上的变化,亲权与财产管理权移转给养父母外,与生父母的亲属关系仍然保持,继承和抚养问题一般也不受收养的影响。而另一些国家则规定,收养关系一经成立,养子女与生父母的权利义务关系即行解除。

对于有关收养效力的法律冲突的解决,各国主要采取如下几种做法:

(1) 适用收养人的属人法。如 1995 年《意大利国际私法制度改革法》第 39 条规定,被收养人与收养人或收养人夫妻双方以及收养人亲属之间的人身和财产关系受收养人本国法或者收养人夫妻双方共同本国法支配;如果收养人夫妻双方无共同国籍,则由双方共同居住地法或者夫妻双方婚姻生活主要所在地法支配。1996 年《列支敦士登国际私法》第 27 条第 2 款规定,收养子女的效力适用收养人惯常居所地国法律;夫妻双方收养子女适用支配婚姻对个人法律效力的法律,如果夫妻一方死亡则适用另一方惯常居所地国法律。

(2) 根据不同情况,分别适用收养人和被收养人的属人法。如 1928 年《布斯塔曼特法典》第 74 条规定,收养的效力,就收养人的遗产而言,由收养人的属人法调整,但关于姓氏及被收养人对其原来家庭所保留的权利义务,以及收养人对其遗产的关系,依被收养人的属人法调整。

(3) 原则上适用收养人和被收养人共同的本国法或共同住所地法,以其他法律作为补充。如1982年《南斯拉夫国际冲突法》第45条第1—3款规定,对收养的效力,依收养人和被收养人在实行收养时的本国法。如果收养人和被收养人国籍不同,应依他们共同住所所在国法律。收养人和被收养人国籍不同,而住所也不在同一国家,如果他们中一人为南斯拉夫社会主义联邦共和国的公民,则依南斯拉夫社会主义联邦共和国法律。如果收养人和被收养人国籍不同,而住所也不在同一国家且都不是南斯拉夫社会主义联邦共和国公民,则依被收养人之本国法律。

(4) 适用被收养人的本国法。1998年《哈萨克斯坦共和国家庭法典》第209条第1款规定,外国人在哈萨克斯坦共和国境内收养具有哈萨克斯坦国籍的儿童,在遵守本法典第76条至第78条、第82条至第84条和第96条规定的前提下,依哈萨克斯坦法律。

3. 收养解除的法律适用

除收养人或被收养人死亡外,收养关系可以依法解除。收养的解除一般既可依双方当事人的协议而解除,也可依当事人一方的要求解除。但各国的具体规定不同,收养关系解除后,收养人与被收养人之间的权利与义务即告终止,与此同时,被收养人与生父母及其亲属之间的权利与义务随之恢复。

关于收养解除的法律适用问题,各国主要有两种做法:一种是采取与收养成立相同的准据法,如奥地利、南斯拉夫和意大利;另一种是采取与收养效力相同的准据法,如罗马尼亚和匈牙利。2009年《罗马尼亚民法典》第2608条规定,收养的效力及收养人与被收养人之间的法律关系受收养人本国法支配。夫妻双方协商一致的收养适用婚姻一般效力准据法。收养的解除也受同一法律支配。

(二)《跨国收养方面保护儿童及合作公约》

由于对收养活动没有统一的法律文件来调整各国之间的法律差异,1965年海牙国际私法会议通过了《收养管辖权、法律适用及判决承认公约》,但只有3个国家批准。1993年,海牙国际私法会议又通过了《跨国收养方面保护儿童及合作公约》,该《公约》主张加强各国的合作机制,防止诱拐、出售及非法贩卖儿童,最大限度地便利跨国收养程序,为儿童利益提供最佳保护。该《公约》已于1995年5月1日生效,截至2018年1月,已有98个成员,中国已于2005年4月批准《公约》,《公约》于2006年1月1日起对中国生效。《公约》共分7章48条,主要内容如下:

(1)《公约》的适用范围。《公约》规定只适用于产生永久性父母子女关系的收养,从而排除了类似简单收养的其他形式的收养。被收养儿童的年龄应在18岁以下,收养人可为夫妻或个人。

(2) 跨国收养的实质要件。《公约》规定收养进行的条件为：原住国的主管机关必须：第一，确认该儿童适合于收养。第二，对在原住国内安置该儿童的可能性作了应有的考虑后，确认跨国收养符合儿童的最佳利益。第三，已经向收养必须经其同意的个人、机构和当局进行必要的商议，并适时地告知了其同意的效果，特别是告知收养是否会导致儿童与其出生家庭之间的法律关系的消灭；这些个人、机构和当局已经按法律所要求的形式自由地用书面形式表示或者证明其同意；这种同意不是用支付报酬和任何形式的补偿引诱而作出的，并且未被撤销；如要求得到母亲同意，则只有在儿童出生之后作出。第四，根据儿童的年龄及成熟程度，已确信与该儿童进行有关的商议，并已适时地通知他或她被收养的后果以及他或她同意被收养的后果（如果有必要征得其同意）；已考虑儿童的愿望和意见，以及在需要得到儿童的同意时，儿童已经按法律所要求的形式自由地用书面形式表示或者证明其同意；不是用支付报酬和任何形式的补偿引诱其作出这种同意的。同时，接受国的主管机关必须：确认预期养父母条件合格并适合于收养儿童；确信预期养父母已得到必要的商议；确认该儿童已经或将被批准进入并长期居住在该国。

(3) 中央机关和委任机构。《公约》规定了中央机关制度，以保证各国间的合作机制。中央机关的职能可通过三种方式来实现：一是中央机关之间直接进行合作；二是通过由政府直接控制的公共机构进行合作；三是通过由政府批准委任的民间机构进行合作。《公约》还规定了中央机关和委任机构的工作范围。

(4) 跨国收养的程序要件。《公约》规定，跨国收养应通过中央机关进行，首先由预期养父母按规定向其惯常居住国的中央机关提出申请，然后由接受国的中央机关向原住国的中央机关转交该申请。原住国的中央机关在收到申请后，应准备一份报告，报告对儿童的成长、其种族、宗教及文化背景给予适当考虑；根据有关儿童和预期养父母的情况以确认所面临的安置是否符合该儿童的最佳利益等。此外，《公约》还对儿童的交付移送、再收养的程序作了规定。

(5) 收养的承认及效力。《公约》规定，对收养的承认即确认儿童和其养父母之间的父母子女关系，同时儿童和其亲生父母之间的关系即告终止。收养成立后，养父母对儿童负有父母责任，养子女即享有与该国其他被收养人同等的权利，而没有类比亲生子女的权利，这主要是因为一些收养国从自身利益出发，不愿给予养子女和亲子女同等的权利。《公约》还规定了拒绝承认收养的条件，即当对收养的承认明显违反缔约国的公共政策和儿童的最佳利益时，可予拒绝。

(6) 一般规定。《公约》的一般规定部分主要包括下列内容：收养未成立之前有关方面之间的接触；有关儿童背景资料的保存，以及跨国收养费用等等。

(三) 中国关于涉外收养的立法

中国1991年通过、1998年修改的《收养法》只在第21条中对涉外收养作了粗线条的规定:外国人依照本法可以在中华人民共和国收养子女。外国人在中华人民共和国收养子女,应该经其所在国主管机关依照该国法律审查同意。收养人应当提供由其所在国有权机构出具的有关收养人的年龄、婚姻、职业、财产、健康、有无受过刑事处罚等状况的证明材料,该证明材料应当经其所在国外交机关或者外交机关授权的机构认证,并经中华人民共和国驻该国使领馆认证。该收养人应当与送养人订立书面协议,亲自向省级人民政府民政部门登记。收养关系当事人各方或一方要求办理收养公证的,应当到国务院司法行政部门认定的具有办理涉外公证资格的公证机构办理收养公证。

此外,民政部根据《收养法》于1999年发布了《外国人在中华人民共和国收养子女登记办法》。对于涉外收养的法律适用,该《登记办法》第3条规定:"外国人在华收养子女,应当符合中国有关收养法律的规定,并应当符合收养人所在国有关收养的法律的规定;因收养人所在国有关收养的法律的规定与中国法律的规定不一致而产生的问题,由两国政府有关部门协商处理。"由此可见,这是一条重叠性冲突规范,即在中国境内进行的涉外收养,必须同时符合中国有关收养的法律和收养人所在国的法律。

中国《涉外民事关系法律适用法》第28条规定,收养的条件和手续,适用收养人和被收养人经常居所地法律。收养的效力,适用收养时收养人经常居所地法律。收养关系的解除,适用收养时被收养人经常居所地法律或者法院地法律。此外,中国于2005年批准加入了1993年海牙《跨国收养方面保护儿童及合作公约》,同时声明:(1)中国民政部为中国履行《公约》赋予职责的中央机关。(2)《公约》第15条至第21条规定的中央机关职能由中国政府委托的收养组织——中国收养中心履行;只有在收养国政府或政府委托的组织履行有关中央机关职能的情况下,该国公民才能收养惯常居住在中国的中国儿童。(3)中国涉外收养证明的出具机关为被收养人常住户口所在地的省、自治区、直辖市人民政府民政部门,其出具的收养登记证为收养证明。(4)中国没有义务承认根据《公约》第39条第2款所达成的协议而进行的收养。

三、父母子女关系

(一)概述

父母子女关系的性质和内容有一个历史演变过程。在早期罗马法中,父权(亦称家长权、家父权)是父母子女关系的核心,它表现为家长对家属的绝对而毫无限制的权力,子女完全处于从属的地位。随着经济的发展,社会的进步,家长权逐渐演变为以保护子女利益为目的的一种权利和义务的统一体。如1896年通过、1998年最近一次修改的《德国民法典》第1626条规定:"父母有照顾未成年子女的权利和义务。"1896年通过、1999年最近一次修改的《日本民法典》

第820条也规定:"行使亲权人有监护、教育子女的权利及义务。"亲权的内容包括两个方面:一是父母对未成年子女人身方面的权利和义务;二是父母对子女财产方面的权利和义务。人身方面的权利、义务,主要是保护教育权、居所指定权、职业许可权、惩戒权、交还子女请求权(即对不依法扣留子女的人的一种请求权)、法定代理权等。父母对未成年子女的财产方面的权利、义务,主要涉及父母对其财产的管理、取得、收益及处分的权利和义务。

各国有关父母子女关系的立法大致都有上述内容,但在具体规定上仍有差异。有的国家的法律明确规定,父母对子女有惩戒权(如上述《日本民法典》第882条第1款、《德国民法典》第1631条第2款对此均有规定,但也规定了惩戒须有限制,或经法院许可才得实行);有的国家的法律则无规定。有的国家规定了父母对未成年子女的财产有使用、收益权(如上述《法国民法典》第382条、上述《德国民法典》第1649条、1907年《瑞士民法典》(1996年版本)第319条、上述《日本民法典》第828条等);有的国家则无规定。上述《瑞士民法典》第321条规定:"子女财产中被指定为以生息为目的或以储蓄为目的的赠与,父母不得动用。"上述《法国民法典》第387条规定,父母的用益权不得扩张至子女因劳动所取得的财产,而上述《德国民法典》第1649条却规定可以使用。

(二) 父母子女关系的法律适用

对于此种关系应适用的法律,有的国家不区分婚生子、非婚生子、被收养子女和养父母之间的关系采取笼统的规定方式,适用相同的冲突规范,如1966年《波兰国际私法》第19条。但也有国家区别几种不同亲子关系的内容而分别规定不同的冲突规范,最典型的可算1946年《希腊民法典》第18条规定。

总的来看,对于亲子关系应适用的准据法,主要有以下几种做法:

(1) 主张适用双亲的属人法,例如德国、法国等。采这种观点的国家大都认为在家庭关系中,父和母是居于主导地位的。

(2) 主张适用子女的属人法。采此主张显然侧重于保护子女的利益。1987年《瑞士联邦国际私法法规》第82条第1款规定:"父母与子女的关系适用子女惯常居所地国家的法律。"不过该条第2款但书又规定:"如果父母任何一方都不在子女之惯常居所地国家有住所,而且如果父母与子女有相同国籍,则适用他们的国籍国法。"1995年《意大利国际私法制度改革法》第36条规定:"父母子女间的人身关系和财产关系,包括亲权在内,适用子女本国法。"

(3) 主张适用亲子双方共同属人法,例如,1998年修订的《俄罗斯联邦家庭法典》第163条规定,父母与子女之间的权利和义务,包括父母抚养子女的义务,由他们共同居住地所在国的法律规定。在父母和子女无共同居住地时,他们之间的权利和义务由儿童所属国的法律规定。根据原告的请求,抚养之债和父母与子女之间的其他关系,可以适用儿童经常居住地所在国的法律。

我国《涉外民事关系法律适用法》第 25 条规定,父母子女人身、财产关系,适用共同经常居所地法律;没有共同经常居所地的,适用一方当事人经常居所地法律或者国籍国法律中有利于保护弱者权益的法律。

第五节 扶 养

扶养(support maintenance)是指根据身份关系,在一定的亲属间,有经济能力的人对于无力生活的人应给予扶助以维持其生活的一种法律制度。在扶养关系中,有扶养义务的人称为扶养义务人(或扶养人),有受扶养权利的人称为扶养权利人(或被扶养人)。

一、扶养关系的准据法

扶养有配偶之间的扶养、亲子之间的扶养以及其他亲属之间的扶养,故在国际私法上,有的国家对上述三类扶养分别规定准据法,如依 1979 年《匈牙利国际私法》第 39 条规定,夫妻之间的扶养,应适用起诉时夫妻共同的属人法;如无,则适用其最后的共同属人法;如没有最后的共同属人法,则适用夫妻最后的共同住所地法;如夫妻没有共同住所,适用法院地或其他机构地法。该法第 45 条规定,父母对子女的扶养适用子女属人法,而子女对父母的赡养则除外。此外,亲属之间的扶养的义务、条件、程序与方法,得依扶养权利人的属人法确定。但有不少国家只对其中的一两种扶养规定准据法。

概观各国有关扶养法律适用的立法,可以作如下归纳:(1) 即大多数国家规定应适用被扶养人的属人法(如 1986 年《德国民法施行法》第 18 条(已废止)、1938 年《泰国国际私法》第 36 条、2007 年《土耳其国际私法和国际民事诉讼程序法》第 19 条和 2007 年海牙《扶养义务法律适用议定书》第 2 条)。(2) 有国家规定应适用扶养义务人的属人法(如 1982 年《土耳其国际私法和国际民事诉讼程序法》第 21 条和 2005 年《阿尔及利亚民法典》第 14 条)。(3) 在特定情况下,也有规定可适用双方的共同属人法的。如 1986 年《德国民法施行法》第 18 条尽管原则上规定扶养义务适用被扶养人惯常居所地的法律,但该法同时补充规定:"如果被扶养人依照该法无法得到扶养,则应适用扶养人与被扶养人的共同本国法。"(4) 目前由于运用"利益导向"方法,也出现有要求适用对被扶养人最为有利的法律的。如 1998 年《突尼斯国际私法》第 51 条规定:"扶养义务由权利人的本国法或住所地法支配,或由义务人的本国法或住所地法支配。法官应适用对权利人最有利的法律。"(5) 2007 年海牙《扶养义务法律适用议定书》第 8 条还允许当事人选择适用于扶养关系的法律:扶养权利人和义务人可以随时指定以下法律作为扶养义务的准据法:① 指定时任何一方为一国国民的国家的法律;② 指明时任何一方惯常居所地国家的法律;③ 当事方指定适用于或实际上适用于他们财产制的法律;④ 当事方指定适用于或实际上适用于他们离婚或合法分居的法律。

此外,有些国家是1973年订于海牙的《扶养义务法律适用公约》的成员国,它们的国际私法干脆规定扶养义务适用或类推适用该《公约》,如1987年《瑞士联邦国际私法法规》第83条规定,父母子女之间的扶养义务,适用1973年10月2日海牙《扶养义务法律适用公约》。1995年《意大利国际私法制度改革法》第45条也作了类似的规定。

二、中国关于扶养法律适用的规定

中国《民法通则》第148条规定:"扶养适用与被扶养人有最密切联系的国家的法律。"对于何为"与被扶养人有最密切联系的国家的法律",中国最高人民法院《关于贯彻执行〈中华人民共和国民法通则〉若干问题的意见(试行)》第189条规定:"……扶养人和被扶养人的国籍、住所以及供养被扶养人的财产所在地,均可视为与被扶养人有最密切的关系。"

中国《涉外民事关系法律适用法》第29条规定,扶养,适用一方当事人经常居所地法律、国籍国法律或者主要财产所在地法律中有利于保护被扶养人权益的法律。对该条的适用范围,中国学者的意见和最高人民法院的司法解释都认为,"扶养"一词应作广义解释,不同于中国《婚姻法》第4条中的扶养仅是指夫妻之间的扶养,而是包括父母子女相互之间的扶养、夫妻相互之间的扶养以及其他有扶养关系的人之间的扶养。

第六节 监 护

监护,一般是对无行为能力和限制行为能力人,为监督和保护其人身和财产利益及其他合法权益而设置的一种法律制度。这一制度源起于罗马法,现为各国采用,但内容或有不同。最明显的是有的国家只有监护一种制度,而有的国家于监护之外,尚有"保佐",即监护针对完全无行为能力人,保佐针对限制行为能力人;监护是监护人对被监护人的财产、人身负全面保护的责任,而保佐则主要是保佐人协助被保佐人进行财产管理,一般不对被保佐人的人身负保护责任。有的国家只允许亲属任监护人;多数国家规定监护人只能是一人,而有的却允许数人任监护人,各有不同权限分工,等等。

一、监护的准据法

(一) 被监护人的属人法

监护制度是为保护被监护人的利益而设置的,从此目的出发,大多数国家以被监护人的属人法作为有关监护问题的准据法。1995 年《意大利国际私法制度改革法》第 43 条规定,针对无行为能力的成年人的保护措施的条件和效力,以及无行为能力人与其监护人之间的关系,适用无行为能力人的本国法。泰国、土耳其等国不仅规定了监护应适用被监护人的属人法,而且对在内国有住所或居所的外国人或无国籍人,或在内国有财产的外国人的监护问题作了规定。如 2007 年《土耳其国际私法和国际民事诉讼程序法》第 10 条第 1—2 款规定,设立或撤销监护、禁治产的理由,依为之请求设立或撤销监护、禁治产者的本国法。外国人根据其本国法不得被设立监护或被禁治产的,如果该外国人的惯常居所在土耳其境内,则依土耳其有关设立或撤销监护、禁治产的法律作出决定。在当事人被迫居留于土耳其的情况下,也适用土耳其法律。

(二) 法院地法

以英国为例。英国在监护问题上仍是首先从管辖权入手的。一般,如果英国法院对某一涉及监护的案件有管辖权,它便只适用英国法。此外,英国法中有一条重要原则经常被适用于决定有关监护人问题,即首先和首要考虑子女利益的原则。此外,1995 年《意大利国际私法制度改革法》第 43 条还补充规定,为了临时和在紧急情况下保护无行为能力人的人身和财产,意大利法官可采取意大利法律所规定的措施。2007 年《土耳其国际私法和国际民事诉讼程序法》第 10 条第 3 款规定,涉及禁治产、监护以及照管的所有事件,依土耳其法律,但有关设立或撤销监护、禁治产的理由除外。1996 年海牙《关于父母责任和保护儿童措施的管辖权、法律适用、承认、执行和合作公约》规定,对儿童采取保护措施有管辖权的法院一般适用本国法律,对于父母责任则适用儿童惯常居所地法。

(三) 适用有利于被监护人的法律

一些国家采用了政策导向与利益分析的法律选择规则,规定监护适用最有利于被监护人(尤其是儿童)的法律,如 1998 年《突尼斯国际私法典》第 50 条规定:"监护由离婚准据法支配,或者由儿童的本国法或住所地法支配。法官应适用其中对儿童最有利的法律。"

(四) 分割法

随着立法技术的提高以及涉外监护关系的日益复杂,一些国家对监护关系采取分割法,区分监护关系的不同方面规定不同的法律适用规则。这种立法模式有利于兼顾监护关系各方的利益,有利于个案得到公平的解决。例如,2005 年《保加利亚国际私法》第 86 条规定:(1) 监护与托管的设立与终止,适用被监护人或托管人的经常居所地法;(2) 被监护人或被托管人与监护人或托管人之间的关系,适用依第1款确定的准据法;(3) 承担监护或托管的义务,适用被指定为监护人或托管人的人的本国法;(4) 如果被监护人或被托管人的人身及其财产位于保加利亚境内,则可以根据保加利亚法律采取临时或紧急保护措施。

另外,目前一些新冲突法在某些涉及监护人的利益方面(如是否可以拒绝接受担任监护),也允许适用监护人的本国法。

二、中国关于涉外监护法律适用的规定

最高人民法院《关于贯彻执行〈中华人民共和国民法通则〉若干问题的意见(试行)》第190条规定:"监护的设立、变更和终止,适用被监护人的本国法律。但是,被监护人在我国境内有住所的,适用我国的法律。"中国《涉外民事关系法律适用法》第30条规定:"监护,适用一方当事人经常居所地法律或者国籍国法律中有利于保护被监护人权益的法律。"

【思考题】

1. 在下述案件中,哈密勒以其本国法为依据要求在中国申请结婚登记的理由是否成立?本案应如何处理?

【案例14.1】 外国留学生哈密勒在中国申请结婚法律适用案①

哈密勒是某国来中国的留学生,来中国之前已在本国娶有妻子。在中国留学期间,哈密勒认识了某公司女职员中国公民柳某,双方交往频繁且产生了感情,于是提出结婚。因哈密勒已在本国娶有妻子,柳某所在的单位的同事强烈反对柳某同哈密勒结婚,柳某父母也极力反对这件事。柳某却愿意同哈密勒结婚,于是哈密勒即以其本国法律允许一夫多妻且柳某自愿同其结婚为由,2011年9月向柳某户籍所在市民政局提出与柳某结婚的申请,请求发给双方结婚证。

2. 简述涉外结婚实质要件和形式要件的法律适用。
3. 简述中国处理涉外结婚的法律制度。
4. 简述涉外离婚的法律适用。
5. 简述涉外夫妻人身关系和夫妻财产关系的法律适用。
6. 简述涉外收养的法律适用。
7. 简述涉外扶养和监护的法律适用。

---

① 李双元、欧福永主编:《国际私法教学案例》(第二版),北京大学出版社2012年版,第239—240页。

【司法考试真题】①

1. 美国人马丁和英国人安娜夫妇是来华工作的外国专家。来华之前,两人长期在印度工作,并在那里有惯常居所。在中国工作期间,马丁向我国法院提起离婚诉讼。对两人的离婚纠纷,法院应适用下列哪国法律?(2003年单选题)

　　A. 美国法　　　B. 英国法　　　C. 中国法　　　D. 印度法

2. 一对英国夫妇婚后移居意大利,后来华工作。该夫妇于今年收养一名中国儿童并决定一起回意大利生活。根据我国法律,有关该夫妇收养中国儿童所应适用的法律,下列哪一选项是正确的?(2007年单选题)

　　A. 应适用中国法和意大利法

　　B. 应适用中国法和英国法

　　C. 只需适用中国的有关法律规定

　　D. 只需适用意大利的有关法律规定

3. 关于涉外婚姻,根据我国规定下列哪些选项正确?(2008年四川多选题)

　　A. 中国公民同外国人在华结婚的,双方须共同到中国公民一方户口所在地的婚姻登记机关进行结婚登记

　　B. 双方为外国人在华结婚的,均可采取领事婚姻方式

　　C. 双方为外国人在华结婚的,可以采取民事登记方式

　　D. 审理中国人与外国人结婚有效性的案件,我国依具体情况可适用外国法

4. 某甲国公民经常居住地在甲国,在中国收养了长期居住于北京的中国儿童,并将其带回甲国生活。根据中国关于收养关系法律适用的规定,下列哪一选项是正确的?(2012年单选题)

　　A. 收养的条件和手续应同时符合甲国法和中国法

　　B. 收养的条件和手续符合中国法即可

　　C. 收养效力纠纷诉至中国法院的,应适用中国法

　　D. 收养关系解除的纠纷诉至中国法院的,应适用甲国法

5. 甲国公民玛丽与中国公民王某经常居住地均在中国,二人在乙国结婚。关于双方婚姻关系的法律适用,下列哪些选项是正确的?(2012年多选题)

　　A. 结婚手续只能适用中国法

---

① 2002年不定项选择题第95题考查了赡养准据法的确定,2002年不定项选择题第97题和2003年多选题第64题考查了扶养的法律适用与最密切联系原则,2003年不定项选择题第98题、第99题考查了监护准据法的确定,2005年多选题第81题考查了婚姻效力、离婚条件、离婚财产分割准据法的确定,2009年单选题第33题考查了监护准据法的确定,因上述考题所涉中国法条已废止,为节省篇幅,不再列出。

B. 结婚手续符合甲国法、中国法和乙国法中的任何一个,即为有效

C. 结婚条件应适用乙国法

D. 结婚条件应适用中国法

6. 中国人李某(女)与甲国人金某(男)2011年在乙国依照乙国法律登记结婚,婚后二人定居在北京。依中国《涉外民事关系法律适用法》,关于其夫妻关系的法律适用,下列哪些表述是正确的?(2013年多选题)

A. 婚后李某是否应改从其丈夫姓氏的问题,适用甲国法

B. 双方是否应当同居的问题,适用中国法

C. 婚姻对他们婚前财产的效力问题,适用乙国法

D. 婚姻存续期间双方取得的财产的处分问题,双方可选择适用甲国法

7. 经常居住于英国的法国籍夫妇甲和乙,想来华共同收养某儿童。对此,下列哪一说法是正确的?(2014年单选题)

A. 甲、乙必须共同来华办理收养手续

B. 甲、乙应与送养人订立书面收养协议

C. 收养的条件应重叠适用中国法和法国法

D. 若发生收养效力纠纷,应适用中国法

8. 韩国公民金某与德国公民汉森自2013年1月起一直居住于上海,并于该年6月在上海结婚。2015年8月,二人欲在上海解除婚姻关系。关于二人财产关系与离婚的法律适用,下列哪些选项是正确的?(2015年多选题)

A. 二人可约定其财产关系适用韩国法

B. 如诉讼离婚,应适用中国法

C. 如协议离婚,二人没有选择法律的,应适用中国法

D. 如协议离婚,二人可以在中国法、韩国法及德国法中进行选择

9. 经常居所在汉堡的德国公民贝克与经常居所在上海的中国公民李某打算在中国结婚。关于贝克与李某结婚,依中国《涉外民事关系法律适用法》,下列哪一选项是正确的?(2016年单选题)

A. 两人的婚龄适用中国法

B. 结婚的手续适用中国法

C. 结婚的所有事项均适用中国法

D. 结婚的条件同时适用中国法与德国法

10. 中国公民王某将甲国公民米勒诉至某人民法院,请求判决两人离婚、分割夫妻财产并将幼子的监护权判决给她。王某与米勒的经常居所及主要财产均在上海,其幼子为甲国籍。关于本案的法律适用,下列哪些选项是正确的?(2017年多选题)

A. 离婚事项,应适用中国法

B. 夫妻财产的分割,王某与米勒可选择适用中国法或甲国法

C. 监护权事项,在甲国法与中国法中选择适用有利于保护幼子利益的法律

D. 夫妻财产的分割与监护权事项均应适用中国法

【扩展性阅读材料】

1. 董立坤:《国际私法中的婚姻法律冲突》,载《中国社会科学》1982 年第 4 期。

2. 蒋新苗:《国际收养准据法的选择方式》,载《法学研究》1999 年第 1 期。

3. 李双元主编:《涉外婚姻继承法》,中国政法大学出版社 1989 年版。

4. 蒋新苗:《国际收养法律制度研究》,法律出版社 1999 年版。

5. 齐湘泉:《涉外民事关系法律适用法——婚姻、家庭、继承法论》,法律出版社 2005 年版。

6. Convention on Protection of Children and Cooperation in respect of Intercountry Adoption[①]

……

Chapter II—Requirements for Intercountry Adoptions

Article 4

An adoption within the scope of the Convention shall take place only if the competent authorities of the State of origin—

(1) have established that the child is adoptable;

(2) have determined, after possibilities for placement of the child within the State of origin have been given due consideration, that an intercountry adoption is in the child's best interests;

(3) have ensured that

(a) the persons, institutions and authorities whose consent is necessary for adoption, have been counselled as may be necessary and duly informed of the effects of their consent, in particular whether or not an adoption will result in the termination of the legal relationship between the child and his or her family of origin,

(b) such persons, institutions and authorities have given their consent freely, in the required legal form, and expressed or evidenced in writing,

(c) the consents have not been induced by payment or compensation of any kind and have not been withdrawn, and

(d) the consent of the mother, where required, has been given only after the

---

① http://www.hcch.net/index_en.php? act = conventions.text&cid = 69, visited on March 14, 2007.

birth of the child; and

(4) have ensured, having regard to the age and degree of maturity of the child, that

(a) he or she has been counselled and duly informed of the effects of the adoption and of his or her consent to the adoption, where such consent is required,

(b) consideration has been given to the child's wishes and opinions,

(c) the child's consent to the adoption, where such consent is required, has been given freely, in the required legal form, and expressed or evidenced in writing, and

(d) such consent has not been induced by payment or compensation of any kind.

Article 5

An adoption within the scope of the Convention shall take place only if the competent authorities of the receiving State—

(1) have determined that the prospective adoptive parents are eligible and suited to adopt;

(2) have ensured that the prospective adoptive parents have been counselled as may be necessary; and

(3) have determined that the child is or will be authorized to enter and reside permanently in that State.

……

第十五章 遗嘱与继承

第一节 遗嘱继承

遗嘱是立嘱人在生前对他的财产进行处分并于死后发生法律效力的单方法律行为。为了处理好涉外遗嘱继承问题,国际私法上一般需要分别解决立嘱能力、遗嘱方式、遗嘱的解释、遗嘱的撤销和遗嘱的实质效力等问题的准据法。

一、立嘱能力的准据法

有效遗嘱的成立,必须符合一定的实质要件和形式要件。一个人是否具备通过遗嘱处分其遗产的能力,属于遗嘱有效成立的实质要件。关于立嘱能力问题,各国的规定是有差异的,如就年龄界限而言,法国规定为 18 岁,特殊情况下 16 岁也可;日本规定为 15 岁;德国规定为 16 岁。

在讨论立嘱能力的准据法时,有两个问题值得注意。首先如有的国家把成立遗嘱的能力和为其他法律行为能力的条件完全等同起来,即只有完全行为能力人才有立嘱能力(如美国《统一继承法》与中国《继承法》便是)。但多数国家却将上述二者区分开来,如法国、德国、瑞士、日本等均在一定条件下承认已满一定年龄而未成年的人可以通过遗嘱处分其死后遗产。其次,对于成立遗嘱时,依有关法律他(她)有立嘱能力,但到其死亡时依其应适用的法律他成立遗嘱时并不具备这种能力;或相反,在其成立遗嘱时依应适用的法律他本无此能力,可依其死亡时应适用的法律他却具备这一能力(即动态冲突),这些情况该如何处理,都是立嘱能力法律适用要面对的问题。

(一)立嘱能力的法律适用

关于立嘱能力的法律适用,主要有以下主张:

(1)一般认为应适用立嘱时立嘱人的属人法解决。其中,主张采用当事人本国法的国家有日本、奥地利、埃及、土耳其等国,而英国、俄罗斯、阿根廷等国则主张主要适用当事人的惯常居所地或住所地法。2002 年《俄罗斯民法典》第 1224 条第 2 款规定,个人设立和撤销包括有关不动产在内的遗嘱的能力以及该遗嘱的形式或撤销遗嘱文书的形式,依遗嘱人设立遗嘱或文书时的住所地国法。

(2)也有的国家对立嘱能力适用多种连结因素指引准据法,例如,1987 年《瑞士联邦国际私法法规》第 94 条规定,只要立嘱人的住所地法律或惯常居所地法律或其本国法律确认立嘱人有立嘱能力的,立嘱人即具有立嘱能力。

(3) 为了使对位于他国的不动产遗产的处分得到不动产所在地国的承认,关于遗产中不动产的立嘱能力一般均只适用不动产所在地法。

(二) 动态冲突的解决

对动态冲突的解决在立法实践和学说上是有分歧的,主要有以下主张:

(1) 主张应适用新连结点所指引的法律。持这种主张的人认为,遗嘱是立嘱人死后才发生效力的,立嘱人在死前还不能创设一个权利,因此只应适用立嘱人死亡时的属人法。

(2) 主张应适用立嘱时的连结点。持此种主张的人认为,一个有效的法律行为(立嘱)既经完成,就不能因以后属人法连结点的改变而成为无效。英国就是采取这种做法的。《戴西、莫里斯和科林斯论冲突法》第 14 版第 142 条规则(第 10 版第 99 条规则)指出,由遗嘱人立遗嘱时的住所地法决定他是否有能力订立遗嘱。[①]

(3) 适用那个能使遗嘱有效成立的属人法。如 1978 年《奥地利联邦国际私法法规》第 30 条(该条已于 2015 年废止)便规定,成立遗嘱的能力依死者为该法律行为时的属人法,但如该法不认为有效而死者死亡时的属人法认为有效时,则以后者为准。

二、遗嘱方式的准据法

遗嘱是一种要式法律行为,非依法定方式成立的遗嘱无效。遗嘱的方式包括遗嘱是否必须采用书面形式,是否必须经过公证等问题。至于是否允许为亲笔遗嘱的问题,有的国家认为应属立嘱能力问题(即成立遗嘱的实质要件),而其他国家(包括中国)则认为属于遗嘱方式方面的问题。有关遗嘱的方式,因民族传统、风俗习惯不同,各国的规定存在较大差异。1999 年修订的《法国民法典》第 967 条至第 1001 条对各种遗嘱方式作了详细规定,将其分为普通方式和特殊方式两大类,前者即一般情况下的遗嘱,包括亲笔遗嘱、公证遗嘱和密封遗嘱;后者即特殊情况下的遗嘱,包括军人遗嘱、隔绝地遗嘱、海上遗嘱和外国遗嘱。中国《继承法》则规定了自书遗嘱、录音遗嘱、口头遗嘱、代书遗嘱和公证遗嘱五种形式。由于立法上的差异,法律适用冲突的发生是不可避免的。

关于遗嘱方式的有效性,一些国家不区分动产与不动产,统一规定应适用的法律,一般采用属人法和行为地法为准据法,其中又可分为:(1) 首先依遗嘱人的属人法,如果属人法认为遗嘱方式无效而立遗嘱时所在地法认为有效者,则依立遗嘱时的住所地法,如 1964 年《捷克斯洛伐克国际私法及国际民事诉讼法》

---

① Lawrence Collins and Others, Dicey, Morris and Collins on the Conflict of Laws, 14th ed., Sweet & Maxwell, 2006, p.1240.

第18条第2款。(2) 属人法与立遗嘱时所在地法中,只要有一个国家的法律认为其遗嘱方式有效,即承认其有效,如1938年《泰国国际私法》第40条。

而另一些国家则区分动产与不动产分别规定应适用的法律,即不动产遗嘱方式适用不动产所在地法,动产遗嘱方式适用的法律则比较灵活。动产的遗嘱方式应适用的法律,因1961年海牙《遗嘱处分方式法律冲突公约》的通过已普遍放得甚宽。如1986年《德国民法施行法》第26条、1995年《意大利国际私法制度改革法》第48条、2009年《罗马尼亚民法典》第2635条等,几乎都完全或大部分采用了该《公约》的规定方式(《公约》的内容详见本章第4节)。

一般而言,设立遗嘱方式的准据法跟撤销遗嘱方式的准据法,各国冲突法的规定通常是相同的。如1961年海牙《遗嘱处分方式法律冲突公约》第2条就明确规定,遗嘱方式的准据法也用于撤销以前所为的遗嘱处分的方式。

三、遗嘱效力的准据法

英国学说认为,关于前面讲到的立嘱能力仅限于立嘱人的身份能力,例如未成年人、已婚妇女或在身体或精神方面有疾病的人是否能够以及在多大程度上能够订立遗嘱。至于在肯定他有上述能力的前提下,他是否还有财产方面的能力,如是否有权将财产不给其妻子、子女等,应称为"遗嘱的实质有效性或遗嘱的效力"(effects of will)[①],它只能由决定遗嘱实质有效性的准据法(往往又被称为继承的准据法)来支配,而不受上述立嘱能力的准据法制约。这一点应特别注意。

四、遗嘱解释的准据法

因各国法律观念的不同,对遗嘱的解释也常常发生冲突,从而涉及该用何国法律予以解释的问题。但法国学者巴迪福认为,在有关遗嘱的解释问题上,法国法院主要应探寻立嘱人的意思,而不必考虑其应适用的法律,只是在立嘱人意思不明时,才有必要确定适用什么法律。而在确定遗嘱解释应适用的法律时,一般主张按一般契约的解释规则即依当事人自主选择的法律进行。英国学者莫里斯也主张,就英国法而言,动产遗嘱的解释的准据法应是立嘱人自主选择的法律。如果没有相反的情况,该法即为遗嘱作成时他的住所地法。[②]

美国1971年《第二次冲突法重述》第240条、第264条也规定,对于动产遗

[①] 参见〔英〕莫里斯主编:《戴西和莫里斯论冲突法》(中),李双元等译,中国大百科全书出版社1998年版,第921页;Lawrence Collins and Others, Dicey, Morris and Collins on the Conflict of Laws, 14th ed., Sweet & Maxwell, 2006, pp.1240—1241。

[②] Lawrence Collins and Others, Dicey, Morris and Collins on the Conflict of Laws, 14th ed., Sweet & Maxwell, 2006, p.1253。

嘱的解释应适用立嘱人自主选择的那个法律,对于处分土地权益的遗嘱解释,也适用立嘱人自主选择的那个法律。如对动产遗嘱的解释立嘱人没有自主选择法律时,应适用立嘱人死亡时的住所地法。巴迪福也认为,对于遗嘱的解释,如立嘱人未指明应适用的法律,则可依其住所地法。[①] 不过更常见的是许多国家在立法上并没有对遗嘱解释另行规定准据法,而仅笼统地规定遗嘱成立和效力适用什么法律。

五、遗嘱撤销的准据法

有效成立的遗嘱既可因后一遗嘱而撤销,也可因焚毁或撕毁而撤销,还可因事后发生的事件(如结婚、离婚或子女的出生)而被撤销。对于新遗嘱是否能废除旧遗嘱,多主张由决定新遗嘱成立的准据法来回答。莫里斯也认为,新遗嘱如欲撤销旧遗嘱,立嘱人可作出明确的意思表示,因而能否发生这种效力,就取决于新遗嘱自身的有效性了。如立嘱人虽未明确表示这种意思,但在新遗嘱中使用了"最后遗嘱"这样的字眼,或新遗嘱跟旧遗嘱明显抵触,这样就提出了一个解释上的问题。他认为这应受新遗嘱设立时立嘱人的住所地法支配。[②]

很多国家的立法对遗嘱撤销的准据法都作了明确规定。对此,多数国家规定适用遗嘱人的属人法。例如,1938 年《泰国国际私法》第 42 条第 1 款就规定:撤销全部或部分遗嘱,依撤销时遗嘱人的住所地法。2007 年《日本法律适用通则法》第 37 条第 2 款规定,遗嘱的撤销应适用撤销当时遗嘱人的本国法。2001 年修订的《韩国国际私法》第 50 条第 2 款规定,遗嘱的变更或撤回适用变更或撤回当时遗嘱者的本国法。

在英国和美国,遗嘱撤销由于撤销情况的不同而适用不同的准据法,并无统一的规定。

至于烧毁或撕毁遗嘱行为是否构成对遗嘱的撤销,取决于此种行为能否发生这样的效果,这当由继承准据法决定。而结婚是否能使夫妻任何一方先前所立遗嘱无效,则当由结婚的准据法决定。

第二节 法定继承

一、法定继承准据法的几种主要制度

如何解决涉外法定继承的准据法的选择,各国主要有以下几种不同制度:

[①] 〔法〕巴迪福著:《国际私法各论》,曾陈明汝译述,台湾正中书局 1979 年版,第 433 页。
[②] 〔英〕莫里斯:《冲突法》,伦敦 Stevens 出版公司 1980 年英文第 2 版,第 384 页。

(一) 单一制

单一制又称同一制(unitary system),是指在涉外继承中,对死者的遗产不区分动产和不动产,也不问其所在地,其继承统一由死者死亡时的属人法支配。这是一条古老的冲突规范。它是由古代罗马法的"普遍继承"(universal succession)制度发展而来的。按照古罗马法的规定,继承就是继承人在法律上取得被继承人的地位,是死者人格的延伸。还有学者认为,就各国继承制度而言,继承人的范围、顺序以及特留份等,都是依据一定亲属关系的远近来确定的,继承与亲属关系之间的紧密联系决定了继承应统一适用死者属人法,不宜将动产与不动产继承分割开来使它们分别隶属于不同的法律。

由于住所和国籍是确定属人法的两大原则,因而上述冲突规则又表现为:

(1) 继承依被继承人死亡时的住所地法。这方面的国家有秘鲁、瑞士等。其中如1984年《秘鲁民法典》第2100条就明确规定:遗产不论其性质与所在地,继承均得依死者最后住所地法。1987年《瑞士联邦国际私法法规》第90、91条也是原则上采被继承人死亡时住所地法的。

(2) 继承依被继承人死亡时的本国法。这方面的国家有代表性的包括意大利、日本及德国等。如1995年《意大利国际私法制度改革法》第46条第1款规定:"因死亡而导致的权利继承适用被继承人死亡时的本国法。"该条虽允许死前可通过遗嘱明示选择适用死亡前的住所地法支配,但如其死亡时已不再居住于该国,此种选择无效。同时如继承人为意大利人,且他于死者死亡时居住在意大利,死亡前选择的其他法律不得影响意大利法赋予继承人的权利。2007年《日本法律适用通则法》第36条,也采用死者的本国法(但并未指明为该人何时的本国法)。

此外,也还有少数国家如奥地利、葡萄牙等,只在法律中笼统规定继承适用死者死亡时的属人法(如1966年《葡萄牙民法典》第62条)。

(二) 分割制

分割制又称区别制(scission system),是指在涉外继承中,将死者的遗产区分为动产和不动产,分别适用不同冲突规范所指引的准据法,即动产适用死者的属人法,不动产适用物之所在地法。它最早是由14世纪意大利后期注释学派的巴尔特(Bardus,1327—1400)提出的。巴尔特乃是法则区别说创始人巴托鲁斯的学生,他根据法则区别说的理论,主张把动产继承归入"人法"范畴,适用死者的属人法,而把不动产继承列入"物法"范畴,适用物之所在地法。这一制度后来仍在实践中为一些国家所接受,或是出于判决容易在不动产所在国得到承认与执行(这些国家则不问不动产在何处);或是出于保护位于本国境内的不动产利益(这些国家则只对位于本国境内的不动产采用这一制度)。但这一原则的最大缺陷是某人的遗产继承可能要分别受几个法律支配,从而招来种种麻烦与困难。如根据其中甲国法律,某人有继承能力,而根据其中乙国法律,则其继承能力可能被否定。实践中还可能出现,依其中一个法律,死者所立遗嘱有效,而依其中另一法律,遗嘱却无效,等等。

尽管如此,目前不少国家仍采用分割制。这类国家有英国、美国、加拿大等普通法国家,但大陆法国家也不少,如泰国、白俄罗斯、法国等。但美国1971年《第二次冲突法重述》对土地利益这类不动产应适用法律的规定有其特点,那就是它并不直接肯定适用不动产所在地法,而是灵活地规定适用"土地所在地法院将予以适用的法律"(尽管它同时指出"土地所在地法院通常只适用本州的实体法")。

总之,以上两种制度,各有优缺点。就单一制而言,优点在于简单易行,且不会发生死者位于不同国家的动产和不动产要分别受不同法律支配,而产生不同法律结果的矛盾情况。但最大的缺陷却在于用死者的属人法去处理位于法院国以外的不动产,其判决往往得不到物之所在地国的承认和执行。而就分割制而言,判决虽易为不动产所在地国承认,但法律适用上的程序难免复杂和烦琐。

正因上述各方面的原因,在国际私法上,通过统一化运动来协调二者矛盾的意图,也就逐渐强烈起来。允许被继承人死前选择其遗产继承的准据法的方法也开始被采用,只是可被选择的法律目前还很有限。如1987年《瑞士联邦国际私法法规》第90条便允许作为外国人的被继承人可选择其本国法调整继承关系(但其立嘱时已不是该国公民者或者已取得瑞士国籍者除外)。而1995年《意大利国际私法制度改革法》第46条亦允许被继承人明示选择其居住国法作继承准据法,但一是如其死亡时不在该国居住,其选择无效;二是如继承人为意大利人,该被选择的法律不得影响意大利法赋予该继承人的权利(只要该继承人于死者死亡时居住在意大利)。1989年《死者遗产继承法律适用公约》对继承问题采用同一制,同时允许被继承人选择准据法。

二、继承准据法的适用范围

继承的准据法一般应适用于以下几方面的问题:

(1)继承的开始及开始的原因。各国法律通常规定继承于被继承人死亡时开始,故在自然死亡的情况下,不会发生法律冲突。但在宣告死亡的情况下,各国法律关于死亡时间或有不同规定。其他如继承是根据遗嘱或法律上的原因,还是根据转继承的原因而产生,以及如宣告失踪可否构成继承开始的原因(亦即失踪宣告的效力),对于这些问题,各国抑或有不同规定。

(2)什么样的人能成为继承人。这类问题包括继承人能力的确定(如被继承人死亡时,继承人是否得为出生且存活;被指定继承人有无继承能力;与被继承人在同一事件中死亡而无事实证明谁最后死亡时,谁得为其他死者的继承人,即推定存活制度),继承人的继承权是否丧失及根据什么原因丧失等。

(3) 继承财产的范围及移转权。继承财产是否只包括死者未经遗嘱处分的积极财产(如债权)和消极财产(债务)。死者的遗产中一切权利与义务是否均具有可继承的属性(如被继承人生前取得的要求某画家作画之权利)？继承人是可以直接取得遗产还是得经相关程序认可后遗产始移转于继承人？这些问题也得适用继承准据法(有学者认为被继承人死前依合同取得的请求权还得同时适用该合同准据法)。

(4) 继承开始的效力。这包括继承的承认、放弃和应继份以及共同继承人的担保责任等。在本章第一节中所说的如果被继承人通过遗嘱来处分其财产,则他是否具有改变或取消某些特定继承人的特殊权利(如处分特留份的财产能力),亦当由继承准据法确定。

(5) 遗产管理和遗嘱的执行。由于在普通法系国家,死者遗产管理制度是指由被继承人指定并被法院认许的遗嘱执行人或由法院选定的遗产管理人出面收集死者财产,清理死者的债务和遗嘱,然后,将遗产在法定继承人之间进行分配的制度。在这些国家,被继承人死后,遗产并不立即归属于继承人,而是先归属于法院,再经遗产管理人交给继承人所有。在英国,对死者遗产的管理完全由遗产管理人获得授权以便收受遗产的国家的法律支配。在美国,1971 年《第二次冲突法重述》第 316 条规定,通常由指定遗嘱执行人或管理人的州的内州法来决定关于遗嘱执行人或管理人的管理行为应负的义务。但是,根据遗嘱或法定继承的规定向受益人分配死者的净剩遗产应被视为继承问题,受继承准据法支配。

在大陆法系国家或地区,死者的遗产直接转移给继承人或受遗赠人。一般情况下没有必要指定遗产管理人。除纯属程序性的问题外,遗产的管理和分配均被视为继承问题,受继承准据法的支配。① 1999 年《澳门民法典》第 59 条规定,继承受被继承人死亡时之属人法所规范;该法亦为确定遗产管理人及遗嘱执行人权力之准据法。

以有关继承的事项为内容的遗嘱的执行,作为继承问题依继承的准据法。因此,遗嘱执行人的指定、选任及权限也依继承的准据法。

(6) 无继承人的遗产的确定和归属。对于无论是本国人还是外国人死后遗留在内国的无人继承财产,各国法律多规定应归国库或其他公共团体所有。但是,国家究竟是以什么资格或名义取得这种无人继承财产,却有截然对立的两种主张:第一,继承权主义。该主张认为,国家对无人继承财产有继承权,国家可以特殊继承人或最后继承人的资格来取得无人继承财产。目前,德国、意大利、西

---

① 丁伟主编:《国际私法学》,上海人民出版社 2004 年版,第 443 页。

班牙、瑞士等国采用此说。第二,先占权主义。该主张认为,国家可以根据领土主权以先占权取得无人继承财产。目前采用这种主张的国家有英国、美国、法国、奥地利、土耳其、秘鲁和日本等国。

由于存在上述对立的两种主张,在解决涉外无人继承财产归属问题时也会产生法律冲突。对于这种法律冲突的解决,多主张适用被继承人属人法,即继承关系准据法。采这种主张的国家多是那些主张"继承权主义"的国家。德国法院在审判中的做法就是如此。但关于这个问题是适用财产所在地法或依有关两国之间的领事条约等来决定的,实践中亦多有所见。采用遗产所在地法作为涉外无人继承财产归属准据法的,往往是那些奉行"先占权主义"的国家,如英国。这方面典型的立法例有1978年《奥地利联邦国际私法法规》,该法第29条(该条已于2015年废止)规定:如依继承准据法(即被继承人死亡时的本国法)遗产无人继承,或将归于作为法定继承人的领土当局,则在各该情况下,应以被继承人死亡时财产所在地国家的法律,取代该法律。又如1984年《秘鲁民法典》第2101条规定:"位于共和国境内的财产,如根据死者住所地法律必须交给外国国家或机构,则其继承须受秘鲁法律支配。"尽管秘鲁法没有明言,但实际上却表明了它的主张,即对于位于秘鲁境内的遗产,如果根据继承准据法(死者住所地法)该遗产是无人继承财产而应交给外国国家或机构时,则该无人继承财产应另受财产所在地法支配。

第三节 中国关于涉外遗嘱与法定继承法律适用的规定

一、中国关于遗嘱法律适用的规定

中国《涉外民事关系法律适用法》第32条规定,遗嘱方式,符合遗嘱人立遗嘱时或者死亡时经常居所地法律、国籍国法律或者遗嘱行为地法律的,遗嘱均为成立。该法第33条规定,遗嘱效力,适用遗嘱人立遗嘱时或者死亡时经常居所地法律或者国籍国法律。

该法第33条规定中的"遗嘱效力"应作广义的理解,应包括除立嘱能力以外遗嘱的所有实质要件:遗嘱的内容、撤销和解释等。由于我国立法未专门规定立嘱能力的法律适用,在实践中可参照我国《涉外民事关系法律适用法》第12条关于一般民事行为能力法律适用的规定,立嘱能力适用自然人的经常居所地法律。但是也有学者认为上述"遗嘱效力"也涵盖立嘱能力。立嘱能力究竟是适用该法第33条还是第12条规定,有待立法者的进一步解释。

二、中国对涉外财产继承准据法的选择

中国对涉外财产继承准据法的选择采区别制。中国《继承法》第 36 条规定：中国公民继承在中华人民共和国境外的遗产或者继承在中华人民共和国境内的外国人的遗产，以及外国人继承在中华人民共和国境内的遗产或者继承在中华人民共和国境外的中国公民的遗产，动产适用被继承人住所地法律，不动产适用不动产所在地法律。最高人民法院《关于贯彻执行〈中华人民共和国继承法〉若干问题的意见》第 63 条进一步明确规定："涉外继承，遗产为动产的，适用被继承人住所地法律，即适用被继承人生前最后住所地国家的法律。"《民法通则》仍坚持区别制，其第 149 条规定："遗产的法定继承，动产适用被继承人死亡时住所地法律，不动产适用不动产所在地法律。"

中国《涉外民事关系法律适用法》第 31 条规定，法定继承，适用被继承人死亡时经常居所地法律，但不动产法定继承，适用不动产所在地法律。随着涉外继承案件的增多，对境外遗产进行管理的情况增多，需要确定遗产管理应适用的法律。《涉外民事关系法律适用法》第 34 条规定，遗产管理等事项，适用遗产所在地法律。

三、无人继承财产的法律适用

在中国，判断某项遗产是否为涉外无人继承财产，自应适用继承关系的准据法。至于涉外无人继承财产的归属，根据《继承法》第 32 条的规定，无人继承又无人受遗赠的遗产，归国家所有；死者生前是集体所有制组织成员的，归所在集体所有制组织所有。此外，最高人民法院《关于贯彻执行〈中华人民共和国民法通则〉若干问题的意见（试行）》第 191 条规定，无人继承又无人受遗赠的遗产应作如下处理：（1）在中国境内死亡的外国人，遗留在中国境内的财产如果无人继承又无人受遗赠的，依照中国法律处理，即应根据中国《继承法》第 32 条的规定处理。（2）两国缔结或参加的国际条约另有规定的，则依该条约办理。例如，根据中国和蒙古国等国的领事条约的规定，缔约任何一方公民死后遗留在缔约另一方领土上的无人继承财产中的动产，可以移交给死者所属国的领事处理。

中国《涉外民事关系法律适用法》第 35 条规定，无人继承遗产的归属，适用被继承人死亡时遗产所在地法律。

第四节 关于遗嘱和继承的海牙公约

海牙国际私法会议在统一国际私法的进程中，十分关注遗嘱和继承这一古老而又长存的问题。目前已有三个涉及遗嘱和继承的海牙公约，限于篇幅，本节

不介绍其中的 1973 年《遗产国际管理公约》。

一、1961 年海牙《遗嘱处分方式法律冲突公约》

《遗嘱处分方式法律冲突公约》于 1961 年 10 月 5 日制定,于 1964 年 1 月 5 日生效。《公约》第 1 条明确规定:不动产遗嘱方式,依财产所在地法;动产遗嘱方式,可依下列任一法律:(1) 立嘱人立遗嘱地法;(2) 立嘱人立遗嘱时或死亡时的国籍国法;(3) 立嘱人立遗嘱时或死亡时的住所地法;(4) 立嘱人立遗嘱时或死亡时的惯常居所地法。上述《公约》第 1 条规定的遗嘱方式的准据法,同样亦适用于同一遗嘱的撤销(方式)。在适用本《公约》时,任何以立嘱人的年龄、国籍或其他个人条件来限制被许可的遗嘱处分方式的条款,均应视为属于方式问题(包括遗嘱处分的有效性所要求的证人必须具有的资格问题)。

由此可见,《公约》关于遗嘱方式准据法所持的态度和做法,是十分宽松的,且相当全面地反映了当今世界各国遗嘱方式法律适用制度的发展趋势以及对私有财产所有权的更充分的尊重和保护。至 2018 年 1 月,《公约》已有英国等 42 个成员,从 1997 年 7 月 1 日起,《公约》适用于中国香港地区。

二、1989 年海牙《死者遗产继承法律适用公约》

《公约》于 1989 年 8 月 1 日订于海牙,尚未生效,截至 2018 年 1 月,仅有阿根廷、荷兰、瑞士、卢森堡 4 国签署,尚未生效。中国对制订该《公约》表示了极大的关注,派代表团参加了有关的全部会议,并就涉外继承法律适用等方面的事项阐明了中国法律的规定情况及我方的观点,对《公约》的最后通过作出了重要贡献。《公约》共有 5 章 31 条。主要内容如下:

(1)《公约》的适用范围。继承的准据法得依该《公约》确定。《公约》不适用于遗嘱的方式、立嘱人的能力、夫妻财产制以及非依继承方式获得的财产权益等。即使准据法为非缔约国法律,《公约》也应适用。

(2)《公约》明确规定采用"同一制",但附加了条件。如其第 3 条第 1 款首先规定继承得适用被继承人死亡时惯常居所地国家的法律,但被继承人得具有该国国籍。其次,《公约》第 3 条第 2 款规定,继承也可适用被继承人死亡时惯常居所地国家的法律,如果被继承人在临死前在该国居住过至少不低于 5 年的期限。但是在特殊情况下,如果被继承人在死亡时,与其本国有更密切的联系,则适用其本国的法律。另外,《公约》第 3 条第 3 款规定,在其他情况下,继承适用被继承人死亡时具有该国国籍的国家的法律。但如果被继承人在死亡时与其他国家有更密切联系的,得适用与其有更密切联系的国家的法律。

由此可见,《公约》规定了四个可适用的准据法(被继承人死亡时惯常居所地国家的法律、被继承人本国法、被继承人死亡时的本国法和被继承人死亡时与其有更密切联系的其他国家的法律)。目的似是为了协调各国国际私法在属人法问题上的分歧。

(3) 遗产继承中的意思自治原则。《公约》在第 5 条第 1 款中进一步规定:当事人一方可以指定有关国家的法律作为调整继承"整体问题"的准据法,但是,这种指定法律的行为只有在该当事人在指定法律时或死亡时具有该有关国家的国籍或在该国拥有惯常居所时方为有效。

(4) 在一定情况下也可以对其遗产中的部分财产采用分割制。但这只限于两种情况,即一是它的第 6 条允许当事人可以指定一国或数国的法律调整其全部财产中的某些财产的继承问题(但这种指定不得违背依《公约》上述第 3 条或第 5 条第 1 款确定的法律中的"强制性"规范);二是它的第 15 条规定:"本《公约》所规定的准据法,并不妨碍某一国家鉴于经济、家庭和社会原因在继承制度中规定某些不动产、企业或某类特殊财产的继承适用物之所在地法。"

(5) 准据法的适用范围。依该《公约》确定的准据法适用于解决继承中的以下问题:第一,继承人和受遗赠人的权利及其继承份额和应承担的义务,以及因死亡而产生的其他继承权利(如司法或其他机关为被继承人的亲属保留的财产);第二,取消继承权、丧失继承资格;第三,计算继承份额时的比例及数额;第四,应继份、保留份和遗嘱中的其他限制;第五,遗嘱内容的实质效力。① 但是,《公约》第 7 条第 3 款又补充规定:"本条第 2 款的规定并不限制适用本《公约》所确定的准据法,去调整缔约国法律所规定的有关继承的其他事项。"

(6)《公约》规定了"继承协议"的有关问题。《公约》规定的继承协议是指当事人各方商定的,用于设立、变更和取消一方或数方协议当事人在未来继承中的权利的书面协议。也就是说,《公约》允许在西方久已有之的、当事人通过"继承协议"来处理遗产继承问题的方式。此外,《公约》接受转致。

【思考题】

1. 在下述案件中,中国法院应如何适用法律?

【案例 15.1】 中国公民 L 涉外继承纠纷案②

L 系中国人,在中国有住所。2011 年 10 月 L 在澳大利亚去世。去世时 L 在澳大利亚有房屋两幢,生前在中国某银行有存款及利息 8 万元,在某投资公司有股票及股息 12 万元。L 生前未立遗嘱,配偶早死,有两个儿子,一

---

① 本书第一版对于依据《公约》确定的继承准据法的适用范围的表述和《国际私法教学参考资料选编》(北京大学出版社 2002 年版)中本《公约》的中译本第 7 条的翻译有误,特此更正并向读者致歉。
② 李双元、欧福永主编:《国际私法教学案例》(第二版),北京大学出版社 2012 年版,第 256—257 页。

个住在中国,一个住在澳大利亚。L 死后,两个儿子因遗产继承问题发生纠纷,诉至中国法院。

2. 简述涉外遗嘱继承的法律适用。
3. 简述涉外遗产法定继承的单一制和同一制。
4. 简述海牙《死者遗产继承法律适用公约》的主要内容。

【司法考试真题】①

经常居所在上海的瑞士公民怀特未留遗嘱死亡,怀特在上海银行存有 100 万元人民币,在苏黎世银行存有 10 万欧元,且在上海与巴黎各有一套房产。现其继承人因遗产分割纠纷诉至上海某法院。依中国法律规定,下列哪些选项是正确的?(2016 年多选题。本题涵盖了 2010 年多选题第 83 题、2003 年多选题第 62 题、2004 年单选题第 39 题和 2006 年单选题第 37 题考查的知识点,该四题不再列出)

A. 100 万元人民币存款应适用中国法
B. 10 万欧元存款应适用中国法
C. 上海的房产应适用中国法
D. 巴黎的房产应适用法国法

【扩展性阅读材料】

1. 李浩培:《国际私法在遗产继承方面的几个新发展》,载《中国国际法年刊》(1991 年),中国对外翻译出版公司 1992 年版。
2. 李双元主编:《涉外婚姻继承法》,中国政法大学出版社 1989 年版。
3. 齐湘泉:《涉外民事关系法律适用法——婚姻、家庭、继承法论》,法律出版社 2005 年版。
4. Convention on the Law Applicable to Succession to the Estates of Deceased Persons②
……

Chapter II—Applicable Law
Article 3

(1) Succession is governed by the law of the State in which the deceased at the time of his death was habitually resident, if he was then a national of that State.

---

① 2004 年单选题第 40 题考查了在我国的无人继承财产的法律适用,2008 年四川单选题第 40 题考查了涉外继承案件的管辖权和法律适用,因上述考题所涉中国主要法条已废止,为节省篇幅,不再列出。
② http://www.hcch.net/index_en.php?act=conventions.text&cid=62,visited on March 14, 2007.

(2) Succession is also governed by the law of the State in which the deceased at the time of his death was habitually resident if he had been resident there for a period of no less than five years immediately preceding his death. However, in exceptional circumstances, if at the time of his death he was manifestly more closely connected with the State of which he was then a national, the law of that State applies.

(3) In other cases succession is governed by the law of the State of which at the time of his death the deceased was a national, unless at that time the deceased was more closely connected with another State, in which case the law of the latter State applies.

Article 4

If the law applicable according to Article 3 is that of a non-Contracting State, and if the choice of law rules of that State designate, with respect to the whole or part of the succession, the law of another non-Contracting State which would apply its own law, the law of the latter State applies.

Article 5

(1) A person may designate the law of a particular State to govern the succession to the whole of his estate. The designation will be effective only if at the time of the designation or of his death such person was a national of that State or had his habitual residence there.

……

第五编　国际民事争议的解决

第十六章　国际民事诉讼

国际民事诉讼法是指规定国际民事诉讼程序的各种法律规范的总和。国际民事诉讼程序或涉外民事诉讼程序是指一国法院审理涉外民商事案件时,法院、当事人及其他诉讼参与人进行涉外民事诉讼活动所必须遵循的专门程序。

2015年最高人民法院《关于适用〈中华人民共和国民事诉讼法〉的解释》(以下简称2015年《民诉法解释》)第522条规定:有下列情形之一,人民法院可以认定为涉外民事案件:(1)当事人一方或者双方是外国人、无国籍人、外国企业或者组织的;(2)当事人一方或者双方的经常居所地在中华人民共和国领域外的;(3)标的物在中华人民共和国领域外的;(4)产生、变更或者消灭民事关系的法律事实发生在中华人民共和国领域外的;(5)可以认定为涉外民事案件的其他情形。

一国法院审理涉外民商事案件时,总是会遇到其审理纯国内民商事案件时所不会遇到的特殊问题,如外国人在内国的民事诉讼地位、内国法院对涉外案件是否享有管辖权、如何向国外送达法律文书及在国外调查取证、内国法院作出的判决如何在外国获得承认与执行,等等。为妥善解决上述这些问题,顺利开展国际民事诉讼活动,在一国法院进行国际民事诉讼程序,首先应适用缔结或参加的相关国际条约中规定的程序规则,其次应适用内国法中关于涉外民事诉讼程序的特别规定;只有在前两者中均缺乏相应规定时,才应适用内国法中关于国内民事诉讼程序的一般规定。例如,我国《民事诉讼法》第四编"涉外民事诉讼程序的特别规定"第259条和第260条即规定:"在中华人民共和国领域内进行涉外民事诉讼,适用本编规定。本编没有规定的,适用本法其他有关规定。""中华人民共和国缔结或者参加的国际条约同本法有不同规定的,适用该国际条约的规定,但中华人民共和国声明保留的条款除外"。

第一节　外国人的民事诉讼地位

一、外国人民事诉讼地位的概念和意义

外国人的民事诉讼地位，是指外国人（包括外国自然人和外国法人以及无国籍人）在内国境内享有什么样的民事诉讼权利、承担什么样的民事诉讼义务，并能在多大程度上通过自身的行为行使民事诉讼权利和承担民事诉讼义务的实际状况。它通常涉及以下一些问题：外国人民事诉讼地位的普遍原则、外国人的诉讼权利能力和诉讼行为能力以及诉讼费用担保、诉讼代理等。

外国人的民事诉讼地位在国际民商事交往中有着十分重要的意义：首先，赋予外国人一定的民事诉讼地位，是对外国人民商事实体权利给予司法保护的前提条件。其次，赋予外国人一定的民事诉讼地位，是内国法院受理涉外民商事案件的前提。最后，赋予外国人一定的民事诉讼地位，是保障内国人在外国的民事诉讼权利的需要。根据对等原则，一国只有承认外国人在内国享有相应的民事诉讼地位和权利，内国人在外国法院涉讼时，其民事诉讼地位和权利也才可能得到承认和保障。

二、外国人民事诉讼地位的国民待遇原则

对于外国人的民事诉讼地位，当今国际社会普遍实行的是国民待遇原则，即一国赋予外国人与内国人同等的民事诉讼地位。

国民待遇原则不仅被广泛规定在各国的国内立法中，也在有关的国际条约中得到普遍认可。前者如1964年《捷克斯洛伐克国际私法及国际民事诉讼法》第48条规定："在诉讼过程中，所有当事人享有平等地位。"《波兰民事诉讼法》第1117条、2002年《俄罗斯联邦民事诉讼法典》第398条等也均作了类似规定。后者如1928年《布斯塔曼特法典》第315条和第317条规定："任何缔约国不得在其领土内对其他缔约国的人员组织或维持特别法庭"；"缔约各国不得根据对物和对人管辖在国际关系范围内区别有关当事人是国民还是外国人的身份，而使后者受到不利"。1951年《关于难民地位的公约》第16条以及1954年纽约《关于无国籍人地位的公约》第16条，还将国民待遇原则进一步适用于难民和无国籍人。

实践中，各国为确保内国人在外国能真正享受到国民待遇，一般都对该原则的实施附加一定条件，即要求国民待遇的给予须以国际条约为依据或以互惠、对等为基础。对于互惠或对等，各国一般都是采取推定原则，即如果对方国家无相反的法律规定或相反的司法实践，就推定在该国的内国国民享有与该国国民同

等的民事诉讼地位,从而基于互惠,内国也给予该国国民在内国以国民待遇;而一旦证实对方国家对在该国的内国国民的民事诉讼地位施以不合理限制,则根据对等原则,也对对方国家国民在内国的民事诉讼地位施以相应限制,从而迫使对方国家最终放弃对内国国民民事诉讼地位的不合理限制而给予国民待遇。

中国《民事诉讼法》在外国人的民事诉讼地位上也确立了国民待遇原则,并附以对等条件以保证该原则的贯彻和实施。该法第 5 条规定:"外国人、无国籍人、外国企业和组织在人民法院起诉、应诉,同中华人民共和国公民、法人和其他组织有同等的诉讼权利义务。外国法院对中华人民共和国公民、法人和其他组织的民事诉讼权利加以限制的,中华人民共和国人民法院对该国公民、企业和组织的民事诉讼权利,实行对等原则。"

除国内立法外,近年来中国与许多国家相继签订的双边司法协助协定,对有关外国人民事诉讼地位的国民待遇原则也作了规定。例如,1987 年《中华人民共和国和比利时王国关于民事司法协助的协定》第 1 条第 1 款即规定,在民事方面,缔约一方的国民(包括法人)在缔约另一方领域内,享有与另一方国民同等的司法保护,有权在与另一方国民同等的条件下,在另一方法院进行诉讼。

三、外国人的民事诉讼能力

外国人的民事诉讼能力是外国人民事诉讼地位的重要组成部分,它直接关系到一个外国人是否有资格在内国开展或参与国际民事诉讼活动,能否作为民事诉讼当事人在内国法院起诉或应诉等问题。外国人的民事诉讼能力包括外国人的民事诉讼权利能力和民事诉讼行为能力。

(一) 外国人的民事诉讼权利能力

外国人的民事诉讼权利能力,是指外国人在内国依法行使民事诉讼权利和承担民事诉讼义务的身份或资格。它是外国人的民事实体权利能力在诉讼领域的必然延伸,是后者的一个组成部分。但是即使一国赋予外国人民事实体权利能力,也并不意味着同时赋予其民事诉讼权利能力。例如,英美法系国家规定交战时被定性为敌性外国人的不得在内国法院起诉。

对于外国人民事诉讼权利能力的确定,各国大都采用了与确定外国人民事实体权利能力相同的法律适用原则——属人法原则,即外国人是否具有民事诉讼权利能力,应依其属人法确定。由此,对于外国人依其本国法不享有的民事诉讼权利能力,他也不能根据国民待遇原则要求在法院地国享有。同时,基于外国人民事诉讼地位上的国民待遇原则,法院地国对于其法律不赋予自己国家同类当事人的民事诉讼权利能力,也同样可以拒绝给予外国人。例如 2002 年《俄罗斯联邦民事诉讼法典》第 339 条第 1 款规定,外国公民、无国籍人的民事诉讼权利能力依其属人法。其第 5 款规定,依据其属人法无诉讼权利能力的人,如果依据俄罗斯法当事人拥有诉讼权利能力,在俄罗斯联邦境内可以视为有诉讼权利能力。

2015年《民诉法解释》第523条规定,外国人参加诉讼,应当向人民法院提交护照等用以证明自己身份的证件。外国企业或者组织参加诉讼,向人民法院提交的身份证明文件,应当经所在国公证机关公证,并经中华人民共和国驻该国使领馆认证,或者履行中华人民共和国与该所在国订立的有关条约中规定的证明手续。代表外国企业或者组织参加诉讼的人,应当向人民法院提交其有权作为代表人参加诉讼的证明,该证明应当经所在国公证机关公证,并经中华人民共和国驻该国使领馆认证,或者履行中华人民共和国与该所在国订立的有关条约中规定的证明手续。本条所称的"所在国",是指外国企业或者组织的设立登记地国,也可以是办理了营业登记手续的第三国。其第524条规定,依照民事诉讼法第264条以及本解释第523条规定,需要办理公证、认证手续,而外国当事人所在国与中华人民共和国没有建立外交关系的,可以经该国公证机关公证,经与中华人民共和国有外交关系的第三国驻该国使领馆认证,再转由中华人民共和国驻该第三国使领馆认证。其第527条规定,当事人向人民法院提交的书面材料是外文的,应当同时向人民法院提交中文翻译件。当事人对中文翻译件有异议的,应当共同委托翻译机构提供翻译文本;当事人对翻译机构的选择不能达成一致的,由人民法院确定。

根据最高人民法院2005年《第二次全国涉外商事海事审判工作会议纪要》第13—14条,外国企业在我国境内依法设立并领取营业执照的分支机构或外国企业、自然人在我国境内设立的"三来一补"企业具有民事诉讼主体资格,可以作为当事人参加诉讼。因它们不能独立承担民事责任,其作为被告时,人民法院可以根据原告的申请追加设立该分支机构的外国企业或设立该"三来一补"企业的外国企业、自然人为共同被告。

2008年最高人民法院《全国法院涉港澳商事审判工作座谈会纪要》第8—10条对香港特区、澳门特区的当事人参加诉讼应提交的材料作了说明。根据《第二次全国涉外商事海事审判工作会议纪要》第16条,外国当事人作为原告时拒不提供身份证明材料的,应裁定不予受理。案件已经受理的,可要求原告在指定期限内补充提供相关资料,期满无正当理由仍未提供的,可以裁定驳回起诉。外国当事人作为被告时,应针对不同情况依据《纪要》第17条作出处理。

(二)外国人的民事诉讼行为能力

外国人的民事诉讼行为能力,是指外国人通过自己的行为有效地行使民事诉讼权利和承担民事诉讼义务的能力,即外国人实际参与国际民事诉讼活动的能力。外国人的民事诉讼行为能力也是其民事实体行为能力在诉讼领域的必然延伸,一般来讲,有完全民事实体行为能力的人亦具有民事诉讼行为能力。

对于外国人民事诉讼行为能力的确定,各国一般也采用了与确定外国人民事实体行为能力一致的法律适用原则——属人法兼行为地法原则。具体到国际民事诉讼领域,则表现为属人法兼法院地法原则,因为外国人所参与的国际民事诉讼活动、进入的国际民事诉讼程序以及实施的国际民事诉讼行为都发生在法院地国,并在法院地国产生相应的法律效力和法律后果。1979年《匈牙利国际私法》第64条规定,当事人在诉讼案件中的权利能力和行为能力适用其属人法,根据属人法没有行为能力或有限制行为能力的非匈牙利公民,如按照匈牙利法具有行为能力,在向匈牙利法院或者其他机关提起的诉讼中应视为具有行为能力。1996年《日本民事诉讼法》第33条中也有类似规定。

对于外国人民事诉讼权利能力和民事诉讼行为能力的法律适用,中国现行立法均未作出明确规定。鉴于外国人的民事诉讼权利能力和行为能力是外国人的民事实体权利能力和行为能力在诉讼领域的延伸,前者是后者的组成部分,对于民事诉讼权利能力和行为能力的法律适用应该可以类推适用中国《涉外民事关系法律适用法》第11条(自然人的民事权利能力,适用经常居所地法律)和第12条(自然人的民事行为能力,适用经常居所地法律。自然人从事民事活动,依照经常居所地法律为无民事行为能力,依照行为地法律为有民事行为能力的,适用行为地法律,但涉及婚姻家庭、继承的除外)的规定。

四、诉讼费用担保制度

(一) 诉讼费用担保制度的概念

诉讼费用担保制度,一般是指外国人或在内国未设有住所的人在内国法院提起民事诉讼时,应被告的请求或依内国法律的规定,为防止原告滥用其诉讼权利或败诉后拒不支付诉讼费用,而由内国法院责令原告预先提供一定的金钱或实物以作为担保的一项制度。在国际民事诉讼中确立诉讼费用担保制度的理由是:国际民事诉讼中的诉讼费用相当高昂,一个没有事实根据的诉讼很容易使被告遭受重大损失,并给法院地国造成经济上的损失和诉讼资源上的浪费;为保证外国原告在法院判定应由其承担诉讼费用时能够支付这笔费用。由于诉讼费用担保制度主要是针对具有外国国籍或住所在外国的原告设立的,因而对外国人在内国的民事诉讼权利显然是一种限制,它往往使得外国人处于与内国人不平等的不利地位,这无疑是与外国人民事诉讼地位上的国民待遇原则相违背的。

除诉讼费用担保制度外,许多国家还规定了诉讼费用预付制度,即要求原告在起诉时预先缴纳民事诉讼费用。不过,两种制度之间显然是有区别的:如果仅仅因为原告是外国人或未在内国设立住所而要求其提供诉讼费用担保,并以此作为受理案件的前提,而对内国人却不作这种要求,此即诉讼费用担保制度;诉讼费用预付制度的前提则是对内国人和外国人一视同仁,并在特殊情况下还允许外国原告申请减免预付诉讼费用。

(二) 关于诉讼费用担保制度的立法与实践

对于应否确立或保留诉讼费用担保制度、具体如何运作,各国的立法和实践并不一致。为便利外国人参与国际民事诉讼,减少或消除对外国人的不合理限制甚至歧视,一些国家开始寻求在互惠或条约的基础上免除诉讼费用担保,以真正贯彻和实现外国人民事诉讼地位上的国民待遇原则。

1. 各国的立法与实践

对于是否要求外国人提供诉讼费用担保、提供担保的范围及免除担保的条件等,各国的态度和做法概括起来主要有以下几种:(1) 不要求外国人提供诉讼费用担保。(2) 在互惠的基础上免除外国人提供诉讼费用担保的义务。(3) 对于满足特定条件的外国原告(例如外国原告在内国有可供扣押的财产)不要求提供诉讼费用担保。(4) 不要求在内国有住所的原告提供诉讼费用担保。(5) 要求所有原告提供诉讼费用担保。(6) 要求所有外国原告提供诉讼费用担保。

2. 国际条约中的规定

各国除力图在互惠的基础上相互免除对方国民的诉讼费用担保义务,还尝试通过国际条约开展此方面的合作,以降低和减少诉讼费用担保制度所带来的不利影响。例如,1954 年海牙《民事诉讼程序公约》第 17 条第 1 款和第 2 款规定:"对在其中一国有住所的缔约国国民在另一国法院作为原告或诉讼参加人时,不得以他们是外国人或者在境内没有住所或居所,命令他们提供任何(不管以何种名称)的担保或保证金。同一原则适用于要求原告或诉讼参加人为担保诉讼费用而缴纳的预付费用。"1980 年海牙《国际司法救助公约》第 14 条第 2 款则重复了《民事诉讼程序公约》的上述内容,并指出同一原则还适用于缔约国的法人。

对于诉讼费用担保问题,中国经历了从要求外国人提供担保到实行在互惠前提下互免担保的变迁过程。最高人民法院于 1984 年发布的《民事诉讼收费办法(试行)》第 14 条第 2 款特别规定:"外国人、无国籍人、外国企业和组织在人民法院进行诉讼,应当对诉讼费用提供担保。"随着中国对外开放的全方位展开,此种仅要求外国当事人提供诉讼费用担保的做法已很不适宜。因此,目前中国已经改为实行在互惠、对等条件下的国民待遇原则。虽然《民事诉讼法》对诉讼费用担保制度未作明确规定,但由最高人民法院 2007 年颁布的《诉讼费用交纳办法》第 35 条对此作了规定:"外国人、无国籍人、外国企业和组织在人民法院进行诉讼,适用本办法。但外国法院对我国公民、法人或者其他组织的诉讼费用负担,与其本国公民、法人或者其他组织在诉讼费用交纳上实行差别对待的,按对等原则处理。"

此外，在中国与一些国家签订的双边司法协助协定中，一般都含有相互免除诉讼费用保证金的条款。例如，1987年《中华人民共和国和法兰西共和国关于民事、商事司法协助的协定》第1条就明确规定："缔约一方的法院对于缔约另一方国民，不得因为他们是外国人而令其提供诉讼费用保证金"，此项规定也"适用于根据缔约任何一方的法律、法规组成的或者准许存在的法人"。

五、司法救助和法律援助

（一）司法救助和法律援助的概念

在当今国际社会，为了确保国家的财政利益并据此以限制当事人轻率地提起诉讼，国家一般在民事案件中都不给予私人以免费的诉讼。然而，作为一种政策却也不能使诉讼成为富人独有的特权，不应该使诉讼费用成为贫困当事人参加诉讼的一种不堪承受的负担。为此，很多国家规定了司法救助和法律援助制度。

在我国，司法救助是指法院对于当事人为维护自己的合法权益，向人民法院提起民事、行政诉讼，但经济确有困难的，实行诉讼费用的缓交、减交、免交。但是，在国际上，司法救助除了包括诉讼费用减免和缓交之外，还可能包括其他费用如执行费用、律师费用、诉讼担保费、证据担保费等的减免和缓交等。根据1980年《国际司法救助公约》第2条的规定，司法救助的范围还包括法律咨询。

法律援助是指为了保证公民享有平等、公正的法律保护，完善社会法律保障制度，由法律援助机构组织法律援助人员，为经济困难或特殊案件的人给予减免收费提供法律服务的一项法律保障制度。在我国，司法救助和法律援助的主要区别是：第一，法律援助的主体是律师、公证员、基层法律工作者等法律服务人员，司法救助的主体是人民法院。第二，法律援助发生于刑事、民事、行政诉讼等所有诉讼活动和非诉调解中，司法救助则只发生于民事、行政诉讼中。第三，法律援助减收、免收的是法律服务费用，司法救助减收、免收的是诉讼费，是国家的财产性资金。

不同国家的法律对享有司法救助和法律援助的资格及条件，以及撤销对司法救助和法律援助的准许等规定是不尽相同的。但一般说来，一国法院通常要考虑下面几方面因素：(1) 当事人确实没有支付诉讼费用的能力；(2) 诉讼并非显然无胜诉希望；(3) 当事人提出了申请；(4) 外国当事人国籍国与内国有条约关系或互惠关系的存在。

（二）中国的规定

中国《民事诉讼法》第118条第2款规定："当事人交纳诉讼费用确有困难的，可以按照规定向人民法院申请缓交、减交或者免交。"2007年《诉讼费用交纳办法》（第六章司法救助）第44条规定，当事人交纳诉讼费用确有困难的，可以依照本《办法》向人民法院申请缓交、减交或者免交诉讼费用的司法救助。我国2003年《法律援助条例》第2条规定,符合本条例规定的公民,可以依照本条例获得法律咨询、代理、刑事辩护等无偿法律服务。

根据《民事诉讼法》第5条和《诉讼费用交纳办法》第35条的规定,中国对外国当事人实行的是互惠的国民待遇原则,为此,外国当事人交纳诉讼费用确有困难的,同样可以向中国人民法院申请缓交、减交或者免交,符合条件的,可申请法律援助。此外,中国跟外国缔结的司法协助条约或协定对诉讼费用的减免一般均作了专门规定。例如,1989年《中华人民共和国和蒙古人民共和国关于民事和刑事司法协助的条约》第12条就规定:"关于在缔约一方境内参加诉讼活动的缔约另一方国民在与该缔约一方国民同等的条件下和范围内减免与案件审理有关的诉讼费用问题,应根据其申请,由受理该申请的缔约一方法院依其本国法规决定。"1991年《中华人民共和国和意大利共和国关于民事司法协助的条约》第4条既规定了税费及诉讼费用的免除,又规定了司法救助。同时,对于申请减免诉讼费用或获得司法救助的程序,中国与外国缔结的司法协助条约或协定一般也作了规定。

六、诉讼代理制度

诉讼代理,是指代理人基于法律的规定、法院的指定或诉讼当事人及其法定代理人的委托,以当事人本人的名义代为进行诉讼活动的一种制度。诉讼代理可分为法定代理、指定代理和委托代理。在国际民事诉讼中,各国关于法定代理和指定代理的制度基于国民待遇原则对内外国人并无太大差异,一般没有形成有别于国内民事诉讼的特别规定,所涉及的主要是委托代理和领事代理。

在国际民事诉讼中,由于国际民商事法律关系尤为复杂,加之国家之间距离遥远,同时存在制度、传统、观念等各方面的差异,再加上外国当事人对法院地国家的法律往往缺乏了解,因而使得诉讼代理制度的意义更显重要。是否允许外国当事人委托诉讼代理人以及可以委托什么样的人担任其诉讼代理人,同样涉及外国当事人的民事诉讼地位问题,并影响到每一个具体的诉讼行为。因此,各国法律一般都对国际民事诉讼中的诉讼代理制度作出了专门规定。[①]

(一)委托代理

国际民事诉讼中的委托代理主要涉及律师代理。在各国的立法和实践中,都允许参与国际民事诉讼的外国当事人委托律师代为进行诉讼。但是,基于一些考虑,各国又一般都规定外国当事人只能委托在内国(法院地国)执业的律师担任诉讼代理人。这是因为:一方面,与外国律师相比,内国律师更熟悉和精通

---

① 参见张潇剑:《国际私法学》,北京大学出版社2000年版,第471页。

内国的法律,从而能够更好地为当事人提供法律服务;另一方面,诉讼是国家行使司法主权的活动,允许外国律师在内国法院以律师身份参与诉讼,等于变相允许外国律师干预内国司法,不利于维护内国司法主权。

也有一些国家或地区规定,允许符合一定条件的外国律师在互惠的基础上在内国执业。外国律师虽被允许在当地开业,但一般仅限于向委托人提供有关律师所属国的法律咨询服务,或代理当事人到律师所属国进行诉讼。例如,在英国,外国律师经英国律师公会认为具有"资格"即准许其加入律师公会。在法国,巴黎律师公会也接纳了若干名外籍律师。①

从各国就诉讼代理人权限的规定来看,可大致分为律师诉讼主义国家和当事人诉讼主义国家。前者的法律规定,当事人必须委托律师作为诉讼代理人参加诉讼,而且律师可基于当事人的授权实施所有的诉讼行为,行使任何诉讼权利,而无需当事人亲自出庭参与诉讼;即使当事人亲自出庭参与诉讼,也仍然必须委托律师进行诉讼。此类国家以法国、德国和奥地利等国为代表。后者则规定无论当事人是否委托了诉讼代理人,当事人本人都必须亲自出庭参与诉讼。此类国家以英国、美国、日本等国为代表。

(二) 领事代理

领事代理是国际民事诉讼中一种特殊的代理制度,是指一国的领事可以根据驻在国的国内法和有关国际条约的规定,在其管辖范围内的驻在国法院,依职权代理派遣国国民或法人参与国际民事诉讼,以保护派遣国国民或法人在驻在国的合法权益。1963 年《维也纳领事关系公约》第 5 条就明确肯定了领事代理制度,当今世界各国也随之普遍接受和采纳了这一制度,许多国家还在其国内立法和双边领事条约中对这一制度作了更加详明的规定。

从《维也纳领事关系公约》及有关国家间的双边领事条约的规定来看,领事代理与律师代理是不同的,两者的区别在于:其一,领事代理是领事官员的一项职权,领事官员为领事代理时,不是以律师身份或私人身份出现,而是以领事官员的身份出现并享有领事特权与豁免;律师代理中的诉讼代理人则是以律师身份出现的。其二,领事是其派遣国国民和法人的当然代理人,领事代理权是领事根据《维也纳领事关系公约》或双边领事条约的规定取得的,无需当事人的特别委托。如果派遣国领事应其本国国民的委托以私人身份或个人名义代理诉讼,则其所为的就不是领事代理而是委托代理。律师代理中的律师则是基于其与被代理人之间的委托代理合同而取得代理权的。其三,领事代理具有临时性,一旦当事人指定了自己的代理人或亲自参加了诉讼,领事代理即告终止。律师代理通常应根据委托代理合同完成被代理人委托的事项后,方能终止代理关系。其

---

① 曾陈明汝:《国际私法原理》(第一集),台湾 1991 年自版,第 154—155 页。

四,领事代理一般是义务的和无偿的,不具有商业性质;律师代理中则往往需由被代理人依合同约定支付律师一定的报酬,具有商业性质。

(三) 中国国际民事诉讼中的诉讼代理制度

中国《民事诉讼法》及相关的司法解释以及中国所缔结或参加的有关国际条约,对中国涉外民事诉讼中的诉讼代理制度作了相应规定。

1. 委托代理

中国《民事诉讼法》第263条规定:"外国人、无国籍人、外国企业和组织在人民法院起诉、应诉,需要委托律师代理诉讼的,必须委托中华人民共和国的律师。"第264条又规定:"在中华人民共和国领域内没有住所的外国人、无国籍人、外国企业和组织委托中华人民共和国律师或者其他人代理诉讼,从中华人民共和国领域外寄交或者托交的授权委托书,应当经所在国公证机关证明,并经中华人民共和国驻该国使领馆认证,或者履行中华人民共和国与该所在国订立的有关条约中规定的证明手续后,才具有效力。"

2015年《民诉法解释》第528条规定,涉外民事诉讼中的外籍当事人,可以委托本国人为诉讼代理人,也可以委托本国律师以非律师身份担任诉讼代理人;外国驻华使领馆官员,受本国公民的委托,可以以个人名义担任诉讼代理人,但在诉讼中不享有外交或者领事特权和豁免。其第529条规定,涉外民事诉讼中,外国驻华使领馆授权其本馆官员,在作为当事人的本国国民不在中华人民共和国领域内的情况下,可以以外交代表身份为其本国国民在中华人民共和国聘请中华人民共和国律师或者中华人民共和国公民代理民事诉讼。

2015年《民诉法解释》第525条规定,外国人、外国企业或者组织的代表人在人民法院法官的见证下签署授权委托书,委托代理人进行民事诉讼的,人民法院应予认可。其第526条规定,外国人、外国企业或者组织的代表人在中华人民共和国境内签署授权委托书,委托代理人进行民事诉讼,经中华人民共和国公证机构公证的,人民法院应予认可。根据2005年《第二次全国涉外商事海事审判工作会议纪要》第22—23条,在签署授权委托书时,该法定代表人或者负责人应向人民法院提供外国法人、其他组织出具的办理了公证、认证或者其他证明手续的能够证明其有权签署授权委托书的证明文件。外国当事人将其在特定时期内发生的或者将特定范围的案件一次性委托他人代理,人民法院经审查可以予以认可。该一次性委托在一审程序中已办理公证、认证或者其他证明手续的,二审或者再审程序中无需再办理公证、认证或者其他证明手续。

最后,根据我国2008年《国家司法考试实施办法》第15条的规定,外国人不能报名参加我国的国家司法考试。但是中国在加入世界贸易组织时,对服务贸易中的法律服务作了相应承诺。截至2017年年底,共有来自23个国家和地区的242家律师事务所在中国(内地)设立了308家代表机构,其中外国律师事务所驻华代表机构244家,香港律师事务所驻内地代表机构64家,有11家香港律师事务所与内地律师事务所建立了合伙型联营律师事务所,有4家在上海自贸区设立代表处的外国律师事务所与中国律师事务所实行联营。但是,外国律师仍不得以律师身份在中国法院出庭参与诉讼,不得从事中国法律事务,他们的业务主要在于向当事人提供该律师事务所律师已获准从事律师执业业务的国家法律的咨询,以及有关国际条约、国际惯例的咨询;接受当事人或者中国律师事务所的委托,办理在该律师事务所律师已获准从事律师执业业务的国家的法律事务。[1]

根据司法部2008年《取得国家法律职业资格的台湾居民在大陆从事律师职业管理办法》的规定,参加大陆举行的国家司法考试合格,取得《法律职业资格证书》的台湾居民,可以在大陆申请律师执业,可以采取担任法律顾问、代理、咨询、代书等方式从事大陆非诉讼法律事务,也可以采取担任诉讼代理人的方式从事涉台婚姻、继承的诉讼法律事务。根据2013年修改的《取得内地法律职业资格的香港特别行政区和澳门特别行政区居民在内地从事律师职业管理办法》和2013年《关于取得内地法律职业资格并获得内地律师执业证书的港澳居民可在内地人民法院代理的涉港澳民事案件范围的公告》,港澳居民可以代理5类237种涉港澳民事案件:婚姻家庭、继承纠纷,合同纠纷,知识产权纠纷,与公司、证券、保险、票据等有关的民事纠纷,与上述案件相关的适用特殊程序案件。

2. 领事代理

在领事代理方面,中国作为《维也纳领事关系公约》的成员国,也是承认并采用领事代理制度的。在中国先后与美国、意大利、印度、波兰、匈牙利、罗马尼亚、朝鲜、蒙古、老挝、土耳其、阿根廷、古巴、墨西哥、立陶宛等许多国家签订的双边领事条约中,均规定了领事代理制度。

第二节 国际民事管辖权

一、国际民事管辖权的概念、分类与意义

(一) 国际民事管辖权的概念

国际民事管辖权,是指一国法院或具有审判权的其他司法机关受理、审判具有国际因素的民商事案件的权限。从一国法院的角度,国际民事管辖权亦称涉外民事管辖权,是一种司法管辖权。作为一种司法管辖权,国际民事管辖权具有法定性和强制性,一般不允许当事人协商约定或选择(特定范围内的国际民商

---

[1] 参见中国司法部2004年修改的《关于执行〈外国律师事务所驻华代表机构管理条例〉的规定》和2015年修改的《香港、澳门特别行政区律师事务所驻内地代表机构管理办法》。

事案件除外），这就与国际商事仲裁中的仲裁管辖权存在很大的区别，后者是源于当事人根据意思自治原则达成的仲裁协议的一种管辖权，不具有强制性。

（二）国际民事管辖权的分类

从不同的角度、根据不同的标准，可将国际民事管辖权分为以下几类：

（1）对人诉讼管辖权和对物诉讼管辖权。以诉讼目的为标准而将国际民事管辖权区分为对人诉讼管辖权和对物诉讼管辖权，是英美法系国家的做法。对人诉讼的目的在于解决当事人对于所争执的标的物的权利与利益，在英国是指针对某人提起的诉讼，以迫使他从事某种行为或不从事某种行为，前者如偿还债务，赔偿因违约或侵权造成的损失，或依约履行义务，后者如通过法院发出强制禁令迫使他不从事某种行为。[①] 法院判决的效力仅及于诉讼中的双方当事人，法院对这种诉讼的管辖权一般以有关诉讼的传票能否送达给被告为基础。[②] 而对物诉讼的目的则在于通过法院的判决确定某一特定财产的权利和当事人的权利，判决的效力不仅及于有关的双方当事人，且及于所有与当事人或该特定财产有法律关系的其他人。英国法中唯一的对物诉讼是指对船舶或与船舶有关的其他货物如船货，或者对飞行器或气垫船的海事诉讼。在美国，遗嘱检验、海事和无人继承财产诉讼属于一般的对物诉讼，也有学者主张把有关身份问题的诉讼也识别为对物诉讼。在美国还存在准对物诉讼，如取消抵押权、财产分割、判决产权归属、收回不动产以及特定的恢复动产等诉讼。法院对这种诉讼的管辖权一般以有关标的物在法院国境内或有关当事人的住所或惯常居所在法院国境内为基础。例如英国和美国对于涉外离婚、收养、扶养和监护案件，都是依住所或惯常居所确定管辖权。如英国1973年《住所及婚姻诉讼法》规定，只要配偶一方于离婚诉讼提起之日在英国有住所，或于此前在英国设有一年以上的惯常居所，英国法院即享有管辖权。美国1971年《第二次冲突法重述》第78条规定，凡收养人或被收养人的住所在该州，以及收养人和被收养人或对被收养儿童有合法保护权的人愿意服从该州的对人管辖，该州便可行使此种管辖权。

（2）属地管辖权和属人管辖权。属地管辖权和属人管辖权是大陆法系国家基于其确定管辖权的侧重点不同而对国际民事管辖权所作的分类。属地管辖权侧重于法律事实或法律行为的地域性质或属地性质，强调一国法院对其所属国领域内的一切人和物以及法律事件和行为都具有管辖权，管辖权的基础是被告在法院地国境内设有住所或惯常居所，或者物之所在地或法律事件和行为发生地位于该国领域内；属人管辖权则侧重于诉讼当事人的国籍，强调一国法院对

---

① Lawrence Collins and Others, Dicey, Morris and Collins on the Conflict of Laws, 14th ed., Sweet & Maxwell, 2006, p.306.
② 欧福永：《英国民商事管辖权制度研究》，法律出版社2005年版，第131页。

于其本国国民参与的诉讼具有管辖权,管辖权的基础是诉讼当事人中有一方是法院地国的国民。如 1987 年《瑞士联邦国际私法法规》第 79 条规定,子女的惯常居所地或作为被告一方的父或母的住所地或惯常居所地的瑞士法院,或者子女或作为被告一方的父母在瑞士既没有住所,又没有惯常居所,但只要其中一方具有瑞士国籍的,其国籍所在地的瑞士法院,有权受理请求支付扶养费的诉讼和由母亲提出的请求支付生育子女和抚养子女的补偿费的诉讼。

(3)专属管辖权和任意管辖权。专属管辖权和任意管辖权是各国都采取的一种分类。综观各国的立法和实践,一般都将那些标的与国家的公共政策或重大的政治、经济问题联系紧密的法律关系无条件地划归内国法院专属管辖的范围,而排除任何其他国家法院的管辖权。反之,对于那些与国家和社会重大政治、经济利益关系不大,对内国国民的重大利益影响不大的诉讼,则实行任意管辖,即规定既可由内国法院管辖,也可由外国法院管辖。在任意管辖的情况下,原告可依法选择管辖法院。

(4)强制管辖权和协议管辖权。以是否允许当事人协议确定管辖权为标准可将国际民事管辖权区分为强制管辖权和协议管辖权。前者是指一国基于某些案件的审理与国家社会、政治、经济的稳定与发展,与国家的重大利益密切相关这一考虑,规定由内国法院统一行使管辖权,不允许当事人单方或双方任意改变;后者则是指一国对于某些不影响国家重大政治、经济利益的案件允许当事人双方通过协议交由某国法院管辖。协议管辖原则是意思自治原则在国际民事诉讼领域的延伸和体现,已为当今世界各国所普遍接受和采用。

协议管辖原则具有以下优点:首先,该原则不仅有助于避免或减少因有关国家关于国际民事管辖权的规定过于刻板、僵硬而可能造成的不公平、不合理管辖的现象,而且借当事人之手使各国间的国际民事管辖权冲突轻松而巧妙地得到了解决。其次,承认协议管辖能实现当事人之间诉讼权利和实体权利的平衡,并能有效防止和减少一事两诉现象的产生。最后,当事人双方可在签订协议时对法院办案的公正性、诉讼所用语言及交通方面的便利程度、双方对诉讼所适用程序的熟悉程度、判决的可执行程度及费用的可接受程度等因素进行全面的考虑和权衡,大大增强了国际民事诉讼的确定性和可预见性,有利于维护交易安全及交易双方的合法权益。

采用协议管辖原则,通过当事人的协议赋予一些法院以管辖权,同时也剥夺一些法院的管辖权。因此,几乎所有国家都在采用协议管辖原则,充分尊重当事人自主选择管辖法院权利的同时,又对协议管辖原则的运用作出一定限制。

对协议管辖原则的限制主要表现在以下几个方面:其一,协议管辖不得违反一国的公共秩序和专属管辖。其二,协议选择的法院不得存在重大的不方便。其三,协议管辖不应与弱者保护原则相抵触。例如根据欧盟理事会 2012 年《关于民商事案件管辖权及判决承认与执行的条例》第 18 条,在有消费者参与订立的合同出现纠纷时,消费者可在自己住所地成员国法院或对方住所地成员国法院对合同另一当事方提起诉讼;反之,当消费者作为被告时,诉讼只能由消费者住所地成员国法院管辖。其四,当事人在所选定的法院必须能获得有效的救济。其五,在未订有明示的管辖协议的当事人之间,如果争议发生后一方当事人向一国法院提起诉讼,另一方当事人出庭抗辩该法院的管辖权而非应诉答辩,不能被推定为在当事人之间达成了默示管辖协议,因为被告的出庭并不构成对该法院管辖权的服从。

主合同的无效是否同时导致合同中的选择法院条款无效？美国最高法院已承认选择法院条款的独立性原则。1980 年《联合国国际货物销售合同公约》第 81 条第 1 款规定:宣告合同无效不影响合同中关于解决争端的任何规定。争端解决条款当然包括选择法院条款。2005 年海牙《协议选择法院公约》第 3 条规定,构成合同一部分的排他性选择法院协议应被视为与合同其他条款独立的条款。排他性选择法院协议的有效性不能仅因合同无效而被异议。我国《合同法》第 57 条规定,合同无效、被撤销或者终止的,不影响合同中独立存在的有关解决争议方法的条款的效力。2006 年《关于内地与香港特别行政区法院相互认可和执行当事人协议管辖的民商事案件判决的安排》第 3 条也规定,除非合同另有规定,合同中的管辖协议条款独立存在,合同的变更、解除、终止或者无效,不影响管辖协议条款的效力。

随着时代的进步,各国间民商事交往与合作的日益密切以及科技的迅猛发展和商业实践的深刻变化,协议管辖原则在晚近也呈现出一些新的发展趋势,主要表现在以下几个方面①:

其一,管辖协议的形式要件日益放宽。许多国家主张对管辖协议的书面形式作扩大和灵活的解释,将电子方式或其他新的技术方式包括进来了。

其二,协议管辖的适用范围日益拓展。各国均允许在涉外合同案件中适用协议管辖,但对于在合同以外的其他涉外民商事案件中是否允许当事人协议选择法院,则存在分歧。晚近的发展趋势是,越来越多的国家开始打破陈规,逐渐将协议管辖原则广泛适用于身份、婚姻家庭、继承等原先被视为禁区的领域。

其三,协议选择的法院与案件之间的联系日益淡化。对于当事人协议选择的法院是否必须与案件之间有一定的联系,存在两种对立的观点。英、美等国家认为,当事人选择的法院与案件没有联系并不影响管辖协议的效力,不会对当事人将争议提交给与当事人及其争议均无联系但有着处理某类案件丰富经验的法

---

① 参见邓杰:《论国际民事诉讼中的协议管辖制度》,载《武汉大学学报(社会科学版)》2002 年第 6 期,第 666—667 页。

院审理构成妨碍。① 另一种相反的观点则是要求当事人选择的法院必须是与争议和案件有着直接联系或实质性联系的地点的法院。晚近颁布的国际私法大都没有要求当事人必须选择与案件有联系的法院,体现了这种新趋势。

(5) 直接管辖权和间接管辖权。国际民事管辖权有直接管辖权和间接管辖权之分,前者是指一国法院依内国的程序法决定自己能否直接审理涉外民商事案件;后者则是指一国法院在承认和执行外国民商事判决时,依内国的程序法决定的该外国法院的审判管辖权问题。② 直接管辖权规则规定内国法院对涉外民商事案件有无审判管辖权,因而内国法院据以决定是否应受理向它提起的诉讼;而间接管辖权规则规定作出判决的外国法院对涉外民商事案件有无审判管辖权,因而内国法院据以决定是否承认和执行其判决。间接管辖权将在后面的章节中另加阐述。

(三) 国际民事管辖权的意义

国际民事管辖权具有十分重要的意义,具体表现在以下几个方面:

(1) 国际民事管辖权是国家主权的体现。国际民事管辖权是国家主权在国际民事诉讼领域的延伸和体现。派生自国家主权的属地优越权和属人优越权,反映在国际民事管辖权上即为属地管辖权和属人管辖权。

(2) 国际民事管辖权的确定是一国法院受理和审判涉外民商事案件的前提。一国法院对涉外民商事案件是否有管辖权,确定管辖权的依据或标准如何,都是国际民事诉讼程序应首先解决的问题。

(3) 国际民事管辖权的确定直接影响到案件的审理结果。除允许反致发生的情况下,各国法院一般都只依其本国冲突规则的指引确定适用于涉外民商事案件的准据法,而各国制定的冲突规则往往又是不同的,或即使相同,也可能会因为识别方面的冲突而导致援引不同的准据法。因此,同一涉外民商事案件由不同国家的法院管辖,就可能会因为适用不同的冲突规则或援引不同的准据法而得出不同甚至相互抵触的判决结果,从而影响当事人的实体权利义务关系。

正是由于国际民事管辖权所具有的上述重要意义,各国一直以来在国际民事管辖权上的斗争十分激烈而且复杂。一方面,一些国家极力扩张本国法院管辖权的范围,如美国的"长臂管辖"(long arm jurisdiction)原则③即是如此;另一

---

① 例如,国际海运合同当事人常常将争议提交给具有丰富海事诉讼经验的英国法院审理,尽管争议与英国并无实际的联系,英国法院仍会认可该管辖协议的效力。

② 参见李浩培:《国际民事程序法概论》,法律出版社1996年版,第120页。

③ 长臂管辖,是指当被告的住所不在法院所在的州,但和该州有某种最低限度的联系(如在本州拥有财产、从事商业活动、实施了侵权行为等),而且所提起利要求的产生又和这种联系有关时,就该项权利而言,该州对于该被告有属人管辖权,可以在州外对被告发出传票。对于什么是最低限度的联系,美国最高法院从来没有下过定义。它在1958年的一个判决中指出,最低限度的联系是指被告以某种行为有目的地在法院地从事活动并接受该州法律赋予的利益和保护。由此可见,这一概念具有相当的灵活性。在 Digital Equipment Corporation 诉 Altavista Technology 一案中,法官认为被告的网络行为以及通过网站在马萨诸塞州进行销售和宣传的行为构成了"在马萨诸塞州从事营业活动"。

方面,当事人也希望由对自己有利的国家的法院来行使管辖权,并由此大量衍生了择地行诉、挑选法院的现象。凡此种种,更进一步加剧了各国在国际民事管辖权方面的争夺。

二、国际民事管辖权的冲突与协调

国际民事管辖权的冲突,包括积极冲突和消极冲突,是指几个国家根据其国际民事管辖权制度中所确立的原则或规则对同一涉外民商事案件均主张管辖或均拒绝管辖的现象。管辖权的积极冲突会产生平行诉讼,即相同当事人就同一争议基于相同事实以及相同目的在两个以上国家的法院进行诉讼的现象。如果任由平行诉讼发生,将导致各国司法资源的严重浪费和当事人诉讼成本的增加。

(一)国际民事管辖权冲突的原因

国际民事管辖权之所以产生冲突,主要是基于以下两方面的原因:

(1)各国的国际民事管辖权制度存在差异和分歧。迄今为止,除有关外国国家、外国国家元首、外交代表以及国际组织及其官员享有司法豁免权的原则已为世界各国所公认外,国际社会尚未形成一套统一的国际民事管辖权制度。而各国之间由于其各自在社会、政治、经济、文化以及法律等各方面的巨大差别,因而所确立的国际民事管辖权制度也存在较大的差异和分歧。这主要表现在两个方面:其一,各国所采用或倚重的管辖权原则或标准不尽一致。其二,各国对涉外民商事案件的定性或对管辖权标准的识别不尽一致。

(2)当事人择地行诉(forum shopping)。由于各国所实行的实体法、程序法、冲突法以及公共政策各有不同,因此,涉外民商事争议当事人在选择法院时势必要权衡在某一国家法院进行诉讼的利弊,不同当事人往往就会各自选择在对自己最为有利的法院进行诉讼,或者在一方当事人已选择在一国法院起诉的情况下,另一方当事人通过提出对该国法院管辖权的抗辩并向另一对自己有利的国家的法院起诉,以使诉讼朝最有利于自己的方向发展。而且,在利益追求的驱动下,即使同一当事人也可能选择在多个国家的法院起诉,从而实现个人利益的最大化。① 另一方面,受诉法院基于维护国家主权和本国政治、经济、社会利益的需要,也会根据案件与本国及本国当事人之间的利害关系决定是否予以受理。而一旦受诉法院均决定受理或拒绝受理案件,国际民事管辖权的冲突就现实而具体地产生了。

(二)国际民事管辖权冲突的协调

1. 国际民事管辖权冲突协调的途径

第一,通过国内法进行协调的途径。各国在进行确定国际民事管辖权的立

---

① 参见徐卉:《涉外民商事诉讼管辖权冲突研究》,中国政法大学出版社2001年版,第47—48页。在国际上,理论和实务界对择地行诉或者挑选法院行为的态度存在很大分歧,形成了赞成和反对的两派。

法和司法活动时,尽量与国际社会在这一领域的一般做法接近或一致,一方面努力推动本国国际民事管辖权制度的现代化和国际化,另一方面则在此基础上尽早实现各国国际民事管辖权制度的协调和趋同。

第二,通过国际法进行协调的途径。各国基于国际交往与合作的需要,制定或达成一些统一国际民事管辖权原则、规则或标准的国际条约,是从根本上避免和消除国际民事管辖权冲突的更高级和更有效的途径和方法。在此方面,一些区域性的尝试和努力已经取得了很大的成功,如欧共体 1968 年《布鲁塞尔公约》及欧共体和欧洲自由贸易联盟 1988 年《卢迦洛公约》。

2. 协调国际民事管辖权冲突应考虑的原则

一般认为,要实现国际民事管辖权冲突的协调,一般应考虑以下原则:

(1) 适当限制专属管辖的范围与扩大协议管辖的范围。鉴于专属管辖所具有的强制性和排他性,各国显然不宜将其范围确定得过于宽泛。否则,将不仅直接导致国际民事管辖权的积极冲突,而且这种冲突往往难以协调。协议管辖作为一项能有效协调国际民事管辖权冲突的原则,已为世界各国所普遍接受和采用。打破传统观念和实践的束缚,在尽可能广泛的领域或范围内确立和运用协议管辖,当是协调国际民事管辖权冲突最明智的选择。

(2) 便利诉讼原则与不方便法院原则。便利诉讼原则,是指当依管辖法院国的法律规定对某一涉外民商事案件本无管辖权,而由于诉讼的便利条件,当事人迫切要求在该国获得法律救济时,该国法院应从便利诉讼当事人出发,裁定本国法院享有管辖权。便利诉讼原则对于解决国际民事管辖权的消极冲突,对涉外民商事案件实施必要、合理的管辖,为当事人提供及时、必要的司法救济,显然有着十分重要的意义。与便利诉讼原则相对的是不方便法院原则(principle of forum non conveniens),它是指法院在受理某一涉外民事案件时,发现在本国法院受理该案对法院与当事人都不方便,并且又存在着另一国法院可作为受理此案的替代法院,于是法院便以本院是非方便法院为由,拒绝行使管辖权,以避免平行诉讼的发生的原则。两者之间有着辩证统一的关系:两者都是以是否方便诉讼当事人为核心,只是前者是从正面强调有关法院应为当事人提供诉讼便利,旨在消除国际民事管辖权的消极冲突;而后者是从反面强调当原本具有管辖权的法院审理某一涉外民商事案件将给当事人及司法带来不便时,应拒绝行使管辖权,有利于消除国际民事管辖权的积极冲突。因此,两者具有异曲同工之妙,其作用是互补的。①

(3) 有效原则。有效原则,是指各国在确定国际民事管辖权时,应考虑确保

---

① 参见李先波:《论国际民事管辖权协调的基本原则》,载《中国国际私法与比较法年刊》(第 3 卷),法律出版社 2000 年版,第 574 页。

所确定的管辖法院所作出的判决能得到承认和执行。根据该原则,管辖国若不能保证就特定案件作出的判决予以执行或得请求他国执行,则不宜对该案件行使管辖权。有效性原则既是实现法律制度本身的需要,也是保护诉讼当事人利益的需要;既是确定国际民事管辖权的重要原则,也是协调国际民事管辖权冲突的重要原则。

(4) 先受理法院管辖原则和禁诉令。先受理法院管辖原则是针对国际民事诉讼中的平行诉讼现象而提出和确立的。先受理法院管辖原则,是指在出现一事两诉、平行诉讼的情况下,原则上应由最先受理的国家的法院行使管辖权,其他国家的法院不得再重复受理或管辖。根据该原则,首先,后受诉法院在知悉同一案件已由当事人在他国法院提起并已受理时,就应不再受理相同当事人(无论他在前一诉讼中是原告还是被告)的起诉;若是在诉讼程序进行中知悉的,则应中止诉讼、暂停审理。当然,这只是一般原则,后受诉法院在决定自己是否对相同当事人的同一诉讼不予受理或暂停审理时,还应考虑先受诉法院行使管辖权是否适当、合理,是否与本国的专属管辖相抵触,原告是否可在先受诉法院获得充分的救济,以及自己不予受理或暂停审理是否真正有助于防止或减少无意义的重复,等等。其次,后受诉法院在先受理法院已就同一案件作出判决时,应在一定条件下对其判决予以承认或执行。通常,只要该案件不属于内国法院专属管辖的范围,而且该外国法院对该案件的判决是公正合理的,也不违反内国的公共秩序,内国法院就应予承认和执行。

禁诉令(anti-suit injunctions)是一国法院对系属该国法院管辖的当事人发出的,阻止他在外国法院提起或者继续进行已提起的、与在该国法院未决的诉讼相同或者相似的诉讼的限制性命令。禁诉令是英国、美国、加拿大、澳大利亚和中国香港特别行政区等英美法系国家和地区常用的一种对抗挑选法院和平行诉讼的措施,大陆法系的部分国家,如德国和法国也采用过禁诉令制度。此外,巴基斯坦等普通法系国家和巴西、阿根廷、埃塞俄比亚、印度尼西亚和加拿大魁北克省等大陆法系国家和地区的法院还签发过阻止外国仲裁程序的禁诉令(该禁诉令更可取的名称应该是反仲裁禁令:anti-arbitration injunction)[①]。一般地,可以签发禁诉令阻止当事人提起或继续参加的相同或者相似诉讼有:违反排他性法院选择协议或者仲裁协议而在非约定管辖地提起的;明显违反受理禁诉令申请的国家的重要公共政策的;是纠缠性、欺压性或者极不公正的;很有必要由受理禁诉令申请的法院行使管辖权的。法院在审查禁诉令申请时特别会考虑以下因素:一是几个争议解决程序的当事人和争议点是否相同或者基本相同;二是方便

---

① Emmanuel Gaillard, Anti-suit Injunctions in International Arbitration (IAI Seminar, Paris, November 21, 2003), 2005, 1, 34—37, 66, 70.

的权衡和申请人司法上的优势;三是几个争议解决程序开始的先后及其进展;四是受理禁诉令申请的国家能否通过签发禁诉令获得利益。违反禁诉令的当事人将被判为藐视法庭,可被处以罚金、监禁并赔偿对方当事人的损失等制裁。对当事人通过违反禁诉令而获得的裁决,可不予承认和执行。由于禁诉令的冒犯性,有干预他国司法主权之嫌,一些国家不承认外国的禁诉令。

中国当事人曾多次试图利用外国的禁诉令制度,如在美国法院审理的 China Trade & Dev. Corp. v. M. V. Choong Yong 案中,中国当事人曾向美国纽约南区联邦地区法院成功申请了禁诉令。在 Gau Shan Co., Ltd. v. Bankers Trust Co. 案中,该法院为中国香港地区当事人签发了禁诉令。同时,中国当事人也遭受过外国法院签发的禁诉令,如在青岛海事法院审理深圳市粮食集团有限公司诉美景伊恩伊公司(Future E. N. E)提单运输货物损害纠纷案期间,英国高等法院对中国当事人签发了禁止在中国法院进行诉讼,并只能根据仲裁条款向约定的英国仲裁机构提起仲裁的禁诉令。此外,在 First Laser Ltd. v. Fujian Enterprises(Holdings) Co. Ltd. & Jian an Investment Limited 案中,中国澳门地区的当事人曾经向香港法院申请禁诉令,禁止在福建省高级人民法院进行诉讼。[①]

(5) 积极发展和确立合理管辖权的共同标准。在国内和国际的立法和实践中,各国摒弃各自原先一些僵硬、扩张的管辖权标准,共同寻求、发展和确立一些富于弹性、易于调和、彼此接近的更为合理的管辖权标准,并对其作出统一界定,无疑是避免和减少以及协调国际民事管辖权冲突的有效途径。例如,20 世纪中期两大法系在国籍和住所之间创立的惯常居所这一连结点,已成为避免和解决法律冲突和国际民事管辖权冲突的重要工具。

三、关于国际民事管辖权的国际规则

为协调国际民事管辖权冲突,国际社会通过努力缔结了一些国际条约,以统一各缔约国法院确定和行使国际民事管辖权的原则、规则或标准。其中几个较具影响的国际规则有 1928 年《布斯塔曼特法典》(第四卷为国际程序法)、1968 年《布鲁塞尔公约》(适用于欧共体国家之间)、1988 年《卢迦洛公约》(2007 年修订,在所有实质方面与 1968 年《布鲁塞尔公约》相一致,目前适用于欧共体国家和瑞士、冰岛、挪威三个欧洲自由贸易联盟成员国之间)、欧盟第 1215/2012 号《关于民商事案件管辖权及判决承认与执行的条例》(它取代了欧盟第 44/2001 号条例)和 2005 年海牙《协议选择法院公约》。下面简要介绍《协议选择法院公约》。

海牙国际私法会议自 1992 年便开始酝酿制定关于管辖权及判决承认与执

[①] 关于禁诉令,详见欧福永:《国际民事诉讼中的禁诉令》,北京大学出版社 2007 年版。

行的全球性混合"大公约"的计划,终因各国对 1999 年推出的公约临时草案分歧太大而搁浅,代之以制定一个仅规范商事交往中排他选择法院协议的"小公约"的新计划。根据该计划制定出来的《协议选择法院公约》于 2005 年 6 月 30 日在海牙国际私法会议第二十届会议上获得通过,2015 年 10 月 1 日生效。截至 2018 年 1 月,《公约》已有 30 个成员。目前,海牙国际私法会议正在起草《外国法院判决承认与执行公约》,2017 年 11 月,特别委员会在海牙举行了第三次会议,并于随后对外公布了《海牙判决承认公约》草案。

《公约》共 5 章 34 条。第一章"范围和定义"共 4 条,是关于《公约》适用范围和《公约》中所使用的一些概念的解释性规定。第二章"管辖权"共 3 条,规定被选择法院行使管辖权的义务、未被选择法院不得行使管辖权的义务以及《公约》不适用于临时保护措施的规定。第三章"承认和执行"共 8 条,是《公约》最核心的部分。第四章"一般条款"共 11 条,主要是关于《公约》适用中的一些特殊事项的规定。第五章"最后条款"共 8 条,系海牙国际私法公约通常条款,主要是关于《公约》加入、批准、生效和保存等的缔约程序性规定。

(1)《公约》的适用范围及限制。《公约》适用于民商事事项的国际性案件中所签订的排他性选择法院协议。就民商事案件的国际性而言,除下列案件外所有案件均是国际性案件:当事人在同一个缔约国居住,且当事人之间的关系和除被选法院的地点外的与争议相关的所有其他因素都只与该国相联系。就判决的承认和执行而言,只要被寻求承认和执行的是外国的判决,便是国际性案件。

《公约》中所称的排他性选择法院协议是指当事人以书面形式或以其他任何提供可获取的信息以备日后援用的通讯方式所达成的为解决与某一特定法律关系有关的业已产生或可能产生的争议目的,而指定一个缔约国法院,或一个缔约国的一个或多个特定法院,以排除其他任何法院管辖权的协议。《公约》规定,除非当事人另有明示约定,指定一个缔约国法院,或一个缔约国的一个或多个特定法院的选择法院协议应被认为是排他的。但是,由于实践中还有非排他性的选择法院协议,为此《公约》规定:对基于非排他性选择法院协议行使管辖权的法院作出的判决,原审法院和被请求法院如相互声明可承认与执行该类判决,则判决可予承认与执行,条件是就相同当事人间相同诉因的案件不存在其他判决也不存在未决诉讼,而且原判决作出地法院是首先受案的法院。该《公约》还确立了排他性选择法院协议有类似于"仲裁条款自治"的效力,即构成合同一部分的排他性选择法院协议应被视为与合同其他条款独立的条款。排他性选择法院协议的有效性不能仅因合同无效而被异议。

根据《公约》第 2 条第 1 款,《公约》不适用于下列排他性选择法院协议:一是一方当事人是自然人(消费者),且其行为主要为私人、家庭或居家目的而进行;二是涉及雇佣合同,包括集体协议。《公约》第 2 条第 2 款规定它不适用于一些事项。而且缔约国可以通过声明,将除上述《公约》第 2 条第 2 款所排除事项外的任何特殊事项排除出《公约》的适用范围。

(2)统一管辖权规定。《公约》确立了在国际民商事管辖中排他性选择法院协议具有优先的效力,首先是被当事人选择的法院必须行使管辖权,不应以该争议应由另一国家的法院审理为由拒绝行使管辖权,即原则上排除了不方便法院原则的适用。同时,除被选择法院所在国以外的缔约国法院应拒绝管辖或中止程序,除非:该协议按被选择法院国家的法律是无效的和不能生效的;按照受理案件的法院地法律一方当事人缺乏签订该协议的能力;承认该协议效力将导致明显的不公正,或者明显违背受理案件国家的公共秩序;基于当事人不可控制的特别原因,该协议不能合理得到履行;被选择法院已决定不审理此案。《公约》第 5 条第 3 款规定了两项被选择法院管辖权的例外,即涉及客体或索赔金额的管辖,以及对缔约国国内法院间管辖权的划分,当事人不能通过选择法院协议来确定这些问题的管辖法院。但是,被选择法院在判断是否将案件移送时应合理考虑当事人的选择。

(3)外国法院判决承认与执行的规定。建立统一的外国法院判决的承认与执行制度是《公约》所追求的目标之一。在这方面《公约》首先规定了缔约国承认和执行排他性选择法院协议所指定的其他缔约国法院所作判决的一般义务。然后,列举了可以拒绝承认或执行判决的一些例外情形:第一,该协议按被选择法院地法律是无效的和不能生效的;第二,按照被请求承认与执行地法律一方当事人缺乏签订该协议的能力;第三,提起诉讼的文书或同等文件,包括请求的基本要素,没有在足够的时间内并以一定方式通知被告使其能够安排答辩,除非被告在原判决作出地出庭答辩但未就通知问题提出异议,而且判决作出地法律允许就通知提出异议;在被请求国通知被告的方式与被请求国有关文件送达的基本原则不符。第四,该判决是通过与程序事项有关的欺诈获得的;第五,承认或执行将会与被请求国的公共政策明显相悖,包括导致该判决的具体诉讼程序不符合被请求国基本的程序公正原则;第六,该判决与被请求国就相同当事人之间争议所作的判决相冲突,或者该判决与先前第三国就相同当事人相同诉因所作出的判决相冲突,且这一判决满足在被请求国得到承认或执行的条件。

《公约》还禁止法院对判决事实进行审查;被请求国法院受原审法院所认定的作为其行使管辖权基础的事实认定的约束(第 8 条第 2 款)。外国法院判决的承认和执行程序适用被请求国家的法律。被请求法院应快速办理。

《公约》规定:如果一个判决裁定损害赔偿,包括惩戒性或惩罚性损害赔偿,在赔偿不是补偿一方当事人的实际损失或所遭受的损害的情形下,则在该范围内判决的承认或执行可予拒绝。被请求法院应考虑原审法院所裁定的损害赔偿是否,以及在多大程度上涵盖所涉诉讼的费用和开销。排他性选择法院协议中所指定的缔约国法院批准的,或者在诉讼进行中在该法院所达成的,且在原审国可以如判决一样获得执行的司法和解,应如判决一样依据本《公约》获得执行。此外,对于判决的可分割部分应予承认与执行,只要该部分的承认和执行可适用本《公约》,或者仅判决的部分可以依据本《公约》获得承认和执行。

四、中国关于国际民事管辖权的规定

（一）中国国内立法及相关司法解释中的规定

1. 中国《民事诉讼法》及相关司法解释中的规定

中国《民事诉讼法》除在第二章就民事管辖权问题作了一般规定外,还在第二十四章就涉外民商事案件的管辖权问题作了特别规定。2015年《民诉法解释》还就管辖权问题作了补充规定。

（1）普通管辖。

与大多数国家一样,中国也是以被告住所地或经常居住地为普通管辖的依据,即采原告就被告的做法。根据中国《民事诉讼法》第21条及相关司法解释的规定,凡涉外民商事案件中的被告住所地在中国境内的,中国法院就有管辖权;被告的住所地与经常居住地不一致的,只要其经常居住地在中国境内,中国法院也有管辖权。以上所称被告包括自然人、法人或其他经济组织。

（2）特别管辖。

中国《民事诉讼法》第23条至第32条对特别管辖作了十分详细的规定:因合同纠纷提起的诉讼,由被告住所地或合同履行地法院管辖;因保险合同纠纷提起的诉讼,由被告住所地、保险标的物所在地法院管辖;因票据纠纷提起的诉讼,由票据支付地或被告住所地法院管辖;因铁路、公路、水上、航空运输和联合运输合同纠纷提起的诉讼,由运输始发地、目的地或被告住所地法院管辖;因侵权行为提起的诉讼,由侵权行为地或被告住所地法院管辖;因公司设立、确认股东资格、分配利润、解散等纠纷提起的诉讼,由公司住所地人民法院管辖;因铁路、公路、水上和航空事故请求损害赔偿提起的诉讼,由事故发生地或车辆、船舶最先到达地、航空器最先降落地或被告住所地法院管辖;因船舶碰撞或其他海事损害事故请求损害赔偿提起的诉讼,由碰撞发生地、碰撞船舶最先到达地、加害船舶被扣留地或被告住所地法院管辖;因海难救助费用提起的诉讼,由救助地或被救助船舶最先到达地法院管辖;因共同海损提起的诉讼,由船舶最先到达地、共同海损理算地或航程终止地法院管辖。

2015年《民诉法解释》第18条规定,合同没有实际履行,当事人双方住所地都不在合同约定的履行地的,由被告住所地人民法院管辖。其第21—26条规定,因财产保险合同纠纷提起的诉讼,如果保险标的物是运输工具或者运输中的货物,可以由运输工具登记注册地、运输目的地、保险事故发生地人民法院管辖。

因人身保险合同纠纷提起的诉讼,可以由被保险人住所地人民法院管辖。因股东名册记载、请求变更公司登记、股东知情权、公司决议、公司合并、公司分立、公司减资、公司增资等纠纷提起的诉讼,依照《民事诉讼法》第26条规定确定管辖。债权人申请支付令,适用《民事诉讼法》第21条规定,由债务人住所地基层人民法院管辖。《民事诉讼法》第28条规定的侵权行为地,包括侵权行为实施地、侵权结果发生地。信息网络侵权行为实施地包括实施被诉侵权行为的计算机等信息设备所在地,侵权结果发生地包括被侵权人住所地。因产品、服务质量不合格造成他人财产、人身损害提起的诉讼,产品制造地、产品销售地、服务提供地、侵权行为地和被告住所地人民法院都有管辖权。

中国《民事诉讼法》第265条还就因合同纠纷或其他财产权益纠纷对在中国领域内没有住所的被告提起的诉讼,规定了中国法院可据以行使管辖权的多种连结因素,即如合同在中国领域内签订或履行,或诉讼标的物位于中国领域之内,或被告在中国领域内有可供扣押的财产,或被告在中国领域内设有代表机构,则合同签订地、合同履行地、标的物所在地、可供扣押的财产所在地、侵权行为地或代表机构住所地人民法院均可行使管辖权。最高人民法院2005年《第二次全国涉外商事海事审判工作会议纪要》第3条指出,一方当事人以外国当事人为被告向人民法院提起诉讼,该外国当事人在我国境内设有来料加工、来样加工、来件装配或者补偿贸易企业(以下简称"三来一补"企业)的,应认定其在我国境内有可供扣押的财产,该"三来一补"企业所在地有涉外商事案件管辖权的人民法院可以对纠纷行使管辖权。其第5条指出,中外合资经营企业合同、中外合作经营企业合同,合资、合作企业的注册登记地为合同履行地;涉及转让在我国境内依法设立的中外合资经营企业、中外合作经营企业、外商独资企业股份的合同,上述外商投资企业的注册登记地为合同履行地。合同履行地的人民法院对上述合同纠纷享有管辖权。

另外,根据中国《民事诉讼法》第22条的规定,对不在中国领域内居住的人以及下落不明或宣告失踪的人提起的有关身份关系的诉讼,由原告住所地或经常居住地的中国法院管辖。另外,根据2015年《民诉法解释》第13—17条的规定,中国法院在以下情况下也具有管辖权:第一,在国内结婚并定居国外的华侨,如定居国法院以离婚诉讼须由婚姻缔结地法院管辖为由不予受理,当事人向人民法院提出离婚诉讼的,由婚姻缔结地或者一方在国内的最后居住地人民法院管辖。第二,在国外结婚并定居国外的华侨,如定居国法院以离婚诉讼须由国籍所属国法院管辖为由不予受理,当事人向人民法院提出离婚诉讼的,由一方原住所地或者在国内的最后居住地人民法院管辖。第三,中国公民一方居住在国外,一方居住在国内,不论哪一方向人民法院提起离婚诉讼,国内一方住所地人民法院都有权管辖。国外一方在居住国法院起诉,国内一方向人民法院起诉的,受诉人民法院有权管辖。第四，中国公民双方在国外但未定居，一方向人民法院起诉离婚的，应由原告或者被告原住所地人民法院管辖。第五，已经离婚的中国公民，双方均定居国外，仅就国内财产分割提起诉讼的，由主要财产所在地人民法院管辖。

对于在外留学人员离婚案件的管辖权问题，根据最高人民法院1985年《对我国留学生夫妻双方要求离婚如何办理离婚手续的通知》的规定，如果留学生夫妻双方"对离婚及财产分割、子女抚养等问题没有任何争议，可以回国向原结婚登记机关申请办理离婚手续；如果对以上问题存有争议，则需回国向原结婚登记地人民法院提起离婚诉讼"。

(3) 专属管辖。

根据中国《民事诉讼法》第266条和第33条的规定，属于专属管辖的案件为：因在中国境内履行的中外合资经营企业合同、中外合作经营企业合同、中外合作勘探开发自然资源合同发生的纠纷提起的诉讼；因位于中国境内的不动产纠纷提起的诉讼；因在中国境内的港口作业发生纠纷提起的诉讼；因继承遗产纠纷提起的诉讼，被继承人死亡时住所地或主要遗产所在地在中国境内的。2015年《民诉法解释》第28条规定，《民事诉讼法》第33条第1项规定的不动产纠纷是指因不动产的权利确认、分割、相邻关系等引起的物权纠纷。农村土地承包经营合同纠纷、房屋租赁合同纠纷、建设工程施工合同纠纷、政策性房屋买卖合同纠纷，按照不动产纠纷确定管辖。不动产已登记的，以不动产登记簿记载的所在地为不动产所在地；不动产未登记的，以不动产实际所在地为不动产所在地。

从上述规定来看，之所以将遗产继承案件纳入专属管辖范围，主要是针对国内民事诉讼而言的，显然不宜于扩大适用于国际民事诉讼。否则，在涉外遗产继承中，如果主要遗产尤其是不动产位于某外国，中国法院却以被继承人死亡时的住所地在中国境内而行使专属管辖权，就可能会与不动产所在地国家法院的专属管辖权发生难以调和的冲突，中国法院的判决也很难在该国得到承认和执行。而且，综观其他国家的立法和实践，也极少有国家将涉外遗产继承案件纳入其专属管辖范围。因此，应取消对此类案件的专属管辖，而将其纳入特别管辖。

(4) 协议管辖。

中国《民事诉讼法》第34条和第127条及2015年《民诉法解释》第531条确认了明示和默示的协议管辖。涉外合同或者其他财产权益纠纷的当事人，可以书面协议选择被告住所地、合同履行地、合同签订地、原告住所地、标的物所在地、侵权行为地等与争议有实际联系地点的外国法院管辖。根据《民事诉讼法》第33条和第266条规定，属于中华人民共和国法院专属管辖的案件，当事人不得协议选择外国法院管辖，但协议选择仲裁的除外。人民法院受理案件后，当事人对管辖权有异议的，应当在提交答辩状期间提出。人民法院对当事人提出的异议,应当审查。异议成立的,裁定将案件移送有管辖权的人民法院;异议不成立的,裁定驳回。当事人未提出管辖异议,并应诉答辩的,视为受诉人民法院有管辖权,但违反级别管辖和专属管辖规定的除外。

2015年《民诉法解释》第29—34条规定,《民事诉讼法》第34条规定的书面协议,包括书面合同中的协议管辖条款或者诉讼前以书面形式达成的选择管辖的协议。根据管辖协议,起诉时能够确定管辖法院的,从其约定;不能确定的,依照民事诉讼法的相关规定确定管辖。管辖协议约定两个以上与争议有实际联系的地点的人民法院管辖,原告可以向其中一个人民法院起诉。经营者使用格式条款与消费者订立管辖协议,未采取合理方式提请消费者注意,消费者主张管辖协议无效的,人民法院应予支持。管辖协议约定由一方当事人住所地人民法院管辖,协议签订后当事人住所地变更的,由签订管辖协议时的住所地人民法院管辖,但当事人另有约定的除外。合同转让的,合同的管辖协议对合同受让人有效,但转让时受让人不知道有管辖协议,或者转让协议另有约定且原合同相对人同意的除外。当事人因同居或者在解除婚姻、收养关系后发生财产争议,约定管辖的,可以适用《民事诉讼法》第34条规定确定管辖。

结合协议管辖制度在晚近的发展趋势,中国现行的协议管辖制度显然还不尽如人意,有待进一步的完善和深化[①]:首先,在适用范围上可作进一步的拓展,而且对于何为合同或财产权益纠纷还需作进一步明确的界定。[②] 其次,应取消或放弃对协议法院与案件之间联系的要求。再次,应对协议管辖制度的限制运用作出更为全面、合理的规定。应明确规定公共秩序保留制度的限制,体现和贯彻弱者利益保护原则。此外,对于管辖协议的订立手段和方式亦应有所要求和控制;当事人能否在协议法院获得有效的救济亦是衡量管辖协议效力的一个重要因素。

2. 中国《海事诉讼特别程序法》及相关司法解释中的规定

在国际民事诉讼中,海事诉讼占很大的比例,而且往往存在不同于一般国际民事诉讼程序的特别之处。为适应中国海事审判实践发展的需要,1999年第九届全国人大常委会第三十次会议通过了《海事诉讼特别程序法》。[③]《海事诉讼

[①] 参见邓杰:《论国际民事诉讼中的协议管辖制度》,载《武汉大学学报(社会科学版)》2002年第6期,第669—670页。

[②] 例如,婚姻关系可否视为特殊的合同关系,因而离婚诉讼是否属于可允许当事人进行协议管辖的合同纠纷范畴;离婚诉讼中的财产分割问题以及涉外遗产继承纠纷是否属于涉外财产权益纠纷,可否允许当事人进行协议管辖,等等。

[③] 2000年2月28日最高人民法院发布的《关于学习宣传贯彻海事诉讼特别程序法的通知》第5条指出:"自2000年7月1日起,最高人民法院《关于海事法院诉讼前扣押船舶的规定》《关于海事法院拍卖被扣押船舶清偿债务的规定》以及其他关于海事诉讼程序方面的司法解释,凡与海事诉讼特别程序法相抵触的,停止执行。"另据最高人民法院公布的被废止的司法解释目录,最高人民法院《关于海事法院诉讼前扣押船舶的规定》已被废止。

特别程序法》与《民事诉讼法》之间是特别法与普通法的关系：前者未作规定的，可以适用后者的规定；前者作出了不同规定的，则应优先适用前者的规定。

鉴于海事诉讼极强的专业性和技术性，中国很早就建立了专门的海事法院，专门审理海事案件（包括国内案件和涉外案件）。《海事诉讼特别程序法》则在第5条明确规定海事案件应由海事法院及其所在地的高级人民法院和最高人民法院管辖和审理。该法还在第二章专门就海事诉讼中的管辖权问题作了更为具体的规定。此外，2016年最高人民法院发布了《关于海事法院受理案件范围的规定》，进一步明确了海事法院可以受理和管辖的案件范围是：海事侵权纠纷案件、海商合同纠纷案件、海洋及通海可航水域开发利用与环境保护相关纠纷案件、其他海事海商纠纷案件、海事执行案件和海事特别程序案件。2003年最高人民法院还发布了《关于适用〈中华人民共和国海事诉讼特别程序法〉若干问题的解释》（经2008年修改）。

（1）海事诉讼的地域管辖。

根据中国《海事诉讼特别程序法》第6条规定，海事诉讼的地域管辖，原则上应依照《民事诉讼法》的有关规定，但下列海事诉讼的地域管辖，应依照以下规定：因海事侵权行为提起的诉讼，除依《民事诉讼法》第28—30条规定外，还可由船籍港所在地海事法院管辖；因海上运输合同纠纷提起的诉讼，除依《民事诉讼法》第27条规定外，还可由转运港所在地海事法院管辖；因海船租用合同纠纷提起的诉讼，由交船港、还船港、船籍港所在地、被告住所地海事法院管辖；因海上保赔合同纠纷提起的诉讼，由保赔标的物所在地、事故发生地、被告住所地海事法院管辖；因海船的船员劳务合同纠纷提起的诉讼，由原告住所地、合同签订地、船员登船港或离船港所在地、被告住所地海事法院管辖；因海事担保纠纷提起的诉讼，由担保物所在地、被告住所地海事法院管辖；因船舶抵押纠纷提起的诉讼，还可由船籍港所在地海事法院管辖；因海船的船舶所有权、占有权、使用权、优先权纠纷提起的诉讼，由船舶所在地、船籍港所在地、被告住所地海事法院管辖。

此外，中国《海事诉讼特别程序法》第9条还规定，当事人申请认定海上财产无主的，向财产所在地海事法院提出；申请因海上事故宣告死亡的，向处理海事事故主管机关所在地或受理相关海事案件的海事法院提出。

（2）海事诉讼的专属管辖。

根据中国《海事诉讼特别程序法》第7条的规定，属于中国海事法院专属管辖范围的案件为：因沿海港口作业纠纷提起的诉讼，由港口所在地海事法院管辖；因船舶排放、泄露、倾倒油类或其他有害物质，海上生产、作业或拆船、修船作业造成海域污染损害提起的诉讼，由污染发生地、损害结果地或采取预防污染措施地海事法院管辖；因在中国领域和有管辖权的海域履行的海洋勘探开发合同纠纷提起的诉讼,由合同履行地海事法院管辖。

(3) 海事诉讼的协议管辖。

中国《海事诉讼特别程序法》第 8 条也确认了协议管辖:海事纠纷的当事人都是外国人、无国籍人、外国企业或组织,当事人书面协议选择中国海事法院管辖的,即使与纠纷有实际联系的地点不在中国领域内,中国海事法院对该纠纷也有管辖权。由此,它在一般涉外民事诉讼中协议管辖制度的基础上实现了一个重大突破,即取消了协议法院与案件之间联系的要求。

3. 管辖权冲突的解决

(1) 未采纳先受理法院管辖原则。

在中国现存立法中,对于国际民事诉讼中的平行诉讼问题没有明确规定,但 2015 年《民诉法解释》中,有两条规定涉及了这一问题。其第 533 条规定:"中华人民共和国法院和外国法院都有管辖权的案件,一方当事人向外国法院起诉,而另一方当事人向中华人民共和国法院起诉的,人民法院可予受理。判决后,外国法院申请或者当事人请求人民法院承认和执行外国法院对本案作出的判决、裁定的,不予准许;但双方共同缔结或者参加的国际条约另有规定的除外。外国法院判决、裁定已经被人民法院承认,当事人就同一争议向人民法院起诉的,人民法院不予受理。"其第 15 条规定:"中国公民一方居住在国外,一方居住在国内,不论哪一方向人民法院提起离婚诉讼,国内一方住所地的人民法院都有权管辖。国外一方在居住国法院起诉,国内一方向人民法院起诉的,受诉人民法院有权管辖。"

最高人民法院 2005 年《第二次全国涉外商事海事审判工作会议纪要》第 12 条指出:涉外商事纠纷案件的当事人协议约定外国法院对其争议享有非排他性管辖权时,可以认定该协议并没有排除其他国家有管辖权法院的管辖权。如果一方当事人向我国法院提起诉讼,我国法院依照《民事诉讼法》的有关规定对案件享有管辖权的,可以受理。其第 8、9 条还对涉外主合同纠纷或者担保合同纠纷的管辖权协调问题作了说明。

然而,在国内民事诉讼中,中国法律对于"平行诉讼"问题的态度却截然相反。中国 1991 年《民事诉讼法》第 35 条规定:"两个以上人民法院都有管辖权的诉讼,原告可以向其中一个人民法院起诉;原告向两个以上有管辖权的人民法院起诉的,由最先立案的人民法院管辖。" 2015 年《民诉法解释》第 36 条进一步规定,两个以上人民法院都有管辖权的诉讼,先立案的人民法院不得将案件移送给另一个有管辖权的人民法院。人民法院在立案前发现其他有管辖权的人民法院已先立案的,不得重复立案;立案后发现其他有管辖权的人民法院已先立案的,裁定将案件移送给先立案的人民法院。

在中国与其他国家缔结的双边司法协助条约中,对平行诉讼问题的处理则更符合国际社会的普遍实践。其一是多数条约或协定规定,只要有关案件正在被请求国法院审理,无论请求国法院和作出判决的法院谁先受理该案件,被请求国均可拒绝承认与执行对方法院的判决①;其二是中国跟蒙古、意大利等国缔结的司法协助条约或协定的规定②,被请求国法院并不能因为案件正在由其审理而当然地拒绝承认与执行外国法院的判决,只有在被请求国法院比作出裁决的外国法院先受理该案件的情况下,才能拒绝承认与执行外国法院的判决;其三是如 1987 年《中华人民共和国和法兰西共和国关于民事、商事司法协助的协定》第 22 条,却未规定在此种情况下也可以拒绝承认或执行外国的判决。

中国在与外国缔结有关司法协助条约中的第二种处理方法较为符合有关国际公约的精神,也更有利于各国在这一领域的协调与合作,故此,我们建议政府有关部门日后在签订司法协助条约时,以第二种处理方式为标准。

(2) 不方便法院原则。

2005 年《第二次全国涉外商事海事审判工作会议纪要》第 11 条指出:我国法院在审理涉外商事纠纷案件过程中,如发现案件存在不方便管辖的因素,可以根据"不方便法院原则"裁定驳回原告的起诉,并规定了"不方便法院原则"的适用应符合的条件。

2015 年《民诉法解释》第 532 条规定,涉外民事案件同时符合下列情形的,人民法院可以裁定驳回原告的起诉,告知其向更方便的外国法院提起诉讼:第一,被告提出案件应由更方便外国法院管辖的请求,或者提出管辖异议;第二,当事人之间不存在选择中华人民共和国法院管辖的协议;第三,案件不属于中华人民共和国法院专属管辖;第四,案件不涉及中华人民共和国国家、公民、法人或者其他组织的利益;第五,案件争议的主要事实不是发生在中华人民共和国境内,且案件不适用中华人民共和国法律,人民法院审理案件在认定事实和适用法律方面存在重大困难;第六,外国法院对案件享有管辖权,且审理该案件更加方便。

我国已经有运用不方便法院原则的司法实践。在一些案件中地方法院自觉或者不自觉运用不方便法院原则拒绝行使管辖权③,最高人民法院也有相关案例明确地适用了不方便法院原则:在 1999 年住友银行公司与新华房地产有限公

---

① 如 1987 年《中华人民共和国和法兰西共和国关于民事、商事司法协助的协定》第 20 条第 5 款、1991 年《中华人民共和国和罗马尼亚关于民事和刑事司法协助的协定》第 22 条第 1 款第 4 项等。
② 1989 年《中华人民共和国和蒙古人民共和国关于民事和刑事司法协助的条约》第 18 条第 4 款、1991 年《中华人民共和国和意大利共和国关于民事司法协助的条约》第 21 条第 5 款。
③ 例如赵碧琰确认产权案,1991 年日本公民大仓大雄起诉要求与定居日本的中国籍妻子离婚案,1995 年广东省高级人民法院再审的原审原告东鹏贸易发展公司诉被告东亚银行有限公司信用证纠纷案,1997 年蔡文祥与王丽心离婚案,1995 年佳华国际有限公司、锐享有限公司与永侨企业有限公司、中侨国货投资有限公司股东权纠纷案,2008 年的 Baron Motorcycles Inc.(巴润摩托车有限公司)诉 Awell Logistics Group, Inc.(美顺国际货运有限公司)海上货物运输合同货损赔偿纠纷案,2009 年捷腾电子有限公司诉时毅电子有限公司买卖合同纠纷案。

司贷款合同纠纷案中,中国既非当事人的注册成立地,又非合同的签订地、履行地,并且当事人双方又以协议的方式选择了合同的签订地(亦为履行地)的法院行使管辖权,因此受案法院不宜行使管辖权。在另一些案件中,中国法院驳回了当事人提出的适用不方便法院的请求。①

(二)中国缔结或参加的国际条约中的规定

中国缔结或参加了许多涉及国际民事管辖权问题的国际条约,根据"条约必须信守"的国际法原则以及中国法律中奉行的"国际条约优先"原则,中国还须遵守中国所缔结或参加的有关国际条约中的规定。此类国际条约主要有:

(1) 1929 年和 1999 年《统一国际航空运输某些规则的公约》。两个公约适用于所有以航空器运送旅客、行李或货物而收取报酬的国际运输以及航空运输企业以航空器办理的免费运输。1929 年《公约》规定,承运人对旅客因死亡、受伤或身体上的任何其他损害而产生的损失,对于任何已登记的行李或货物因毁灭、遗失或损坏而产生的损失,以及对旅客、行李或货物在航空运输中因延误而造成的损失承担责任,因而一旦发生这些方面的追索损害赔偿的诉讼,原告有权在一个缔约国的领土内,向承运人住所地或其总管理机构所在地或签订合同的机构所在地法院提出,也可以向目的地法院提出。1999 年《公约》在原有四个法院管辖权的基础上,第 33 条第 2 款增加了专门适用于旅客伤亡的第五管辖权,即旅客住所地法院。

(2) 1951 年《国际铁路货物联运协定》。根据《协定》第 29 条规定,凡有权向铁路提出赔偿请求的人,即有权根据货物运输合同提起诉讼;这种诉讼只能由受理赔偿请求的铁路国的适当法院管辖。

(3) 1969 年《国际油污损害民事责任公约》(经 1992 年议定书修正)。该《公约》规定,国际油污损害如果在一个或若干个缔约国领土(包括领海)内发生,或在上述领土(或领海)内采取了防止或减轻油污损害的预防性措施的情况下,有关的赔偿诉讼便只能向上述一个或若干个缔约国法院提出;每一缔约国都应保证其法院具有处理上述赔偿诉讼的必要的管辖权。

(三)中国关于有权审理涉外民事案件的法院的规定

在确定涉外民事案件由中国法院管辖后,接下来便是决定由哪一具体法院管辖。这本来属于国内民事管辖权问题,但由于其与国际民事管辖权密切相关,故本书在这里进行阐述。

---

① 例如 2003 年郭叶律师行诉厦门华洋彩印公司代理合同纠纷管辖权异议案和 2014 年宝力威(香港)有限公司与陈新明买卖合同纠纷案(参见中国裁判文书网:http://www.court.gov.cn/zgcpwsw/gd/gdsszszjrmfy/ms/201407/t20140701_1889498.htm)。

1. 中国《民事诉讼法》及其司法解释的规定

中国 1982 年《民事诉讼法》(试行)规定涉外民事案件第一审由中级人民法院管辖,但 1991 年《民事诉讼法》规定涉外民事案件的第一审法院是基层人民法院,只有重大涉外民事案件的第一审才由中级人民法院管辖。根据 2015 年《民诉法解释》第 1 条规定,所谓重大涉外案件是指争议标的额大,或者案情复杂或者一方当事人人数众多等具有重大影响的案件。其第 2 条规定,专利纠纷案件由知识产权法院、最高人民法院确定的中级人民法院和基层人民法院管辖。海事、海商案件由海事法院管辖。

2. 新的集中管辖制度

为排除地方干扰,正确审理涉外民商事案件,提高中国法制的权威性和公信力,适应中国加入世界贸易组织的需要,根据中国《民事诉讼法》第 19 条的规定,最高人民法院于 2002 年发布了《关于涉外民商事案件诉讼管辖若干问题的规定》(以下简称《规定》),决定对某些涉外民商事案件进行集中管辖。其第 1—6 条规定:第一审涉外民商事案件由下列人民法院管辖:(1) 国务院批准设立的经济技术开发区人民法院;(2) 省会、自治区首府、直辖市所在地的中级人民法院;(3) 经济特区、计划单列市中级人民法院;(4) 最高人民法院指定的其他中级人民法院;(5) 高级人民法院。上述中级人民法院的区域管辖范围由所在地的高级人民法院确定。对国务院批准设立的经济技术开发区人民法院所作的第一审判决、裁定不服的,其第二审由所在地中级人民法院管辖。本《规定》适用于下列案件:(1) 涉外合同和侵权纠纷案件;(2) 信用证纠纷案件;(3) 申请撤销、承认与强制执行国际仲裁裁决的案件;(4) 审查有关涉外民商事仲裁条款效力的案件;(5) 申请承认和强制执行外国法院民商事判决、裁定的案件。发生在与外国接壤的边境省份的边境贸易纠纷案件,涉外房地产案件和涉外知识产权案件,不适用本《规定》。涉及香港、澳门特别行政区和台湾地区当事人的民商事纠纷案件的管辖,参照本《规定》处理。高级人民法院应当对涉外民商事案件的管辖实施监督,凡越权受理涉外民商事案件的,应当通知或者裁定将案件移送有管辖权的人民法院审理。

在 2004 年 12 月最高人民法院《关于加强涉外商事案件诉讼管辖工作的通知》(法[2004]265 号)中,最高人民法院根据上述《规定》第 1 条第 4 项的规定,作出了补充通知。最高人民法院 2005 年《第二次全国涉外商事海事审判工作会议纪要》对涉外商事、海事案件的管辖还作了如下补充说明:人民法院在审理国内商事纠纷案件过程中,因追加当事人而使得案件具有涉外因素的,属于涉外商事纠纷案件,应当按照最高人民法院《规定》确定案件的管辖。当事人协议管辖不得违反前述规定。涉及外资金融机构(包括外国独资银行、独资财务公司、合资银行、合资财务公司、外国银行分行)的商事纠纷案件,其诉讼管辖按照最高人民法院《规定》办理。

2010年最高人民法院《关于进一步做好边境地区涉外民商事案件审判工作的指导意见》第1条指出,发生在边境地区的涉外民商事案件,争议标的额较小、事实清楚、权利义务关系明确的,可以由边境地区的基层人民法院管辖。

由于《规定》本身尚存一定不足,其实施也多有阻碍和压力,且实施过程中还难免产生一定的负面影响。[①] 尽管如此,不容否认的是,《规定》的发布是中国涉外民商事案件管辖权制度不断迈向完善的一个重要开端。

第三节 管辖豁免

一、国家豁免和国家行为理论

(一) 国家豁免

1. 国家豁免的概念和内容

国家之所以能成为国际私法的主体,在于它实际参加了民事关系,并能通过自己的行为取得民事权利,承担民事义务。国家是国际私法的特殊主体,这主要表现在国家参与民商事活动的范围有限、以国库财产承担无限责任、以国家本身名义并由其授权的机关或负责人进行以及国家及其财产豁免和国家行为理论上。

国家主权原则具体体现在国际民事诉讼法领域就是国家及其财产享有豁免权。国家及其财产享有豁免权是国际公法、也是国际民事诉讼法上的一项重要原则,它是指一个国家及其财产未经该国明示同意不得在另一国家的法院被诉,其财产不得被另一国家扣押或用于强制执行。国家豁免又称主权豁免。

国家及其财产豁免权的内容一般包括以下几个方面:(1) 司法管辖豁免。即未经一国明确同意,任何其他国家的法院都不得受理以该外国国家为被告或者以该外国国家财产为诉讼标的的案件。不过,与此相反,根据国际社会的一般做法,一国法院却可以受理外国国家作为原告提起的民事诉讼,且该外国法院也可审理该诉讼中被告提起的同该案直接有关的反诉。(2) 诉讼程序豁免。即未经一国同意,不得强迫其出庭作证或提供证据,不得对该外国的国家财产采取财产保全等诉讼程序上的强制措施。(3) 强制执行豁免。非经该外国国家明示同意,受诉法院不得依据有关判决对该外国国家财产实行强制执行。

[①] 对此,中国已有学者进行了较为客观、深入的分析和评价。参见黄进、杜焕芳:《2002年中国国际私法的司法实践述评》,载《中国国际私法与比较法年刊》(第六卷),法律出版社2003年版,第5—11页;丁伟:《我国对涉外民商事案件实行集中管辖的利弊分析》,载《法学》2003年第8期。

2. 国家豁免的理论

在国际上认为应该坚持国家及其财产豁免的原则,是为了保证国家能在国际上独立地、不受干扰地行使其权利和从事必要的民事活动,并且在19世纪就形成了绝对豁免的理论和实践。但是后来有人认为随着客观情况的发展,经济和商业活动已越来越成为各主权国家的主要活动领域,从而大大地改变了国家这类活动的性质,因而从20世纪30年代起,限制豁免或职能豁免的理论与实践便逐渐发展了起来,并且与绝对豁免理论形成了尖锐的对立。第二次世界大战以后,国际法学界出现了废除豁免理论和平等豁免理论。前两种理论在一些国家的实践中得到了贯彻和支持,而后两种理论尚限于理论上的探讨。

(1) 绝对豁免说(doctrine of absolute immunity)。它主张,国家及其财产的豁免来源于主权者平等以及"平等者之间无管辖权"这一习惯国际法原则。这一原则不允许任何国家对他国及其机构和财产行使主权权力。享有国家豁免的主体包括国家元首、国家本身、中央政府及其他国家机构、国有公司或企业等。国家主权是一个统一的不可分割的整体,不可能认为它在从事统治权活动时是一个人格,而在从事事务权活动时又是另一个人格。另外,它主张在国家未自愿接受管辖的情况下,通过外交途径解决有关国家的民事争议。它还主张,如果采用限制豁免说,为了判定国家行为的性质,要求其他国家的法院依据国内法进行识别,这等于说国家所为的行为要受到外国法院和外国法律的支配。显然,这都是同国家主权原则不相容的。绝对豁免说得到了许多著名国际法学家如奥本海、海德(Hyde)、戴西、菲兹莫利斯(Fitzmaurice)、哈克沃斯(Hackworth)等的支持,并在国际法院判决的"比利时国会号案"(Parlement Belge)、"佩萨罗号案"(S. S. Pesaro)中获得了支持。绝对豁免说在19世纪曾经得到了几乎所有西方国家的支持,只是自20世纪30年代以来,西方国家渐渐地放弃了这种理论。但一些发展中国家都支持绝对豁免说。

(2) 限制豁免说(doctrine of relative or restrictive immunity)。它主张,国家只能对其主权行为或统治权行为享有豁免,而对其非主权行为或事务权行为不能享有豁免。区分国家行为性质的标准主要有三种:目的标准、行为性质标准和混合标准。现在,赞成国家行为性质标准的占多数,在识别国家行为性质上,他们主张适用法院地法。限制豁免说实质上是通过对"商业行为"的自由解释为限制外国国家的主权提供了借口,因而与国家主权原则是不相容的,它把国家行为划分为主权行为和非主权行为也是不科学的。目前,坚持绝对豁免说的国家虽仍占多数,但主张限制豁免说的已在不断增加,其中最有影响的有1976年美国《外国主权豁免法》、1972年《欧洲豁免公约》、1978年英国《国家豁免法》、1982年《外国国家在加拿大法院豁免法》等。尽管这些立法仍不否认国家及其财产豁免是习惯国际法上的一项"一般原则",但是它们规定了相当广泛的不予豁免的例外事项,包括外国国家所从事的商业行为,外国国家的官员或雇员在职务范围内的活动中所发生的侵权,国家通过继承或遗赠而取得的财产等等。

限制豁免说尽管在当前已为越来越多的国家所接受,但它还没有形成为一项普遍的国际法原则。为了协调和统一各国的立场,联合国国际法委员会自1978年起,即着手编纂一部《国家及其财产管辖豁免公约》。中国政府也十分关注并积极参加该项国际立法活动。2004年第59届联合国大会通过了《联合国国家及其财产管辖豁免公约》。它确定了国家及其财产在外国法院享有管辖豁免的一般原则,并规定了国家在涉及商业交易,雇佣合同,人身伤害和财产损害,财产的所有、占有和使用,知识产权,参加公司和其他机构,国家拥有或经营的船舶,仲裁协定的效果等民商事案件中不能援引豁免的若干情况。目前该《公约》已有28国签署,其中21国已批准[1],尚未生效,但为统一各国相关立法和实践提供了基础。

3. 国家豁免的放弃

国家及其财产的豁免权,均可通过国家的自愿放弃而排除。放弃豁免,一般认为可以有以下几种方式:(1) 通过条约、契约中的有关条款,明示放弃豁免;(2) 争议发生后,双方通过协议,明示放弃豁免;(3) 主动向他国法院起诉、应诉或提出反诉,即默示放弃豁免(但采取的诉讼步骤或行为是为了提出豁免主张的,不得视为放弃豁免)。

4. 中国的立场

中国一向坚持国家及其财产享有豁免权的国际法基本原则。1991年《民事诉讼法》对享有司法豁免权的外国人、外国组织和国际组织在民事诉讼中的豁免权作了原则性规定。中国法院尚未审理过涉及外国国家及其财产豁免的案件。但自中华人民共和国成立以来,中国曾在其他一些国家或地区被诉,例如1949年"两航公司案"、1957年"贝克曼诉中华人民共和国案"、1979年"杰克烟火案"、1979年"湖广铁路债券案"[2]和2003年"仰融诉辽宁省政府案"等。2005年9月14日中国签署了《联合国国家及其财产管辖豁免公约》,这进一步显示了中国对通过法治来促进国际和谐交往的坚定支持。

中国理论界多认为,国家及其财产豁免于他国内国法院的管辖直接来源于国家是主权者,而主权者是平等的,平等者之间无管辖权这一客观事实。其意义在于防止利用内国法院对其他主权国家滥用自己的司法管辖,以任意干涉和侵犯他国的主权和权利。这一点,即使在当今国家大量参加经济和民事活动的情

---

[1] https://treaties.un.org/Pages/ParticipationStatus.aspx?_clang=_en,Visited on March 1, 2018.

[2] 这4个案例可参见李双元、欧福永主编:《国际私法教学案例》(第二版),北京大学出版社2012年版,第43—44、50、42—43、9—11页。

况下，也应毫不动摇地加以承认。所以，在国际关系中，坚持绝对豁免论。但在对外贸易及司法实践中，中国把国家本身的活动和国有公司或企业的活动区别开来，认为国有公司或企业是具有独立法律人格的经济实体，不应享受豁免，因而，中国坚持的绝对豁免说与原来意义上的绝对豁免说不同。但是，由于国家参加民商事活动的情况越来越多，我国也主张应在坚持国家主权原则的前提下，有关国家之间通过条约、协议可以自愿放弃国家及其财产的豁免权。同时，有国内学者提出，中国结合自己的国情和现状接受限制豁免论，对中国自然人和法人的合法利益的保护更为有利。尤其是如果对方国家采取限制豁免原则，而我国对这些国家认为不应获得豁免的行为或财产，仍坚持绝对豁免，放弃对对方国家相应行为和财产的管辖，显然对我国的当事人是不利的。因此，中国既要坚持国家及其财产豁免这一《联合国国家及其财产管辖豁免公约》所确定的国际法原则，明确限制豁免主义的立场，又要在实践中采取灵活多样的措施来协调在这个问题上同其他国家及其自然人或法人的利害冲突，按照该《公约》所确立的规则，公正、合理地处理好涉及国家及其财产的诉讼案件。①

我国《外国中央银行财产司法强制措施豁免法》规定，中华人民共和国对外国中央银行财产给予财产保全和执行的司法强制措施的豁免；但是，外国中央银行或者其所属国政府书面放弃豁免的或者指定用于财产保全和执行的财产除外。外国不给予中华人民共和国中央银行或者中华人民共和国特别行政区金融管理机构的财产以豁免，或者所给予的豁免低于本法的规定的，中华人民共和国根据对等原则办理。

（二）国家行为理论

国家行为理论（act of state doctrine）是指对一国制定的法令或在其领土内实施的官方行为，其他国家的法院不得就其有效性进行审判。根据国际法，一国制定的国内法令或在本国领土内实施的官方行为，只要不明显地违反国际法，别国法院就不能对其有效与否加以裁判。

国家行为理论与国家主权豁免原则之间，既有联系也有区别。二者的联系在于，它们都产生于国际法上的主权平等观念，都寻求减少由于对外国政府的活动进行司法审查而导致的国际紧张关系。《奥本海国际法》一书认为对外国官方行为的承认是国家平等的重要后果之一。② 二者的区别在于，国家主权豁免是一种对管辖权的抗辩，只能由外国国家提出此类抗辩；而国家行为理论则是一种"可审判性原则"（principle of justifiability），是就一国法院对他国国家行为的合

---

① 参见黄进、杜焕芳：《国家及其财产管辖豁免立法的新发展》，载《法学家》2005年第6期。
② 参见〔英〕詹宁斯、瓦茨修订：《奥本海国际法》（第9版），第1卷第1分册，王铁崖等译，中国大百科全书出版社1995年版，第284页。

法性进行审判提出的抗辩,既可以由外国国家提出,也可由私方当事人提出。

除美国外,国家行为理论目前也存在于其他一些国家,如英国、意大利、法国等,不过,这些国家奉行的国家行为理论与美国的国家行为理论不尽相同。①

二、外交豁免和国际组织的豁免

(一) 外交豁免

按照国际法或有关协议,在国家间互惠的基础上,为使一国外交代表在驻在国能够有效地执行任务,而由驻在国给予的特别权利和优遇,称为外交特权与豁免。对于外交特权与豁免的理论根据,《维也纳外交关系公约》摒弃了已经落伍的治外法权说,主要采用职务需要说,但同时又结合考虑了代表性质说②,并且把外交代表的权利概括为特权与豁免。

本来,领事官员和领事馆雇佣人员在无国际条约的情况下,是不能基于习惯国际法而享有特权与豁免的。但为了有助于各国间友好关系之发展,国际社会1963年签订了《维也纳领事关系公约》。根据《公约》第43条的规定,领事官员和领事馆雇佣人员只有在与其公务行为有关的案件中才能享受接受国法院或行政机关的管辖豁免。但上述规定不适用于下列民事诉讼:(1) 因领事官员或领事馆雇员并未明示或默示以派遣国代表身份而订立的契约所发生的诉讼;(2) 第三者因车辆、船舶或航空器在接受国内所造成的意外事故而要求赔偿的诉讼。

我国《民事诉讼法》第261条明确规定:"对享有外交特权与豁免的外国人、外国组织或者国际组织提起的民事诉讼,应当依照中华人民共和国有关法律和中华人民共和国缔结或者参加的国际条约的规定办理。"就目前而言,中国缔结或者参加的国际条约主要就是指《维也纳外交关系公约》和《维也纳领事关系公约》以及大量的双边领事条约中的有关规定;而"中华人民共和国有关法律"则是指1986年《外交特权与豁免条例》和1990年《领事特权与豁免条例》。

根据我国《外交特权与豁免条例》第14条的规定,外交代表享有民事管辖豁免和行政管辖豁免,但下列各项除外:(1) 以私人身份进行的遗产继承的诉讼;(2) 违反本《条例》第25条第3项规定在中国境内从事公务范围以外的职业或者商业活动的诉讼。此外,外交代表一般免受强制执行,也无以证人身份作证的义务。根据该《条例》第15条的规定,上述豁免可由派遣国政府明确表示放弃;外交代表和其他依法享有豁免的人,如果主动向中国人民法院起诉,对本诉

---

① 参见张茂:《美国国际民事诉讼法》,中国政法大学出版社1999年版,第176—187页。
② 该《公约》序言称:鉴于各国人民自古即已确认外交代表之地位,……深信关于外交往来、特权及豁免之国际公约当能有助于各国间友好关系之发展……确认此等特权与豁免之目的不在于给予个人以利益而在于确保代表国家之使馆能有效执行职务。

直接有关的反诉,不得援用管辖豁免;放弃民事或行政管辖豁免的,不包括对判决的执行也放弃豁免,放弃对判决执行的豁免必须另作明确表示。

根据我国《领事特权与豁免条例》第 14 条的规定,领事官员和领馆行政技术人员执行职务的行为享有司法和行政管辖豁免。领事官员执行职务以外的行为的管辖豁免,按照中国与外国签订的双边条约或者根据对等原则办理。但领事官员和领馆行政技术人员享有的司法管辖豁免不适用于下列民事诉讼:(1)涉及未明示以派遣国代表身份所订的契约的诉讼;(2)涉及在中国境内的私有不动产的诉讼;(3)以私人身份进行的遗产继承的诉讼;(4)因车辆、船舶或航空器在中国境内造成的事故涉及损害赔偿的诉讼。

(二) 国际组织的豁免

国际组织是指三个或三个以上国家(或其他国际法主体)为实现共同的政治经济目的,依据其缔结的条约或其他正式法律文件建立的常设性机构。国际组织的法律人格来源于组成国际组织的基本法律文件。国际组织作为国际私法主体有特殊性,即政府间国际组织在参与国际民商事关系时享有一定的特权和豁免。

这里所讲的国际组织即是指政府间国际组织。其中首推联合国及其专门机构这类政府间组织。联合国大会第一届会议批准的《联合国特权及豁免公约》规定,这些组织的资产或财产,无论位于何地,也无论处于何人控制之下,都是享有绝对豁免的。当然,它可以放弃这种特权与豁免。联合国享有在各会员国境内为进行其职务和达成其宗旨所必需的法律能力,并享有所必需的特权与豁免。而联合国各专门机构属于政府间组织,根据 1947 年《关于联合国专门机构的特权与豁免公约》或组成有关专门机构的公约,同样是享有上述豁免权的。

值得注意的是,中国、哈萨克斯坦共和国、吉尔吉斯斯坦共和国、俄罗斯联邦共和国、塔吉克斯坦共和国和乌兹别克斯坦共和国于 2004 年签署的《上海合作组织特权与豁免公约》对上海合作组织的国际人格、资产、收入和其他财产的豁免、官员的特权和豁免、为组织执行使命的专家和常驻代表的特权和豁免作了规定。中国 2005 年通过了《关于批准〈上海合作组织特权与豁免公约〉的决定》。

2007 年中国最高人民法院《关于人民法院受理涉及特权与豁免的民事案件有关问题的通知》对人民法院受理的涉及特权与豁免的案件建立了报告制度:凡以该通知规定的 11 类在中国享有特权与豁免的主体为被告、第三人向人民法院起诉的民事案件,人民法院应在决定受理之前,报请本辖区高级人民法院审查;高级人民法院同意受理的,应当将其审查意见报最高人民法院。在最高人民法院答复前,一律暂不受理。

第四节　国际民事诉讼中的诉讼期间、诉讼保全、证据与诉讼时效

一、国际民事诉讼中的诉讼期间

诉讼期间是指由法律规定或由法院依职权指定的,法院、当事人或其他诉讼参与人为一定诉讼行为的时间期限。

诉讼期间可分为法定期间和指定期间。法定期间是指由法律直接规定的期间,它基于某种法定事实的发生而开始,法院、当事人和其他诉讼参与人都必须在规定的期间内完成某项诉讼行为,否则该行为便无效。法定期间原则上都是不变期间,任何单位和个人都无权延长或缩短。但是,法律有特殊规定的除外。指定期间是指法院依职权指定进行某项诉讼行为的期间。指定期间可视具体情况延长或缩短,故都是可变期间。

在国际民事诉讼中,往往涉及国外当事人或需在国外完成一定诉讼行为,需时较长。为此,各国民事诉讼法对国际民事诉讼中的诉讼期间通常规定得比国内民事诉讼中的诉讼期间要长。例如,根据中国《民事诉讼法》第268条、第269条的规定,在中国领域内没有住所的被告提出答辩的期间是30日;在中国领域内没有住所的当事人就一审判决、裁定提出上诉的期间是30日,被上诉人提出答辩的期间也是30日。这就比国内民事诉讼中的相应期间长了15日到20日,而且当事人还可以申请延期。中国《民事诉讼法》第270条规定,人民法院审理涉外民事案件的期间,不受本法第149条、第176条规定的限制。2001年《最高人民法院案件审限管理规定》第10条规定,涉外、涉港澳台民事案件应当在庭审结束后3个月内结案;有特殊情况需要延长的,由院长批准。2015年《民诉法解释》第539条规定,人民法院对涉外民事案件的当事人申请再审进行审查的期间,不受《民事诉讼法》第204条规定的限制。根据2008年最高人民法院《全国法院涉港澳商事审判工作座谈会纪要》第32条,人民法院审理涉港澳商事案件,在内地无住所的香港特别行政区、澳门特别行政区当事人的答辩、上诉期限,参照适用《民事诉讼法》第268条、第269条的规定。

二、国际民事诉讼中的诉讼保全

诉讼保全是指法院对于可能因当事人一方的行为或者其他原因,使判决难以执行或者造成当事人其他损害的案件,根据对方当事人的申请或者依职权,可

以裁定对其财产进行保全、责令其作出一定行为或者禁止其作出一定行为。①诉讼保全在有些国家比如德国,称为假扣押、假处分。在国际民事诉讼中,一般案情比较复杂,争议金额较大,且诉讼周期长,为防止法院将来所作判决不至落空,各国都规定了财产保全制度,且同等地适用于内外国人。

诉讼保全一般既可基于一方当事人的申请由法院裁定实施,也可由法院主动依职权采取。我国《民事诉讼法》第 101 条规定,利害关系人因情况紧急,不立即申请保全将会使其合法权益受到难以弥补的损害的,可以在提起诉讼或者申请仲裁前向被保全财产所在地、被申请人住所地或者对案件有管辖权的人民法院申请采取保全措施。申请人应当提供担保,不提供担保的,裁定驳回申请。诉讼保全的申请一般由诉讼中的利害关系人以书面形式向受诉法院提出。受诉法院在收到申请书后,经审查如认为不符合诉讼保全条件的,则裁定驳回其申请;如认为符合条件的,则立即作出采取保全的裁定并实施。当事人不服裁定的,可申请法院复议一次。

关于财产保全的范围和方法,各国的规定不尽相同。根据我国《民事诉讼法》第九章的有关规定,保全限于请求的范围,或者与本案有关的财物。财产保全采取查封、扣押、冻结或者法律规定的其他方法。人民法院保全财产后,应当立即通知被保全财产的人。财产纠纷案件,被申请人提供担保的,人民法院应当裁定解除保全。申请有错误的,申请人应当赔偿被申请人因保全所遭受的损失。

在海事审判实践中,常常出现一些不能归属于财产保全的保全申请,如货主要求承运人接收货物后签发提单或者及时交付货物。为此,我国《海事诉讼特别程序法》制定了类似于行为保全性质的海事强制令制度。作出海事强制令应具备下列条件:请求人有具体的海事请求;需要纠正被请求人违反法律规定或者约定的行为;情况紧急,不立即作出海事强制令将造成损害或者损害扩大。海事法院接受申请后,应当在 48 小时内作出裁定。裁定作出海事强制令的,应当立即执行;对不符合海事强制令条件的,裁定驳回其申请。

三、国际民事诉讼中的证据和诉讼时效

(一) 国际民事诉讼中的证据

1. 国际民事诉讼中证据的准据法

一种观点认为证据问题应一概依法院地法解决,另一种观点则认为证据问题应一概依实体法律关系的准据法解决。前者的出发点是适用法院地法于证据

---

① 中国 1982 年《民事诉讼法》(试行)第 92 条至第 96 条、第 199 条称"诉讼保全";但中国 1991 年《民事诉讼法》第 92 条至第 99 条、第 249 条至第 252 条已改称"财产保全",2012 年修订的《民事诉讼法》又称诉讼保全。

问题,能使当事人的实体权利得到最充分的保证;后者的出发点则是只有当独立于法院地法来确定支配他们之间法律关系的实体法和有关证据的诉讼法规范时,当事人的权利才能得到保证。前者没有看到主观权利与证实它的存在所必需的证据之间的关系如此密切,以至于有必要依据同一个法律来裁定有关权利和它的证据的问题;后者则相信这种联系如此紧密,以至于二者不能基于不同法律来决定,不能把证据和由它来证明的主观权利分开,任何主观权利对于当事人都没有价值,除非能证明它的存在。当事人双方在缔结一项合同时,应明确属于他们的权利以及怎样才能证明这些权利的存在,如果举证责任、证据的可接受性和确定的效力都依法院地法而定,这一点就不能实现,因为在缔结合同时,当事人任何一方都不知道他可能在别的什么国家的法院主张他的权利。反对适用法院地法的学者还试图证明,证据法的许多方面如举证责任规则、推定规则等,并不是诉讼法制度而是实体法规范,单此一点就足以排除法院地法的适用。主张适用法院地法的学者则认为上述理由不能令人信服,每一个国家都认为其本国的诉讼法规范最适合于解释客观实际。所以,很容易理解,每一个国家都倾向于坚持适用其本国的诉讼法于证据问题。

我们认为,应分别研究各种不同的证据法制度,以考虑适用与有关制度的法律性质最相一致的法律:有些证据法制度如举证责任要求适用实体法律关系的准据法,有些证据法制度如取证方式要求适用行为地法,还有一些证据法制度如证人的资格和讯问则要求适用法院地法。证据法中一个很重要的部分常被识别为具有实体法性质这一事实并不能证明有理由适用外国法,因为整个证据法属于诉讼法范畴。在国际范围内协调司法判决的需要更要求尽可能不机械地使一切问题受法院地法支配。

2. 国际民事诉讼中的证据保全

中国《民事诉讼法》第 81 条对诉讼中的证据保全作了规定:在证据可能灭失或者以后难以取得的情况下,当事人可以在诉讼过程中向人民法院申请保全证据,人民法院也可以主动采取保全措施。因情况紧急,在证据可能灭失或者以后难以取得的情况下,利害关系人可以在提起诉讼或者申请仲裁前向证据所在地、被申请人住所地或者对案件有管辖权的人民法院申请保全证据。

(二) 国际民事诉讼中的诉讼时效

对于诉讼时效,各国法律一般都有规定,但由于各国文化传统、法律观念乃至政治制度和经济制度的差异,不同国家对诉讼时效的有关方面包括诉讼时效的期间,诉讼时效的中止、中断和延长,诉讼时效的客体和效力等,所作的规定不尽相同[①],因而不免产生诉讼时效的法律冲突而需要为其确定准据法。

---

① 详见李双元等:《中国国际私法通论》,法律出版社 2007 年版,第 541—544 页。

诉讼时效准据法的确定与对诉讼时效的识别密切相关。这在本书第四章第三节"实体问题和程序问题"中已作阐述。对于诉讼时效的准据法,各国通常都规定适用各该民事法律关系的准据法。例如,我国《涉外民事关系法律适用法》第7条规定,诉讼时效,适用相关涉外民事关系应当适用的法律。

要消除诉讼时效的法律冲突,最好的方法就是将各国关于诉讼时效的规定统一起来。在此方面,国际社会已取得初步成效:1974年联合国制定了《国际货物买卖时效期限公约》。它的目的在于消除各国法律关于国际货物买卖时效的冲突,规定统一的时效期限为4年。此一时效期限亦为中国《合同法》所采纳。

第五节 国际民事司法协助概述

作为各国克服国际民事管辖权的障碍,实现司法领域的协调与合作,支持国际民事诉讼活动顺利开展和进行,保证国际民商事争议及时有效地解决的一项重要制度,国际民事司法协助已越来越受到重视,其发展空间也越来越广阔。

一、国际民事司法协助的概念

国际民事司法协助,一般是指在国际民事诉讼中一国司法机关应另一国司法机关或有关当事人的请求代为或协助进行一定司法行为的制度。

目前,对于国际民事司法协助的理解,国际上并不一致,主要有广义和狭义之分。狭义的理解认为,国际民事司法协助仅包括代为送达诉讼文书、代为询问当事人或证人以及收集证据。英国、美国、德国和日本等国的学者多持此种观点。广义的理解则认为,除代为送达诉讼文书和调查取证外,国际民事司法协助还包括对外国法院判决和外国仲裁裁决的承认与执行。大陆法系国家的学者大多持此种观点。尤其在法国,法学界对国际民事司法协助作十分宽泛的理解,几乎涵盖了国际民事诉讼领域各个方面的国际合作,除上述广义的国际民事司法协助内容外,还涉及免除外国人的诉讼费用和诉讼费用担保以及外国法的查明等事项。

应该说,采狭义的国际民事司法协助不仅难以满足司法实践的需要,与当今各国日益广泛深入的司法合作的实际也不相符。而且,在整个国际民事诉讼程序中,判决的承认与执行无疑是最关键、最核心的环节和步骤,是国际民事诉讼的全部意义和归宿所在。因此,承认和执行外国法院的判决以及外国仲裁裁决,不仅应该是而且必须是国际民事司法协助的重要内容、核心内容。也就是说,采广义的国际民事司法协助更切合实际,也更符合各国共同的愿望和利益。

在中国,虽然也有不少学者对国际民事司法协助持狭义的理解,但并未妨碍中国在立法和实践中采用和坚持广义的国际民事司法协助理念。例如,中国

《民事诉讼法》第 27 章即明确将对外国法院判决和仲裁裁决的承认与执行作为国际民事司法协助的重要内容。中国与许多国家签订的双边司法协助协定中，也都明确规定国际民事司法协助包括域外送达诉讼文书、域外调查取证和承认与执行外国法院判决和仲裁裁决等。尤其是 1991 年《中华人民共和国和意大利共和国关于民事司法协助的条约》第 2 条、第 6 条和第 7 条，更将以下内容也纳入了国际民事司法协助的范围：(1) 外国人在民事诉讼中的法律地位；(2) 交流法律情报资料；(3) 免除文书认证；(4) 户籍文书的送交；(5) 外国仲裁裁决的承认与执行。

据统计，我国法院和外国法院相互委托送达民商事案件司法文书的数量，已从最初的每年不足十件上升到每年三千余件，调查取证也已达到每年数十件。案件类型也由简单的经济纠纷、婚姻家庭纠纷扩展到知识产权纠纷、股权纠纷等多领域的纠纷。

二、国际民事司法协助的依据

从各国的立法和实践来看，国际民事司法协助一般须依国际条约或互惠原则开展和进行。

（一）以国际条约为依据

有关国际民事司法协助的国际条约，包括多边的和双边的，是各国相互间提供国际民事司法协助最为明确和可靠的依据。

（二）以互惠原则为依据

在没有相关国际条约存在的情况下，各国开展国际民事司法协助的另一重要依据便是互惠原则。即各国在能够证明互惠关系存在时，原则上应相互给予国际民事司法协助。各国之所以要求互惠，主要是为了保证彼此能够真正在平等互利的基础上切实有效地相互提供国际民事司法协助。

根据立法和实践，中国也是以国际条约和互惠原则为国际民事司法协助依据的。中国《民事诉讼法》第 276 条第 1 款规定："根据中华人民共和国缔结或者参加的国际条约，或者按照互惠原则，人民法院和外国法院可以相互请求，代为送达文书、调查取证以及进行其他诉讼行为。"2015 年《民诉法解释》第 549 条规定，与中华人民共和国没有司法协助条约又无互惠关系的国家的法院，未通过外交途径，直接请求人民法院提供司法协助的，人民法院应予退回，并说明理由。最高人民法院 2015 年《关于人民法院为"一带一路"建设提供司法服务和保障的若干意见》第 6 条指出，要在沿线一些国家尚未与我国缔结司法协助协定的情况下，根据国际司法合作交流意向、对方国家承诺将给予我国司法互惠等情况，可以考虑由我国法院先行给予对方国家当事人司法协助，积极促成形成互惠关系，积极倡导并逐步扩大国际司法协助范围。

三、国际民事司法协助中的机关

国际民事司法协助的机关有中央机关、主管机关和外交机关。它们在国际民事司法协助中的作用各不相同。

(一) 中央机关

国际民事司法协助中的中央机关,是指一国根据其缔结或参加的国际条约而指定或建立的在司法协助中起联系或转递作用的机关。

1965年海牙《送达公约》首先创立了"中央机关"制度,即设立中央机关以取代以往的外交机关来作为国际民事司法协助专门的联系途径或工作机关。一方面,这一制度避免了外交途径的冗繁程序,便利了国际民事司法协助,提高了工作效率和质量;另一方面,也减轻了外交机关在司法协助方面的工作压力。鉴于此,其后的1970年海牙《取证公约》及其他有关国际条约也都沿袭了这一做法。中央机关作为国际民事司法协助联系的途径,已成为一种普遍的国际实践。

不过,在实践中,各国指定或建立的具体的中央机关不尽相同。多数国家指定司法部为中央机关,有的国家则指定本国最高法院为中央机关,还有的国家同时指定几个部门为中央机关[①],如加拿大在指定各省的司法部为各省的中央机关后,又特别指定其外交部为全国统一的中央机关。

1987年6月,中国国务院正式批准在司法部内设立司法协助局(现已改称司法协助外事司),确定了司法部为中国司法协助的中央机关的地位。中国在1991年批准加入海牙《送达公约》和1997年批准加入海牙《取证公约》的两个决定中,也均指定司法部为中国司法协助的中央机关。在中国与其他国家签订的一系列双边司法协助协定中,也一般都是指定司法部为司法协助的中央机关。但也有同时指定司法部和最高人民法院为中央机关或者同时指定司法部和最高人民检察院为中央机关的。

(二) 主管机关

国际民事司法协助中的主管机关,是指依国际条约或国内法的规定,有权向外国提出国际民事司法协助请求和有权执行外国提出的国际民事司法协助请求的机关。显然,在国际民事司法协助中,主管机关与中央机关的作用是不同的,前者是国际民事司法协助的具体执行机关,而后者则是联系和转递机关。

一般而言,各国通过国际民事司法协助程序完成的都是司法行为,因而各国的主管机关也主要是司法机关。不过,各国各自确定的主管机关并不完全一致。在一些国家,司法机关以外的机关甚至人员也有权实施一定的司法行为,因而也可能成为主管机关。例如,在波兰,除法院外,公证处也有权处理数额不大的财

---

① 1965年海牙《送达公约》第18条第3款规定,联邦制国家有权指定几个中央机关。

产纠纷,以及有关遗嘱的有效性、遗产的保护等方面的纠纷;在比利时,有关送达文书的请求,一般是由与律师地位相似的司法执达员(即司法助理人员)完成;在美国,律师也可以在法院的控制下依一定的程序完成送达等司法行为。

在中国,人民法院是国际民事司法协助的主管机关。但由于各国在确定司法协助主管机关方面仍存在差异,因此,在中国对外签订的双边司法协助协定中,又主要通过以下两种方式对司法协助主管机关作出了明确规定:一是在协定中直接规定缔约双方的主管机关;二是在协定中对缔约双方的主管机关只作不完全列举,具体是哪些机关则由缔约双方的国内法进一步确定。

(三)外交机关

长期以来,外交机关一直是国际民事司法协助中的重要机关。外交机关在国际民事司法协助中主要有如下作用:

(1)作为司法协助的联系途径。在有关国家之间不存在司法协助条约关系时,司法协助一般应通过外交途径开展和进行,这是国际社会的普遍实践。这种情况下,外交机关即与上述中央机关一样,起着联系和转递的作用。

(2)作为解决司法协助条约纠纷的途径。司法协助条约因执行或解释而产生的困难或争议,一般都是通过外交途径解决的。中国也是采此做法,如1987年《中华人民共和国和波兰人民共和国关于民事和刑事司法协助的协定》第29条就规定:"本协定执行过程中所产生的任何困难均应通过外交途径解决。"

(3)查明外国法方面的作用。外交机关通常还是协助查明或证明有关外国法律或实践的重要机关或途径。

(4)出具诉讼费用减免证明书方面的作用。外交机关在出具诉讼费用减免证明书、为当事人提供法律援助方面也可以发挥相应的作用。

四、国际民事司法协助的途径

目前国际社会主要通过以下几种途径传递国际民事司法协助请求书,实施国际民事司法协助:(1)请求法院和被请求法院之间通过外交途径,并在各自国家司法部参与的情况下进行联系。其程序是:请求法院——本国司法部——本国外交部——被请求国外交部——被请求国司法部——被请求法院。(2)通过领事渠道来实施。其程序是:请求法院——请求法院国在被请求国的领事——被请求法院。(3)通过司法部同有关国家的司法机构直接联系。其程序是:请求法院——请求国司法部——被请求法院。(4)通过有关国家司法部之间的直接联系。(5)通过中央机关之间的直接联系。(6)提出请求的法院同接受请求国的中央机关之间的直接联系。(7)有关国家法院之间的直接联系。

比较而言,上述最后一种途径最为理想。不过,这种途径是以有关国家之间存在友好、信任的关系,并且彼此熟悉对方的司法组织机构等为先决条件的。

五、国际民事司法协助的法律适用

国际民事司法协助的法律适用,是指被请求国司法机关在提供国际民事司法协助时,应依何国法律来具体实施此种司法协助行为。

(一) 国际民事司法协助法律适用的一般原则

鉴于国际社会主权林立、利益分歧的现实状况,加上程序问题适用法院地法传统规则的惯性,多数国家立法和一些国际条约大都规定国际民事司法协助问题适用被请求国法律。例如,1995年《意大利国际私法制度改革法》第71条第3款规定,送达文书应遵循意大利法。1965年海牙《送达公约》第5条第1款第1项规定,被请求国得"根据被请求国法律规定的向在其境内的人送达或通知该国制作的文件的方式"送达。1970年海牙《取证公约》第9条第1款规定:"负责执行嘱托书的司法机关应根据其本国法律所规定的方式和程序进行。"

(二) 国际民事司法协助法律适用的例外情形

尽管国际社会确立了国际民事司法协助适用被请求国法律的一般原则,但同时也设置了许多例外。这是因为不同国家对诉讼程序规范作了不同规定,如在取证程序中,有些国家要求证人宣誓,而有些国家则没有规定证人宣誓等等。而国际社会一般都认为,在国外提取的证据的效力既应由法官根据取证地的法律来认定,同时也应根据请求国的法律被认为是有效的。通常,各国允许国际民事司法协助在以下场合例外适用其他法律:

首先,依请求国提出的特别程序或方式提供国际民事司法协助。不过,此种特别程序或方式不得与被请求国法律或公共秩序相抵触。如1995年《意大利国际私法制度改革法》、1965年海牙《送达公约》和1970年海牙《取证公约》[①]等,在原则上规定应依被请求国法律提供司法协助之后,又例外地规定被请求国应执行请求国特别要求的且不与被请求国法律或公共秩序相抵触的程序或方式。

其次,对国外取得的证据可依请求国法律确定其效力。为确保在国外取得的证据在请求国法院被认为是有效的和可接受的,许多国家都主张可依请求国法律来确定在国外取得的证据的效力。例如,《匈牙利民事诉讼法典》第204条第3款规定:"在国外进行的查证应根据查证地点的法律来评定它是否有效;当符合本法的规定时,也应认为有效。"

根据中国立法和实践以及中国所缔结或参加的国际条约,中国也采取了与国际社会普遍实践完全一致的做法。例如,中国《民事诉讼法》第279条首先确立了国际民事司法协助适用被请求国法律的一般原则,即人民法院提供司法协

---

① 参见1995年《意大利国际私法制度改革法》第71条第3款、1965年海牙《送达公约》第5条第1款第2项、1970年海牙《取证公约》第9条第2款。

助,应依照中国法律规定的程序进行。紧接着,该条又确定了适用请求国法律的例外,即外国法院请求采用特殊方式提供司法协助的,人民法院也可以按照其请求的特殊方式提供协助,但请求采用的特殊方式不得违反中国法律。

六、国际民事司法协助中的公共秩序

国际民事司法协助中的公共秩序,是指如果请求国提出的司法协助事项与被请求国的公共秩序相抵触,被请求国有权拒绝提供司法协助。

国际民事司法协助中的公共秩序与冲突法上的公共秩序保留显然是有区别的:冲突法中援引公共秩序保留的结果是,法院在审理某一涉外民商事案件时,排除依内国冲突法规则指引的某一外国法或国际惯例,但法院仍应以内国法或其他法律为准据法继续审理案件;而在国际民事司法协助中,适用公共秩序的结果则是拒绝提供司法协助,从而导致司法协助程序的终止。

国际民事司法协助中的公共秩序,已成为当今国际社会普遍认可的一项制度。例如,1954年海牙《民事诉讼程序公约》第11条第3款第3项规定,如果被请求国认为在其境内执行嘱托危害其主权或安全时,可以拒绝执行嘱托。1965年海牙《送达公约》第13条也规定:"按照本公约规定送达或通知请求,只有在被请求国认为此项请求的执行将损害其主权或安全时,才得被拒绝同意。"

中国立法及中国所缔结或参加的国际条约,也都肯定和确认了国际民事司法协助中的公共秩序制度。例如,中国《民事诉讼法》第276条第2款即规定,外国法院请求协助的事项有损于中华人民共和国的主权、安全或社会公共利益的,人民法院不予执行。1991年《中华人民共和国和意大利共和国关于民事司法协助的条约》第19条则规定,如果被请求的行为有损于被请求的缔约一方的主权、安全或违反其法律制度的基本原则,则拒绝提供协助。

七、国际民事司法协助的拒绝

从各国国内立法和有关国际条约的规定来看,被请求国遇有以下情况之一时可拒绝执行请求国法院的司法委托:(1) 委托的送达违反内国法或有关国际条约所规定的必要程序;(2) 对于请求国法院委托的文件的真实性还存在疑问;(3) 委托履行的行为,根据被请求国的法律,不属于内国司法机关的职权范围;(4) 委托履行的行为是被请求国法律所明文禁止的诉讼行为;(5) 委托履行的行为与履行地国家的主权和安全不相容或显然违背被请求国的公共秩序或公共政策;(6) 两国间不存在互惠关系。此外,亚非国家《关于国外送达民商事案件中诉讼文书和调查取证司法协助的双边条约的范本草案》第9条还将"委托的执行可能侵害有关当事人的基本权利,或委托涉及不应泄露的机密情报"作为拒绝执行委托的理由。

第六节 域外送达

一、域外送达的概念

域外送达(extraterritorial service),是指一国法院根据国际条约或本国法律或互惠原则,将司法文书和司法外文书送交给国外的诉讼当事人或其他诉讼参与人的行为。2006年中国最高人民法院《关于涉外民事或商事案件司法文书送达问题若干规定》对它所适用的司法文书作了规定:起诉状副本、上诉状副本、反诉状副本、答辩状副本、传票、判决书、调解书、裁定书、支付令、决定书、通知书、证明书、送达回证以及其他司法文书。

司法文书送达是诉讼活动中一个必不可少的程序。只有合法有效地送达了司法文书,法院才能行使司法审判权,而且许多诉讼期间也是以有关司法文书的送达而开始计算的。同时,就受送达人而言,他只有在收到司法文书并获悉司法文书的内容后,才能确定自己应如何行使诉讼权利和承担诉讼义务。

司法文书和司法外文书的送达是一国司法机关代表国家行使国家主权的一种表现,因而一般具有严格的属地性。各国一方面在其国内法中就文书的域外送达及外国文书在内国的送达作出专门规定;另一方面,还签订了各种涉及域外送达的双边和多边条约。

关于域外送达的国际立法主要有:1965年海牙《关于向国外送达民事或商事司法文书和司法外文书公约》(简称为《送达公约》)、欧盟2007年《成员国间民商事司法文书及司法外文书域外送达的条例》[①](即2007年第1393号条例,它取代了2000年第1348号条例)以及各国间缔结的大量双边司法协助条约和领事条约。截至2018年1月,海牙《送达公约》已有73个成员,《公约》于1992年1月1日起对中国生效。

二、域外送达的途径

域外送达主要是通过以下两种途径实现和完成的:一是直接送达,即由内国法院根据内国法律和国际条约的有关规定,通过一定方式直接送达;二是间接送达,即由内国法院根据内国法律和国际条约的有关规定,通过一定途径委托外国的有关机关代为送达,亦即通过国际民事司法协助的途径进行送达。

(一) 直接送达

从各国的立法和实践与国际条约来看,直接送达的方式主要有以下几种:

---

① 2000年第1348号条例的内容及对其的评价可参见肖永平主编:《欧盟统一国际私法研究》,武汉大学出版社2002年版,第174—189页。

（1）外交代表或领事送达。即由内国法院将需要在国外送达的文书委托给内国驻有关国家的外交代表或领事代为送达。这种方式已为国际社会所普遍认可和采用。不过,通过这种方式进行域外送达的对象一般仅限于本国国民,且不得采取强制措施。

（2）邮寄送达。即由内国法院通过邮局直接将文书寄给国外的诉讼当事人或其他诉讼参与人。对于这种送达方式,各国立法和实践中的态度并不一致。例如,1954年海牙《民事诉讼程序公约》第6条和海牙《送达公约》第10条都明确规定了这种送达方式,包括美国、法国等在内的多数国家在批准或加入这两个公约时也都认可了这一规定,但另外一些国家如德国、瑞士、卢森堡、捷克、埃及、希腊、挪威、土耳其等国则明确表示反对。中国在批准加入海牙《送达公约》时也对其第10条提出了保留。

（3）个人送达。即由内国法院将文书委托给具有一定身份的个人代为送达。这里的"个人"可以是目的地国的司法助理人员、官员或有关当事人的诉讼代理人或当事人送定的其他人,或与当事人关系密切的人。它一般为普通法系国家所接受和采用。

（4）公告送达。即由内国法院将需要送达的文书的内容以张贴公告的方式或登报的方式告知有关当事人或其他诉讼参与人,自公告之日起一定期间届满后即视为已送达。许多国家包括中国,都承认一定条件下可以采用这种方式。

（5）依当事人协商的方式送达。这是普通法系国家所通常采用的一种送达方式。在美国,对外国国家的代理人或代理处,以及对外国国家或外国政治实体的送达,可依诉讼当事人之间特别商定的办法进行;在英国,甚至允许合同当事人在其合同中约定可接受的送达方式。

（二）间接送达

间接送达一般依照请求国和被请求国双方缔结或共同参加的双边或多边条约,并通过它们依条约规定指定或建立的中央机关来进行。

1. 请求的提出

根据海牙《送达公约》第3条的规定,送达请求应由依请求国法律有权主管的机关或司法官员提出。虽然各缔约国对于何为有权主管的机关或司法官员的理解并不一致,但就被请求国而言,在其中央机关收到另一缔约国某机关或人员提出的请求后,可不必去了解该机关或人员是否为有权提出请求的主体,因为根据公约的规定其主体资格应依请求国的法律确定。在中国,由于文书送达属于法院的职权范围,因而人民法院是中国有权向外国提出送达请求的主体。

对于提出送达请求的途径,一般应依国际条约的规定进行,没有条约关系的,则通过外交途径进行。海牙《送达公约》的缔约国可依《公约》的规定通过中央机关提出文书送达请求。不过,海牙《送达公约》第18条并不要求此类请求必须通过双方的中央机关提出,也可由请求机关直接向被请求国的中央机关提出。至于请求机关提出请求是否必须通过其本国的中央机关,则由各缔约国自行决定。实践中,有些国家未对此作统一要求;有些国家如法国、芬兰、埃及等国家为统一掌握本国与外国在域外送达方面的整体情况,规定只有本国的中央机关才能作为统一向外国中央机关提出请求的机关。中国最高人民法院、外交部、司法部1992年联合发布的《关于执行〈关于向国外送达民事或商事司法文书和司法外文书公约〉有关程序的通知》(以下简称《关于执行〈送达公约〉的通知》)中也规定,中国法院向外国提出文书送达请求,应通过统一的途径提出,即有关中级人民法院或专门人民法院应将请求书和需要送达的司法文书送有关高级人民法院转最高人民法院,由最高人民法院送司法部转送给该国指定的中央机关;必要时,也可由最高人民法院送中国驻该国使馆转送给该国指定的中央机关。

2. 请求的执行和执行情况的通知

从海牙《送达公约》和有关国家的实践看,被请求国执行请求国的送达请求,主要有以下三种方式:一是正式送达,即依《送达公约》第5条第1款的规定,由被请求国中央机关自行或安排某一适当机构,按照其国内法规定的在国内诉讼中对在其境内的人员送达文书的方式进行送达。二是依特定方式送达,即依《送达公约》第5条第1款第2项的规定,按照请求方要求采用的特别方式进行送达,但此种特别方式不得与被请求国的法律相抵触。特定送达方式包括亲手将文书递送给所指定的人;以书面回执确认文书的送达;送达人证实对照片所示的人进行送达等方式。三是非正式递交,即依《送达公约》第5条第2款的规定,在被送达人自愿接受时向其送达文书,而不必严格遵守公约中有关形式上的要求。

国际社会普遍采用送达回证或由有关机构出具送达证明书的方式,将执行情况通知请求方。此种通知的途径与送达请求书的传递途径完全相同。采用送达证明书通知时,送达证明书中一般应载明送达的方法、地点、日期以及文书被交付人。如果文书并未送达,则证明书中应载明妨碍送达的原因。

3. 费用的承担

海牙《送达公约》第12条规定,发自缔约一国的司法文书的送达不应产生因文件发往国提供服务所引起的税款或费用的支付或补偿。但申请者应支付或补偿下列两种情况下产生的费用:其一是司法助理人员(judicial officer)或依送达目的地国法律主管人员的使用(employment);其二是特定送达方法的使用。

中国跟外国缔结的双边司法协助条约一般规定,代为送达司法文书和司法外文书应当免费。① 没有条约关系时,在收费问题上中国采取对等原则,但根据请求方要求采用特殊方式送达文书所引起的费用,则由请求一方负担。

4. 对送达请求的异议和拒绝

根据海牙《送达公约》及各国的立法和实践,被请求国一般可基于以下原因对送达请求提出异议或予以拒绝:其一,地址不详;其二,请求书不符合要求;其三,执行请求将有损被请求国的公共秩序。这些原因也为中国《民事诉讼法》②和中国对外签订的双边司法协助协定③所承认和采纳。

不过,《送达公约》第13条第2款同时又强调指出,一国不得仅以其对送达请求所依据的诉讼标的有专属管辖权或其国内法不允许该项申请所依据的诉讼为由拒绝执行请求。这无疑是对拒绝理由所作出的必要限制,是为了在更大程度上支持和便利域外送达。中国在与泰国签订的司法协助协定中也重申了这一限制规定。

就海牙《送达公约》的运作实践来看,整体效率不高。统计数据显示,我国依据该《公约》向外国送达文书,平均用时为一年半,且其中仅有约70%的协助送达请求得到对方某种程度的回应。

三、中国的域外送达制度

中国的域外送达制度,主要体现在中国所缔结或参加的涉及文书域外送达的国际条约及中国的国内立法和有关的司法解释中。

(一)中国法院向域外送达诉讼文书

根据中国《民事诉讼法》第267条和有关司法解释的规定,中国对在中国境内没有住所的当事人送达诉讼文书,可通过以下方式:

(1)依受送达人所在国与中国缔结或共同参加的国际条约中规定的方式送达。2013年最高人民法院《关于依据国际公约和双边司法协助条约办理民商事案件司法文书送达和调查取证司法协助请求的规定》第1条规定,人民法院应当根据便捷、高效的原则确定依据海牙《送达公约》、海牙《取证公约》,或者双边民事司法协助条约,对外提出民商事案件司法文书送达和调查取证请求。该规定2013年的《实施细则(试行)》第4条规定,有权依据海牙《送达公约》、海牙《取证公约》直接对外发出司法协助请求的高级人民法院,应当根据便捷、高效的原则,优先依据海牙《送达公约》和海牙《取证公约》提出、转递本辖区各级人

---

① 如1987年《中华人民共和国和法兰西共和国关于民事、商事司法协助的协定》第10条、1987年《中华人民共和国和波兰人民共和国关于民事和刑事司法协助的协定》第9条第1款等。

② 如《中华人民共和国民事诉讼法》第276条第2款和第278条。

③ 如1987年《中华人民共和国和法兰西共和国关于民事、商事司法协助的协定》第8、11条,1987年《中华人民共和国和波兰人民共和国关于民事和刑事司法协助的协定》第10条。

民法院提出的民商事案件司法文书送达和调查取证请求。① 该《规定》第 5 条规定,人民法院委托外国送达民商事案件司法文书和进行民商事案件调查取证,需要提供译文的,应当委托中华人民共和国领域内的翻译机构进行翻译。译文应当附有确认译文与原文一致的翻译证明。翻译证明应当有翻译机构的印章和翻译人的签名。译文不得加盖人民法院印章。为实施《送达公约》,1992 年最高人民法院、外交部、司法部发布了《关于执行〈送达公约〉的通知》,1992 年司法部、最高人民法院、外交部又联合发布了《关于执行〈送达公约〉的实施办法》。另外,2003 年最高人民法院发布了《关于指定北京市、上海市、广东省、浙江省、江苏省高级人民法院依据海牙送达公约和海牙取证公约直接向外国中央机关提出和转递司法协助请求和相关材料的通知》。

(2) 通过外交途径送达。1986 年最高人民法院、外交部、司法部发布的《关于中国法院和外国法院通过外交途径相互委托送达法律文书若干问题的通知》对此作了规定:中国法院通过外交途径向国外当事人送达法律文书,应按下列程序和要求办理:第一,要求送达的法律文书须经省、自治区、直辖市高级人民法院审查,由外交部领事司负责转递。2014 年,经最高人民法院国际合作局与外交部领事司协调,将此类司法协助请求统一归口至最高人民法院国际合作局审查和转递,高级人民法院不再和外交部直接协调办理。② 第二,中国法院向在外国领域内的中国籍当事人送达法律文书,如该国允许我使、领馆直接送达,可委托我驻该国使、领馆送达。第三,中国法院和外国法院通过外交途径相互委托送达法律文书的收费,一般按对等原则办理。但应委托一方要求用特殊方式送达法律文书所引起的费用,由委托一方负担。第四,中、日双方法院委托对方法院代为送达法律文书,除按上述有关原则办理外,还应依照最高人民法院 1982 年《关于中、日两国之间委托送达法律文书使用送达回证问题的通知》办理。

(3) 向作为受送达人的自然人或者企业、其他组织的代表人、主要负责人直

---

① 最高人民法院、外交部、司法部 1992 年《关于执行〈送达公约〉的通知》第 7 条和 2006 年最高人民法院《关于涉外民事或商事案件司法文书送达问题若干规定》第 6 条第 2 款规定确立了双边司法协助条约优先于海牙《送达公约》适用的顺序。上述规定在执行中产生了一些问题,主要体现在:(1) 目前海牙《送达公约》、海牙《取证公约》成员国中与我国签订双边民事司法协助条约的国家越来越多,大部分国家都主张国际公约与双边条约具有同等效力。(2) 2003 年起,最高人民法院指定五个高级法院可以依据海牙《送达公约》和海牙《取证公约》直接对外发出司法协助请求,目的是简化程序,提高效率。如果坚持双边条约优先适用,将削弱简化程序、提高效率的作用。(3) 坚持双边条约优先实践中对我国当事人有不便之处。考虑到以上因素,特别是条约优于公约适用并非各国均适用的准则,2013 年最高人民法院司法解释第 1 条作了新规定。参见最高人民法院外事局负责人:《〈关于依据国际公约和双边司法协助条约办理民商事案件司法文书送达和调查取证司法协助请求的规定〉答记者问》和曾朝晖:《〈关于依据国际公约和双边司法协助条约办理民商事案件司法文书送达和调查取证司法协助请求的规定〉的理解与适用》,载《人民司法》2013 年第 13 期。

② 孙劲、曾朝晖:《新时期人民法院国际司法协助的进展、特点和趋势》,载《人民司法》2017 年第 1 期。

接送达。2015年《民诉法解释》第535条规定,外国人或者外国企业、组织的代表人、主要负责人在中华人民共和国领域内的,人民法院可以向该自然人或者外国企业、组织的代表人、主要负责人送达。外国企业、组织的主要负责人包括该企业、组织的董事、监事、高级管理人员等。

(4) 向受送达人委托的有权代其接受送达的诉讼代理人送达。2006年最高人民法院《关于涉外民事或商事案件司法文书送达问题若干规定》第4条规定,除受送达人在授权委托书中明确表明其诉讼代理人无权代为接收有关司法文书外,其委托的诉讼代理人为《民事诉讼法》第267条第4项规定的有权代其接受送达的诉讼代理人,人民法院可以向该诉讼代理人送达。

(5) 向受送达人在中国境内设立的代表机构或有权接受送达的分支机构、业务代办人送达。最高人民法院2002年《关于向外国公司送达司法文书能否向其驻华代表机构送达并适用留置送达问题的批复》指出,在受送达人在中国境内设有代表机构时,便已不属于海牙《送达公约》第1条第1款所规定的须向外国送达文书的情形。因此,人民法院可以根据《民事诉讼法》第267条第5项的规定向受送达人在中国境内设立的代表机构送达文书,而不必依《送达公约》的规定向国外送达。2016年最高人民法院《关于为自由贸易试验区建设提供司法保障的意见》第10条指出:境外民事主体在自贸试验区设立企业或办事处作为业务代办人的,可以向其业务代办人送达。同时,2006年最高人民法院《关于涉外民事或商事案件司法文书送达问题若干规定》第12条规定,人民法院向受送达人在中华人民共和国领域内的法定代表人、主要负责人、诉讼代理人、代表机构以及有权接受送达的分支机构、业务代办人送达司法文书,可以适用留置送达的方式。

(6) 邮寄送达。受送达人所在国法律允许邮寄送达的,可以邮寄送达;邮寄送达时应附有送达回证。受送达人未在送达回证上签收但在邮件回执上签收的,视为送达,签收日期为送达日期。2015年《民诉法解释》第536条规定,自邮寄之日起满3个月,如果未收到送达的证明文件,且根据各种情况不足以认定已经送达的,视为不能用邮寄方式送达。最高人民法院2004年还通过了《关于以法院专递方式邮寄送达民事诉讼文书的若干规定》。

(7) 公告送达。不能用上述方式送达的,公告送达。自公告之日起满3个月的,视为送达。2006年最高人民法院《关于涉外民事或商事案件司法文书送达问题若干规定》第9条规定,人民法院依照《民事诉讼法》第267条第8项规定的公告方式送达时,公告内容应在国内外公开发行的报刊上刊登。最高人民法院《关于进一步做好边境地区涉外民商事案件审判工作的指导意见》第2条指出,采用公告方式送达的,除人身关系案件外,可以采取在边境口岸张贴公告的形式。2015年《民诉法解释》第537条规定,人民法院一审时采取公告方式向当事人送达诉讼文书的,二审时可径行采取公告方式向其送达诉讼文书,但人民法院能够采取公告方式之外的其他方式送达的除外。其第534条规定,对在中华人民共和国领域内没有住所的当事人,经用公告方式送达诉讼文书,公告期满不应诉,人民法院缺席判决后,仍应当将裁判文书依照《民事诉讼法》第267条第8项规定公告送达。自公告送达裁判文书满3个月之日起,经过30日的上诉期当事人没有上诉的,一审判决即发生法律效力。

(8)通过传真、电子邮件等方式送达。人民法院可以通过传真、电子邮件等能够确认收悉的方式向受送达人送达。2015年《民诉法解释》第135条还规定了可以采用移动通信这一方式送达。

2006年最高人民法院《关于涉外民事或商事案件司法文书送达问题若干规定》还规定,按照司法协助协定、《送达公约》或者外交途径送达司法文书,自我国有关机关将司法文书转递受送达人所在国有关机关之日起满6个月,如果未能收到送达与否的证明文件,且根据各种情况不足以认定已经送达的,视为不能用该种方式送达。除公告送达方式外,人民法院可以同时采取多种方式向受送达人进行送达,但应根据最先实现送达的方式确定送达日期。受送达人未对人民法院送达的司法文书履行签收手续,但存在以下情形之一的,视为送达:一是受送达人书面向人民法院提及了所送达司法文书的内容;二是受送达人已经按照所送达司法文书的内容履行;三是其他可以视为已经送达的情形。

(二)外国诉讼文书向中国的送达

根据中国《民事诉讼法》第277条的规定及有关司法解释,外国诉讼文书向中国的送达可以采用以下途径:

(1)对于1965年海牙《送达公约》的成员国,可根据《公约》进行送达。但中国批准加入1965年海牙《送达公约》时,作了一些声明与保留,例如,第一,指定中华人民共和国司法部为中央机关和有权接收外国通过领事途径转递的文书的机关。第二,外国驻华使领馆只能直接向其在华的本国国民(而非中国国民或第三国国民)送达法律文书。第三,反对采用《公约》第10条所规定的方式(即邮局直接送达;文件发送国主管司法人员、官员和其他人员,直接通过目的地国上述人员送达;诉讼利害关系人直接通过目的地国上述人员送达)在中华人民共和国境内进行送达。

2013年最高人民法院《关于依据国际公约和双边司法协助条约办理民商事案件司法文书送达和调查取证司法协助请求的规定》第2条规定,人民法院协助外国办理民商事案件司法文书送达和调查取证请求,适用对等原则。其第3条规定,人民法院协助外国办理民商事案件司法文书送达和调查取证请求,应当进行审查。外国提出的司法协助请求,具有海牙《送达公约》、海牙《取证公约》或双边民事司法协助条约规定的拒绝提供协助的情形的,人民法院应当拒绝提供协助。其第 4 条规定,请求方要求按照请求书中列明的特殊方式办理的,如果该方式与我国法律不相抵触,且在实践中不存在无法办理或者办理困难的情形,应当按照该特殊方式办理。

(2) 对与中国缔结有司法协助协定的国家,按司法协助协定处理。

(3) 外交代表或领事送达。根据中国《民事诉讼法》第 277 条第 2 款的规定,外国驻中国使领馆可以向该国公民送达文书,但不得违反中国法律,并且不得采取强制措施。

(4) 既未与中国缔结司法协助协定,又非 1965 年海牙《送达公约》成员国的国家,通过外交途径进行。最高人民法院、外交部、司法部 1986 年《关于中国法院和外国法院通过外交途径相互委托送达法律文书若干问题的通知》对此作了详细规定:第一,凡已同中国建交国家的法院,通过外交途径委托中国法院向中国公民或法人以及在华的第三国或无国籍当事人送达法律文书,除该国同中国已订有协议的按协议办理外,一般根据互惠原则办理。第二,委托送达法律文书须用委托书。委托书和所送法律文书须附有中文译本。法律文书的内容有损中国主权和安全的,予以驳回;如受送达人享有外交特权和豁免,一般不予送达;不属于中国法院职权范围或因地址不明或其他原因不能送达的,由有关高级人民法院提出处理意见或注明妨碍送达的原因,予以退回。第三,对拒绝转递中国法院通过外交途径委托送达法律文书的国家或有特殊限制的国家,我国可根据情况采取相应措施。

在我国涉外司法实践中,送达问题一直是影响法院审判效率的一个严重障碍,主要是送达过程漫长,而且成功率较低。早在 2002 年,最高人民法院就指出:我国涉外民商事案件的送达成功率不到 30%,70% 多的都因送达不成功而无法启动诉讼程序。近年来,这一局面有所改善。据统计,2011 年至 2015 年,我国人民法院办理涉外送达文书 12866 件。域外送达的回复率达到 60% 左右。根据最高人民法院国际合作局的统计数字,民商事案件司法文书送达请求自该局发出后至该局收到送达结果,平均每案的送达时间为 120 天左右,文书发出 4 个月后收到回复的回复率为 80% 左右。根据 2014 年 1 月 1 日至 10 月 31 日的统计数据,我国法院共向外国法院或相关机构发出民商事案件司法文书送达请求 1172 件(不含北京、上海、浙江、广东、江苏五个高级法院直接向外国发出的司法文书送达请求)。其中收到回复 700 件,回复率 59.72%,平均每案送达时间为 139 天。同期,外国法院或其他机构共委托我国法院送达民商事案件司法文书 785 件。其中,我国法院已回复 643 件,回复率 81.91%,平均每案送达时间为 96 天。无论是回复率还是平均每案送达时间,我国法院均优于外国法院或其他相关机构。①

---

① 孙劲、曾朝晖:《新时期人民法院国际司法协助的进展、特点和趋势》,载《人民司法》2017 年第 1 期。

（三）区际送达

1999 年《关于内地与香港特别行政区法院相互委托送达民商事司法文书的安排》、2001 年《关于内地与澳门特别行政区法院就民商事案件相互委托送达司法文书和调取证据的安排》、2009 年最高人民法院《关于涉港澳民商事案件司法文书送达问题若干规定》和 2008 年最高人民法院《关于涉台民事诉讼文书送达的若干规定》以及 2009 年《海峡两岸共同打击犯罪及司法互助协议》、最高人民法院《关于人民法院办理海峡两岸送达文书和调查取证司法互助案件的规定》，为中国内地与香港、澳门和台湾地区之间送达司法文书提供了明确的法律依据。

1. 内地与港澳之间的送达

根据内地与香港特别行政区达成的《安排》，内地法院和香港特别行政区法院委托送达司法文书的，均须通过各高级人民法院和香港特别行政区高等法院进行。最高人民法院司法文书可以直接委托香港特别行政区高等法院送达。委托方请求送达司法文书，须出具盖有其印章的委托书。委托书应当以中文文本提出。受委托方如果认为委托书与本《安排》的规定不符，应当通知委托方，并说明对委托书的异议。必要时可以要求委托方补充材料。不论司法文书中确定的出庭日期或者期限是否已过，受委托方均应送达。受委托方接到委托书后，应当及时完成送达，最迟不得超过自收到委托书之日起两个月。送达司法文书后，内地人民法院应当出具送达回证；香港特别行政区法院应当出具送达证明书。受委托方无法送达的，应当在送达回证或者证明书上说明妨碍送达的原因、拒收事由和日期，并及时退回委托书及所附全部文书。送达司法文书，应当依照受委托方所在地法律规定的程序进行。委托送达司法文书费用互免。但委托方在委托书中以特定送达方式送达所产生的费用，由委托方负担。

《关于内地与澳门特别行政区法院就民商事案件相互委托送达司法文书和调取证据的安排》中有关送达的规定与上述内地与香港达成的《安排》基本相同。不同的是，该《安排》第 8 条对请求的不予执行作了规定：受委托方法院收到委托书后，不得以其本辖区法律规定对委托方法院审理的该民商事案件有专属管辖权或不承认对该请求事项提起诉讼的权利为由，不执行受托事项。受委托方法院在执行受托事项时，如果该事项不属于法院职权范围，或者内地人民法院认为在内地执行该受托事项将违反其基本法律原则或者社会公共利益，或者澳门特别行政区法院认为在澳门特别行政区执行该受托事项将违反其基本法律原则或公共秩序的，可以不予执行，但应当及时说明不予执行的理由。

2009 年最高人民法院《关于涉港澳民商事案件司法文书送达问题若干规定》的主要规定有：人民法院审理涉及香港特别行政区、澳门特别行政区的民商事案件时，向住所地在香港特别行政区、澳门特别行政区的受送达人送达司法文书，适用本规定。作为受送达人的自然人或者企业、其他组织的法定代表人、主要负责人在内地的,人民法院可以直接向该自然人或者法定代表人、主要负责人送达。除受送达人在授权委托书中明确表明其诉讼代理人无权代为接收有关司法文书外,其委托的诉讼代理人为有权代其接受送达的诉讼代理人,人民法院可以向该诉讼代理人送达。受送达人在内地设立有代表机构的,人民法院可以直接向该代表机构送达。受送达人在内地设立有分支机构或者业务代办人并授权其接受送达的,人民法院可以直接向该分支机构或者业务代办人送达。人民法院向在内地没有住所的受送达人送达司法文书,可以按照上述两个《安排》送达。按照前款规定方式送达的,自内地的高级人民法院或者最高人民法院将有关司法文书递送香港特别行政区高等法院或者澳门特别行政区终审法院之日起满3个月,如果未能收到送达与否的证明文件且不存在本规定第12条规定情形的,视为不能适用上述安排中规定的方式送达。人民法院向受送达人送达司法文书,可以邮寄送达。人民法院可以通过传真、电子邮件等能够确认收悉的其他适当方式向受送达人送达。人民法院不能依照本规定上述方式送达的,可以公告送达。除公告送达方式外,人民法院可以同时采取多种法定方式向受送达人送达。采取多种方式送达的,应当根据最先实现送达的方式确定送达日期。人民法院向在内地的受送达人或者受送达人的法定代表人、主要负责人、诉讼代理人、代表机构以及有权接受送达的分支机构、业务代办人送达司法文书,可以适用留置送达的方式。受送达人未对人民法院送达的司法文书履行签收手续,但存在以下情形之一的,视为送达:(1)受送达人向人民法院提及了所送达司法文书的内容;(2)受送达人已经按照所送达司法文书的内容履行;(3)其他可以确认已经送达的情形。

2. 大陆与台湾地区之间的送达

为保障海峡两岸人民权益,维护两岸交流秩序,海峡两岸关系协会与财团法人海峡交流基金会2009年达成了《海峡两岸共同打击犯罪及司法互助协议》(以下简称协议),并于同年6月25日起生效。该协议第7条规定,双方同意依己方规定,尽最大努力,相互协助送达司法文书。受请求方应于收到请求书之日起3个月内及时协助送达。受请求方应将执行请求之结果通知请求方,并及时寄回证明送达与否的证明资料;无法完成请求事项者,应说明理由并送还相关资料。为落实协议,最高人民法院2010年通过了《关于人民法院办理海峡两岸送达文书和调查取证司法互助案件的规定》,自2011年6月25日起施行,其有关内容有:

人民法院办理海峡两岸司法互助业务,应当遵循一个中国原则,遵守国家法律的基本原则,不得违反社会公共利益。人民法院和台湾地区业务主管部门通过各自指定的协议联络人,建立办理海峡两岸司法互助业务的直接联络渠道。

人民法院向住所地在台湾地区的当事人送达民事和行政诉讼司法文书的,

可按该规定第7条规定的7种方式送达。

人民法院协助台湾地区法院送达司法文书,应当采用民事诉讼法等法律和相关司法解释规定的送达方式,并应当尽可能采用直接送达方式,但不采用公告送达方式。审理案件的人民法院需要台湾地区协助送达司法文书的,应当填写《协议送达文书请求书》附录部分,连同需要送达的司法文书及时送交高级人民法院。高级人民法院经审查认为可以请求台湾地区协助送达的,高级人民法院联络人应当填写《协议送达文书请求书》正文部分,连同附录部分和需要送达的司法文书,立即寄送台湾地区联络人。

近年来,两岸司法互助案件数量巨大,增长较快。统计数据显示,自两岸司法互助协议生效以来至2015年5月底,各地法院共办理涉台送达文书、调查取证、罪赃移交和裁判认可司法互助案件47170件。

第七节 域外调查取证

一、域外调查取证的概念和范围

域外调查取证(extraterritorial discovery, the taking of evidence abroad),是指案件的受诉法院在征得有关国家同意的情况下,直接在该国境内收集、提取案件所需的证据,或通过国际民事司法协助途径,以请求书的方式委托有关国家的主管机关在该国境内代为收集、提取案件所需的证据。前者称直接调查取证,后者称间接调查取证。

与文书送达一样,调查取证也是诉讼活动中一个必不可少的程序。而同样作为体现国家司法主权的重要司法行为,调查取证亦具有严格的属地性。因此,国际社会普遍认为,未经一国同意或许可,任何其他国家是不能在该国境内调查取证的。由于取证制度的差异,各国在域外取证上不免产生冲突。例如,美国通常承认域外单方面获取证据行为的合法性,而大多数大陆法国家则对于外国在其本国境内的取证行为进行限制,认为这类司法行为必须经过批准或由当地司法官员进行。即便同为英美法国家,对于美国那种未经许可单方面获取证据的行为,在一些国家也被视为违反国家主权的行为,并引发了不少外交抗议。[①] 为了协调各国不同的取证制度,便于域外取证的开展,国际社会通过努力缔结了大量的双边和多边规则。在多边规则中,较有影响的有:(1) 1954年订于海牙的《民事诉讼程序公约》,该《公约》第二章专门规定了域外调查取证。截至2018年1月,该《公约》共有49个成员,它已适用于中国澳门地区,但中国未加入。

---

① 何其生:《比较法视野下的国际民事诉讼》,高等教育出版社2015年版,第262页。

（2）1970年海牙《取证公约》，截至2018年1月，已有61个国家或地区批准或加入了该《公约》。中国已于1997年7月3日作出加入的决定，《公约》自1998年2月6日起对中国生效，并已适用于中国香港地区和澳门地区。根据《公约》第39条第4款、第5款的规定，加入行为只在加入国和已声明接受该国加入的《公约》缔约国之间发生效力，且加入国和接受该国加入的国家之间自接受国交存接受声明后第60日起生效。截至2018年2月28日，共有荷兰、卢森堡、捷克、以色列、波兰、芬兰、德国、意大利、美国、斯洛伐克、法国、丹麦、西班牙、澳大利亚、挪威、阿根廷、葡萄牙、爱沙尼亚、瑞士、瑞典、拉脱维亚、希腊、塞浦路斯、摩纳哥和土耳其以及墨西哥等26个国家接受了我国的加入，另外，我国也在加入该《公约》以后接受了南非、保加利亚、立陶宛、斯里兰卡、斯洛文尼亚、乌克兰、俄罗斯联邦、白俄罗斯、科威特、罗马尼亚、波黑、马其顿、克罗地亚、阿尔巴尼亚、塞尔维亚、马耳他、摩洛哥、列支敦士登、黑山、塞舌尔、巴西、韩国、哥斯达黎加、亚美尼亚、哥伦比亚、匈牙利、冰岛、印度、哈萨克斯坦、安道尔等30个国家的加入。① 因此，截至2018年2月，该《公约》已经在我国和上述56个国家之间生效。（3）欧盟理事会于2001年5月28日通过了《关于民商事案件域外取证协助条例》，它适用于除丹麦以外的欧盟成员国之间。

由于各国法律差异较大，条约一般都未对域外调查取证的范围作出明确规定，而通常是由各国在其国内法中自行确定的。中国对外签订的双边司法协助协定一般将域外调查取证的范围确定为：询问当事人、证人和鉴定人，进行鉴定和司法勘验，以及其他与调查取证有关的行为。但中国与一些国家如泰国所签订的双边司法协助协定，对域外调查取证的范围也未作出规定。

二、域外调查取证的方式

（一）直接调查取证

直接调查取证一般通过以下三种方式进行：

（1）外交或领事人员取证。这种调查取证方式是指一国法院通过该国驻他国的外交或领事人员在驻在国直接调查取证。这种调查取证方式通常是由领事进行，外交人员较少参与，或即使外交人员进行调查取证，实际上也是在行使领事职务，因此这种调查取证方式一般又简称为领事取证。

就取证对象而言，领事取证主要涉及两种情形：一是对本国国民取证；二是对驻在国国民或第三国国民取证。前一种取证方式，已为大多数国家所普遍接受，并得到了《维也纳领事关系公约》及大量双边领事条约的一致肯定和确认。

---

① https://www.hcch.net/en/instruments/conventions/status-table/acceptances/? mid = 493, Visited on March 2, 2018.

这主要是因为保护驻在国境内本国侨民的利益，本来就是领事的主要职务之一。不过，也有少数国家如葡萄牙、丹麦和挪威等国，要求领事取证须事先征得驻在国的同意方可进行。对于后一种取证方式，各国的态度和做法则不尽一致，但一般都在不同程度上给予了限制：有的要求领事对驻在国或第三国公民取证必须经驻在国当局许可；有的则表示在任何情况下外国领事都不得对驻在国公民取证；有的则禁止外国领事在其境内对驻在国公民或第三国公民取证。

（2）特派员取证。它是指法院在审理涉外民商事案件时委派专门的官员去外国境内调查取证的方式。受诉法院的法官、书记员、律师，甚至取证地国的公职人员或律师都有可能被受诉法院委派为特派员（commissioner）。海牙《取证公约》规定了特派员取证制度。根据《公约》第17条的规定，在涉外民商事案件中，被合法地专门指定为特派员的人，如果得到作为缔约国的取证地国指定的主管机关的概括许可或对特定案件的个别许可，并遵守主管机关许可时确定的条件，可以在不加强制的情况下进行取证。《公约》第21条规定，特派员取证时，还可以按照派遣国法律所规定的方式和程序进行，但此种方式和程序不能是取证地国法律所禁止的。

各国对特派员取证方式的态度和做法也不尽一致。葡萄牙、丹麦等国完全禁止外国特派员在其境内调查取证；法国、德国等国则要求外国特派员取证需事先征得取证地国的许可；英国则表示需在对等基础上决定是否允许。

（3）当事人或诉讼代理人自行取证。这种调查取证方式主要为普通法系国家所采用。尤其在美国，这种调查取证方式的运用十分普遍，通常由当事人的律师进行，被称为审判前文件调查。① 海牙《取证公约》虽不否认普通法系国家的这一调查取证方式，但同时也允许各缔约国对其提出保留。即《公约》第23条规定，各缔约国可以声明不执行"普通法系国家旨在进行审判前文件调查"的程序。结果，几乎除美国以外的所有缔约国都对这一调查取证方式提出了保留。中国在加入海牙《取证公约》时也声明，对普通法系国家旨在进行审判前文件调查的请求书，仅执行已在请求书中列明并与案件有直接密切联系的文件的调查请求。

（二）间接调查取证

由于受诉法院在其他国家境内直接调查取证往往受到这样或那样的限制，

---

① 普通法系国家民事诉讼中所需要的证据一般由当事人及其律师自行搜集，并在庭审时全部展示给法官和陪审团，不允许为补充新的证据而中止审理。为此，必须有适当的手段和途径帮助当事人和律师在审理之前获得所需证据。这一手段和途径即所谓的"审前发现或披露程序"（pretrial discovery procedure），它是指当事人一方在审判前对另一方或非当事人就有关事实和情况进行调查，以获取对自己有利的证据。审前发现程序最早起源于英国的衡平法实践，它通过允许当事人在审前阶段向对方索要文件来弥补普通法中当事人在庭审时毋须作证从而使对方无法获得相关证据的不足。如果需要向国外进行这类活动，而法院请求外国协助，这类请求书即为本公约所指的旨在进行审判前文件调查的请求书。

给域外调查取证带来诸多不便,因此,大多数国家普遍采用间接调查取证这一主要的域外调查取证方式。间接调查取证也是海牙《取证公约》中规定的主要方式。《公约》第1条至第14条对这种域外调查取证方式的各项程序作出了明确和详尽的规定。

(1) 请求的提出。《公约》要求各缔约国指定一个中央机关,负责接受来自缔约另一国司法机关的请求书,并转交给内国的主管机关执行。在任何情况下,请求书均可送交中央机关。《公约》还规定请求书可直接送交被请求国中央机关,而无需通过请求国中央机关或任何其他机关转交。

(2) 请求的执行及执行情况的通知。《公约》明确规定请求书应得到迅速执行。至于执行情况的通知,《公约》则规定,证明执行请求书的文书应由被请求国机关,通过与请求国机关所采用的同一途径送交请求国机关。如请求书全部或部分未予执行,亦应通过同一途径及时将此通知请求国机关,并告知理由。

(3) 请求的拒绝。《公约》明确规定请求书仅得依以下理由拒绝执行:其一,请求书的执行在被请求国不属于司法机关的职权范围;其二,被请求国认为其主权或安全将会因此而受到损害。《公约》同时还明确规定不得仅依以下理由拒绝执行请求书:其一,被请求国依其本国法对请求书所涉及的诉讼标的享有专属管辖权;其二,被请求国法律规定不允许对请求书所涉及事项提起诉讼。

海牙《取证公约》在便利域外取证上取得了积极效果,根据海牙国际私法会议2013年问卷调查的反馈结果,各国依据该《公约》执行取证请求的平均时间如下:38%的请求在2个月内完成,18%的请求在2—4个月内完成,5%的请求在4—6个月内完成,17%的请求在6—12个月内完成。鉴于通信科技的迅速发展与互联网的普及,在海牙国际私法会议2014年《取证公约》特委会会议上,澳大利亚等国家建议为《取证公约》制定《视频取证任择性议定书》,大会在结论文件中重申有必要推动视频取证方式,并建议成立专门工作组研究使用视频及其他新技术手段协助取证的问题。①

三、中国的域外调查取证制度

中国的域外调查取证制度,主要规定在中国所缔结或参加的涉及域外调查取证的国际条约及中国的国内立法和有关的司法解释中。

(一) 直接调查取证

(1) 关于外交或领事人员取证。根据中国《民事诉讼法》第277条第2款及中国对外签订的双边司法协助协定和中国所参加的多边条约,如海牙《取证公约》的规定,中国接受并采取领事取证方式,不过,领事取证的对象仅限于领事

---

① 霍政欣:《国际私法》,中国政法大学出版社2017年版,第227页。

所属国国民——而不允许外国领事在中国境内对中国公民或第三国公民取证，且不得违反中国法律和采取强制措施。

（2）关于特派员取证。中国对外签订的双边司法协助协定中均未规定特派员取证制度。而依中国《民事诉讼法》第 277 条第 3 款的规定，未经中国主管机关准许，任何外国机关或者个人不得在中华人民共和国领域内送达文书、调查取证。由此，中国原则上不允许外国特派员在中国境内调查取证。中国在加入海牙《取证公约》时也对《公约》第 17 条等条款中关于特派员取证制度的规定提出了保留。

（3）关于当事人或诉讼代理人自行取证。中国《民事诉讼法》第 277 条第 3 款规定，未经中国主管机关许可，任何外国当事人及其诉讼代理人都不得在中国境内自行调查取证。

对于不反对采用这种取证方式的国家和地区，我国当事人当然可以采用这种方式。事实上，我国人民法院在处理涉及港澳地区的案件时，对处于这些地区的案件，一般是责成有关当事人自行取证。

2001 年《关于民事诉讼证据的若干规定》第 11 条规定，当事人向人民法院提供的证据系在中华人民共和国领域外形成的，该证据应当经所在国公证机关予以证明，并经中华人民共和国驻该国使领馆予以认证，或者履行中华人民共和国与该所在国订立的有关条约中规定的证明手续。当事人向人民法院提供的证据是在香港、澳门、台湾地区形成的，应当履行相关的证明手续。①

2010 年最高人民法院《关于进一步做好边境地区涉外民商事案件审判工作的指导意见》第 5 条指出，当事人提供境外形成的用于证明案件事实的证据时，可以自行决定是否办理相关证据的公证、认证手续。2015 年《民诉法解释》第 527 条规定，当事人向人民法院提交的书面材料是外文的，应当同时向人民法院

---

① 根据最高人民法院、司法部 1996 年《关于涉港公证文书效力问题的通知》、1993 年海峡两岸关系协会、中国公证员协会与财团法人海峡交流基金会《两岸公证书使用查证协议》、司法部 1993 年《海峡两岸公证书使用查证协议实施办法》、司法部办公厅 2004 年《关于启用中国法律服务（澳门）公司核检专用章同时废止原转递专用章的通知》和司法部 2006 年《关于委托林笑云等 5 名澳门律师为委托公证人的决定》，对于发生在香港地区的有法律意义的事件和文书，均应要求当事人提交委托公证人出具并经司法部中国法律服务（香港）有限公司审核并加章转递的公证证明。在澳门形成证据的证明材料情况，分 2006 年 2 月之前形成和之后形成两种情况分别处理；2006 年 2 月之前，由于司法部未在澳门建立委托公证人制度，对于发生在澳门地区的有法律意义的事件和文书的证明，经中国法律服务（澳门）有限公司和澳门司法事务室下属的 4 个民事登记局出具公证证明，即具有证明效力；2006 年 2 月以后，在澳门形成的证明材料，由司法部任命的委托公证人出具公证文书，并经中国法律服务（澳门）有限公司审核加章转递，确认使用。对于在台湾地区形成的证据，首先应当经过台湾地区的公证机关予以公证，并由台湾财团法人海峡交流基金会（海基会）根据《两岸公证书使用查证协议》，提供有关证明材料。

提交中文翻译件。① 当事人对中文翻译件有异议的，应当共同委托翻译机构提供翻译文本；当事人对翻译机构的选择不能达成一致的，由人民法院确定。

根据最高人民法院 2005 年《第二次全国涉外商事海事审判工作会议纪要》第 39 条、第 41—42 条，对当事人提供的在我国境外形成的证据，人民法院应根据不同情况分别作如下处理：不论是否已办理公证、认证或者其他证明手续，人民法院均应组织当事人进行质证，并结合当事人的质证意见进行审核认定。当事人向人民法院提供外文视听资料的，应附有视听资料中所用语言的记录文本及中文译本。当事人提交的证据材料不属于新的证据，人民法院经审查认为该证据可能影响裁判结果的，应予以质证。

很多国家法院都承认外国法院的判决具有证明效力，可以作为证据使用，但必须符合一定的条件，例如符合判决作出地国法律关于其真实性的要件、不违反内国的公共秩序，但这些条件比承认和执行外国法院判决的条件要宽松很多（例如 2004 年《比利时国际私法》第 26、28 条）。通常，外国法院的民商事判决如果已经通过法定程序获得我国法院的承认，则可以作为证据在我国法院使用，可以直接采用该判决所认定的事实。我国一些地方法院在审判实践中对此有所突破，对于国外或港澳特别行政区法院作出的发生法律效力的裁判文书，直接作为证据使用，但要求该法律文书必须经过公证。2006 年《内地与澳门特别行政区关于相互认可和执行民商事判决的安排》第 3 条第 2 款规定，没有给付内容，或者不需要执行，但需要通过司法程序予以认可的判决，当事人可以向对方法院单独申请认可，也可以直接以该判决作为证据在对方法院的诉讼程序中使用。

（二）间接调查取证

中国《民事诉讼法》第 276 条规定，中国人民法院与外国法院可以依据两国缔结或共同参加的国际条约或按照互惠原则，相互请求代为调查取证。但外国法院请求中国人民法院代为调查取证的，不得损害中国的主权、安全或社会公共利益，否则不予执行。2013 年最高人民法院《关于依据国际公约和双边司法协助条约办理民商事案件司法文书送达和调查取证司法协助请求的规定实施细则（试行）》第 3 条规定，人民法院应当根据便捷、高效的原则，优先依据海牙《取证公约》提出民商事案件调查取证请求。对于与我国没有条约关系的国家，通过外交途径进行。就外交途径而言，中国前述 1986 年最高人民法院、外交部、司法部联合发布的《关于我国和外国法院通过外交途径相互委托送达法律文书若干问题的通知》指出，中国法院和外国法院通过外交途径相互委托代为调查取证

---

① 对于当事人提交的外文书证或外文说明资料的中文译本，是否允许当事人自己翻译？从实践来看，应当责令当事人提交有资质的翻译公司的译本，并经公证认证，以防止当事人事后以翻译不准确为由反悔。

的,可参照该《通知》的有关规定办理。

据统计,人民法院办理的调查取证以外国向我国提出的调查取证请求为主。2011年至2015年,共有22个国家的法院向我国法院提出调查取证请求共计117件。其中,依据海牙《取证公约》提出的请求45件,依据双边条约提出的请求67件,基于互惠提出的请求5件。韩国、美国、德国、俄罗斯、越南等国提出请求相对较多。截止到2016年年底,我国法院已办理完毕97件。调查取证的时间,最短的不足1个月,绝大多数调查取证请求能够在3至10个月内完成,部分复杂的调查取证请求用时长于10个月。我国法院向外国提出的调查取证请求案件非常少,2011年至2015年,我国法院共向俄罗斯依据双边条约提出2件婚姻家庭案件有关境外财产的调查取证请求,目前均已收到俄方反馈的结果。俄方办理时间超过13个月。[①]

(三) 区际调查取证

中国最高人民法院2001年《关于内地与澳门特别行政区法院就民商事案件相互委托送达司法文书和调取证据的安排》、2010年《关于人民法院办理海峡两岸送达文书和调查取证司法互助案件的规定》、2017年《关于内地与香港特别行政区法院就民商事案件相互委托提取证据的安排》和2009年《海峡两岸共同打击犯罪及司法互助协议》,为中国内地与澳门、台湾地区之间调查取证提供了明确的法律依据。

2001年内地与澳门的上述《安排》的主要内容有:委托方法院请求调取的证据只能是与诉讼有关的证据。代为调取证据的范围包括:代为询问当事人、证人和鉴定人,代为进行鉴定和司法勘验,调取其他与诉讼有关的证据。受委托法院应优先处理受托事项。调取证据最迟不得超过自收到委托书之日起3个月。如委托方法院提出要求,受委托方法院应当将取证的时间、地点通知委托方法院,以便有关当事人及其诉讼代理人能够出席。受委托方法院在执行委托调取证据时,根据委托方法院的请求,可以允许委托方法院派司法人员出席。必要时,经受委托方允许,委托方法院的司法人员可以向证人、鉴定人等发问。受委托方法院完成委托调取证据的事项后,应当向委托方法院书面说明。受委托方法院可以根据委托方法院的请求,并经证人、鉴定人同意,协助安排其辖区的证人、鉴定人到对方辖区出庭作证,证人、鉴定人在委托地域内逗留期间享有司法、行政豁免。上述所指出庭作证人员,在澳门特别行政区还包括当事人。受委托方法院取证时,被调查的当事人、证人、鉴定人等的代理人可以出席。受委托方法院可以根据委托方法院的请求代为查询并提供本辖区的有关法律。

[①] 孙劲、曾朝晖:《新时期人民法院国际司法协助的进展、特点和趋势》,载《人民司法》2017年第1期。

内地与香港的上述《安排》的主要内容有：双方相互委托提取证据,须通过各自指定的联络机关进行。内地人民法院根据本《安排》委托香港特别行政区法院提取证据的,请求协助的范围包括：(1)讯问证人；(2)取得文件；(3)检查、拍摄、保存、保管或扣留财产；(4)取得财产样品或对财产进行试验；(5)对人进行身体检验。受委托方应当根据本辖区法律规定安排取证。委托方请求按照特殊方式提取证据的,如果受委托方认为不违反本辖区的法律规定,可以按照委托方请求的方式执行。如果委托方请求其司法人员、有关当事人及其诉讼代理人(法律代表)在受委托方取证时到场,以及参与录取证言的程序,受委托方可以按照其辖区内相关法律规定予以考虑批准。受委托方应当尽量自收到委托书之日起6个月内完成受托事项。如果受委托方未能按委托方的请求完成受托事项,或者只能部分完成受托事项,应当向委托方书面说明原因,并按委托方指示及时退回委托书所附全部或者部分材料。如果证人根据受委托方的法律规定,拒绝提供证言时,受委托方应当以书面通知委托方,并按委托方指示退回委托书所附全部材料。

2010年《关于人民法院办理海峡两岸送达文书和调查取证司法互助案件的规定》的相关规定有：人民法院办理海峡两岸调查取证司法互助业务,限于与台湾地区法院相互协助调取与诉讼有关的证据,包括取得证言及陈述；提供书证、物证及视听资料；确定关系人所在地或者确认其身份、前科等情况；进行勘验、检查、扣押、鉴定和查询等。在不违反法律和相关规定、不损害社会公共利益、不妨碍正在进行的诉讼程序的前提下,人民法院应当尽力协助调查取证,并尽可能依照台湾地区请求的内容和形式予以协助。它还规定了法院提出司法协助请求的程序和办理时限。

第八节 外国法院判决的承认与执行

外国法院判决的承认与执行是外国国际民事诉讼程序在内国的继续,是整个国际民事诉讼程序的归宿,是有关司法程序的实质所在。因此,承认与执行外国法院判决在国际民事诉讼中具有极为重要的意义。

与文书送达和调查取证相比,判决的承认与执行作为体现国家司法主权的更重要的司法行为,其属地性也更为严格。所有外国法院的判决只能通过国际民事司法协助途径在有关国家境内由该国法院协助承认和执行。

一、外国法院判决的概念

在国际民事诉讼中,或者说在国际民事司法协助中,外国法院判决是有其特定含义的,一般是指非内国法院根据查明的案件事实和有关的法律规定,对当事人之间有关民商事权利义务的争议或申请人提出的申请,作出的具有强制拘束力的裁判。对于这一概念,一般应从以下三个方面作广义的理解：

（一）对"外国"应作广义理解

这里的"外国",在多法域国家常被作广义理解,不仅指政治意义上的外国,有时还指同一主权国家内的另一法域。例如,在英国,英格兰法院就是将苏格兰和北爱尔兰等外法域法院的判决与德国等外国法院的判决等同视之,一并归入"外国法院判决"的范畴的。此外,尽管界定"外国"判决的标准一般是判决的作出地,但"外国"判决有时也包括位于内国境内的其他法院,如欧盟法院等国际组织的法院所作出的判决,只要该法院不是内国法院或内法域法院。

（二）对"法院"也应作广义理解

这里的"法院"既包括具有民商事管辖权的普通法院,也包括劳动法院、行政法院、特别法庭,甚至被国家赋予一定司法权的其他机构。[①] 例如,1979年订立于蒙得维的亚的《美洲国家间关于外国判决和仲裁裁决域外效力的公约》第1条即规定,任何缔约国在批准《公约》时,可声明该《公约》也适用于行使某种审判职能的机关所作出的决定。

（三）对"判决"也应作广义理解

这里的"判决"不仅指外国法院在民商事案件中所作出的判决、裁定和调解书,也指就诉讼费用所作的裁决、对刑事案件中的有关损害赔偿事项所作的判决以及某些外国公证机关就特定事项所作的决定。

中国《民事诉讼法》及相关司法解释均是将法院作出的判决和裁定,作为相互请求承认与执行的对象的。中国对外签订的双边司法协助协定一般还规定,法院对刑事案件中有关损害赔偿事项作出的裁决及主管机关对继承案件作出的裁决也属于缔约双方相互承认和执行的法院判决的范围。[②]

为进一步规范和统一涉外商事海事裁判文书写作标准,提高裁判文书质量,最高人民法院2015年印发了《涉外商事海事裁判文书写作规范》。

二、承认与执行外国法院判决的依据

（一）承认与执行外国法院判决的理论依据

对于各国为何承认和执行外国法院的判决,不同历史时期不同国家的学者

[①] 例如在波兰,公证处也有权处理数额不大的财产纠纷,以及关于遗嘱有效性、遗嘱保护方面的纠纷。1992年《罗马尼亚国际私法》也规定它所指的"外国判决",包括外国法院、公证机关或其他主管机关作出的判决。

[②] 其中,有的双边司法协助协定还采用了法院"裁决"这一概念,这主要是为了囊括法院的判决、裁定、调解书等各种决定形式,尽管"裁决"与《中华人民共和国民事诉讼法》中采用的"判决、裁定"这一措辞并不完全一致,但在法律含义上却无实质区别。

从不同角度提出了各种不同的理论和学说,主要有国际礼让说、既得权说、债务说、一事不再理说、特别法说、互惠说等。① 尽管这些理论和学说都从不同角度、不同层面,一定程度地阐释了承认与执行外国法院判决的根据和理由,但囿于视角的褊狭、认知能力的有限以及论证方法的简单和粗糙等等,终究未能全面、深入地揭示承认与执行外国法院判决的客观根据和真实理由。我们认为,各国之所以承认和执行外国法院的判决,是基于一种平等互利的关系。

(二) 承认与执行外国法院判决的法律依据

外国法院判决的承认与执行的法律依据是国际条约和互惠。

1. 国际条约

目前,关于外国法院判决承认与执行的较具影响的国际条约主要有 1928 年《布斯塔曼特法典》(第四卷)、欧共体 1968 年《布鲁塞尔公约》、欧共体和欧洲自由贸易联盟 2007 年《卢迦洛公约》及欧盟 2012 年《关于民商事案件管辖权及判决承认与执行的条例》、北欧国家 1979 年《承认与执行判决公约》、1971 年海牙《民商事案件外国判决的承认和执行公约》及其《附加议定书》等。其中,前五个是区域性的国际条约,不具有全球性的普遍影响,1971 年海牙公约虽为全球性国际条约,但至今尚未生效。而海牙国际私法会议自 1993 年起即着手制定的另一全球性国际条约——《民商事管辖权及外国判决公约》,至今仍未获通过,只形成了条约草案。由此可见,在全球范围内协调各国在判决的承认与执行问题上的差异和分歧远比区域性的协调与合作要艰难和复杂。正因如此,国际社会舍难就易,转而在一些专门领域达成了若干此类公约,如 1958 年海牙《抚养儿童义务判决的承认和执行公约》、1970 年海牙《承认离婚与司法别居公约》以及 1973 年海牙《扶养义务判决的承认和执行公约》等。此外,国际社会在制定一些涉及专门事项的国际条约时,为保证就与条约内容有关的案件作出的判决在缔约国得到承认和执行,也往往在条约中规定承认和执行外国法院判决的条款,如 1956 年《国际公路货物运输合同公约》第 31 条、1969 年《国际油污损害民事责任公约》第 10 条以及 1970 年《国际铁路货物运输合同公约》第 58 条。

除多边国际条约外,各国还签订了大量相互承认与执行对方法院判决的双边条约,这也是各国承认与执行外国法院判决的有效依据。中国对外签订的双边司法协助协定中,也大都规定了相互承认和执行缔约对方法院判决的条款。

2. 互惠

"互惠"顾名思义,即相互给予好处。互惠原则的本意是以互利为目标,并在积极追求双赢的过程中实现利益平衡的效果。由于互惠原则自身的不确定性和模糊性,各国在这一原则的运用上却没有形成固定的、统一不变的标准。纵观

---

① 参见韩德培主编:《国际私法》,高等教育出版社、北京大学出版社 2007 年版,第 507—508 页。

世界各国立法和司法实践,主要有以下几种互惠形式:(1)法律互惠。法律互惠是指一国通过国内立法的形式规定承认与执行外国法院判决的条件,且两国规定的条件相对等。德国和日本是实行法律互惠的典型国家。(2)事实互惠。它是指一国在司法实践中已有承认并执行另一国法院判决的先例,且该先例与申请承认和执行的案件在性质和社会影响等方面具有相同或者相似性。(3)推定互惠。推定互惠是与实存互惠(法律互惠和事实互惠)相对的概念,它主张,只要当事人不能证明外国确有拒绝承认与执行内国判决的事实,则推定互惠关系的存在。就互惠关系是否存在,大多数国家仍然采取实存互惠制,只有少数国家采取推定互惠的判断标准,例如1982年前南斯拉夫《国际冲突法》第92条第2款这样规定:"……在无相反证明时,应推定存在承认外国判决的互惠关系。"[1]

在不存在条约关系的情况下,各国一般是根据互惠原则承认和执行外国法院判决的。有学者分析了欧洲(42个)、亚洲(33个)、非洲(14个)、美洲(21个)和大洋洲(2个)共112个国家和地区关于判决承认和执行的成文法(大多数资料的更新时间为2012年至2017年):立法规定中有互惠要求的国家和地区有70个[2],占总数的62.5%,其中大陆法系国家和地区43个,占比61.43%,普通法系国家和地区27个,占比38.57%。[3]

但是,由于被请求承认和执行的外国法院判决往往与内国有着十分密切的联系,如有关的当事人是内国国民,被执行财产位于内国境内,或者外国法院判决确认的权利义务关系涉及内国的利益,等等,一概强调互惠极有可能给自己造成不利。因此,近些年来,为切实保障本国或本国当事人的合法权益,一些国家在承认与执行外国法院判决中对互惠原则的运用已趋于灵活,有些国家如阿根廷、巴西、瑞士(破产宣告除外)、委内瑞拉、比利时等国家和美国绝大多数州甚至已不再将互惠作为承认与执行外国法院判决的条件。在实践中,2009年美国加利福尼亚州联邦上诉法院在没有审查中国法律对美国法院判决的互惠待遇的情况下,同意执行湖北省高级人民法院的一项民事判决;2006年德国柏林高等法院根据其《民事诉讼法》第328条承认了中国无锡市中级人民法院的一项民

---

[1] 任明艳:《论互惠原则在承认与执行外国法院判决中的适用》,载《公民与法》2011年第1期。
[2] 奥地利、白俄罗斯、捷克、斯洛伐克、英格兰和威尔士、德国、直布罗陀、根西岛、匈牙利、马恩岛、泽西岛、罗马尼亚、苏格兰、塞尔维亚、西班牙、土耳其、乌克兰、列支敦士登、斯洛文尼亚、俄罗斯、阿塞拜疆、文莱、香港特别行政区、印度、以色列、日本、约旦、韩国、黎巴嫩、马来西亚、缅甸、巴基斯坦、巴勒斯坦、中国、新加坡、中国台湾、阿拉伯联合酋长国、格鲁吉亚、巴林王国、科威特、阿曼、卡塔尔、沙特阿拉伯、越南、菲律宾、哈萨克斯坦、孟加拉国、博茨瓦纳、埃及、肯尼亚、埃塞俄比亚、突尼斯、赞比亚、乌干达、百慕大、开曼群岛、危地马拉、巴拿马、巴哈马群岛、英属维尔京群岛、加拿大安大略省和大不列颠哥伦比亚省、墨西哥、智利、哥伦比亚、厄瓜多尔、秘鲁、澳大利亚、新西兰。除了以上70个国家和地区之外,在美国马萨诸塞州、弗罗里达州、爱达荷州、缅因州、北卡罗来纳州、俄亥俄州以及德克萨斯州仍保留了互惠的要求。由于美国的州对互惠的要求不一致,本书暂将美国归入没有互惠要求的国家。
[3] 王雅菡:《外国法院判决承认与执行中的互惠》,武汉大学2018年博士学位论文,第56页。

事判决,在中美、中德法院间判决的执行上先迈出了第一步。①

2017年,在南宁召开的第二届中国—东盟大法官论坛上,中国与东盟国家就区域内国际司法协助等问题在《南宁声明》中达成了八项共识。根据该《声明》的第7项,"尚未缔结有关外国民商事判决承认和执行国际条约的国家,在承认与执行对方国家民商事判决的司法程序中,如对方国家的法院不存在以互惠为理由拒绝承认和执行本国民商事判决的先例,在本国国内法允许的范围内,即可推定与对方国家之间存在互惠关系。"该《声明》意味着中国和东盟国家之间在民商事判决的承认和执行领域形成了"推定互惠"的共识。但《南宁声明》不是国际条约,其对各国没有法律拘束力,并且在亚洲范围内并未出现互惠立法取消的趋势,多数亚洲国家的立法中都保留了互惠的规定。在这种情况下,立法机关不会轻易取消互惠。②

根据中国《民事诉讼法》及相关司法解释的规定,中国人民法院与有关外国法院之间相互请求承认与执行对方所作判决时,一般须以两国缔结或共同参加的国际条约或互惠原则为依据。但根据最高人民法院1991年《关于中国公民申请承认外国法院离婚判决程序问题的规定》第1条③和2015年《民诉法解释》第544条的规定,对于当事人申请人民法院承认外国法院作出的离婚判决,就不需以国际条约和互惠为依据。

三、承认外国法院判决与执行外国法院判决的关系

承认外国法院判决与执行外国法院判决,是既有区别又有联系的两个问题。一般而言,承认外国法院判决,意味着外国法院判决取得了与内国法院判决同等的法律效力,外国法院判决中所确定的当事人之间的权利义务关系被内国法院所确认,其法律后果是,如果在内国境内他人就与外国法院判决相同的事项,提出与该判决内容不同的请求,可以用该判决作为对抗他人的理由。而执行外国法院判决则不但要承认外国法院判决在内国的法律效力,而且就其应该执行的部分,通过适当程序付诸执行,强制当事人履行外国法院判决确定的义务,其法律后果是使外国法院判决中具有财产内容的部分得到实现。

一般而言,承认外国法院判决是执行外国法院判决的先决条件,如果没有对外国法院判决的承认,执行也就失去了基础;执行外国法院判决是承认外国法院判决的结果。当然,承认外国法院判决也并非一定导致执行判决,因为有的判决

---

① 参见杜涛:《国际私法原理》,复旦大学出版社2014年版,第429—430页。
② 王雅菡:《外国法院判决承认与执行中的互惠》,武汉大学2018年博士学位论文,第153—154页。
③ 该条规定,对与中国没有订立司法协助协议的外国法院所作的离婚判决,中国籍当事人可以根据本《规定》向人民法院申请承认该外国法院的离婚判决。

只需承认就够了。如关于单纯的离婚判决,承认了它就意味着可以允许离婚当事人再行结婚,而不存在执行问题。

在某些国家,只需要承认而无需执行的外国法院判决的效力是自动产生的,不必经过法院承认程序。① 中国法律和对外缔结的双边司法协助协定均未明确规定外国判决能否在中国自动生效的问题。但 1991 年中国最高人民法院《关于中国公民申请承认外国法院离婚判决程序问题的规定》第 20 条规定:"当事人之间的婚姻虽经外国法院判决,但未向人民法院申请承认的,不妨碍当事人一方另行向人民法院提出离婚诉讼。"不过这也只是表明对中国公民涉及外国法院离婚判决这一种情况持不自动生效的态度。

四、承认与执行外国法院判决的条件

由于各国在社会政治制度、经济制度和法律意识方面的不同,在社会组织尤其是司法组织方面的差异,以及在经济领域的利益冲突和对外国法院司法行为的不信任等等,几乎所有国家的立法和实践以及有关的国际条约,都在外国法院判决的承认与执行方面确立了一定的审查条件。总的来看,主要有以下几种:

(一)请求承认与执行的必须是民事判决

这是最基本的一个条件。当然,这里所指的民事判决,无疑也包括商事判决在内。不过应该注意的是在有些国际公约中,为求达成一致的意见,却又将某些民商事判决排除在其适用范围之外。如 1971 年海牙《民商事案件外国判决的承认和执行公约》虽在其第 1 条第 1 款中规定了"《公约》适用于缔约国法院作出的民事或商事判决"(在该条最后它又进一步指出,该《公约》不适用于责令支付一切关税、税款或罚款的判决),但下列本属民商事项的判决却"不适用"该《公约》:(1)人的身份与能力、家庭法上的事项;(2)法人的存在或成立、法人机构的职权;(3)不包括在上述(1)中所指家庭法中的扶养义务;(4)继承问题;(5)破产、清偿协议或类似诉讼程序;(6)社会保障问题;(7)核能所造成的损害。但各国国内法中大多均无这方面的限制。

(二)判决作出国法院须有合格的管辖权

对涉外民商事案件无管辖权的法院所作出的判决是不可能在他国获得承认与执行的。因此,被请求国法院在被请求承认与执行某一外国法院判决时,首先就会依一定的标准来审查判定外国法院对该案件有无管辖权。对此,主要有以下几种做法:

(1)依被请求承认与执行判决地国的法律进行审查。这是在没有相关国际

---

① 参见李双元、谢石松、欧福永:《国际民事诉讼法概论》,武汉大学出版社 2016 年版,第 457 页。这类判决主要是指构成性判决、与身份有关的判决、指定破产管理人的判决。

条约,或国际条约中未列明管辖权规范或标准的情况下,绝大多数国家的做法。

应该说,在判定外国法院有无管辖权时,仅以被请求国的法律为依据,在实践中困难较多。毕竟作出判决的法院对他国法律中关于管辖权的规定可能并不了解,作出判决时难以预料其判决能否得到外国法院的承认与执行,从而导致国际民事诉讼活动的结果缺乏必要的明确性和可预见性。而且,当被请求国法律与判决作出国法律在管辖权的规定上差异较大时,将管辖权问题完全交由被请求方判断,就有可能为承认与执行外国法院判决设置不必要的障碍,不利于国际民事诉讼活动的顺利开展。因此,一些国家如匈牙利、西班牙等,虽也要求依被请求国法律进行审查,但它们只要求依被请求国法律并不排除外国法院的管辖权即可,而并不要求外国法院必须依被请求国法律享有管辖权。如2004年《比利时国际私法》第25条第7、8项规定,如果比利时法院对诉讼请求享有专属管辖权,或外国法院的管辖权仅基于被告在该法院所在国出现或有财产位于该法院所在国,但是与争议本身没有任何直接联系,则外国判决应不予承认和执行。

(2)依判决作出国的法律进行审查。例如,1968年《布鲁塞尔公约》第4条第1款即规定,如被告不住在一个缔约国,除专属管辖权外,每一缔约国法院的管辖权由各缔约国法律决定。

(3)同时依判决作出国和被请求承认与执行判决地国的法律进行审查。这种依双重法律进行审查的做法,大大增加了审查的难度。因此,采用的国家十分罕见,只有法国、以色列等极少数国家采用。

(4)根据国际条约中的规定进行审查。多数国际条约都规定,只要判决作出国法院依有关国际条约的规定有管辖权,其他缔约国就应承认其有管辖权。

中国《民事诉讼法》对于应依何国法律来审查判定判决作出国法院有无管辖权的问题未作规定。但中国对外签订的双边司法协助协定主要采用了以下三种不同的审查标准:第一,中国与法国、波兰、蒙古、古巴及罗马尼亚等国签订的双边司法协助协定规定,依被请求国法律判断请求国法院是否有管辖权;第二,中国与俄罗斯签订的双边司法协助协定规定,依被请求国对案件是否有专属管辖权来判断请求国法院是否有管辖权;第三,中国与意大利、西班牙签订的双边司法协助协定则专门确定了若干管辖权标准,并规定只要作出裁决的法院符合所列情形之一,即被视为有管辖权。根据中意(大利)司法协助条约第22条、中西(班牙)司法协助条约第21条、中埃(及)司法协助条约第22条、中越(南)司法协助条约第18条的规定,它们确定了如下管辖权标准:(1)在提起诉讼时,被告在该国境内有住所或居所;(2)被告因其商业活动被提起诉讼时,在该国境内设有代表机构;(3)被告已明示接受该缔约一方法院的管辖;(4)被告就争议的实质问题进行了答辩,未就管辖权问题提出异议;(5)在合同案件中,合同在作出裁决的缔约一方境内签订,或已经或应当在该缔约一方境内履行,或者诉讼的标的物在该缔约一方境内;(6) 在合同外侵权责任案件中,侵权行为或结果发生在该缔约一方境内;(7) 在身份关系诉讼中,在提起诉讼时,诉讼当事人在作出裁判的缔约一方境内有住所或居所;(8) 在扶养责任案件中,债权人提起诉讼时在该缔约一方境内有住所或居所;(9) 在继承案件中,被继承人死亡时住所地或主要遗产所在地在作出裁判的缔约一方境内;(10) 争议的对象是位于作出裁判的缔约一方境内的不动产的物权。但是,上述司法协助条约又一般补充规定:本条第1款的规定不应影响双方法律规定的专属管辖权。缔约双方应通过外交途径以书面形式相互通知各自法律中关于专属管辖权的规定。应该说,第三种审查标准更为合理和可取,因为它不是主张单纯依某一方法律来判定判决作出国法院是否有管辖权,而是由缔约双方在充分协商后共同确定统一的管辖权审查标准,既简便易行,又有利于双方进一步的互利合作。

（三）外国法院判决须是确定的判决

所谓确定的判决,通常是指由一国法院或有司法权的其他机关依国内法所规定的程序,对案件所作出的具有拘束力的、已经发生法律效力的判决或裁决。因此,能被承认与执行的外国法院判决必须是外国法院在诉讼程序上已经终结,已经不能因不服而对其提起上诉的那种判决。这一点已为各国立法和实践及有关的国际条约所普遍承认。例如日本1979年《民事执行法》第24条第2款规定,如不能证明外国法院的判决已被确定时,应驳回执行请求。

中国《民事诉讼法》第280条和第281条也规定,中国人民法院与外国法院相互请求承认和执行的判决、裁定,必须是已经发生法律效力的判决、裁定。中国对外签订的双边司法协助协定也都将依判决作出国法律,判决已经生效或具有执行力作为承认与执行的必要条件之一。

（四）外国法院进行的诉讼程序须是公正的

内国法院在承认与执行外国法院判决时,要求在判决作出的程序中,对败诉方当事人的诉讼权利给予了充分的保护。否则,便可据以认定有关的诉讼缺乏公正性因而拒绝承认或执行其判决。就败诉方当事人而言,其诉讼权利可能因以下两种情形而受到损害:其一是未得到合法传唤,从而未能出庭陈述自己的诉讼主张;其二是在无诉讼行为能力时未能得到适当代理。

中国对外签订的双边司法协助协定也都规定,如果根据作出判决一方的法律,未出庭的败诉一方当事人未经合法传唤,或在没有诉讼行为能力时未得到适当代理,则被请求方有权拒绝承认与执行外国法院就有关案件作出的判决。1989年最高人民法院《全国沿海地区涉外涉港澳经济审判工作座谈会纪要》第五部分指出,作为被告或者无独立请求权的第三人的外国或者港澳地区的当事人及其委托代理人既不答辩,又经两次合法传唤,无正当理由拒不到庭的,应视为自动放弃抗辩的权利,人民法院可以根据原告的诉讼请求、查明的事实和经过审查的证据，作出公正的缺席判决。

（五）外国法院判决须是合法取得

许多国家的国内法和1971年海牙《民商事案件外国判决的承认和执行公约》第5条和1973年海牙《关于扶养义务判决的承认和执行公约》第5条以及2005《协议选择法院公约》第9条等都规定，如果外国法院判决是利用欺骗手段取得的，则可拒绝承认或执行。

（六）不存在平行诉讼的情形

为防止和减少一事两诉、当事人择地行诉现象，很多国家立法及有关的国际条约都规定，如果出现平行诉讼的情形，即外国法院判决与内国法院就同一当事人之间的同一争议所作的判决，或内国法院已经承认的第三国法院就同一当事人之间的同一争议所作的判决相冲突，内国法院可以拒绝承认和执行。如2005年《协议选择法院公约》第9条规定，若判决与被请求国法院所作的相同当事人间的争议的判决不一致；或者判决与另一国就相同当事人之间涉及诉讼相同事由的先前的判决不一致，如果该先前判决满足在被请求国获得承认所需要的条件，则可以拒绝承认或执行该判决。

正如本章第二节在阐述管辖权冲突的解决时所述，平行诉讼也是中外双边司法协助协定中规定的拒绝承认与执行外国法院判决的条件之一。

（七）外国法院适用了内国冲突规范指定的准据法

一般而言，大多数国家并不把外国法院适用了内国冲突规范指定的准据法，作为承认与执行外国法院判决的条件之一，但也有一些国家有这种要求。不过，即便如此，作此要求的国家大多也只要求外国法院仅就特定范围内的民商事关系适用内国冲突规范指定的准据法，或不违反内国冲突法的规定。又如2004年《比利时国际私法》第25条第3款规定，在当事人不能自由处分其权利的案件中，当事人取得判决的目的只是为了规避适用根据本法确定的法律，外国判决应不予承认和执行。

由于中国并不将外国法院适用内国冲突规范所指定的准据法作为承认与执行的条件之一，因此，中国对外签订的双边司法协助协定一般都不含此种要求。只是基于对等原则，中国与法国、西班牙签订的双边司法协助协定作了相关规定。例如，1987年《中华人民共和国和法兰西共和国关于民事、商事司法协助的协定》第22条第2项规定："在自然人的身份或能力方面，请求一方法院没有适用按照被请求一方国际私法规则应适用的法律"，可以拒绝承认与执行请求法院所作出的有关判决，"但其所适用的法律可以得到相同结果的除外"。

（八）承认与执行外国法院判决不违背内国的公共秩序

承认与执行外国法院判决不得违背被请求国的公共秩序，这是国际社会公认的一项条件。中国《民事诉讼法》第282条及中国对外签订的双边司法协助协定均规定,承认与执行外国法院判决不得违背中国的公共秩序。

五、承认与执行外国法院判决的程序

(一) 承认与执行请求的提出

外国法院判决如果需要在内国境内发生法律效力,案件当事人或判决作出国法院须向内国法院提出承认与执行该判决的请求,这是世界各国立法和实践的普遍要求。提出请求的程序主要涉及两方面的问题:一是提出请求的主体问题,二是请求的形式问题。

1. 关于提出请求的主体问题

许多国家都允许当事人直接成为请求主体。例如,有的国家规定,承认与执行的请求只能由当事人提出,除非要求执行的事项是收取国家支出的诉讼费用;有的国家规定,此类请求必须由当事人首先向作出判决的初审法院提出,然后再由该法院向被请求国法院提出;还有的国家规定,此类请求既可由当事人直接向被请求国法院提出,也可由作出判决的法院向被请求国法院提出。

正是基于各国规定不同,中国跟外国缔结的双边司法协助条约中作了不同规定:其一是如中国跟波兰、罗马尼亚、古巴等国缔结的司法协助条约规定,承认与执行外国判决,既可以由缔约一方法院依照条约规定的通过中央机关的途径向缔约另一方法院提出,也可以由当事人直接向承认与执行裁决的缔约另一方有管辖权的法院提出。其二是如中国跟蒙古、俄罗斯等国缔结的司法协助条约规定,此类请求原则上应由申请人向原裁决法院提出,由原裁决法院通过中央机关向缔约另一方法院提出;但如果申请人在裁决执行地所在的缔约一方境内有住所或居所,亦可由申请人直接向该缔约一方的法院提出。其三是如中国跟法国、西班牙、意大利等国缔结的司法协助条约规定,此类请求只能由申请人直接向被请求承认与执行的法院提出。其四是如中国跟土耳其等国缔结的司法协助条约规定,此类请求只能由原裁决法院通过中央机关向缔约另一方法院提出。

在中国,根据《民事诉讼法》第280条第1款和第281条的规定,中国采取的是上述司法协助条约中的第一种做法。

2. 关于请求的形式问题

关于请求的形式问题,各国法律规定也不尽相同,而且大多数国家缺乏明确规定。一般而言,基于维护司法程序的严肃性和规范性,请求应该采用书面形式,并附有关文件。依中国法律和对外缔结的双边司法协助条约的规定,申请承认与执行外国法院判决,除请求书外,通常还应提供:(1)经法院证明无误的判决副本,如果副本中没有明确指出判决已生效和可以执行,还应附有法院为此出具的证明书;(2)证明未出庭的当事人已经合法传唤或在其没有诉讼行为能力时已得到适当代理的证明书;(3)请求书和上述第1项、第2项所指文件经证明

无误的被请求方文字或双方认可的第三国文字(通常为英文和法文)的译本。

(二) 对外国法院判决的审查

对外国法院判决的审查亦涉及两方面的问题:一是审查的法律依据问题;二是审查的范围问题,即对外国法院判决是进行实质审查还是形式审查。

1. 关于审查的法律依据问题

国际上的通行做法是依被请求国法律包括被请求国的国内法及被请求国缔结或参加的国际条约进行审查。如海牙《民商事案件外国判决的承认和执行公约》第14条第1款规定:"除本《公约》另有规定外,承认或执行外国判决的程序应适用被请求国法律。"中国签订的双边司法协助条约一般也都规定,裁决的承认与执行,由被请求的缔约一方法院依照本国法律规定的程序决定。

2. 关于审查的范围问题

对此国际上有实质审查和形式审查之分。所谓实质审查,是指被请求国法院对需予承认和执行的外国法院判决,从事实认定和法律适用两方面进行充分的审查,如果认为事实认定有错误或者法律适用不适当,该法院有权根据本国法律予以变更或全部推翻或不予承认和执行。所谓形式审查,则是指被请求国法院不对原判决的事实认定和法律适用进行审查,而仅审查外国法院的判决是否符合本国法律或有关国际条约中规定的承认与执行外国法院判决的条件。

由于实质审查过于强调本国法律中的规定,忽视了外国法律与本国法律之间的差异以及外国法院进行审判活动的权威性,因而一直遭到人们的批判和质疑。目前,国际社会的普遍实践是不对外国法院判决作实质审查,而仅就是否存在妨碍承认和执行的情况进行审查。如1971年海牙《民商事案件外国判决的承认和执行公约》第8条也规定,除被请求国法院可根据《公约》有关承认和执行外国判决的条件进行审查外,"对请求国送交的判决不应作实质性的任何审查"。如2005年《协议选择法院公约》第8条第2款规定,在不影响于适用本章的规定属于必要的审查的情况下,不应对原审法院所作的判决的事实进行审查。被请求法院应受原审法院的管辖权所基于的对事实的判断的约束,除非判决系缺席判决。

需指出的是,被请求国法院对外国法院判决只作形式审查而不作实质审查,并不等于剥夺了外国法院判决所针对的当事人(即被执行人)可对该判决的承认与执行提出异议的权利。例如,被执行人可以提出他已履行该判决中所规定的义务,他不是该判决所针对的人,等等。此外,案外人也可能对执行标的提出有理由的异议,但这种异议仅以被请求国法律允许的范围为限,被执行人也不得借此要求被请求国法院对外国法院判决进行实质审查。

从中国《民事诉讼法》第282条和签订的双边司法协助协定中的规定来看,对于请求中国法院承认与执行的外国法院判决,中国仅作形式审查。如1991年

《中华人民共和国和意大利共和国关于民事司法协助的条约》第 25 条第 2 款规定:"决定承认事宜的法院仅限于审查本条约所规定的条件是否具备。"

(三) 承认与执行外国法院判决的具体程序

从各国的立法和实践来看,一国法院在承认与执行外国法院判决时所遵循的具体程序大致有以下几种:

1. 执行令程序

这种程序一般为以法国、德国和俄罗斯为代表的大陆法系国家所采用。有关的内国法院在受理了当事人或其他利害关系人提出的请求之后,先对该外国法院判决进行审查,如果符合内国法所规定的有关条件,即由该内国法院作出一个裁定,并发给执行令,从而赋予该外国法院判决与内国法院判决同等的效力,并依与执行内国法院判决相同的程序予以执行。

2. 登记程序和重新审理程序

这种程序主要为以英、美为代表的普通法系国家所采用。

英国法院目前主要根据判决作出国的不同而分别采用登记程序或重新审理程序来承认与执行外国法院判决。根据英国 1868 年《判决延伸法》、1920 年《司法管理法》、1933 年《外国判决相互执行法》、1982 年《民事管辖权和判决法》、1968 年《布鲁塞尔公约》、欧盟第 1215 号/2012 号条例以及英国与法国、比利时等国签订的司法协助条约的规定,有管辖权的英国法院对于英联邦国家和欧盟各国法院所作出的判决采用登记程序,即英国法院在收到有关利害关系人提交的执行申请书后,一般只要查明外国法院判决符合英国法院所规定的条件,就可以予以登记并交付执行。而对于其他不属于上述法律规定的国家的法院判决,英国法院都是采用判例法所确定的重新审理程序,即英国法院不直接执行这些国家的法院所作出的判决,而只是把它作为可以向英国法院重新起诉的根据,英国法院经过对有关案件的重新审理,确定外国法院判决与英国的有关立法不相抵触时,作出一个与该外国法院判决内容相同或相似的判决,然后由英国法院依英国法所规定的执行程序予以执行。这样,根据英国法官的理解,英国法院所执行的就是本国法院的判决,而不再是外国法院的判决。

在美国法院,一般是区分金钱判决和非金钱判决而采用不同的执行程序。对于金钱判决,大多数州的立法和实践都遵循英国判例法中的重新审理程序。[①] 至于非金钱判决的承认与执行,美国各州法院所采用的程序就很不统一了,基本

[①] 请求承认和执行外国法院判决的当事人或其他利害关系人既可以以有关的外国法院判决为依据提起一个要求偿付债务的诉讼,也可以以原来诉讼中的诉因为依据重新提起诉讼。在前一种情况下,请求人应向法院提供所有能证实有关判决的相关文件,美国法院在审查了所有文件及有关情况后,认为不违反美国现行法律规定时,即作出一个责令债务人偿付有关债务的判决,并交付执行。在后一种情况下,则完全由美国法院重新审理有关案件,并作出判决,然后交付执行。

上没有一致的原则可循,各州法院完全适用执行地法的有关规定。

六、中国关于判决域外承认与执行的规定

关于中国人民法院和外国法院相互承认和执行判决的制度,中国1991年制定、2017年修正的《民事诉讼法》和2015年《民诉法解释》作了规定。

(一)外国判决在中国的承认与执行

1. 提出请求的主体和依据

《民事诉讼法》第281条规定,外国法院作出的发生法律效力的判决、裁定,需要中华人民共和国法院承认和执行的,可以由当事人直接向中华人民共和国有管辖权的中级人民法院申请承认和执行,也可以由外国法院依照该国与中华人民共和国缔结或者参加的国际条约的规定,或者按照互惠原则,请求人民法院承认和执行。

2. 应提交的文件

《民诉法解释》第543条规定,申请人向人民法院申请承认和执行外国法院作出的发生法律效力的判决、裁定,应当提交申请书,并附外国法院作出的发生法律效力的判决、裁定正本或者经证明无误的副本以及中文译本。外国法院判决、裁定为缺席判决、裁定的,申请人应当同时提交该外国法院已经合法传唤的证明文件,但判决、裁定已经对此予以明确说明的除外。中华人民共和国缔结或者参加的国际条约对提交文件有规定的,按照规定办理。

3. 承认和执行的期间

《民诉法解释》第547条规定,当事人申请承认和执行外国法院作出的发生法律效力的判决、裁定或者外国仲裁裁决的期间,适用《民事诉讼法》第239条的规定(为2年)。当事人仅申请承认而未同时申请执行的,申请执行的期间自人民法院对承认申请作出的裁定生效之日起重新计算。

4. 对外国判决的审查和承认与执行

《民事诉讼法》第282条规定,人民法院对申请或请求承认和执行的外国法院作出的发生法律效力的判决、裁定,依照中华人民共和国缔结或参加的国际条约,或按照互惠原则进行审查后,认为不违反中华人民共和国法律的基本原则或者不危害国家主权、安全、社会公共利益的,裁定承认其效力,需要执行的,发出执行令,依照本法有关规定执行。违反中华人民共和国法律的基本原则或者危害国家主权、安全、社会公共利益的,不予承认和执行。

《民诉法解释》第544条规定,如果该外国法院所在国与中华人民共和国没有缔结或者共同参加国际条约,也没有互惠关系的,裁定驳回申请,但当事人向人民法院申请承认外国法院作出的发生法律效力的离婚判决的除外。承认和执行申请被裁定驳回的,当事人可以向人民法院起诉。

《民诉法解释》第 546 条规定,对外国法院作出的发生法律效力的判决、裁定或者外国仲裁裁决,需要中华人民共和国法院执行的,当事人应当先向人民法院申请承认。人民法院经审查,裁定承认后,再根据《民事诉讼法》第三编的规定予以执行。当事人仅申请承认而未同时申请执行的,人民法院仅对应否承认进行审查并作出裁定。其第 548 条规定,承认和执行外国法院作出的发生法律效力的判决、裁定或者外国仲裁裁决的案件,人民法院应当组成合议庭进行审查。人民法院应当将申请书送达被申请人。被申请人可以陈述意见。人民法院经审查作出的裁定,一经送达即发生法律效力。

但是,不能认为,对于当事人直接申请或外国法院请求中国法院承认和执行的判决,只依照共同受约束的国际条约或互惠以及公共秩序制度进行审查,再无其他具体限制和条件。无论是从中国《民事诉讼法》的基本原则和基本制度来看,还是从当今国际社会的普遍实践来看,都必须认为,凡外国法院委托中国法院承认和执行的判决,必须是民(商)事判决,必须是由有管辖权的国家的具有审判涉外民事案件的权能的法院作出的;其审判程序必须是严格遵守了它自己的程序规则,并且为判决义务人提供了充分出庭应诉的机会,且不与正在中国国内进行或已经进行终了的诉讼相冲突等,均应是审查外国判决时考虑的因素。对此,中国跟外国缔结的双边司法协助条约已作了明确规定,如 1987 年《中华人民共和国和法兰西共和国关于民事、商事司法协助的协定》第 22 条、1991 年《中华人民共和国和罗马尼亚关于民事和刑事司法协助的协定》第 22 条等。

(二) 有关承认外国法院离婚判决的特别规定

1. 最高人民法院 1991 年《关于中国公民申请承认外国法院离婚判决程序问题的规定》

根据该《规定》,对与中国没有订立司法协助协议的外国法院作出的离婚判决,中国籍当事人可以根据该《规定》向人民法院申请承认该外国法院的离婚判决。对与中国有司法协助协议的外国法院作出的离婚判决,按照协议的规定申请承认。外国法院离婚判决中的夫妻财产分割、生活费负担、子女抚养方面判决的承认执行,不适用该《规定》。人民法院受理离婚诉讼后,原告一方变更请求申请承认外国法院离婚判决,或者被告一方另提出承认外国法院离婚判决申请的,其申请均不受理。人民法院受理承认外国法院离婚判决的申请后,对方当事人向人民法院起诉离婚的,人民法院不予受理。当事人之间的婚姻虽经外国法院判决,但未向人民法院申请承认的,不妨碍当事人一方另行向人民法院提出离婚诉讼。申请人的申请为人民法院受理后,申请人可以撤回申请,人民法院以裁定准予撤回。申请人撤回申请或者申请被驳回后,不得再提出申请,但可以另向人民法院起诉离婚。

2. 最高人民法院 1999 年《关于人民法院受理申请承认外国法院离婚判决

案件有关问题的规定》

（1）中国公民向人民法院申请承认外国法院离婚判决，人民法院不应以其未在国内缔结婚姻关系而拒绝受理。

（2）外国公民向人民法院申请承认外国法院离婚判决，如果其离婚的原配偶是中国公民的，人民法院应予受理；如果其离婚的原配偶是外国公民的，人民法院不予受理，但可告知其直接向婚姻登记机关申请再婚登记。

（3）当事人向人民法院申请承认外国法院离婚调解书效力的，人民法院应予受理，并根据1991年《关于中国公民申请承认外国法院离婚判决程序问题的规定》进行审查，作出承认或不予承认的裁定。

我国《民事诉讼法》第281条规定了根据互惠原则承认与执行外国判决。在司法实践方面，我国采用事实互惠的审查标准。自1994年至2017年以来，在民商事领域（不包括外国离婚判决），我国法院承认和执行过的较具代表性的外国法院判决共7例，其中涉及的国家和地区有意大利（2003年）、法国（2005年）、德国（2013年）、波兰（2014年）、土耳其（2014年）、新加坡（2016年）和美国加州（2017年）。在这7个案件中，对于德国、新加坡和美国加利福尼亚州法院判决的承认和执行，主要依据的是事实互惠。此外，在这一时期，我国法院拒绝承认和执行的外国法院判决有18例。其中涉及的国家和地区有：日本、德国、白俄罗斯、法国、以色列、英国、澳大利亚、美国亚利桑那州、美国特拉华州、乌兹别克斯坦、马来西亚、乍得、韩国、意大利和美国宾夕法尼亚州。其中，我国法院以不存在条约关系和互惠关系为由拒绝的外国法院判决有11例，而与白俄罗斯、法国、乌兹别克斯坦和意大利这些有双边条约的国家，通常是由于程序不当的原因而拒绝承认和执行。在与不存在条约关系的国家之间，不存在互惠关系是最为主要的拒绝理由，只有2010年的胡克拉床垫和软垫家具厂有限公司申请承认及执行德国奥芬堡州法院判决案，我国法院以判决书的送达方式不符合我国法律规定为由予以拒绝。①

（三）中国判决在外国的承认与执行

《民事诉讼法》第280条规定，人民法院作出的发生法律效力的判决、裁定，如果被执行人或其财产不在中华人民共和国领域内，当事人请求执行的，可以由当事人直接向有管辖权的外国法院申请承认和执行，也可以由人民法院依照中华人民共和国缔结或者参加的国际条约的规定，或者按照互惠原则，请求外国法院承认和执行。

《民诉法解释》第550条规定，当事人在中华人民共和国领域外使用中华人

---

① 王雅菡：《外国法院判决承认与执行中的互惠》，武汉大学2018年博士学位论文，第159—160页。

民共和国法院的判决书、裁定书,要求中华人民共和国法院证明其法律效力的,或者外国法院要求中华人民共和国法院证明判决书、裁定书的法律效力的,作出判决、裁定的中华人民共和国法院,可以本法院的名义出具证明。

在1999—2017年,外国法院承认和执行我国法院的8个判决中,其中3个(韩国、德国和以色列)是以存在互惠的保证或有互惠的可能承认或执行的,5个是(美国的密苏里州和加利福尼亚州、新加坡、荷兰和英国)根据普通法或国内法的规定审查后承认或执行的,而且美国、新加坡、荷兰和英国是在不要求互惠的情况下对我国法院判决的承认或执行。在2003年和2015年,日本以不存在互惠为依据拒绝承认与执行我国法院2个判决。①

第九节　中国内地与中国香港、澳门和台湾地区法院判决的相互认可与执行

新中国建立以来很长一段时间,中国内地与中国香港地区、澳门地区和台湾地区之间没有建立相互认可和执行法院判决的合作关系,各自法院的判决不能顺利地在对方管辖区域内得到执行,影响了相互间经贸关系的发展。经过各方的努力,目前祖国大陆与港、澳、台地区已经存在相互认可和执行判决的规则。

一、中国内地与香港地区法院判决的相互认可和执行

一直以来,内地法院作出的涉及给付金钱的判决,只可根据普通法,在香港通过提出债务诉讼予以认可和执行。由于香港和内地实施不同法制及法律原则,这种诉讼程序在香港往往要经过长时间才完结并涉及高昂的费用。同时,香港法院的判决也不能得到内地法院的认可与执行。鉴于香港和内地的经济活动频繁,最高人民法院与香港特别行政区政府在就相互执行法院判决一事经过详细讨论后,双方于2006年签署了《关于内地与香港特别行政区法院相互认可和执行当事人协议管辖的民商事案件判决的安排》(以下简称《民商事安排》),它已于2008年8月1日生效。2017年6月,最高人民法院和香港特区政府律政司签署了《关于内地与香港特别行政区法院相互认可和执行婚姻家庭民事案件判决的安排》(以下简称《婚姻家事安排》)。

(一)《民商事安排》

1. 适用范围

本《安排》所称判决,在内地包括判决书、裁定书、调解书、支付令;在香港特

---

① 王雅菡:《外国法院判决承认与执行中的互惠》,武汉大学2018年博士学位论文,第152、248—251页。

别行政区包括判决书、命令和诉讼费评定证明书。

内地人民法院和香港特别行政区法院在具有书面管辖协议的民商事案件中作出的须支付款项的具有执行力的终审判决,当事人可以根据《安排》向内地人民法院或者香港特别行政区法院申请认可和执行。

《安排》所称"具有执行力的终审判决",(1)在内地是指:最高人民法院的判决;高级人民法院、中级人民法院以及经授权管辖第一审涉外、涉港澳台民商事案件的基层人民法院依法不准上诉或者已经超过法定期限没有上诉的第一审判决,第二审判决和依照审判监督程序由上一级人民法院提审后作出的生效判决。(2)在香港特别行政区是指终审法院、高等法院上诉法庭以及原讼法庭和区域法院作出的生效判决。《安排》所称"书面管辖协议",是指当事人为解决与特定法律关系有关的已经发生或者可能发生的争议,自《安排》生效之日起,以书面形式明确约定内地人民法院或者香港特别行政区法院具有唯一管辖权的协议。上述"特定法律关系",是指当事人之间的民商事合同,不包括雇佣合同以及自然人因个人消费、家庭事宜或者其他非商业目的而作为协议一方的合同。除非合同另有规定,合同中的管辖协议条款独立存在,合同的变更、解除、终止或者无效,不影响管辖协议条款的效力。

2. 受理申请的法院

申请认可和执行符合《安排》规定的民商事判决,在内地向被申请人住所地、经常居住地或者财产所在地的中级人民法院提出,在香港特别行政区向香港特别行政区高等法院提出。被申请人的住所地、经常居住地或者财产所在地,既在内地又在香港特别行政区的,申请人可以同时分别向两地法院提出申请,两地法院分别执行判决的总额,不得超过判决确定的数额。

3. 应当提交的文件

申请人向有关法院申请认可和执行判决的,应当提交以下文件:(1)请求认可和执行的申请书;(2)经作出终审判决的法院盖章的判决书副本;(3)作出终审判决的法院出具的证明书,证明该判决属于《安排》第2条所指的终审判决,在判决作出地可以执行;(4)身份证明材料。向内地人民法院提交的文件没有中文文本的,申请人应当提交证明无误的中文译本。执行地法院对于《安排》所规定的法院出具的证明书,无需另行要求公证。

4. 法律适用

申请人申请认可和执行内地人民法院或者香港特别行政区法院判决的程序,依据执行地法律的规定,《安排》另有规定的除外。

5. 不予认可和执行的理由

对申请认可和执行的判决,原审判决中的债务人提供证据证明有下列情形之一的,受理申请的法院经审查核实,应当裁定不予认可和执行:(1)根据当事人协议选择的原审法院地的法律,管辖协议属于无效。但选择法院已经判定该管辖协议为有效的除外。(2)判决已获完全履行。(3)根据执行地的法律,执行地法院对该案享有专属管辖权。(4)根据原审法院地的法律,未曾出庭的败诉一方当事人未经合法传唤或者虽经合法传唤但未获依法律规定的答辩时间。但原审法院根据其法律或者有关规定公告送达的,不属于上述情形。(5)判决是以欺诈方法取得的。(6)执行地法院就相同诉讼请求作出判决,或者外国、境外地区法院就相同诉讼请求作出判决,或者有关仲裁机构作出仲裁裁决,已经为执行地法院所认可或者执行的。内地人民法院认为在内地执行香港特别行政区法院判决违反内地社会公共利益,或者香港特别行政区法院认为在香港特别行政区执行内地人民法院判决违反香港特别行政区公共政策的,不予认可和执行。

6. 认可与执行的效力

当事人对认可和执行与否的裁定不服的,在内地可以向上一级人民法院申请复议,在香港特别行政区可以根据其法律规定提出上诉。根据《安排》而获认可的判决与执行地法院的判决效力相同。在法院受理当事人申请认可和执行判决期间,当事人依相同事实再行提起诉讼的,法院不予受理。已获认可和执行的判决,当事人依相同事实再行提起诉讼的,法院不予受理。对于根据《安排》第9条不予认可和执行的判决,申请人不得再行提起认可和执行的申请,但是可以按照执行地的法律依相同案件事实向执行地法院提起诉讼。

7. 执行措施与费用

法院受理认可和执行判决的申请之前或者之后,可以按照执行地法律关于财产保全或者禁制资产转移的规定,根据申请人的申请,对被申请人的财产采取保全或强制措施。当事人向有关法院申请执行判决,应当根据执行地有关诉讼收费的法律和规定交纳执行费或者法院费用。

我国香港特别行政区高等法院原讼法庭于2016年2月作出HCMP2080/2015号判决,认可了广东省深圳市中级人民法院于2014年作出的民事调解书。现有资料显示,该案是香港法院认可内地商事判决之首例。

(二)《婚姻家事安排》

近年来,内地与香港两地跨境婚姻每年新增两万余宗,由此所产生的婚姻家庭纠纷也呈现增长趋势。此前由于缺乏制度性安排,一地法院在两地互涉婚姻家庭案件中就夫妻财产、子女抚养等问题作出的判决无法在另一地获得认可,更不能得到执行,权利人只能通过在另一地重新起诉的方式寻求救济。这不仅严重浪费当事人的时间和金钱,也不利于保护妇女儿童的合法权益。《婚姻家事安排》共22条,对相互认可和执行的案件范围、当事人申请的程序及救济途径、法院的审查程序及处理结果、不予认可和执行的情形等作出了全面、明确的规定。

1. 对相互认可和执行的案件范围

当事人向香港特别行政区法院申请认可和执行内地人民法院就婚姻家庭民事案件作出的生效判决,或者向内地人民法院申请认可和执行香港特别行政区法院就婚姻家庭民事案件作出的生效判决的,适用本《安排》。当事人向香港特别行政区法院申请认可内地民政部门所发的离婚证,或者向内地人民法院申请认可依据《婚姻制度改革条例》(《香港法例》第178章)第V部、第VA部规定解除婚姻的协议书、备忘录的,参照适用本《安排》。

2. 当事人申请的程序及救济途径

申请认可和执行本《安排》规定的判决的管辖法院:(1) 在内地向申请人住所地、经常居住地或者被申请人住所地、经常居住地、财产所在地的中级人民法院提出;(2) 在香港特别行政区向区域法院提出。申请认可和执行判决的期间、程序和方式,应当依据被请求方法律的规定。它还规定了申请书应当载明的事项和应当提交的材料。

3. 不予认可和执行的情形

申请认可和执行的判决,被申请人提供证据证明有下列情形之一的,法院审查核实后,不予认可和执行:(1) 根据原审法院地法律,被申请人未经合法传唤,或者虽经合法传唤但未获得合理的陈述、辩论机会的;(2) 判决是以欺诈方法取得的;(3) 被请求方法院受理相关诉讼后,请求方法院又受理就同一争议提起的诉讼并作出判决的;(4) 被请求方法院已经就同一争议作出判决,或者已经认可和执行其他国家和地区法院就同一争议所作出的判决的。

内地人民法院认为认可和执行香港特别行政区法院判决明显违反内地法律的基本原则或者社会公共利益,香港特别行政区法院认为认可和执行内地人民法院判决明显违反香港特别行政区法律的基本原则或者公共政策的,不予认可和执行。

申请认可和执行的判决涉及未成年子女的,在根据前款规定审查决定是否认可和执行时,应当充分考虑未成年子女的最佳利益。被请求方法院不能对判决的全部判项予以认可和执行时,可以认可和执行其中的部分判项。

4. 救济和申请与承认执行的效力

被请求方法院就认可和执行的申请作出裁定或者命令后,当事人不服的,在内地可以于裁定送达之日起10日内向上一级人民法院申请复议,在香港特别行政区可以依据其法律规定提出上诉。

在审理婚姻家庭民事案件期间,当事人申请认可和执行另一地法院就同一争议作出的判决的,应当受理。受理后,有关诉讼应当中止,待就认可和执行的申请作出裁定或者命令后,再视情况终止或者恢复诉讼。

审查认可和执行判决申请期间,当事人就同一争议提起诉讼的,不予受理;

已经受理的,驳回起诉。判决获得认可和执行后,当事人又就同一争议提起诉讼的,不予受理。判决未获认可和执行的,申请人不得再次申请认可和执行,但可以就同一争议向被请求方法院提起诉讼。

被请求方法院在受理认可和执行判决的申请之前或者之后,可以依据其法律规定采取保全或者强制措施。申请认可和执行判决的,应当依据被请求方有关诉讼收费的法律和规定交纳费用。

1991年最高人民法院《关于我国公民周芳洲向我国法院申请承认香港地方法院离婚判决效力,我国法院应否受理问题的批复》指出,我国公民向人民法院提出申请,要求承认香港地方法院关于解除英国籍人卓见与其婚姻关系的离婚判决的效力,有管辖权的中级人民法院应予受理。受理后经审查,如该判决不违反我国法律的基本原则和社会公共利益,可裁定承认其法律效力。2010年,香港终审法院在"马琳诉杨军离婚案"中,直接根据《婚姻诉讼条例》承认了深圳市中级人民法院的一项离婚判决;香港立法会修订了《婚姻法律程序与财产条例》,确认了经认可的内地法院离婚判决的法律效力。

二、中国内地与澳门地区法院判决的相互认可和执行

根据《中华人民共和国澳门特别行政区基本法》第93条的规定,最高人民法院与澳门特别行政区经协商,达成了《内地与澳门特别行政区关于相互认可和执行民商事判决的安排》(以下简称《安排》)。根据双方一致意见,《安排》自2006年4月1日起生效。《安排》的主要内容如下:

(一)《安排》的适用范围

内地与澳门民商事案件(在内地包括劳动争议案件,在澳门特别行政区包括劳动民事案件)判决的相互认可和执行,适用《安排》。《安排》亦适用于刑事案件中有关民事损害赔偿的判决、裁定。《安排》不适用于行政案件。

(二)受理申请的法院

内地有权受理认可和执行判决申请的法院为被申请人住所地、经常居住地或者财产所在地的中级人民法院。两个或者两个以上中级人民法院均有管辖权的,申请人应当选择向其中一个中级人民法院提出申请。澳门特别行政区有权受理认可判决申请的法院为中级法院,有权执行的法院为初级法院。被申请人在内地和澳门特区均有可供执行财产的,申请人可以向一地法院提出执行申请。申请人向一地法院提出执行申请的同时,可以向另一地法院申请查封、扣押或者冻结被执行人的财产。

(三)请求认可和执行判决的申请书

申请书应当附生效判决书副本,或者经作出生效判决的法院盖章的证明书,同时应当附作出生效判决的法院或者有权限机构出具的有关证明。

（四）不予认可的理由

被请求方法院应当尽快审查请求，并作出裁定。被请求方法院经审查核实存在下列情形之一的，裁定不予认可：(1) 根据被请求方的法律，判决所确认的事项属被请求方法院专属管辖；(2) 在被请求方法院已存在相同诉讼，该诉讼先于待认可判决的诉讼提起，且被请求方法院具有管辖权；(3) 被请求方法院已认可或者执行被请求方法院以外的法院或仲裁机构就相同诉讼作出的判决或仲裁裁决；(4) 根据判决作出地的法律规定，败诉的当事人未得到合法传唤，或者无诉讼行为能力人未依法得到代理；(5) 根据判决作出地的法律规定，申请认可和执行的判决尚未发生法律效力，或者因再审被裁定中止执行；(6) 在内地认可和执行判决将违反内地法律的基本原则或者社会公共利益；在澳门特别行政区认可和执行判决将违反澳门特别行政区法律的基本原则或者公共秩序。

（五）认可和执行的效力

当事人对认可与否的裁定不服的，在内地可以向上一级人民法院提请复议，在澳门特别行政区可以根据其法律规定提起上诉；对执行中作出的裁定不服的，可以根据被请求方法律的规定，向上级法院寻求救济。

经裁定予以认可的判决，与被请求方法院的判决具有同等效力。判决有给付内容的，当事人可以向该方有管辖权的法院申请执行。被请求方法院不能对判决所确认的所有请求予以认可和执行时，可以认可和执行其中的部分请求。

在被请求方法院受理认可和执行判决的申请期间，或者判决已获认可和执行，当事人再行提起相同诉讼的，被请求方法院不予受理。对于根据《安排》第11条1、4、6项不予认可的判决，申请人不得再行提起认可和执行的申请。但根据被请求方的法律，被请求方法院有管辖权的，当事人可以就相同案件事实向当地法院另行提起诉讼。《安排》第11条第5项所指的判决，在不予认可的情形消除后，申请人可以再行提起认可和执行的申请。

（六）执行措施、费用和法律适用

法院受理申请之前或者之后，可以按照被请求方法律关于财产保全的规定，根据申请人的申请，对被申请人的财产采取保全措施。申请人依据《安排》申请认可和执行判决，应当根据被请求方法律规定，交纳诉讼费用、执行费用。对民商事判决的认可和执行，除《安排》有规定的以外，适用被请求方的法律规定。

三、祖国大陆与台湾地区法院判决的相互认可和执行

2009年《海峡两岸共同打击犯罪及司法互助协议》第10条规定，双方同意基于互惠原则，于不违反公共秩序或善良风俗之情况下，相互认可及执行民事确定裁判与仲裁裁决（仲裁判断）。

（一）祖国大陆法院判决在台湾地区的认可和执行

台湾地区1992年颁布的"台湾地区与大陆地区人民关系条例"（最近于2015年修改）对祖国大陆法院民商事判决在台湾的承认和执行作了规定。其第74条规定，在大陆地区作成之民事确定裁判、民事仲裁判断，不违背台湾地区公共秩序或善良风俗者，得申请法院裁定认可。前项经法院裁定认可之判决或判断，以给付为内容者得为执行名义。前两项规定以在台湾地区作成之民事确定裁判、民事仲裁判断，得申请大陆地区法院裁定认可或为执行名义者始适用之。1998年5月，台湾地区"行政院"又对"两岸关系条例施行细则"第54条（2014年修订后为第68条）增订了一项内容，即"依本条例（两岸关系条例）第74条规定申请法院裁定认可之民事确定裁判、民事仲裁判断，应经'行政院'设立或指定之机构或委托之民事团体验证。"这一规定实际上增加了台湾地区认可祖国大陆法院民事判决的法律环节。

据台湾学者考察，1997年至2007年间，第三人向台湾地区高等法院申请裁定认可大陆法院判决的案件，共25件。[1] 1999年10月15日，台湾板桥地方法院民事二庭裁定认可海口市中级人民法院（1995）海中法经字第54号民事判决，从而启动了大陆法院的生效判决在台湾申请强制执行的程序。

（二）台湾地区法院判决在祖国大陆的认可和执行

在《海峡两岸共同打击犯罪及司法互助协议》生效6周年之际，最高人民法院2015年发布了认可与执行台湾地区民事裁判和仲裁裁决的司法解释，并公布15起涉台司法互助典型案例。其中2015年最高人民法院《关于认可和执行台湾地区法院民事判决的规定》（以下简称"2015年认可和执行规定"）对认可和执行台湾地区法院民事判决作了规定，它自2015年7月1日起施行，最高人民法院《关于人民法院认可台湾地区有关法院民事判决的规定》《关于当事人持台湾地区有关法院民事调解书或者有关机构出具或确认的调解协议书向人民法院申请认可人民法院应否受理的批复》《关于当事人持台湾地区有关法院支付命令向人民法院申请认可人民法院应否受理的批复》和《关于人民法院认可台湾地区有关法院民事判决的补充规定》同时废止。

"2015年认可和执行规定"共23条，与此前有关人民法院认可和执行台湾地区民事判决的四个司法解释相比，适度拓宽了可申请认可和执行的台湾法院民事判决范围，扩大了此类案件管辖连结点，适度放宽了此类案件的受理条件，更加注重办案的程序正当性，明确了人民法院程序中的受理优先原则，增加了程序救济途径，调整了申请认可与执行的期间等。其主要内容有：

---

[1] 参见黄国昌：《一个美丽的错误：裁定认可之中国大陆判决有无既判力？》，载台湾《月旦法学杂志》2009年第167期，第193页。

1. 可申请认可和执行的民事判决的种类

"2015年认可和执行规定"第2条规定,本规定所称台湾地区法院民事判决,包括台湾地区法院作出的生效民事判决、裁定、和解笔录、调解笔录、支付命令等。申请认可台湾地区法院在刑事案件中作出的有关民事损害赔偿的生效判决、裁定、和解笔录的,适用本规定。申请认可由台湾地区乡镇市调解委员会等出具并经台湾地区法院核定,与台湾地区法院生效民事判决具有同等效力的调解文书的,参照适用本规定。

2. 申请程序和管辖法院

申请人同时提出认可和执行台湾地区法院民事判决申请的,人民法院先按照认可程序进行审查,裁定认可后,由人民法院执行机构执行。申请人直接申请执行的,人民法院应当告知其一并提交认可申请;坚持不申请认可的,裁定驳回其申请。申请人委托他人代理申请认可台湾地区法院民事判决的,应当向人民法院提交由委托人签名或者盖章的授权委托书。

其第4条规定,申请认可台湾地区法院民事判决的案件,由申请人住所地、经常居住地或者被申请人住所地、经常居住地、财产所在地中级人民法院或者专门人民法院受理。申请人向两个以上有管辖权的人民法院申请认可的,由最先立案的人民法院管辖。申请人向被申请人财产所在地人民法院申请认可的,应当提供财产存在的相关证据。

3. 应提交的文件

申请人申请认可台湾地区法院民事判决,应当提交申请书,并附有台湾地区有关法院民事判决文书和民事判决确定证明书的正本或者经证明无误的副本。台湾地区法院民事判决为缺席判决的,申请人应当同时提交台湾地区法院已经合法传唤当事人的证明文件,但判决已经对此予以明确说明的除外。

申请人申请认可台湾地区法院民事判决,应当提供相关证明文件,以证明该判决真实并且已经生效。申请人可以申请人民法院通过海峡两岸调查取证司法互助途径查明台湾地区法院民事判决的真实性和是否生效以及当事人得到合法传唤的证明文件;人民法院认为必要时,也可以就有关事项依职权通过海峡两岸司法互助途径向台湾地区请求调查取证。

4. 受理和保全措施

对于符合规定条件的申请,人民法院应当在收到申请后7日内立案;不符合规定条件的,应当在7日内裁定不予受理,同时说明不予受理的理由;申请人对裁定不服的,可以提起上诉。

人民法院受理认可申请之前或者之后,可以根据申请人的申请,裁定采取保全措施。人民法院受理认可申请后,当事人就同一争议起诉的,不予受理。一方当事人向人民法院起诉后,另一方当事人向人民法院申请认可的,对于认可的申请不予受理。案件虽经台湾地区有关法院判决,但当事人未申请认可,而是就同一争议向人民法院起诉的,应予受理。人民法院受理认可申请后,作出裁定前,申请人请求撤回申请的,可以裁定准许。

5. 审理和不予认可和执行的理由

对申请认可台湾地区法院民事判决的案件,人民法院应当组成合议庭进行审查。人民法院受理认可申请后,应当在立案之日起6个月内审结。有特殊情况需要延长的,报请上一级人民法院批准。

台湾地区法院民事判决具有下列情形之一的,裁定不予认可:(1)申请认可的民事判决,是在被申请人缺席又未经合法传唤或者在被申请人无诉讼行为能力又未得到适当代理的情况下作出的;(2)案件系人民法院专属管辖的;(3)案件双方当事人订有有效仲裁协议,且无放弃仲裁管辖情形的;(4)案件系人民法院已作出判决或者祖国大陆的仲裁庭已作出仲裁裁决的;(5)香港特别行政区、澳门特别行政区或者外国的法院已就同一争议作出判决且已为人民法院所认可或者承认的;(6)台湾地区、香港特别行政区、澳门特别行政区或者外国的仲裁庭已就同一争议作出仲裁裁决且已为人民法院所认可或者承认的。

认可该民事判决将违反一个中国原则等国家法律的基本原则或者损害社会公共利益的,人民法院应当裁定不予认可。人民法院经审查能够确认台湾地区法院民事判决真实并且已经生效,而且不具有规定的情形的,裁定认可其效力;不能确认该民事判决的真实性或者已经生效的,裁定驳回申请人的申请。裁定驳回申请的案件,申请人再次申请并符合受理条件的,人民法院应予受理。

6. 裁决的效力、复议和期间

经人民法院裁定认可的台湾地区法院民事判决,与人民法院作出的生效判决具有同等效力。人民法院依法作出的裁定,一经送达即发生法律效力。当事人对上述裁定不服的,可以自裁定送达之日起10日内向上一级人民法院申请复议。

对人民法院裁定不予认可的台湾地区法院民事判决,申请人再次提出申请的,人民法院不予受理,但申请人可以就同一争议向人民法院起诉。

申请人申请认可和执行台湾地区法院民事判决的期间,适用我国《民事诉讼法》第239条的规定(2年),但申请认可台湾地区法院有关身份关系的判决除外。

1998年最高人民法院《关于认真贯彻执行〈关于人民法院认可台湾地区有关法院民事判决的规定〉的通知》指出:在目前一段时间内,当事人申请认可台湾地区有关法院的民事判决,人民法院在裁定认可或者不予认可之前,应当报请本辖区所属高级人民法院进行审查。高级人民法院经审查同意或不同意认可,均应当及时予以答复,并报最高人民法院备案。

根据最高人民法院函《申请确认在台湾离婚协议效力问题》(1996年8月29日),对于当事人自愿在台湾当局的主管部门进行的协议离婚,人民法院对认可该离婚协议效力的申请,缺乏受理依据,应不予受理。当事人申请再婚登记或变更户籍婚姻登记等应由主管部门处理。如其向人民法院起诉离婚,有管辖权的法院应依法受理。

1998年《关于人民法院认可台湾地区有关法院民事判决的规定》颁行之后,内地各级人民法院依据该《规定》,受理申请认可台湾地区民事判决、仲裁裁决、调解书、支付令的案件已达两百余件①,并已经认可了一批台湾地区法院的裁判。

【思考题】

1. 在下述案件中厦门海事法院是否有管辖权?本案的管辖权如何处理?

【案例16.1】 大连华兴船行诉日本平成商社案②

1993年1月,大连华兴船行(以下简称"华兴船行")与日本国平成商事株式会社(以下简称"平成商社")通过电传签订一份租船合同,约定由华兴船行派船承运平成商社的一批钢材,装货港为日本大分,卸货港为天津新港。合同签订后,华兴船行于同年2月派船从厦门港驶往日本大分受载。船抵大分后,平成商社以船舶不适航为由拒绝装货。为此,与华兴船行发生争议。经双方协商,由中国船级社与日本NKKK船级社对船舶进行检验,检验结果认为船舶适航。平成商社仍然拒绝装货,致使船舶空载返回大连。华兴船行认为,船舶从厦门驶往日本大分港受载,厦门至大分是此租船合同的预备航次,预备航次的开始即是合同履行的开始,厦门是本次租船合同的履行地。因此,1994年3月17日向厦门海事法院起诉。平成商社在答辩中提出管辖权异议,认为合同签订地在日本大分,装货港为大分,卸货港为天津新港,履行地应是大分和天津。被告在大连设有分支机构,有可供执行的财产。对本案有管辖权的为日本国法院和天津海事法院、大连海事法院。

2. 在下述案件中,北京市某区法院是否有管辖权?离婚申请书由王华实的律师邮寄给付春花这种送达方式是否合法?加拿大法院的判决是否能得到中国法院的承认与执行?

---

① 刘仁山:《我国大陆与台湾地区民商事判决相互承认与执行现状、问题及思考》,载《中国国际私法学会2009年年会论文集(下册)》,第1043页。
② 参见李双元、欧福永主编:《国际私法教学案例》(第二版),北京大学出版社2012年版,第319—321页。

【案例 16.2】 王华实与付春花离婚案①

中国公民王华实与中国公民付春花 1987 年在北京结婚，1989 年生有一子。1990 年，王华实自费到美国留学，1996 年取得博士学位，在加拿大安大略省一家公司找到工作。1997 年 8 月，王以夫妻长期分居为由在加拿大安大略省多伦多法院提起离婚诉讼。王在离婚申请书中隐瞒了他生育一子的事实。离婚申请书由王华实的律师邮寄给付春花后，付很气愤。付春花经过一番咨询，决定向北京市某区法院提起离婚诉讼。

北京市某区法院公开审理此案，王华实未到庭，法院缺席判决双方离婚，王华实承担儿子抚养费每月人民币 350 元。加拿大多伦多法院也审理了王华实提起的离婚诉讼，付春花未到庭，法院判决双方离婚。

3. 在下述案件中，厦门法院能否承认和执行香港法院的民事判决？如果当事人请求执行香港判决的申请被驳回，当事人该如何保护自己的权利？

【案例 16.3】 香港利登利公司、香港富华公司与香港耀声公司合同纠纷案②

申请人香港利登利公司、香港富华公司与被申请人香港耀声公司合同纠纷一案，经香港特别行政区高等法院原讼法庭于 1998 年第 A15726 号判决书判决，被申请人耀声公司应向利登利公司支付港币 13897153.80 元，应向富华公司支付港币 2941840.82 元，并支付相应利息及诉讼费和律师费。由于被申请人在香港的资产不能满足按法院判决确定的给付义务，而被申请人在厦门地区有可供执行的财产，申请人参照当时有效的中国《民事诉讼法》第 267 条和第 268 条规定，于 1999 年向厦门市中级人民法院申请承认和执行该判决。申请人在申请的同时向该院提交了香港特别行政区高等法院原讼法庭 1998 年第 A15726 号判决书复印件、该判决书的中文译本、中国法律服务（香港）有限公司的认证材料以及有关被申请人在厦门的财产资料等。

4. 什么是国际民事诉讼程序？它一般包括哪些内容？
5. 什么是诉讼费用担保、司法救助和法律援助？我国有什么规定？
6. 什么是国际民事诉讼管辖权？它一般可以分为哪些种类？
7. 简述国际民事管辖权冲突产生的原因和协调途径与原则。
8. 我国关于国际民事管辖权有哪些重要规定？

---

① 参见李双元、欧福永主编：《国际私法教学案例》（第二版），北京大学出版社 2012 年版，第 325—326 页。
② 同上书，第 360—361 页。

第十六章 国际民事诉讼

9. 比较国家豁免和国家行为理论、国家豁免和外交豁免。

10. 什么是国际民事司法协助？国际民事司法协助制度包括哪些内容？

11. 简述我国的域外送达。

12. 简述我国的域外取证制度。

13. 承认和执行外国判决一般需要具备哪些基本条件？我国在这方面有哪些重要规定？

【司法考试真题】①

1. 根据我国《民事诉讼法》和有关条约，外国向位于我国领域内的当事人送达司法文书和司法外文书，不能采用下列哪几种送达方式？（2002 年多选题）

    A. 外交途径送达

    B. 通过外交人员或领事向非派遣国国民送达

    C. 邮寄直接送达

    D. 司法程序中的利害关系人直接送达

2. 朴某为韩国人，现在我国某市中级人民法院因民事纠纷涉诉。可以成为朴某诉讼代理人的有哪些？（2002 年多选题。本题与 2003 年单选题第 63 题和 2005 年单选题第 83 题相似，该两题不再列出）

    A. 韩国公民

    B. 以律师身份接受朴某委托的韩国律师

    C. 中国律师

    D. 中国公民

3. 中国法院就一家中国公司和一家瑞士公司之间的技术转让纠纷作出判决。判决发生效力后，瑞士公司拒不执行，该公司在中国既无办事机构、分支机构和代理机构，也无财产。下列选项中的哪些表述是正确的？（2003 年多选题）

    A. 中国公司直接向有管辖权的瑞士法院申请承认和执行

    B. 中国公司向国际法院申请承认和执行

    C. 由法院依我国缔结或者参加的国际条约的规定，请求瑞士法院承认和执行

    D. 由人民法院直接采取强制措施执行

4. 外国人从美国寄交委托中国律师的授权委托书，应该办理下列何种手续？（2003 年不定项选择题）

---

① 2002 年单选题第 59 题和 2005 年单选题第 35 题考查了我国诉讼时效的法律适用，2005 年多选题第 80 题考查了台湾地区判决在祖国大陆的认可与执行，2008 年四川多选题第 82 题考查了我国司法文书的域外送达，因所涉法律规定已被修改，不再列出。

A. 经美国公证机关证明,并经中华人民共和国驻美国使领馆认证
B. 经中华人民共和国驻美国使领馆认证
C. 履行中华人民共和国与美国订立的有关条约中规定的证明手续
D. 经中华人民共和国外交部有关部门认证

5. 某外国法院依照该国与我国缔结或共同参加的国际条约的规定提出司法协助请求,我国法院应该依照什么程序提供司法协助?(2004年多选题)

A. 依照国际惯例进行
B. 依照我国法律规定的程序进行
C. 依照该外国法律规定的程序进行,但该程序不得违反我国的公共秩序
D. 在一定条件下,也可依照外国法院请求的特殊方式进行

6. 内地某中级人民法院在审理一民事案件过程中,需从澳门调取证据。依据《关于内地与澳门特别行政区法院就民商事案件相互委托送达司法文书和调取证据的安排》,下列哪些说法是正确的?(2005年多选题)

A. 该中级人民法院可直接委托澳门的有关法院调取证据
B. 澳门受托法院可以该民事案件属于其专属管辖为由拒绝执行受托事项
C. 受托法院完成调取证据的期限最迟不得超过自收到委托书之日起3个月
D. 最高人民法院与澳门特别行政区终审法院可以直接委托调取证据

7. 甲国与中国均为1965年海牙《送达公约》的缔约国。现甲国法院依该公约向总部设在南京的东陵公司送达若干司法文件。根据该公约及我国的相关规定,下列判断何者为错误?(2005年不定项选择题)

A. 这些司法文书应由甲国驻华使、领馆直接送交我国司法部
B. 收到司法部转递的司法文书后,执行送达的人民法院如发现该司法文书所涉及的诉讼标的属于我国法院专属管辖,则应拒绝执行甲国的送达请求
C. 执行送达的人民法院如果发现其中确定的出庭日期已过,则应直接将该等司法文书退回,不再向东陵公司送达
D. 东陵公司收到法院送达的司法文书后,发现其只有英文文本,可拒收

·8. 依照我国现行法律规定及司法解释,下列哪项判断正确?(2006年单选题。本题涵盖了2002年单选题第19题考查的知识点,该题不再列出)

A. 对于在我国境内没有住所的外国被告提起涉外侵权诉讼,只有该侵权行为实施地在我国境内时,其所属辖区的中级法院才可对该侵权诉讼行使管辖
B. 我国法院可依当事人选择我国法院的书面协议管辖涉外民事诉讼
C. 对原本无权管辖的涉外民事诉讼,只要该诉讼的被告前来出庭应诉,我国法院就可以对其行使管辖权
D. 因在中国履行中外合资经营企业合同发生的纠纷,只能向中国法院起诉

9. 李某在内地某法院取得涉及王某的具有给付内容的生效民事判决。王某的主要财产在澳门,在内地有少量可供执行的财产。根据《内地与澳门特别行政区关于相互认可和执行民商事判决的安排》,下列哪一选项正确？（2007年单选题）

　　A. 李某有权同时向内地与澳门有管辖权的法院申请执行
　　B. 李某向澳门法院提出执行申请的同时,可以向内地法院申请查封、扣押或者冻结王某的财产
　　C. 如澳门法院受理执行申请,它不能仅执行该判决中的部分请求
　　D. 该判决的执行应适用内地法律

10. 国际海上运输合同的当事人在合同中选定我国某法院作为解决可能发生的纠纷的法院。关于此,下列哪一选项是错误的？（2007年单选题）

　　A. 该协议不得违反我国有关级别管辖和专属管辖的规定
　　B. 当事人可以在纠纷发生前协议选择我国法院管辖
　　C. 如与该合同纠纷有实际联系的地点不在我国领域内,我国法院无权依该协议对纠纷进行管辖
　　D. 涉外合同或涉外财产权益纠纷的当事人可以选择管辖法院

11. 我国某法院接到一位中国公民提出的要求承认一项外国法院判决的申请。依我国法律规定,关于承认该外国判决,下列哪一选项是错误的？（2007年单选题。本题与2002年多选题第66题相似,该题不再列出）

　　A. 如我国与该外国间存在司法协助协定,应依该协定办理
　　B. 如我国与该外国间不存在司法协助协定和互惠关系,法院应驳回申请
　　C. 只有作出判决的外国法院对案件具有管辖权时,该外国判决才有可能被我国法院承认
　　D. 只有已发生法律效力的外国法院判决才有可能被我国法院承认

12. 某中国企业因与在境外的斯坦利公司的争议向我国法院起诉。依我国现行规定,关于向该公司送达司法文书,下列哪些选项正确？（2007年多选题）

　　A. 法院可向该公司设在中国的任何分支机构送达
　　B. 法院可向该公司设在中国的任何代表机构送达
　　C. 如该公司的主要负责人位于中国境内时,法院可向其送达
　　D. 法院可向该公司在中国的诉讼代理人送达

13. 不适用最高人民法院《关于涉外民商事案件诉讼管辖若干问题的规定》进行集中管辖的涉外案件是:（2007年不定项选择题）

　　A. 涉外房地产案件　　　　　　B. 边境贸易纠纷案件
　　C. 强制执行国际仲裁裁决案件　　D. 信用证纠纷案件

14. 定居甲国的华侨王某与李某在甲国结婚,后王某在甲国起诉与李某离

婚时被该国法院以当事人均具有中国国籍为由拒绝受理。王某转而在我国法院诉请离婚。根据我国现行司法解释，下列哪些选项正确？（2007年多选题。本题涵盖了2004年单选题第36题和2005年单选题第38题的知识点，该两题不再列出）

　　A. 王某原住所地法院有管辖权
　　B. 因两人定居国外且在国外结婚，我国法院不应受理
　　C. 李某在国内的最后住所地法院有管辖权
　　D. 如中国法院管辖，认定其婚姻是否有效应适用甲国法律

15. 甲、乙均为中国公民，在中国结婚。婚后若干年，甲移居美国，乙仍居中国。因长期分居感情疏离，两人决定离婚。对此，下列哪一选项是错误的？（2008年四川单选题。本题涵盖了2004年单选题第35题的知识点，该题不再列出）

　　A. 无论甲、乙哪一方向中国法院提起离婚诉讼，中国法院都有管辖权
　　B. 若甲先在美国起诉，则乙不可再在中国起诉
　　C. 甲在美国起诉后，乙仍然可以在中国起诉
　　D. 甲在美国起诉后，乙既可以在中国起诉，也可以到美国应诉

16. 朗文与戴某缔结了一个在甲国和中国履行的合同。履约过程中发生争议，朗文向甲国法院起诉戴某并获得胜诉判决。戴某败诉后就同一案件向我国法院起诉。朗文以该案已经甲国法院判决生效为由对中国法院提出管辖权异议。依我国法律、司法解释和缔结的相关条约，下列哪一选项正确？（2008年单选题）

　　A. 朗文的主张构成对我国法院就同一案件实体问题行使管辖权的有效异议
　　B. 我国法院对戴某的起诉没有管辖权
　　C. 我国法院对涉外民事诉讼案件的管辖权不受任何限制
　　D. 我国法院可以受理戴某的起诉

17. 普拉克是外国公民，是中国法院审理的涉外案件的原告，他请求使用其本国语言进行诉讼。中国法院的处理，下列哪一项正确？（2008年单选题）

　　A. 尊重普拉克的请求，使用其本国的语言进行案件的审理
　　B. 驳回普拉克的请求，使用中文进行审理，告知由其自行解决翻译问题
　　C. 驳回普拉克的请求，以中文进行审理，但在其要求并承担费用的情况下，应为其提供翻译
　　D. 驳回普拉克的请求，使用中文进行审理，但可为其提供免费翻译

18. 甲国秋叶公司在该国法院获得一项胜诉的判决，并准备向中国法院申请执行。根据我国现行法律，下列哪些选项是正确的？（2008年多选题）

A. 该判决可以由当事人直接向我国有管辖权的法院申请执行

B. 该判决可以由甲国法院依照该国与我国缔结或共同参加的国际条约的规定向我国有管辖权的法院申请执行

C. 对外国法院判决效力的承认,我国采取裁定方式

D. 对与我国缔结司法协助条约的国家的判决,我国法院均应予以执行

19. 在我国法院审理的一个涉外案件中,需要从甲国调取证据。甲国是海牙《取证公约》的缔约国。根据公约,下列哪些选项正确?(2008年多选题)

A. 赵律师作为中方当事人的诉讼代理人,可以依照上述公约请求甲国法院调取所需的证据

B. 调取证据的请求,应以请求书的方式提出

C. 请求书应通过我国外交部转交甲国的中央机关

D. 中国驻甲国的领事代表在其执行职务的区域内,可以在不采取强制措施的情况下向华侨取证

20. 依据现行的司法解释,我国法院受理对在我国享有特权与豁免的主体起诉的民事案件,须按法院内部报告制度,报请最高人民法院批准。为此,下列表述正确的是:(2008年不定项选择题)

A. 在我国享有特权与豁免的主体若为民事案件中的第三人,该制度不适用

B. 若在我国享有特权与豁免的主体在我国从事商业活动,则对其作为被告的民事案件的受理无需适用上述报告制度

C. 对外国驻华使馆的外交官作为原告的民事案件,其受理不适用报告制度

D. 若被告是临时来华的联合国官员,则对其作为被告的有关的民事案件的受理不适用上述报告制度

21. 依我国现行规定,关于涉外管辖权下列哪项正确?(2008年四川单选题)

A. 在涉外民事案件中,中国法院不得根据原告的住所地行使管辖权

B. 被告可以通过自己的行为接受中国法院的管辖

C. 双方当事人均无法同意由对方国家的法院管辖的,可采用书面协议选择与争议没有实际联系的第三国法院管辖

D. 当事人将争议诉诸法院的权利在任何情况下均不可剥夺

22. 根据2006年《内地与澳门特别行政区关于相互认可和执行民商事判决的安排》的规定,下列哪些选项是正确的?(2008年四川多选题)

A. 内地有关劳动争议案件的判决适用该安排

B. 澳门特别行政区有关劳动民事案件的判决适用该安排

C. 经裁定予以认可的判决,与被请求方法院的判决具有同等效力

D. 最高人民法院与澳门特区终审法院不承担提供相关法律资料的义务

23. 甲国人格里为中国境内某中外合资企业的控股股东。2009 年因金融危机该企业出现财务困难,格里于 6 月回国后再未返回,尚欠企业员工工资及厂房租金和其他债务数万元。中国与甲国均为海牙《取证公约》缔约国,依我国相关法律规定,下列哪一选项是正确的?(2009 年单选题)

　　A. 因格里已离开中国,上述债务只应由合资企业的中方承担清偿责任
　　B. 中国有关主管部门在立案后可向甲国提出引渡格里的请求
　　C. 中方当事人可在中国有管辖权的法院对格里申请立案
　　D. 中方当事人的诉讼代理人可请求甲国主管机关代为调取有关格里的证据

24. 香港甲公司与内地乙公司订立供货合同,约定由香港法院管辖。后双方因是否解除该合同及赔偿问题诉诸香港法院,法院判乙公司败诉。依相关规定,下列哪一选项是正确的?(2009 年单选题)

　　A. 如该合同被解除,则香港法院管辖的协议也随之无效
　　B. 如乙公司在内地两省有财产,甲公司可向两省有关法院申请认可和执行
　　C. 如甲公司向内地法院申请认可和执行判决,免除执行费用
　　D. 如甲公司向内地法院提交的文件无中文文本,应提交证明无误的中译本

25. 李某与王某在台湾地区因民事纠纷涉诉,被告王某败诉,李某向王某在福建的财产所在地的中级人民法院申请认可台湾地区的民事判决。下列哪些选项可以成为中级人民法院拒绝认可的理由?(2009 年多选题)

　　A. 案件为人民法院专属管辖
　　B. 人民法院已承认了某外国法院就相同案件作出的判决
　　C. 双方无关于司法管辖的协议
　　D. 王某在本案中缺席且未给予合法传唤

26. 大陆甲公司与台湾地区乙公司签订了出口家具合同,双方在合同履行中产生纠纷,乙公司拒绝向甲公司付款。甲公司在大陆将争议诉诸法院。关于向台湾当事人送达文书,下列哪些选项是正确的?(2009 年多选题)

　　A. 可向乙公司在大陆的任何业务代办人送达
　　B. 如乙公司的相关当事人在台湾下落不明的,可采用公告送达
　　C. 邮寄送达的,如乙公司未在送达回证上签收而只是在邮件回执上签收,可视为送达
　　D. 邮寄送达未能收到送达与否证明文件的,满 3 个月即可视为已送达

27. 中国和甲国均为《关于从国外调取民事或商事证据的公约》的缔约国。关于两国之间的域外证据调取,下列哪一选项正确?(2010 年单选题)

　　A. 委托方向另一缔约方请求调取的证据不限于用于司法程序的证据
　　B. 中国可以相关诉讼属于中国法院专属管辖为由拒绝甲国调取证据的

请求

C. 甲国可以相关事项在甲国不能提起诉讼为由拒绝中国调取证据的请求

D. 甲国外交代表在其驻华执行职务的区域内,在不采取强制措施的情况下,可向甲国公民调取证据

28. 关于内地与香港民商事案件判决的认可与执行,根据内地与香港的相关安排,下列哪一选项是正确的?(2010年单选题)

A. 申请人向内地和香港法院提交的文件没有中文文本的,均应提交证明无误的中文译本

B. 当事人通过协议选择内地或香港法院管辖的,经选择的法院作出的判决均可获得认可与执行

C. 当事人之间的合同无效,其中选择管辖法院的条款亦无效

D. 当事人对认可和执行与否的裁定不服的,在内地可向上一级法院申请复议,在香港可依其法律规定提出上诉

29. 外国公民张女士与旅居该国的华侨王先生结婚,后因感情疏离,张女士向该国法院起诉离婚并获得对其有利的判决,包括解除夫妻关系,以及夫妻财产分割和子女抚养等内容。该外国与中国之间没有司法协助协定。张女士向中国法院申请承认该离婚判决,王先生随后在同一中国法院起诉与张女士离婚。根据我国法律和司法解释,下列哪一选项是错误的?(2008年单选题)

A. 中国法院应依最高人民法院《关于中国公民申请承认外国法院离婚判决程序问题的规定》决定是否承认该判决中解除夫妻身份关系的内容

B. 中国法院应依前项司法解释决定是否执行该判决中解除夫妻身份关系之外的内容

C. 若张女士的申请被驳回,她就无权再提出承认该判决的申请,但可另行向中国法院起诉离婚

D. 中国法院不应受理王先生的离婚起诉

30. 台湾地区甲公司因合同纠纷起诉大陆乙公司,台湾地区法院判决乙公司败诉。乙公司在上海和北京均有财产,但未执行该判决。关于该判决的执行,下列哪一选项是正确的?(2011年单选题)

A. 甲公司向上海和北京的中级人民法院申请认可该判决的,由最先立案的中级人民法院管辖

B. 该判决效力低于人民法院作出的生效判决

C. 甲公司申请财产保全的,人民法院可以要求其提供有效的担保;不提供担保的,视情况决定是否准予财产保全

D. 甲公司申请认可该判决的,应当在判决效力确定后1年内提出

31. 香港地区甲公司与内地乙公司发生投资纠纷,乙公司诉诸某中级人民

法院。陈某是甲公司法定代表人,张某是甲公司的诉讼代理人。关于该案的文书送达及法律适用,下列哪些选项是正确的?(2011年多选题)

A. 如陈某在内地,受案法院必须通过上一级人民法院向其送达

B. 如甲公司在授权委托书中明确表明张某无权代为接收有关司法文书,则不能向其送达

C. 如甲公司在内地设有代表机构的,受案人民法院可直接向该代表机构送达

D. 同时采用公告送达和其他多种方式送达的,应当根据最先实现送达的方式确定送达日期

32. 居住于我国台湾地区的当事人张某在大陆某法院参与民事诉讼。关于该案,下列哪一选项是不正确的?(2012年单选题)

A. 张某与大陆当事人有同等诉讼权利和义务

B. 确定应适用台湾地区民事法律的,受案的法院予以适用

C. 如张某在大陆,民事诉讼文书可以直接送达

D. 如张某在台湾地区地址明确,可以邮寄送达,但必须在送达回证上签收

33. 某外国公民阮某因合同纠纷在中国法院起诉中国公民张某。关于该民事诉讼,下列哪一选项是正确的?(2012年单选题)

A. 阮某可以委托本国律师以非律师身份担任诉讼代理人

B. 受阮某委托,某该国驻华使馆官员可以个人名义担任诉讼代理人,并在诉讼中享有外交特权和豁免权

C. 阮某和张某可用明示方式选择与争议有实际联系的地点的法院管辖

D. 中国法院和外国法院对该案都有管辖权的,如张某向外国法院起诉,阮某向中国法院起诉,中国法院不能受理

34. 当事人欲将某外国法院作出的民事判决申请中国法院承认和执行。根据中国法律,下列哪一选项是错误的?(2012年单选题)

A. 该判决应向中国有管辖权的法院申请承认和执行

B. 该判决应是外国法院作出的发生法律效力的判决

C. 承认和执行该判决的请求须由该外国法院向中国法院提出,不能由当事人向中国法院提出

D. 如该判决违反中国的公共利益,中国法院不予承认和执行

35. 中国某法院审理一起涉外民事纠纷,需要向作为被告的外国某公司进行送达。根据《关于向国外送达民事或商事司法文书和司法外文书公约》(海牙《送达公约》)、中国法律和司法解释,关于该案件的涉外送达,法院的下列哪一做法是正确的?(2013年单选题)

A. 应首先按照海牙《送达公约》规定的方式进行送达

B. 不得对被告采用邮寄送达方式

C. 可通过中国驻被告所在国使领馆向被告进行送达

D. 可通过电子邮件方式向被告送达

36. 甲国某航空公司在中国设有代表处,其一架飞机从中国境内出发,经停甲国后前往乙国,在乙国发生空难。关于乘客向航空公司索赔的诉讼管辖和法律适用,根据中国相关法律,下列哪些表述是正确的?(2013年多选题)

　　A. 中国法院对该纠纷具有管辖权

　　B. 中国法律并不限制乙国法院对该纠纷行使管辖

　　C. 即使甲国法院受理了该纠纷,中国法院仍有权就同一诉讼行使管辖权

　　D. 如中国法院受理该纠纷,应适用受害人本国法确定损害赔偿数额

37. 内地某中级法院审理一起涉及澳门特别行政区企业的商事案件,需委托澳门特别行政区法院进行司法协助。关于该司法协助事项,下列哪些表述是正确的?(2013年多选题)

　　A. 该案件司法文书送达的委托,应通过该中级法院所属高级法院转交澳门特别行政区终审法院

　　B. 澳门特别行政区终审法院有权要求该中级法院就其中文委托书提供葡萄牙语译本

　　C. 该中级法院可以请求澳门特别行政区法院协助调取与该案件有关的证据

　　D. 在受委托方法院执行委托调取证据时,该中级法院司法人员经过受委托方允许可以出席并直接向证人提问

38. 中国与甲国均为《关于从国外调取民事或商事证据的公约》的缔约国,现甲国法院因审理一民商事案件,需向中国请求调取证据。根据该公约及我国相关规定,下列哪一说法是正确的?(2014年单选题)

　　A. 甲国法院可将请求书交中国司法部,请求代为取证

　　B. 中国不能以该请求书不属于司法机关职权范围为由拒绝执行

　　C. 甲国驻中国领事代表可在其执行职务范围内,向中国公民取证,必要时可采取强制措施

　　D. 甲国当事人可直接在中国向有关证人获取证人证言

39. 英国人施密特因合同纠纷在中国法院涉诉。关于该民事诉讼,下列哪一选项是正确的?(2015年单选题)

　　A. 施密特可以向人民法院提交英文书面材料,无需提供中文翻译件

　　B. 施密特可以委托任意一位英国出庭律师以公民代理的形式代理诉讼

　　C. 如施密特不在中国境内,英国驻华大使馆可以授权本馆官员为施密特聘请中国律师代理诉讼

D. 如经调解双方当事人达成协议,人民法院已制发调解书,但施密特要求发给判决书,应予拒绝

40. 秦某与洪某在台北因合同纠纷涉诉,被告洪某败诉。现秦某向洪某财产所在地的大陆某中级人民法院申请认可该台湾地区的民事判决。关于该判决的认可,下列哪些选项是正确的？(2015 年多选题)

A. 人民法院受理秦某申请后,应当在 6 个月内审结
B. 受理秦某的认可申请后,作出裁定前,秦某要求撤回申请的,人民法院应当允许
C. 如人民法院裁定不予认可该判决,秦某可以在裁定作出 1 年后再次提出申请
D. 人民法院受理申请后,如对该判决是否生效不能确定,应告知秦某提交作出判决的法院出具的证明文件

41. 俄罗斯公民萨沙来华与中国公民韩某签订一份设备买卖合同。后因履约纠纷韩某将萨沙诉至中国某法院。经查,萨沙在中国境内没有可供扣押的财产,亦无居所;该套设备位于中国境内。关于本案的管辖权与法律适用,依中国法律规定,下列哪一选项是正确的？(2016 年单选题)

A. 中国法院没有管辖权
B. 韩某可在该套设备所在地或合同签订地法院起诉
C. 韩某只能在其住所地法院起诉
D. 萨沙与韩某只能选择适用中国法或俄罗斯法

42. 蒙古公民高娃因民事纠纷在蒙古某法院涉诉。因高娃在北京居住,该蒙古法院欲通过蒙古驻华使馆将传票送达高娃,并向其调查取证。依中国法律规定,下列哪一选项是正确的？(2016 年单选题)

A. 蒙古驻华使馆可向高娃送达传票
B. 蒙古驻华使馆不得向高娃调查取证
C. 只有经中国外交部同意后,蒙古驻华使馆才能向高娃送达传票
D. 蒙古驻华使馆可向高娃调查取证并在必要时采取强制措施

43. 中国香港甲公司与内地乙公司签订商事合同,并通过电子邮件约定如发生纠纷由香港法院管辖。后因履约纠纷,甲公司将乙公司诉至香港法院并胜诉。判决生效后,甲公司申请人民法院认可和执行该判决。关于该判决在内地的认可与执行,下列哪一选项是正确的？(2017 年单选题)

A. 电子邮件不符合"书面"管辖协议的要求,故该判决不应被认可与执行
B. 如乙公司的住所地与财产所在地分处两个中级人民法院的辖区,甲公司不得同时向这两个人民法院提出申请
C. 如乙公司在内地与香港均有财产,甲公司不得同时向两地法院提出申请

D. 如甲公司的申请被人民法院裁定驳回,它可直接向最高人民法院申请复议

【扩展性阅读材料】

1. 欧福永:《英国民商事管辖权制度研究》,法律出版社 2005 年版。
2. 龚刃韧:《国家豁免问题比较研究》,北京大学出版社 2005 年版。
3. 徐伟功:《不方便法院原则研究》,吉林人民出版社 2002 年版。
4. 李旺:《国际诉讼竞合》,中国政法大学出版社 2002 年版。
5. 徐宏:《国际民事司法协助》,武汉大学出版社 2006 年版。
6. 李双元、谢石松、欧福永:《国际民事诉讼法概论》,武汉大学出版社 2016 年版。
7. 屈广清、欧福永主编:《国际民商事诉讼程序导论》,武汉大学出版社 2016 年版。
8. 屈广清:《国际民事诉讼中的证据》,中国地质大学出版社 1997 年版。
9. 何其生:《域外送达制度研究》,北京大学出版社 2006 年版。
10. 李双元、欧福永主编:《现行国际民商事诉讼程序研究》,武汉大学出版社 2016 年版。
11. 罗剑雯:《欧盟民商事管辖权比较研究》,法律出版社 2003 年版。
12. 何其生:《比较法视野下的国际民事诉讼》,高等教育出版社 2015 年版。
13. Shelby R. Grubbs, International Civil Procedure, 2003.
14. Michael Pryles, Dispute Resolution in Asia, 2006.
15. Gray B. Born, International Civil Litigation in the United States, 2011.
16. Dennis Campbell, Serving Process and Obtaining Evidence Abroad, 1998.
17. Dennis Campbell, International Execution against Judgment Debtors, 1999.
18. Gerhard Walter and Samuel P. Baumgartner, Recognition and Enforcements of Foreign Judgements Outside the Scope of the Brussels and Lugano, 2000.
19. Convention on Choice of Court Agreements (2005)①
Chapter I—Scope and Definitions
……

Article 3 Exclusive Choice of Court Agreements

For the purposes of this Convention—

(1) "exclusive choice of court agreement" means an agreement concluded by two or more parties that meets the requirements of paragraph (3) and designates, for

---

① http://www.hcch.net/index_en.php?act=conventions.text&cid=98, visited on March 15, 2007.

the purpose of deciding disputes which have arisen or may arise in connection with a particular legal relationship, the courts of one Contracting State or one or more specific courts of one Contracting State to the exclusion of the jurisdiction of any other courts;

(2) a choice of court agreement which designates the courts of one Contracting State or one or more specific courts of one Contracting State shall be deemed to be exclusive unless the parties have expressly provided otherwise;

(3) an exclusive choice of court agreement must be concluded or documented—

(4) in writing; or

(5) by any other means of communication which renders information accessible so as to be usable for subsequent reference;

(6) an exclusive choice of court agreement that forms part of a contract shall be treated as an agreement independent of the other terms of the contract. The validity of the exclusive choice of court agreement cannot be contested solely on the ground that the contract is not valid.

Article 4 Other Definitions

1. In this Convention, "judgment" means any decision on the merits given by a court, whatever it may be called, including a decree or order, and a determination of costs or expenses by the court (including an officer of the court), provided that the determination relates to a decision on the merits which may be recognised or enforced under this Convention. An interim measure of protection is not a judgment.

......

Chapter II—Jurisdiction

Article 5 Jurisdiction of the Chosen Court

1. The court or courts of a Contracting State designated in an exclusive choice of court agreement shall have jurisdiction to decide a dispute to which the agreement applies, unless the agreement is null and void under the law of that State.

2. A court that has jurisdiction under paragraph 1 shall not decline to exercise jurisdiction on the ground that the dispute should be decided in a court of another State.

3. The preceding paragraphs shall not affect rules—

(1) on jurisdiction related to subject matter or to the value of the claim;

(2) on the internal allocation of jurisdiction among the courts of a Contracting State. However, where the chosen court has discretion as to whether to transfer a case, due consideration should be given to the choice of the parties.

......

第十七章　国际商事仲裁

在许多国家,虽然都把通过诉讼解决民事争议作为最具效力的一种程序,但也有其他一些可供选择的民事争议解决方法,从而构成了与诉讼程序有所不同的"替代性(或选择性)争议解决方法"(alternative dispute resolution,简称为 ADR)。关于替代性争议解决方式的含义,国内外有两种不同的观点,广义的观点(通说)认为,ADR 是指司法诉讼以外的解决争议的各种方式的总称;而狭义的观点则认为,ADR 是指除仲裁外的各种非诉讼解决争议的方法的总称。本书取广义的观点。

有学者认为,虽然早先在美国,认为 ADR 一般是指在法院外的第三人参加下,当事人自主解决争议的方式,但 20 世纪末以来,美国一些州法院在法院内也开始附设仲裁和调解等第三人解决纠纷的方法,美国 1998 年《替代性争议解决方法法》(Alternative Disputes Resolution Act 1998)要求每个联邦地区法院应允许在所有的民事案件中使用 ADR,建立各自的 ADR 计划并制定相应的保障程序,这些 ADR 被称为"附设在法院的 ADR",其范围包括"法院附设调解"(court-sponsored mediation)和"法院附设仲裁"(court-annexed arbitration),早期的中立评估程序(early neutral evaluation),无约束力的简易陪审团审理或法官审理(non-binding summary jury or bench trials,其中陪审团审理作出的判决称为"参考判决"——advisory judgement)。而"非法院附设的 ADR",才是完全的"民间的 ADR",包括仲裁、调解、小型审理和借用法官(指退休法官)程序等。①

一些国际组织致力于推广、倡导 ADR,制定了一些规则。最早的有 1975 年和 1988 年的两个《国际商会任择性调解规则》(ICC Optional Conciliation Rules),它现在已被 2014 年《国际商会调解规则》所取代。此外还有 2017 年《国际商会仲裁规则》、1980 年《联合国国际贸易法委员会调解规则》、2002 年《国际商事调解示范法》、2006 年《国际商事仲裁示范法》和 2013 年《联合国国际贸易法委员会仲裁规则》等。在国际商事争议的解决方面,仲裁已成为一种比诉讼更具重要性的方法。在我国,替代性争议解决方法也已经被广泛采用。

---

① 美国的上述做法,参见白绿铉:《美国民事诉讼法》,经济时报出版社 1998 年版,第 110—118 页;〔美〕J. C. 哈泽德、M. 塔伊鲁著:《美国民事诉讼法导论》,张茂译,法律出版社 1998 年版,第 126—128、175—178 页。

第一节 国际商事仲裁概述

一、国际商事仲裁的概念和性质

(一) 国际商事仲裁的概念

国际商事仲裁(international commercial arbitration),一般是指当事人通过合意,自愿将有关的国际商事争议提交给第三者,即仲裁员或公断人(arbitrator, referee)进行审理并依据法律或公平原则作出对双方当事人均有拘束力的裁决的一种争议解决制度。

国际商事仲裁至少具有以下几个特点:(1)它是一种用来解决国际商事争议的法律制度,从而区别于国内行政仲裁和国际公法上的仲裁。(2)它是一种民间的、非司法性争议解决方式,从而区别于国际民事诉讼。与国际民事诉讼相比,国际商事仲裁具有程序安排的自主性(当事人可选择仲裁员、仲裁规则、仲裁地点和适用的法律等)、灵活性和程序的经济性(一般是一裁终局)、保密性等特点或优点,但也存在一些需完善的问题,如仲裁庭权力的有限性、非强制性,对仲裁员进行监督的机制不完善,等等。(3)它是由当事人选定的中立第三者担任仲裁员或公断人来实现对争议的解决的,从而区别于双方当事人之间的直接和解。(4)它主要是通过中立第三者作出有强制的法律约束力的裁决,来解决所提交的争议,从而又与一般的调解相区别。

尽管国际商事仲裁已成为当今国际社会一项十分普遍的争议解决制度,但对于"国际商事仲裁"中的"国际"和"商事"的含义,却有不同的理解和界定。

1. "国际"的含义

在许多国家,认定一项商事仲裁是国际的还是国内的,有着很重要的意义。因为,它们的立法往往为国内法院对无涉外因素的纯国内商事仲裁,保留了较对国际商事仲裁更多的控制权;在认定"争议的可仲裁性"的问题上,在国际商事仲裁中往往采用比在国内商事仲裁中更为宽松和灵活得多的标准;在判定是否违反公共秩序方面,也要求将公共秩序条款在国际商事仲裁中的适用限制在最低限度,并对公共秩序作狭义的解释。[1]

对商事仲裁的"国际"的认定,大体上也可以适用对国际民事诉讼的"国际"的认定标准。但由于商事仲裁的适用范围不断扩大,一些国家的国内仲裁机构也受理具有国际性的商事争议,而名为国际商事仲裁机构的也受理纯国内商事争议(如目前中国的情况),严格地界定何为"国际"商事仲裁,一般仅在适用有

---

[1] 参见韩健:《现代国际商事仲裁法的理论与实践》,法律出版社2000年版,第3页。

关国际仲裁条约承认和执行国际商事仲裁裁决时有此必要。

一般来说，凡有以下情况的存在，即可认定其为国际性商事仲裁，即：一是以实质性连结因素（material connecting factors）为标准，这些连结因素包括仲裁地、当事人的国籍、住所或居所、法人注册地、公司管理中心所在地等在不同国家，即为"国际商事仲裁"。二是争议权利义务的客体位于其他国家。三是争议事项是发生在国际性商业交易之中。除此之外，在国际性的认定上，还允许让当事人自主决定，例如联合国国际贸易法委员会在制定《国际商事仲裁示范法》时，在第1条第3款中就下了一个非常广义的定义，主张一项仲裁只要具有以下情况，即为"国际"商事仲裁：A. 仲裁协议双方当事人在签订该协议的时候，他们的营业地位于不同的国家；或者 B. 下列地点之一位于双方当事人营业地共同所在的国家之外：仲裁协议中或根据仲裁协议确定的仲裁地点或商事关系义务的主要部分将要履行的任何地点或与争议标的具有最密切联系的地点；或者 C. 双方当事人已明示约定仲裁协议的标的与一个以上的国家有联系。其中 C 就属于这种情况。《国际商事仲裁示范法》的上述规定，丰富了"国际"的内涵。但目前更有主张，即使不涉及国际性因素的争议，只要当事人选择在国外或国际仲裁机构仲裁也可纳入国际商事仲裁的范畴。①

2017年最高人民法院《关于审理仲裁司法审查案件若干问题的规定》第12条规定，仲裁协议或者仲裁裁决具有《关于适用〈中华人民共和国涉外民事关系法律适用法〉若干问题的解释（一）》第1条规定情形的，为涉外仲裁协议或者涉外仲裁裁决。其第21条规定，人民法院受理的申请确认涉及香港特别行政区、澳门特别行政区、台湾地区仲裁协议效力的案件，申请执行或者撤销我国内地仲裁机构作出的涉及香港特别行政区、澳门特别行政区、台湾地区仲裁裁决的案件，参照适用涉外仲裁司法审查案件的规定审查。同时，2015年《民诉法解释》第522条对涉外民事案件的界定也作了与《涉外民事关系法律适用法》基本相同的规定。可见，中国是以争议的"国际性"或"涉外性"来确定有关的仲裁是国际（涉外）仲裁还是国内仲裁的；而对于何种争议具有"国际性"或"涉外性"，也作广义的理解，且将涉及我国台湾、香港和澳门地区的商事仲裁，也作为"国际性"仲裁对待。

值得注意的是，根据中国《民事诉讼法》第271条规定，涉外民事纠纷的当事人可以约定由境外仲裁机构进行仲裁，但未规定国内民商事纠纷可以提交境外仲裁，而且司法实践中一直认定无涉外因素约定境外仲裁协议无效。最高人民法院2017年《关于为自由贸易试验区建设提供司法保障的意见》对我国仲裁相关法律制度在自由贸易试验区中的适用作出了较为明显的突破。《意见》第9

---

① 参见宋连斌：《国际商事仲裁管辖权研究》，法律出版社2000年版，第4—5页。

条指出:在自贸试验区内注册的外商独资企业相互之间约定商事争议提交域外仲裁的,不应仅以其争议不具有涉外因素为由认定相关仲裁协议无效。一方或者双方均为在自贸试验区内注册的外商投资企业,约定将商事争议提交域外仲裁,发生纠纷后,当事人将争议提交域外仲裁,相关裁决作出后,其又以仲裁协议无效为由主张拒绝承认、认可或执行的,人民法院不予支持;另一方当事人在仲裁程序中未对仲裁协议效力提出异议,相关裁决作出后,又以有关争议不具有涉外因素为由主张仲裁协议无效,并以此主张拒绝承认、认可或执行的,人民法院不予支持。

2. "商事"的含义

在国际商事仲裁中,确定争议的性质是否属于商事性质,关系到争议事项能否以仲裁的方式解决,也即是仲裁协议是否有效的问题;还关系到仲裁裁决能否在被申请执行地得到执行的问题。1958年《承认及执行外国仲裁裁决公约》(简称《纽约公约》)第1条第3款规定,任何缔约国可声明,本国只对根据本国法律属于商事的法律关系——不论是否是合同关系——所引起的争议适用本《公约》。由于该《公约》没有对"商事"一词作统一规定,何种法律关系属于商事关系将依法院地法确定。如果一项仲裁裁决欲在根据《公约》规定提出了商事保留的缔约国得到执行,争议根据该国法律要属于商事争议。

对于何为"商事",也多取广义和具有弹性的解释或定性,且多由仲裁机构设立国自己的法律作出或由各种仲裁公约规定。如联合国国际贸易法委员会在起草《国际商事仲裁示范法》时,曾就"商事"的定义问题展开过讨论,后终因难以达成一致意见而没有形成正式条文。但在对"商事"的注释说明中,采取了广义的解释,列举了一系列被认为是商事关系的交易事项,以便包括产生于所有具有商业性质关系的事项,不论这种关系是否为契约关系。[①]

中国在1986年加入《纽约公约》时提出了商事保留,即中国仅对依中国法律认定为属于契约性和非契约性商事法律关系所引起的争议适用该《公约》。所谓"契约性和非契约性商事法律关系",具体是指由于合同、侵权或者根据有关法律规定而产生的经济上的权利义务关系,例如货物买卖、财产租赁、工程承包、加工承揽、技术转让、合资经营、合作经营、勘探开发自然资源、保险、信贷、劳务、代理、咨询服务和海上、民用航空、铁路、公路的客货运输以及产品责任、环境

---

① 该注释说道:商事性质的关系包括但不限于下列交易:供应或交换货物或服务的任何贸易交易;销售协议;商事代表或代理;付代理;租赁;建造工厂;咨询;工程或设计;许可证;投资;融资;银行;保险;开发协议或特许权;合营和其他形式工业或商业合作,货物或旅客的天空、海上、铁路或公路的载运。其他如1923年日内瓦《仲裁条款议定书》限制为"合同"争议;1958年《纽约公约》则扩大为"不论是不是合同关系"。当然,上述两公约所指的并不必定是"商事"的。到1961年《欧洲国际商事仲裁公约》则限定为"发生于国际贸易中的争议"。1975年《美洲国家间国际商事仲裁公约》限定为成员国间当事人发生于"商务活动"中的争议。

污染、海上事故和所有权争议等,但不包括外国投资者与东道国政府之间的争端。① 中国 1994 年《仲裁法》则规定,可以仲裁的事项包括平等主体间的合同纠纷及其他财产权益纠纷,只将婚姻、收养、监护、扶养、继承和依法应由行政机关处理的行政争议排除在外。

【案例 17.1】　西门子公司申请承认和执行外国仲裁裁决案②

2005 年 9 月 23 日,上海黄金置地有限公司(以下简称"黄金置地公司")与西门子国际贸易(上海)有限公司(以下简称"西门子公司")通过招标方式签订了一份货物供应合同,约定西门子公司应于 2006 年 2 月 15 日之前将设备运至工地,如发生争议须提交新加坡国际仲裁中心进行仲裁解决。双方在合同履行中发生争议。黄金置地公司在新加坡国际仲裁中心提起仲裁,要求解除合同、停止支付货款。西门子公司在仲裁程序中提出反请求,要求支付全部货款、利息并赔偿其他损失。2011 年 11 月,仲裁中心作出裁决,驳回黄金置地公司的仲裁请求,支持西门子公司的仲裁反请求。黄金置地公司支付了部分款项,尚欠仲裁裁决项下未付款及利息合计人民币 5133872.3 元。西门子公司依据《纽约公约》,向上海市第一中级人民法院请求承认和执行仲裁裁决。黄金置地公司抗辩认为,应不予承认和执行该仲裁裁决,理由为:双方当事人均为中国法人,合同履行地也在中国国内,故案涉民事关系不具有涉外因素,双方约定将争议提交外国仲裁机构仲裁的协议无效,若承认和执行案涉裁决将有违中国的公共政策。

上海市第一中级人民法院经逐级报告至最高人民法院并获答复后,于 2015 年 11 月作出裁定,承认和执行涉案仲裁裁决。法院认为,关于仲裁条款约定本案争议提交外国仲裁机构仲裁是否有效的问题,关键在于认定系争合同关系是否具有涉外因素,如有涉外因素则仲裁条款有效,反之则无效。综观本案合同所涉的主体、履行特征等方面的实际情况,可以认定系争合同关系为涉外民事法律关系,具体理由为:第一,本案合同的主体具有一定的涉外因素。西门子公司与黄金置地公司虽然都是中国法人,但注册地均在上海自贸试验区区域内,且其性质均为外商独资企业,与其境外投资者关联密切。第二,本案合同的履行特征具有涉外因素。案涉设备系先从中国境外运至自贸试验区内进行保税监管,再根据合同履行需要适时办理清关完税手续,从区内流转到区外,至此货物进口手续方才完成,故合同标的物的流转过程也具有一定的国际货物买卖特征。故案涉仲裁条款有效。且

---

① 参见最高人民法院 1987 年《关于执行我国加入的〈承认及执行外国仲裁裁决公约〉的通知》第 2 条。
② 最高人民法院第二批涉"一带一路"建设典型案例,at http://www.court.gov.cn/zixun-xiangqing-44722.html,(2013)沪一中民认(外仲)字第 2 号民事裁定。

仲裁裁决内容亦没有与中国公共政策抵触之处,因此承认与执行该仲裁裁决不违反中国的公共政策。同时,该裁定还指出黄金置地公司实际参与全部仲裁程序,主张仲裁条款有效,并在仲裁裁决作出后部分履行了裁决确定的义务。在此情况下,其又以仲裁条款无效为由,主张拒绝承认与执行涉案仲裁裁决的申请,不符合禁止反言、诚实信用和公平合理等公认的法律原则,故对其主张不予支持。

应该认为,本案裁定是在中国推进"一带一路"和自贸试验区建设的背景下作出的,它对自贸试验区内外商独资企业之间的合同纠纷,在涉外因素认定方面采取了灵活与宽泛的态度。本案确认仲裁条款有效,也践行了《纽约公约》"有利于裁决执行"的理念,体现了中国恪守国际条约义务的基本立场。

(二) 国际商事仲裁的性质

关于国际商事仲裁的性质,迄今为止主要有如下三种学说。

1. 司法权说

司法权说认为,国家具有监督和管理发生在其管辖领域内的一切仲裁的权力。该学说虽然也承认仲裁源于当事人之间的协议,但同时却强调,在仲裁协议的效力、仲裁员的权力、仲裁员的仲裁行为以及仲裁裁决的承认和执行等方面,其权威性均是国家授予仲裁以类似于审判权的结果,而审判权是国家主权职能。如果没有仲裁地国家法律的授权,仲裁员不能行使通常只能由法院或法官才能行使的权力,仲裁裁决也不能跟法院判决一样都具有由法院行使的强制执行力。

2. 契约说

契约说,也称为民事法律行为说,该学说认为仲裁是基于当事人的合意所进行的,完全建立在当事人达成的仲裁协议的基础上,没有仲裁协议就没有仲裁。例如,当事人双方不仅可以协议选择仲裁机构和仲裁地点,而且在仲裁规则和仲裁实体问题准据法的确定上,当事人也享有较大的自主权;仲裁员也是由当事人直接或间接选定的,其权力不是源于法律,而是从当事人那里获得的。契约说认为"依当事人的愿望和合意而使仲裁成立"是仲裁的本质。仲裁既然来源于仲裁协议,而是否订立仲裁协议以及如何订立仲裁协议则完全由当事人双方自主决定,因此,仲裁协议和仲裁裁决的约束力亦均属于合同约束力的范畴。仲裁协议跟合同一样,其约束力均来自"合约必须遵守执行"这一古训。此外,国内还有主张"自治说"的,其实该说亦可归入契约说。

3. 混合说

混合说认为,尽管从表面上看,司法权说和契约说好像是两种相互对立的理论,但从仲裁实践而论,却是相互结合的,司法性和契约性是同时存在的,并且不可分割:一方面,仲裁管辖权是建立在具有合意的仲裁协议的基础上,仲裁员的任命、仲裁规则的选择、仲裁实体问题准据法的确定和仲裁裁决的一裁终局等也主要取决于仲裁协议;但是,另一方面,仲裁程序一般都要遵循仲裁地法,尤其是仲裁裁决在当事人一方拒绝履行时,也得由法院来执行,等等。

由于司法权说和契约说各自夸大了仲裁的一个方面,因此混合说是更符合仲裁的本性的。

二、国际商事仲裁的类别和国际商事常设仲裁机构

(一) 国际商事仲裁的类别

关于国际商事仲裁的类别或种类,依据不同的标准可以作不同的划分。

1. 临时仲裁和机构仲裁

以仲裁机构的组成形式为标准,可以把仲裁分为临时仲裁和机构仲裁。

临时仲裁(ad hoc arbitration),又称特别仲裁,是指根据双方当事人的仲裁协议,在争议发生后由双方当事人推荐的仲裁员临时组成仲裁庭,负责按照当事人约定的程序规则审理有关争议,并在审理终结作出裁决后即不再存在的仲裁。临时仲裁与机构仲裁相比较,具有更大的自治性、灵活性及费用更低和速度更快等优点。临时仲裁的主要缺点是:缺乏必要的监督管理,其有效性及其优势的发挥取决于双方一致,如一方当事人拖延时间不愿合作,会导致程序的拖沓甚至是无法进行下去。在19世纪中叶常设仲裁机构产生之前,临时仲裁一直是国际上唯一的国际商事仲裁组织形式。即令在当今社会常设仲裁机构比比皆是的情况下,临时仲裁仍占有重要地位。在国家作为当事人一方时,由于它们不愿意受常设仲裁机构权力的约束,更是经常组织临时仲裁。但依我国1994年《仲裁法》第16条规定的仲裁协议应当约定仲裁委员会来看,我国并不采用临时仲裁。不过1995年我国最高人民法院在《关于福建省生产资料公司与金鸽航运有限公司国际海运纠纷一案中提单仲裁条款效力问题的复函》中,却承认外国临时仲裁机构或非常设仲裁机构仲裁条款赋予临时仲裁的效力。2015年《民诉法解释》第545条规定,对临时仲裁庭在中华人民共和国领域外作出的仲裁裁决,一方当事人向人民法院申请承认和执行的,人民法院应当依照《民事诉讼法》第283条规定处理。最高人民法院2017年《关于为自由贸易试验区建设提供司法保障的意见》第9条指出:"在自贸试验区内注册的企业相互之间约定在内地特定地点、按照特定仲裁规则、由特定人员对有关争议进行仲裁的,可以认定该仲裁协议有效。"该条规定意味着在我国自贸试验区内初步认可临时仲裁。2017年3月,珠海市横琴新区管委会和珠海仲裁委员会发布了《横琴自由贸易试验区临时仲裁规则》,标志着临时仲裁在中国境内真正落地。

机构仲裁(institutional arbitration)是指由常设的仲裁机构进行仲裁。常设仲裁机构,是指依据国际公约或一国国内法成立的,有固定的名称、地址、组织形式、组织章程、仲裁规则和仲裁员名单,并具有完整的办事机构和健全的行政管理制度,用以处理国际商事争议的仲裁机构。目前,国际社会机构仲裁已很发达,全世界已有许多著名的国际商事仲裁机构。

2. 依法仲裁和友好仲裁

如果以仲裁庭是否必须按照法律作出裁决为标准,可将仲裁分为依法仲裁和友好仲裁。在通常情况下,仲裁庭大多都是依法仲裁的。但国际商事仲裁也允许友好仲裁。友好仲裁,也称友谊仲裁,是指在国际商事仲裁中,允许仲裁员或仲裁庭根据善良和公平原则(ex bono et aequo)或公平交易和诚实信用原则对争议实体问题作出裁决。

是否采用友好仲裁,主要取决于当事人的愿望与授权。同时,是否能进行友好仲裁还受到"仲裁地法"或有关国际公约的制约。中国《仲裁法》第7条规定:"仲裁应当根据事实,符合法律规定,公平合理地解决纠纷。"按照该条规定,在中国内地是不承认友好仲裁的,裁决应根据法律作出,除非所应适用的法律或惯例没有明确规定,方可依据公平合理原则作出相应裁决。但2015年《中国(上海)自由贸易试验区仲裁规则》明确引入了友好仲裁制度,该《规则》第56条规定:"当事人在仲裁协议中约定,或在仲裁程序中经协商一致书面提出请求的,仲裁庭可以进行友好仲裁。仲裁庭可以依据公允善良的原则作出裁决,但不得违反法律的强制性规定和社会公共利益。"上海市第二中级人民法院制定的《关于适用〈中国(上海)自由贸易试验区仲裁规则〉仲裁案件司法审查和执行的若干意见》第13条规定:"仲裁庭依据友好仲裁方式进行仲裁的,若适用友好仲裁方式系经双方当事人书面同意,不违反我国法律的强制性规定,且仲裁裁决符合《中国(上海)自由贸易区仲裁规则》的规定,在司法审查时,可予以认可。"从国际上看,许多国际条约和许多国家的法律均允许友好仲裁。例如1965年在华盛顿缔结的《关于解决国家和他国国民之间投资争端公约》第42条第3款、1961年《欧洲国际商事仲裁公约》第7条第2款、2013年《联合国国际贸易法委员会仲裁规则》第35条第2款、2006年联合国《国际商事仲裁示范法》第28条第3款等都规定了如果双方当事人授权仲裁庭进行友好仲裁,仲裁庭可以按照公平合理的原则对争议作出裁决。此外,如意大利、法国、德国、荷兰、比利时、西班牙和美国等国家亦均在民事诉讼法或其他法律中规定允许友好仲裁。

国外的实践与理论表明,友好仲裁主要是赋予仲裁庭在适用实体法时,以更广泛的自由裁量权。但应认为,有时有些程序制度,只要不只对一方当事人有利,不涉及公共利益的问题,也并非是绝对不可放宽的。例如,如果根据应适用的法律,涉及商品缺陷的通知应在收货后8天内发出,但有关当事人虽在8天内发出了传真的通知,而传真效果不好,因而于8天后又发出一份清楚的传真,在仲裁员被授予依公平与善良裁决的权力时,他便可以认为第二份传真也是及时的。如果提请仲裁时效期限为1年,而当事人却于到期的第二天才提交仲裁申请,仲裁员仍可认为该申请是可接受的。①

(二)国际商事常设仲裁机构

1. 国际商事常设仲裁机构的主要类别

(1)国际性的仲裁机构。此类常设仲裁机构是依某一国际组织作出的决议或某项国际条约,为处理一定范围的国际商事争议而成立的常设仲裁机构。这类仲裁机构不隶属于任何特定的国家,而是附设于某一国际组织或机构之下,其影响涉及世界各国或某一地区。巴黎国际商会下设的国际商会国际仲裁院、世界银行下设的解决投资争端国际中心,即属于国际性的仲裁机构。

(2)国别性的仲裁机构。国别性的常设仲裁机构大都附设在各国商会或其他类似的工商团体内,即使由国家设立,也均属民间性组织,许多也受理国际商事争议。其中颇有名气的如中国国际经济贸易仲裁委员会、美国仲裁协会和瑞典斯德哥尔摩商会仲裁院等。

(3)专业性的仲裁机构。专业性的仲裁机构一般是指附设于某一行业组织内专门受理各该行业内部的争议案件的仲裁机构,如伦敦黄麻协会、伦敦油脂商业协会、荷兰鹿特丹毛皮交易所等行业组织内部都设有仲裁机构。此类仲裁机构一般为非开放性的,即不受理非会员之间的争议案件。但有些不附设于某一行业组织内部的专业性仲裁机构则是开放性的,如英国的伦敦海事仲裁员协会、中国海事仲裁委员会等便属于这类专业性的仲裁机构。凡涉及该专业的争议,不论其是否为国际商事争议,这些专业的仲裁机构都可以受理。

2. 几个影响较大的国际性或国别性国际商事常设仲裁机构

(1)国际商会国际仲裁院(International Court of Arbitration of the International Chamber of Commerce, ICC International Court of Arbitration,网址:http://www.iccwbo.org/products-and-services/arbitration-and-adr)。该院成立于1923年,隶属于国际商会(International Chamber of Commerce, ICC),总部设在法国巴黎。该院的宗旨在于通过处理国际性商事争议,促进国际经济贸易的合作与发展。中国已于1996年参加国际商会。该院在国际上具有广泛的影响,其完善的国际商事仲裁规则日益为东西方国家的许多商人在商事仲裁中采用。它备有具备广泛代表意义的国际性的仲裁员名单。该院现在适用的是2017年生效的《国际商会仲裁规则》和2014年生效的《国际商会调解规则》。

(2)解决投资争端国际中心(International Center for Settlement of Investment Disputes,简称ICSID,网址:http://www.worldbank.org/icsid/index.html)。该中心是根据1965年华盛顿《关于解决国家和他国国民之间投资争端公约》(以下

---

① 关于友好仲裁,可参见李双元、谢石松、欧福永:《国际民事诉讼法概论》,武汉大学出版社2016年版,第540—546页。

简称《华盛顿公约》)而成立的。它是世界银行属下的独立性机构,总部设在美国华盛顿。中心的任务是根据当事人之间的仲裁协议,通过调解或仲裁的方式解决成员国国家(政府)与他国国民间因国际投资而产生的法律争议。中心有自己的仲裁和调解规则(目前为 2006 年修订的),并备有仲裁员名册。当事人可在仲裁员名册中也可在名册外指定仲裁员。截至 2018 年 3 月,中心已有 162 个成员。中国于 1993 年递交了批准书,1993 年 2 月 6 日成为中心的成员国。①

(3) 瑞典斯德哥尔摩商会仲裁院(Arbitration Institute of the Stockholm Chamber of Commerce, The SCC Institute,网址:http://www.sccinstitute.com)。该院成立于 1917 年,总部设在瑞典斯德哥尔摩,隶属于斯德哥尔摩商会。该院的职能是独立的,主要解决工商和航运方面的争议。仲裁院目前适用 2017 年生效的《斯德哥尔摩商会仲裁院快速仲裁规则》和《斯德哥尔摩商会仲裁院仲裁规则》以及 2014 年生效的《斯德哥尔摩商会仲裁院调解规则》。此外,它还允许依当事人的约定,根据《联合国国际贸易法委员会仲裁规则》及其他仲裁规则审理案件。加之瑞典对于外国仲裁裁决的承认与执行的态度是很宽容的,而且瑞典毫无保留地加入了许多有关仲裁的国际公约,所以它的裁决在国外易得到承认与执行。②

(4) 瑞士商会仲裁院(Swiss Chambers' Arbitration Institution,网址:https://www.swissarbitration.org/sa/en)。为了推进瑞士的国际仲裁,2004 年,瑞士的多个商业与工业协会(巴塞尔、伯尔尼、日内瓦、提契诺、沃州和苏黎世商业与工业协会③成立了联合商会(纳沙泰尔商业与工业协会后来加入),并共同成立了瑞士商会仲裁院,以按照共同制定的《瑞士国际仲裁规则》(2004 年制定,2012 年修订)管理国际仲裁案件。瑞士商会仲裁院通过七个区域秘书处提供仲裁服务。各个商会都需要指定其秘书处协助对其负责的仲裁案件进行日常管理和监督。各区域秘书处必须确保在收到仲裁申请书之后迅速处理每一个案件。各商会都必须指定一个区域仲裁委员会负责瑞士仲裁规则在该商会负责的各具体案件中的适用。

(5) 英国伦敦国际仲裁院(London Court of International Arbitration, LCIA,网址:http://www.lcia.org)。该院成立于 1892 年,是英国伦敦国际商会管辖的一个常设仲裁机构,在国际社会享有很高声望。目前仲裁庭按照 2014 年生效的

---

① 中国批准《华盛顿公约》时通知:根据《公约》第 25 条第 4 款的规定,中国政府仅同意因征用和国有化而产生的争议依从中心的管辖权。
② 参见周子亚、卢绳祖、李双元等译:《瑞典的仲裁》,法律出版社 1984 年版,第 7 页、第 6 章第 2 节。
③ 在 2004 年 1 月 1 日之前,1911 年成立的苏黎世商会仲裁院(Court of Arbitration of the Zurich Chamber of Commerce)根据 1989 年生效的《苏黎世商会国际仲裁规则》进行工作。由于瑞士在政治上处于中立地位,从而使得苏黎世商会仲裁院的仲裁公正性较易为不同社会制度的国家当事人所认同,逐渐成为处理东西方国家之间国际商事争议的一个重要中心,在国际商事仲裁机构中颇有地位。

《伦敦国际仲裁院仲裁规则》和 2012 年生效的《伦敦国际仲裁院调解规则》主持有关的程序。1996 年英国颁布了新的《仲裁法》,对仲裁作出了许多支持性的规定,在很大程度上限制或削弱了法院对仲裁的干预或监督权。

(6) 美国仲裁协会(American Arbitration Association, AAA,网址:http://www.adr.org)。该协会成立于 1926 年,总部设在纽约,并在美国的主要城市设有分支机构,主要受理国内一般商事案件,兼受理美国同外国当事人之间的商事争议。对于国际争议,它目前适用的是 2013 年 10 月 1 日修改并生效的《国际争议解决程序》(包括独立的调解和仲裁规则)。

(7) 新加坡国际仲裁中心(Singapore International Arbitration Centre, SIAC,网址:http://www.siac.org.sg)。为了改善新加坡的法制体系并加快解决商事争议的速度,1986 年新加坡加入了 1958 年《承认及执行外国仲裁裁决公约》,并于 1990 年成立了新加坡国际仲裁中心。中心的宗旨是为国际和国内的商事和海事仲裁和调解提供服务,促进仲裁和调解广泛使用于解决商事争议,并培养一批熟悉国际仲裁法律和实践的仲裁员和专家。中心目前适用 2016 年生效的《新加坡国际仲裁中心仲裁规则》和 2017 年生效的《新加坡国际仲裁中心投资仲裁规则》。

(8) 日本商事仲裁协会(Japan Commercial Arbitration Association, JCAA,网址:http://www.jcaa.or.jp)。以日本商工会议所为中心,由经济团体联合会和日本贸易会等单位发起,于 1950 年成立了日本商事仲裁委员会。1953 年该委员会改名为社团法人日本商事仲裁协会。该仲裁协会可受理国际贸易中发生的争议,依照 2015 年《日本商事仲裁协会商事仲裁规则》和 2014 年生效的《日本商事仲裁协会国际商事调解规则》进行各项工作。

(9) 中国国际经济贸易仲裁委员会(China International Economic and Trade Arbitration Commission, CIETAC,网址:http://www.cietac.org)。它又称中国国际商会仲裁院(The Court of Arbitration of China Chamber of International Commerce, CCOIC Court of Arbitration),是中国国际贸易促进委员会(中国国际商会)属下的一个具有世界影响的常设仲裁机构,成立于 1956 年,总部设在北京。它设立了深圳分会(2004 年改为华南分会)、上海分会、天津分会、西南分会、浙江分会、湖北分会、福建分会和香港仲裁中心,同时在经济比较发达的城市设立了仲裁办事处,并设有粮食行业争议仲裁中心和网上争议解决中心。它现在适用中国国际商会 2015 年修订的《中国国际经济贸易仲裁委员会仲裁规则》和 2015 年《网上仲裁规则》及 2017 年《国际投资争端解决规则(试行)》。中国国际商会还于 2003 年制定了《金融争议仲裁规则》,并于 2015 年进行了修订。2015 年《贸仲仲裁规则》第 3 条规定:仲裁委员会受理下列争议案件:国际的或涉外的争议案件;涉及香港特别行政区、澳门特别行政区或台湾地区的争议案件;国内争议案件。中国国际经济贸易仲裁委员会备有仲裁员名册,近年已陆续增加了外国和港澳地区的仲裁员。

值得注意的是,2012年,中国国际贸易仲裁委员会华南分会更名为华南国际经济贸易仲裁委员会(深圳国际仲裁院),中国国际经济贸易仲裁委员会上海分会更名为上海国际经济贸易仲裁委员会(上海国际仲裁中心),两者对外宣称是独立的仲裁机构,发布了《仲裁规则》,并制定了仲裁员名册。为此,中国国际经济贸易仲裁委员会认为两个分会是其派出机构,分会的上述行为均没有法律依据,属于无效。而两个分会认为自己自始是独立的仲裁机构,有权更名和制定自己的仲裁规则。2014年,中国国际贸易仲裁委员会宣布重组华南分会和上海分会。2015年7月,最高人民法院公布了《关于对上海市高级人民法院等就涉及中国国际经济贸易仲裁委员会及其原分会等仲裁机构所作仲裁裁决司法审查案件请示问题的批复》。该《批复》实质上认可了华南国际经济贸易仲裁委员会(深圳国际仲裁院)和上海国际经济贸易仲裁委员会(上海国际仲裁中心)为独立的仲裁机构。

此外,根据1994年中国《仲裁法》,中国组建了各中心城市独立于行政机关的仲裁机构。对于这些组建的各地仲裁委员会对涉外案件的管辖问题,《仲裁法》虽未作明文规定,但根据该法第66条规定,涉外仲裁机构可以由中国国际商会组织设立,在行文上,它并未排除地方设立受理涉外案件的仲裁机构的可能性;加之1996年6月国务院办公厅《关于贯彻实施〈中华人民共和国仲裁法〉需要明确的几个问题的通知》第3条明确指出:"涉外仲裁案件的当事人自愿选择新组建的仲裁委员会仲裁的,新组建的仲裁委员会可以受理。"由此,各地仲裁委员会在当事人自愿选择的情况下,也有权受理涉外仲裁案件。这有利于仲裁机构之间形成竞争的局面,增强仲裁的独立性和公正性。1995年国务院法制局会同有关单位拟订了《仲裁委员会仲裁暂行规则示范文本》,供各地仲裁委员会研究采用。各地仲裁委员会基本上都各自制定有仲裁规则。目前受案量较多的有北京仲裁委员会(英文缩写BAC)、上海仲裁委员会、深圳仲裁委员会、武汉仲裁委员会、广州仲裁委员会等。

(10) 中国海事仲裁委员会(China Maritime Arbitration Commission, CMAC,网址:http://www.cmac-sh.org)。该仲裁委员会是中国国际贸易促进委员会属下的受理海事争议的专门的常设仲裁机构,成立于1959年(原名为中国国际贸易促进委员会海事仲裁委员会,1988年改为现名),总部设在北京,在上海、天津、重庆、深圳、香港和福建设立了分会。分会可以独立受理案件和审理案件,极大方便了分会所在地及其周边地区的当事人进行仲裁。在沿海城市大连、宁波、广州、青岛和舟山均设有办事处,提供咨询服务,方便当事人就近参加开庭审理活动。为促进渔业生产持续稳定发展,及时有效解决渔事争议,"中国海事仲裁委员会渔业争议解决中心"于 2003 年成立,设在上海分会内,中国国际商会为之制定了《中国海事仲裁委员会仲裁规则关于渔业争议案件的特别规定》。"中国海事仲裁委员会物流争议解决中心"也于 2004 年在北京正式成立,其受案范围包括国际国内各种类型的物流或与物流有关的一切争议。为充分发挥"民间调解"及"海事调解与仲裁相结合"解决海上事故纠纷的重要作用,中国海事仲裁委员会于 2006 年在上海成立了中国海事仲裁委员会上海海事调解中心。中国海事仲裁委员会主要受理海上船舶互相救助报酬、海上船舶碰撞、海上船舶租赁与代理业务以及海上船舶运输和保险、海洋环境污染损害和船舶买卖、修造、拖航等方面的争议以及当事人协议要求仲裁的其他海事争议。仲裁庭根据 2015 年《中国海事仲裁委员会仲裁规则》对有关案件进行审理。

(11) 香港国际仲裁中心(Hong Kong International Arbitration Centre, HKIAC,网址:http://www.hkiac.org)。该中心成立于 1985 年,是根据香港公司法注册的非营利性公司,是为配合亚洲地区对仲裁服务的需要而设立的。中心的仲裁事务分为本地仲裁和国际仲裁,均适用 2013 年生效的《香港国际仲裁中心机构仲裁规则》。此外还制定了 2014 年《本地仲裁规则》(适用于临时仲裁)、1993 年《证券仲裁规则》、2002 年《电子交易仲裁规则》、1992 年《简易形式仲裁规则》和 2015 年《国际仲裁管理程序》。

附 部分仲裁机构受案数量表[①]

	ICC International Court of Arbitration	SCC Institute	AAA	LCIA	SIAC	CIETAC 国际/国内	HKIAC	BAC 国际/国内
2013		86*		290	259	375/1256	260	44/1627
2012	759	92*	约900	265	235	331/1060	293	26/1473
2011	795	96*	994	224	188	470/1435	275	38/1471
2010	793*	91*	888	246	198	418/1352	291	32/1566
2009	817*	96*	836*	272	160	559/1482	429	72/1830

* 统计数字只包括国际仲裁(据香港国际仲裁中心所知)

第二节 国际商事仲裁协议

一、国际商事仲裁协议的概念和种类

国际商事仲裁协议(international commercial arbitration agreements)是国际商

[①] 数据来源于香港国际仲裁中心网站(http://www.hkiac.org/sc/hkiac/statistics/case-statistics/case-statistics/case-statistics,2014 年 7 月 22 日访问)。对于仲裁机构最新受案数据统计可以通过相关仲裁机构的官方网站查询。

事仲裁程序得以发生的基石。它是指双方当事人合意将他们之间已经发生或者将来可能发生的国际商事争议交付仲裁解决的一种约定。

根据其表现形式的不同,国际商事仲裁协议主要可分为以下几种:

(1) 仲裁条款(arbitration clause)。仲裁条款,是指双方当事人在签订的有关国际贸易与经济合作或海运方面的条约或合同中所载有的、约定把将来可能发生的争议提交仲裁解决的条款。

(2) 仲裁协议书(submission to arbitration agreements)。仲裁协议书,它是指在争议发生前或争议发生后有关当事人双方经过协商,共同达成的一种把争议提交仲裁解决的独立协议。从形式上看,仲裁协议书跟有关的合同是完全分开、彼此独立的。在许多情况下,由于有些国际商事合同中没有规定仲裁条款,有些则事前本未订立国际商事合同,因此就不可能预先订立仲裁条款,因而只能在争议发生后,双方当事人无法自行协商解决时,为寻求仲裁解决而共同协商签订专门协议。

(3) 其他表示提交仲裁的文件。这通常是指双方当事人相互往来的信函、电传、电报以及其他书面材料,此种文件中含有双方当事人同意把他们之间已经发生或将来可能发生的有关争议提交仲裁解决的意思表示。

对于仲裁协议的形式,绝大多数国家的立法和国际公约都规定,仲裁协议应该是书面的。1958年《纽约公约》第2条第2款规定,书面协议是指当事人所签署的或者来往书信、电报所包含的合同中的仲裁条款和仲裁协议。在经2006年修正的联合国国际贸易法委员会《国际商事仲裁示范法》第7条(备选案文一)第2款虽然一方面指出"仲裁协议应是书面的",但该条第3—6款规定,仲裁协议的内容以任何形式记录下来的,即为书面形式,无论该仲裁协议或合同是以口头方式、行为方式还是其他方式订立的。电子通信所含信息可以调取以备日后查用的,即满足了仲裁协议的书面形式要求。另外,仲裁协议如载于相互往来的索赔声明和抗辩声明中,且一方当事人声称有协议而另一方当事人不予否认的,即为书面协议。在合同中提及载有仲裁条款的任何文件的,只要此种提及可使该仲裁条款成为该合同一部分,即构成书面形式的仲裁协议。

联合国国际贸易法委员会2006年通过了《关于1958年6月10日在纽约制定的〈承认及执行外国仲裁裁决公约〉第2条第2款和第7条第1款的解释的建议》。它的制定意在承认电子商务日益得到广泛使用以及所颁布的一些国内立法和判例法在仲裁协议的形式要求、仲裁程序和执行仲裁裁决方面比《纽约公约》更为有利。它鼓励各国适用《纽约公约》第2条第2款,认识到其中所述情形并非详尽无遗;还鼓励各国考虑经修订的《国际商事仲裁示范法》第7条。根据《纽约公约》第7条第1款所载的"更为有利的法律规定",它明确指出,应当允许"任何利害关系方运用在寻求一国依赖一仲裁协议的情况下根据该国法律或条约而可能享有的权利,寻求该仲裁协议有效性获得承认"。

2005年最高人民法院《第二次全国涉外商事海事审判工作会议纪要》第66条指出,当事人在订立的涉外合同中援引适用其他合同、文件中的有效仲裁条款的,是书面形式的仲裁协议。2006年最高人民法院《关于适用〈中华人民共和国仲裁法〉若干问题的解释》第1条规定,《仲裁法》第16条规定的"其他书面形式"的仲裁协议,包括以合同书、信件和数据电文(包括电报、电传、传真、电子数据交换和电子邮件)等形式达成的请求仲裁的协议。

当然,除了书面的仲裁协议外,1961年《欧洲国际商事仲裁公约》第1条第2款规定,在不要求仲裁协议必须以书面形式签订的国家,也可以是该国法律许可的其他形式。1998年修订的《德国民事诉讼法》第1031条(仲裁协议的形式)第6款规定,在仲裁程序中对争议实体进行讨论即可弥补任何形式要件上的不符点。瑞典等国也未对仲裁协议的具体形式作出要求。中国最高人民法院2005年《第二次全国涉外商事海事审判工作会议纪要》第67条指出,一方当事人向仲裁机构或者仲裁庭申请仲裁,对方当事人未提出管辖异议且按照仲裁规则的要求指定仲裁员并进行实体答辩的,视为当事人同意接受仲裁。

二、国际商事仲裁协议的内容

各国立法和有关国际条约对一项有效的仲裁协议应该包括哪些内容,规定不尽相同,但是为了使有关仲裁程序得以顺利进行,并能获得各方当事人所预期的效果,一项完备的仲裁协议一般应包括以下五个方面的内容:

(1) 提交仲裁的合意和事项。

仲裁协议首先应该明确约定双方当事人合意约定把什么样的争议提交仲裁。这既是有关的仲裁庭行使仲裁管辖权的重要依据之一,也是有关当事人申请有关国家法院协助承认和执行仲裁裁决时必须具备的一个重要条件。

中国1994年《仲裁法》第16条规定,仲裁协议的内容应该包括约定的仲裁事项。该法第18条进一步明确规定,仲裁协议对仲裁事项没有约定或者约定不明确的,当事人可以补充协议,达不成补充协议的,仲裁协议无效。2006年最高人民法院《关于适用〈中华人民共和国仲裁法〉若干问题的解释》第2条规定,当事人概括约定仲裁事项为合同争议的,基于合同成立、效力、变更、转让、履行、违约责任、解释、解除等产生的纠纷,都可以认定为仲裁事项。

(2) 仲裁地点。

仲裁地点是指进行仲裁程序和作出仲裁裁决的所在地。在国际商事仲裁中确定仲裁地点也很重要。这主要是因为它与仲裁所使用的程序法以及按哪一国的冲突规则来确定合同的实体法都有密切关系,而且它还关系到仲裁协议有效性的认定和仲裁裁决的国籍的认定,并影响到裁决能否得到承认和执行。

在仲裁实践中,仲裁地点通常跟仲裁机构所在地是同一的。当事人选择某常设仲裁机构,一般也包含有以该机构所在地作为仲裁地点的意思。因而,当事人未对仲裁地点作出明示选择,仲裁庭通常也是把仲裁机构所在地作为仲裁地。2015年《中国国际经济贸易仲裁委员会仲裁规则》第7条规定,当事人对仲裁地有约定的,从其约定。当事人对仲裁地未作约定或约定不明的,以管理案件的仲裁委员会或其分会/仲裁中心所在地为仲裁地;仲裁委员会也可视案件的具体情形确定其他地点为仲裁地。仲裁裁决视为在仲裁地作出。

(3)仲裁机构。

在国际商事仲裁中,对于仲裁机构的选择有两种做法,其一是组成临时仲裁庭,其二是选择某个常设仲裁机构。如果约定选择临时仲裁,则应在仲裁协议中具体写明仲裁庭的组成人数和如何指定仲裁员,以及采用什么仲裁程序规则审理等;如果约定在常设仲裁机构仲裁,则宜具体写明双方选定的那个常设仲裁机构在订立仲裁协议时所使用的全称。

中国《仲裁法》第18条规定,仲裁协议中没有约定仲裁机构或者约定不明确,后又无法达成补充协议的,该仲裁协议无效。针对实践中仲裁协议对仲裁机构约定不明的各种情形,2006年最高人民法院《关于适用〈中华人民共和国仲裁法〉若干问题的解释》第3—7条作了比较详尽的规定:其一,仲裁协议约定的仲裁机构名称不够准确,但能够确定具体的仲裁机构的,应当认定选定了仲裁机构。其二,仲裁协议仅约定纠纷适用的仲裁规则的,视为未约定仲裁机构,但当事人达成补充协议或者按照约定的仲裁规则能够确定仲裁机构的除外。其三,仲裁协议约定两个以上仲裁机构的,当事人可以协议选择其中的一个仲裁机构申请仲裁;当事人不能就仲裁机构选择达成一致的,仲裁协议无效。其四,仲裁协议约定由某地的仲裁机构仲裁且该地仅有一个仲裁机构的,该仲裁机构视为约定的仲裁机构。该地有两个以上仲裁机构的,当事人可以协议选择其中的一个仲裁机构申请仲裁;当事人不能就仲裁机构选择达成一致的,仲裁协议无效。其五,当事人约定争议可以向仲裁机构申请仲裁也可以向人民法院起诉的,仲裁协议无效。但一方向仲裁机构申请仲裁,另一方未在仲裁庭首次开庭前提出异议的除外。

(4)仲裁规则。

各常设仲裁机构都制定有自己的仲裁规则。在大多数情况下,在订立仲裁协议时约定在某仲裁机构进行仲裁通常也意味着同时约定适用该机构的仲裁规则。有些仲裁机构即作了此种规定。例如2017年《国际商会仲裁规则》第19条规定:"仲裁庭审理案件的程序适用本规则。"但也有些常设仲裁机构允许按双方当事人的约定,采用该仲裁机构以外的仲裁规则。2015 年《中国国际经济贸易仲裁委员会仲裁规则》第 4 条规定,当事人约定将争议提交仲裁委员会仲裁的,视为同意按照本规则进行仲裁。当事人约定将争议提交仲裁委员会仲裁但对本规则有关内容进行变更或约定适用其他仲裁规则的,从其约定,但其约定无法实施或与仲裁程序适用法强制性规定相抵触者除外。当事人约定适用其他仲裁规则的,由仲裁委员会履行相应的管理职责。

而在选择临时仲裁时,一般也是选择适用某个仲裁机构的仲裁规则或《联合国国际贸易法委员会仲裁规则》,或者对上述仲裁规则作修改后再予适用,或者另行拟订临时的仲裁规则。如果是另行拟订仲裁规则,则更需仔细考虑不与仲裁地法或裁决执行地法的有关规定相抵触。

(5) 裁决的效力。

裁决的效力是指仲裁机构就有关争议所作出的实质性裁决是否为终局裁决,对双方当事人有无约束力,以及有关当事人是否仍有权向法院起诉请求变更或撤销该项裁决。关于仲裁裁决的效力,各国的仲裁立法和各常设仲裁机构及国际组织所制订的仲裁规则一般都有明确规定。就较普遍的实践来看,仲裁庭就有关争议所作出的裁决应是终局性的。例如,2017 年《国际商会仲裁规则》第 35 条第 6 款规定:"凡裁决书对当事人均有约束力。通过将争议提经本仲裁规则仲裁,各当事人负有毫无迟延地履行裁决的义务,并且在法律许可的范围内放弃了任何形式的追索权,但以该放弃为有效作出为条件。"但也有少数仲裁立法和仲裁规则规定了仲裁裁决不具有终局性而可以向法院或仲裁机构上诉。如 1981 年法国《仲裁法令》第 36 条(1998 年修订的《民事诉讼法典》第 1476 条)规定:"仲裁裁决一经作出,便对所作裁决的争执具有已决案件的既判力。"但该法令第 42 条(《民事诉讼法典》第 1482 条)却规定:"除非当事人已在仲裁协议中放弃上诉,可以对仲裁裁决提起上诉。但如仲裁员是作为友好仲裁员接受仲裁裁决任务的,则除非当事人在仲裁协议中明确保留了这种权利,不得对裁决提起上诉。"美国仲裁协会为了方便那些协议对仲裁裁决可提出上诉的当事人,2013 年还制定了《选择性上诉仲裁规则》。

以上五个方面是一个完备的仲裁协议应具备的基本内容。除此以外,仲裁协议还可以视具体情况规定其他方面的内容,如仲裁的提起、仲裁员的任命、仲裁庭的权限、仲裁费用的承担等。

但在支持和鼓励仲裁发展的国际背景下,一项内容存在瑕疵或缺陷的仲裁协议往往并不会遭到否定,而只要当事人明确表达了他们将争议提交仲裁的意愿和提交仲裁的争议事项具有可仲裁性,仲裁协议就可能被认为是有效的。有学者甚至认为,只要出现了"仲裁"一词,就足以证明当事人之间存在一项有效的仲裁协议,因为这种情况下当事人提交仲裁的意图是清楚的。①

为了便于双方当事人在合同中订立合格的仲裁条款,许多仲裁机构都拟订有示范仲裁条款,供当事人采用。如中国国际经济贸易仲裁委员会拟订的示范仲裁条款(一)为:"凡因本合同引起的或与本合同有关的任何争议,均应提交中国国际经济贸易仲裁委员会,按照申请仲裁时该会现行有效的仲裁规定进行仲裁。仲裁裁决是终局的,对双方均有约束力。"

三、国际商事仲裁协议有效性的确定及其准据法

(一) 国际商事仲裁协议的有效要件

国际商事仲裁协议的有效要件,是指一项有效的仲裁协议必须具备的基本条件。而一项有效的仲裁协议的存在,是当事人提起仲裁、仲裁机构受理仲裁、仲裁庭审理以及仲裁裁决能够得到承认和执行的重要或先决的条件。

关于仲裁协议的有效要件,各国法律和有关国际公约的规定并不完全一致。根据《纽约公约》第2条和第5条的有关规定,一项有效的仲裁协议需满足六个条件:(1) 是书面协议;(2) 是处理当事人之间已发生或可能发生的争议的协议;(3) 这种争议与一个特定的法律关系有关;(4) 这种争议是有关一个能用仲裁方式解决的事项;(5) 根据对他们适用的法律,当事人在签订协议时有完全行为能力;(6) 协议不是无效的、未生效的或不可能执行的。尽管各国仲裁立法和国际公约对仲裁协议的有效要件的规定不尽相同,但对构成有效仲裁协议的基本条件的规定还是一致的。一般而言,主要涉及以下三个方面:

一是仲裁协议必须具备合法的形式。关于仲裁协议的形式已在本节第1目中作了说明。

二是双方当事人必须具备相关的行为能力,并有确定的提交仲裁的一致的意思表示。1958年《纽约公约》第5条第1款第1项和2006年联合国国际贸易法委员会《国际商事仲裁示范法》第36条第1款第1项第1目都规定,如果双方当事人在订立仲裁协议时,是处于某种无行为能力的情况下,被请求承认和执行裁决的主管机关可根据当事人的请求,拒绝承认和执行有关的裁决。当事人之间请求仲裁的意思表示必须是真实一致的。以欺诈、胁迫等违背当事人真实意志的手段迫使另一方当事人订立的仲裁协议也是无效的。

三是争议事项具备可仲裁性。争议事项的可仲裁性(arbitrability),是指根据一国法律,哪些争议事项可以提交仲裁,哪些争议事项不能提交仲裁的问题。争议事项的可仲裁性与一国的公共秩序或公共政策密切相关。各国由于国情的

---

① 参见邓杰:《商事仲裁法理论与实务》,兰州大学出版社2005年版,第69—70页;杨良宜:《国际商务仲裁》,中国政法大学出版社1997年版,第113页。

不同以及立法者所持的公共政策观念的差异,对争议事项的可仲裁性问题往往有不同的理解,所作出的规定一般也存在较大差异。如中国 1994 年《仲裁法》第 3 条规定,对于婚姻、收养、监护、扶养、继承纠纷,以及依法应当由行政机关处理的行政争议不能仲裁。其他国家一般也规定,涉及婚姻家庭和继承问题的不能仲裁。1958 年《纽约公约》第 1 条第 3 款把非商事争议排除在适用《纽约公约》之外。《纽约公约》第 5 条第 2 款还规定,如果根据仲裁裁决承认执行地国家的法律,争议事项系不能以仲裁解决者,则该国可以拒绝承认执行裁决。一般说来,当事人在订立一项合格的仲裁协议时,就争议事项的可仲裁性,至少应该考虑到仲裁地法律和裁决可能承认与执行地法律,必须符合该两个法律关于可仲裁性的有关规定。不过,晚近随着经济的快速发展和各国对公共政策适用的普遍限制,可仲裁争议事项的范围呈日益扩大化的趋势。

(二) 认定国际商事仲裁协议有效性的机构

1. 国际上的规则

(1) 仲裁机构。许多国家的仲裁立法和国际条约都规定,双方当事人指定的仲裁机构有权认定仲裁协议是否有效。这是认定仲裁协议效力最主要、最普遍的实践。2017 年《国际商会仲裁规则》第 6 条第 9 款规定:除非另有约定,只要仲裁庭认为仲裁协议有效,仲裁庭即不得因有人主张合同无效或不存在而终止管辖权,即使合同本身不存在或无效,仲裁庭仍应继续行使管辖权以便确定当事人各自的权利并对他们的请求和抗辩作出裁定。

(2) 法院或被请求承认和执行裁决的主管机关。根据 1958 年《纽约公约》第 2 条第 3 款的规定,如果缔约国的法院受理了一个案件,而就该案件,当事人已经达成本条意义上的仲裁协议时,除非该法院查明该协议是无效的、未生效的或不可能实行的,应该依一方当事人的请求,命令当事人把案件提交仲裁。可见在这种情况下,法院也有权认定仲裁协议的有效性问题。根据《纽约公约》第 5 条第 1 款第 1 项规定,被请求承认和执行裁决的主管机关也有权认定仲裁协议的效力。

2. 中国的规定

对于这个问题,根据我国《仲裁法》第 20 条和最高人民法院《关于适用〈中华人民共和国仲裁法〉若干问题的解释》的有关规定,当事人对仲裁协议的效力有异议的,可以请求仲裁委员会作出决定或者请求人民法院作出裁定,并应当在仲裁庭首次开庭前提出。如一方请求仲裁委员会作出决定,另一方请求人民法院作出裁定的,由人民法院裁定。当事人在仲裁庭首次开庭前没有对仲裁协议的效力提出异议,而后向人民法院申请确认仲裁协议无效的,人民法院不予受理。仲裁机构对仲裁协议的效力作出决定后,当事人向人民法院申请确认仲裁协议效力或者申请撤销仲裁机构的决定的,人民法院不予受理。

2017年最高人民法院《关于审理仲裁司法审查案件若干问题的规定》第2条规定,申请确认仲裁协议效力的案件,由仲裁协议约定的仲裁机构所在地、仲裁协议签订地、申请人住所地、被申请人住所地的中级人民法院或者专门人民法院管辖。涉及海事海商纠纷仲裁协议效力的案件,由仲裁协议约定的仲裁机构所在地、仲裁协议签订地、申请人住所地、被申请人住所地的海事法院管辖;上述地点没有海事法院的,由就近的海事法院管辖。第4—5条规定,申请人向两个以上有管辖权的人民法院提出申请的,由最先立案的人民法院管辖。申请人向人民法院申请确认仲裁协议效力的,应当提交申请书及仲裁协议正本或者经证明无误的副本。其第7条规定,申请人提交的文件不符合第5条的规定,经人民法院释明后提交的文件仍然不符合规定的,裁定不予受理。申请人对不予受理的裁定不服的,可以提起上诉。其第9条规定,对于申请人的申请,人民法院应当在7日内审查决定是否受理。其第10—11条规定,人民法院受理仲裁司法审查案件后,被申请人对管辖权有异议的,应当自收到人民法院通知之日起15日内提出。人民法院对被申请人提出的异议,应当审查并作出裁定。当事人对裁定不服的,可以提起上诉。在中华人民共和国领域内没有住所的被申请人对人民法院的管辖权有异议的,应当自收到人民法院通知之日起30日内提出。人民法院审查仲裁司法审查案件,应当组成合议庭并询问当事人。

此外,2017年最高人民法院《关于仲裁司法审查案件报核问题的有关规定》第2条第1款为涉外涉港澳台仲裁司法审查案件建立了报核制度[①]:各中级人民法院或者专门人民法院办理涉外涉港澳台仲裁司法审查案件,经审查拟认定仲裁协议无效,不予执行或者撤销我国内地仲裁机构的仲裁裁决,不予认可和执行香港特别行政区、澳门特别行政区、台湾地区仲裁裁决,不予承认和执行外国仲裁裁决,应当向本辖区所属高级人民法院报核;高级人民法院经审查拟同意的,应当向最高人民法院报核。待最高人民法院审核后,方可依最高人民法院的审核意见作出裁定。该司法解释第7条还规定,在民事诉讼案件中,对于人民法院因涉及仲裁协议效力而作出的不予受理、驳回起诉、管辖权异议的裁定,当事人不服提起上诉,第二审人民法院经审查拟认定仲裁协议不成立、无效、失效、内容不明确无法执行的,须按照本规定第2条的规定逐级报核,待上级人民法院审核后,方可依上级人民法院的审核意见作出裁定。

(三)认定国际商事仲裁协议有效性所依据的法律

尽管在判定一项仲裁协议是否有效时,有时会适用当事人选择的法律,有时

[①] 该司法解释第2条第2款也为非涉外涉港澳台仲裁司法审查案件规定了报核制度(除案件当事人住所地跨省级行政区域和以违背社会公共利益为由不予执行或者撤销我国内地仲裁机构的仲裁裁决最终向最高人民法院报核以外,其他案件向高级人民法院报核)。

也可能适用仲裁协议订立地法、当事人的属人法或者法院地法,但"仲裁地法"是确认仲裁协议最常适用的法律,特别是在当事人没有选择应适用的法律的情况下。《纽约公约》第5条第1款第1项规定,应根据对当事人适用的法律来判定仲裁协议的当事人是否具有行为能力。在双方当事人没有选定应适用的法律的情况下,根据作出裁决的国家的法律,仲裁协议是无效的,那么被请求承认和执行裁决的主管机关也可以根据当事人的请求拒绝承认和执行该项裁决。该项所讲的"对当事人适用的法律",一般是指当事人的属人法或者仲裁协议订立地法。根据2017年最高人民法院《关于审理仲裁司法审查案件若干问题的规定》第16条规定,人民法院适用《纽约公约》审查当事人申请承认和执行外国仲裁裁决案件时,被申请人以仲裁协议无效为由提出抗辩的,人民法院应当依照该公约第5条第1款第1项的规定,确定确认仲裁协议效力应当适用的法律。

我国《涉外民事关系法律适用法》第18条规定,当事人可以协议选择仲裁协议适用的法律。当事人没有选择的,适用仲裁机构所在地法律或者仲裁地法律。2017年最高人民法院《关于审理仲裁司法审查案件若干问题的规定》第13—15条规定,当事人协议选择确认涉外仲裁协议效力适用的法律,应当作出明确的意思表示,仅约定合同适用的法律,不能作为确认合同中仲裁条款效力适用的法律。人民法院根据《涉外民事关系法律适用法》第18条的规定,确定确认涉外仲裁协议效力适用的法律时,当事人没有选择适用的法律,适用仲裁机构所在地的法律与适用仲裁地的法律将对仲裁协议的效力作出不同认定的,人民法院应当适用确认仲裁协议有效的法律。仲裁协议未约定仲裁机构和仲裁地,但根据仲裁协议约定适用的仲裁规则可以确定仲裁机构或者仲裁地的,应当认定其为《涉外民事关系法律适用法》第18条中规定的仲裁机构或者仲裁地。最高人民法院《关于适用〈中华人民共和国涉外民事关系法律适用法〉若干问题的解释(一)》第14条规定,当事人没有选择涉外仲裁协议适用的法律,也没有约定仲裁机构或者仲裁地,或者约定不明的,人民法院可以适用中华人民共和国法律认定该仲裁协议的效力。

"仲裁地法"对仲裁协议的约束主要体现在以下几个方面:第一,对仲裁协议的形式,多数国家的仲裁立法都规定仲裁协议必须符合仲裁地法对协议"形式"的要求。第二,争议事项具有可仲裁性。第三,仲裁协议的内容不能违背国家法律体系中的强制性规定,不能与仲裁地国家的公共秩序相抵触。

2015年中国法院分别审结申请确认涉外和涉港澳台仲裁协议案件18件和36件,只有少数仲裁协议因为仲裁协议准据法是中国法时没有约定仲裁机构、航次租船合同仲裁条款没有并入提单、仲裁协议签字人没有得到有效授权等原因被认定无效。①

四、国际商事仲裁协议的法律效力

一项有效的国际商事仲裁协议在国际商事仲裁中具有以下法律效力：

（1）对双方当事人具有严格的约束力。

一方面，因仲裁协议约定的特殊法律关系发生的争议，除能自行协商和解外以及双方都放弃仲裁，只能通过仲裁方式解决，任何一方不得就该争议另向法院起诉。许多国家的法律和有关国际公约都有这种规定。例如，我国现行《民事诉讼法》第 271 条第 1 款规定："涉外经济贸易、运输和海事中发生的纠纷，当事人在合同中订有仲裁条款或者事后达成书面仲裁协议，提交中华人民共和国涉外仲裁机构或者其他仲裁机构仲裁的，当事人不得向人民法院起诉。"另一方面，任何一方原则上都只能就仲裁协议所规定的事项提交仲裁，而对于任何超出仲裁协议范围以外的事项，双方当事人都有权自由决定是否承认和参与涉及超出范围事项的争议的仲裁，有权对仲裁庭就该超范围争议所进行的仲裁及其裁决提出异议。

（2）可以排除有关国家法院的管辖权。

各国的仲裁立法和有关的国际条约都毫无例外地规定：一项有效的仲裁协议能排除法院的管辖权。《纽约公约》第 5 条第 3 款规定，如果缔约国法院受理一个案件，而就这个案件所涉及的事项，当事人已达成本条意义上的协议时，除非该法院查明该协议是无效的、未生效的或不可能实行的，应该依一方当事人的请求，命令当事人把案件提交仲裁。

仲裁协议能够排除有关国家法院管辖权的前提是，需有一方当事人坚持要求适用仲裁协议。我国 2015 年《民诉法解释》第 215 条规定，依照《民事诉讼法》第 124 条第 2 项的规定，当事人在书面合同中订有仲裁条款，或者在发生纠纷后达成书面仲裁协议，一方向人民法院起诉的，人民法院应当告知原告向仲裁机构申请仲裁，其坚持起诉的，裁定不予受理，但仲裁条款或者仲裁协议不成立、无效、失效、内容不明确无法执行的除外。其第 216 条规定，在人民法院首次开庭前，被告以有书面仲裁协议为由对受理民事案件提出异议的，人民法院应当进行审查。经审查符合下列情形之一的，人民法院应当裁定驳回起诉：仲裁机构或者人民法院已经确认仲裁协议有效的；当事人没有在仲裁庭首次开庭前对仲裁协议的效力提出异议的；仲裁协议符合《仲裁法》第 16 条规定且不具有《仲裁法》第 17 条规定情形的。1999 年瑞典《仲裁法》第 5 条规定：当事人应被视为放

---

① 参见 2016 年 9 月 26 日，在中国贸促会例行新闻发布会上，中国仲裁法学研究会发布的《中国国际商事仲裁年度报告（2015）》，第 17—18 页。

弃援引仲裁协议以排除法院程序的权利,如果该当事人:曾经反对申请仲裁;未在适当的期限内委任仲裁员;未在适当的期限内提供其应分担的对仲裁员报酬的担保。

(3) 是有关仲裁机构行使仲裁管辖权的依据。

仲裁机构的管辖权完全依赖于当事人双方所签订的仲裁协议。这一方面表现为如果双方当事人没有签订将他们之间的争议提交仲裁的仲裁协议,有关仲裁机构就无权受理当事人之间的争议。如 2007 年《土耳其国际私法和国际民事诉讼程序法》第 62 条第 1 款也规定:"没有仲裁协议或主要合同中没有仲裁条款的,法院有权驳回请求执行外国仲裁裁决的申请。"另一方面表现为仲裁机构的管辖权受到仲裁协议的严格限制,它只能受理仲裁协议所提交的争议,也只能就当事人按仲裁协议的约定的事项范围进行仲裁审理并作出裁决。世界各国的仲裁立法及有关国际条约都对此作了极为明确的规定。如《纽约公约》第 5 条也规定,当有关裁决所处理的争议不是交付仲裁的标的或不在有关仲裁协议范围之内,或裁决载有关于交付仲裁范围以外事项的决定时,有关国家的法院可以基于一方当事人的申请而拒绝承认和执行该项裁决。

(4) 是强制执行仲裁裁决的依据。

一项有效的仲裁协议是强制执行仲裁裁决的法律依据。例如 2007 年《土耳其国际私法和国际民事诉讼程序法》第 61 条规定,请求执行外国仲裁裁决的申请人需向法院提交仲裁协议或仲裁条款原本,或经过公证的副本。《纽约公约》第 4 条规定:为获得仲裁裁决的承认和执行,申请承认和执行仲裁的当事人应该在申请的时候提供仲裁协议正本或经正式证明的副本。

此外,无效的仲裁协议也是构成有关国家拒绝承认和执行有关裁决的理由之一。例如我国现行《民事诉讼法》第 274 条和《仲裁法》第 58 条就作了这种规定。

五、未签字国际商事仲裁协议的法律效力

由于社会经济生活的复杂多样性,伴随着法学理论的更新、改良乃至法律的改进,特别是 20 世纪 70 年代以来各国相继革新仲裁立法、鼓励仲裁发展的潮流的出现和不断扩大,在某些情况下,不少国家的立法、司法和仲裁实践、仲裁理论均逐步认为在某些情况下,仲裁条款对未签字的当事人仍具有法律约束力。这表明,在一定程度上,仲裁协议的效力正在"伸长"。这些情况,主要指:

(1) 通过灵活解释"书面"的含义,使仲裁协议未经签字即生效。

目前各国趋向于更灵活和宽泛地解释"书面"的含义。其中具有代表性的是英国上诉法院 1986 年在 Zambia Steel v. Clark Eaton 案中的解释:仲裁协议固应以书面形式表现出来,但是当事人同意或者接受该条款无须通过书面形式,只要通过口头的、书面的、当事人的行为或者其他证据说明的,亦为有效。①

(2) 法人合并与分立并不导致原来所签字的仲裁协议无效。

法人合并有新设合并和吸收合并两类。无论是在新设合并还是吸收合并,新设的法人或存续的法人,对因合并而消灭的法人的权利义务的承受都是概括的、全部的承受,不得进行选择。这是各国的普遍实践,在中国立法上也是相当明确的。例如,我国现行《公司法》第 174 条规定:"公司合并时,合并各方的债权、债务,应当由合并后存续的公司或者新设的公司承继。"我国《合同法》第 90 条规定:"当事人订立合同后合并的,由合并后的法人或者其他组织行使合同权利,履行合同义务……"

法人的分立有创设式分立和存续式分立之别。前者,一个法人分成两个以上的法人,原法人消灭;后者,原法人存续,但分出一部分财产设立新法人。因分立而消灭的法人的权利义务由分立后的法人承受。这得到了各国的普遍接受,在中国也是如此。例如,我国《合同法》第 90 条后半段规定:"当事人订立合同后分立的,除债权人和债务人另有约定的以外,由分立的法人或者其他组织对合同的权利和义务享有连带债权,承担连带债务。"

根据上述理论,2006 年中国最高人民法院《关于适用〈中华人民共和国仲裁法〉若干问题的解释》第 8 条规定:"当事人订立仲裁协议后合并、分立的,仲裁协议对其权利义务的继受人有效。当事人订立仲裁协议后死亡的,仲裁协议对承继其仲裁事项中的权利义务的继承人有效。前两款规定情形,当事人订立仲裁协议时另有约定的除外。"

(3) 合同转让一般也不影响原仲裁协议的效力。

合同转让分为合同的承受、债权让与和债务承担三种情形。

第一,合同承受时仲裁条款的效力问题。合同承受是指合同的转让人经合同另一方或者其他方当事人的同意,将其在合同中的权利义务概括移转给受让人。如果原合同中订有仲裁条款,该仲裁条款对合同的受让人与合同的其他方当事人具有约束力,除非在合同的转让过程中,受让人或合同的其他方当事人有相反的意思表示。即在合同承受的情况下,适用的是仲裁条款"自动移转规则"(automatic assignment rule)。这在国内外也不存在争议。

第二,债务承担时仲裁条款的效力问题。合同债务的承担,即只作债务的转让。债务人转让债务同样需要得到合同的另外一方当事人(即债权人)的同意,因此,原合同中的仲裁条款对受让人和债权人应当具有约束力,除非受让人或者债权人双方或者一方有相反的意思表示。这与合同承受的情形类似。

第三,债权让与时仲裁条款的效力问题。这是分歧较大、疑问较多的问题。

---

① 李双元、谢石松、欧福永:《国际民事诉讼法概论》,武汉大学出版社 2016 年版,第 562 页。

因为转让人将其债权让与受让人,除需通知债务人外,一般并不需要得到合同的另外一方当事人(即债务人)的同意,所以,大多数国家否定仲裁条款对受让人和债务人具有约束力。但是,近来也有国家承认在债权让与时,原合同中的仲裁条款对受让人和债务人即合同的另外一方当事人同样有效。

2006 年中国最高人民法院《关于适用〈中华人民共和国仲裁法〉若干问题的解释》第 9 条规定:"债权债务全部或者部分转让的,仲裁协议对受让人有效,但当事人另有约定、在受让债权债务时受让人明确反对或者不知有单独仲裁协议的除外。"

(4) 提单的转让和租约仲裁条款并入提单。

一般认为,提单中的仲裁条款对受让人继续有效,只要受让人在接受提单时对其中的仲裁条款没有表示反对。例如,在 Vimar Segurosy Reaseg. v. M/V Sky Reefer 中,美国最高法院没有否定提单中仲裁条款对作为受让人的提单持有人(即买主)的效力。[①] 从双方当事人提交的材料以及法院的判决来看,当事人和法院似乎并不认为,提单中的仲裁条款对作为受让人的提单持有人即买方以及买方的代位清偿人有效是一个可以争论的问题。

各国对租约仲裁条款并入提单的效力问题采取的态度各不相同。特别是当提单发生转让后,这种并入条款对承租人以外的提单持有人是否具有约束力,由于缺乏明确的法律规定,我国在理论与实践上一直存在不同的观点和做法。近年来,最高人民法院通过对个案的请示答复,审查标准已经逐渐趋于统一。最高人民法院在 1995 年《关于福建省生产资料总公司与金鸽航运有限公司国际海运纠纷一案中提单仲裁条款效力问题的复函》中指出:"本案上诉人福建省生产资料总公司虽然不是租船合同和海上货物运输合同的签约人,但其持有承运人签发的含有合并租约和仲裁条款的提单,并明示接受该仲裁条款,因此,该条款对承运人和提单持有人均有约束力。"最高人民法院在 2016 年《关于山东省轻工业供销总公司与拉雷多海运公司海上货物运输合同纠纷一案中仲裁条款效力的请示的复函》中认为:"案涉提单系与租约合并使用的提单,该提单正面仅记载'运费根据 2015 年 6 月 25 日的租船合同支付',并无将该租船合同中的仲裁条

---

① 在该案中,纽约的果品经销商 Bacchus Associates (Bacchus)与摩洛哥的生产商 Galaxie Negoce, S. A. (Galaxie)订约购买一批摩洛哥产柑橘和柠檬。买方 Bacchus 租用 M/V Sky Reefer 轮负责承运,并向保险人办理了保险。货交承运人后,承运人向卖方 Galaxie 签发了提单(其中订有仲裁条款),Galaxie 又将提单交给买方 Bacchus。后在运输途中发生货损,货损值超过 100 万美元;保险人向买方 Bacchus 赔付了 73 万多美元,在赔偿范围内取得了代位权,保险人与买方(提单持有人)根据提单共同在马萨诸塞州法院向被告提出对物诉讼。被告则主张提单中的仲裁条款以对抗法院管辖权。原告否定仲裁条款的效力,主张仲裁条款规定在东京仲裁,违反了美国《海上货运运输法》第 3 条第 8 款的有关规定。美国最高法院最终判定仲裁条款有效。这是美国最高法院 1995 年 6 月 19 日判决的案件,在下述网址可查阅判决全文:http://laws.findlaw.com/US/000/U10262.html。

款并入提单的明示记载,提单背面有关运输条件的格式条款并不能构成该租船合同仲裁条款的有效并入。山东省轻工业供销总公司接受提单的行为,不应认定为同意接受租船合同仲裁条款的约束。"

从上述请示答复不难看出,最高人民法院对租约仲裁条款并入提单对提单持有人的效力问题持相对谨慎的态度,强调当事人双方将争议事项提交仲裁的合意是最高人民法院认定仲裁条款效力的主要标准。

(5) 国际公约中的仲裁条款的适用。

2006年中国最高人民法院《关于适用〈中华人民共和国仲裁法〉若干问题的解释》第11条规定:涉外合同应当适用的有关国际条约中有仲裁规定的,发生合同争议时,当事人应当按照国际条约中的仲裁规定提请仲裁。

(6) 代位清偿。

代位清偿,是指与债的履行有利害关系的第三人为债务人向债权人作出清偿。代位清偿人在为清偿后,在其清偿的范围内,就债权人的权利以自己的名义取得代位权。例如,保险公司在向投保人作出赔付之后,则在赔偿范围内取得了投保人的地位,可以"代替"投保人向相对人进行追偿。在保证、出口信贷、连带债务中也经常出现清偿代位的情况。如果被代位权人与原债务人之间订有仲裁条款,对该仲裁条款对代位权人与原债务人是否具有约束力的问题,一些国家的立法和司法实践亦持肯定态度。例如,在前述 Vimar Segurosy Reaseg. v. M/V Sky Reefer 案中,原告 Vimar Seguros Reaseg. 是一家保险公司,他在向货主 Bacchus 作出赔偿后取得了代位权,进而以自己的名义向被告追偿。由于提单中订有仲裁条款,美国最高法院判定仲裁条款对原告、被告有效,并没有因为保险人是代位权人,就否定其效力。

六、仲裁中的第三人

目前,对于仲裁中能否允许第三人参与和合并仲裁在国内外存在争论。

荷兰、美国一些州的仲裁法允许第三人参与仲裁,例如《荷兰民事诉讼法》第1045条规定,经与仲裁程序的结果有利害关系的第三人书面申请,仲裁庭可允许该第三人参加或介入仲裁程序;如果第三人根据他与仲裁协议当事人之间的书面协议参加仲裁,其参加、介入或联合索赔仅可在仲裁庭在听取当事人的意见后许可;一旦获准参加、介入或联合索赔的,第三人即成为仲裁程序的一方当事人。2017年《国际商会仲裁规则》第7条规定,如果任何当事人希望追加仲裁当事人,应向秘书处提交针对该追加当事人的仲裁申请书。秘书处收到追加仲裁当事人申请之日在各种意义上均应视为针对该追加当事人的仲裁开始之日。确认或任命任何仲裁员之后,不得再追加仲裁当事人,除非包括追加当事人在内的全体当事人另行同意。提交追加仲裁当事人申请的期限,可由秘书处确定。

国际商事仲裁实践中已经出现涉及仲裁中第三人或合并审理的案例。①

我国立法对此没有规定。最高人民法院在 1998 年"关于江苏物资集团轻工纺织总公司诉(香港)太子发展有限公司侵权损害赔偿纠纷上诉案"和 1999 年"东方国际集团上海对外贸易有限公司与兰州金城旅游服务(集团)有限责任公司保证合同关系确认纠纷上诉案"的判决中均否认仲裁协议之外的第三人参加仲裁或者受仲裁裁决的约束。从我国以往的仲裁实践来看,仲裁机构和仲裁庭对此也持谨慎态度,除非得到所有当事人同意,一般不允许非仲裁协议签字者的第三方参与仲裁程序。2015 年《中国(上海)自由贸易试验区仲裁规则》第 38 条"案外人加入仲裁程序"规定:"在仲裁程序中,双方当事人可经案外人同意后,书面申请增加其为仲裁当事人,案外人也可经双方当事人同意后书面申请作为仲裁当事人。案外人加入仲裁的申请是否同意,由仲裁庭决定;仲裁庭尚未组成的,由秘书处决定。"该规则引入的案外人(第三人)加入仲裁制度并不违反《仲裁法》的规定,因为案外人加入需要经双方当事人和案外人同意,可以视为双方当事人与案外人之间事实上已经订立了新的仲裁协议。

七、国际商事仲裁协议与法院专属管辖的关系

当事人虽有权通过协议选择法院管辖,但不能改变本应服从的国家的专属管辖。这是国际实践所肯定的,也是我国《民事诉讼法》第 34 条和第 127 条所一再强调的。但是,当事人是否仍有权在有关合同中达成仲裁条款,或于争议发生后达成仲裁协议,将案件提交给该国或其他国家的仲裁机构仲裁管辖呢?

我国 2015 年《民诉法解释》第 531 条规定,根据《民事诉讼法》第 33 条和第 266 条规定,属于中华人民共和国法院专属管辖的案件,当事人不得协议选择外国法院管辖,但协议选择仲裁的除外。

八、仲裁条款自治理论

在国际商事交往中,为了使争议得到及时、妥善地解决,当事人往往在商事合同中订有争议解决的仲裁条款。但随之也带来一个问题,即当包含有仲裁条款的国际商事合同被确认为无效时,仲裁条款是否仍然有效?传统观点认为,仲裁条款是主合同不可分割的一部分。主合同无效,合同中的仲裁条款当然也无效。如果当事人对主合同的有效性提出异议,仲裁条款的有效性问题就必须由法院而不是仲裁庭决定。目前最普遍的观点是,即使包括有仲裁协议的合同是无效合同,也并不影响该仲裁协议的效力,这就是"仲裁条款自治理论"。

仲裁条款自治理论认为,凡以仲裁条款的形式出现的仲裁协议,应被视为与

---

① 参见刘晓红:《国际商事仲裁协议的法理与实证》,商务印书馆 2005 年版,第 252—256 页。

当事人之间有关合同的其他部分相分离的单独协议。尽管可以认为规定当事人双方在商业利益方面的权利义务关系的合同为主合同,而另一个以仲裁条款形式出现的仲裁协议为从合同,但这二者不能适用"主合同无效,从合同亦随之无效"的一般法理。这是因为这个从合同得以存在以及得以实施的前提条件正是双方当事人因主合同是否存在、是否有效以及其他事项发生了争议。以仲裁条款形式出现的从合同,是主合同不能履行或不能完全履行时的救济手段。

仲裁条款之所以必须独立于主合同,还在于主合同即令最后被裁定无效,在合同当事人之间仍可能还有责任必须分清、不当得利亦有待返还等各种问题需要仲裁庭作出裁决。故有效仲裁条款的效力只能因主合同的完全履行而终止。仲裁条款的存在与有效、无效,只能依仲裁条款自身的情况作出判断。

仲裁条款自治理论被许多国家的立法和有关国际条约所采用。如1987年《瑞士联邦国际私法法规》第178条第3款规定,对仲裁协议的有效性不得以主合同可能无效为理由而提出异议。2010年《联合国国际贸易法委员会仲裁规则》第23条第1款规定,构成合同一部分的仲裁条款,应作为独立于合同中其他条款的一项协议对待。仲裁庭作出合同无效的裁定,不应自动造成仲裁条款无效。我国1994年《仲裁法》第19条第1款规定:"仲裁协议独立存在,合同的变更、解除、终止或者无效,不影响仲裁协议的效力。"2006年我国最高人民法院《关于适用〈中华人民共和国仲裁法〉若干问题的解释》第10条规定:"合同成立后未生效或者被撤销的,仲裁协议效力的认定适用仲裁法第19条第1款的规定。当事人在订立合同时就争议达成仲裁协议的,合同未成立不影响仲裁协议的效力。"

【案例17.2】 武汉中苑科教公司诉香港龙海(集团)有限公司案①

香港龙海(集团)有限公司(以下简称"龙海公司")于1993年2月与武汉东湖新技术开发区进出口公司(以下简称"东湖公司")签订"金龙科技发展有限公司合营合同",双方约定在中国武汉合资建立金龙科技发展有限公司,该合同规定,与合同有关的一切争议应提交中国国际经济贸易仲裁委员会(CIETAC)仲裁。同年12月,武汉中苑科教公司(以下简称"中苑公司")与东湖公司签订协议,东湖公司将其在合资公司的全部股权转让给中苑公司。中苑公司同时还与龙海公司签订了一份"协议书",规定由中苑公司替代东湖公司作为合资公司的中方,合资公司名称亦改为武汉金龙高科技有限公司,新的合资公司承担原合资公司的债权债务。"协议书"还对原合资公司章程和合资合同中的投资额、注册资本、经营范围作了修改,但未对原合资合同中的仲裁条款进行约定。中苑公司与龙海公司以该"协议

---

① 参见李双元、欧福永主编:《国际私法教学案例》,北京大学出版社2012年版,第391—394页。

书"和原合资合同、章程办理了变更审批手续,工商行政管理部门审批备案的合同也是龙海公司与东湖公司签订的合资合同和龙海公司与中苑公司签订的"协议书"。后来双方因履行上述合同和协议书发生争议。龙海公司申请仲裁,而中苑公司向武汉市中级人民法院申请确认仲裁条款无效。

基于以上案情,武汉市中级人民法院认为,中苑公司与龙海公司签订的"协议书"是对龙海公司与东湖公司之间的合资合同的认可和部分更改,该协议书并未明确规定仲裁条款,由于仲裁条款具有相对独立性,并根据《承认及执行外国仲裁裁决公约》(即《纽约公约》)的有关规定[1],原合同中的仲裁条款对该合同的受让人无法律效力。龙海公司称其与中苑公司签订的"武汉金龙高科技有限公司合资合同"第40条为仲裁条款,但该公司不能提交合同正本,工商行政管理部门也无备案,中苑公司否认该事实,故龙海公司申请仲裁没有有效的合同依据。依照当时有效的中国《仲裁法》第18、19、20条和《民事诉讼法》第140条第11项,裁定龙海公司所依据的"武汉金龙高科技有限公司合资合同"的仲裁条款及"协议书",不能作为确认双方接受CIETAC管辖权的依据。

龙海公司不服裁定,CIETAC亦向最高人民法院反映情况。最高人民法院认为武汉市中级人民法院的裁定是错误的,并指令湖北省高级人民法院按审判监督程序予以纠正,后者已于1999年初作出终审裁定,肯定了CIETAC对该案的管辖权。

第三节 国际商事仲裁程序

国际商事仲裁程序是指国际商事争议发生后,自一方当事人申请仲裁时起到作出终局裁决这一整个过程中,当事人、仲裁机构、仲裁员和其他仲裁参与人等所应遵循的程序。

一、国际商事仲裁程序的开始

仲裁程序始于何时,产生何种法律后果,不仅直接影响到仲裁程序的及时启动和顺利进行,更影响到当事人通过仲裁解决其争议的权利的行使。

(一)国际商事仲裁程序开始时间的确定

对于仲裁程序开始的时间,各有关仲裁的国内、国际立法及仲裁规则一般都作有规定,但不尽相同。大体为:

---

[1] 指《纽约公约》第4条的规定:"为了获得……承认与执行,申请承认与执行裁决的当事人应该在申请的时候提供:……(2)第2条述及的(仲裁)协议的正本或经正式证明的副本."

第一，仲裁程序依当事人约定的时间开始。许多仲裁立法在此问题上，都确立了首先遵从当事人约定的原则。例如，英国1996年《仲裁法》第14条第1款即规定："当事人可以自由约定仲裁程序何时被视为开始。"1998年德国《民事诉讼法典》第1044条亦规定，除非当事人另有约定，仲裁程序的开始依法律的规定来确定。

第二，仲裁程序自一方当事人向另一方当事人送达提交争议或指定仲裁员的书面通知之日开始。在当事人没有就仲裁程序的开始作出约定的情况下，一些国家和地区的做法是：仲裁程序视为自一方当事人向另一方当事人送达提交争议或指定仲裁员的书面通知之日开始。例如，1996年英国《仲裁法》第14条第2款至第5款的规定。

第三，仲裁程序自被诉方当事人收到仲裁通知之日开始。目前，许多仲裁立法和仲裁规则都如此规定。例如，1998年德国《民事诉讼法典》第1044条规定："除非当事人另有约定，有关特定争议的仲裁程序应从被诉方当事人收到要求将该争议提交仲裁的申请之日起开始。"此外，1999年瑞典《仲裁法》第19条、1985年联合国《国际商事仲裁示范法》（经2006年修正）第21条、1976年《联合国国际贸易法委员会仲裁规则》（经2013年修正）第3条第2款、2000年美国《统一仲裁法》第9条第1款和2011年《香港仲裁条例》第49条等也均作了类似规定。

第四，仲裁程序自仲裁机构收到仲裁申请书之日开始。许多仲裁机构的仲裁规则都规定，仲裁程序自该仲裁机构收到仲裁申请书之日开始。例如，2010年《斯德哥尔摩商会仲裁规则》第4条规定："仲裁自仲裁院收到仲裁申请书之日开始。"此外，2017年《国际商会仲裁规则》第4条第2款、2014年《伦敦国际仲裁院仲裁规则》第1条第2款等也均作了类似规定。

以上几种不同规定，似以第四种更为妥当，因为诉讼时效的中断亦以一方当事人起诉之时开始。不过，有的仲裁机构规定，如果当事人未按其规定预缴仲裁费，则视为没有收到当事人的仲裁申请书，仲裁程序也视为未曾开始。①

确定国际商事仲裁程序开始时间主要有以下两个方面的意义：

首先，督促当事人在时效期间内开始仲裁程序。与诉讼程序一样，仲裁程序也必须在有关的时效期间内开始。否则，一旦提起仲裁的时效期间届满，当事人便无法通过仲裁方式解决其争议。在国际上，仲裁时效期限与诉讼时效期限一般是一致的。例如，1996年英国《仲裁法》第13条第1款规定，时效法同时适用于仲裁和诉讼程序。1999年瑞典《仲裁法》第45条规定："如根据法律或协议，当事人须在一定期间内提起诉讼，但争讼事项属于仲裁协议的范围，则当事人应

---

① 如2014年《伦敦国际仲裁院仲裁规则》第1条第1款第6项。

当在规定的期间内根据第 19 条申请仲裁。"根据中国《仲裁法》第 74 条规定,由于我国对仲裁时效没有单独规定,仲裁时效适用诉讼时效的规定。

其次,确定有关利息能否得到追偿。仲裁程序何时开始,对于有关利息的追偿有着十分重要的影响。在有些国家和地区,如果债务人在拖欠债务很长时间之后,最终仍能抢在仲裁程序开始之前将所欠本金全部清偿,债权人将会因此而无法纯为追偿利息去提请仲裁,开始一个仲裁程序。①

（二）中国的规定

关于仲裁程序的开始,中国《仲裁法》虽未涉及,但有关仲裁委员会的仲裁规则就仲裁程序开始的时间作了规定。如 2015 年《中国海事仲裁委员会仲裁规则》第 11 条规定:"仲裁程序自仲裁委员会仲裁院收到仲裁申请书之日起开始。"但 2015 年《中国国际经济贸易仲裁委员会仲裁规则》第 11 条则规定:"仲裁程序自仲裁委员会秘书局收到仲裁申请书之日起开始。"

（三）仲裁的申请和受理

1. 仲裁的申请

仲裁的申请是指仲裁协议中所约定的争议事项发生以后,一方当事人依据该协议将有关争议提交他们所选定的仲裁机构提请仲裁的行为。它是开始仲裁程序最初的法律步骤。仲裁机构受理仲裁案件的依据除了仲裁协议以外,还必须有当事人一方的申请。2015 年《中国国际经济贸易仲裁委员会仲裁规则》第 13 条第 1 款也明确规定:"仲裁委员会根据当事人在争议发生之前或者在争议发生之后达成的将争议提交仲裁委员会仲裁的仲裁协议和一方当事人的书面申请,受理案件。"我国《仲裁法》第 23 条规定,仲裁申请书应当载明下列事项：(1) 当事人的姓名、性别、年龄、职业、工作单位和住所,法人或者其他组织的名称、住所和法定代表人或者主要负责人的姓名、职务;(2) 仲裁请求和所根据的事实、理由;(3) 证据和证据来源、证人姓名和住所。

2. 仲裁的受理

仲裁机关在收到申请人提交的仲裁申请书及有关材料后,应立即进行初步审查以决定是否立案受理。一般来说,审查事项包括:(1) 仲裁条款或仲裁协议是否有效,该仲裁机构是否享有管辖权;(2) 请求仲裁事项是否属于仲裁协议的范围之内或是否能进行仲裁;(3) 是否超过仲裁时效;(4) 仲裁申请人和被申请人的名称是否和仲裁协议上的当事人名称相一致等。如审查合格,仲裁机构即应正式受理,否则应将仲裁申请书及有关材料退回申请人,并说明其不予受理的理由。如仅是某些形式要件不符规定,可要求申请人予以补正。

---

① See "La Pintada"［1983］1 Lloyd's Rep. 37;杨良宜:《国际商务仲裁》,中国政法大学出版社 1997 年版,第 444 页。

仲裁机构受理案件后,应尽快向申请人发出受案通知,并向被申请人发出仲裁通知,同时将仲裁申请书副本及其附件送达被申请人,并附上仲裁机构的仲裁规则及仲裁员名册和仲裁费用表,通知被申请人应诉并指定仲裁员(或指定产生仲裁员的方法)。

(四)仲裁文件的提交与交换和仲裁代理人

2015年《中国国际经济贸易仲裁委员会仲裁规则》第20条规定,当事人的仲裁文件应提交至仲裁委员会仲裁院。仲裁程序中需发送或转交的仲裁文件,由仲裁委员会仲裁院发送或转交仲裁庭及当事人,当事人另有约定并经仲裁庭同意或仲裁庭另有决定者除外。其第22条规定,当事人可以授权中国及/或外国的仲裁代理人办理有关仲裁事项。当事人或其仲裁代理人应向仲裁委员会仲裁院提交授权委托书。

二、国际商事仲裁程序的推进

仲裁程序自始至终不延误地向前推进,既是仲裁程序快捷、经济的特点之所在,更是当事人选择仲裁的愿望和利益之所归。仲裁程序的快速推进需由双方当事人和仲裁庭(必要时还需要法院)在整个仲裁活动中各尽其责,共同实现。

(一)仲裁庭推进仲裁的职责和当事人推进仲裁的义务

1. 仲裁庭推进仲裁的职责

仲裁庭不能合理勤勉地行使其仲裁职责,以及适当安排和驾驭仲裁程序,常常是导致仲裁无法快速推进和产生延误的重要原因。为防止仲裁庭怠于行使权力,延误仲裁,通过仲裁立法或仲裁规则为仲裁庭设定不延误地推进仲裁的职责和义务便十分必要。例如,1996年英国《仲裁法》第33条第1款第2项即规定,仲裁庭应根据案件的具体情况采用适当的程序,避免不必要的延迟和花费,以对待决事项提供公平的解决方式。2000年香港《仲裁(修订)条例》第2GA条第1款第2项也规定,仲裁庭必须采用适合该个别案件的程序,以避免不必要的拖延和省却不必要的开支,从而提供公平的方法以解决该等程序所关乎的争议。1999年瑞典《仲裁法》、2014年《伦敦国际仲裁院仲裁规则》等也有类似规定。

为保证仲裁庭切实履行其基本职责,合理勤勉、高效地推进仲裁,一个重要的措施便是确立仲裁员撤换制度。例如,1996年英国《仲裁法》第24条规定,仲裁程序中的任何一方当事人经通知另一方当事人、与之有关的仲裁员和其他当事人后,可以申请法院撤换拒绝或未能尽全力合理高效地推进仲裁程序或作出裁决的仲裁员。1999年瑞典《仲裁法》第17条规定,如仲裁员拖延程序,经一方当事人请求,由地区法院撤换并另行委任仲裁员。

向仲裁庭施以快速推进仲裁的基本职责和义务,无疑还应赋予仲裁庭相应的权力,并减少仲裁中的司法干预,否则仲裁庭在履行职责时就可能会缺少足够的能力和手段。为此,晚近有关仲裁立法和仲裁规则,无不尽量拓展仲裁庭在仲裁程序中享有的权利范围。包括:仲裁庭享有决定其自身管辖权之权力;仲裁庭享有作出采取保全措施命令之权力;仲裁庭享有决定进行合并仲裁之权力,等等。1996 年英国《仲裁法》第 41 条甚至赋予仲裁庭在一方当事人违背其迅速、不延误地推进仲裁的合作义务时,发布强制命令和采取制裁措施的权力。

2. 当事人推进仲裁的义务

在仲裁过程中,如果一方当事人不积极合作,极易造成仲裁延误。为此,一些仲裁立法和仲裁规则还对当事人迅速推进仲裁的义务作了规定。如 1996 年英国《仲裁法》第 40 条规定:"(1) 当事人应采取一切必要的举措以推动仲裁程序适当、迅速地进行。(2) 它包括:(a) 不迟延地遵守仲裁庭作出的关于程序或证据事项的决定,或仲裁庭作出的任何命令或指示;(b) 在适当的时候,不迟延地采取必要步骤取得法院对管辖权或法律初步问题的决定。"2014 年《伦敦国际仲裁院仲裁规则》第 14 条第 2 款也规定,任何时候,当事人都应致力于公正、富于效率和快捷地进行仲裁。

为确保当事人能切实履行其迅速推进仲裁的义务,有关仲裁立法和仲裁规则还有针对性地确立了一些防范和救济措施:第一,针对一方当事人(通常是被诉方当事人)在仲裁员指定阶段的延误(例如,一方当事人拒绝指定或不能在规定的期间内指定仲裁员),规定可以由积极行事的一方当事人已指定的那名仲裁员担任独任仲裁员。[①] 第二,针对申诉方当事人在行使请求权时的延误,规定仲裁庭可裁决驳回或撤销其请求或裁定终止仲裁程序。第三,针对一方当事人在开庭审理或书面审理时的无充分理由的延误,规定仲裁庭可以缺席审理,并依已有的证据作出裁决。[②] 第四,针对一方当事人无充分理由而未遵从仲裁庭的任何裁定或指令,规定仲裁庭可就同样问题作出强制性裁定,限期当事人遵守。第五,针对申诉方当事人未能遵从仲裁庭要求其提供费用担保的强制性裁定,规定仲裁庭可裁决驳回其请求。第六,针对一方当事人未遵从任何其他强制性裁定,规定仲裁庭可采取以下措施:指令不作为之当事人无权以强制性裁定所指主张或材料为依据;如情况表明有正当理由,就不遵从行为作出不利的判断;在已有的经适当提供之材料的基础上,进行仲裁直至作出裁决[③];就因不遵从行为之后果产生的仲裁费用的支付作出裁定。[④] 第七,在裁决作出后,当事人只能在裁

[①] 参见 1996 年英国《仲裁法》第 17 条。
[②] 参见 1996 年英国《仲裁法》第 41 条第 4 款、1998 年德国《民事诉讼法典》第 1048 条第 3 款、1999 年瑞典《仲裁法》第 24 条、1996 年中国澳门地区《核准仲裁制度》第 23 条第 3 款、2006 年联合国《国际商事仲裁示范法》第 25 条、2013 年修正的《联合国国际贸易法委员会仲裁规则》第 30 条第 2—3 款。
[③] 参见 1996 年英国《仲裁法》第 41 条第 7 款。
[④] 1998 年《印度仲裁委员会仲裁规则》第 46 条则规定,如果当事人进行、引发或准许任何可能拖延程序或阻止商事仲裁庭迅速作出裁决的行为,应偿付商事仲裁庭认为合理的费用。

决公布后一定期间内向法院或有关机构提出异议。①

(二) 答辩和反请求

1. 答辩

中国《仲裁法》第 25 条规定,被申请人收到仲裁申请书副本后,应当在仲裁规则规定的期限内向仲裁委员会提交答辩书。仲裁委员会收到答辩书后,应当在仲裁规则规定的期限内将答辩书副本送达申请人。被申请人未提交答辩书的,不影响仲裁程序的进行。

2015 年《中国国际经济贸易仲裁委员会仲裁规则》第 15 条规定:被申请人应自收到仲裁通知后 45 天内提交答辩书。被申请人确有正当理由请求延长提交答辩期限的,由仲裁庭决定是否延长答辩期限;仲裁庭尚未组成的,由仲裁委员会仲裁院作出决定。仲裁庭有权决定是否接受逾期提交的答辩书。被申请人未提交答辩书,不影响仲裁程序的进行。

2. 反请求

反请求在诉讼法上又称为反诉,它是仲裁过程中被申请人用来保护自身利益的重要手段。中国《仲裁法》第 27 条规定,申请人可以放弃或者变更仲裁请求。被申请人可以承认或者反驳仲裁请求,有权提出反请求。2015 年《中国国际经济贸易仲裁委员会仲裁规则》第 16 条规定:被申请人如有反请求,应自收到仲裁通知后 45 天内以书面形式提交。被申请人确有正当理由请求延长提交反请求期限的,由仲裁庭决定是否延长反请求期限;仲裁庭尚未组成的,由仲裁委员会仲裁院作出决定。仲裁委员会仲裁院认为被申请人提出反请求的手续已完备的,应向双方当事人发出反请求受理通知。申请人应在收到反请求受理通知后 30 天内对被申请人的反请求提交答辩。申请人确有正当理由可以请求延长提交答辩期限。仲裁庭有权决定是否接受逾期提交的反请求和反请求答辩书。申请人对被申请人的反请求未提出书面答辩的,不影响仲裁程序的进行。其第 17 条规定:申请人可以申请对其仲裁请求进行更改,被申请人也可以申请对其反请求进行更改;但是仲裁庭认为其提出更改的时间过迟而影响仲裁程序正常进行的,可以拒绝其更改请求。

(三) 追加当事人和合并仲裁

2015 年《中国国际经济贸易仲裁委员会仲裁规则》第 18 条对仲裁中追加当事人作了规定。其第 1 款规定:在仲裁程序中,一方当事人依据表面上约束被追加当事人的案涉仲裁协议可以向仲裁委员会申请追加当事人。在仲裁庭组成后申请追加当事人的,如果仲裁庭认为确有必要,应在征求包括被追加当事人在内的各方当事人的意见后,由仲裁委员会作出决定。仲裁委员会仲裁院收到追加

---

① 参见 1996 年英国《仲裁法》第 70 条。

当事人申请之日视为针对该被追加当事人的仲裁开始之日。

其第19条对合并仲裁作了规定：(1) 符合下列条件之一的，经一方当事人请求，仲裁委员会可以决定将根据本规则进行的两个或两个以上的仲裁案件合并为一个仲裁案件，进行审理。第一，各案仲裁请求依据同一个仲裁协议提出；第二，各案仲裁请求依据多份仲裁协议提出，该多份仲裁协议内容相同或相容，且各案当事人相同、各争议所涉及的法律关系性质相同；第三，各案仲裁请求依据多份仲裁协议提出，该多份仲裁协议内容相同或相容，且涉及的多份合同为主从合同关系；第四，所有案件的当事人均同意合并仲裁。(2) 根据上述第1款决定合并仲裁时，仲裁委员会应考虑各方当事人的意见及相关仲裁案件之间的关联性等因素，包括不同案件的仲裁员的选定或指定情况。(3) 除非各方当事人另有约定，合并的仲裁案件应合并至最先开始仲裁程序的仲裁案件。(4) 仲裁案件合并后，在仲裁庭组成之前，由仲裁委员会仲裁院就程序的进行作出决定；仲裁庭组成后，由仲裁庭就程序的进行作出决定。

（四）仲裁员的选定或指定、回避和更换及仲裁庭的组成

仲裁员的选定或指定在仲裁程序中是很关键的部分，是仲裁与诉讼的本质区别之一。而且有的国家还规定，一方当事人放弃选定仲裁员的责任，他方当事人有权放弃仲裁而改向法院起诉。[①] 在当事人约定应由三人组成仲裁庭审理时，双方当事人可各自选任一名仲裁员，而第三名作为首席仲裁员的一般应由该两名仲裁员商定选任，也可委托仲裁机构代替双方指定首席仲裁员。如约定由独任仲裁员仲裁时，应由双方当事人合意选定；如达不成合意，可共同委托仲裁机构指定。2015年《中国国际经济贸易仲裁委员会仲裁规则》第30条规定，仲裁委员会主任根据本规则的规定指定仲裁员时，应考虑争议的适用法律、仲裁地、仲裁语言、当事人国籍，以及仲裁委员会主任认为应考虑的其他因素。

仲裁员应具备完全的行为能力，且不得与一方当事人有亲属或利害关系。过去，有的国家（如保加利亚等东欧国家）规定外国人不能担任仲裁员。近年来不少国家已放弃了这种做法，除极少数国家对仲裁员的国籍有限制性要求外[②]，大多数国家都以立法确认外国人具有被任命为仲裁员的资格。除国籍和居所限制外，还有一些国家对仲裁员的资格作了其他的限制，如西班牙、奥地利的仲裁立法规定法官不能担任仲裁员。

2017年修订的中国《仲裁法》第13条规定：仲裁委员会应当从公道正派的人员中聘任仲裁员。仲裁员应当符合下列条件之一：(1) 通过国家统一法律职

---

① 参看周子亚、卢绳祖、李双元等译：《瑞典的仲裁》，法律出版社1986年版，第77页。
② 例如，1985年《执行沙特阿拉伯仲裁法的规则》第3条规定："仲裁员应当是从事自由职业或其他职业的沙特国民或移居国外的穆斯林。"

业资格考试取得法律职业资格,从事仲裁工作满8年的;(2)从事律师工作满8年的;(3)曾任法官满8年的;(4)从事法律研究、教学工作并具有高级职称的;(5)具有法律知识、从事经济贸易等专业工作并具有高级职称或者具有同等专业水平的。仲裁委员会按照不同专业设仲裁员名册。

根据2015年《中国国际经济贸易仲裁委员会仲裁规则》第25条的规定,仲裁庭由1名或3名仲裁员组成。除非当事人另有约定或本规则另有规定,仲裁庭由3名仲裁员组成。其第26条规定,当事人从仲裁委员会提供的仲裁员名册中选定仲裁员。当事人约定在仲裁委员会仲裁员名册之外选定仲裁员的,经仲裁委员会主任确认后,当事人选定的或根据当事人之间的协议指定的人士可以担任仲裁员。

根据世界各主要仲裁机构的仲裁规则,仲裁庭一般有权根据当事人的申请,发出以保全财产或证据为目的的临时措施指令,向申请方提供临时救济。但在实践中,仲裁庭的组成通常耗时较长,有的长达数月,当事人在组庭前对"临时性救济"的需求往往不能从目前的仲裁程序中得到满足。为此,国际商会仲裁院、美国仲裁协会、斯德哥尔摩商事仲裁院、新加坡国际仲裁中心和瑞士商会仲裁院等仲裁机构在其仲裁规则中规定了"紧急仲裁员制度"。例如2017年《国际商会仲裁规则》第9条第1款规定,一方当事人需要不待组成仲裁庭而采取紧急临时或保全措施("紧急措施")的,可根据附件五(共8条规定)中列明的紧急仲裁员规则,请求采取该等措施。不论申请人是否已提交仲裁申请书,只要秘书处在根据第16条将案卷移交仲裁庭之前收到该请求,就应予以受理。2015年《中国国际经济贸易仲裁委员会仲裁规则》和2014年《中国(上海)自由贸易试验区仲裁规则》则规定了紧急仲裁庭制。《中国国际经济贸易仲裁委员会仲裁规则》第23条规定,根据所适用的法律或当事人的约定,当事人可以依据《中国国际经济贸易仲裁委员会紧急仲裁员程序》(本规则附件三)向仲裁委员会仲裁院申请紧急性临时救济。紧急仲裁员可以决定采取必要或适当的紧急性临时救济措施。紧急仲裁员的决定对双方当事人具有约束力。

整个仲裁程序都由独任仲裁员或首席仲裁员主持进行。但首席仲裁员除主持仲裁程序外,同其他仲裁员一样,也只有一票决定权。在仲裁庭不能形成多数意见时,依中国《仲裁法》第53条的规定,仲裁裁决依首席仲裁员的意见作出。

在国际商事仲裁中,各国仲裁立法和仲裁规则都对仲裁员的回避作了规定。被指定或选定的仲裁员与案件有利害关系的,应自行披露此种情况并请求回避。当事人也享有请求其回避的权利。中国《仲裁法》第34—35条规定,仲裁员有下列情形之一的,必须回避,当事人也有权提出回避申请:(1)是本案当事人或者当事人、代理人的近亲属;(2)与本案有利害关系;(3)与本案当事人、代理人有其他关系,可能影响公正仲裁的;(4)私自会见当事人、代理人,或者接受当事人、代理人的请客送礼的。当事人提出回避申请,应当说明理由,在首次开庭前提出。回避事由在首次开庭后知道的,可以在最后一次开庭终结前提出。其第36条规定,仲裁员是否回避,由仲裁委员会主任决定;仲裁委员会主任担任仲裁员时,由仲裁委员会集体决定。其第38条规定,仲裁员有本法第34条第4项规定的情形,情节严重的,或者有本法第58条第6项规定[①]的情形的,应当依法承担法律责任,仲裁委员会应当将其除名。

2015年《中国国际经济贸易仲裁委员会仲裁规则》第33条第1款规定:"仲裁员在法律上或事实上不能履行其职责,或没有按照本规则的要求或在本规则规定的期限内履行应尽职责时,仲裁委员会主任有权决定将其更换;该仲裁员也可以主动申请不再担任仲裁员。"仲裁员遇回避或死亡,或因其他原因不能履行职责时,一般应按原来的程序重新指定或选定。仲裁员被更换后,原来进行了的审理是否需要重新进行,一般由仲裁庭决定。

(五) 仲裁中的财产保全和证据保全及证据规则

仲裁中的财产保全是指法院或仲裁机构根据仲裁案件当事人的申请,就有关当事人的财产作出临时性强制措施,以保全申请人的权益,保证将来作出的裁决能够得到执行。仲裁中的财产保全,通常由当事人在申请仲裁时一并提出,但也可在仲裁审理过程中提出。各国仲裁法和仲裁规则对有权作出财产保全措施的机构规定不尽相同。一是规定只能由法院作出;二是规定可由仲裁机构作出;三是规定视不同情况,由法院或仲裁庭分别作出。中国《民事诉讼法》第272条规定,当事人申请采取财产保全的,中华人民共和国的涉外仲裁机构应当将当事人的申请,提交被申请人住所地或者财产所在地的中级人民法院裁定。2015年《民诉法解释》第542条规定,依照《民事诉讼法》第272条第1款规定,中华人民共和国涉外仲裁机构将当事人的保全申请提交人民法院裁定的,人民法院可以进行审查,裁定是否进行保全。裁定保全的,应当责令申请人提供担保,申请人不提供担保的,裁定驳回申请。[②]

在仲裁过程中,当事人要为自己的主张提供证据,可以申请证据保全。如中国《仲裁法》第43条规定,当事人应当对自己的主张提供证据;仲裁庭认为有必要收集证据的,也可以自行收集。其第46条还规定,在证据可能灭失或者以后难以取得的情况下,当事人可以申请证据保全。其第68条规定,涉外仲裁的当

---

① 第58条第6项规定为:仲裁员在仲裁该案时有索贿受贿、徇私舞弊、枉法裁决行为的。为此,我国2006年通过的《刑法修正案(六)》第20条规定,在《刑法》第399条后增加一条,作为第399条之一:"依法承担仲裁职责的人员,在仲裁活动中故意违背事实和法律作枉法裁决,情节严重的,处3年以下有期徒刑或者拘役;情节特别严重的,处3年以上7年以下有期徒刑。"

② 仲裁中的财产保全措施是一个比较复杂的问题,可参见李双元、谢石松:《国际民事诉讼法概论》,武汉大学出版社2001年版,第546—554页。

事人申请证据保全的,涉外仲裁委员会应当将当事人的申请提交证据所在地的中级人民法院。2015年《民诉法解释》第542条规定,依照《民事诉讼法》第272条第2款规定,当事人申请证据保全,人民法院经审查认为无需提供担保的,申请人可以不提供担保。

国际商事仲裁的当事人和仲裁员通常来自于不同国家和不同法系,其法律思维、证据理念和职业习惯都有着较大的差异。为协调不同法系间证据规则的差异,实现仲裁实务的统一操作,国际律师协会制定了《国际商事仲裁取证规则》(1983年第1版,1999年第2版,2010年第3版,英文名称"IBA Rules on the Taking of Evidence in International Arbitration")。该规则秉承的基本原则在于,确保每一方当事人有权在任何证据听证会或者有关事实或者实体的任何决定作出前的合理时间内获知其他当事人所依赖的证据,使仲裁庭得以公平、高效、经济地解决国际商事仲裁中的取证问题。该规则反映了国际商事仲裁证据获取及出示方面的最好实践,可以通过当事人自由约定而适用。中国国际经济贸易仲裁委员会也于2015年发布了其《证据指引》。

(六)仲裁中的语文和费用

各仲裁规则一般对仲裁使用的语文都作了规定。2017年《国际商会仲裁规则》第20条规定,当事人没有约定仲裁语言的,仲裁庭应当在适当考虑包括合同所用语言在内的所有情况后决定使用一种或数种语言进行仲裁。为了适应进一步对外开放的需要,方便双方都是外国籍的当事人在中国提起仲裁,《中国国际经济贸易仲裁委员会仲裁规则》1995年文本突破了已往的规定,允许在仲裁中使用外国语言文字。

2015年《中国国际经济贸易仲裁委员会仲裁规则》第81条也作了相似的规定:当事人对仲裁语言有约定的,从其约定。当事人对仲裁语言没有约定的,以中文为仲裁语言。仲裁委员会也可以视案件的具体情形确定其他语言为仲裁语言。仲裁庭开庭时,当事人或其代理人、证人需要语言翻译的,可由仲裁委员会仲裁院提供译员,也可由当事人自行提供译员。当事人提交的各种文书和证明材料,仲裁庭或仲裁委员会仲裁院认为必要时,可以要求当事人提供相应的中文译本或其他语言译本。

各仲裁规则对费用问题都有详细规定。例如,2015年《中国国际经济贸易仲裁委员会仲裁规则》第82条规定,(1)仲裁委员会除按照其制定的仲裁费用表向当事人收取仲裁费外,可以向当事人收取其他额外的、合理的实际费用,包括仲裁员办理案件的特殊报酬、差旅费、食宿费、聘请速录员速录费,以及仲裁庭聘请专家、鉴定人和翻译等的费用。仲裁员的特殊报酬由仲裁委员会仲裁院在征求相关仲裁员和当事人意见后,参照《中国国际经济贸易仲裁委员会仲裁费用表(三)》(本规则附件二)有关仲裁员报酬和费用标准确定。(2)当事人未在仲裁委员会规定的期限内为其选定的仲裁员预缴特殊报酬、差旅费、食宿费等实际费用的,视为没有选定仲裁员。(3) 当事人约定在仲裁委员会或其分会/中心所在地之外开庭的,应预缴因此而发生的差旅费、食宿费等实际费用。当事人未在仲裁委员会规定的期限内预缴有关实际费用的,应在仲裁委员会或其分会/中心所在地开庭。(4) 当事人约定以两种或两种以上语言为仲裁语言的,或根据本规则第56条的规定适用简易程序的案件但当事人约定由三人仲裁庭审理的,仲裁委员会可以向当事人收取额外的、合理的费用。

值得注意的是,第三方资助仲裁是国际仲裁近年来的新发展之一,这种新兴的诉讼费用转嫁模式的本质是一种以争议解决的结果作为标的的风险投资。第三方资助仲裁的基本运行机制是由一个与案件无关的第三方向诉讼(仲裁)当事人提供相关费用进行诉讼或仲裁。一旦当事人胜诉,则出资的第三方可以获得相应比例的收益,而当事人败诉时第三方将无任何回报。第三方资助仲裁这种方式已在澳大利亚、加拿大、美国、英国等法域形成了稳定的市场,但它存在一定的负面效应,引起诸如鼓励当事人滥诉、操纵司法、对传统仲裁规则造成影响等问题。第三方资助仲裁的仲裁裁决在有限制"帮讼分利"传统的国家面临着因违反公共秩序而被拒绝承认和执行的风险。[①]

(七) 简易程序

很多仲裁机构还规定了诸如"简易仲裁""快速仲裁""速办程序""小额争议仲裁"等程序制度,以适用于一些案情较为简单、争议金额不大,而双方当事人都希望仲裁程序进行的时间尽可能缩短的案件。

2015年《中国国际经济贸易仲裁委员会仲裁规则》第4章对"简易程序"作了如下主要规定:(1) 除非当事人另有约定,凡争议金额不超过人民币500万元,或争议金额超过人民币500万元,但经一方当事人书面申请并征得另一方当事人书面同意的,或双方当事人约定适用简易程序的,适用简易程序。没有争议金额或争议金额不明确的,由仲裁委员会根据案件的复杂程度、涉及利益的大小以及其他有关因素综合考虑决定是否适用简易程序。(2) 除非当事人另有约定,适用简易程序的案件,依照本规则第28条的规定成立独任仲裁庭审理案件。(3) 被申请人应在收到仲裁通知后20天内提交答辩书及证据材料以及其他证明文件;如有反请求,也应在此期限内提交反请求书及证据材料以及其他证明文件。申请人应在收到反请求书及其附件后20天内对被申请人的反请求提交答辩。当事人确有正当理由请求延长上述期限的,由仲裁庭决定是否延长;仲裁庭尚未组成的,由仲裁委员会仲裁院作出决定。(4) 仲裁庭可以按照其认为适当的方式审理案件,可以在征求当事人意见后决定只依据当事人提交的书面材料

---

① 参见丁汉韬:《论第三方资助仲裁的法律规制》,武汉大学2018年博士学位论文,摘要部分。

和证据进行书面审理,也可以决定开庭审理。对于开庭审理的案件,仲裁庭确定第一次开庭日期后,应不晚于开庭前15天将开庭日期通知双方当事人。当事人有正当理由的,可以请求延期开庭,但应于收到开庭通知后3天内提出书面延期申请;是否延期,由仲裁庭决定。(5)仲裁庭应当在组庭之日起3个月内作出裁决书。经仲裁庭请求,仲裁委员会仲裁院院长认为确有正当理由和必要的,可以延长该期限。(6)仲裁请求的变更或反请求的提出,不影响简易程序的继续进行。经变更的仲裁请求或反请求所涉争议金额分别超过人民币500万元的案件,除非当事人约定或仲裁庭认为有必要变更为普通程序,继续适用简易程序。

三、国际商事仲裁的审理方式

国际商事仲裁的审理方式主要有两种:一是口头审理,二是书面审理。

(一)口头审理

口头审理,又称开庭审理,是指仲裁庭在仲裁当事人及其他仲裁参与人的参加下,对案件的事实情况进行面对面审理的一种方式。

为节省时间和费用,很多仲裁立法和仲裁规则规定,仲裁庭仅在当事人作出约定或提出请求时才决定开庭进行口头审理。例如,1998年德国《民事诉讼法典》第1047条第1款规定,如当事人没有同意不进行开庭,经一方当事人请求,仲裁庭应在程序进行的适当阶段举行开庭。1999年瑞典《仲裁法》第24条也规定,经一方当事人请求,且当事人没有其他约定,仲裁庭在对提交其解决的事项作出决定之前应举行一次开庭。

口头审理有助于案件事实的调查。实践中,当事人申请开庭审理的常见理由是案件在经过听审口头陈述和反驳后,才能更有利于认定复杂的法律问题或事实问题,如案情复杂,涉及大量文书、证据且相互之间矛盾较多。应该说,要求口头审理也是当事人的一项权利。但是,毕竟口头审理是一个耗费时间和相对昂贵的程序,如果根据案件的实际情况没有必要进行口头审理,即使一方当事人提出了这种要求,也没有必要开庭审理。而且,一些仲裁立法和仲裁规则要求仲裁庭采用"适当的"程序或方式处理案件,仲裁庭享有自主决定是否口头审理的权力。例如,在英国,在1996年《仲裁法》生效之前,对于一方当事人请求进行口头审理的理由不够充分和正当的情况,仲裁庭最多只能通过裁决该方当事人承担开庭审理这笔不必要的费用以作为惩戒。而在1996年《仲裁法》生效之后,仲裁庭便有权根据该法第33条第1款第2项根据案件的具体情况采用适当的程序,以避免不必要的延迟和花费。

如果确定案件需要进行口头审理时,仲裁庭需要向双方当事人发送开庭通知。开庭审理时,确定开庭地点也很重要。各仲裁规则一般对此都有详细规定。2015年《中国国际经济贸易仲裁委员会仲裁规则》第36条规定:当事人约定了开庭地点的,仲裁案件的开庭审理应当在约定的地点进行,但出现本规则第82条第3款规定的情形的除外。除非当事人另有约定,由仲裁委员会仲裁院或其分会/中心仲裁院管理的案件应分别在北京或分会/中心所在地开庭审理;如仲裁庭认为必要,经仲裁委员会仲裁院院长同意,也可以在其他地点开庭审理。

应注意的是,开庭地点和仲裁地可能不同。仲裁地决定仲裁裁决的国籍,在承认与执行外国仲裁裁决时起重要作用。开庭地点则是指开庭审理的地点,一般虽是在仲裁地,但也可以在仲裁地之外。2015年《中国国际经济贸易仲裁委员会仲裁规则》第8条规定,当事人对仲裁地有约定的,从其约定。当事人对仲裁地未作约定或约定不明的,以管理案件的仲裁委员会或其分会/中心所在地为仲裁地;仲裁委员会也可视案件的具体情形确定其他地点为仲裁地。仲裁裁决视为在仲裁地作出。

关于仲裁庭开庭审理案件是否应公开进行的问题,为了保护商业秘密,各仲裁规则一般规定,除当事人双方同意公开审理外,仲裁审理应不公开进行。例如,我国《仲裁法》第40条规定,仲裁不公开进行。当事人协议公开的,可以公开进行,但涉及国家秘密的除外。

(二) 书面审理

书面审理,是指仲裁庭仅根据当事人提交的有关书面材料和证据,对案件的事实情况进行审理的一种仲裁审理方式。

从各国的仲裁立法和仲裁规则来看,只要双方当事人要求不开庭审理,仲裁庭一般都会予以尊重。应该说,为使争议得到快捷、经济的解决,只要案件的实际情况允许,书面审理无疑是值得提倡和鼓励的。即使双方当事人未就是否进行书面审理作出约定,仲裁庭也完全可以根据案件的实际情况向当事人提出进行书面审理的建议,并尽量协助和促使当事人达成此类协议。

英国海事仲裁中80%的案件都是仅依文件和书面意见进行书面审理的。有学者认为,这一方面是因为许多案件中的争议金额不太大,而案情也不太复杂,没有开庭审理的必要;第二方面则是听审程序的确是一个过于昂贵且旷日费时的程序;第三方面就是越来越多的仲裁员证实在大多数案件中听审其实不起任何作用。一般而言,多数仲裁员处理的都是重复性的纠纷,通常当事人提交的文件是广泛和完整的,一位有经验的仲裁员利用常识和对案件可能性的理解,是不难理清案件的脉络和事实真相的。①

中国《仲裁法》及仲裁机构的仲裁规则对于应采用何种仲裁审理方式的问题也作了相应规定,但它们却强调开庭审理。如中国《仲裁法》第39条规定:"仲裁应当开庭进行。当事人协议不开庭的,仲裁庭可以根据仲裁申请书、答辩

---

① 杨良宜著:《听审制度》,王宇译,载《仲裁与法律通讯》1997年第3期,第40页。

书以及其他材料作出裁决。"

四、国际商事仲裁裁决

(一) 国际商事仲裁裁决的概念和种类

国际商事仲裁裁决,一般是指国际商事仲裁庭在仲裁过程中或者仲裁审理终结后,对任何程序性事项或者当事人交付仲裁的争议事项所作出的结论性意见。根据不同标准,可对国际商事仲裁裁决作以下几种主要的分类:

(1) 对席裁决和缺席裁决。从仲裁当事人及其代理人是否出席仲裁庭的仲裁审理程序和行使了辩论权的角度,可将裁决区分为对席裁决和缺席裁决。对席裁决,是指仲裁庭在仲裁双方当事人或其代理人都依法出席了整个庭审程序,行使了辩论权的基础上所作出的裁决。缺席裁决,是指仲裁庭在被诉人(包括反请求中的被请求人)及其代理人都没有依法出席庭审程序或没有出席整个庭审程序,没有行使辩论权的情况下所作出的裁决。缺席裁决一般须具备两个条件:第一,仲裁机构已就开庭事宜对双方当事人或其代理人给予了适当的通知。第二,被诉人(包括反请求中的被请求人)及其代理人无正当理由不到庭,或未经仲裁庭许可中途退庭。此外,在双方当事人协议只进行书面审理的情况下,被诉人(包括反请求中的被请求人)及其代理人未按仲裁庭要求提出答辩书时,仲裁庭也可作出缺席裁决。中国《仲裁法》第42条规定,被申请人经书面通知,无正当理由不到庭或者未经仲裁庭许可中途退庭的,可以缺席裁决。

(2) 中间裁决、部分裁决和终局裁决。以裁决内容和作出裁决的时间为标准,可将裁决区分为中间裁决(interlocutory award)、部分裁决(partial award)和终局裁决(final award)。中间裁决,是指仲裁庭在仲裁程序进行过程中,就某一方面的问题所作出的临时性裁决,故又称临时裁决。在一些国家的仲裁实践中,中间裁决只涉及程序事项,如仲裁庭的管辖权、仲裁中的财产或证据保全和仲裁可适用的法律等。部分裁决,也称初步裁决,是指仲裁庭在仲裁审理过程中,认为案件的部分事实已经查明且有必要先行作出裁决的,就该部分事实所作出的裁决。部分裁决和中间裁决的主要区别在于:中间裁决一般是就有关程序问题和证据问题所作出的裁决,具有程序性的特点;而部分裁决具有实体性的特点。终局裁决,又称最终裁决或最后裁决,是指仲裁庭在仲裁审理终结后,就争议的全部问题所作出的最后裁决。终局裁决一经作出即具有终局效力,整个仲裁程序即宣告结束。终局裁决和部分裁决都是实体性裁决,且都具有终局效力和强制执行力。

(3) 合意裁决和非合意裁决。从裁决是否反映了双方当事人的合意的角度,可将裁决区分为合意裁决和非合意裁决。合意裁决,是指仲裁庭依照双方当事人达成的和解协议所作出的裁决。反之,非合意裁决即指仲裁庭非依双方当事人达成的和解协议所作出的裁决。

(4) 补充裁决和被补充裁决。如以裁决之间的补充与被补充关系为根据，还可将裁决区分为补充裁决和被补充裁决。通常，仲裁庭会在案件审结前就当事人交付仲裁的全部争议事项作出裁决，不存在补充裁决的问题。但是，由于仲裁庭的疏忽，往往也会出现漏裁的现象，从而使补充裁决成为必要。

(二) 国际商事仲裁裁决的形式和内容、效力和补正

1. 裁决的形式和内容

无论什么类型的裁决，各国仲裁立法和仲裁规则都要求以书面形式作成，并由仲裁庭全体或多数仲裁员签名。仲裁裁决书的内容，一般应包括如下几项：(1) 仲裁机构的名称、裁决书编号、仲裁员的姓名和地址、当事人双方的名称和住所地、代理人和其他参与人的姓名，以及作出仲裁裁决的准确日期和地点；(2) 简述有关裁决背景的事实情况，如双方当事人之间所签订的国际商事合同及其发生的争议、仲裁协议、仲裁申请和仲裁庭的组成情况、仲裁双方当事人的仲裁要求和支持其要求的依据；(3) 仲裁庭根据当事人双方的申诉、抗辩、证据和可适用的法律对案件作出的评价以及从这种评价中得出的关于判定双方当事人权利的结论；(4) 当事人需支付的仲裁费用和仲裁员报酬；(5) 由仲裁员在裁决书上签名，并加盖仲裁机构的印章，并且要载明裁决是终局裁决。

2. 裁决的作出和裁决理由的说明

裁决一般由独任仲裁员或依多数票作出。例如，2013 年《联合国国际贸易法委员会仲裁规则》第 33 条第 1 款规定，在仲裁员不止一名的情况下，任何裁决或其他决定应由仲裁员的多数作出。但关于程序问题，在未取得多数的情况下或由仲裁庭授权时，首席仲裁员得单独作出决定，但应遵从仲裁庭的可能修正。对于作出的裁决，一般要求说明作出相关裁决的理由。

根据 2015 年《中国国际经济贸易仲裁委员会仲裁规则》第 49 条规定，仲裁庭应当根据事实和合同约定，依照法律规定，参考国际惯例，公平合理、独立公正地作出裁决。由 3 名仲裁员组成的仲裁庭审理的案件，裁决依全体仲裁员或多数仲裁员的意见作出。仲裁庭不能形成多数意见时，裁决依首席仲裁员的意见作出。除非裁决依首席仲裁员意见或独任仲裁员意见作出，裁决应由多数仲裁员署名。持有不同意见的仲裁员可以在裁决书上署名，也可以不署名。作出裁决书的日期，即为裁决发生法律效力的日期。

为了保证仲裁裁决的质量，一些仲裁机构建立了仲裁裁决的核阅制度，例如 2017 年《国际商会仲裁规则》第 34 条规定，仲裁庭应在签署裁决书之前，将其草案提交仲裁院。仲裁院可以对裁决书的形式进行修改，并且在不影响仲裁庭自主决定权的前提下，提醒仲裁庭注意实体问题。裁决书形式未经仲裁院批准，仲裁庭不得作出裁决。2015 年《中国国际经济贸易仲裁委员会仲裁规则》第 51 条

规定,仲裁庭应在签署裁决书之前将裁决书草案提交仲裁委员会核阅。在不影响仲裁庭独立裁决的情况下,仲裁委员会可以就裁决书的有关问题提请仲裁庭注意。

3. 裁决的期限和效力

各国仲裁立法和仲裁规则对于裁决作出的期限,规定并不一致。如2017年《国际商会仲裁规则》第31条规定,裁决作出的期限为6个月,但在特殊情况下,仲裁院可以延长此期限。2015年《中国国际经济贸易仲裁委员会仲裁规则》第48条明确规定,仲裁庭应当在组庭后6个月内作出裁决书。经仲裁庭请求,仲裁院院长认为确有正当理由和必要的,可以延长该期限。

裁决的效力是指裁决的定案效力。一项终局裁决只要是合法有效的,即可构成定案,如前所述,一般不允许上诉。例如,中国《仲裁法》第9条第1款明确规定:"仲裁实行一裁终局的制度。裁决作出后,当事人就同一纠纷再申请仲裁或者向人民法院起诉的,仲裁委员会或者人民法院不予受理。"

4. 裁决的解释、更正和补充

裁决作出以后,当事人如果认为对裁决内容有不清楚之处,可以在一定期限内请求仲裁庭予以解释。2013年《联合国国际贸易法委员会仲裁规则》第37条规定,一方当事人可在收到裁决书后30天内,在通知其他各方当事人后,请求仲裁庭对裁决书作出解释。裁决书的解释应在收到请求后45天内以书面形式作出。裁决书的解释应构成裁决书的一部分。其第38条规定,一方当事人可在收到裁决书后30天内,在通知其他各方当事人后,请求仲裁庭更正裁决书中的任何计算错误、任何笔误或排印错误,或任何类似性质的错误或遗漏。仲裁庭认为此项请求有正当理由的,应在收到请求后45天内作出更正。仲裁庭可在发送裁决书后30天内,自行主动作出此种更正。其第39条规定,一方当事人可在收到终止令或裁决书后30天内,在通知其他各方当事人后,请求仲裁庭就仲裁程序中提出而仲裁庭未作决定的请求作出裁决或补充裁决。仲裁庭认为裁决或补充裁决请求有正当理由的,应在收到请求后60天内作出裁决或补充完成裁决。如有必要,仲裁庭可延长其作出裁决的期限。2015年《中国国际经济贸易仲裁委员会仲裁规则》第53条、第54条也对裁决的更正和补充作了规定。

(三) 对国际商事仲裁裁决的异议和撤销

虽然大多数国家的仲裁立法没有赋予当事人就仲裁裁决的法律或事实上的问题提起完全上诉的权利,但相当多的国家都允许当事人通过另一条途径向法院提出申诉,这一途径通称为裁决的异议程序。根据法律中关于异议裁决程序的规定,当事人可以就仲裁过程中影响了仲裁裁决的一些基本的不当行为作为理由,向法院提出异议仲裁裁决的申请。如果当事人异议成立,法院将撤销或修改仲裁裁决或依照法律规定,将裁决发回给仲裁庭重新审理。①

1. 对仲裁裁决提出异议的时间和理由

对仲裁裁决提出异议,是由当事人对仲裁裁决的有效性提出否定看法,要求管辖法院对裁决进行司法审查。关于裁决的异议一般是向裁决作出地国法院提出,至于管辖法院的级别则由各国国内法自行规定。

裁决作出地国对当事人可提出撤销裁决申请的时间多有限制,以免当事人有意拖延时间,影响裁决的承认和执行。总的来看,国外法律对可提出异议的时限都规定得较短,从28天②到3个月③不等。中国《仲裁法》第59条规定,当事人申请撤销裁决的,应当自收到裁决书之日起6个月内提出。

对仲裁裁决提出异议的理由主要有四类:

(1) 裁决本身的问题。提出异议的当事人可能主张裁决在法律适用和事实认定上有错误,但这种异议在大多数国家是得不到支持的。因为依照大多数国家仲裁法的规定,当事人只能就程序问题对裁决提出异议。另外,当事人还可能基于裁决不符合法定的形式或内容要求,如裁决中未署明当事人和仲裁员的姓名或仲裁机构的名称,或者没有附具裁决理由等。实践中,法院在审查此类异议理由时多作严格解释,不轻易采纳以否定裁决。

(2) 管辖权问题。如果仲裁庭在完全没有管辖权的情况下,或在部分无管辖权如仲裁庭超越其权限就仲裁协议范围以外的争议事项进行管辖并作出裁决,当事人可以就裁决的效力提出异议。对于前者,当事人可申请法院宣布裁决全部无效;对于后者,则可申请法院宣布裁决部分无效,只要裁决中对提交仲裁的事项所作的决定和对未提交仲裁的事项所作的决定能清楚地分开。④

至于仲裁庭没有审理当事人依仲裁协议提交仲裁的所有事项,即出现了漏裁,当事人是否可以因此对裁决提出异议,各国的做法不尽相同。有的国家将此作为一项对裁决提出异议的理由,并据以撤销裁决。有的国家虽将此作为一项对裁决提出异议的理由,但从严掌握以维持裁决的终局效力。例如,英国法院即要求当事人证明他所主张的事项都已全部提交给了仲裁庭,但仲裁庭在裁决中没有对这些事项全部作出决定,且已给或将给他造成实质性的不公正。而要认定实质性不公正的存在,当事人还须证明如果所有事项获得审理,会导致仲裁庭作出截然不同的裁决结果。如果仲裁庭忽略的事项是与争议无关或关联不大的

---

① 参见韩健:《现代国际商事仲裁法的理论与实践》,法律出版社2000年版,第359页。
② 1996年英国《仲裁法》第70条第3款。
③ 1998年德国《民事诉讼法典》第1059条第3款、2006年联合国《国际商事仲裁示范法》第34条第3款。
④ 参见2006年联合国《国际商事仲裁示范法》第34条第2款第3项。

事项,法院则不会进行干预。① 还有的国家不将此作为对裁决提出异议的一项理由,但允许当事人在一定期限内申请仲裁庭补正,作出补充裁决。

(3)其他仲裁程序问题。这主要包括:仲裁庭的组成是否适当;仲裁程序是否符合当事人仲裁协议中的约定;是否给予当事人以适当的开庭和听审通知;双方当事人是否得到平等对待;是否给予双方当事人充分和适当的机会进行申辩,等等。

(4)公共政策问题。国际商事仲裁违反可仲裁性或公共政策要求,也是当事人对裁决提出异议的一项理由。也就是说,一项裁决作出后直至执行,在仲裁事项可仲裁性和公共政策方面有可能受到仲裁地法院和被申请承认与执行地法院依其各自法院地法进行的双重审查。

2. 中国的涉外仲裁裁决异议和撤销制度

(1)中国涉外仲裁裁决的异议和撤销。

2017年中国最高人民法院《关于审理仲裁司法审查案件若干问题的规定》第17条规定,人民法院对申请执行我国内地仲裁机构作出的非涉外仲裁裁决案件的审查,适用《民事诉讼法》第237条的规定。人民法院对申请执行我国内地仲裁机构作出的涉外仲裁裁决案件的审查,适用《民事诉讼法》第274条的规定。可见,我国对内国的涉外仲裁裁决和内国的国内仲裁裁决实行不同的异议制度,即对涉外仲裁裁决实行形式审查制,对国内仲裁裁决实行实质审查制。

我国《仲裁法》第70条规定,当事人提出证据证明涉外仲裁裁决有《民事诉讼法》第260条(2012年修订后为第274条)第1款规定的情形之一的,经人民法院组成合议庭审查核实,裁定撤销。我国《民事诉讼法》第274条第1款的规定如下:① 当事人在合同中没有订有仲裁条款或者事后没有达成书面仲裁协议的;② 被申请人没有得到指定仲裁员或者进行仲裁程序的通知,或者由于其他不属于被申请人负责的原因未能陈述意见的;③ 仲裁庭的组成或者仲裁的程序与仲裁规则不符的;④ 裁决的事项不属于仲裁协议的范围或者仲裁机构无权仲裁的。2006年最高人民法院《关于适用〈中华人民共和国仲裁法〉若干问题的解释》第19条规定,当事人以仲裁裁决事项超出仲裁协议范围为由申请撤销仲裁裁决,经审查属实的,人民法院应当撤销仲裁裁决中的超裁部分。但超裁部分与其他裁决事项不可分的,人民法院应当撤销仲裁裁决。我国《仲裁法》第9条规定,仲裁裁决被人民法院依法裁定撤销或不予执行后,当事人可以重新达成仲裁协议申请仲裁,也可以向人民法院提起诉讼。

2017年最高人民法院《关于审理仲裁司法审查案件若干问题的规定》第19条规定,人民法院受理仲裁司法审查案件后,作出裁定前,申请人请求撤回申请

---

① 参见邓杰:《伦敦海事仲裁制度研究》,法律出版社2002年版,第417页。

的,裁定准许。其第 20 条规定,人民法院在仲裁司法审查案件中作出的裁定,除不予受理、驳回申请、管辖权异议的裁定外,一经送达即发生法律效力。当事人申请复议、提出上诉或者申请再审的,人民法院不予受理,但法律和司法解释另有规定的除外。2000 年最高人民法院《关于人民检察院对撤销仲裁裁决的民事裁定提起抗诉人民法院应如何处理问题的批复》指出:"检察机关对发生法律效力的撤销仲裁裁决的民事裁定提起抗诉,没有法律依据,人民法院不予受理。"

(2) 撤销我国涉外仲裁裁决的报核制度。

2017 年最高人民法院《关于仲裁司法审查案件报核问题的有关规定》第 2 条第 1 款为涉外涉港澳台仲裁司法审查案件建立了报核制度:各中级人民法院或者专门人民法院办理涉外涉港澳台仲裁司法审查案件,经审查拟认定不予执行或者撤销我国内地仲裁机构的仲裁裁决,应当向本辖区所属高级人民法院报核;高级人民法院经审查拟同意的,应当向最高人民法院报核。待最高人民法院审核后,方可依最高人民法院的审核意见作出裁定。

2015 年中国法院分别审结申请撤销涉外和涉港澳台仲裁裁决案件 59 件和 24 件,经最高人民法院复函同意后裁定撤销的涉港仲裁裁决案件 1 件,通知重新仲裁的案件 2 件。①

五、仲裁程序和实体问题的法律适用

仲裁作为一项解决国际商事争议的制度,相关活动往往涉及多个国家,而各国的法律无论是仲裁程序法还是解决争议的实体法均难免存在差异,因而需要确立相应的原则或规则来确定国际商事仲裁中各有关问题的法律适用。

(一) 仲裁程序问题的法律适用

1. 当事人协商选择的法律

当事人可以协商选择支配仲裁程序的法律或规则,是当今大多数国家仲裁立法和实践以及有关国际条约所承认的原则。如果当事人未作明示选择,通常还可根据某些因素推定其默示选择。例如,若当事人约定由某一机构仲裁却未约定程序规则,则该指定机构所在国的法律以及该机构的仲裁程序规则即可被推定为应适用的法律规则。这主要是基于仲裁具有契约的性质。

2. "仲裁法"或"仲裁地法"

当事人未就仲裁程序法单另作出选择时,仲裁程序的准据法一般也就是指"仲裁法"(lex arbitrii),即仲裁地国家所制定的支配仲裁程序的法律。这一法律不但决定有关争议事项是否允许用仲裁方法解决,并且对其他程序事项也起决

---

① 参见 2016 年 9 月 26 日,在中国贸促会例行新闻发布会上,中国仲裁法学研究会发布的《中国国际商事仲裁年度报告(2015)》,第 18 页。

定性的作用,直至因仲裁庭超越其权限或未能适当地进行仲裁程序所作出的裁决的撤销。

在实践中,英国法官科尔(Kerr)曾指出,根据他们的国际私法规则,在没有相反约定的情况下,支配仲裁的程序法是仲裁地法,无论是在英格兰、苏格兰或一些外国国家,均是如此。① 法国学者泰隆(Tallon)也曾指出,以仲裁地作为连结因素确定仲裁程序的准据法是一项几乎为全球所承认的规则,当事人既然指定仲裁地,也就意味着有适用当地仲裁法的意向。②

此外,即使当事人就仲裁程序法作出了其他选择,也要适用仲裁地法中的强制性规定(例如禁止外国人作仲裁员、不得禁止律师担任代理人等确保程序公正的规定)。因为在很大程度上,这类强制性规定是仲裁地国家对在其境内进行的仲裁施以最基本的法律控制的一种有效手段。

3. 非当地化理论及其局限性

自19世纪60年代以来,随着国际商事仲裁制度的发展,传统的"仲裁地"理论日益受到质疑和挑战,与此同时,一种新的理论——"非当地化理论"(delocalisation theory)被提出,并得到了一定的发展。这一学说认为不宜过分强调"仲裁法"的地位与作用,当事人甚至可以在其合同中约定,仲裁不依从任何特定国家的程序法、任何特定国家的冲突法规则或任何特定法律体系的实体法,而仲裁员也可以适用一般法律规则或习惯法。激进的观点甚至认为,仲裁裁决的强制执行力并不必然来自于仲裁地法,即使有关的仲裁程序违反了该地法律乃至其强制性规则,在其他国家仍可得到执行。

最早在1961年《关于国际商事仲裁的欧洲公约》中便有了非当地化理论的反映。该《公约》第4条第1款即规定,除非当事人将争议提交常设仲裁机构仲裁,仲裁员适用的程序规则将完全交由当事人自己约定,无需考虑有关国内法是如何规定的。2017年《国际商会仲裁规则》第19条也在一定程度上采纳了非当地化理论,其第19条规定:"仲裁庭审理案件的程序受本仲裁规则管辖;本仲裁规则没有规定的,受当事人约定的或当事人没有约定时仲裁庭确定的规则管辖,不论是否因此而援引适用于该仲裁的某一国内法的程序规则。"

主张非当地化理论的理由主要有:第一,仲裁地的选择往往具有偶然性,当事人选择在某地仲裁并非有意适用该地的程序法,而可能是出于其他因素(如便利或中立)的考虑。而且依据一个纯属偶然的仲裁地来确定仲裁适用的程序法,显然也极不合理。第二,从各国仲裁制度现状来看,各国仲裁法多是针对国

---

① See Lawrence Collins and Others, Dicey and Morris on the Conflict of Laws, 11th ed., Stevens & Sons, 1987, p.539.
② See Denis Tallon, The Law Applied by Arbitration Tribunals, Vol. 2, in Schmitthoff (ed.), The Sources of the Law of International Trade, 1964, p.159.

内仲裁程序制定的,往往不能满足现代国际商事仲裁实践的需要。而且有些国家的仲裁制度尚不完善。第三,即使有必要对仲裁程序施以法律控制,这种控制也不应来自仲裁地国家,而应来自被请求承认和执行裁决地国家。第四,各国仲裁制度的内容多为程序规则,当事人完全可以自行制定这些规则,因而完全没有必要适用仲裁地国家或任何特定国家的仲裁程序法。

迄今为止接受或倾向于接受非当地化理论的国家仍只是极少数。大多数国家仍坚持认为,仲裁程序制度在无当事人自主选择的情况下,仍应受仲裁地法支配,并受仲裁地国家法院的监督和管辖;仲裁裁决也只有取得仲裁地国家的国籍,才能依《纽约公约》在各缔约国间得到承认和执行。英国便是不接受非当地化理论的典型国家。

(二)国际商事仲裁实体问题的法律适用

1. 当事人协商选择实体法

在国际商事仲裁中,允许当事人协商选择解决争议的实体法,是各国普遍一致的做法。而且,随着国际商事仲裁制度的不断发展和完善,当事人协商选择实体法的自主权也不断扩大。同时,当事人选择法律的范围并不仅限于特定国家的国内法,还可以扩展到非国内法体系或非法律规则体系,如国际法、跨国法、国际贸易惯例、商事习惯法、一般法律原则,甚至可以是一些包含或体现在国际条约中的宗旨、原则或理念。

2. 依冲突法规则确定实体法

当事人未作法律选择或选择无效时,仲裁庭即须承担确定实体法的任务。通常,仲裁庭也是依据一定的冲突法规则来确定所要适用的实体法。例如,2006年联合国《国际商事仲裁示范法》第 28 条第 2 款规定,当事人没有指定任何可适用的法律的,仲裁庭应当适用其认为可适用的法律冲突规范所确定的法律。但是,根据很多学者的观点和部分外国立法和仲裁规则,仲裁庭不同于法院,不具有适用仲裁地冲突法规则的义务,而可在包括仲裁地冲突法在内的多个冲突法体系中进行选择,因而也就承担了所谓解决"二级冲突"的任务。[①] 实践中,可供仲裁庭选择的冲突法规则主要有以下四种:

(1)仲裁地国家的冲突法规则。根据传统的理论,在当事人未作法律选择时,仲裁庭对实体问题也应适用仲裁地国家的冲突法规则。该理论的优点在于:第一,可以保证法律适用的可预见性和统一性。因为仲裁地通常确定不移且容易辨识。第二,有利于当事人意愿被尊重和满足。因为当事人能够自由选择仲

---

① 一般认为,法院只需解决"一级冲突",即解决不同国家实体法之间的冲突,因为各国法院只需(也有义务)依法院地国家的冲突法规则确定实体法即可;而仲裁庭还需解决"二级冲突",即解决不同国家冲突法之间的冲突,因为仲裁庭还需确定依何国冲突法指引所要适用的实体法,而不是简单地(也无义务)依仲裁地国家的冲突法规则确定实体法。

裁地,也就间接地选择了可适用的冲突法规则。实践中,"仲裁地"理论也常表现出一些难以克服的缺陷,因而遭到了不少批评和反对:第一,过分夸大了仲裁地与实体争议之间的联系以及仲裁地法的重要性。仲裁地的(当事人)选择或(仲裁庭)确定多是出于中立或便利的考虑,具有很大的偶然性,往往与争议没有实际联系。第二,依仲裁地冲突法规则确定实体法往往存在各种实际困难。譬如,仲裁先后在不同国家进行时,仲裁地难以确定;仲裁地发生变更时,仲裁地难以识别。第三,依仲裁地决定所要适用的冲突法规则,并不能保证实体法适用的可预见性。因为在仲裁地确定之前,无法预知将要适用哪里的冲突法规则。

(2) 仲裁员本国的冲突法规则。也有一些学者主张,在当事人未作法律选择时,由于仲裁员比较熟悉其本国的法律,因而可以适用仲裁员本国的冲突法规则。反对者则指出,此种方法太不确定,实际运用起来也非常麻烦,因为国籍是一个可变的连结因素。首先,仲裁员自身的国籍有时存在冲突;其次,在国际商事仲裁中,仲裁庭往往由具有不同国籍的仲裁员组成,以哪一位仲裁员国籍所属国的冲突法规则为准,也是一个十分棘手的问题。正是基于上述原因,采用这种做法的十分少见。

(3) 裁决执行地国家的冲突法规则。还有一些学者主张,应依裁决执行地国家的冲突法规则确定解决争议的实体法,理由是可以保证仲裁裁决的可执行性。反对者指出,这一主张既不成立也不符合实际,因为:第一,根据《纽约公约》的规定,各缔约国在承认和执行裁决时,对仲裁庭适用的冲突法规则并不作审查。第二,如果仲裁裁决需要到若干国家去强制执行,又会遇到适用哪一执行地国家冲突法规则的困难。

(4) 与争议有最密切联系国家的冲突法规则。实践中,还有依与争议有最密切联系国家的冲突法规则确定解决争议的实体法的,如在巴黎依《国际商会仲裁规则》进行仲裁的一宗案件中,仲裁庭即以意大利法律体系与争议有最密切联系为由,适用了意大利的冲突法规则。① 不过,这一方法未必合理。因为,依与争议有最密切联系国家的冲突法规则确定的实体法并不一定就与争议有最密切联系。再者,面对众多可供选择的冲突法体系,究竟哪一冲突法体系与争议有最密切联系,仲裁庭常缺乏统一、确定的判断标准。

3. 直接确定实体规则

国际商事仲裁中,传统的依冲突法规则确定解决争议的实体法的方法,虽已为世界各国所普遍接受和采用,但其缺陷仍十分明显:(1) 依冲突法规则确定解决争议的实体法,首先须对冲突法规则本身作出选择,这无疑会增加仲裁庭的负担。(2) 怎样选择冲突法规则并不存在可资依据的统一标准,因而难以避免仲

---

① 参见韩健:《现代国际商事仲裁法的理论与实践》,法律出版社2000年版,第296—297页。

裁庭主观臆断及由此造成的不确定、无法预见等不合理性。(3) 以上几种适用冲突法规则的方法,都存在这样或那样的不足。

也正是基于上述原因,最近几十年里,国际商事仲裁实践中又出现了一种所谓直接确定实体规则的方法,即仲裁庭无需确定和依赖冲突法规则,只需根据案件的实际情况,直接确定所应适用的实体规则。直接确定实体规则方法的确立,无疑是国际商事仲裁实体规则适用方法上的一大进步和突破。许多国家的仲裁立法和实践以及有关的国际条约,都对这一方法予以了确认和肯定,例如2013年《联合国国际贸易法委员会仲裁规则》第35条第1款规定,仲裁庭应适用各方当事人指定适用于实体争议的法律规则。各方当事人未作此项指定的,仲裁庭应适用其认为适当的法律。2017年《国际商会仲裁规则》第21条第1款也作了相同规定。这种方法的优点主要表现在以下两个方面:其一,简化了仲裁中实体法确定的方法。其二,拓展了仲裁实体法的范围。引入直接确定实体规则的方法,仲裁庭除可直接适用国内法中的实体规则,还可直接适用许多"非国内法"和"非法律性"的实体规则。仲裁庭也可针对不同个案的实际情况,灵活适用各种实体规则,从而保证仲裁争议得到公平、合理的解决。①

不过,直接确定实体规则的方法也有不合理的地方,主要表现在:(1) 赋予了仲裁庭过大的自由裁量权,难免造成仲裁庭在法律适用上的主观随意性;(2) 仲裁庭直接确定实体规则缺乏客观、统一的标准,使得当事人无法预知仲裁中可能适用的实体规则,进而使得裁决结果缺乏明确性和可预见性。

4. 根据善良和公平原则作出裁决

如前所述,国际商事仲裁也允许友好仲裁,允许仲裁员或仲裁庭根据善良和公平原则(ex bono et aequo)或公平交易和诚实信用原则对争议实体问题作出裁决。

我国《仲裁法》没有规定仲裁中程序问题和实体问题的法律适用。但在当前国际商事仲裁尊重当事人意思自治的一般趋势下,当事人应该可以选择适用于仲裁中程序问题和实体问题的法律。2015年《中国国际经济贸易仲裁委员会仲裁规则》第4条第2款规定:"凡当事人同意将争议提交仲裁委员会仲裁的,均视为同意按照本规则进行仲裁。当事人约定适用其他仲裁规则,或约定对本规则有关内容进行变更的,从其约定,但其约定无法实施或与仲裁地强制性法律规定相抵触者除外。当事人约定适用其他仲裁规则的,由仲裁委员会履行相应的管理职责。"在没有选择的情况下,程序问题应该适用我国法律;对于实体问题,我国仲裁庭一般是依我国冲突规则指引准据法,在依最密切联系原则确定涉外合同的法律适用时,主要适用合同缔结地法、合同履行地法和仲裁地法。

---

① 参见谢石松主编:《商事仲裁法学》,高等教育出版社2003年版,第286—288页。

第四节 国际商事仲裁裁决的承认与执行

实践表明,在国际商事仲裁中,绝大多数裁决都得到了当事人的自觉履行①,但也不乏败诉方拒绝履行的。这种情况下,胜诉方即可申请法院承认与执行,这既是仲裁裁决强制执行力的表现,也是法院支持和协助仲裁的重要表现。

国际商事仲裁裁决的承认与执行一般分两种情况:一是内国国际商事仲裁裁决在内国的承认与执行;二是内国国际商事仲裁裁决在外国的承认与执行,以及外国国际商事仲裁裁决在内国的承认与执行。前一种情况为内国仲裁裁决的承认与执行,后一种情况则为外国仲裁裁决的承认与执行。在各国的仲裁立法和实践中,一般对内国仲裁裁决和外国仲裁裁决承认与执行的依据、条件和程序等作有不同的规定,从而就得首先确定仲裁裁决的国籍。

一、国际商事仲裁裁决的国籍

关于内国仲裁裁决和外国仲裁裁决的区分标准,主要有两种:一是领土标准;二是非内国裁决标准。所谓领土标准,是指以裁决作出地为确定裁决国籍的标准,即凡在被请求承认与执行地国以外国家领土内作出的裁决即为外国裁决。非内国裁决标准,则是指凡依被请求承认与执行地国法律不属于其内国裁决的即为外国裁决的标准。例如法国、德国等的法律或判例都表明,在本国但依外国仲裁程序法进行的仲裁而作出的裁决不属于本国裁决,而是一项外国裁决。依此标准,裁决作出地不再是确定裁决国籍应予考虑的因素,一项在内国作出的裁决可能被确定为外国裁决,而一项在外国作出的裁决却可能被确定为内国裁决。

1958年《纽约公约》订立时,各缔约国分歧太大,无法就确定裁决国籍的标准达成一致。最后,《纽约公约》采用了一个折中方案,即兼以领土标准和非内国裁决标准为确定裁决国籍的标准,并将公约适用于依该两种标准确定的外国仲裁裁决的承认与执行。② 不过,应指出的是,无论是拟定公约的纽约会议还是公约本身,都更偏重于领土标准,非内国裁决标准乃是第二标准。两者之间是一种主从关系,后者只是前者的一种补充和扩延,而且后者的作用主要在于扩大公约的适用范围。③ 同时,《纽约公约》第1条第3款规定,任何国家得于签署、批

---

① 据国际商会仲裁院统计,90%以上的裁决由败诉方自觉履行。See Has van Houtte, The Law of International Trade, Sweet & Maxwell, 1995, p.413.

② 《纽约公约》第1条第1款规定:"仲裁裁决,因自然人或法人间之争议而产生且在申请承认及执行地所在国以外之国家领土内作成者,其承认及执行适用本《公约》。本《公约》对于仲裁裁决经申请承认及执行地所在国认为非内国裁决者,亦适用之。"

③ 参见韩健:《现代国际商事仲裁法的理论与实践》,法律出版社2000年版,第380—381页。

准或加入本公约时,或于本公约第 10 条通知扩展适用时,基于互惠原则声明该国适用本公约,以承认及执行在另一缔约国领土内作成之裁决为限。

值得注意的是,尽管德国和法国在 20 世纪 50 年代起草《纽约公约》的过程中极力主张通过仲裁程序适用的法律决定仲裁裁决的国籍,但是这两国在其修订的民事诉讼法中,均抛弃了上述标准,而采用仲裁地点作为决定国际商事仲裁裁决国籍的标准。因此,可以认为,现代国际商事仲裁实践中,仲裁地点决定国际商事仲裁裁决国籍,已成为各国公认的标准。①

二、内国仲裁裁决的承认与执行

内国仲裁裁决,即具有内国国籍的仲裁裁决,除包括国内非涉外仲裁裁决外,还包括内国的国际商事仲裁裁决。许多国家对国内非涉外仲裁裁决和内国国际商事仲裁裁决在内国的承认与执行适用完全相同的条件和程序。

从各国的仲裁立法和实践看,申请承认和执行内国仲裁裁决的程序一般为:首先,由一方当事人向有管辖权的法院提出执行申请。其次,法院收到执行申请书后即对仲裁裁决进行形式审查。最后,法院经审查认定裁决符合有关法律规定的,即裁定承认其效力;需要执行的,则发给执行令,由内国法院依照内国民事诉讼法中规定的程序像执行内国法院判决一样予以强制执行。

法院对内国仲裁裁决进行形式审查的内容一般包括仲裁协议是否有效、仲裁员是否具备法定资格、仲裁员的行为是否得当、仲裁庭的组成及仲裁程序是否符合法律或仲裁协议的规定、被申请执行人是否得到了仲裁程序上适当的通知、裁决事项是否超出了仲裁协议的范围、裁决的形式是否符合法律的要求等。对于内国国际商事仲裁裁决,法院通常还要作公共秩序方面的审查。少数国家对内国仲裁裁决还作更严格的审查,如裁决中认定的事实是否正确、适用的法律是否适当。经审查,如果裁决有一项或几项不符合法律规定的,法院即驳回当事人的执行申请,裁定不予执行。

三、外国仲裁裁决的承认与执行

(一) 承认与执行外国仲裁裁决的依据

由于仲裁裁决需经法院承认和执行,各国一般都将外国仲裁裁决的承认与执行纳入了国际民事司法协助的范围。由此,承认与执行外国仲裁裁决的依据便基本同于承认与执行外国法院判决的依据,即有关的国际条约和互惠原则。目前,涉及外国仲裁裁决的承认与执行的国际条约非常多,其中较具影响的主要有:1958 年《纽约公约》、1965 年《华盛顿公约》、1961 年《关于国际商事仲裁的

---

① 赵秀文:《国际商事仲裁法》,中国人民大学出版社 2012 年版,第 332 页。

欧洲公约》、1975年《美洲国家间关于国际商事仲裁的公约》等。前两个为全球性国际条约,后两个则为区域性国际条约。《纽约公约》作为内容专门涉及外国仲裁裁决的承认与执行、在目前拥有最大数目成员[①]且运作最为成功的一个国际条约,无疑是各国承认与执行外国仲裁裁决的最主要依据。

(二) 承认与执行外国仲裁裁决应提交的文件

《纽约公约》第4条统一规定了申请承认与执行外国仲裁裁决应当提供的文件:经正式认证的裁决正本或经正式证明的副本;仲裁协议正本或经正式证明的副本。如果上述裁决或协议不是用被请求承认或执行的国家的文字作成,则申请人应提供译文,该译文应由一个官方的或宣过誓的译员或外交或领事人员证明。

(三) 拒绝承认与执行外国仲裁裁决的理由

根据《纽约公约》第5条,拒绝承认与执行外国仲裁裁决的理由可分为两类:(1) 须由被申请方当事人举证证明的理由。具体包括:仲裁协议当事人根据对他们适用的法律在当时是属于无行为能力,或根据当事人选定适用的法律,或没有这种选定时根据裁决作出地国法律,仲裁协议是无效的;对作为裁决执行对象的当事人未曾给予指定仲裁员或进行仲裁程序的适当通知,或作为裁决执行对象的当事人由于其他缘故未能提出申辩;裁决涉及仲裁协议所未曾提到的,或不包括在仲裁协议规定之内,或超出仲裁协议范围之外的争议[②];仲裁庭的组成或仲裁程序与当事人的协议不符,或在没有这种协议时与仲裁地法不符;裁决对当事人尚无约束力,或已由裁决作出地国或裁决所依据法律所属国的主管机关撤销或停止执行。(2) 法院依职权主动拒绝承认与执行的理由:争议事项不具可仲裁性;承认与执行裁决违反法院地国的公共秩序。

《纽约公约》所规定的拒绝承认与执行外国仲裁裁决的理由主要有如下特点:(1) 承认与执行地法院不对外国仲裁裁决进行实体审查。(2) 取消双重许可制度。即承认与执行地国是否承认与执行外国仲裁裁决无需仲裁地国对裁决的司法确认。[③]《日内瓦公约》第4条则要求申请方当事人提交裁决在裁决地国已成为终局裁决的证据。(3) 对拒绝承认与执行外国仲裁裁决的理由予以穷尽列举,法院不能基于任何其他理由拒绝承认与执行。(4) 不予承认与执行外国仲裁裁决的举证责任主要由被申请方当事人承担。在《日内瓦公约》体制下,要

[①] 截至2018年3月1日,公约共有157个成员,See http://www.uncitral.org/uncitral_texts/arbitration/NYConvention_status.html, visited on March 1, 2018。

[②] 但如果关于仲裁协议范围内事项的决定可以同关于仲裁协议范围外事项的决定分开,则该部分决定仍可予以承认和执行。参见《纽约公约》第5条第1款第3项。

[③] 为避免双重许可之嫌,防止当事人和缔约国产生误解,《纽约公约》第5条第1款第5项特别在措辞上以"约束力"(binding)代替了"终局"(final),并将依该项理由拒绝承认与执行裁决的举证责任转移给了被申请方当事人。

使外国仲裁裁决获得承认与执行,举证责任主要在申请方当事人。而根据《纽约公约》,只要申请方当事人依承认与执行地国的程序规则,向有管辖权的法院提供了符合《公约》第4条规定的文件材料,他就取得了请求法院承认与执行外国仲裁裁决的初步证据;对方当事人若反对执行该裁决,则须证明裁决存在《公约》规定的不予执行的理由。(5) 外国仲裁裁决具有《公约》第5条所列举的情形之一时,承认与执行地法院对是否承认与执行裁决享有自由裁量权。①

(四) 承认与执行外国仲裁裁决的程序

根据《纽约公约》第3条的规定,执行仲裁裁决的程序规则依被申请执行地国的法律。各缔约国在承认或执行外国仲裁裁决时,不得比承认和执行国内仲裁裁决附加更为苛刻的条件或者征收过多的费用。显然公约只是作了原则性的规定,在执行外国仲裁裁决的程序方面,具体规定仍依各缔约国国内法。

综观各国立法,可将其承认和执行外国仲裁裁决的程序规则分为三类。其一是将外国仲裁裁决作为外国法院判决对待。这是多数国家的做法。其二是将外国仲裁裁决作为合同之债对待,这是英美法系国家比较普遍的做法,要求有关当事人提起一个请求履行仲裁裁决中规定的义务或请求损害赔偿的诉讼来获得在内国境内承认和执行外国仲裁裁决的执行令。其三是将外国仲裁裁决作为内国仲裁裁决对待,把适用于执行内国仲裁裁决的规则扩大及于外国仲裁裁决的执行。

四、中国关于国际商事仲裁裁决承认与执行的制度及其完善

中国关于国际商事仲裁裁决承认与执行的制度,主要体现在中国缔结或参加的有关国际条约、《民事诉讼法》、《仲裁法》、最高人民法院《民诉法解释》等司法解释中。总的来看,上述制度主要涉及以下问题:(1) 中国涉外仲裁裁决在中国的承认与执行;(2) 中国涉外仲裁裁决在外国的承认与执行;(3) 外国仲裁裁决在中国的承认与执行。

(一) 中国涉外仲裁裁决在中国的承认与执行

1. 管辖的法院和应提供的文件

对于中国涉外仲裁裁决的承认与执行,中国《民事诉讼法》第273条规定,

---

① 根据《纽约公约》第5条,裁决存在该条列举的情形之一时,承认与执行地法院"始得"(may be)而不是"必须"(should or must)拒绝承认与执行,这赋予了法院自由裁量权。范·邓·伯格指出,《纽约公约》第5条规定的事由服从于法院的自由裁量权,如果执行地法院确信执行该裁决是适当的,即使裁决存在第5条规定的情形,执行地法院也可予以执行。在司法实践中,各国和各地区法院不是在外国仲裁裁决一有《公约》第5条规定的情形,就不予承认和执行,而是视具体情况,分别处理。这种做法显然有助于《公约》目标的实现。See Van den Berg, The New York Convention of 1958, Kluwer Law and Taxation Publishers, 1981, p.265. 例如,法国法院在一系列案件中,均承认与执行了已被外国法院撤销的仲裁裁决,尤其是 Chromally 公司案中的国际商事仲裁裁决在被埃及法院撤销后,又先后在美国和法国得到承认和执行。参见程永强:《论被撤销外国仲裁裁决的承认与执行》,厦门大学2009年硕士学位论文。

经中华人民共和国涉外仲裁机构裁决的,当事人不得向人民法院起诉。一方当事人不履行仲裁裁决的,对方当事人可以向被申请人住所地或者财产所在地的中级人民法院申请执行。2018年最高人民法院《关于人民法院办理仲裁裁决执行案件若干问题的规定》第2条规定,当事人对仲裁机构作出的仲裁裁决或者仲裁调解书申请执行的,由被执行人住所地或者被执行的财产所在地的中级人民法院管辖。符合下列条件的,经上级人民法院批准,中级人民法院可以参照《民事诉讼法》第38条的规定指定基层人民法院管辖:(1)执行标的额符合基层人民法院一审民商事案件级别管辖受理范围;(2)被执行人住所地或者被执行的财产所在地在被指定的基层人民法院辖区内。被执行人、案外人对仲裁裁决执行案件申请不予执行的,负责执行的中级人民法院应当另行立案审查处理;执行案件已指定基层人民法院管辖的,应当于收到不予执行申请后3日内移送原执行法院另行立案审查处理。

2017年最高人民法院《关于审理仲裁司法审查案件若干问题的规定》第6条规定,申请人向人民法院申请执行或者撤销我国内地仲裁机构的仲裁裁决、申请承认和执行外国仲裁裁决的,应当提交申请书及裁决书正本或者经证明无误的副本。当事人提交的外文申请书、裁决书及其他文件,应当附有中文译本。

2. 拒绝承认与执行中国涉外仲裁裁决的理由

我国对内国的涉外仲裁裁决和内国的国内仲裁裁决实行不同的承认与执行制度,即对涉外仲裁裁决实行形式审查制,对国内仲裁裁决实行实质审查制。这表明中国目前对仲裁裁决实行的是一种"内外有别"的双轨制监督机制。

总的来看,仲裁裁决双轨制监督有以下几点不妥:第一,与国际社会的普遍做法相违背。第二,导致了中国仲裁实践中司法监督的复杂化。第三,不利于中国国内仲裁业的健康发展。允许人民法院对国内仲裁裁决进行实体审查,实际上等于否定了此类仲裁裁决的终局效力。这违背了《仲裁法》中确立的"或裁或审、一裁终局"制度,极大地限制和阻碍了中国国内仲裁业的健康发展。中国对仲裁裁决无论是国内仲裁裁决还是涉外仲裁裁决均应采用同一司法监督标准,并将对裁决的司法监督严格限定在程序事项范围内。

根据我国《仲裁法》第71条、《民事诉讼法》第274条第1款,被申请人提出证据证明仲裁裁决有下列情形之一的,经人民法院组成合议庭审查核实,裁定不予执行[①]:第一,当事人在合同中没有订立仲裁条款或者事后没有达成书面仲裁协议的;第二,被申请人没有得到指定仲裁员或者进行仲裁程序的通知,或者由于其他不属于被申请人负责的原因未能陈述意见的;第三,仲裁庭的组成或者仲

---

① 根据我国《仲裁法》第70条的规定,人民法院裁定撤销我国涉外仲裁裁决的理由与不予执行的理由完全相同。

裁的程序与仲裁规则不符的;第四,裁决的事项不属于仲裁协议的范围或者仲裁机构无权仲裁的。人民法院认定执行该裁决违背社会公共利益的,裁定不予执行。

此外,2018年最高人民法院《关于人民法院办理仲裁裁决执行案件若干问题的规定》对不予执行仲裁裁决的理由进行了细化。其第13条规定:"裁决的事项不属于仲裁协议的范围或者仲裁机构无权仲裁的"包括以下情形:(1)裁决的事项超出仲裁协议约定的范围;(2)裁决的事项属于依照法律规定或者当事人选择的仲裁规则规定的不可仲裁事项;(3)裁决内容超出当事人仲裁请求的范围;(4)作出裁决的仲裁机构非仲裁协议所约定。其第14条规定,当事人主张未按照仲裁法或仲裁规则规定的方式送达法律文书导致其未能参与仲裁,或者仲裁员根据仲裁法或仲裁规则的规定应当回避而未回避,可能影响公正裁决,经审查属实的,人民法院应当支持;仲裁庭按照仲裁法或仲裁规则以及当事人约定的方式送达仲裁法律文书,当事人主张不符合民事诉讼法有关送达规定的,人民法院不予支持。适用的仲裁程序或仲裁规则经特别提示,当事人知道或者应当知道法定仲裁程序或选择的仲裁规则未被遵守,但仍然参加或者继续参加仲裁程序且未提出异议,在仲裁裁决作出之后以违反法定程序为由申请不予执行仲裁裁决的,人民法院不予支持。

根据2018年最高人民法院《关于人民法院办理仲裁裁决执行案件若干问题的规定》第3—4条规定,人民法院可以裁定部分执行仲裁裁决或者仲裁调解书,应当书面告知仲裁庭补正或说明仲裁裁决主文或者仲裁调解书中的文字、计算错误以及仲裁庭已经认定但在裁决主文中遗漏的事项。其第5条规定,申请执行人对人民法院依照本规定第3条、第4条作出的驳回执行申请裁定不服的,可以自裁定送达之日起10日内向上一级人民法院申请复议。其第17条规定,被执行人申请不予执行仲裁调解书或者根据当事人之间的和解协议、调解协议作出的仲裁裁决,人民法院不予支持,但该仲裁调解书或者仲裁裁决违背社会公共利益的除外。其第20条规定,当事人向人民法院申请撤销仲裁裁决被驳回后,又在执行程序中以相同事由提出不予执行申请的,人民法院不予支持;当事人向人民法院申请不予执行被驳回后,又以相同事由申请撤销仲裁裁决的,人民法院不予支持。

1998年最高人民法院《关于未被续聘的仲裁员在原参加审理的案件裁决书上签名人民法院应否执行该仲裁裁决书的批复》(法释[1998]21号)指出:对于未被续聘的仲裁员继续参加审理并作出裁决的案件,人民法院应当根据当事人的申请对该仲裁裁决书予以执行。依照中国《仲裁法》第9条的规定,仲裁裁决被人民法院依法裁定撤销或不予执行后,当事人可以重新达成仲裁协议申请仲裁,也可以向人民法院提起诉讼。

可见，人民法院拒绝承认与执行中国涉外仲裁裁决的理由与《纽约公约》第5条中规定的理由大体一致。只是尚有以下几点不同及不妥：其一，中国未规定仲裁协议当事人无民事行为能力、仲裁协议无效以及裁决尚未发生约束力等情形，这显然是今后立法中需要加以补充的；其二，中国将需由法院主动依职权审查的可仲裁性事项列为需由被申请执行人举证证明的事项，不适当地加重了当事人的举证责任，应予调整；其三，中国《仲裁法》取消了原《民事诉讼法》第260条第2款中规定的公共秩序条款①，这与《纽约公约》不符，与各国普遍做法也不同。

3. 拒绝承认与执行涉外仲裁裁决的报核制度

如前所述，2017年最高人民法院《关于仲裁司法审查案件报核问题的有关规定》第2条第1款为不予执行或者撤销我国内地仲裁机构的仲裁裁决的司法审查案件建立了报核制度。

（二）中国涉外仲裁裁决在外国的承认与执行

中国《仲裁法》第72条、《民事诉讼法》第280条第2款均规定，对于涉外仲裁机构作出的已发生法律效力的裁决，当事人请求执行的，如果被执行人或其财产不在中国境内，应由当事人直接向有管辖权的外国法院申请承认和执行。

中国于1986年加入《纽约公约》，该公约已于1987年4月22日对中国生效。中国涉外仲裁裁决在公约其他成员境内的承认与执行，无疑应按《纽约公约》办理。在被请求承认与执行地国是非《纽约公约》成员的情况下，如果中国与对方存在相互承认与执行仲裁裁决的双边条约或互惠关系，则中国涉外仲裁裁决也可依有关的双边条约或互惠原则在对方得到承认与执行。值得注意的是，在中国与对方既存在承认与执行仲裁裁决的双边条约，又同为《纽约公约》成员的情况下，一般应优先适用双边条约中的规定②，尤其在双边条约中规定的承认与执行的条件或程序更为优惠和便利时更是如此。

（三）外国仲裁裁决在中国的承认与执行

中国《民事诉讼法》第283条规定：国外仲裁机构的裁决，需要中华人民共和国人民法院承认和执行的，应由当事人直接向被执行人住所地或其财产所在地的中级人民法院申请，人民法院应当依照中华人民共和国缔结或者参加的国际条约，或者按照互惠原则办理。2015年《民诉法解释》第545条规定，对临时仲裁庭在中华人民共和国领域外作出的仲裁裁决，一方当事人向人民法院申请承认和执行的，人民法院应当依照《民事诉讼法》第283条规定处理。

---

① 与我国《民事诉讼法》相比，我国《仲裁法》既是新法又是特别法，因而具有优于前者的效力。
② 《纽约公约》第7条明确承认了缔约国另外签订的有关承认与执行裁决的多边或双边条约的优先效力。

2005年最高人民法院《第二次全国涉外商事海事审判工作会议纪要》第82—84条还指出:对具有执行内容的外国仲裁裁决,当事人仅申请承认而未同时申请执行的,人民法院仅对应否承认进行审查。承认后当事人申请执行的,人民法院应予受理并对是否执行进行审查。经当事人提供证据证明外国仲裁裁决尚未生效、被撤销或者停止执行的,人民法院应当拒绝承认与执行。外国仲裁裁决在国外被提起撤销或者停止执行程序尚未结案的,人民法院可以中止承认与执行程序;外国法院在相同情况下不中止承认与执行程序的,人民法院采取对等原则。外国仲裁裁决当事人向仲裁员支付仲裁员费用的,因仲裁员不是仲裁裁决的当事人,其无权申请承认与执行该裁决中有关仲裁员费用的部分,但有关仲裁员可以单独就仲裁员费用以仲裁裁决为依据向有管辖权的人民法院提起诉讼。

1. 确定外国仲裁裁决的标准

中国加入《纽约公约》时提出了互惠保留,即在互惠的基础上仅将《纽约公约》适用于对另一缔约国领土内作出的仲裁裁决的承认和执行。可见,中国对外国仲裁裁决的确定显然只采用了领土标准而没有同时采用非内国裁决标准,即中国只对在另一缔约国领土内作出的仲裁裁决的承认与执行适用《纽约公约》,对在中国领土内作出的仲裁裁决的承认与执行则不适用《纽约公约》。但是,如依中国《民事诉讼法》第283条中确立的仲裁机构标准,则凡由国外仲裁机构作出的裁决均为外国仲裁裁决,即使有关裁决是在中国领土内作出的,中国也仍须将它们作为外国仲裁裁决承认与执行。这无疑是荒唐的,且与中国加入《纽约公约》时未接受非内国裁决标准的做法相悖。同样,由中国仲裁机构在外国领土内作出的裁决,则不能被归入外国仲裁裁决,但其在中国的承认与执行却要适用《纽约公约》,这显然又是不合逻辑的。① 因此,应该认为,中国应及早取消《民事诉讼法》中的仲裁机构标准,而采用《纽约公约》中的领土标准,以实现与国际普遍实践的一致,同时消除确定外国仲裁裁决和履行条约相关义务方面所存在的尴尬和不利影响。

2. 《纽约公约》裁决在中国的承认与执行

为保证《纽约公约》在中国的有效实施,最高人民法院于1987年发布了《关

---

① 正因为如此,在实践中,我国学者和法院对外国仲裁机构在我国作出的仲裁裁决的国籍存在分歧。学者们的观点主要分为三派:"非内国裁决"派、否定"非内国裁决"派、我国涉外仲裁裁决派。在"宁波工艺品案"中,2009年宁波市中级人民法院认定国际商会仲裁院在北京作出的裁决为《纽约公约》中的"非内国裁决",并根据《纽约公约》进行了审查和执行;在2004年"旭普林公司案"中,无锡市中级人民法院认为国际商会仲裁院在上海作出的裁决为《纽约公约》中的"非内国裁决";在2001年"山西天利公司案"中,2004年最高人民法院认为国际商会仲裁院在香港特别行政区作出的裁决应根据《纽约公约》进行审查和执行。此外,对于国际商会仲裁院在1999年"TH&T国际公司案"中于美国洛杉矶作出的裁决,成都市中级人民法院认定为法国裁决。

于执行中国加入的〈承认及执行外国仲裁裁决公约〉的通知》。

第一,可在中国依《纽约公约》承认与执行的裁决范围。中国加入《纽约公约》时提出了两项保留,即互惠保留和商事保留。根据互惠保留,中国只在互惠基础上对在另一缔约国领土内作出的仲裁裁决的承认与执行适用该《公约》。

第二,管辖法院。根据中国《民事诉讼法》第283条规定,外国仲裁裁决的承认与执行由被执行人住所地或其财产所在地的中级人民法院管辖。2017年最高人民法院《关于审理仲裁司法审查案件若干问题的规定》第3条规定,外国仲裁裁决与人民法院审理的案件存在关联,被申请人住所地、被申请人财产所在地均不在我国内地,申请人申请承认外国仲裁裁决的,由受理关联案件的人民法院管辖。受理关联案件的人民法院为基层人民法院的,申请承认外国仲裁裁决的案件应当由该基层人民法院的上一级人民法院管辖。受理关联案件的人民法院是高级人民法院或者最高人民法院的,由上述法院决定自行审查或者指定中级人民法院审查。外国仲裁裁决与我国内地仲裁机构审理的案件存在关联,被申请人住所地、被申请人财产所在地均不在我国内地,申请人申请承认外国仲裁裁决的,由受理关联案件的仲裁机构所在地的中级人民法院管辖。

第三,中国承认与执行《纽约公约》裁决的程序。根据《纽约公约》第4条和第5条及最高人民法院上述《通知》第4条和第5条,申请中国法院承认和执行在另一缔约国领土内作出的仲裁裁决,由仲裁的一方当事人提出,当事人应当提交经中国驻外使领馆认证或经中国公证机关公证的仲裁裁决书的中文文本。申请应当在中国《民事诉讼法》第239条规定的2年申请执行期限内提出。中国有管辖权的人民法院在接到一方当事人的申请后,应对申请承认与执行的仲裁裁决进行审查。审查的事项仅限于《纽约公约》第5条所规定的事项:一是根据被申请执行人的主张和提供的证据,审查是否具有《纽约公约》第5条第1款所列举的情形;二是主动审查裁决是否具有《纽约公约》第5条第2款所列举的情形。经审查,如果人民法院认为裁决不具有《纽约公约》第5条第1款和第2款所列举的情形,应裁定承认其效力,并依中国《民事诉讼法》中规定的程序予以执行;反之,人民法院应裁定驳回当事人的申请,拒绝承认与执行。当事人依照《纽约公约》第4条规定的条件申请承认和执行外国仲裁裁决,受理申请的人民法院决定予以承认和执行的,应在受理申请之日起2个月内作出裁定,如无特殊情况,应在裁定后6个月内执行完毕。

3. 非《纽约公约》裁决在中国的承认与执行

中国与许多国家签订的双边条约,如双边贸易协定、双边投资保护协定以及双边司法协助协定,有的规定有相互承认与执行仲裁裁决的内容。由此,如果裁决作出地国不是《纽约公约》成员,但与中国存在关于承认与执行仲裁裁决的双边条约,则其裁决在中国的承认与执行可依该双边条约的规定办理。

在裁决作出地国既非《纽约公约》成员,又与中国不存在关于承认与执行仲裁裁决的双边条约时,根据《民事诉讼法》第 283 条的规定,中国仍可按互惠原则对其裁决予以承认和执行。实践中,中国法院一般是参照承认和执行外国法院判决的程序和条件对此类裁决进行审查的。

4. 拒绝承认和执行外国仲裁裁决的报核制度

如前所述,2017 年最高人民法院《关于仲裁司法审查案件报核问题的有关规定》第 2 条第 1 款为不予承认和执行外国仲裁裁决的司法审查案件建立了报核制度,即各中级人民法院或者专门人民法院办理经审查拟不予承认和执行外国仲裁裁决,应当向本辖区所属高级人民法院报核;高级人民法院经审查拟同意的,应当向最高人民法院报核。待最高人民法院审核后,方可依最高人民法院的审核意见作出裁定。

有人对 2015—2017 年间我国法院作出裁决的 81 个承认与执行外国仲裁裁决案例进行了实证研究,从裁决结果来看,有 3 例案件被拒绝承认和执行,有 4 例案件因仲裁庭超裁被拒绝承认与执行超裁部分,有 61 例案件得到法院承认与(或)执行,8 例案件因被申请人撤诉而结案,1 例案件因申请人提供材料不符合认证规定被驳回请求,1 例案件被移送管辖,3 例案件因管辖问题而被裁定驳回起诉或不予受理。上述数据充分表明,绝大多数外国仲裁裁决得到中国法院的承认与执行,是中国严格履行《纽约公约》所赋予的条约义务的有力证明。[①]

第五节　中国内地与中国香港、澳门和台湾地区仲裁裁决的相互认可与执行

一、香港、澳门回归前及两岸目前区际仲裁裁决的承认与执行

(一) 内地与香港

1975 年,英国批准了《纽约公约》,并于 1977 年将该《公约》拓展适用于香港地区。由此,在《纽约公约》自 1987 年 4 月 22 日对中国内地生效后,香港和内地作出的仲裁裁决即可作为《纽约公约》裁决依《公约》被相互认可与执行。据统计,从 1989 年中国国际经济贸易仲裁委员会所作裁决在香港高等法院得到执行开始,到 1997 年 7 月 1 日,已有大约 150 件内地仲裁裁决向香港地区申请承认与执行。同一时期,也有 13 件香港仲裁裁决得到内地法院的承认与执行。[②]

---

① 刘敬东、王路路:《"一带一路"倡议下我国对外国仲裁裁决承认与执行的实证研究》,载《法律适用》2018 年第 8 期。
② 参见香港《文汇报》1999 年 6 月 22 日(第 13 版)对最高人民法院副院长沈德咏的访谈。

（二）内地与澳门

澳门仲裁制度最早可追溯至葡萄牙 1961 年《民事诉讼法典》第四卷对仲裁的专门规定,该法典自 1963 年 1 月 1 日起延伸适用于澳门。但是,澳门地区一直没有民商事仲裁的案例和仲裁机构,直到 1996 年颁布《仲裁法律制度》(第 29/96/M 号法令)确立澳门本地仲裁制度,1998 年颁布《涉外商事仲裁专门制度》(第 55/98/M 号法令)建立起澳门涉外商事仲裁制度。

葡萄牙虽于 1995 年加入了《纽约公约》,但未将该《公约》拓展适用于澳门地区。因此,内地仲裁裁决不能在澳门得到承认与执行。在澳门地区作出的仲裁裁决也不能依《纽约公约》在中国内地被认可与执行,而只能依中国《民事诉讼法》第 283 条的规定,由人民法院按互惠原则办理。

（三）大陆与台湾

海峡两岸长期的隔阂与对立,使得两地之间相互认可与执行仲裁裁决的问题更为复杂,也更容易受到政治等非法律因素的影响。1992 年台湾地区颁布的"台湾地区与大陆地区人民关系条例",允许台湾地区法院认可与执行在大陆作出的仲裁裁决。最高人民法院 1998 年《关于人民法院认可台湾地区有关法院民事判决的规定》第 19 条规定,在人民法院申请认可与执行台湾地区仲裁机构仲裁裁决适用该《规定》。

2015 年,最高人民法院又发布了《关于认可和执行台湾地区仲裁裁决的规定》,自 2015 年 7 月 1 日起施行。该《规定》共 22 条,基本框架与 2015 年《关于认可和执行台湾地区法院民事判决的规定》大体相同,它的规定主要有:

(1) 扩大了申请认可和执行的台湾地区仲裁裁决的范围。该规定所称台湾地区仲裁裁决是指,有关常设仲裁机构及临时仲裁庭在台湾地区按照台湾地区仲裁规定就有关民商事争议作出的仲裁裁决,包括仲裁判断、仲裁和解和仲裁调解。

(2) 规定了认可台湾地区仲裁裁决的审查期限。人民法院应当尽快审查认可台湾地区仲裁裁决的申请,决定予以认可的,应当在立案之日起 2 个月内作出裁定;决定不予认可或者驳回申请的,应当在作出决定前按有关规定自立案之日起 2 个月内上报最高人民法院。

(3) 明确了仲裁优先的原则和不予认可仲裁裁决的理由。人民法院受理认可台湾地区仲裁裁决的申请后,当事人就同一争议起诉的,不予受理。当事人未申请认可,而是就同一争议向人民法院起诉的,亦不予受理,但仲裁协议无效的除外。

对申请认可和执行的仲裁裁决,被申请人提出证据证明有下列情形之一的,经审查核实,人民法院裁定不予认可:第一,仲裁协议一方当事人依对其适用的法律在订立仲裁协议时属于无行为能力的;或者依当事人约定的准据法,或当事人没有约定适用的准据法而依台湾地区仲裁规定,该仲裁协议无效的;或者当事人之间没有达成书面仲裁协议的,但申请认可台湾地区仲裁调解的除外。第二,被申请人未接到选任仲裁员或进行仲裁程序的适当通知,或者由于其他不可归责于被申请人的原因而未能陈述意见的。第三,裁决所处理的争议不是提交仲裁的争议,或者不在仲裁协议范围之内;或者裁决载有超出当事人提交仲裁范围的事项的决定,但裁决中超出提交仲裁范围的事项的决定与提交仲裁事项的决定可以分开的,裁决中关于提交仲裁事项的决定部分可以予以认可。第四,仲裁庭的组成或者仲裁程序违反当事人的约定,或者在当事人没有约定时与台湾地区仲裁规定不符的。第五,裁决对当事人尚无约束力,或者业经台湾地区法院撤销或者驳回执行申请的。依据国家法律,该争议事项不能以仲裁解决的,或者认可该仲裁裁决将违反一个中国原则等国家法律的基本原则或损害社会公共利益的,人民法院应当裁定不予认可。

(4) 申请认可后台湾地区的撤销裁决程序对人民法院认可和执行程序的影响。一方当事人向人民法院申请认可或者执行台湾地区仲裁裁决,另一方当事人向台湾地区法院起诉撤销该仲裁裁决,被申请人申请中止认可或者执行并且提供充分担保的,人民法院应当中止认可或者执行程序。申请中止认可或者执行的,应当向人民法院提供台湾地区法院已经受理撤销仲裁裁决案件的法律文书。台湾地区法院撤销该仲裁裁决的,人民法院应当裁定不予认可或者裁定终结执行;台湾地区法院驳回撤销仲裁裁决请求的,人民法院应当恢复认可或者执行程序。

(5) 不予认可后的救济途径。对人民法院裁定不予认可的台湾地区仲裁裁决,申请人再次提出申请的,人民法院不予受理。但当事人可以根据双方重新达成的仲裁协议申请仲裁,也可以就同一争议向人民法院起诉。

二、香港、澳门回归后及两岸统一后区际仲裁裁决的认可与执行

香港、澳门回归后,其相互之间以及其各自与内地之间的关系即从原先的国际关系转变为区际关系。《纽约公约》作为一个规范主权国家之间关系的国际条约,显然已不适合作为三地相互认可与执行仲裁裁决的直接依据,虽然中国已将该《公约》分别扩大适用于回归后的香港和澳门地区。同时,三地之间也不能相互将对方仲裁裁决作为本地裁决予以认可和执行,毕竟三地分属于三个不同的法域。由此,在有其他更适当的法律依据出现之前,三地相互认可与执行仲裁裁决实际上进入了一个法律的"真空期"。

(一) 内地与香港

香港回归后一段时期,内地与香港之间相互执行仲裁裁决处于一种"冻结"状态。这种状况曾引起两地各界的广泛关注和焦虑。经过磋商,两地终于在

1999年6月就《关于内地与香港特别行政区相互执行仲裁裁决的安排》达成一致意见,并签署了备忘录。该《安排》于2000年2月1日起施行,其主要内容如下:

(1)管辖法院。在内地和香港特别行政区作出的仲裁裁决,一方当事人不履行的,另一方当事人可以向被申请人住所地或者财产所在地的有关法院申请执行。有关法院,在内地指被申请人住所地或者财产所在地的中级人民法院,在香港特别行政区指高等法院。被申请人的住所或者财产,既有在内地又有在香港特别行政区的,申请人不能同时分别向两地有关法院提出申请。只有一地的财产不足以偿还其债务时,可就不足部分向另一地法院申请执行。

(2)应提交的文书。申请人应提交以下文书:执行申请书;仲裁裁决书;仲裁协议。执行申请书应当以中文文本提出,裁决书或者仲裁协议没有中文文本的,申请人应当提交正式证明的中文译本。

(3)期限和法律适用。申请人向有关法院申请执行内地或者香港特别行政区仲裁裁决的期限依据执行地法律有关时限的规定。有关法院在接到申请人申请后,应当按执行地法律程序处理及执行。

(4)不予执行的根据。在内地或者香港申请执行的仲裁裁决,被申请人接到通知后,提出证据证明有下列情形之一的,经审查核实,有关法院可裁定不予执行:第一,仲裁协议当事人依对其适用的法律属于某种无行为能力的情形;或者该项仲裁协议依约定的准据法无效,或者未指明以何种法律为准时,依仲裁裁决地的法律是无效的。第二,申请人未接到指派仲裁员的适当通知,或者因他故未能陈述意见的。第三,裁决所处理的争议不是交付仲裁的标的或者不在仲裁协议条款之内,或者裁决载有关于交付仲裁范围以外事项的决定的;但交付仲裁事项的决定可与未交付仲裁的事项划分时,裁决中关于交付仲裁事项的决定部分应当予以执行。第四,仲裁庭的组成或者仲裁庭程序与当事人之间的协议不符,或者在有关当事人没有这种协议时与仲裁地的法律不符。第五,裁决对当事人尚无约束力,或者业经仲裁地的法院按仲裁地的法律撤销或停止执行的。有关法院认定依执行地法律,争议事项不能以仲裁裁决解决的,则可不予执行该裁决。内地法院认定在内地执行该仲裁裁决违反内地社会公共利益,或者香港法院认定在香港地区执行该仲裁裁决违反香港的公共政策,则可不予执行。

(5)费用。申请人向有关法院申请执行在内地或者香港特别行政区作出的仲裁裁决,应当根据执行地法院有关诉讼收费的办法交纳执行费用。①

---

① 根据最高人民法院2005年《第二次全国涉外商事海事审判工作会议纪要》第73条规定,涉及执行香港特别行政区、澳门特别行政区、台湾地区仲裁裁决的收费及审查期限问题,参照最高人民法院《关于承认和执行外国仲裁裁决收费及审查期限问题的规定》(法释[1998]28号)办理。

(6) 适用范围。1997 年 7 月 1 日以后申请执行在内地或者香港特别行政区作出的仲裁裁决按本《安排》执行。

最高人民法院于 2009 年《关于香港仲裁裁决在内地执行的有关问题的通知》指出:当事人向人民法院申请执行在香港特别行政区作出的临时仲裁裁决、国际商会仲裁院等国外仲裁机构在香港特别行政区作出的仲裁裁决的,人民法院应当按照《安排》的规定进行审查。

(二) 内地与澳门

1999 年澳门特别行政区《涉外商事仲裁专门制度》对认可与执行外国仲裁裁决作了规定。只要符合它规定的条件,在互惠或对等的基础上,包括中国内地在内的任何国家或地区的仲裁裁决都可在澳门特别行政区得到认可和执行。同时,内地对澳门特别行政区仲裁裁决的执行也只能依互惠原则办理。我国政府 2005 年 7 月 19 日宣布,按照中国加入《纽约公约》之初所作的声明,《纽约公约》适用于澳门地区。值得欣慰的是,最高人民法院与澳门特别行政区经协商,达成了《关于内地与澳门特别行政区相互认可和执行仲裁裁决的安排》(法释(2007)17 号),自 2008 年 1 月 1 日起实施。

《安排》的主要内容有:(1) 管辖法院。在内地或者澳门特别行政区作出的仲裁裁决,一方当事人不履行的,另一方当事人可以向被申请人住所地、经常居住地或者财产所在地的有关法院申请认可和执行。内地有权受理认可和执行仲裁裁决申请的法院为中级人民法院。两个或者两个以上中级人民法院均有管辖权的,当事人应当选择向其中一个中级人民法院提出申请。澳门特别行政区有权受理认可仲裁裁决申请的法院为中级法院,有权执行的法院为初级法院。被申请人的住所地、经常居住地或者财产所在地分别在内地和澳门特别行政区的,申请人可以分别向两地法院提出申请,两地法院都应当依法进行审查。仲裁地法院应当先进行执行清偿;另一地法院在收到仲裁地法院关于经执行债权未获清偿情况的证明后,可以对申请人未获清偿的部分进行执行清偿。(2) 不予认可的根据。在此方面与内地和香港特别行政区达成的《安排》基本相同。(3) 其他规定。一方当事人向一地法院申请执行仲裁裁决,另一方当事人向另一地法院申请撤销该仲裁裁决,被执行人申请中止执行且提供充分担保的,应当中止执行。受理申请的法院应当尽快审查认可和执行的请求,并作出裁定。法院在受理认可和执行仲裁裁决申请之前或者之后,可以依当事人的申请,按照法院地法律规定,对被申请人的财产采取保全措施。

内地与港澳之间在相互认可与执行仲裁裁决问题上通过大胆摸索和尝试取得的上述成功经验,为回归后的澳门与香港之间,以及两岸统一后大陆与台湾、台湾与香港、台湾与澳门之间认可与执行仲裁裁决提供了有益的借鉴和参考的模式。当然,由四地共同达成统一安排则应是更理想的选择。

三、不予认可和执行涉港澳台仲裁裁决的报核制度

如前所述,2017年最高人民法院《关于仲裁司法审查案件报核问题的有关规定》第2条第1款为不予认可和执行香港特别行政区、澳门特别行政区、台湾地区仲裁裁决的司法审查案件建立了报核制度。

根据中国仲裁法学研究会发布的《中国国际商事仲裁年度报告(2015)》,2015年中国法院审结申请认可与执行涉港澳台仲裁裁决案件4件,其中1件因为超裁而不予认可和执行。

第六节 在 线 仲 裁

一、概述

当替代性争议解决方法在最近二十几年快速发展时,在线替代性争议解决方法(online alternative dispute resolution,online ADR或ODR)也开始进入人们的视野,并日益成为一种产业。① 互联网络域名和地址管理机构(Internet Corporation for Assigned Names and Numbers,ICANN,非营利性国际组织,成立于1998年)及其他网上域名仲裁的实践证明,在线仲裁已在世界范围内成功进行。中国国际经济贸易仲裁委员会域名争议解决中心于2000年底组建成立,并于2005年启用中国国际经济贸易仲裁委员会网上争议解决中心名称,中心致力于在知识产权和信息技术以及电子商务领域为当事人提供快捷高效的网上争议解决服务。实际上,在线争端解决机制可以适用于包括产生于电子商务和传统商务的争议在内的各种争议。

ODR的主要形式有在线和解(online negotiation)、在线调解(online mediation)和在线仲裁(online arbitration,OA),或者说网上协商、网上调解、网上仲裁。另外,从长远来看,联合国贸易和发展会议的《2003年电子商务与发展报告》认为,ODR是一种能够有助于建立信任的程序,因此,在新的关系正在得到建立,现有供诉诸法律手段的机构缺乏或不足的情形中,特别需要采用此种程序。《报告》认为,虽然在绝大多数发展中国家ODR仍处在初级阶段甚至尚未出现,

---

① 同时,在线诉讼也开始兴起。在线诉讼是指通过计算机网络技术完成诉讼程序的各个阶段的诉讼活动。在线诉讼的发展过程可能是曲折或者反复的,很可能是把诉讼过程当中的某些环节先搬到网络上来完成,比如当事方向法院提起诉讼、法院对当事方的起诉进行审查并通知起诉方是否受理、法院通知被诉方等等诉讼的准备阶段。美国密歇根州建立了首个网上法庭,于2002年10月正式开始运行。2017年8月18日,我国首家互联网法院——杭州互联网法院揭牌成立。它是全国第一家集中审理涉网案件的试点法院,贯彻"网上案件网上审"的审理思维,充分依托互联网技术,完成起诉、立案、举证、开庭、裁判、执行全流程在线化,实现便民诉讼,节约司法资源。

但是,它具有逐步发展并对在线交易引起的争端作出公正、费用低廉的裁决的潜力。

在线仲裁是指仲裁的全部或主要环节在互联网上进行的争议解决方式。例如美国的虚拟法官(virtual Magistrate)、ZipCourt、Internet Arbitration(net-ARB)等在线仲裁项目,世界知识产权组织、中国国际经济贸易仲裁委员会和广州仲裁委员会等传统仲裁机构提供的在线仲裁服务。依据裁决能否直接得到国家机关的强制执行,它可以分为有拘束力的在线仲裁和无拘束力的在线仲裁。联合国国际贸易法委员会第三工作组《在线争议解决规则(草案)》将在线仲裁(在"一轨道"争议解决模式中,系有拘束力仲裁;在"二轨道"争议解决模式中,系不具拘束力的中立人建议,即无拘束力的仲裁)设置为诉讼外网上争议解决的最后阶段。①

广州仲裁委员会2015年制定了《广州仲裁委员会网络仲裁规则》,为当事人和代理人提供了纠纷完全网络化处理的途径,在现有规则和当事人共同约定的前提下,实现纠纷在网上进行立案、受理、送达、答辩、组庭、交换证据、质证、审理、辩论、代理词总结、裁决等全部仲裁程序流程;2016年,受理全部通过线上处理案件11621件,选择全流程网上处理的案件逐步增多,特别是网络贷款等新型电子商务纠纷。

无拘束力的在线仲裁有以下特点:

(1)准强制性管辖。传统仲裁中将案件提交仲裁应出于当事人的自愿选择。但是有些在线仲裁程序却带有强制性质。这种强制性的程序为ICANN所授权的几个域名争议解决机构在域名争议仲裁中所采用。如世界知识产权组织的域名争议仲裁机构受理域名争议的根据就是ICANN 1999年《统一域名争议解决政策》,它要求域名申请人在接受《域名注册协议》中的条件时自动地同意服从于网上仲裁庭的管辖权。该注册协议还要求域名申请人在第三人主张其知识产权被侵犯时亦必须参与网上仲裁程序。世界知识产权组织仲裁与调解中心已依据该政策办理了3.9万多起案件。

(2)裁决不排除法院的实体审查。世界知识产权组织甚至建议不服裁决的一方当事人可以自由地在其本国法院要求对该项裁决进行审查。

(3)不排除当事方另行起诉的权利。例如在世界知识产权组织的网上仲裁程序中,当事人即使在仲裁员作出裁决之后仍保有向其本国法院起诉的权利。ICANN 2015年《统一域名争议解决政策之规则》第18条规定,当事人的网上争议解决程序不是排他的,不禁止当事人在开始仲裁程序之后或作出裁决后另行

---

① 参见丁颖、李建蕾、冀燕娜:《在线解决争议:现状、挑战与未来》,武汉大学出版社2016年版,第79页。

向法院起诉。

(4) 传统仲裁裁决和法院判决优先。1999年《统一域名争议解决政策》第3条还规定：如果域名注册机构收到对于该域名争议具有有效管辖权的法庭或仲裁机构发出的，要求域名注册机构撤销、转让和变更域名注册的判决或裁决，域名注册机构有权采取此类行动。

目前，在线仲裁的发展还不成熟，未能引起各国立法者的密切关注，网上仲裁机构相对于传统仲裁机构来说，都是新成立不久的，一些还是试验性的机构，缺少像传统常设仲裁机构那样的良好声誉。但是，ICANN域名争议仲裁机构已经解决的域名争议案中，所有的程序都在网上进行，并获得很大成功。主要是因为仲裁员仅仅解决抢注域名的案件，并且基本上只要求文件证据。另一方面，采取如上所述的准强制性管辖、不排除法院的实体审查等做法也让人们在尝试新争端解决方法时没有后顾之忧。

二、在线仲裁协议和在线仲裁条款

在线仲裁协议(on-line arbitration agreement)是指通过网络以电子数据交换、电子邮件或其他电子方式达成的把所涉争议提交仲裁的协议。在线仲裁条款是指通过网络以电子数据交换、电子邮件或其他电子方式达成的电子合同中载明的把所涉争议提交仲裁的条款。

20世纪90年代中后期，也就是在线仲裁诞生前后，有相当一部分国家或地区的仲裁立法对"书面仲裁协议"的理解突破了传统纸质媒介的局限。例如，1998年德国《民事诉讼法典》第1031条第1款规定："仲裁协议应当包括在当事各方签署的文件中，也可表现在当事人相互间交换的信件、传真、电报或其他可记录此项协议的通讯方式之中。"

但如果有关所适用的外国准据法不认可数据电文形式的在线仲裁协议和在线仲裁条款为书面形式，还可以采用合同约定方式加以解决。这种方式具体包括两种方法：(1) 当事人以合同的形式约定数据电文形式仲裁协议的效力，将其视为"书面"。(2) 由当事人在协议中作出声明，放弃根据应适用的法律对数据电文形式仲裁协议有效性和强制执行力提出异议的权利。现在已有许多国家法律认可这种约定。但是，只有在有关国家的法律允许当事人对书面形式要求自由处分时才能有效，而且双方当事人不能以双方之间的约定去对抗第三方。

三、在线仲裁的开庭、合议和裁决

(一) 文书和档案

文件的制作宜采用由争议解决机构统一制定的固定格式，包括证人证言在内的所有证据材料采用电子文本形式通过网络提交。为了保证文件在网上传送过程中没有经过篡改,保证文件的完整性和发送与接收信息者的身份确认,可以采用电子签名和电子认证的方法。争议解决机构可以为每个案件建立起单独的文件收发档案,可以把该档案和仲裁申请书、仲裁答辩书等案件材料按照顺序编号处理后存入一个特定目录下,建立完整的案件电子数据档案。只有取得相应解密密钥(口令),才能调阅案件的卷宗或者查阅案件裁决书。《广州仲裁委员会网络仲裁规则》第 28 条规定,本会对案件材料进行整理,形成电子卷宗归档。

(二) 保全措施

在线仲裁过程中,保全措施如得到有关国家法律的支持,也可以由仲裁庭或者接受委托的首席仲裁员"签署"文件,并将当事人的请求、担保资料以及仲裁庭的有关文书以电子文本形式传送有关国家司法机构予以裁定。

(三) 在线开庭和合议

可以通过电子邮件在当事方和仲裁员之间传递各种信息和文件。现在已经有许多免费软件,可供多人同时进行网络会议,传统文字、声音和文件及即时影像。这就和在同一个会议室里开会讨论的效果相似。而且,这一切都不需要提供额外的费用。如果需要高等级的保密,可以委托某一软件公司专门制作这方面的软件,对各方所发出的信息经过加密之后再在互联网上传输。通过这些技术,仲裁庭成员和当事人之间可以以视频会议形式举行在线听证会,开庭审理案件。开庭之后,仲裁员可以在线私下合议。

(四) 在线仲裁裁决

各国仲裁法一般规定,裁决应以书面作成并且经仲裁员签署,裁决应载明裁决日期和裁决地点。国际上的发展趋势是采用"功能等同法"把电子文本形式包括在"书面"的范围之内。所以,法院接受以电子文本形式作成的裁决只是时间问题。不过,这需要法院有这方面的技术设备安全地接收电子文本形式的裁决。

《广州仲裁委员会网络仲裁规则》第 27 条规定,(1) 决定书、裁决书、调解书由仲裁员电子签名,并由本会电子签章。(2) 决定书、裁决书、调解书送达至当事人的电子送达地址或者号码即视为送达。当事人要求纸质裁决文书的,应当向本会提出申请。

(五) 仲裁地问题

可以把在线仲裁分为两种情况,一种是传统的常设仲裁机构在原来的基础上新开设了在线仲裁业务,这样,在线仲裁的仲裁地还可以依照传统方法来确定,即仲裁地一般多为仲裁机构所在地,除非当事人另有约定。当事人没有约定时,仲裁机构有权决定仲裁地。第二种情况是纯在线仲裁。有人主张仲裁员所在地为进行仲裁程序的地点,在由两个以上的仲裁员组成仲裁庭的情况下,以首席仲裁员所在地为进行仲裁程序的地点。而这里的所在地,究竟是仲裁员的住所地、居所地,或者是仲裁程序开始时的住所地、居所地,还是仲裁程序进行之中的或者是签署裁决时的住所地或者居所地,这些都还是没有定论的问题。

(六) 在线仲裁裁决的执行和撤销

1958年《纽约公约》对仲裁条款(协议)的形式提出了"书面"的要求。《公约》第2条第2款把书面形式限定在"当事人签署或者包含在信函和电报的交换中",仅仅从字面含义上来看,在线仲裁协议的电子形式无法满足《公约》的这一要求。另外,网上仲裁协议当事双方的电子签名是否满足《纽约公约》对签字的要求,也要求由有关国家的法律确定。

根据《纽约公约》第4条规定,申请执行的当事人应当向执行地法院提供"原裁决之正本或者其正式副本",以及该裁决所依据的"仲裁协议之正本或者其正式副本"。在线仲裁所作出的终局裁决或者临时裁决都可以根据这一条请求执行。不过,首先要看执行地法院所在国是否已经通过立法的方式承认电子签名,如果没有,那么应当把裁决打印出来,形成书面可读形式,经过仲裁员亲笔签名以后,和当事双方签名后的仲裁协议打印文本,翻译成当地文字,经过公证、外交认证后提交执行地国法院执行。如果该国通过立法承认电子签名,还要看该国法院是否有技术设施通过网络接收仲裁协议和裁决电子文本,并认可其效力。随着技术和法律的发展,相信法院通过网络承认与执行在线仲裁裁决一定越来越普遍。

另一方面,对网上仲裁中胜诉的当事人而言,要到另一个国家去向外国法院申请承认与执行裁决,还要承担该裁决并不一定能获得执行的风险,这是十分不经济的,这种状况也和网上仲裁的方便快捷的特点不符。所以,应该大力采用类似于一些电子商务自律规范的督促机制。例如,在线仲裁网站可根据当事方参与程序及执行裁决的表现发放或收回网站徽章(web seals)、信任标记(trust mark)等网络信用记号,督促当事人配合在线仲裁的进程、履行裁决义务。这些网络信用记号等在美国和欧洲的电子商务中十分流行,是一种认证标志,表示该网站符合商业实践标准,符合隐私保护、履行义务良好或其他相关行为指南的特征。

仲裁裁决如被其国籍国法院撤销,则该裁决将得不到其他国家的承认和执行。而裁决国籍的认定在许多国家依靠于对仲裁地的认定,如无法确定仲裁地,则撤销无从下手。为此,有人认为在线仲裁领域不宜继续实行裁决撤销程序,并设计了各种办法。如建议:使仲裁地落空,从而取消撤销程序的客观条件(而在线仲裁仲裁地落空的事实证明了这种可能性);或使仲裁程序"非本地化"。[①]

---

① 参见李双元、王海浪:《电子商务法》,北京大学出版社2004年版,第490—491页。

【思考题】

1. 下列案件中,谁有权对仲裁协议的效力进行确认?如何确定仲裁协议的准据法?既约定了仲裁又约定了诉讼的仲裁协议是否有效?

【案例17.3】 铁行渣华有限公司诉华兴海运(中国)托运有限公司案①

1998年5月,铁行渣华有限公司向华兴海运(中国)托运有限公司(以下简称"华兴公司")托运10个集装箱的货物,装于"Guang Bin Ji 74"轮由香港运到广东云浮六都,华兴公司于1998年5月16日在香港签发提单,提单号为74/9805LD02。该提单背面条款第2条内容为 Jurisdiction: All disputes arising under or in connection with this Bill of Lading shall be determined by Chinese Law in the courts of, or by arbitration in, the People's Republic of China. 中文译文:"管辖权:所有因此提单产生的争议应按照中华人民共和国法律在中华人民共和国法院审理或在中华人民共和国仲裁。"铁行渣华有限公司与华兴公司事后没有关于仲裁的补充协议。

2000年2月15日,铁行渣华有限公司和铁行渣华(香港)有限公司向广州海事法院提出申请,请求法院确认提单仲裁条款无效。对此,华兴公司认为该提单背面条款第2条规定了"管辖权",该司法管辖条款是有效的,反请求法院裁定该提单中第2条中关于法律适用和司法管辖部分有效。

审理该案的合议庭认为:本案属涉外案件,对仲裁协议的效力作出认定,属于程序性问题,依照《承认及执行外国仲裁裁决公约》第5条第1项规定的精神,确定仲裁协议效力的准据法的基本原则是:首先应适用当事人约定的准据法,如当事人未约定准据法,则应适用仲裁地的法律。本案中,对于认定本案所涉仲裁协议效力的法律适用,本案当事人确定的准据法均是中华人民共和国法律,故本案应适用中华人民共和国法律。

合议庭同时认为:74/9805LD02号提单背面条款第2条是一个管辖权条款。一项争议的解决如果约定了提交仲裁,那么它本身应排斥诉讼,仲裁与诉讼不能同时进行,否则就违背了仲裁制度的根本原则。在本案所涉管辖权条款中,当事人既约定了进行仲裁又约定了进行诉讼,该仲裁协议应认定无效。至于华兴公司请求法院裁定该提单中的法律适用和司法管辖条款有效问题,由于铁行渣华有限公司、铁行渣华(香港)有限公司并没有要求本院对此进行确认,不属本案审理的范围,应另行处理。

---

① 参见李双元、欧福永主编:《国际私法教学案例》(第二版),北京大学出版社2012年版,第388—391页。

2. 何谓国际商事仲裁？国际商事仲裁有哪些特点？
3. 何谓国际商事仲裁协议？如何确定一项国际商事仲裁协议的有效性？
4. 试述国际商事仲裁协议的效力。
5. 何谓仲裁条款自治理论？
6. 何谓非当地化理论？非当地化理论有哪些进步意义？
7. 如何确定国际商事仲裁中实体问题和程序问题的法律适用？
8. 试述我国的国际商事仲裁裁决异议制度及其完善。
9. 试述我国的国际商事仲裁裁决承认与执行制度及其完善。

【司法考试真题】

1. 下列哪些机构是国际性的常设仲裁机构？（2002年不定项选择题）
   A. 美国仲裁协会　　　　　　　　B. 香港国际仲裁中心
   C. 国际商会仲裁院　　　　　　　D. 解决投资争端国际中心

2. 中国公司与新加坡公司协议将其货物买卖纠纷提交设在中国某直辖市的仲裁委员会仲裁。经审理，仲裁庭裁决中国公司败诉。中国公司试图通过法院撤销该仲裁裁决。据此，下列选项中哪一项是正确的？（2005年单选题）
   A. 中国公司可以向该市高级人民法院提出撤销仲裁裁决的申请
   B. 人民法院可依"裁决所根据的证据不充分"这一理由撤销该裁决
   C. 如有权受理该撤销仲裁裁决请求的法院作出了驳回该请求的裁定，中国公司可以对该裁定提起上诉
   D. 受理该请求的法院在裁定撤销该仲裁裁决前须报上一级人民法院审查

3. 下列哪些表述不符合我国《仲裁法》的规定？（2006年多选题）
   A. 只要是有关当事人可以自由处分的权利的纠纷，就可以通过仲裁解决
   B. 如果当事人有协议约定，仲裁案件可以不开庭审理
   C. 仲裁庭在中国内地进行仲裁时，无权对当事人就仲裁协议有效性提出的异议作出决定
   D. 由三人组成仲裁庭审理的案件，裁决有可能根据一个仲裁员的意见作出

4. 我国甲公司与瑞士乙公司订立仲裁协议，约定由某地仲裁机构仲裁，但约定的仲裁机构名称不准确。根据最高人民法院关于适用我国《仲裁法》的司法解释，下列哪些选项是正确的？（2007年多选题）
   A. 仲裁机构名称不准确，能确定具体仲裁机构的，应认定选定了仲裁机构
   B. 如仲裁协议约定的仲裁地仅有一个仲裁机构，它应视为约定的仲裁机构
   C. 如仲裁协议约定的仲裁地有两个仲裁机构，成立较早的仲裁机构应视为约定的仲裁机构
   D. 仲裁协议仅约定纠纷适用的仲裁规则的，不得视为约定了仲裁机构

5. 关于仲裁裁决的撤销,根据我国现行法律,下列哪一选项是正确的?(2008年单选题)

　　A. 我国法院可根据我国法律撤销一项外国仲裁裁决
　　B. 我国撤销涉外仲裁裁决的法定理由之一是裁决事项超出仲裁协议范围
　　C. 撤销涉外仲裁裁决的法定理由和撤销国内仲裁裁决的法定理由相同
　　D. 对法院作出的不予执行仲裁裁决的裁定,当事人无权上诉

6. 上海甲公司作为卖方和澳门乙公司订立了一项钢材购销合同,约定有关合同的争议在中国内地仲裁。乙公司在内地和澳门均有营业机构。双方发生争议后,仲裁庭裁决乙公司对甲公司进行赔偿。乙公司未在规定的期限内履行仲裁裁决。关于甲公司对此采取的做法,下列哪些选项正确?(2008年多选题)

　　A. 向内地有管辖权的中级人民法院申请执行该仲裁裁决
　　B. 向澳门特别行政区中级法院申请执行该仲裁裁决
　　C. 分别向内地有管辖权的中级人民法院和澳门特别行政区中级法院申请执行仲裁裁决
　　D. 向澳门特别行政区初级法院申请执行该仲裁裁决

7. 有关国际商事仲裁过程中采取保全措施的问题,依照我国现行法律在我国境内进行仲裁时,下列哪一选项是正确的?(2008年四川单选题)

　　A. 仲裁机构可以根据当事人的申请采取财产保全措施
　　B. 仲裁庭可以根据当事人的申请,指令一方当事人及时出售将会腐烂的作为争议标的物的水果
　　C. 仲裁机构不能自行采取证据保全措施
　　D. 仲裁庭应将一方关于冻结另一方银行账户的申请直接转交给法院处理

8. 为提高对涉外及外国仲裁事项有关问题的裁判的一致性,最高人民法院建立了相关的法院内部报告制度。下列表述正确的是:(2008年四川不定项选择题)

　　A. 受诉法院如决定拒绝执行一项外国仲裁裁决,应在作出相关裁定前依该制度履行上报手续;拒绝执行外国仲裁裁决的决定权由最高人民法院行使
　　B. 受诉法院如决定执行一项外国仲裁裁决,则无需依该制度履行上报手续
　　C. 该制度适用于对涉外仲裁裁决的撤销和重新仲裁的情形
　　D. 该制度适用于认定涉及港澳台的合同中的仲裁条款无效的情形

9. 某国甲公司与中国乙公司订立买卖合同,概括性地约定有关争议由"中国贸仲"仲裁,也可以向法院起诉。后双方因违约责任产生争议。关于该争议的解决,依我国相关法律规定,下列哪一选项是正确的?(2009年单选题)

　　A. 违约责任不属于可仲裁的范围
　　B. 应认定合同已确定了仲裁机构

C. 仲裁协议因约定不明而在任何情况下无效

D. 如某国甲公司不服仲裁机构对仲裁协议效力作出的决定,向我国法院申请确认协议效力,我国法院可以受理

10. 中国和甲国均为《承认及执行外国仲裁裁决公约》缔约国。现甲国申请人向中国法院申请承认和执行在甲国作出的仲裁裁决。下列哪项正确?(2010年单选题)

A. 应对该裁决的承认与执行适用公约,因该申请人具有公约缔约国国籍

B. 有关中国投资者与甲国政府间投资争端的仲裁裁决不适用公约

C. 中国有义务承认公约缔约国所有仲裁裁决的效力

D. 被执行人为中国法人的,应由该法人营业所所在地法院管辖

11. 澳门甲公司与内地乙公司的合同争议由内地一仲裁机构审理,甲公司胜诉。乙公司在广东、上海和澳门有财产。下列哪些选项正确?(2010年多选题)

A. 甲公司可分别向广东和上海有管辖权的法院申请执行

B. 只有国务院港澳办提供的名单内的仲裁机构裁决才能被澳门认可与执行

C. 甲公司分别向内地和澳门法院申请执行的,内地法院应先行执行清偿

D. 两地法院执行财产总额不得超过依裁决和法律规定所确定的数额

12. 中国A公司与甲国B公司签订货物买卖合同,约定合同争议提交中国C仲裁委员会仲裁,仲裁地在中国,但对仲裁条款应适用的法律未作约定。后因货物质量问题双方发生纠纷,中国A公司依仲裁条款向C仲裁委提起仲裁,但B公司主张仲裁条款无效。根据我国相关法律规定,关于本案仲裁条款的效力审查问题,下列哪些判断是正确的?(2012年多选题,2007年单选题第39题也考查了仲裁协议的法律适用)

A. 对本案仲裁条款的效力,C仲裁委无权认定,只有中国法院有权审查

B. 对本案仲裁条款的效力,如A公司请求C仲裁委作出决定,B公司请求中国法院作出裁定的,由中国法院裁定

C. 对本案仲裁条款效力的审查,应适用中国法

D. 对本案仲裁条款效力的审查,应适用甲国法

13. 法国某公司依1958年《承认及执行外国仲裁裁决公约》,请求中国法院承认与执行一项国际商会国际仲裁院的裁决。依据该公约及中国相关司法解释,下列哪一表述是正确的?(2013年单选题)

A. 法院应依职权主动审查该仲裁过程中是否存在仲裁程序与仲裁协议不符的情况

B. 该公约第5条规定的拒绝承认与执行外国仲裁裁决的理由是穷尽性的

C. 如该裁决内含有对仲裁协议范围以外事项的决定,法院应拒绝承认与执行该裁决

D. 如该裁决所解决的争议属于侵权性质,法院应拒绝承认与执行该裁决

14. 中国甲公司与外国乙公司在合同中约定,合同争议提交中国国际经济贸易仲裁委员会仲裁,仲裁地在北京。双方未约定仲裁规则及仲裁协议适用的法律。对此,下列哪些选项是正确的?(2014年多选题)

A. 如当事人对仲裁协议效力有争议,提请所选仲裁机构解决的,应在首次开庭前书面提出

B. 如当事人将仲裁协议效力的争议诉至中国法院,应适用中国法

C. 如仲裁协议有效,应适用中国国际经济贸易仲裁委员会的仲裁规则仲裁

D. 如仲裁协议有效,仲裁中申请人可申请更改仲裁请求,仲裁庭不能拒绝

15. 2015年3月,甲国公民杰夫欲向中国法院申请承认并执行一项在甲国境内作出的仲裁裁决。中国与甲国均为《承认及执行外国仲裁裁决公约》成员国。关于该裁决的承认和执行,下列哪一选项是正确的?(2015年单选题)

A. 杰夫应通过甲国法院向被执行人住所地或其财产所在地的中级人民法院申请

B. 如该裁决系临时仲裁庭作出的裁决,人民法院不应承认与执行

C. 如承认和执行申请被裁定驳回,杰夫可向人民法院起诉

D. 如杰夫仅申请承认而未同时申请执行该裁决,人民法院可以对是否执行一并作出裁定

16. 中国甲公司与日本乙公司的商事纠纷在日本境内通过仲裁解决。因甲公司未履行裁决,乙公司向某人民法院申请承认与执行该裁决。中日均为《纽约公约》缔约国,关于该裁决在中国的承认与执行,下列哪一选项是正确的?(2017年单选题)

A. 该人民法院应组成合议庭审查

B. 如该裁决是由临时仲裁庭作出的,该人民法院应拒绝承认与执行

C. 如该人民法院认为该裁决不符合《纽约公约》的规定,即可直接裁定拒绝承认和执行

D. 乙公司申请执行该裁决的期间应适用日本法的规定

【扩展性阅读材料】

1. 宋连斌、黄进:《中华人民共和国仲裁法》(建议修改稿),载《法学评论》2003年第4期。

2. 何其生:《国际商事仲裁司法审查中的公共政策》,载《中国社会科学》2014年第7期。

3. 刘敬东、王路路:《"一带一路"倡议下我国对外国仲裁裁决承认与执行的实证研究》,载《法律适用》2018 年第 8 期。

4. 邓杰:《论仲裁庭管辖权自决原则》,载《中国国际私法与比较法年刊》第 5 卷,法律出版社 2002 年版。

5. 杨良宜、莫世杰、杨大明:《仲裁法:从开庭审理到裁决书的作出与执行》,法律出版社 2010 年版。

6. 赵秀文:《国际商事仲裁法》,中国人民大学出版社 2012 年版。

7. 韩健:《现代国际商事仲裁法的理论与实践》,法律出版社 2000 年版。

8. 宋连斌:《国际商事仲裁管辖权研究》,法律出版社 2000 年版。

9. 刘晓红:《国际商事仲裁协议的法理与实证》,商务印书馆 2005 年版。

10. 赵健:《国际商事仲裁的司法监督》,法律出版社 2000 年版。

11. 邓杰:《伦敦海事仲裁制度研究》,法律出版社 2002 年版。

12. 高菲:《中国海事仲裁的理论与实践》,中国人民大学出版社 1998 年版。

13. 高菲、徐国建:《中国临时仲裁实务指南》,法律出版社 2017 年版。

14. 〔英〕雷德芬、亨特等:《国际商事仲裁法律与实践》,林一飞、宋连斌译,北京大学出版社 2005 年版。

15. http://www.china-arbitration.com/中国仲裁网。

16. About International Arbitration[①]

(1) Description of Arbitration

With the rapid growth and expansion of the world financial and business communities, it is increasingly important for businesses to have an established method of resolving business disputes quickly, efficiently and constructively.

When disputes arise in the course of business, parties often prefer to settle them privately and informally, in a businesslike fashion that will enable them to maintain their business relationship.

Arbitration is designed for just such occasions, in that it can be designed for quick, practical and efficient resolution.

Arbitration is a voluntary process of dispute resolution where a neutral third party renders a final and binding decision after each side has an opportunity to present its view. This method is especially useful in international business transactions where parties are often unfamiliar with foreign legal systems.

Unlike a judicial process, arbitration is conducted outside the court system by impartial arbitrators who are selected by the parties based on criteria that best fits the

---

① http://www.osec.doc.gov/ogc/occic/arb-98.html, visited on March 22, 2007.

nature of the contract. Arbitration is usually conducted by either one arbitrator or a panel of three arbitrators with the structure, format, site and scope of arbitration all decided by the parties and memorialized in the arbitration clause of their contract. The parties usually negotiate the arbitration clause at the same time they develop the initial contract. A properly structured provision will help establish a framework for expeditious resolution of contract disputes.

Arbitration allows the parties greater flexibility than a court proceeding. Parties can decide to have abbreviated time periods in which to respond to claims, where the arbitration will be conducted, how formal the process will be, or whether to involve lawyers in the arbitration.

(2) **Advantages of Arbitration over Litigation**

A. Impartiality of Decision Maker—Where a party is concerned that a court in another country may not be neutral, arbitration allows parties chose the arbitrators who will decide the matter;

B. Enforceability of Arbitral Awards—Arbitration awards are final and can be challenged only under very limited circumstances;

C. Confidentiality—Where arbitration proceedings and awards are normally private, court proceedings and judgments are frequently public;

D. Expertise—Parties may choose arbitrators with technical backgrounds who will understand the specific issues in the case;

E. Limited Discovery—Because the parties may choose to limit discovery in their arbitration, arbitration can be less burdensome;

F. Expense—Arbitration is usually less expensive than litigation;

G. Brevity—Arbitration usually produces a resolution more quickly than litigation; and,

H. Relationships—Arbitration may be viewed as less adversarial, thereby preserving long-term business relationships.

......

第十八章 国际商事和解与调解

第一节 国际商事和解

一、国际商事和解的概念

国际商事和解(international commercial negotiation)是国际商事关系的当事人在自愿互谅的基础上,按照有关法律规定和合同约定或者公平原则,直接进行磋商,自行达成协议,从而解决争议的一种方式。由于这种方式是通过协商或谈判实现争议的和解,故又称为国际商事协商或谈判。国际商事和解解决争议的最大特点在于它无需第三者介入,完全由当事人各方自行解决其纠纷。

国际商事和解是解决国际商事争议的最初方法。一般来说,许多争议通过和解能够得到解决。在通过和解不能解决争议时,当事人可以按照具体情况和双方的约定,进一步采取其他方式解决争议。

二、国际商事和解的优越性和局限性

国际商事和解有许多优越性。第一,和解自始至终都是在自愿基础上进行的。因此,当事人一旦达成解决争议的协议,一般都能自愿遵守。第二,和解一般是在当事人互谅互让的友好气氛中进行的,不伤和气,可以增进彼此的了解和理解,从而促进其合作关系进一步发展。第三,和解不需要经过严格的法律程序。因此,和解可以节省时间和费用,有利于及时解决争议。第四,和解不必严格按照实体法规定作出决定,在不违反法律基本原则的前提下,当事人可以根据实际情况灵活解决争议。第五,和解中没有第三者参与,有利于保护商业秘密。和解的上述优越性使得争议当事人一般都愿意首先采用这种方式解决争议。在实践中,不少国家的法律均要求当事人尽量协商解决争议,而且,许多争议也都是当事人自己协商解决的。

但是,国际商事和解方式也有一定的局限性。第一,对当事人来说,和解的当事人并无达成协议的义务,所以有时争议会拖延甚久而无法解决。第二,谈判往往取决于当事人各自讨价还价的力量,在当事人实力不对等的情况下,实力较弱一方可能感到压力太大而无法达成协议,而实力较强一方可能或企图增加压力,迫使对方就范,更增加达成协议的困难。第三,在当事人对争议有严重分歧时,双方常常很难通过和解解决争议,不得不求助于第三者解决争议。第四,当

事人自行达成的和解协议一般无法律上的强制执行力。

三、国际商事和解的原则

国际商事和解应遵循如下原则：(1) 自愿原则。自愿是和解的前提。和解必须由各方自觉地进行，任何一方都有权拒绝和解或终止和解。(2) 平等原则。平等是和解的基础。(3) 合法原则。合法是和解的基本要求。和解在任意法范围内有一定的灵活性，当事人不必严格按照任意性的实体法规定作出决定。但是，和解仍然应根据有关法律的要求进行，和解的事项和和解达成的协议，必须符合有关法律规定，尤其不得违反法律的基本原则。(4) 和解一致原则。和解一致是和解的内核。和解一致就是当事人对争议解决的意思表示一致。(5) 公平合理原则。公平合理是和解的最高目标。它要求实力较强一方充分尊重实力较弱一方的意见，照顾后者利益，达成实质上的公平合理的争议解决协议。

四、国际商事和解协议的效力

(一) 一般理论和实践

各有关当事人通过和解达成的国际商事和解协议，基于和解方式的不同而具有相应的法律约束力。

在诉讼或仲裁外达成的和解中，一般而言，当事人和解的行为是一种民事法律行为，当事人之间达成的解决争议的协议实质上是成立了一项新的合同，对当事人具有合同上的约束力。在大陆法系国家的民法典中，一般把和解作为一种有名合同明确加以规定。① 而在英美法中，和解协议也相当于当事人之间订立了新合同，一方若不履行，另一方可根据新合同起诉。但是，一般地，和解协议如果要取得强制执行力，就必须和审判权或仲裁权相结合。在英美法中，若法院以裁决把和解协议内容记录下来（合意判决），则与法院判决的效力相同；在德国民事诉讼中，将和解内容在法院案卷上作为合同内容登记，则具有确定力和强制执行力。

而在诉讼或仲裁中的和解中，一般而言，当事人和解的行为既是一种一般民事法律行为，又是一种民事诉讼法律行为。所以，当事人之间达成的解决争议的协议，经当事人签名或盖章，并经受诉法院或仲裁机构审查批准或有关法庭记入笔录以后，除发生实体法上民事实体权利的得失的效力，还同时发生民事诉讼法上终结全部或部分民事诉讼程序的效力，即具有诉讼法律效力。

---

① 如2004年修订的《意大利民法典》第1965条，参见费安玲等译：《意大利民法典（2004年）》，中国政法大学出版社2004年版。

（二）中国的规定

1. 诉讼中的和解

我国《民事诉讼法》第 50 条规定：双方当事人可以自行和解。但该法并没有关于诉讼和解的具体规定。

2004 年最高人民法院《关于人民法院民事调解工作若干问题的规定》第 4 条规定：当事人在和解过程中申请人民法院对和解活动进行协调的，人民法院可以委派审判辅助人员或者邀请、委托有关单位和个人从事协调活动。最高人民法院 2007 年《关于进一步发挥诉讼调解在构建社会主义和谐社会中积极作用的若干意见》第 14 条规定，当事人达成和解协议或者调解协议后申请人民法院制作调解书的，人民法院应当依法对调解协议或者和解协议进行审查。其第 16 条规定，人民法院对和解协议、调解协议审查确认后制作的调解书，应当由办案法官署名，并加盖人民法院印章。我国《民事诉讼法》第 17 条规定：调解书经双方当事人签收后，即具有法律效力。2015 年《民诉法解释》第 148 条规定：当事人自行和解或者调解达成协议后，请求人民法院按照和解协议或者调解协议的内容制作判决书的，人民法院不予准许。

2015 年《民诉法解释》第 289 条规定：对公益诉讼案件，当事人可以和解，人民法院可以调解。当事人达成和解或者调解协议后，人民法院应当将和解或者调解协议进行公告。公告期间不得少于 30 日。公告期满后，人民法院经审查，和解或者调解协议不违反社会公共利益的，应当出具调解书；和解或者调解协议违反社会公共利益的，不予出具调解书，继续对案件进行审理并依法作出裁判。

2015 年《民诉法解释》第 339 条规定：当事人在第二审程序中达成和解协议的，人民法院可以根据当事人的请求，对双方达成的和解协议进行审查并制作调解书送达当事人；因和解而申请撤诉，经审查符合撤诉条件的，人民法院应予准许。其第 107 条规定：在诉讼中，当事人为达成调解协议或者和解协议作出妥协而认可的事实，不得在后续的诉讼中作为对其不利的根据，但法律另有规定或者当事人均同意的除外。

2. 仲裁中的和解

我国《仲裁法》第 49 条规定："当事人申请仲裁后，可以自行和解。达成和解协议的，可以请求仲裁庭根据和解协议作出裁决书，也可以撤回仲裁申请。"其第 50 条规定："当事人达成和解协议，撤回仲裁申请后反悔的，可以根据仲裁协议申请仲裁。"2006 年最高人民法院《关于适用〈中华人民共和国仲裁法〉若干问题的解释》第 28 条规定，当事人请求不予执行仲裁调解书或者根据当事人之间的和解协议作出的仲裁裁决书的，人民法院不予支持。

五、在线和解

在线和解是目前在线争议中应用较多的一种解决方法,一般仅仅涉及一定数额的金钱支付问题。在线和解系统一般由通信、结构、决策支持和最优化四个要素构成。在线和解可以分为自助式和解和协助和解两种模式。提供自助式和解的网站主要有:cybersettle.com,BBB.org 和 Netneural.com;提供协助和解的典型代表是 Smartsettle.com. 联合国国际贸易法委员会第三工作组《在线争议解决规则(草案)》(一轨道和二轨道)对在线和解的启动、程序进行的期限、程序的结束和下一阶段程序的开始作了规定。[①] 下面介绍美国两大著名的营利性公司提供的在线和解服务。在这方面,以美国的两个营利性大公司最为著名。

(一) 萨博赛特(Cybersettle)在线和解机制[②]

萨博赛特商务网络公司(Cybersettle.com, Inc.)创建了一个完全自动化的对金钱支付争议的在线解决机制。它是世界上第一个提供在线和解的网络公司,最初只涉及保险争议,后来也处理人身伤害及职工劳务补偿争议。

萨博赛特公司仅仅对一方当事人为解决争议愿意支付多少钱以及他方当事人索要多少钱从中斡旋协商,作出决断。申请人通过其专用密码进入该协商机制,向另一方当事人说明其出价或者提出索赔的三种不同数额,萨博赛特公司随后通知被申请人,如果被申请人接受通过网络解决争议,则也输入三种不同数额的数字作为其索赔额或者出价。电脑把双方当事人所输入的数字从最高索赔额和最低报价额开始自动对比。如果三组出价和索赔数字中,任何一组的出价数和索赔数之间的差数在该组索赔数的 30% 以内,或者任何一组的出价数和索赔数之间的差数在 5000 美元以内,所涉争议就以该组出价数和索赔数的平均数求得和解解决,协商就算成功。萨博赛特公司通过网络把协商和解结果通知双方。如果没有达成和解,任何一方的出价或者索赔数都不向另一方当事人披露。这种不成功则不披露结果的做法有助于当事方在采取其他争议解决程序中维持原有地位。同时,这种自动化的在线程序可以避免因为当事方个人及其性格的原因而引起协商谈判过程中的冲突。

(二) 克力克塞特(ClickNsettle)在线和解机制[③]

克力克塞特商务网络公司(ClickNsettle.com, Inc.)提供两种在线和解程序:一种适用于人身伤害和职工劳务补偿争议,另一种适用于其他金钱争议。电子商务案件明显属于后者情况,在这种程序中,申请人向克里克塞特公司申请

---

① 参见丁颖、李建蕾、冀燕娜:《在线解决争议:现状、挑战与未来》,武汉大学出版社 2016 年版,第 39—50 页。
② http://www.cybersettle.com, visited on March 8, 2018.
③ http://www.clicknsettle.com, visited on July 17, 2014.

"使用密码"和"案件密码",同时选择 30 天、60 天或者 90 天作为其协商的最长时限。克力克塞特公司通知被申请方并邀请其参加,如果被申请方愿意参加,也会得到相应的密码。当事双方可以选择"秘密模式"(closed model)或者"公开模式"(open model)。在秘密模式下,彼此的出价或者索赔都不为对方所知。在公开模式下,一方当事人只有在对对方的出价或者索赔作出相应的索赔或者出价后,才能看到对方的出价或者索赔额,每一次随后所键入的索赔数(或者出价数)必须比前一索赔数(或者出价数)减少(或者增加)5 个百分点。一旦其中一个出价数和一个索赔数之间的差数处在 20% 以内,争议就以该出价数和该索赔数的平均数求得解决。克力克塞特公司对申请注册的每一方当事人收取注册费 10 美元,每一新的出价或者索赔加收 10 美元。如果协商失败,则加收 50 美元到期费(expiration fee)。如果协商成功,就按照和解金额的多少按比例加收费用。如果当事人在约定期限不能达成协议,公司允许当事人决定是否将案件移送它的离线仲裁和调解机构。

第二节 国际商事调解

一、国际商事调解的概念

国际商事调解(international commercial conciliation or mediation),是国际商事关系的当事人自愿将争议提交第三者,并在第三者的主持下,查清事实,分清是非,明确责任,通过第三者的劝说引导,促使当事人在互谅互让的基础上达成和解,从而解决争议的一种方法。

国际商事调解和国际商事和解的主要相同之处在于:两者都是在当事人自愿的基础上进行的,两者都需要通过当事人的和解来达成解决争议的协议。而两者的主要不同之处在于:调解是在第三者介入的情况下进行的,和解则没有第三者介入。调解中的第三者称为调解人。调解人可以是组织,也可以是个人。就个人而言,可以是单个,也可以是数个。调解人可以由当事人指定,也可以由调解机构指定。在一般情况下,如果调解成功,当事人将会签订协议。

二、国际商事调解的优越性和局限性

在解决国际民事争议方面,调解具有如下优越性:其一,调解可以快捷地解决争议。调解人可以以灵活的方式调解争议,使得当事人不必在程序上耗费过多的时间。其二,调解可以不影响当事人之间的友好合作关系。其三,调解人的介入及其专业性增加了争议解决的可能性。其四,在中国,经受诉法院或仲裁机构审查批准或有关法庭制作并经当事人签收的调解书对当事人有法律上的强制

执行力。由于调解具有上述优越性,已为当事人广为采用,并已成为解决国际民事争议的重要方式。

但是,国际商事调解也有局限性。由于调解是以当事人的自愿为前提的,调解是否成功有赖于当事人的同意和意愿。如果争议涉及利益重大,当事人双方分歧严重,那么,调解常难取得成功。另外,在调解过程中,任何当事人一方可以随时提出终止调解,而且,在调解协议生效前,任何一方可以反悔,这也常常使调解前功尽弃,使各方浪费时间。

三、国际商事调解的原则

在采用国际商事调解方式解决国际民事争议的过程中,应遵循自愿原则、平等原则、合法原则、和解一致和公平合理原则。

对于调解人而言,调解还应贯彻查明事实、分清是非原则。调解不是无原则的调和、折中、妥协,而是求得争议的公正合理的解决。要做到这一点,需要调解人首先深入调查,弄清事实真相,找出分歧症结所在,分清各方是非责任。

四、国际商事调解的类型

根据不同的标准,国际商事调解可作不同的分类。比如,根据调解人的性质为标准,调解可分为民间调解和官方调解;根据法院是否参与调解,调解可分为诉讼中调解(法院调解)和诉讼外调解;根据调解人是否为一个机构,调解可分为机构调解和个人调解;根据调解人的数量,调解可分为一人调解和数人调解。

在中国,由于深受儒家文化"和为贵"传统的影响,以调解为主的非诉讼解决争议的实践一直有着深厚而悠久的历史基础。目前,包括调解在内的替代性争议解决方式在解决国际民事争议中也发挥着重要的作用。国际商事调解大体上可分为民间调解、行政调解、调解机构调解、仲裁机构调解和法院调解等几类。①

(一) 民间调解

民间调解,是指由争议当事人选任的非官方的无调解职能的第三者就当事人之间的争议所进行的调解。民间调解不同于其他类型的调解的主要之处在于调解人不是负有调解职能的人,而是由当事人临时选任的。

民间调解人既可以是组织,也可以是个人。经民间调解,当事人就争议的解决达成协议时,应制作协议书,由当事人在协议书上签署。对国际民事纠纷通过

---

① 对于调解的分类,学术界和实务界存在分歧。有人认为调解分为司法调解、行政调解和人民调解三种;有人认为调解应分为司法调解、行政调解、仲裁调解、人民调解、民间调解和律师调解六种;有人认为调解应分为司法调解、行政调解、仲裁调解、民间调解(包括狭义的民间调解、人民调解、律师调解)。

民间调解所达成的协议,我国法律并未确认其效力,因此没有强制执行力,只能由当事人自愿履行。

(二) 行政调解

按照我国法律规定,行政调解是国家行政机关依照法律规定,在其行使行政管理的职权范围内,对特定的民事、经济纠纷及轻微刑事案件进行的调解。行政机关在行使行政管理职能过程中,所遇到的纠纷,基本上都可以进行调解。国家工商行政管理局 1997 年曾发布了《合同争议行政调解办法》,但是它已被 2017 年 10 月国家工商行政管理总局《关于废止和修改部分规章的决定》废止。

在我国,行政调解所达成的协议不具有法律上的强制执行的效力。我们认为,也应当赋予行政调解与人民调解具有同等的法律效力,当事人对行政机关主持调解达成的协议,如果提不出欺诈、胁迫、乘人之危或重大误解、显失公平等违反法律法规的,就应当自觉履行。一方当事人不自觉履行的,另一方当事人可以就协议的履行、变更、撤销向人民法院起诉。

(三) 调解机构调解

调解机构调解是指由专职的调解机构就当事人之间的争议所进行的调解。调解机构调解与一般机构的调解有所不同,因为前者的调解人具有专门的调解职能,一般为常设机构。

1. 人民调解

根据我国 2010 年《人民调解法》,人民调解是指人民调解委员会通过说服、疏导等方法,促使当事人在平等协商基础上自愿达成调解协议,解决民间纠纷的活动。根据 1989 年国务院《人民调解委员会组织条例》第 2 条的规定,人民调解委员会是村民委员会和居民委员会下设的调解民间纠纷的群众性组织,在基层人民政府和基层人民法院指导下进行工作。2002 年司法部《人民调解工作若干规定》第 20 条规定,人民调解委员会调解的民间纠纷,包括发生在公民与公民之间、公民与法人和其他社会组织之间涉及民事权利义务争议的各种纠纷。其第 21 条规定,民间纠纷,由纠纷当事人所在地(所在单位)或者纠纷发生地的人民调解委员会受理调解。村民委员会、居民委员会或者企业事业单位的人民调解委员会调解不了的疑难、复杂民间纠纷和跨地区、跨单位的民间纠纷,由乡镇、街道人民调解委员会受理调解,或者由相关的人民调解委员会共同调解。《人民调解法》第 31 条规定,经人民调解委员会调解达成的调解协议,具有法律约束力,当事人应当按照约定履行。人民调解委员会应当对调解协议的履行情况进行监督,督促当事人履行约定的义务。其第 32 条规定,当事人之间就调解协议的履行或者调解协议的内容发生争议的,一方可向法院提起诉讼。其第 33 条规定,双方当事人认为有必要的,可以自调解协议生效之日起 30 日内共同向法院申请司法确认。法院依法确认调解协议有效,一方当事人拒绝履行或者未全部履行的,对方可以向法院申请强制执行。法院依法确认调解协议无效的,当事人可以通过人民调解方式变更原调解协议或者达成新的调解协议,也可向法院提起诉讼。

2. 专职的国际民事争议调解机构的调解

一些专职的国际民事争议调解机构对调解的制度化、规范化和机构化起了很大的推动作用。

中国国际贸易促进委员会/中国国际商会调解中心成立于1987年,专门受理国际经济贸易和海事争议调解案件,现行适用的是2012年《中国国际贸易促进委员会/中国国际商会调解规则》。中国国际贸易促进委员会在一些省市的分会也相继成立了地方的涉外调解机构。经过中国国际商会批准,决定在中国海事仲裁委员会内成立中国海事仲裁委员会海事调解中心,作为首个试点单位,中国海事仲裁委员会上海海事调解中心于2006年在上海成立。在中国,通过民间调解机构调解达成的协议,没有强制执行力,只能由当事人自愿履行。

中国国际贸易促进委员会/中国国际商会调解中心还与外国有关机构建立了一些联合调解机构,例如北京—汉堡调解中心、中意商事调解中心、中美商事调解中心、CCPIT-CCBC(中国贸促会—加中贸易理事会)联合调解中心、中韩商事争议调解中心、中国国际商会调解中心与澳门世界贸易中心联合调解中心。提出联合调解的一方当事人须向另一方当事人提出书面的联合调解邀请,其中应简明地阐明争议的主题。另一方当事人接受邀请时,联合调解程序开始。联合调解可以在中国进行,也可以在对方国家进行,一般由两名调解员共同进行,当事人另有约定的除外。两名调解员进行调解的,调解员必须从两个中心的调解员名单中指定。如果调解失败,调解员可以被指定为仲裁员,但违背仲裁协议或仲裁地国家法律的除外。当事人达成协议的,调解即告成功。当事人受其签署的协议的约束。如果调解不成功,调解员在调解过程中提出过的建议或者当事人所作过的对事实和法律的承认或接受建议的事实都不能作为证据在以后的仲裁程序或诉讼程序中予以引用。

(四) 仲裁机构调解

仲裁机构调解,是指在仲裁机构主持下进行的调解。目前,世界上许多仲裁机构都受理调解案件。不过,各仲裁机构的具体做法有所不同。具体做法大致有两种:一种做法是把调解程序与仲裁程序分开,分别订有调解规则和仲裁规则,调解由调解委员会主持,仲裁由仲裁法庭主持,调解不成而需仲裁时,则原调解人不得为同一争议的仲裁人。另一种做法是把调解纳入仲裁程序,由仲裁庭主持进行,在仲裁程序开始前或开始后,仲裁庭可主动征得当事人同意后进行调解,调解成功即结案,调解不成或当事人不愿继续进行调解,则进行仲裁。

中国国际经济贸易仲裁委员会和中国海事仲裁委员会采用后一种做法。这种做法在中国被称为仲裁中的调解。根据中国 1995 年《仲裁法》的规定,仲裁庭在作出裁决前,可以先行调解。当事人自愿调解的,仲裁庭应当调解。调解不成的,应当及时作出裁决。调解达成协议的,仲裁庭应当制作调解书或者根据协议的结果制作裁决书。调解书与裁决书具有同等法律效力。调解书应当写明仲裁请求和当事人协议的结果。调解书由仲裁员签名,加盖仲裁委员会印章,送达双方当事人。调解书经双方当事人签收后,即发生法律效力。在调解书签收前当事人反悔的,仲裁庭应当及时作出裁决。

多年的实践表明,"仲裁与调解相结合"吸取了仲裁的长处和调解的优势。它有利于更快解决争议,节省当事人的费用,并有利于争议各方保持以往的友好合作关系。中国仲裁的这一做法,已在国际上引起了广泛的关注和赞同。

(五) 法院调解

法院调解,也称为司法调解,是指由法院主持下进行的调解。对法院调解是否属于替代性争议解决方式,不同的学者因其对 ADR 所包括的范围的理解不同而不一样。我们认为,法院调解应该属于法院附属 ADR。目前,许多国家的民事诉讼法都把调解作为法院处理民事争议的方法。尽管一般而言法院处理民商事纠纷带强制性,但法院调解民商事纠纷必须坚持当事人自愿原则。

中国法院审理民事案件,可以在诉讼程序中进行调解。这种做法被称为"审判与调解相结合"。

1. 调解的适用范围

中国《民事诉讼法》第 122 条规定,当事人起诉到人民法院的民事纠纷,适宜调解的,先行调解,但当事人拒绝调解的除外。2015 年《民诉法解释》第 143 条规定:适用特别程序、督促程序、公示催告程序的案件,婚姻等身份关系确认案件以及其他根据案件性质不能进行调解的案件,不得调解。其第 145 条规定,人民法院审理离婚案件,应当进行调解,但不应久调不决。

2. 调解的原则

中国《民事诉讼法》第 93 条规定,中国法院审理民事案件,根据当事人自愿的原则,在事实清楚的基础上,分清是非,进行调解。其第 96 条规定,调解达成协议,必须双方自愿,不得强迫。调解达成协议的内容不得违反法律的规定。

《民诉法解释》第 146 条规定,人民法院审理民事案件,调解过程不公开,但当事人同意公开的除外。调解协议内容不公开,但为保护国家利益、社会公共利益、他人合法权益,人民法院认为确有必要公开的除外。

3. 调解协议和调解书的效力

《民诉法解释》第 530 条规定:涉外民事诉讼中,经调解双方达成协议,应当制发调解书。当事人要求发给判决书的,可以依协议的内容制作判决书送达当事人。《民事诉讼法》第 97 条规定,调解书经双方当事人签收后,即具有法律效力。其第 99 条规定,调解未达成协议或者调解书送达前一方反悔时,法院应及时判决。

《民诉法解释》第 151 条规定:根据《民事诉讼法》第 98 条第 1 款第 4 项规定,当事人各方同意在调解协议上签名或者盖章后即发生法律效力的,经人民法院审查确认后,应当记入笔录或者将调解协议附卷,并由当事人、审判人员、书记员签名或者盖章后即具有法律效力。前款规定情形,当事人请求制作调解书的,人民法院审查确认后可以制作调解书送交当事人。当事人拒收调解书的,不影响调解协议的效力。

《民诉法解释》第 149 条规定,调解书需经当事人签收后才发生法律效力的,应当以最后收到调解书的当事人签收的日期为调解书生效日期。其第 150 条规定:人民法院调解民事案件,需由无独立请求权的第三人承担责任的,应当经其同意。该第三人在调解书送达前反悔的,人民法院应当及时裁判。

2004 年最高人民法院《关于人民法院民事调解工作若干问题的规定》指出,人民法院对于调解协议约定一方不履行协议应当承担民事责任的,应予准许。调解协议约定一方不履行协议,另一方可以请求人民法院对案件作出裁判的条款,人民法院不予准许。调解协议约定一方提供担保或者案外人同意为当事人提供担保的,人民法院应当准许。最高人民法院 2007 年还发布了《关于进一步发挥诉讼调解在构建社会主义和谐社会中积极作用的若干意见》。

五、国际商事调解的进行

国际商事调解的进行除依当事人的协议外,并无定式。下面以联合国国际贸易法委员会《国际商事调解示范法》(UNCITRAL Model Law on International Commercial Conciliation)为例,进行阐述。

联合国国际贸易法委员会曾于 1980 年制定了《调解规则》,同年 12 月联合国大会同意推荐该《规则》以供当事人寻求以调解方式友好解决国际商事关系中发生的争议。而 2002 年 7 月该委员会通过的《国际商事调解示范法》,是它致力于国际商事争议解决机制的又一重大成果,全文共 14 条。其主要内容如下:

(1) 调解的开始。对于已发生的争议,调解程序自当事人同意进入该程序之日起开始。一方当事人邀请另一方当事人进入调解程序,自发出邀请之日起 30 日内或在邀请中确定的期限内未收到答复,可视为拒绝调解邀请。

(2) 调解员的人数及委任。除非当事人另有约定,调解员应为一人。当事人应尽力达成委任调解员的协议,在委任调解员时,当事人可求助于机构或个人,要求后者推荐或直接指定合适的调解员。后者在推荐或指定调解员时,应考虑到尽可能确保委任公正和独立的调解员,适当时应考虑到委任与当事人不同国籍的调解员的适宜性。就可能被委任为调解员之事进行交涉时,待任调解员应披露可能对其公正性或独立性引起正当怀疑的任何情形。调解员在接受委任以及调解过程中,应向当事人披露此种情形。

（3）调解的进行。当事人可约定调解的方式。如未达成此种协议,调解员在考虑案件的情形、当事人可能表达的愿望以及快速解决争议的基础上,可按其认为适当的方式进行调解。但在任何情况下,调解员应公平地对待全体当事人。在调解的任何阶段,调解员可提出解决争议的建议。调解员可共同或单独与当事人会晤或联系。调解员自一方当事人处收到的信息,可向其他当事人披露其实质内容。但是,一方当事人以保密为条件而向调解员提供的信息,不应披露。

（4）调解的结束。在下列情形下,调解结束:当事人签订调解协议;经商当事人,调解员宣告不必继续进行调解;当事人通知调解员结束调解程序;一方当事人通知其他当事人和调解员(如已委任)结束调解程序。

（5）保密。除非当事人另有协议,与调解程序有关的任何信息均应保密,除非法律要求或者为实施或执行调解协议的目的而作出披露。

（6）调解与其他程序的关系。调解程序的当事人、调解员及任何第三人包括调解程序的有关管理者,不得在仲裁、司法或类似程序中将下列情形作为依据、当作证据提出或作证或提供证据:当事人邀请开始调解程序或愿意参加调解程序的事实;为使争议可能得到解决,一方当事人在调解程序中表达的观点或建议;一方在调解过程中所作声明或承认;调解员提出的建议;一方表示愿意接受调解员建议的调解方案的事实;仅为调解程序的目的而准备的文件。仲裁庭、法院或其他有权政府机构不应命令披露前述信息,违反规定而提交此等信息,应视为不可接受的证据。但法律另有规定或者为实施或执行调解协议的除外。

除非当事人另有约定,调解员不得在调解程序所针对的争议或关于同一法律关系所引起的争议中担任仲裁员。如当事人对于已经发生或将来发生的争议已同意进行调解,明确承诺不在特定的时限内或特定事件发生后方开始仲裁或司法程序,则仲裁庭或法院应赋予此种承诺以效力,直到符合作出承诺的条件,除非一方当事人依其意见认为系为保护其权利所必需。开始此种程序本身不得被视为放弃提交调解或结束调解程序。

（7）调解协议（settlement agreement）的可执行性。如果当事人达成解决争议的协议,则调解协议具有拘束力并可强制执行。这是《示范法》对传统调解的一个最大的突破,不过,各国在采用《示范法》时,可自行决定执行的方法或规定。

六、在线调解

在线调解是传统调解在网络空间演化而来的新形态,其诞生初期被定义为一种电子商务纠纷特有的解决方式,但随着信息技术和在线调解机制自身的发展,在线调解机制已突破电子商务纠纷的限制,受案范围逐渐扩大到社会各个领域。美国和欧盟的在线调解实践走在世界其他国家的前列,成立了 Square Trade、Modria 等影响力极大的在线调解平台。联合国国际贸易法委员会第三工作组《在线争议解决规则(草案)》(一轨道和二轨道)对在线调解的启动、程序进行的期限、程序的结束和下一阶段程序的开始作了规定。① 下面介绍美国两大著名的营利性公司提供的在线调解服务。

(一) 莫德里亚(Modria)在线调解机制

莫德里亚公司(网址:www.modria.com)成立于 2011 年,它致力于通过信息技术来达到人性化以及有效解决电子商务纠纷的目的,受案范围主要集中在电子商务领域,自成立以来已为 eBay 和 PayPal 频繁使用,解决了超过 6000 万个纠纷,现在许多世界顶尖的纠纷解决公司已经使用 Modria 作为它们的在线解决纠纷平台。

Modria 的在线纠纷解决平台主要包括了四个"模块",每个模块都是为了最大化双方解决纠纷的公正性而创建的,使用 Modria 可以在无第三方干预的情况下解决纠纷。四个模块分别是:(1) 诊断。当收到消费者投诉的时候,诊断模块就会针对该纠纷收集并处理相关信息,并提出可行的解决方案。(2) 协商。协商模块使得纠纷双方对纠纷进行直接协商,并作相应的记录。系统会采取先进的技术工具找出纠纷的关键点,并协助当事人快速达到一致。(3) 调解。如果双方无法通过协商解决纠纷,调解模块就会提供中立第三方机构来帮助当事人理清纠纷,并提供多种有益的选择。(4) 仲裁。仲裁模块允许纠纷双方选择一个可靠的裁决者,并作出相应的裁决。②

(二) 美国仲裁协会在线调解机制

美国仲裁协会(网址:http://www.adr.org)在 2001 年建立了群体投诉解决设施,旨在通过在线机制协助解决群体投诉案件。案件当事方如果选择这种争议解决方法,则案件由中立方任调解员在线进行调解,如果调解失败,所涉争议可以通过在线仲裁解决。

(三) 在线欧姆坝兹裁判庭(Online Ombuds)③

在线欧姆坝兹裁判庭在 1996 年成立,由美国马萨诸塞州大学信息技术及争议解决中心管理。该裁判庭没有限定的程序可供遵循,通过网络免费调解比如

---

① 参见丁颖、李建蕾、冀燕娜:《在线解决争议:现状、挑战与未来》,武汉大学出版社 2016 年版,第 63 页。

② 参见许靓:《在线调解机制及其在中国的发展探究》,山东大学 2014 年硕士学位论文,第 10—11 页。

③ http://www.ombuds.com, visited on July 17, 2014.

新闻组或者服务商成员间特定类型的争议、域名争议;网络空间竞争者之间的争议;网络服务提供者间的争议和版权争议等等。它没有限定的调解程序,只有一个监察专员对争议进行调解。1999年初该裁判庭帮助 eBay 完成了一个在线调解的试点项目,以解决在线拍卖环境下产生的争议。eBay 的调解试点项目成果显著,仅2002年2月到2004年6月就处理了大约150万件争议。

2017年2月,中国最高人民法院举行了在线调解平台试点启动仪式,宣读了《关于在部分法院开展在线调解平台建设试点工作的通知》,北京、河北、上海、浙江、安徽、四川6个高级人民法院和上海海事法院被确定为试点法院。通知明确试点高级人民法院要牵头建立省级统一的在线调解平台,建立纠纷受理、分流、调解、反馈等流程的全覆盖,促进依法、公正、便捷、高效化解纠纷。在线调解平台处理当事人申请在线调解、立案前委派调解、立案后委托调解、在线司法确认、诉讼调解等案件。

【思考题】

1. 下述案件可以通过哪些方式解决?此案的最终处理结果应会怎样?

【案例18.1】 中国人民保险公司北京分公司诉埃及"亚历山大"轮案①

1992年1月8日,埃及"亚历山大"轮由美国装载纤维棉和地毯编织机械设备30箱,运往上海、天津。2月抵上海卸下部分纤维棉,剩余部分连同地毯编织机械设备于3月15日抵天津新港。根据船方签具的清洁提单,这些货物在美国装船时是完好无损的,但卸货过程中发现地毯编织机械设备有22箱严重残损。3月20日,中国外轮理货公司制作22箱货物残损清单,船方也予以签认。卸货后,收货人北京燕山石油化学总公司请天津进出口商品检验局鉴定。鉴定结果表明,货损原因系由于"亚历山大"轮货舱没有分层隔板,货箱不适当地装载于货垛中层,货箱遭受上层货物的重压所致。初步确定货损约达30万美元。这些地毯编织机械设备的货运保险是由中国人民保险公司北京分公司承保的。中国人民保险公司北京分公司经过调查认为,船方对货损负有不可推卸的责任。当"亚历山大"轮8月11日驶抵广州黄埔港时,中国人民保险公司北京分公司便于14日委托广东分公司向法院申请扣船,同时也向船东提出索赔和先行提供担保的要求。船东通过辛德兰保赔协会请加拿大英国皇家银行向伦敦中国银行提供了30万美元的担保,同时提出双方友好协商或者提交中国国际经济贸易仲裁委

---

① 参见李双元、欧福永主编:《国际私法教学案例》(第二版),北京大学出版社2012年版,第367—368页。

员会仲裁解决的建议。

2. 简述国际商事和解的原则和国际商事和解协议的效力。

3. 简述国际商事调解的类型和国际商事调解协议的效力。

4. 以联合国国际贸易法委员会《国际商事调解示范法》为例,说明国际商事调解的进行。

【司法考试真题】

1. 我国G公司与荷兰H公司正就签订一项商务合同进行谈判。针对该合同可能产生的争议,H公司提出,如发生争议应尽量协商调解解决,不成再提请仲裁或进行诉讼。在决定如何回应此方案之前,G公司向其律师请教。该律师关于涉外民商事纠纷调解的下列哪一表述是错误的?(2006年单选题)

A. 调解是有第三人介入的争议解决方式

B. 当事人双方在调解人的斡旋下达成的和解协议不具有强制执行的效力

C. 在涉外仲裁程序中进行的调解,仲裁庭无需先行确定双方当事人对调解的一致同意即可直接主持调解

D. 在涉外诉讼中,法官也可以对有关纠纷进行调解

【扩展性阅读材料】

1. 郭玉军、甘勇:《美国选择性争议解决方式研究(ADR)》,载《国际法与比较法论丛》第5辑,中国方正出版社2003年版。

2. 范愉:《非诉讼程序(ADR)教程》,中国人民大学出版社2016年版。

3. Stephen B. Goldberg, Frank E. A. Sander, Nancy H. Rogers., Dispute Resolution: Negotiation, Mediation, and Other Processes, 1999.

4. Alternative Dispute Resolution (ADR): An Overview[①]

Alternative Dispute Resolution refers to any means of settling disputes outside of the courtroom. ADR typically includes arbitration, mediation, early neutral evaluation, and conciliation. As burgeoning court queues, rising costs of litigation, and time delays continue to plague litigants, more states have begun experimenting with ADR programs. Some of these programs are voluntary; others are mandatory.

The two most common forms of ADR are arbitration and mediation. Arbitration is a simplified version of a trial involving no discovery and simplified rules of evidence. Either both sides agree on one arbitrator, or each side selects one arbitrator and the

---

[①] http://www.law.cornell.edu/wex/index.php/ADR#alternative_dispute_resolution_.28adr.29:_an_overview, visited on March 23, 2007.

two arbitrators elect the third to comprise a panel. Arbitration hearings usually last only a few hours and the opinions are not public record. Arbitration has long been used in labor, construction, and securities regulation, but is now gaining popularity in other business disputes.

......

Mediation is an even less formal alternative to litigation. Mediators are individuals trained in negotiations who bring opposing parties together and attempt to work out a settlement or agreement that both parties accept or reject. Mediation is used for a wide gamut of case-types: ranging from juvenile felonies to Federal government negotiations with Native American Indian tribes. Mediation has also become a significant method for resolving disputes between investors and their stock brokers. See, NASD Arbitration and Mediation.

历年司法考试真题答案

第一章 1. BCD 2. ACD 3. C

第三章 1. B 2. ABCD(官方标准答案为 ABD) 3. A 4. A 5. D

第四章 1. B 2. ACD 3. ABCD 4. A 5. AC 6. C 7. BD 8. C 9. B 10. B 11. B 12. AB 13. BC

第六章 1. AD 2. C 3. B 4. C 5. B 6. D 7. D 8. A 9. A 10. A 11. AD

第八章 1. BD 2. ABCD 3. BD 4. D 5. ABC

第九章 1. AD 2. AC 3. AD

第十章 1. BCD 2. BCD 3. CD 4. AD 5. D 6. AC

第十一章 1. D 2. C 3. A

第十二章 1. AD 2. D 3. AB 4. BCD 5. ABD 6. B 7. B 8. B

第十三章 1. D 2. ABD 3. BD 4. CD 5. D

第十四章 1. C 2. A 3. ACD 4. A 5. BD 6. BD 7. B 8. ABCD 9. A 10. ABC

第十五章 ABCD

第十六章 1. BCD 2. ACD 3. AC 4. AC 5. BD 6. CD 7. BC 8. B 9. B 10. C 11. B 12. BCD 13. AB 14. ACD 15. B 16. D 17. C 18. ABC 19. BD 20. C 21. B 22. ABC 23. C 24. D 25. ABD 26. BC 27. D 28. D 29. B 30. A 31. BC 32. D 33. A 34. C 35. D 36. ABC 37. ACD 38. A 39. C 40. ABD(如适用2015年新司法解释,则答案为A) 41. B 42. A 43. B

第十七章 1. CD 2. D 3. AC 4. AB 5. B 6. ABC 7. C 8. ABCD 9. B 10. B 11. CD 12. BC 13. B 14. ABC 15. C 16. A

第十八章 1. C

第一版后记

随着中国国际交往的不断扩大和加入 WTO,涉外民商事关系已更趋发达和复杂,国际私法在法律体系中的地位得到了进一步提升,国际私法的理论研究工作和国际、国内立法、司法与仲裁实践等方面也有了颇大发展。为了更好地适应 21 世纪国际私法教学的需要,我们撰写了这本国际私法教材。

本书详细阐述了国际私法的基本理论和制度,加强了对中国国际私法理论、立法和司法与仲裁实践的介绍与论析,反映了大量国际法源和理论研究的最新成果,如 2005 年海牙《协议选择法院公约》、2004 年《国际统一私法协会国际商事合同通则》、2002 年海牙《关于经由中间人持有的证券的某些权利的法律适用公约》等的有关规定。在评析外国国际私法立法方面,对委内瑞拉、突尼斯、白俄罗斯等一系列国家的最新国际私法立法及国内外最新仲裁规则的有关问题进行了评述,同时增加了许多论析 20 世纪末国际私法重要发展的内容。

本书所引用的资料截止于 2005 年 12 月,其中所引各国及国际立法中的规定绝大部分均可在李双元、欧福永和熊之才编的《国际私法教学参考资料选编》(北京大学出版社 2002 年版)中找到。

本书由李双元担任主编,负责全书的规划、审稿与定稿。在主编、审稿和定稿过程中,欧福永博士做了大量的工作。本书的写作分工如下(以撰写章节先后为序):李双元、李健男,第 1 章;李健男,第 2—3 章;李双元,第 4—5 章;郑远民,第 6—8 章;欧福永,第 9、17、19 章、第 21—24 章、第 34—35 章;蒋新苗,第 10—11 章;杨国华,第 12 章;李双元、熊之才,第 13 章;屈广清、熊育辉,第 14—16 章、第 20 章;王海浪,第 18 章;邓杰,第 25—33 章。

在本书写作过程中,刘琳、杨陶、高萍、冯素华、于鑫和罗满景等研究生参加了全书的校读工作。本书的出版得到了北京大学出版社的负责同志与冯益娜女士等的大力支持和帮助。在此,我们一并表示衷心的感谢。

虽经各位作者努力,但本书仍有可能存在不妥或不当之处,均盼读者批评指正。

李双元

2005 年 12 月于岳麓山下

全国高等学校法学专业核心课程教材

法理学(第四版) 沈宗灵主编
中国法制史(第四版) 曾宪义主编
宪法(第二版) 张千帆主编
行政法与行政诉讼法(第七版) 姜明安主编
民法(第七版) 魏振瀛主编
经济法(第五版) 杨紫烜主编
民事诉讼法学(第三版) 江 伟主编
刑法学(第八版) 高铭暄、马克昌主编
刑事诉讼法(第六版) 陈光中主编
国际法(第五版) 邵 津主编
国际私法(第五版) 李双元、欧福永主编
国际经济法(第四版) 余劲松、吴志攀主编
知识产权法(第四版) 吴汉东主编
商法(第二版) 王保树主编
环境法学(第四版) 汪 劲著